Jahrbuch
des Arbeitsrechts

Gesetzgebung – Rechtsprechung – Literatur

Nachschlagewerk für Wissenschaft und Praxis

Herausgegeben von

Ingrid Schmidt
Präsidentin
des Bundesarbeitsgerichts

Band 50

– Dokumentation für das Jahr 2012 –
Bearbeitet von
DIPL.-RECHTSPFLEGERIN ANNETT STEIGER

2013

ERICH SCHMIDT VERLAG

Bibliografische Information der Deutschen Nationalbibliothek
Die Deutsche Nationalbibliothek verzeichnet diese Publikation in der Deutschen
Nationalbibliografie; detaillierte bibliografische Daten sind im Internet über
http://dnb.d-nb.de abrufbar

Weitere Informationen zu diesem Titel
finden Sie im Internet unter
ESV.info/978 3 503 15416 6

Zitierweise: JbArbR, Bd. ..., S. ...

ISBN: 978 3 503 15416 6

Dieses Papier erfüllt die Frankfurter Forderungen der Deutschen Nationalbibliothek
und der Gesellschaft für das Buch bezüglich der Alterungsbeständigkeit und
entspricht sowohl den strengen Bestimmungen der US Norm Ansi/Niso Z 39.48-1992
als auch der ISO Norm 9706

Gesetzt aus der Garamond 9 Punkt (Abhandlungen)
und 8 Punkt (Dokumentation)

Satz: multitext, Berlin
Druck und Bindung: Danuvia Druckhaus, Neuburg

Vorwort

Der 50. Band des Jahrbuchs dokumentiert im Berichtsjahr 2012 wegweisende arbeitsrechtliche Entwicklungen, die gesellschaftliche Prozesse und wachsende Globalisierung der Arbeitswelt ausgelöst haben.

Er beginnt mit dem Beitrag des Richters am Bundesarbeitsgericht *Prof. Dr. Kiel*, der sich mit den Konsequenzen befasst, die aus dem befristungsrechtsbezogenen Dialog von nationalem Gericht und EuGH folgen. Danach zwingt das Unionsrecht einen Arbeitgeber nicht dazu, einen ständigen Vertretungsbedarf durch das Vorhalten einer Personalreserve auszugleichen. Vielmehr darf er sich Befristungsketten bedienen. Diese Vertragsgestaltung unterliegt aber einer einzelfallbezogenen Missbrauchskontrolle. Die hierauf bezogenen Maßstäbe hat der Siebte Senat in mehreren Urteilen im Berichtszeitraum entwickelt und der Praxis ein Prüfungskonzept an die Hand gegeben, mittels dessen dem institutionellen Rechtsmissbrauch an sich zulässiger Befristungen wirksam begegnet werden kann.

Daran schließt sich der Beitrag des Richters am Bundesarbeitsgericht *Dr. Spinner* an. Dieser gibt einen umfassenden Überblick über die Entwicklung der Rechtsprechung des Betriebsrentensenats. Dieser ist stets herausgefordert, die berechtigten Belange der Versorgungsempfänger mit ebenso berechtigten der Leistungsverpflichteten zu einem angemessenen Ausgleich zu bringen. Das zeigt sich vor allem in jenen Bereichen, die im Mittelpunkt seiner Ausführungen stehen: die Anpassungspflicht für Betriebsrenten, die Einstandspflicht des Arbeitgebers für zugesagte Leistungen sowie die Anforderungen des Verbots der Diskriminierung wegen des Alters.

Auf das kodifizierte Betriebsrentenrecht folgen die Ausführungen zum Internationalen Arbeitsvertragsrecht iSd. Kollisionsrechts. Es entscheidet darüber, nach welcher Rechtsordnung über den jeweiligen Sachverhalt zu befinden ist. Trotz einer rasant wachsenden Bedeutung für eine zunehmend international eingesetzte Arbeitnehmerschaft ist es in weiten Teilen noch immer ungeregelt und stellt Rechtsprechung wie Arbeitsrechtswissenschaft vor große Herausforderungen. Der Beitrag von *Prof. Dr. Deinert* lenkt hier durch das Dickicht der internationalen Vereinbarungen, Anknüpfungspunkte, Eingriffsnormen und Sonderfälle sowie das öffentlich-rechtliche Arbeitsrecht.

Die Dokumentation schließt mit dem Beitrag von *Prof. Dr. Schubert*, die sich den Entscheidungen des Bundesarbeitsgerichts vom 20. November 2012 zu Arbeitskämpfen im Bereich der Kirchen und ihrer Einrichtungen annimmt. Diese Grundsatzurteile betreffen die kirchenspezifischen Kollektivverfahren zur Regelung von Arbeitsbedingungen der Beschäftigten kirchlicher Arbeitgeber. In ihnen wird das Verhältnis des kirchlichen Selbstbestimmungsrechts zur Koalitionsbetätigungsfreiheit von Gewerkschaften erstmals iS praktischer Konkordanz justiert. Der darauf zurückgehende Ausschluss des Arbeitskampfes erzwingt aber eine Änderung der bisher praktizierten Regelungsverfahren des sogn. Zweiten oder Dritten Weges. Wie der Beitrag zeigt, stehen hier die Diskussionen erst am Anfang.

Auch der 50. Band des Jahrbuchs zeichnet sich durch einen sorgfältig recherchierten Dokumentationsteil aus. Er weist die wichtigsten Entwicklungen in Rechtsprechung, Gesetzgebung und arbeitsrechtlichem Schrifttum nach. Hierfür sei der Rechtspflegerin *Frau Steiger* in besonderem Maße gedankt.

Erfurt, im Mai 2013   Ingrid Schmidt

Inhalt
– Kurzübersicht –

---

* Eine ausführliche Inhaltsübersicht zum Teil Dokumentation ist dort vorgeschaltet.

Abkürzungsverzeichnis

A

aaO	am angegebenen Ort
AB	Ausführungsbestimmung(en)
ABl	Amtsblatt
Abk	Abkommen
Abs	Absatz
Abschn	Abschnitt
ADO	Allgemeine Dienstordnung für Angestellte im öffentlichen Dienst
aE	am Ende
ÄndG	Änderungsgesetz/Gesetz zu Änderung
AEntG	Arbeitnehmer-Entsendegesetz
AFRG	Arbeitsförderungs-Reformgesetz
aF	alte Fassung
AG	Aktiengesellschaft, Amtsgericht
AGB-DDR	Arbeitsgesetzbuch (ehem. DDR)
AGG	Allgemeines Gleichbehandlungsgesetz
Alg	Arbeitslosengeld
AktG	Aktiengesetz
allg	allgemein
Alt	Alternative
AltersteilzeitG	Altersteilzeitgesetz
amtl	amtlich
Ang	Angestellte/r
AngKündG	Gesetz über die Fristen für die Kündigung von Angestellten
Anh	Anhang
Anl	Anlage
Anm	Anmerkung
AnVNG	Gesetz zur Neuregelung des Rechts der Rentensicherung der Angestellten
AO	Anordnung
AOGÖ	Gesetz zur Ordnung der Arbeit in öffentlichen Verwaltungen und Betrieben
AOK	Allgemeine Ortskrankenkasse
ArbDir	Arbeitsdirektor

ArbG	Arbeitsgericht, Arbeitgeber
ArbGDir	Arbeitsgerichtsdirektor
ArbGeb	Arbeitgeber
ArbGG	Arbeitsgerichtsgesetz
ArbN	Arbeitnehmer
ArbNErfG	Arbeitnehmererfindungsgesetz
ArbnErfindVO	Arbeitnehmererfindungs-Verordnung
ArbPlSchG	Arbeitsplatzschutzgesetz
ArbSchG	Arbeitsschutzgesetz
ArbZG	Arbeitszeitgesetz
ArbZRG	Arbeitszeitrechtsgesetz
arg	argumentum
Art	Artikel
ASiG	Arbeitssicherheitsgesetz
AT	Allgemeiner Teil
Aufl	Auflage
AÜG	Arbeitnehmerüberlassungsgesetz
AusfVO	Ausführungsverordnung
AV	Allgemeine Verwaltungsvorschrift, Ausführungsverordnung
AVE	Allgemeinverbindlichkeitserklärung
AWbG NW	Arbeitnehmerweiterbildungsgesetz Nordrhein-Westfalen
Az	Aktenzeichen
AZG	Arbeitszeitgesetz
AZO, ArbZO	Arbeitszeitordnung

B

BA	Bundesagentur für Arbeit
BAfög	Bundesausbildungsförderungsgesetz
BAG	Bundesarbeitsgericht
BAGE	Entscheidungssammlung des BAG
BAnz	Bundesanzeiger
BAT	Bundes-Angestelltentarifvertrag
BAT-O	Bundes-Angestelltentarifvertrag-Ost
Bd	Band
BAU	Bundesamt für Arbeitsschutz und Unfallforschung

BBesG	Bundesbesoldungsgesetz	BSGE	Entscheidungssammlung des BSG
BBG	Bundesbeamtengesetz		
BBiG	Berufsbildungsgesetz	BT-Prot.	Protokoll des Deutschen Bundestages
BDA	Besoldungsdienstalter		
BDSG	Bundesdatenschutzgesetz	Buchst	Buchstabe/n
Bearb; bearb	Bearbeiter; bearbeitet	BUKG	Bundesumzugskostengesetz
Beil	Beilage	BurlG	Bundesurlaubsgesetz
Bek	Bekanntmachung	BV	Betriebsvereinbarung, Besoldungsgesetz
BErzGG	Bundeserziehungsgeldgesetz		
bes	besonders	BVerfG	Bundesverfassungsgesetz
Beschl	Beschluss	BVerfGE	Entscheidungssammlung des BVerfG
BeschFG	Beschäftigungsförderungsgesetz		
		BVerfGG	Bundesverfassungsgerichtsgesetz
BesGr	Besoldungsgruppe		
betr	betreffend	BVerwG	Bundesverwaltungsgericht
BetrAVG	Gesetz zur Verbesserung der betrieblichen Altersversorgung	BVerwGE	Entscheidungssammlung des BVerwG
		bzw	beziehungsweise
BetrR	Betriebsrat		
BetrVG	Betriebsverfassungsgesetz	**C**	
BfA	Bundesversicherungsanstalt für Angestellte	CGB	Christlicher Gewerkschaftsbund Deutschlands
BFH	Bundesfinanzhof	cic	culpa in contrahendo
BFHE	Entscheidungssammlung des BFH		
		D	
BG	Beamtengesetz, Berufsgenossenschaft	DBB	Deutscher Beamtenbund
		DGB	Deutscher Gewerkschaftsbund
BGB	Bürgerliches Gesetzbuch		
BGBl	Bundesgesetzblatt	dgl	dergleichen; desgleichen
BGH	Bundesgerichtshof	dh	das heißt
BGHZ	Entscheidungssammlung des BGH	Diss	Dissertation
		DO	Dienstordnung
BhV	Beihilfevorschriften	DrittelbG	Gesetz über die Drittelbeteiligung der Arbeitnehmer im Aufsichtsrat
Bl	Blatt, Blätter		
BM, BMin	Bundesminister		
BMI	Bundesministerium des Innern	Drucks	Drucksache (Bundestag, Bundesrat)
BMJ	Bundesministerium der Justiz	DVO	Durchführungsverordnung
BMT-G	Bundesmanteltarifvertrag	**E**	
BMWA	Bundesministerium für Wirtschaft und Arbeit	EA	EAG-Vertrag
		EBRG	Europäisches Betriebsräte-Gesetz
BPersVG	Bundespersonalvertretungsgesetz	EDV	Elektronische Datenverarbeitung
BR	Bundesrat		
BR-Drucks	Drucksache des Deutschen Bundesrates	EFZG	Entgeltfortzahlungsgesetz
		EG	Europäische Gemeinschaft, Einführungsgesetz
BRAO	Bundesrechtsanwaltsordnung		
BRKG	Bundesreisekostengesetz	EG-Vertrag	Vertrag zur Gründung der Europäischen Gemeinschaft
BRTV	Bundesrahmentarifvertrag		
BSG	Bundessozialgericht	EGB	Europäischer Gemeinschaftsbund

EGBGB	Einführungsgesetz zum BGB
EGInso	Einführungsgesetz zur Insolvenzordnung
EGMR	Europäischer Gerichtshof für Menschenrechte
Einf	Einführung
eingef	eingefügt
Einl	Einleitung
EKD	Evangelische Kirche in Deutschland
Entsch	Entscheidung
Erg	Ergänzung
ErgBD	Ergänzungsband
ErgVO	Ergänzungsverordnung
Erl	Erläuterung/en, Erlass
EStG	Einkommenssteuergesetz
etc	et cetera
EU	Europäische Union
EuGH	Europäischer Gerichtshof
EuGHE	Entscheidungssammlung des EuGH
eV	eingetragener Verein
EV	Einigungsvertrag
evtl	eventuell
EWG	Europäische Wirtschaftsgemeinschaft
EWGR	EWG-Richtlinie
EWGV	EWG-Vertrag

F

f	folgend/er
ff	folgende
FG	Finanzgericht
Fn	Fußnote
FS	Festschrift

G

GBl	Gesetzblatt
GbR	Gesellschaft bürgerlichen Rechts
GdP	Gewerkschaft der Polizei
gem	gemäß
ggf	gegebenenfalls
gem Bek	gemeinsame Bekanntmachung
gem Erl	gemeinsamer Erlass
GewO	Gewerbeordnung
GG	Grundgesetz
GKG	Gerichtskostengesetz
GMBl	Gemeinsames Ministerialblatt
GO, GemO	Gemeindeordnung
grds	grundsätzlich

GS	Großer Senat, Gesetzessammlung
GVBl	Gesetz- und Verordnungsblatt
GVG	Gerichtsverfassungsgesetz

H

hA	herrschende Ansicht
HAG	Heimarbeitsgesetz
Halbs	Halbsatz
HandwO	Handwerksordnung
HBV	Gewerkschaft Handel, Banken und Versicherungen
HGB	Handelsgesetzbuch
hins	hinsichtlich
hL	herrschende Lehre
hM	herrschende Meinung
HRG	Hochschulrahmengesetz
Hrsg; hrsg	Herausgeber; herausgegeben

I

i.Allg.	im Allgemeinen
IAO	Internationale Arbeitsorganisation
idF	in der Fassung
idR	in der Regel
IHK	Industrie- und Handelskammer
insbes	insbesondere
InsO	Insolvenzordnung
IPR	Internationales Privatrecht
iSd	im Sinne der/des
iSv	im Sinne von
iVm	in Verbindung mit

J

JArbSchG	Jugendarbeitsschutzgesetz
JbArbR	Jahrbuch des Arbeitsrechts
Jg	Jahrgang
JMBl	Justizministerialblatt

K

KABl	Kirchliches Amtsblatt
Kap	Kapitel
KAPOVAZ	Kapazitätsorientierte variable Arbeitszeit
KG	Kommanditgesellschaft; Kammergericht (Berlin)
KindArbSchV	Kinderarbeitsschutzverordnung
Kirch GVBl	Gesetz- und Verordnungsblatt der Kirche

KODA	Kommission zur Ordnung des diözesanen Arbeitsvertragsrechts	**N**	
		Nachw	Nachweis
KSchG	Kündigungsschutzgesetz	NachwG	Nachweisgesetz
KS	EGKS-Vertrag	nF	neue Fassung
		NGG	Gewerkschaft Nahrung, Genuss, Gaststätten
L		Nr	Nummer/n
L	Fundstelle nur mit Leitsatz	NW, NRW	Nordrhein-Westfalen
LadenschlussG	Gesetz über den Ladenschluss		
		O	
LAG	Landesarbeitsgericht	oa	oben angegeben
LAGPräs	Präsident des LAG	oä	oder ähnliches
LBG	Landesbeamtengesetz	OECD	Organization for Economic Cooperation and Development
LPVG	Landespersonalvertretungsgesetz		
LS	Leitsatz	OEEC	Organization for European Economic Cooperation
LStR	Lohnsteuerrichtlinien		
LVA	Landesversicherungsanstalt	OFD	Oberfinanzdirektion
LVerf	Landesverfassung	öffentl	öffentlich
		OHG	offene Handelsgesellschaft
M		og	oben genannt
m.Änd	mit Änderung/en		
MAVO	Rahmenordnung für eine Mitarbeitervertretungsordnung in der katholischen Kirche	**P**	
		PatG	Patentgesetz
		PersR	Personalrat
		PersVG	Personalvertretungsgesetz
maW	mit anderen Worten	PflegeVG	Pflegeversicherungsgesetz
MBl	Ministerialblatt	Präs	Präsident/in
MdB	Mitglied des Bundestags	Prot	Protokoll
MdL	Mitglied des Landtags	PSV	Pensions-Sicherungsverein
mE	meines Erachtens		
MfS	Ministerium für Staatssicherheit (DDR)	**R**	
		RAG	Reichsarbeitsgericht
Min	Minister, Ministerium	RdErl	Runderlass
MinDir	Ministerialdirektor	RdSchr	Rundschreiben
MinDirig	Ministerialdirigent	RefE	Referentenentwurf
MinRat	Ministerialrat	RegBez	Regierungsbezirk
Mio	Million/en	RegE	Regierungsentwurf
MitbestG	Gesetz über die Mitbestimmung der Arbeitnehmer	RegelungsG	Regelungsgesetz
		RG	Reichsgericht
m. krit. Anm.	mit kritischer Anmerkung	RGBl	Reichsgesetzblatt
m. zust. Anm.	mit zustimmender Anmerkung	rkr	rechtskräftig
		Rn	Randnummer/n
Mitt	Mitteilung	Rspr	Rechtsprechung
Mj, mj	Minderjährige/r, minderjährig	RTV	Rahmentarifvertrag
		RVO	Reichsversicherungsordnung
MTB, MTB II	Manteltarifvertrag für Arbeiter des Bundes		
MTL, MTL II	Manteltarifvertrag für Arbeiter der Länder	**S**	
		S	Seite
MTV	Manteltarifvertrag	s	siehe
MuSchG	Mutterschutzgesetz	sa	siehe auch
mwN	mit weiteren Nachweis/en	SchwbG	Schwerbehindertengesetz

so	siehe oben		VBL	Versorgungsanstalt des
SeemG	Seemannsgesetz			Bundes und der Länder
SGB	Sozialgesetzbuch		Verf	Verfassung, Verfasser
SGG	Sozialgerichtsgesetz		ver.di	Vereinte Dienstleistungs-
sog	sogenannt/e			gewerkschaft
Sp	Spalte		VergGr	Vergütungsgruppe
SprAuG	Sprecherausschussgesetz		Verh	Verhandlung
StAnz	Staatsanzeiger		VermBG	Vermögensbildungsgesetz
str	streitig		Veröffentl	Veröffentlichung
su	siehe unten		VerwG, VG	Verwaltungsgericht
			Verz	Verzeichnis
T			Vfg	Verfügung
Tab	Tabelle		VGH	Verwaltungsgerichtshof
TDL	Tarifgemeinschaft Deutscher		vgl	vergleiche
	Länder		vH	vom Hundert
TO	Tarifordnung		VO	Verordnung
TOA	Tarifordnung für Angestellte		Voraufl	Vorauflage
	des öffentlichen Dienstes		Vorbem	Vorbemerkung
TOB	Tarifordnung für Lohn-		vorl	vorläufig
	empfänger des öffentlichen		VU, Vers-Urt	Versäumnisurteil
	Dienstes		VwGO	Verwaltunsgerichtsordnung
TV	Tarifvertrag			
TVöD	Tarifvertrag öffentlicher		**W**	
	Dienst		WahlO, WO	Wahlordnung (zum BetrVG)
TVG	Tarifvertragsgesetz		WP	Wahlperiode
			WWSUVtr	Vertrag über die Schaffung
U				einer Währungs-, Wirt-
ua	und andere, unter anderem			schafts- und Sozialunion
uÄ	und Ähnliche/s			zwischen der Bundesrepub-
u. dgl	und dergleichen			lik Deutschland und der
uE	unseres Erachtens			Deutschen Demokratischen
Übk	Übereinkommen			Republik
umstr	umstritten			
Unterabs	Unterabsatz		**Z**	
Unterabschn	Unterabschnitt		zB	zum Beispiel
usw	und so weiter		Ziff	Ziffer
uU	unter Umständen		ZPO	Zivilprozessordnung
UWG	Gesetz gegen unlauteren		zT	zum Teil
	Wettbewerb		ZustG	Zustimmungsgesetz
Urt	Urteil		zutr	zutreffend
UV	Unfallversicherung		ZVK	Zusatzversorgungskasse des
				Baugewerbes
V			zVv	zur Veröffentlichung vor-
VA	Verwaltungsakt			gesehen
VBl	Verordnungsblatt		zzgl	zuzüglich

Zeitschriftenübersicht/Gesetz- und Verordnungsblätter

AA	Arbeitsrecht aktiv, IWW Institut für Wirtschaftspublizistik Verlag Steuern.Recht.Wirtschaft GmbH & Co. KG, Nordkirchen	
Abl Bayer-ArbMin, AMBl Bay	Amtsblatt des Bayerischen Staatsministeriums für Arbeit und Sozialordnung München	
ABl Brandenburg	Amtsblatt für Brandenburg	
ABl Bremen	Amtsblatt der Freien Hansestadt Bremen	
ABl Berlin	Amtsblatt für Berlin	
ABl EU	Amtsblatt der Europäischen Union, Ausgabe in deutscher Sprache	
ABl Meckl.-Vorpommern	Amtsblatt für Mecklenburg-Vorpommern	
ABl Niedersachsen	Amtsblatt für Niedersachsen	
ABl Saarland	Amtsblatt des Saarlandes	
ABl Sachsen, Sächs Abl	Sächsisches Amtsblatt	
ABl Schleswig-Holst	Amtsblatt für Schleswig-Holstein	
AcP	Archiv für die civilistische Praxis, Mohr Siebeck GmbH & Co. KG, Tübingen	
AfP	Zeitschrift für Medien- und Kommunikationsrecht, Fachverlag der Verlagsgruppe Handelsblatt GmbH, Düsseldorf	
AG	Die Aktiengesellschaft, Verlag Dr. Otto Schmidt, Köln	
AiB	Arbeitsrecht im Betrieb, Bund-Verlag, Frankfurt a.M.	
AK-Beiträge	Arbeitskammer des Saarlandes Beiträge, Saarbrücken	
Amtl.	Anz. HamburgAmtlicher Anzeiger, Teil II des Hamburgischen Gesetz- und Verordnungsblattes	
AnwBl	Anwaltsblatt, Deutscher Anwaltsverlag und Institut der Anwaltschaft GmbH, Bonn	
AP	Arbeitsrechtliche Praxis, Nachschlagewerk des Bundesarbeitsgerichts, Verlag C.H. Beck, München	
ArbR	Arbeitsrecht Aktuell, Verlag C.H. Beck, München, Frankfurt a.M.	
ArbRB	Der Arbeitsrechtsberater, Verlag Dr. Otto Schmidt, Köln	
AöR	Archiv des öffentlichen Rechts, Mohr Siebeck, Tübingen	
AuA	Arbeit und Arbeitsrecht, HUSS-Medien GmbH, Berlin	
AuR	Arbeit und Recht, Bund-Verlag, Frankfurt a.M.	
BAGE	Entscheidungen des Bundesarbeitsgerichts, Deutscher Fachverlag GmbH, Frankfurt a.M.	
BAnz	Bundesanzeiger, Bundesanzeiger Verlag GmbH, Köln	
Bayer StAnz	Bayerischer Staatsanzeiger	
BayVBl	Bayerische Verwaltungsblätter, Richard Boorberg Verlag GmbH & Co. KG, München	
BB	Betriebs-Berater, Deutscher Fachverlag GmbH, Frankfurt a.M.	
Behindertenrecht, br	Behindertenrecht, Fachzeitschrift für Fragen der Rehabilitation, Richard Boorberg Verlag GmbH & Co. KG, München	
Benefits	Benefits! Das bAV-Fachmagazin von Towers Watson Deutschland	

BetrAV	Betriebliche Altersversorgung, aba Arbeitsgemeinschaft für betriebliche Altersversorgung, Heidelberg
Betrifft Justiz	Betrifft JUSTIZ, Betrifft JUSTIZ e.V., Mühltal
BFHE	Entscheidungen des Bundesfinanzhofs, Stollfuß Medien, Bonn, Berlin
BGBl I u. II	Bundesgesetzblatt Teil I und Teil II
BGHZ	Entscheidungen des Bundesgerichtshofes in Zivilsachen, Carl Heymanns Verlag, Köln
BPUVZ	Zeitschrift für betriebliche Prävention und Unfallversicherung, Erich Schmidt Verlag, Berlin
BRAK-Mitteilungen	Informationen zu Berufsrecht u. Berufspolitik, Bundesrechtsanwaltskammer, O. Schmidt, Köln
BSGE	Entscheidungen des Bundessozialgerichts, Carl Heymanns Verlag, Köln
BStBl	Bundessteuerblatt, Stollfuß, Bonn
bühnengenossenschaft	bühnengenossenschaft, Fachblatt der Genossenschaft Deutscher Bühnen-Angehöriger, Bühnenschriften-Vertriebsgesellschaft mbH, Hamburg
Bulletin	Bulletin des Presse- und Informationsamtes der Bundesregierung, Deutscher Bundesverlag, Bonn
BUV	Betriebs- und Unternehmensverfassung, Fachzeitschrift für Betriebsverfassungsorgane, Betriebs- und Unternehmensleitungen, Heymanns, Köln
BuW	Betrieb und Wirtschaft, Verlag Die Wirtschaft Berlin GmbH, Berlin
BVerfGE	Entscheidungen des Bundesverfassungsgerichts, Mohr Siebeck, Tübingen
BVerfGK	Kammerentscheidungen des Bundesverfassungsrechts, C.F. Müller, Heidelberg ua.
BVerwGE	Entscheidungen des Bundesverwaltungsgerichts, Carl Heymanns Verlag, Köln
CR	Computer und Recht, Forum für die Praxis des Rechts der Datenverarbeitung, Information und Automation, Dr. Otto Schmidt, Köln
DB	Der Betrieb, Handelsblatt, Düsseldorf
dbjZ	Zeitschrift des Deutschen Juristinnenbundes, Nomos Verlagsgesellschaft mbH & Co. KG, Baden-Baden
DBl BA	Dienstblatt der Bundesanstalt für Arbeit, Nürnberg
DBl Berlin	Dienstblatt des Senats von Berlin, Teil 1
dbr	der betriebsrat, Zeitschrift der betriebsrat GmbH, Seehausen am Staffelsee
DÖD	Der Öffentliche Dienst, Luchterhand, Köln
DÖV	Die Öffentliche Verwaltung, W. Kohlhammer GmbH, Stuttgart
DOK	Die Ortskrankenkasse, Verlag der Ortskrankenkasse, Bonn-Bad-Godesberg
DRdA	Das Recht der Arbeit, Bundeskammer für Arbeiter und Angestellte, Wien
DRIZ	Deutsche Richterzeitung, Heymanns, Köln
DRsp	Deutsche Rechtsprechung, Verlag Deutsche Rechtsprechung, Hannover
DStR	Deutsches Steuerrecht, Verlag C.H. Beck, München, Frankfurt a.M.
DStRE	DStR-Entscheidungsdienst, Verlag C.H. Beck, München, Frankfurt a.M.
DuD	Datenschutz und Datensicherheit, Springer Fach-

	medien Wiesbaden GmbH, Wiesbaden	FA	Fachanwalt Arbeitsrecht, Luchterhand-Verlag, Köln
DVBl	Deutsches Verwaltungsblatt, Heymanns, Köln	FamRZ	Zeitschrift für das gesamte Familienrecht, Verlag E. u. W. Gieseking, Bielefeld
EBE/BAG	Eildienst: Bundesgerichtliche Entscheidungen – EBE/BAG –, Richard Boorberg Verlag GmbH & Co. KG, Stuttgart	GABl Baden-Württ, Gem. ABl Baden-Württ	Gemeinsames Amtsblatt des Landes Baden-Württemberg
EEK	Entscheidungssammlung zur Entgeltfortzahlung an Arbeiter und Angestellte bei Krankheit, Kur- und Mutterschaft, Asgard-Verlag, Sankt Augustin	GBl Baden-Württ	Gesetzblatt für Baden-Württemberg
		GBl Bremen	Gesetzblatt der Freien Hansestadt Bremen
EFG	Entscheidungen der Finanzgerichte, Stollfuß Medien GmbH & Co. KG, Bonn	GewArch	Gewerbearchiv, Zeitschrift für Wirtschaftsverwaltungsrecht, Gildebuchverlag GmbH & Co. KG, Alfeld
EuGRZ	Europäische Grundrechte Zeitschrift, N.P. Engel Verlag, Kehl am Rhein	GmbHR	GmbHRundschau, Verlag Dr. Otto Schmidt, Köln
EuR	Europarecht, Nomos Verlagsgesellschaft mbH & Co. KG, Baden-Baden	GMBl	Gemeinsames Ministerialblatt, hrsg. v. Bundesministerium des Innern
EuZA	Europäische Zeitschrift für Arbeitsrecht, Verlag C.H. Beck, München	GPR	Zeitschrift für Gemeinschaftsprivatrecht, sellier european law publishers GmbH, München
EuZW	Europäische Zeitschrift für Wirtschaftsrecht, Verlag C.H. Beck, München, Frankfurt a.M.	GRUR	Gewerblicher Rechtsschutz und Urheberrecht, Verlag C.H. Beck, München, Frankfurt a.M.
EWiR	Entscheidungen zum Wirtschaftsrecht, RWS Verlag Kommunikationsforum GmbH, Köln	GVBl Bayern	Bayerisches Gesetz- und Verordnungsblatt
EzA	Entscheidungssammlung zum Arbeitsrecht, Luchterhand, Neuwied	GVBl Berlin	Gesetz- und Verordnungsblatt für Berlin
EzA-SD	Entscheidungssammlung zum Arbeitsrecht – Schnelldienst, Luchterhand, Köln	GVBl Brandenburg	Gesetz- und Verordnungsblatt für das Land Brandenburg
EzB	Entscheidungssammlung zum Berufsbildungsrecht, Luchterhand, Köln	GVBl Hamburg, HmbGVBl	Hamburgisches Gesetz- und Verordnungsblatt, Teil I
EzTöD	Entscheidungssammlung zum Tarifrecht im öffentlichen Dienst, Luchterhand, Köln	GVBl Hessen	Gesetz- und Verordnungsblatt für das Land Hessen
		GVBl Mecklenburg-Vorpommern	Gesetz- und Verordnungsblatt für Mecklenburg-Vorpommern
		GVBl Nds, Nds GVBl	Niedersächsisches Gesetz- und Verordnungsblatt

GVBl NRW	Gesetz- und Verordnungsblatt für das Land Nordrhein-Westfalen
GVBl Rhld-Pfalz	Gesetz- und Verordnungsblatt für das Land Rheinland-Pfalz
GVBl Sachsen, Sächs GVBl	Sächsisches Gesetz- und Verordnungsblatt
GVBl Sachsen-Anhalt	Gesetz- und Verordnungsblatt für das Land Sachsen-Anhalt
GVBl Schleswig-Holstein	Gesetz- und Verordnungsblatt für Schleswig-Holstein
GVBl Thüringen	Gesetz- und Verordnungsblatt für den Freistaat Thüringen
GWR	Gesellschafts- und Wirtschaftsrecht, Verlag C.H. Beck, München
IPRax	Praxis des Internationalen Privat- u. Verfahrensrechts, E. u. W. Gieseking GmbH, Bielefeld
ITRB	Der IT-Rechts-Berater, Verlag Dr. Otto Schmidt, Köln
JR	Juristische Rundschau, Walter de Gruyter GmbH, Berlin
Jura	Jura. Juristische Ausbildung. Walter de Gruyter GmbH, Berlin
JurBüro	Das Juristische Büro, Luchterhand, Köln
JuS	Juristische Schulung, Zeitschrift für Studium und Referendariat, Verlag C.H. Beck, München, Frankfurt a.M.
JZ	Juristenzeitung, Mohr Siebeck, Tübingen
KJ	Kritische Justiz, Nomos Verlagsgesellschaft mbH & Co. KG, Baden-Baden
KSzW	Kölner Schrift zum Wirtschaftsrecht, Verlag Dr. Otto Schmidt KG, Köln
KritV	Kritische Vierteljahresschrift für Gesetzgebung und

	Rechtsprechung, Nomos Verlagsgesellschaft mbH & Co. KG, Baden-Baden
KrV	Kranken- und Pflegeversicherung, Erich Schmidt Verlag GmbH & Co. KG, Berlin
KTS	Zeitschrift für Insolvenzrecht, Carl Heymanns Verlag, Köln
KuR	Kirche & Recht, BWV Berliner Wissenschaftsverlag GmbH, Berlin
MBl LSA, MinBl Sachsen-Anhalt	Ministerialblatt für das Land Sachsen-Anhalt
MDR	Monatsschrift für Deutsches Recht, Verlag Dr. Otto Schmidt, Köln
MinBl Nds, Nds MBl	Niedersächsisches Ministerialblatt
MinBl NRW, MBl NRW	Ministerialblatt für das Land Nordrhein-Westfalen
MinBl Rhld-Pfalz	Ministerialblatt der Landesregierung von Rheinland-Pfalz
Mitbestimmung	Mitbestimmung, Bund-Verlag GmbH, Frankfurt a.M.
NdsRpfl	Niedersächsische Rechtspflege, Niedersächsisches Justizministerium
neue caritas	neue caritas, Freiburg
NJ	Neue Justiz, Zeitschrift für Rechtsentwicklung und Rechtsprechung, Nomos Verlagsgesellschaft, Baden-Baden
NJW	Neue Juristische Wochenschrift, Verlag C.H. Beck, München
NJW-RR	NJW-Rechtsprechungs-Report, Verlag C.H. Beck, München
NJW-Spezial	NJW Spezial, Die wichtigsten Informationen zu zentralen Rechtsgebieten, Verlag C.H. Beck oHG, München

NVwZ	Neue Zeitschrift für Verwaltungsrecht, Verlag C.H. Beck, München, Frankfurt a.M.
NZA	Neue Zeitschrift für Arbeitsrecht, Verlag C.H. Beck, München
NZA-RR	NZA-Rechtsprechungs-Report Arbeitsrecht, Verlag C.H. Beck oHG, München
NZG	Neue Zeitschrift für Gesellschaftsrecht, Verlag C.H. Beck, München, Frankfurt a.M.
NZS	Neue Zeitschrift für Sozialrecht, Verlag C.H. Beck, München, Frankfurt a.M.
öAT	Zeitschrift für das öffentliche Arbeits- und Tarifrecht, Verlag C.H. Beck, München, Frankfurt a.M.
PersF	Personalführung, Deutsche Gesellschaft für Personalführung e.V., Düsseldorf
PERSONAL	PERSONAL, Zeitschrift für Human Resource Management, Fachverlag der Verlagsgruppe Handelsblatt GmbH, Düsseldorf
PERSONAL quarterly	PERSONAL quarterly, Wissenschaftsjournal für die Personalpraxis, Haufe-Lexware GmbH & co. KG, Freiburg
PersR	Der Personalrat, Bund-Verlag GmbH, Frankfurt a.M.
PersV	Die Personalvertretung, Erich Schmidt Verlag GmbH & Co. KG, Berlin
PflR	Pflegerecht, Luchterhand, Neuwied
RabelsZ	Rabels Zeitschrift für ausländisches und internationales Privatrecht, Mohr Siebeck GmbH & Co. KG, Tübingen
RdA	Recht der Arbeit, Verlag C.H. Beck, München, Frankfurt a.M.
RDV	Recht der Datenverarbeitung, Datakontext, Frechen-Königsdorf
RiA	Recht im Amt, Zeitschrift für das öffentliche Dienstrecht, Luchterhand, Köln
RIW	Recht der internationalen Wirtschaft, Deutscher Fachverlag GmbH, Frankfurt a.M.
RohR	Richter ohne Robe, Berliner Wissenschaftsverlag GmbH, Berlin
Rpfleger	Der Deutsche Rechtspfleger, Verlag E. und W. Gieseking GmbH, Bielefeld
Saarl ArbN	Der Saarländische Arbeitnehmer, Monatszeitschrift der Arbeitskammer des Saarlandes, Saarbrücken
SAE	Sammlung Arbeitsrechtlicher Entscheidungen, Fachverlag der Verlagsgruppe Handelsblatt GmbH, Düsseldorf
SchlesHolst-Anz, SchlHA	Schleswig-Holsteinische Anzeigen, Justizministerialblatt Schleswig-Holstein
schnellbrief Arbeitsrecht	schnellbrief für Personalwirtschaft und Arbeitsrecht, Verlag C.H. Beck oHG, München
SGb	Die Sozialgerichtsbarkeit, Erich Schmidt Verlag GmbH & Co. KG, Berlin
SozArb	Soziale Arbeit, DZI, Berlin
SozR	Soziales Recht, Wissenschaftliche Zeitschrift für Arbeits- und Sozialrecht, Bund-Verlag GmbH, Frankfurt a.M.
SozSich	Soziale Sicherheit, Bund-Verlag GmbH, Frankfurt a.M.
SpuRt	Zeitschrift für Sport und Recht, Verlag C.H. Beck, München
SR	Soziales Recht, Bund-Verlag GmbH, Frankfurt a.M.

SuP	Sozialrecht + Praxis, Sozialverband VdK Deutschland e.V.
VersR	Zeitschrift für Versicherungsrecht, Haftungs- und Schadensrecht, Verlag Versicherungswirtschaft GmbH, Karlsruhe
VerwArch	Verwaltunsarchiv, Zeitschrift für Verwaltungslehre, Verwaltungsrecht und Verwaltungspolitik, Carl Heymanns Verlag, Köln
WM	Wertpapier-Mitteilungen, Zeitschrift für Wirtschafts- und Bankrecht, Herausgebergemeinschaft Wertpapier-Mitteilungen Keppler Lehmann GmbH & Co. KG, Frankfurt a.M.
WSI-Mitteilungen, WSI	WSI Mitteilungen, Zeitschrift des Wirtschafts- und Sozialwissenschaftlichen Instituts der Hans-Böckler-Stiftung, Bund-Verlag GmbH, Frankfurt a.M.
WzS	Wege zur Sozialversicherung, Erich Schmidt Verlag GmbH & Co. KG, Berlin
ZAF	Zeitschrift für Arbeitsmarktforschung, Springer, Heidelberg
ZAP	Zeitschrift für Anwaltspraxis, Verlag für die Rechts- und Anwaltspraxis, Herne, Berlin
ZAR	Zeitschrift für Ausländerrecht und Ausländerpolitik, Nomos Verlagsgesellschaft mbH & Co. KG, Baden-Baden
ZBR	Zeitschrift für Beamtenrecht, Verlag W. Kohlhammer GmbH, Stuttgart
ZBVR online	Zeitschrift für Betriebsverfassungsrecht, dbb verlag gmbh, Berlin
ZD	Zeitschrift für Datenschutz, Verlag C.H. Beck oHG, München
ZESAR	Zeitschrift für europäisches Sozial- u. Arbeitsrecht, Erich Schmidt Verlag GmbH & Co. KG, Berlin
ZevKR	Zeitschrift für evangelisches Kirchenrecht, Mohr Siebeck GmbH & Co. KG, Tübingen
ZfA	Zeitschrift für Arbeitsrecht, Carl Heymanns Verlag, Köln
ZfB	Zeitschrift für Bergrecht, Carl Heymanns Verlag, Köln
ZfPR	Zeitschrift für Personalvertretungsrecht, dbb verlag gmbh, Berlin
ZG	Zeitschrift für Gesetzgebung, C.F. Müller, Heidelberg
ZGR	Zeitschrift für Unternehmens- und Gesellschaftsrecht, Walter de Gruyter GmbH, Berlin
ZIAS	Zeitschrift für ausländisches und internationales Arbeits- und Sozialrecht, C.F. Müller, Heidelberg
ZInsO	Zeitschrift für das gesamte Insolvenzrecht, Carl Heymanns Verlag, Köln
ZIP	Zeitschrift für Wirtschaftsrecht, RWS Verlag Kommunikationsforum GmbH, Köln
ZMV	Die Mitarbeitervertretung, Ketteler Verlag GmbH, Köln
ZRP	Zeitschrift für Rechtspolitik, Verlag C.H. Beck, München, Frankfurt a.M.
ZTR	Zeitschrift für Tarif-, Arbeits- und Sozialrecht des öffentlichen Dienstes, Verlagsgruppe Hüthig Jehle Rehm GmbH, München
ZUM	Zeitschrift für Urheber- und Medienrecht, Nomos Verlagsgesellschaft mbH & Co. KG, Baden-Baden
ZUM-RD	ZUM-Rechtsprechungsdienst, Nomos Verlagsgesellschaft mbH & Co. KG, Baden-Baden

| ZVglRWiss | Zeitschrift für Vergleichende Rechtswissenschaft, Deutscher Fachverlag GmbH, Frankfurt a.M. | ZZP | Zeitschrift für Zivilprozess, Carl Heymanns Verlag, Köln |

ABHANDLUNGEN

Vertretungsbefristung und Rechtsmissbrauch: Die Konzeption des Bundesarbeitsgerichts zur Befristungskontrolle bei Befristungsketten

Professor Dr. Heinrich Kiel, Richter am Bundesarbeitsgericht

INHALT

I. Einleitung

Im Anschluss an die Entscheidung des Gerichtshofs der Europäischen Union vom 26. Januar 2012[1] in der Rechtssache Kücük hat der Siebte Senat des Bundesarbeitsgerichts am 18. Juli 2012[2] seine Rechtsprechung zu Vertretungsbefristungen bei einem ständigen Vertretungsbedarf fortentwickelt. Auf die Vorlagefragen des Senats vom 17. November 2010[3] ließ der Gerichtshof keinen Zweifel daran, dass der Arbeitgeber selbst einen ständigen Vertretungsbedarf nicht durch eine Personalreserve ausgleichen muss, sondern diesen auch durch – wiederholte – befristete Arbeitsverträge abdecken kann. Um aber in derartigen Fallkonstellationen einen Missbrauch von Befristungsketten

---

[1] EuGH 26. Januar 2012 – C-586/10 – (Kücük), AP Richtlinie 99/70/EG Nr. 9 = EzA TzBfG § 14 Nr. 80.

[2] BAG 18. Juli 2012 – 7 AZR 443/09 – NZA 2012, 1351 und BAG 18. Juli 2012 – 7 AZR 783/10 – NZA 2012, 1359.

[3] BAG 17. November 2010 – 7 AZR 443/09 (A) – BAGE 136, 168.

auszuschließen, verlangt der EuGH eine darauf bezogene Prüfung aller Umstände des Einzelfalls unter Berücksichtigung namentlich der Zahl der mit derselben Person oder zur Verrichtung der gleichen Arbeit geschlossenen aufeinanderfolgenden befristeten Verträge. Mit dieser auf den ersten Blick janusköpfig erscheinenden Entscheidung hat der Gerichtshof dem BAG einen Weg gewiesen, missbräuchliche Gestaltungen wiederholter befristeter Arbeitsverträge zu erfassen, ohne die von der Rechtsprechung entwickelten rechtssicheren Strukturen der Vertretungsbefristung zu verändern. Der vorliegende Beitrag befasst sich mit der Typologie der Vertretungsbefristung, den unionsrechtlichen Beschränkungen von Befristungsketten und der Zulässigkeit wiederholter Vertretungsbefristungen nach der Konzeption der Urteile des Senats vom 18. Juli 2012.

II. Grundsätze und Typologie der Vertretungsbefristung

1. Grundsätze

§ 14 Abs. 1 Satz 1 TzBfG verlangt einen Sachgrund zur Befristung eines Arbeitsvertrages. Ein solcher ist nach § 14 Abs. 1 Satz 2 Nr. 3 TzBfG vorhanden, wenn der Arbeitnehmer zur Vertretung eines anderen Arbeitnehmers beschäftigt wird. Der Sachgrund für eine Vertretungsbefristung liegt darin, dass für die Wahrnehmung der Arbeitsaufgaben durch eine Vertretungskraft von vornherein nur ein zeitlich begrenztes Bedürfnis besteht, weil der Arbeitgeber an den vorübergehend ausfallenden Mitarbeiter, dem die Aufgaben an sich obliegen, rechtlich gebunden ist. Dem Arbeitgeber wird nach ständiger Rechtsprechung nicht abverlangt, ein weiteres unbefristetes Arbeitsverhältnis einzugehen, solange er damit rechnen muss, dass die Stammkraft ihren Arbeitsplatz wieder in Anspruch nehmen kann. Die vom Arbeitgeber zum Zeitpunkt der Befristungsabrede anzustellende Rückkehrprognose ist Teil des Sachgrundes der Vertretung.[4] Da der befristet beschäftigte Arbeitnehmer nach § 14 Abs. 1 Satz 2 Nr. 3 TzBfG nur „zur" Vertretung eines anderen Arbeitnehmers beschäftigt werden darf, muss ein Zusammenhang zwischen der Tätigkeit der ausgefallenen Stammkraft und dem Vertreter bestehen. Fehlt dieser Kausalzusammenhang, ist die Befristung nicht durch den Sachgrund der Vertretung gerechtfertigt.[5] Die vereinbarte Befristungsdauer bedarf hingegen keiner gesonderten Rechtfertigung. [6] Nach der ständigen Rechtsprechung des Senats muss die Laufzeit des mit der Vertretungskraft abgeschlossenen Arbeitsvertrags auch nicht mit der voraussichtlichen Dauer der Arbeitsverhinderung des zu Vertretenden übereinstimmen, sondern kann hinter ihr zurückbleiben. Dem Arbeitgeber ist es unbenommen zu entscheiden, ob er den vorübergehenden Ausfall eines Arbeitnehmers überhaupt durch Einstellung einer Vertretungskraft überbrückt. Deshalb kann er die Vertretung auch nur für einen kürzeren Zeitraum regeln. Ein deutliches Zurückbleiben der Dauer des befristeten Arbeitsvertrages hinter dem Zeit-

---

[4] Vgl. BAG 17. November 2010 – 7 AZR 443/09 (A) – Rn. 17, a.a.O. (Fn. 3); 18. Juli 2012 – 7 AZR 443/09 – Rn. 19, a.a.O. (Fn. 2).

[5] BAG 25. März 2009 – 7 AZR 34/08 – Rn. 14 m.w.N, a.a.O. (Fn. 5); BAG 10. Oktober 2012 – 7 AZR 462/11 – Rn. 24.

[6] Vgl. BAG 6. Dezember 2000 – 7 AZR 262/99, BAGE 96, 320; dazu *Linsenmaier*, RdA 2012, 193, 198.

raum, für den voraussichtlich der Vertretungsbedarf besteht, kann allerdings ein objektives Indiz dafür darstellen, dass der Sachgrund nur vorgeschoben ist.[7]

2. Typologie

Im Rahmen der Befristungskontrolle müssen die Gerichte für Arbeitssachen mittels objektiver und transparenter Kriterien[8] feststellen können, ob der Vertretungsfall tatsächlich vorliegt, oder ob dieser nur vorgeschoben und daher unbeachtlich ist. Die Rechtsprechung unterscheidet vier Kategorien der Vertretungsbefristung nach § 14 Abs. 1 Satz 2 Nr. 3 TzBfG.

a) Unmittelbare Vertretung

Die Befristung eines Arbeitsvertrages ist gerechtfertigt, wenn der befristet eingestellte Mitarbeiter Tätigkeiten der vorübergehend ausfallenden Stammkraft erledigt. Bei einer unmittelbaren Vertretung lässt sich der Vertretungszusammenhang objektiv ohne weiteres feststellen. Dies gilt jedenfalls dann, wenn der Arbeitnehmer dem Arbeitgeber etwa wegen Krankheit, Urlaub, Elternzeit oder Freistellung überhaupt nicht zur Verfügung steht. Der Vertretungsbedarf ist für den Arbeitgeber in diesen Fällen „fremdbestimmt". Er kann die Aufgaben der vorübergehend nicht zur Verfügung stehenden Stammkraft von einem auf Zeit eingestellten Arbeitnehmer erledigen lassen (sog. „Abwesenheitsvertretung"). Jedoch ist, wie der Senat erstmals am 16. Januar 2013 entschieden hat, eine Vertretungsbefristung auch dann statthaft, wenn der Arbeitgeber die Stammkraft vorübergehend mit anderen Tätigkeiten betraut und der Arbeitgeber den dadurch entstehenden Vertretungsbedarf durch befristete Einstellungen deckt (sog. „Abordnungsvertretung").[9] Auch wenn der unmittelbare Vertretungsbedarf in einem solchen Fall erst durch die Abordnung entsteht, kann die befristete Einstellung einer Ersatzkraft sachlich gerechtfertigt sein. Allerdings bedeutet es für den Prognosemaßstab einen nicht unerheblichen Unterschied, ob der Vertretungsbedarf in der Sphäre der abwesenden Stammkraft oder durch Entscheidung des Arbeitgebers entstanden ist.

aa) Bei der „Abwesenheitsvertretung" in Fällen von Krankheit, Urlaub, Elternzeit oder Freistellung kann der Arbeitgeber grundsätzlich damit rechnen, dass der Vertretene nach Beendigung der Freistellung oder Beurlaubung seine arbeitsvertraglichen Pflichten wieder erfüllen und eine vertragsgerechte Beschäftigung beanspruchen wird. Nur wenn dem Arbeitgeber aufgrund vorliegender Informationen erhebliche Zweifel kommen müssen, dass die Stammkraft überhaupt wieder an ihren Arbeitsplatz zurückkehren wird, darf er nicht von einem vorübergehenden Vertretungsbedarf ausgehen. Dies setzt nach der Rechtsprechung in der Regel voraus, dass der zu vertretende

---

[7] Vgl. BAG 25. März 2009 – 7 AZR 34/08 – Rn. 14 mwN, a.a.O. (Fn. 5); *Linsenmaier*, RdA 2012, 193, 198; kritisch gegenüber dem Maßstab der Unabhängigkeit von Vertragszeit und prognostizierter Vertragsdauer APS/*Backhaus*, 4. Aufl. § 14 TzBfG Rn. 48c; *Preis/Loth*, Anm. zu EzA TzBfG § 14 Nr. 80, S. 21; vgl. dazu auch unter dem Gesichtspunkt des Rechtsmissbrauchs unten V.3.b bb Fn. 142.

[8] Vgl. zu diesen Anforderungen EuGH 26. Januar 2012 – C-586/10 – (Kücük) Rn. 29, 34, a.a.O. (Fn. 1); EuGH 23. April 2009 – C-378/07 u.a. – (Angelidaki) Rn. 98, 100 m.w.N., AP Richtlinie 99/70/EG Nr. 6

[9] BAG 16. Januar 2013 – 7 AZR 661/11 – und BAG 16. Januar 2013 – 7 AZR 662/12 – a.a.O.; BAG 13. Februar 2013 – 7 AZR 324/11; so schon *Hunold*, BB 2012, 288.

Arbeitnehmer dem Arbeitgeber bereits vor dem Abschluss des befristeten Arbeitsvertrages mit dem Vertreter verbindlich erklärt hat, er werde die Arbeit nicht wieder aufnehmen.[10] Freilich wird eine Stammkraft eine solche Erklärung selten abgeben; noch unwahrscheinlicher dürfte es sein, dass der Vertreter im Prozess einen entsprechenden Vortrag halten und beweisen kann.[11] Es mag andere Tatsachen geben, die einer Rückkehrprognose der Stammkraft nach Überzeugung eines Gerichts entgegenstehen. Deutlich wird durch den Rechtssatz des Senats jedenfalls, dass den Arbeitgeber keine Erkundigungspflicht nach den beruflichen Planungen der Stammkraft oder deren Gesundheitszustand trifft. Selbst bei einer langandauernden, schweren Erkrankung, die eine Genesung unwahrscheinlich erscheinen lässt, darf er daher grundsätzlich mit der Rückkehr des Stammarbeitnehmers rechnen.[12] Diese Grundsätze gelten ebenso für die Vertretung eines freigestellten Betriebs- oder Personalratsmitglieds. Das Mandat wird spätestens mit der Amtszeit des Betriebs- bzw. Personalrats ablaufen. Erst besondere Umstände – etwa eine weit über die jeweilige Amtsperiode hinausreichende Befristungsdauer oder eine Befristung zum Ende der Amtsperiode trotz voraussichtlich weit früheren Ausscheidens der Stammkraft – können hier dafür sprechen, dass der Sachgrund der Vertretung lediglich vorgeschoben ist und die Befristung damit nicht rechtfertigt.[13]

bb) Im Fall der „Abordnungsvertretung" unterliegt die Rückkehrprognose dagegen strengeren Anforderungen. Der Arbeitgeber kann in diesen Fällen nicht ohne Weiteres davon ausgehen, die Stammkraft werde zurückkehren, sofern sie nicht Gegenteiliges erklärt hat. Da deren Arbeitskraft zur Verfügung steht und Rückkehr auf den Arbeitsplatz regelmäßig vom Arbeitgeber plan- und steuerbar ist, muss er bei der Prognose insbesondere seine Planungs- und Organisationsentscheidungen einbeziehen. Je nach Lage des Einzelfalls können dazu etwa wiederholte Verlängerungen der Abordnung von Bedeutung sein oder der Umstand, ob die Abordnung dem Wunsch des Beschäftigten entsprach oder gegen seinen Willen erfolgte.[14]

b) Mittelbare Vertretung

Eine unmittelbare Vertretung der Stammkraft ist nicht notwendig Voraussetzung für eine Vertretung nach § 14 Abs. 1 Satz 2 Nr. 3 TzBfG. Dies würde dem Direktionsrecht des Arbeitgebers nicht gerecht, der die Verantwortung für den vertragsgemäßen und effektiven Einsatz des Personals trägt.[15] Ein Fall mittelbarer Vertretung liegt etwa vor, wenn eine erfahrene Stammkraft vorübergehend auf einen anderen qualifizierteren Arbeitsplatz abgeordnet wird, um dort einen Arbeitnehmer in Elternzeit zu vertreten, und die eigentlichen Aufgaben während dessen einem auf Zeit eingestellten Arbeitnehmer übertragen werden. Bei der mittelbaren Vertretung, die sich als Vertretungskette über mehrere Arbeitsplätze erstrecken kann, muss allerdings sichergestellt

---

[10] Vgl. BAG 25. März 2009 – 7 AZR 34/09 – Rn. 12, a.a.O. (Fn. 5); BAG 16. Januar 2013 – 7 AZR 661/11.

[11] Kritisch deshalb *Willemsen*, RdA 2012 291, 294; a.A. *Maschmann*, BB 2012, 1098.

[12] *Kamanabrou*, EuZA 2012, 441, 444; für Erkundigungspflicht bei wiederholten Befristungen dagegen *Bauer/von Medem*, SAE 2012 25, 28.

[13] BAG 20. Februar 2002 – 7 AZR 600/00 – zu I.2. der Gründe, BAGE 100, 334.

[14] BAG 16. Januar 2013 – 7 AZR 661/11.

[15] BAG 25. März 2009 – 7 AZR 34/09 – Rn. 14 a.a.O. (Fn. 5); dazu *Linsenmaier*, RdA 2012, 193, 198f.

sein, dass die Beschäftigung des befristet eingestellten Arbeitnehmers wegen des Arbeitskräftebedarfs erfolgt, der durch die vorübergehende Abwesenheit des zu vertretenden Mitarbeiters entsteht. Eine Dokumentation der mittelbaren Vertretungskette wird von der Rechtsprechung nicht verlangt.

c) Gedankliche Zuordnung

Selbst wenn dem befristet beschäftigten Arbeitnehmer Aufgaben übertragen werden, die der vertretene Mitarbeiter selbst gar nicht ausgeübt hat, akzeptiert die Rechtsprechung den Sachgrund der Vertretung unter bestimmten Voraussetzungen. Entgegen verschiedentlich geäußerter Kritik[16] hat der Senat – nicht zuletzt durch die Urteile vom 18. Juli 2012[17] – die sog. gedankliche Zuordnung als Kategorie der Vertretungsbefristung bestätigt,[18] allerdings durch Urteil vom 16. Januar 2013[19] entschieden, dass sich diese Rechtsfigur nicht auch auf die Konstellation der Abordnungsvertretung übertragen lässt.

aa) Steht die Stammkraft dem Arbeitgeber vorübergehend nicht zur Verfügung, ist der Arbeitgeber nicht darauf beschränkt, dem Vertreter die vorübergehend vakanten Aufgaben unmittelbar oder mittelbar zu übertragen. Der Arbeitgeber kann den für § 14 Abs. 1 Satz 2 Nr. 3 TzBfG erforderlichen Vertretungszusammenhang auch dadurch herstellen, dass er die Aufgaben des Vertreters gedanklich einem oder mehreren vorübergehend abwesenden Beschäftigten zuordnet. Diese Zuordnung setzt allerdings voraus, dass die Stammkraft die Aufgaben bei Abschluss des befristeten Vertrages mit dem Vertreter tatsächlich und rechtlich hätte erfüllen können. Sie scheidet deshalb in der Regel aus bei tariflich insgesamt ungleichwertigen Aufgaben[20] und kommt aus tatsächlichen Gründen nicht in Frage, wenn die Stammkraft die Aufgaben des Vertreters erst nach einer das befristete Arbeitsverhältnis überdauernden Einarbeitungsphase hätte übernehmen können.[21] Der gesetzlich geforderte Kausalzusammenhang verlangt außerdem eine Dokumentation der Zuordnung, die insbesondere im Arbeitsvertrag erfolgen kann.[22] Damit wird dem Transparenzgebot genügt und verhindert, dass der Arbeitgeber den Ausfall einer Stammkraft missbraucht, um einen oder mehrere Arbeitnehmer befristet in einem zeitlichen Umfang einzustellen, der über den Umfang der Tätigkeit der vorübergehend abwesenden Stammkraft hinausgeht.

---

16 Vgl. etwa Brose, NZA 2009, 706, 707; *Eisemann*, NZA 2009, 1113, 1114 f.; *Lakies*, ArbR 2012, 55, 57 „Vertretungskarussell", *Schlachter*, in: Laux/Schlachter 2. Aufl. § 14 TzBfG Rn. 50; *Lipke*, FS Etzel 2011, S. 255, 263, *Maschmann*, BB 2012, 1098, 1099; *Preis/Greiner*, RdA 2010, 148; *Greiner*, Anm. zu EzA § 14 TzBfG Nr. 34; Staudinger/*Preis*, § 620 BGB Rn. 113.

17 BAG 18. Juli 2012 – 7 AZR 443/09 – Rn. 23 ff. und BAG 18. Juli 2012 – 7 AZR 783/10 – Rn. 19 ff., jeweils a.a.O. (Fn. 2)

18 Dazu *Linsenmaier*, RdA 2012, 193, 199.

19 BAG 16. Januar 2013 – 7 AZR 662/11.

20 BAG 12. Januar 2011 – 7 AZR 194/09 – Rn. 20, AP TzBfG § 14 Nr. 78 = EzA TzBfG § 14 Nr. 73.

21 BAG 14. April 2010 – 7 AZR 121/09 – Rn. 19, AP TzBfG § 14 Nr. 72 = EzA TzBfG § 14 Nr. 65.

22 BAG 14. April 2010 – 7 AZR 121/09 – Rn. 16 m.w.N, a.a.O. (Fn. 18); BAG 18. Juli 2012 – 7 AZR 443/09 – Rn. 17, a.a.O. (Fn. 2); diese Transparenz begrüßen auch *Preis/Loth*, Anm. zu EzA TzBfG § 14 Nr. 80, S. 37 trotz grundsätzlicher Kritik.

bb) Eine gedankliche Ausübung des Direktionsrechts kommt demgegenüber nicht in Betracht, wenn der Arbeitnehmer dem Arbeitgeber zur Verfügung steht. Im Gegensatz zu den Fällen der vollständigen Abwesenheit der Stammkraft – etwa wegen Urlaubs oder Krankheit – ist der Arbeitgeber in diesem Fall an der Ausübung seines Direktionsrechts nicht gehindert; er nimmt es im Gegenteil gerade wahr. Ein Direktionsrecht kann nicht gleichzeitig gedanklich und tatsächlich ausgeübt werden. Hat der Arbeitgeber etwa von seinen Versetzungs- und Umsetzungsbefugnissen Gebrauch gemacht, indem er die von ihrem Arbeitsplatz vorübergehend abwesende Stammkraft anderweitig eingesetzt hat, kann er sich deshalb nicht zugleich darauf berufen, er hätte sein Weisungsrecht auch in anderer Weise ausüben können. Anderenfalls würde ihm die Möglichkeit eröffnet, sich ohne sachliche Rechtfertigung Befristungsmöglichkeiten selbst zu schaffen. Das wäre mit dem aus dem TzBfG folgenden Gebot einer wirksamen Befristungskontrolle unvereinbar.[23]

d) Schuljahresbezogener Gesamtvertretungsbedarf

Die vierte Kategorie einer von der Rechtsprechung bisher anerkannten Befristung nach § 14 Abs. 1 Satz 2 Nr. 3 TzBfG ist der schuljahresbezogene Gesamtvertretungsbedarf. Im Unterschied zu einer Einzelvertretung hat es die Rechtsprechung bisher ausreichen lassen, den Vertretungsbedarf für das Lehrpersonal innerhalb einer durch Organisationsentscheidung festgelegten Verwaltungseinheit bezogen auf ein Schuljahr rechnerisch zu ermitteln. In den Gesamtvertretungsbedarf fließen dabei nur Vakanzen ein, die auf Beurlaubungen nach beamten- und tariflichen Vorschriften beruhen und sich schuljahresbezogen zuverlässig prognostizieren lassen; kurzfristige Abwesenheiten bleiben außer Betracht.[24] In diesem Rahmen können Ermittlung und Ausgleich des Vertretungsbedarfs für Lehrkräfte schultypenunabhängig erfolgen. Voraussetzung ist, dass die Verwaltungseinheit über uneingeschränkte Versetzungs- und Umsetzungsbefugnisse verfügt und tatsächlich sowie rechtlich im Stande ist, Lehrkräften ohne Rücksicht auf deren Lehrbefähigung und Status zur Abdeckung eines vorübergehenden Personalbedarfs an allen Schulen einzusetzen.[25]

Auch wenn diese Anforderungen durchaus eine Hürde darstellen[26], ist nicht zu verkennen, dass der Arbeitgeber mit der schuljahresbezogenen Festlegung des Gesamtvertretungsbedarfs um die Notwendigkeit einer einzelfallbezogenen Zuordnung entlastet wird. Es bedarf weder einer gedanklichen Zuordnung noch einer Dokumentation der genauen Vertretungszusammenhänge. Deshalb wird die Rechtsfigur der

---

[23] BAG 16. Januar 2013 – 7 AZR 662/11; vgl. zur haushaltsrechtlichen Befristung BAG 9. März 2011 – 7 AZR 727/09 – Rn. 31, BAGE 137, 178.

[24] KR/*Lipke*, 10. Aufl. § 14 TzBfG Rn. 169.

[25] Vgl. BAG 20. Januar 1999 – 7 AZR 640/97 – BAGE 90, 335, zu II 3 und zu III 1 b der Gründe; vgl. bereits BAG 13. April 1983 – 7 AZR 51/81 – BAGE 42, 203; ferner BAG 9. Juni 1999 – 7 AZR 35/98; BAG 23. Februar 2000 – 7 AZR 555/98 –; BAG 6. Oktober 2010 – 7 AZR 397/09 – Rn. 24, BAGE 136, 17.

[26] Dem BAG zustimmend daher *Gräfl*, in: Arnold/Gräfl § 14 TzBfG Rn. 109 ff.; ErfK/*Müller-Glöge*, 13. Aufl. § 14 TzBfG Rn. 38; HaKo/*Mestwerdt*, 4. Aufl. § 14 TzBfG Rn. 86; *Sievers*, 4. Aufl. § 14 TzBfG Rn. 205; wohl auch *Dörner*, Der befristete Arbeitsvertrag 2. Aufl. Rn. 323 l und KR/*Lipke*, § 14 Rn. 169, 169a, jedoch unter Hinweis auf unionsrechtliche Bedenken.

Gesamtvertretung in weiten Teilen des Schrifttums äußerst kritisch betrachtet.[27] Die Grundsätze entfernen sich weit von dem arbeitsplatzbezogenen Charakter des Sachgrundes,[28] der durch die gesetzliche Formulierung „zur Vertretung eines anderes Arbeitnehmers" zum Ausdruck kommt. Mag auch der Gesetzgeber des § 14 Abs. 1 Satz 2 Nr. 3 TzBfG, der sich an der Vertretungsrechtsprechung vor Inkrafttreten des TzBfG orientiert hat, diese Rechtsfigur nicht ausgeschlossen haben,[29] so bestehen doch nicht unerhebliche Zweifel an einer ausreichend wirksamen Kontrolle im Einzelfall, ob tatsächlich ein Vertretungsfall im Sinne des Gesetzes vorliegt und nicht in Wirklichkeit ein dauerhafter Bedarf abgedeckt wird.[30] Außerdem steht wie bei der haushaltsrechtlichen Befristung nach § 14 Abs. 1 Satz 2 Nr. 7 TzBfG[31] die Frage im Raum, ob es sich bei einer auf Schulen zugeschnittenen Fallgruppe[32] nicht um eine unzulässige Privilegierung des öffentlichen Sektors handelt, die dort befristet beschäftigte Lehrkräfte nach dem Gleichbehandlungsgrundsatz sachwidrig benachteiligt. Im Urteil vom 10. Oktober 2012 hat der Senat zuletzt offengelassen, ob und ggf. mit welchen Modifikationen ein schuljahresbezogener Gesamtvertretungsbedarf zukünftig die Befristung von Arbeitsverhältnissen mit Lehrkräften rechtfertigen kann.[33]

An dem Urteil des Senats vom 6. Oktober 2010 zur wiederholten Befristung eines Lehrers in Schleswig-Holstein wird deutlich, dass es eines Rückgriffs auf den Gesamtvertretungsbedarf im Schulwesen nicht zwingend bedarf. Auf der Grundlage einer entsprechenden schulorganisatorischen Personalkonzeption lässt sich der Vertretungsbedarf „schulscharf" zuordnen und durch Einstellung fachspezifischer Lehrkräfte abdecken.[34] Das Vertretungskonzept basierte in diesem Fall darauf, Lehrkräfte als Vertreter einzustellen, die dem Anforderungsprofil der Stammkraft entsprachen und zur Wahrnehmung von deren Aufgaben fachlich, örtlich und zeitlich geeignet waren. Aufgrund der unterschiedlichen Schultypen, der mannigfachen Fächerkombinationen und der großen räumlichen Diversifizierung in einem Flächenstaat war das „Anforderungsprofil" an die Vertretungskraft für die jeweils konkret ausfallende Stammkraft so unterschiedlich, dass eine unbefristet eingestellte und quasi als „Universalspringer" eingesetzte Lehrkraft diesen Anspruch nicht hätte erfüllen können.[35] Die Befristungskontrollklage blieb schon deshalb erfolglos, weil der ständig

---

[27] Vgl. etwa *Maschmann*, in: Annuß/Thüsing 3. Aufl. § 14 TzBfG Rn. 28; APS/*Backhaus* § 14 Rn. 344; *Boecken*, in: Boecken/Joussen 3. Aufl. § 14 TzBfG Rn. 60; *Brose*, NZA 2009, 706, 708; KDZ/*Däubler*, 8. Aufl. § 14 TzBfG Rn. 66; *Koller*, Anm. zu AP BGB § 620 Nr. 76, 67; *Meinel/Heyn/Herms*, 4. Aufl. § 14 TzBfG Rn. 89; *Preis/Loth*, Anm. zu EzA TzBfG § 14 Nr. 80, S. 38 f.; *Preis/Loth*, ZTR 2013, 232.

[28] Vgl. *Greiner*, EuZA 2012, 529, 533.

[29] Vgl. *Dörner*, Der befristete Arbeitsvertrag Rn. 297 f.

[30] Vgl. APS/*Backhaus*, § 14 Rn. 344; *Dörner*, Der befristete Arbeitsvertrag Rn. 323 l; KR/*Lipke*, § 14 Rn. 169 a.

[31] Dazu unter III. 2.

[32] ErfK/*Müller-Glöge*, § 14 Rn. 38; KR/*Lipke*, § 14 Rn. 162 a; nach Auffassung von *Gräfl*, in: Arnold/Gräfl § 14 Rn. 109, HaKo/*Mestwerdt*, § 14 Rn. 86 können die Grundsätze auch in anderen Bereichen der öffentlichen Verwaltung und in der Privatwirtschaft entsprechend angewandt werden.

[33] BAG 10. Oktober 2012 – 7 AZR 462/11 – Rn. 30.

[34] BAG 6. Oktober 2010 – 7 AZR 397/09 – a.a.O. (Fn. 25); vgl. dazu *Linsenmaier*, RdA 2012, 193, 199; vgl. ferner *Preis/Loth*, ZTR 2013, 232, 237.

[35] BAG 6. Oktober 2010 – 7 AZR 397/09 – Rn. 31, a.a.O. (Fn. 25).

auftretende Vertretungsbedarf nach dem Lehrerpersonalkonzept des Landes nicht sinnvoll durch zusätzliche, unbefristet eingestellte Lehrer hätte gedeckt werden können.

III. Entstehung von Befristungsketten

Befristungsketten bilden sich erfahrungsgemäß häufig in Fällen, in denen dem Vertreter nicht unmittelbar die Arbeitsaufgaben der Stammkraft übertragen werden. Sie sind damit keineswegs nur ein Phänomen großer Körperschaften des öffentlichen Dienstes oder privatisierter Unternehmen, treten dort aber besonders deutlich zu Tage.[36] Betroffen sind Angestellte in Schule, Kindererziehungseinrichtungen und Verwaltung, die nicht selten ohne die Perspektive einer Festanstellung über Jahre hinweg immer wieder auf Zeit eingesetzt werden. Allein zwischen 2002 und 2008 hatte der Senat über zehn derartige Befristungskontrollklagen zu entscheiden.[37]

1. Vertretungsbedarf durch Elternzeit und Sonderurlaub

Begünstigt wird die Bildung von Befristungsketten durch einen ständigen Vertretungsbedarf infolge Elternzeit und Gewährung von unbezahltem Sonderurlaub aus familiären Gründen.[38] Sie kann damit als – gleichsam unerwünschtes – Resultat eines rechts- und sozialpolitischen Ziels entstehen. § 21 Abs. 1 BEEG bestimmt, dass ein sachlicher Grund, der die Befristung eines Arbeitsverhältnisses rechtfertigt, auch dann vorliegt, wenn ein Arbeitnehmer zur Vertretung eines anderen Arbeitnehmers für die Dauer eines Beschäftigungsverbotes nach dem Mutterschutzgesetz, einer Elternzeit, einer auf Tarifvertrag, Betriebsvereinbarung oder einzelvertraglicher Vereinbarung beruhenden Arbeitsfreistellung zur Betreuung eines Kindes oder für diese Zeiten zusammen oder für Teile davon eingestellt wird.[39] Die ausdrückliche Aufnahme der Befristungsregelungen in das Recht der Elternzeit unterstreicht deren Bedeutung für die Lebenssachverhalte „Mutterschutz" und „Elternzeit". Der Arbeitgeber soll sicher sein, dass er hierdurch bedingte Ausfallzeiten durch befristete Einstellung einer Vertretungskraft auffangen kann.[40]

2. Auswirkungen des Haushaltsrechts

Befristungsketten, die infolge unbezahlten Sonderurlaubs vor allem bei öffentlich-rechtlichen Arbeitgebern zu beobachten sind, entstehen nahezu unweigerlich infolge der Bindung an den gesetzlichen Haushalt, wenn trotz dieser sozialpolitischen Zielsetzung keine, jedenfalls keine ausreichende Personalreserve aus unbefristet Beschäftigten eingeplant wird. Der öffentliche Arbeitgeber kann eine dauerhafte Einstellung nur vornehmen, wenn der Haushaltsplan dafür die entsprechenden Mittel vorsieht. Der Haushaltsbindung will an sich § 14 Abs. 1 Satz 2 Nr. 7 TzBfG Rechnung tragen. Danach liegt ein sachlicher Grund zur Befristung eines Arbeitsvertrages vor, wenn der Arbeitnehmer aus Haushaltsmitteln vergütet wird, die haushaltsrechtlich für eine befristete Beschäftigung bestimmt sind und er entsprechend beschäftigt wird. Aller-

---

[36] Ebenso *Persch*, ZTR 2012, 268; *Temming*, ELR 2012, 43, 47.
[37] Siehe dazu die Entscheidungsübersicht bei *Schmitt*, ZESAR 2012, 369, 370.
[38] Vgl. *Kamanabrou*, EuZA 2012, 441, 444; *Temming*, ELR 2012, 43, 47.
[39] BAG 18. Juli 2012 – 7 AZR 443/09 – Rn. 16, a.a.O. (Fn. 2).
[40] BAG 5. Juni 2007 – 9 AZR 82/07 – Rn. 60, BAGE 123, 30; BAG 17. November 2010 – 7 AZR 443/09 (A) – Rn. 17, a.a.O. (Fn. 3); ErfK/*Müller-Glöge*, § 21 BEEG Rn. 2.

dings handelt es sich bei diesem Befristungsgrund um ein Privileg für den öffentlichen Dienst. Er bewirkt eine Schlechterstellung von Arbeitnehmern des öffentlichen Dienstes, die gegenüber Beschäftigten in der Privatwirtschaft einen Sonderbefristungsgrund gegen sich gelten lassen müssen und begegnet deshalb rechtlichen Bedenken.[41] Nach dem Urteil des Senats vom 9. März 2011[42] kann sich jedenfalls eine Selbstverwaltungskörperschaft, die auch ihren Haushalt maßgeblich aufgestellt, auf diesen Sachgrund nicht berufen. Mit einer Befristungskontrolle, ob die Beschäftigung nicht in Wahrheit zur Deckung eines ständigen und dauerhaften Bedarfs erfolgt, wäre es nicht zu vereinbaren, wenn es der (Selbst-)Verwaltung überlassen bliebe, sich selbst Befristungsmöglichkeiten zu schaffen.[43] Steht einer öffentlich-rechtlichen Selbstverwaltungskörperschaft damit die Möglichkeit der haushaltsrechtlichen Befristung nicht offen, wird sie den zeitweisen Personaleinsatz insbesondere auf den Sachgrund eines vorübergehenden Bedarfs an der Arbeitsleistung (§ 14 Abs. 1 Satz 2 Nr. 1 TzBfG) stützen oder mit konkreten Vertretungsfällen begründen. Es dürfte daher kein Zufall sein, dass in zwei Fällen Angestellte der Bundesagentur für Arbeit ihre Befristungskontrollklagen, über die das BAG am 16. Januar 2013 entschieden hat, mit der Auffassung begründet haben, ein Vertretungsbedarf i.S.d § 14 Abs. 1 Satz 2 Nr. 3 TzBfG könne durch eine Abordnung der Stammkraft auf andere (qualifiziertere) Stellen entstehen.[44]

Auch ist aufgrund der „Signale" der Rechtsprechung nachzuvollziehen, dass der öffentliche Arbeitgeber derzeit bei der Begründung befristeter Arbeitsverhältnisse insgesamt vorsichtig agiert und sich neben der haushaltsrechtlichen Befristung nach § 14 Abs. 1 Satz 2 Nr. 7 TzBfG zusätzlich (auch) auf andere Sachgründe beruft, namentlich auf die Möglichkeiten der Vertretungsbefristung.[45] In dem Vorabentscheidungsersuchen vom 27. Oktober 2010 setzte der Senat ein deutliches Fragezeichen, ob die im Befristungsgrund des § 14 Abs. 1 Satz 2 Nr. 7 TzBfG liegende sektorale Privilegierung des öffentlichen Dienstes unter Berücksichtigung des unionsrechtlichen Gleichheitssatzes mit der Rahmenvereinbarung über befristete Verträge[46] vereinbar ist.[47] Die Vorlagefragen blieben zwar nach der Erledigung des Rechtsstreits unbeantwortet. Die Schlussanträge des Generalanwalts Jääskinen in einer – gleichfalls durch Erledigung unbeantworteten – Vorlage des LAG Köln[48] haben den Senat jedenfalls nicht von der Pflicht zu erneuter Anrufung des EuGH entbunden.[49] Nach Auffassung des Generalanwalts erlaubt die Beurteilung des nach § 5 Nr. 1 Buchst. a der Rah-

---

[41] Vgl. *Dörner*, Der befristete Arbeitsvertrag Rn. 219 ff.; *Linsenmaier*, RdA 2012, 200 f.; *Preis/Greiner*, RdA 2010, 148, 152 ff.

[42] BAG 9. März 2011 – 7 AZR 727/09 – BAGE 137, 178.

[43] BAG 9. März 2011 – 7 AZR 727/09 –, a.a.O. (Fn. 42); *Dörner*, Der befristete Arbeitsvertrag. Rn. 218; ErfK/*Müller-Glöge*, § 14 Rn. 103.

[44] BAG 16. Januar 2013 – 7 AZR 661/11 – und BAG 16. Januar 2013 – 7 AZR 662/12; dazu unter II.2.a bb und II.2.c bb.

[45] Vgl. etwa BAG 13. Februar 2013 – 7 AZR 225/11.

[46] Richtlinie 1999/70/EG des Rates vom 28. Juni 1999 zu der EGB-UNICE-CEEP-Rahmenvereinbarung über befristete Arbeitsverträge (Rahmenvereinbarung).

[47] BAG 27. Oktober 2010 – 7 AZR 485/09 (A) – Rn. 42 ff., BAGE 136/93.

[48] LAG Köln 13. April 2010 – 7 Sa 1224/09 – ZTR 2010, 427.

[49] *Linsenmaier*, RdA 2012, 193, 201.

menvereinbarung erforderlichen sachlichen Grundes keine Differenzierung zwischen dem öffentlichen und dem privaten Sektor.[50]

IV. Wiederholte Vertretungsbefristungen in der Rechtsentwicklung

1. Grundsätze nach der Senatsrechtsprechung vom 25. März 2009

Der mehrfache Abschluss befristeter Arbeitsverträge wegen wiederholter Verhinderung der zu vertretenden Stammkraft oder wegen eines dauerhaften Vertretungsbedarfs steht der Prognose des künftigen Wegfalls des Vertretungsbedarfs nicht entgegen. Entscheidend ist allein, ob bei Vereinbarung der streitgegenständlichen Befristungsabrede ein Vertretungsfall vorliegt. Mit Urteil vom 25. März 2009[51] hat der Senat die Rechtsprechung gefestigt, dass es in der freien Entscheidung des Arbeitgebers liegt, ob er bei einem weiteren Vertretungsbedarf erneut den bisherigen Vertreter oder einen anderen Arbeitnehmer mit der Vertretung betraut oder ob er sich in sonstiger Weise behilft. Vorgeschoben sei der Sachgrund aber, wenn der Arbeitnehmer nicht lediglich für einen bestimmten Vertretungsfall eingestellt werde, sondern beabsichtigt sei, ihn für eine zum Zeitpunkt des Vertragsschlusses noch nicht absehbare Vielzahl von Verträgen auf Dauer einzustellen.[52] Es kam dem Senat also nicht darauf an, ob im Unternehmen ein dauerhafter Vertretungsbedarf auftritt, sondern ob in Wirklichkeit eine Beschäftigung als „Dauervertreter" (z. B. als „Springer") vorgesehen ist.[53] Eine entsprechende Planung wird sich bei Abschluss des befristeten Arbeitsvertrages in den wenigsten Fällen gerichtlich feststellen lassen.[54] Die Befristungskontrollklage einer Vertretungskraft, die eine seit etwa 14 Jahren zunächst wegen Erziehung ihrer Kinder und danach ohne Bezüge beurlaubte Beamtin vertrat, blieb ohne Erfolg.[55] Sie stand zuletzt in einem zweimonatigen Arbeitsverhältnis, dem zehn befristete Verträge im Zeitraum eines Jahres vorangegangen waren.

2. Erhöhte Anforderungen an Rückkehrprognose bei Befristungsketten?

Der Senat hatte damit einem vorinstanzlichen „Unbehagen" gegenüber der entstandenen Befristungskette nicht nachgegeben. Die Kritik an der Entscheidung vom 25. März 2009 setzte bei der Figur der gedanklichen Zuordnung an, die Befristungsketten begünstige. Gerügt wurde daneben die Verengung der Prüfung auf den letzten Vertretungsfall unter gleichzeitigem „Ausblenden" der Vertragshistorie. Entgegen der Rechtsprechung vor Inkrafttreten des TzBfG[56] prüfe der Senat nicht mehr, ob und

---

[50] Schlussanträge des Generalanwalts *Jääskinen* 15. September 2011 – C-313/10 – (Jansen) Rn. 98 unter 2.

[51] BAG 25. März 2009 – 7 AZR 34/08 – a.a.O. (Fn. 5).

[52] Vgl. BAG 25. März 2009 – 7 AZR 34/08 – Rn. 12 m.w.N., a.a.O. (Fn. 5); BAG 17. November 2010 – 7 AZR 443/09 (A) – Rn. 20, a.a.O. (Fn. 3); BAG 18. Juli 2012 – 7 AZR 443/09 – Rn. 18, a.a.O. (Fn. 2).

[53] Vgl. dazu *Kamanabrou*, EuZA 2012, 441, 445 m.w.N. und Beispielen.

[54] Scharfe Kritik deshalb bei *Greiner*, EuZA 2012, 529, 537; *Preis/Greiner*, RdA 2010, 148, 151; vgl. auch *Schmitt*, ZESAR 2012, 369, 370.

[55] BAG 25. März 2009 – 7 AZR 34/08 – a.a.O. (Fn. 5).

[56] Vgl. etwa BAG 22. November 1995 – 7 AZR 252/95 – zu II 2 a der Gründe, AP BGB § 620 Befristeter Arbeitsvertrag Nr. 178 = EzA BGB § 620 Nr. 138; grundsätzlich auch noch BAG 6. Dezember 2000 – 7 AZR 262/99 – zu B II 2 a cc der Gründe, BAGE 96, 320; BAG 27. Juni 2001 – 7 AZR 326/00 – zu 4 der Gründe, EzA BGB § 620 Nr. 178.

wie oft der befristet eingestellte Arbeitnehmer bereits zuvor im Rahmen befristeter Arbeitsverträge bei dem Arbeitgeber beschäftigt war. Wenn auch eine große Anzahl abgeschlossener Verträge nicht mehr dazu führe, dass an die Prüfung, ob der Sachgrund der Vertretung vorliege, besonders strenge Anforderungen zu stellen seien[57], werde dem Arbeitgeber ermöglicht, bei einer durch Krankheit und Beurlaubungen stets erforderlichen Personalreserve die in Vertretungsfunktionen beschäftigten Arbeitnehmer ständig in befristeten Arbeitsverträgen zu halten.[58] Eine solche Befristungskontrolle werde den Maßstäben des Unionsrechts nicht gerecht. Gefordert wurde, die Anforderungen an die Rückkehrprognose zu verschärfen, wenn sich diese immer wieder als falsch erwiesen habe. Der Arbeitgeber habe jeweils detaillierter darzulegen, aus welchem tatsächlichen, objektiven Grund er bei Abschluss des letzten Arbeitsvertrages davon ausgegangen sei, dass eine hinreichend hohe Wahrscheinlichkeit für den Wegfall des Beschäftigungsbedürfnisses mit Ablauf der Befristung bestanden habe und die Übernahme in ein unbefristetes Arbeitsverhältnis nicht möglich gewesen sei.[59] Vor allem diesen Punkt[60] hat das LAG Köln zum Gegenstand eines Vorlagebeschlusses vom 13. April 2010[61] in der Rechtssache Jansen gemacht, über den nach Erledigung der Hauptsache allerdings letztlich nicht mehr zu entscheiden war.

3. Vorlagebeschluss vom 17. November 2010

Der Weg für die Anrufung des EuGH in der Rechtssache Kücük durch den Senatsbeschluss vom 17. November 2010 war nicht zuletzt dadurch vorgezeichnet, dass der Senat die Mahnungen des BVerfG zur Vorlagepflicht letztinstanzlicher Gerichte nach Art. 267 Abs. 3 AEUV nicht beiseiteschieben durfte.[62] Selbst wenn der Maßstab, wann die Nichtbeteiligung des EuGH in Auslegungsfragen mit Unionsbezug gegen den verfassungsrechtlich garantierten gesetzlichen Richter nach Art. 101 Abs. 1 Satz 2 GG ver-

---

[57] BAG 25. März 2009 – 7 AZR 34/08 – Rn. 24, a.a.O. (Fn. 5); zustimmend *Bayreuther*, NZA 2013, 23, 25; *Gooren*, ZESAR 2012, 225, 228; *Dörner*, Der befristete Arbeitsvertrag Rn. 321, 323i; Hako/*Mestwerdt*, § 14 Rn. 92; *Schaub/Koch*, 14. Aufl., § 40 Rn. 25, 27a; *Maschmann* Anm. AP TzBfG § 14 Nr. 79; *Marschner*, Anm. EzTöD TVÖD-AT § 30 I Nr. 35; *Sievers*, RdA 2004, 291, 294; *Sievers*, § 14 TzBfG Rn. 223; *Wolf*, FS Richardi, S. 501, 510.

[58] Vgl. nur *Preis/Greiner*, RdA 2010, 148, 151.

[59] Vgl. u.a. *Bader*, in: Bader/Bram, Stand Juni 2012 § 620 BGB Rn. 144 ff.; APS/*Backhaus,* § 14 Rn. 58 ff.; *Boecken*, in: Boecken/Joussen, § 14 Rn. 15; KDZ/*Däubler*, § 14 TzBfG Rn. 35; *Drosdeck/Bitsch*, NJW 2012, 977, 980; *Greiner*, NZA-Beilage 2011, 117, 121; *Greiner*, EuZA 2012, 529, 531; KR/*Lipke*, § 14 Rn. 145; *Lipke*, FS Etzel S. 255, 261; ErfK/*Müller-Glöge*, § 14 Rn. 9; *Persch*, ZTR 2012, 268, 271 f.; Staudinger/*Preis*, 2011, § 620 BGB Rn. 54; *Preis/Greiner*, RdA 2010, 148, 149, 151; *Preis/Loth* Anm. zu EzA TzBfG § 14 Nr. 80, S. 21; *Maschmann*, in: Annuß/Thüsing, § 14 TzBfG Rn. 34; *Meinel/Heyn/Herms* 4. Aufl. § 14 TzBfG Rn. 25; *Nebe*, JbArbR 48 2011, S. 89 110 f.; HWK/*Schmalenberg*, 5. Aufl. § 14 TzBfG Rn. 27; *Schlachter* in: Laux/Schlachter § 14 Rn. 13; *Schmitt*, ZESAR 2012, 369, 370; in dieser Richtung waren auch die Schlussanträge des Generalanwalts *Jääskinen* vom 15. September 2011 – C-313/10 – Rn. 38 in der Sache Jansen zu verstehen.

[60] Die weiteren Fragen zielten auf die Vereinbarkeit der haushaltsrechtlichen Befristung mit der Rahmenvereinbarung.

[61] LAG Köln 13. April 2010 – 7 Sa 1224/09 – ZTR 2010, 427 = LAGE TzBfG § 14 Nr. 57.

[62] Zutreffend *Dörner*, Der befristete Arbeitsvertrag Rn. 323a; *Lipke*, FS Etzel 2011, 255, 262 stellte die Vermutung an, das BAG wolle sich offenbar das Heft nicht aus der Hand nehmen lassen.

stößt, noch ein wenig changiert,[63] führte jedenfalls nach dem Urteil des EuGH vom 23. April 2009 in der Rechtssache Angelidaki an einer Vorlage kein Weg vorbei. Der Gerichtshof hatte ausgeführt, es liefe dem Ziel zuwider, die missbräuchliche Inanspruchnahme aufeinanderfolgender befristeter Arbeitsverträge durch § 5 Nr. 1 Buchst. a der Rahmenvereinbarung wirksam zu verhindern, wenn eine nationale Regelung die Grundlage für die Verlängerung von Verträgen bilden würde, obwohl in Wirklichkeit der damit gedeckte Bedarf faktisch kein zeitweiliger, sondern ganz im Gegenteil ein „ständiger und dauernder" wäre. Ein solcher Einsatz befristeter Arbeitsverhältnisse stünde in unmittelbarem Widerspruch zu der Prämisse der Rahmenvereinbarung, dass unbefristete Arbeitsverträge die übliche Form des Beschäftigungsverhältnisses darstellten, während befristete Arbeitsverträge für die Beschäftigung in bestimmten Branchen oder bestimmten Berufen und Tätigkeiten charakteristisch seien. § 5 Nr. 1 Buchst. a der Rahmenvereinbarung verlange deshalb eine konkrete Prüfung, ob nicht die nationale Regelung, die die Verlängerung aufeinanderfolgender befristeter Arbeitsverträge zur Deckung eines zeitweiligen Bedarfs zulasse, tatsächlich genutzt werde, um einen ständigen und dauernden Bedarf zu decken.[64]

Deutete der Gerichtshof damit an, dass Arbeitgeber bei einem ständig wiederkehrenden Vertretungsbedarf eine Vertretungsreserve vorhalten müssen? Können selbst Befristungen bei einem ständigen Vertretungsbedarf durch Arbeitnehmer, denen Sonderurlaub aus familien- und sozialpolitischen Gründen gewährt wurde, nicht mehr auf den Sachgrund der Vertretung gestützt werden?[65] Dies würde die unternehmerische Personalhoheit und das hinter § 21 Abs. 1 BEEG stehende sozialpolitische Ziel in einer Weise tangieren, die mit dem bisherigen Verständnis der Befristungskontrolle nicht mehr in Einklang gestanden hätte. Verrichtet eine Angestellte immer die gleiche Tätigkeit in Vertretung verschiedener Stammkräfte, die ihrerseits zu keinem Zeitpunkt auf diesem Arbeitsplatz gearbeitet haben, und beschränkt sich ihre über elfjährige Berufsbiographie deshalb auf dreizehn befristete Arbeitsverhältnisse, drängten sich diese Fragestellungen geradezu auf. Verstärkt wurden die Bedenken dadurch, dass derselbe Arbeitgeber ständig in einer Mehrzahl von Fällen befristet Arbeitnehmer zur Vertretung unbefristeter Stammkräfte mit ruhendem Arbeitsverhältnis beschäftigte. Im Kern hat der Senat den Gerichtshof um Auskunft ersucht, ob ein ständig wiederkehrender Vertretungsbedarf, der durch die unbefristete Einstellung einer Personalreserve gedeckt werden könnte, als „ständiger und dauernder Bedarf" i.S.d. § 5 Nr. 1 Buchst. a der Rahmenvereinbarung anzusehen ist.[66] In diesem Zusammenhang bat der Senat u.a. um Klärung, ob im Rahmen der Missbrauchskontrolle Zahl und Dauer der zwischen denselben Arbeitsvertragsparteien in der Vergangenheit geschlossenen Arbeitsverträge einzubeziehen sind.[67]

---

[63] BVerfG 25. Februar 2010 – 1 BvR 230/09 – Rn. 15, AP GG Art. 101 Nr. 65 = EzA KSchG § 17 Nr. 21; strenger als BVerfG 6. Juli 2010 – 2 BvR 2661/08 – Rn. 89 f., BVerfGE 126, 286; typisierend BVerfG 21. November 2011 – 2 BvR 516/09 u. a. Rn. 23 m.w.N.

[64] EuGH 23. April 2009 – C-378/07 – (Angelidaki) Rn. 103–106 m.w.N., a.a.O. (Fn. 8).

[65] Vgl. EuGH 23. April 2009 – C-378/07 – (Angelidaki) Rn. 96 m.w.N., a.a.O. (Fn. 8).

[66] BAG 17. November 2010 – 7 AZR 443/09 (A) – Tenor und Rn. 32 f., a.a.O. (Fn. 3).

[67] BAG 17. November 2010 – 7 AZR 443/09 (A) – Rn. 36, a.a.O. (Fn. 3).

4. Urteil des EuGH vom 26. Januar 2012

Entgegen mancher Erwartung im Schrifttum[68] hat der Gerichtshof Vertretungsketten bei ständigem Vertretungsbedarf nicht für unionsrechtswidrig erklärt, sondern die nationalen Gerichte verpflichtet, im Einzelfall eine gesonderte Rechtsmissbrauchsprüfung vorzunehmen.[69] Willemsen[70] resümiert zutreffend, die Kettenbefristung „lebe" damit zwar weiter, lasse sich aber eben doch „ausmerzen", wenn der Nachweis des Rechtsmissbrauchs geführt werden könne. Die Entwicklung der subsumtionsfähigen Maßstäbe für eine Rechtsmissbrauchskontrolle sind in das Ermessen des nationalen Gerichts gestellt. Insbesondere ergeben sich aus der Entscheidung vom 26. Januar 2012 keine konkreten zeitlichen Grenzen.[71]

a) Kein Eingriff in die „unternehmerische" Personalhoheit

Im Ausgangspunkt fokussiert der Gerichtshof die Prüfung auf den einzelnen zeitlich begrenzten Vertretungsfall, indem er mit dem Senat davon ausgeht, dass auch bei einer Mehrzahl aufeinanderfolgender Verträge jeder der befristeten Verträge für sich genommen geschlossen werde, um eine vorübergehende Vertretung sicherzustellen.[72] Aus dem Umstand, dass ein wiederholt oder sogar dauerhaft auftretender Bedarf an Vertretungskräften durch den Abschluss unbefristeter Verträge gedeckt werden könnte, folge nicht, dass ein Arbeitgeber im Sinne des § 5 Nr. 1 Buchst. a der Rahmenvereinbarung missbräuchlich handele, wenn er auf einen vorübergehenden Mangel an Arbeitskräften durch den Abschluss befristeter Verträge reagiere.[73] Der Bedarf an Vertretungskräften bleibe vielmehr ein vorübergehender, weil der vertretene Arbeitnehmer nach Fortfall des zeitweiligen Verhinderungsgrundes seine Tätigkeit wieder aufnehmen werde.[74]

Danach steht ein abstrakter Dauerbedarf einer wiederholten Befristung nicht entgegen. Der EuGH versteht den Sachgrund der vorübergehenden Vertretung eines anderen Arbeitnehmers ebenfalls arbeitsvertrags- und nicht unternehmensbezogen. Gründe der Missbrauchsprävention erfordern es danach nicht, dass der Arbeitgeber einen ständigen Vertretungsbedarf durch eine Personalreserve aus unbefristet beschäftigten Arbeitnehmern ausgleicht.[75] Der Arbeitgeber kann bei jedem Vertretungsfall erneut eine Entscheidung für oder gegen eine Vertretungsregelung treffen.[76] Der Gerichtshof akzeptiert es dabei als unvermeidlichen Umstand, dass in einer Organisation, die über eine große Zahl von Mitarbeitern verfügt, immer wieder Vertretungsbe-

---

[68] Vgl. *APS/Backhaus*, § 14 TzBfG Rn. 61, 339b; *Bauer*, NZA 2011, 241; *Greiner*, NZA-Beilage 2011, 117; *Junker*, NZA 2011, 950, 955; *Persch*, NZA 2011, 1068; *Preis/Greiner*, RdA 2010, 148, 149; *Preis/Loth*, Anm zu EzA § 14 TzBfG Nr. 80, S. 24; *Thies*, öAT 2011, 174; a.A. *Rose*, SAE 2011,

[69] Zutreffend *Schmitt*, ZESAR 2012, 369, 371.

[70] *Willemsen*, RdA 2012, 291, 293 in Abgrenzung zu *Maschmann*, BB 2012, 1098.

[71] Vgl. EuGH 26. Januar 2012 – C-586/10 – (Kücük) Rn. 47, a.a.O. (Fn. 1).

[72] EuGH 26. Januar 2012 – C-586/10 – (Kücük) Rn. 38, a.a.O. (Fn. 1).

[73] Vgl. EuGH 26. Januar 2012 – C-586/10 – (Kücük) Rn. 50, a.a.O. (Fn. 1).

[74] Vgl. EuGH 26. Januar 2012 – C-586/10 – (Kücük) Rn. 38, a.a.O. (Fn. 1).

[75] Vgl. EuGH 26. Januar 2012 – C-586/10 – (Kücük) Rn. 50, 54, 56, a.a.O. (Fn. 1); dazu BAG 18. Juli 2012 – 7 AZR 443/09 – Rn. 29, a.a.O. (Fn. 2).

[76] Ausführlich dazu *Greiner*, EuZA 2012, 529, 537; *Kamanabrou*, EuZA 2012, 441, 458; *Willemsen*, RdA 2012, 291, 293 f.

fristungen insbesondere aufgrund des Ausfalls von Beschäftigten durch Krankheit, Mutterschafts- oder Elternurlaub erforderlich werden. Unter diesen Umständen könne die vorübergehende Vertretung von Arbeitnehmern einen sachlichen Grund im Sinne von § 5 Nr. 1 Buchst. a der Rahmenvereinbarung bilden, der sowohl die Befristung der mit den Vertretungskräften geschlossenen Verträge als auch, bei Bedarf, deren Verlängerung rechtfertige, sofern die insoweit in der Rahmenvereinbarung aufgestellten Anforderungen beachtet würden.[77] Dies gelte umso mehr, wenn mit der nationalen Regelung zur Vertretungsbefristung – wie § 21 Abs. 1 BEEG – Ziele verfolgt würden, die als legitime sozialpolitische Ziele anerkannt seien.[78]

b) Prüfung der Gesamtumstände

Zugleich hat der EuGH aber im Urteil vom 26. Januar 2012 herausgestellt, dass die unternehmerische Entscheidungsfreiheit eine wirksame Befristungskontrolle nicht verhindern darf. Auch wenn das Vorliegen eines sachlichen Grundes im Sinne von § 5 Nr. 1 Buchst. a der Rahmenvereinbarung" das Vorliegen eines Missbrauchs grundsätzlich ausschließe,[79] dürften die nationalen Gerichte die Befristungskontrolle nicht auf die Prüfung des geltend gemachten Sachgrunds der Vertretung beschränken. Vielmehr müssten sie stets alle Umstände des Einzelfalls prüfen und „dabei namentlich die Zahl der mit derselben Person oder zur Verrichtung der gleichen Arbeit geschlossenen aufeinanderfolgenden befristeten Verträge berücksichtigen, um auszuschließen, dass Arbeitgeber missbräuchlich auf befristete Arbeitsverträge zurückgreifen, mögen diese auch augenscheinlich zur Deckung eines Vertretungsbedarfs geschlossen worden sein".[80]

5. Erwartungen aufgrund des Urteils des EuGH vom 26. Januar 2012

Die Resonanz auf das Urteil des EuGH[81] hätte unterschiedlicher kaum ausfallen können. Es fanden sich kritische Stellungnahmen, die die Auslegung des Gerichtshofs als „schlingernd"[82] oder gar als „Eiertanz aus Luxemburg"[83] ansahen. Teilweise wurde angenommen, es bleibe im Wesentlichen alles „beim Alten". Unionsrechtlich betrachtet könne das BAG bei der Rechtsprechung bleiben, wonach ein dauerhafter Vertretungsbedarf im Rahmen der Befristungskontrolle unberücksichtigt bleibe. Die Rahmenvereinbarung stehe nach der Entscheidung des EuGH einer wiederholten

---

[77] Vgl. EuGH 26. Januar 2012 – C-586/10 – (Kücük) Rn. 31, a.a.O. (Fn. 1).

[78] Vgl. EuGH 26. Januar 2012 – C-586/10 – (Kücük) Rn. 32, a.a.O. (Fn. 1).

[79] EuGH 26. Januar 2012 – C-586/10 – (Kücük) Rn. 51, a.a.O. (Fn. 1).

[80] Vgl. EuGH 26. Januar 2012 – C-586/10 – (Kücük) Rn. 40, 43 a.a.O. (Fn. 1), unter Verweis auf EuGH 12. Juni 2008 – C-364/07 – (Vassilakis u.a.) Rn. 116 und auf EuGH 23. April 2009 – C-378/07 u.a. – (Angelidaki) Rn. 157, a.a.O. (Fn. 8).

[81] Vgl. etwa *Bauer/von Medem*, SAE 2012, 25; *Bauschke*, öAT 2012, 27; *Brock*, öAT 2012, 250; *Brose/Sagan*, NZA 2012, 308; *Drosdeck/Bitsch*, NJW 2012, 977; *Forst*, EWIR 2012, 123; *Fritzthum*, ZMV 2012, 51; *Gooren*, ZESAR 2012, 225; *Greiner*, EuZA 2012, 529; *Hantel*, NJ 2012, 217; *Holland*, ZAP Fach 25, 225; *Joussen*, Anm. zu AP Richtlinie 99/70/EG Nr. 9; *Junker*, EuZA 2013, 3; *Kamanabrou*, EuZA 2012, 441, 453; *Lakies*, ArbR 2012, 55; *Lipinski*, BB 2012, 443; *Persch*, ZTR 2012, 268; *Preis/Loth*, EzA § 14 TzBfG Nr. 80; *Reinhard*, ArbRB 2012, 120; *Schmitt*, ZESAR 2012, 369; *Schulze/Weitz*, ArbR 2012, 186; *Schwarze*, JA 2012, 552; *Temming*, ELR 2012, 43; *Willemsen*, RdA 2012, 291.

[82] *Persch*, ZTR 2012, 286, 271.

[83] *Weiss*, mypos 2012, 41ff.

Befristung nicht entgegen, wenn der streitige Vertrag auf einem Vertretungsbedarf beruhe. Die Befristungsrichtlinie verlange und erlaube auch unter dem Gesichtspunkt des Rechtsmissbrauchs keine Begrenzung der Zahl der befristeten Verträge oder Gesamtdauer.[84] Vorzunehmen sei eine Rechtsmissbrauchsprüfung im engeren Sinne, die darauf auszurichten sei, ob der Arbeitgeber die Gestaltungsmöglichkeit zweckentfremde, die das Arbeitsrecht dem Arbeitgeber als Reaktion auf den zeitlichen Ausfall einer Arbeitskraft zubillige. Darauf könne etwa eine starke Abweichung der absehbaren Dauer des Vertretungsbedarfs von der Laufzeit der einzelnen Arbeitsverträge hindeuten. Beschränkt auf diesen Punkt wurde etwa eine Modifizierung der Rechtsprechung erwartet, die keine Kongruenz von Vertragsdauer und Befristungsgrund verlangt.[85]

Andere Autoren waren sich darüber einig, das BAG müsse nunmehr seine Rechtsprechung grundlegend überdenken und Neujustierungen (wieder) dahin vornehmen, dass es sich desto eher um eine Umgehung handele, je höher die Zahl und Dauer der vorangegangenen befristeten Arbeitsverhältnisse sei.[86] Jedenfalls bei mittelbaren Vertretungen und gedanklicher Zuordnung müsse sich die Kontrolldichte verschärfen.[87] Eine Rechtsmissbrauchskontrolle erfordere die Entwicklung objektiver und transparenter Kriterien.[88] Einige sahen darin zwar – zumindest vorzugsweise[89] – die Aufgabe des Gesetzgebers[90], zumal die zeitliche Einschränkung der Freiheit, einen eigentlich sachlich begründeten Vertrag abzuschließen, im Hinblick auf Art. 12 Abs. 1 GG ohne gesetzliche oder tarifvertragliche Legitimation nicht unproblematisch sei.[91] Mit Blick auf die Rechtssicherheit wurde teilweise bedauert, dass nicht schon der Gerichtshof konkrete zeitliche Obergrenzen eingezogen hat.[92] Zugleich wurde aber die Besorgnis geäußert, dass der Arbeitgeber bei konkreten Zeitgrenzen versucht sein könne, Befristungen stets bis zum festgelegten Limit auszureizen.[93] Einige Autoren meinten dennoch, das BAG werde die „Herkules-Aufgabe" einer rechtssicheren Missbrauchskontrolle nur angemessen stemmen, wenn es bereit sei, klare zeitliche und inhaltliche Grenzen zu ziehen.[94] In diesem Zusammenhang findet sich die Anmerkung, dass die „Gestaltungsfreude" im Bereich der sachgrundlosen Befristung beim Anschlussbeschäftigungsverbot des § 14 Abs. 2 Satz 2 TzBfG Hemmungen des Senats nicht er-

---

[84] *Drosdeck/Bitsch*, NJW 2012, 977, 980; *Kamanabrou*, EuZA 2012, 441, 460; *Maschmann*, BB 2012, 1098; *Lipinski*, BB 2012, 443.

[85] *Bauer/von Medem*, SAE 2012, 25, 29 f., allerdings nicht ganz ohne „ungutes Gefühl" im konkreten Fall.

[86] Statt aller (vgl. auch Rn. 59) *Wendeling-Schröder*, ArbuR 2012, 92, 96.

[87] Stall aller *Joussen*, Anm. zu AP Richtlinie 99/70/EG Nr. 9.

[88] *Brose/Sagan*, NZA 2012, 308; *Gooren*, ZESAR 2012, 225, 228 ff.; *Greiner*, EuZA 2012, 529, 537; vgl. auch *Preis/Loth*, Anm. zu EzA § 14 TzBfG Nr. 80 unter VII; *Temming*, ELR 2012, 43, 47.

[89] Vgl. zB. *Greiner*, EuZA 2012, 529, 537.

[90] *Maschmann*, BB 2012, 1098 f.

[91] APS/Backhaus § 14 Rn. 57; *Bauer/von Medem*, SAE 2012, 25, 29; vgl. auch *Reinhard*, ArbRB 2012, 120, 123.

[92] *Schmitt*, ZESAR 2012, 369, 372 f. a. E.

[93] *Schmitt*, ZESAR 2012, 369, 372; deutlich auch *Bauer/von Medem*, SAE 2012 25, 29.

[94] So etwa *Persch*, ZTR 2012, 268, 271; vgl. *Preis/Loth*, Anm. zu EzA § 14 TzBfG Nr. 80, S. 39: „fairste und schonendste Weg".

warten lasse, die gestalterische Aufgabe umzusetzen.[95] Bei dieser Ausgangslage durfte mit Spannung erwartet werden, wie der Siebte Senat diese Aufgabe lösen würde[96].

V. Konzeption der Befristungskontrolle nach den Urteilen vom 18. Juli 2012

Es konnte im Ausgangspunkt nicht überraschen,[97] dass das BAG seine Rechtsprechung in den Urteilen vom 18. Juli 2012[98] nach dem Konzept des EuGH vom 26. Juli 2012 fortentwickelt hat. Der Senat bestätigte die Grundsätze der Befristungskontrolle zur Vertretungsbefristung nach § 14 Abs. 1 Satz 2 Nr. 3 TzBfG und ergänzte diese um eine erforderlichenfalls durchzuführende Prüfung nach den Maßstäben des institutionellen Rechtsmissbrauchs (§ 242 BGB).

1. Streitgegenstand bei Befristungsketten

Der Befristungskontrolle unterliegt weiterhin in der Regel nur die in dem letzten Vertrag vereinbarte Befristung.[99] Der Senat sah sich hier allerdings zu der Klarstellung veranlasst, die Rechtsprechung dürfe nicht dahin missverstanden werden, dass der Arbeitnehmer eine frühere Befristung nicht zum Gegenstand einer Befristungskontrollklage machen kann. Weder die Befristungskette als Ganzes noch zwingend allein das letzte Glied unterliegen damit gerichtlicher Überprüfung. Der Streitgegenstand wird nach § 253 Abs. 2 Nr. 2 ZPO ausschließlich von der klagenden Partei bestimmt. Ein Arbeitnehmer kann frühere Befristungsabreden allerdings nicht mehr erfolgreich angreifen, wenn die Drei-Wochen-Frist des § 17 Satz 1 TzBfG verstrichen ist oder er durch einen Folgevertrag den vorherigen Vertrag aufhebt. Ob dies der Fall ist, bestimmt sich im Einzelfall nach dem Inhalt der auf den Vertragsschluss gerichteten ausdrücklichen und konkludenten Willenserklärungen der Parteien.[100] In der Praxis haben die Gerichte aus diesen Gründen in der Regel nur die mit dem letzten Arbeitsvertrag abgeschlossene Befristung auf ihre Wirksamkeit zu prüfen und nicht auch davor liegende Verträge.[101] Damit stellt sich das BAG keineswegs gegenüber Befristungsketten „künstlich blind".[102] Es betrifft nämlich nicht den prozessualen Kontrollgegenstand, sondern den inhaltlichen Kontrollmaßstab, ob und inwieweit frühere

---

[95] *Greiner*, EuZA 2012, 529, 539.

[96] Mit gebotener Zurückhaltung der Senatsvorsitzende *Linsenmaier*, RdA 2012, 193, 200.

[97] Vgl. *Bayreuther*, NZA 2013, 23, 24.

[98] BAG 18. Juli 2012 – 7 AZR 443/09 – NZA 2012, 1351 und BAG 18. Juli 2012 – 7 AZR 783/10 – NZA 2012, 1359.

[99] Vgl. etwa BAG 22. April 2009 – 7 AZR 743/07 – Rn. 15, BAGE 130, 313; dazu *Rose*, SAE 2011, 175

[100] Vgl. BAG 24. August 2011 – 7 AZR 228/10 – Rn. 51, EzA BGB 2002 § 620 Hochschulen Nr. 9; BAG 18. Juli 2012 – 7 AZR 443/09 – Rn. 12, a.a.O.

[101] A.A. der rechtsfortbildende Vorschlag von *Persch*, NZA 2011, 1068, 1070, im Anschluss an die Rechtsprechung des Senats zu § 14 Abs. 2 Satz 2 TzBfG drei Jahre zurückliegende Befristungen in die Befristungskontrolle einzubeziehen.

[102] Diese Gefahr sehen *Greiner/Preis*, RdA 2009, 148, 149; vgl. auch *Brose*, NZA 2009, 706, 711 f.; *Persch*, NZA 2011, 1068 f.; vgl. auch *Greiner*, EuZA 2012, 529, 536 f.; *Wendeling-Schröder*, ArbuR 2012, 92, 96.

Befristungen bei der Beurteilung der Befristung des letzten Vertrags beachtlich sind.[103]

2. Festhalten an den Grundsätzen zur Vertretungsbefristung

Der Gerichtshof hat Zweifel daran ausgeräumt, dass der Arbeitgeber auf einen kontinuierlichen Vertretungsbedarf im Unternehmen nicht mit unbefristeten Einstellungen in entsprechenden Umfang reagieren muss. § 5 Nr. 1 Buchst. a der Rahmenvereinbarung verlangt keine einschränkende Auslegung des § 14 Abs. 1 Satz 2 Nr. 3 TzBfG. Der Konzeption des EuGH folgend hat der Senat insgesamt an den Grundsätzen zur Vertretungsbefristung festgehalten. Der Arbeitgeber muss zum Zeitpunkt des Vertragsschlusses in vertretbarer Weise prognostizieren dürfen, dass die vertretene Stammkraft ihre Arbeit wieder aufnehmen wird. Hier gelten zwischen der Vertretung von vorübergehend abwesenden und anderweitig eingesetzten Arbeitnehmern – wie oben ausgeführt – grundsätzlich unterschiedliche Maßstäbe.[104] Im Rahmen der Befristungskontrolle muss ein Gericht in jedem Fall davon überzeugt sein, dass der Sachgrund der Vertretung nicht nur vorgeschoben ist.[105] Die Sachgrundprüfung bei Vertretungsbefristungen ist weder mit zunehmender Anzahl und Dauer der befristeten Verträge zu intensivieren noch sind an die Rückkehrprognose erhöhte Anforderungen zu stellen.[106] Der allgemeine Grundsatz, dass die soziale Verantwortung des Arbeitgebers gegenüber seinen Arbeitnehmern mit der Zeit ansteigt, ist anerkanntermaßen Ausdruck einer allgemeinen vertraglichen Rücksichtnahmepflicht nach § 241 Abs. 2 BGB.[107] Eine Prognoseentscheidung, die sich darauf bezieht, ob der zu vertretende Arbeitnehmer voraussichtlich auf seinen Arbeitsplatz zurückkehrt, kann davon jedoch nicht beeinflusst werden. Ob bei Abschluss des regelmäßig der gerichtlichen Prüfung unterfallenden letzten befristeten Vertrags ein Vertretungsfall vorlag, ist nicht von der Anzahl und Dauer der vorangegangenen befristeten Verträge abhängig. Eine nicht nur auf die Prognose bezogene, sondern insgesamt „relative" Sachgrundprüfung wäre mit den unionsrechtlichen Anforderungen an objektive und transparente Kriterien nicht in Einklang zu bringen. Es besteht kein greifbarer Maßstab, an dem sich gesteigerte Prognoseanforderungen ausrichten ließen. Zudem wäre der Umkehrschluss, eine Prognose unterliege bei einer erstmaligen Befristung einem weniger strengen Maßstab (summarisch?), nach dem Gesetz nicht zu legitimieren.[108] Dies bedeutet nicht, dass zurückliegende Umstände bei der richterlichen Überzeugungsbildung überhaupt keine Rolle spielen können. Sie sind heranzuziehen, soweit sich daraus Schlüsse auf die Rückkehr der Stammkraft ziehen lassen.[109]

---

[103] Zutr. *Bayreuther*, NZA 2013, 23; *Willemsen*, RdA 2012, 291, 293.

[104] Dazu oben II.2.a.

[105] *Willemsen*, RdA 2012, 291, 293.

[106] BAG 18. Juli 2012 – 7 AZR 443/09 – Rn. 30, a.a.O. (Fn. 2); vgl. auch *Bauer/von Medem*, SAE 2012, 25, 27; *Gooren*, ZESAR 2012, 225, 229; a.A. *Preis/Loth*, Anm. zu EzA TzBfG § 14 Nr. 80 unter VII; *Temming*, ELR 2012, 43, 47; *Wendeling-Schröder*, AuR 2012, 92, 96.

[107] Vgl. etwa KR/*Lipke*, § 14 Rn. 145.

[108] Zutr. *Dörner*, Der befristete Arbeitsvertrag Rn. 308a: „unbrauchbare Leerformel".

[109] *Willemsen*, RdA 2012, 291, 293.

3. Rechtsmissbrauchsbrauchkontrolle

Nach dem Konzept des EuGH hat der Senat seine Rechtsprechung zur Vertretungs-befristung nach § 14 Abs. 1 Satz 2 Nr. 3 TzBfG um eine vertragsbezogene Miss-brauchskontrolle ergänzt und damit die Grenzen von Befristungsketten neu abge-steckt.[110] Ihr steht nicht entgegen, dass die Befristungsvorschriften im TzBfG abschließende Spezialregelungen darstellen und die auf „objektive Gesetzesumge-hung" gestützte frühere Dogmatik abgelöst haben.[111] Der gesetzliche Paradigmen-wechsel der Befristungskontrolle schließt einen Schutz vor einer rechtsmissbräuchli-chen Nutzung der durch das TzBfG eröffneten Befristungsmöglichkeit nicht aus. Methodisch kann das BAG zur Vermeidung unionsrechtswidriger Befristungsketten auf das Rechtsmissbrauchsverbot des § 242 BGB zurückgreifen, soweit sich ein Rechtsmissbrauch durch eine einschränkende Auslegung und Anwendung des § 14 Abs. 1 Satz 2 Nr. 3 TzBfG nicht wirksam ausschließen lässt.[112] Inhaltlich verhindert die institutionelle Rechtsmissbrauchskontrolle unbegrenzte Verlängerungen von be-fristeten Arbeitsverträgen, wenn eine weitere Sachgrundbefristung dem Arbeitnehmer aufgrund der Vertragsbiographie und aller damit zusammenhängenden Gesamtum-stände nicht mehr zuzumuten ist. Der Grundsatz von Treu und Glauben (§ 242 BGB) gilt als Gebot der Redlichkeit und allgemeine Schranke der Rechtsausübung subjek-tiver Rechte, Rechtsinstitute und Normen. Von Rechtsmissbrauch ist auszugehen, wenn ein Vertragspartner eine an sich rechtlich mögliche Gestaltung in einer mit Treu und Glauben unvereinbaren Weise nur dazu verwendet, sich zum Nachteil des ande-ren Vertragspartners Vorteile zu verschaffen, die nach dem Zweck der Norm und des Rechtsinstituts nicht vorgesehen sind.[113]

a) Institutioneller Rechtsmissbrauch

Die Anwendung der Rechtsmissbrauchskontrolle im Rahmen der Befristungskontrol-le stellt nicht insgesamt eine „Neuentdeckung" dar. Schon im Zusammenhang mit den Möglichkeiten zu sachgrundloser Befristung hat der Senat zum Ausdruck gebracht, dass die Gestaltungsmöglichkeiten des BeschFG bzw. TzBfG nicht rechtsmissbräuch-lich genutzt werden dürfen. Dabei hatte der Senat allerdings bisher die Fälle eines in-dividuellen Rechtsmissbrauchs durch kollusives Zusammenwirken vor Augen. Das Zusammenwirken mehrerer rechtlich und tatsächlich verbundener Vertragsarbeitgeber mit dem einzigen Ziel, unter Umgehung des Anschlussbeschäftigungsverbots (§ 14 Abs. 2 Satz 2 TzBfG) über den zeitlichen Rahmen des § 14 Abs. 2 Satz 1 TzBfG hin-aus sachgrundlos befristete Arbeitsverträge abzuschließen, kann rechtsmissbräuchlich sein.[114] Kommt es auf die vom Arbeitnehmer zu beweisende Umgehungsabsicht ent-scheidend an, wird die Feststellung eines Rechtsmissbrauchs daran allerdings – wie in den vom Senat entschiedenen Fällen – regelmäßig scheitern. In bestimmten Fallkon-stellationen wird man möglicherweise auch den individuellen Rechtsmissbrauch zu-

---

[110] Vgl. dazu *Bayreuther,* NZA 2013, 23 ff.; in diesem Sinne schon *Willemsen,* RdA 2012, 291, 293 f.

[111] Dazu ErfK/*Müller-Glöge,* § 14 Rn. 2.

[112] Vgl. dazu *Schmitt,* ZESAR 2012, 369, 374.

[113] BAG 18. Juli 2012 – 7 AZR 443/09 – a.a.O. (Fn. 2).

[114] Vgl. BAG 25. April 2001 – 7 AZR 376/00 – zu IV 1 a der Gründe, BAGE 97, 317; BAG 18. Oktober 2006 – 7 AZR 145/06 – Rn. 26, BAGE 120, 34; BAG 9. März 2011 – 7 AZR 657/09 – Rn. 21, AP TzBfG § 14 Nr. 81.

künftig stärker anhand objektiver Kriterien prüfen müssen. Der grundlegende Unterschied zum institutionellen Missbrauch liegt jedenfalls darin, dass dort weder ein subjektives Element noch eine Umgehungsabsicht verlangt wird. Der Vorwurf ergibt sich bereits aus Sinn und Zweck des Rechtsinstituts.[115] In der Beschränkung des Rechts zu einer unbegrenzten Fortsetzung einer Befristungskette nach einem verobjektivierten Maßstab liegt die neue Dimension der Befristungskontrolle. Der institutionelle Rechtsmissbrauch ist dabei nicht auf wiederholte Vertretungsbefristungen beschränkt. Die Voraussetzungen kommen auch in Betracht, wenn Befristungsketten nur oder teilweise aus anderen Sachgründen (z. B. aufgrund wiederholter haushaltsrechtlicher Befristungen nach § 14 Abs. 1 Satz 2 Nr. 7 TzBfG) entstehen und sich Indizien für einen Rechtsmissbrauch ergeben.[116]

b) Struktur der Rechtsmissbrauchskontrolle bei Befristungsketten

Die Prüfung des institutionellen Rechtsmissbrauchs einer Befristung, die an sich aufgrund eines Sachgrunds möglich ist, verlangt die Würdigung sämtlicher Umstände des Einzelfalls.[117] Weder lassen sich die zu berücksichtigenden Umstände abschließend bezeichnen noch kann eine genaue quantitative Angabe getroffen werden, wo die zeitlichen und/oder zahlenmäßigen Grenzen liegen, bei denen ein Missbrauch indiziert oder gar zwingend von einem solchen auszugehen ist.[118] Zu vielgestaltig sind denkbare Befristungsketten. Sie können aus einer Aneinanderreihung von Kurzzeitverträgen (bis hin zu Tagesbefristungen) bei einer relativ kurzen Gesamtbeschäftigungsdauer bei demselben Arbeitgeber bestehen oder durch eine Abfolge längerfristiger Verträge über viele Jahre gebildet sein. Deren Glieder können auf unterschiedlichen oder denselben Sachgründen beruhen und mit gleichen oder andersartigen Beschäftigungen verbunden sein – um nur einige Faktoren zu nennen. Zwar wird von einem Revisionsgericht zu Recht erwartet, dass es der Praxis eine Prüfungsstruktur an die Hand gibt, die eine möglichst rechtssichere Handhabung der Rechtsmissbrauchskontrolle ermöglicht.[119] Absolute zeitliche Höchstgrenzen für einen Missbrauch von Verlängerungen befristeter Arbeitsverträge könnte aber nur der Gesetzgeber bestimmen, der sich in § 14 Abs. 1 TzBfG, § 21 Abs. 1 BEEG bisher gegen eine solche Festlegung entschieden hat. Auch § 5 Nr. 1 Buchst. a der Rahmenvereinbarung fordert nach der Auslegung des Gerichtshofs nur eine Missbrauchsbegrenzung im Wege einer arbeitsvertragsbezogene Gesamtabwägung. Deshalb hat sich der Senat „zum derzeitigen Stand der Rechtsentwicklung" darauf beschränkt, Umstände zu benennen, die bei der Rechtsmissbrauchsprüfung von Befris-

---

[115] BAG 18. Juli 2012 – 7 AZR 443/09 – Rn. 38, a.a.O. (Fn. 2) im Anschluss an *Gooren*, ZESAR 2012, 225, 229 unter Berufung auf Staudinger/*Looschelders/Olzen*, (2009) § 242 Rn. 218.

[116] BAG 13. Februar 2013 – 7 AZR 225/11; vgl. auch *Bayreuther*, NZA 2013, 23, 26.

[117] BAG 18. Juli 2012 – 7 AZR 443/09 – Rn. 40, a.a.O. (Fn. 2); so auch EuGH 26. Januar 2012 – C-586/10 – (Kücük) Rn. 40, 43, 51, 55, a.a.O. (Fn. 2).

[118] BAG 18. Juli 2012 – 7 AZR 443/09 – Rn. 43, a.a.O. (Fn. 2).

[119] Vgl. z.B. *Gooren*, der die „Herausarbeitung klarer Maßstäbe" für geboten hält, „um weitestgehende Rechtssicherheit auch in diesem Bereich zu gewährleisten", ZESAR 2012, 225, 228 ff.; a.A. *Maschmann*, BB 2012, 1098, 1099, das Unterbinden von Kettenbefristungen sei Sache des Gesetzgebers, weil unklar sei, wo der Missbrauch einer wiederholten Befristung beginne.

tungsketten eine Rolle spielen können, und in quantitativer Hinsicht eine grobe Orientierung zu geben.[120]

aa) Gesamtdauer und Anzahl der Vertragsverlängerungen

Für die Beurteilung eines möglichen Rechtsmissbrauchs sind in erster Linie die Gesamtdauer sowie die Anzahl der Vertragsverlängerungen von Bedeutung.[121] Das entspricht dem Ziel der Rahmenvereinbarung. Diese erfasst nicht bereits die erstmalige Befristung eines Arbeitsverhältnisses, sondern dient der Verhinderung des Missbrauchs von aufeinanderfolgenden befristeten Verträgen.[122] Der wiederholte Rückgriff auf befristete Arbeitsverträge, der als eine Quelle potenziellen Missbrauchs zu Lasten der Arbeitnehmer gesehen wird, soll eingegrenzt werden, um die „Prekarisierung der Lage der Beschäftigten" zu verhindern.[123] Die Frage, ob eine danach grundsätzlich zu verhindernde „Befristungskette" vorliegt, wird maßgeblich durch die Anzahl der befristeten Vertragsverlängerungen sowie deren Gesamtdauer bestimmt.[124]

(1) Mit Blick auf die Rechtsunsicherheiten hat das Schrifttum diverse Vorschläge unterbreitet, wie eine Missbrauchsprüfung durch quantifizierende (Stufen-) Modelle konkretisiert werden könnte.[125] Zu Recht wird zwischen langjährigen Befristungen und einer Vielzahl kurzzeitiger Befristungen trotz eines längerfristigen Vertretungs- bzw. Beschäftigungsbedarfs unterschieden. Für den ersten Fall kann nach einem Vorschlag von Preis/Loth unter bestimmten Voraussetzungen bereits bei einer mehr als zweijährigen Beschäftigung in befristeten Arbeitsverhältnissen ein einfaches Indiz für einen (Gestaltungs-)Missbrauch gegeben sein *(arg. § 14 Abs. 2 Satz 1 TzBfG)*, während bei einer mehr als vierjährigen Befristungsketten ein starkes Indiz *(arg. § 14 Abs. 2a TzBfG)* und bei einer über fünfjährigen Befristungskette *(arg. § 14 Abs. 3 Satz 1 TzBfG)* ein außergewöhnlich starkes Indiz anzunehmen sei. Bei einer Vielzahl kurzzeitiger Befristungen könne in Anlehnung an das Regelungskonzept des § 14 Abs. 2 TzBfG ein Anhaltspunkt für das Fehlen eines Sachgrundes ab der vierten Verlängerung eines befristeten Vertrages bestehen.[126] In ähnlicher Weise knüpft das Stufenmodell von Brose/Sagan[127] an Schwellenwerte an, die der Gesetzgeber der sachgrundlosen Befristung zu Grunde gelegt hat. Insbesondere folge aus der fünfjährigen Befristungshöchstdauer für ältere Arbeitnehmer in § 14 Abs. 3 Satz 2 TzBfG, dass der Gesetzgeber eine Fortsetzung befristeter Arbeitsverhältnisse über diesen Zeitpunkt

---

[120] BAG 18. Juli 2012 – 7 AZR 443/09 – Rn. 43, a.a.O. (Fn. 2).

[121] Vgl. EuGH 26. Januar 2012 – C-586/10 – (Kücük) Rn. 40, 41, 55, a.a.O. (Rn. 1); zustimmend KR/*Lipke*, § 14 Rn. 146c.

[122] Vgl. EuGH 22. November 2005 – C-144/04 – (Mangold) Rn. 41 f., Slg. 2005, I-9981; EuGH 4. Juli 2006 – C-212/04 – (Adeneler) Rn. 101, AP Richtlinie 99/70/EG Nr. 1 = EzA Richtlinie 99/70 EG-Vertrag 1999 Nr. 1; 23. April 2009 – C-378/07 u.a. – (Angelidaki) Rn. 90, a.a.O. (Fn. 8); BAG 6. April 2011 – 7 AZR 716/09 – Rn. 24, AP TzBfG § 14 Nr. 82 = EzA TzBfG § 14 Nr. 77.

[123] Vgl. EuGH 26. Januar 2012 – C-586/10 – (Kücük) Rn. 25, a.a.O. (Fn. 1).

[124] BAG 18. Juli 2012 – 7 AZR 443/09 – Rn. 44, a.a.O. (Fn. 2); vgl. dazu auch BAG 6. April 2011 – 7 AZR 716/09 – Rn. 25, a.a.O. (Fn. 122).

[125] Vgl. etwa *Preis/Loth*, Anm. zu EzA TzBfG § 14 Nr. 80, S. 32 ff.; *Brose/Sagan*, NZA 2012, 308, 310; *Temming*, ELR 2012, 43, 49; *Persch*, ZTR 2012, 268, 272; befürwortend auch *Bayreuther*, NZA 2013, 23, 25.

[126] *Preis/Loth*, Anm. zu EzA § 14 TzBfG Nr. 80, S. 32 ff., 38.

[127] *Brose/Sagan*, NZA 2012, 308, 310; zustimmend *Greiner*, EuZA 2012, 529, 539.

hinaus als problematisch und in aller Regel als missbräuchlich erachte. Besondere Umstände, die eine längere Befristung rechtfertigten, seien vom Arbeitgeber darzulegen und zu beweisen. Zu denken sei etwa an den Fall jeweils dreijähriger Elternzeitvertretungen, die eine Fortsetzung befristeter Arbeitsverhältnisse bis zu sechs Jahren rechtfertigen könnten. Andere haben die Rechtsmissbrauchsgrenze deutlich höher angesetzt. Persch hat eine „10/10er-Regelung" vorgeschlagen.[128] Danach soll eine Befristungskette bis zu einer Gesamtdauer von zehn Jahren sowie innerhalb dieses Zeitraums eine maximal zehnmalige Verlängerung noch gestattet und danach Rechtsmissbrauch anzunehmen sein. Ausgehend von der fünfjährigen Möglichkeit der sachgrundlosen Befristung nach § 14 Abs. 3 TzBfG müsse die Missbrauchsgrenze für „Kettensachgrundbefristungen" deutlich darüber liegen, weil durch das Vorliegen eines rechtmäßigen Sachgrundes ein weitergehender Schutz des Arbeitnehmers vor der missbräuchlichen Befristungsgestaltung hinzukomme. Kettenbefristungen mit einer Gesamtdauer von zehn Jahren entsprächen einem Viertel der regelmäßigen Lebensarbeitszeit, darunter lasse sich eine plausible Grenze nicht bestimmen.

(2) Indizwirkungen – „Rechtsmissbrauchsampel"
(a) Der Senat hat die Anregung des Schrifttums aufgegriffen, zur Bestimmung der Schwelle einer rechtsmissbräuchlichen Gestaltung von Sachgrundbefristungen an die gesetzlichen Wertungen der sachgrundlosen Befristung anzuknüpfen. Bei der Festlegung der „kritischen Werte" hat der Senat deutlich gemacht, dass zwischen den Schwellenwerten des § 14 Abs. 2 Satz 1 TzBfG und der Missbrauchsgrenze in der Regel ein deutlicher Korridor besteht. Die Vorschrift macht eine Ausnahme von dem Erfordernis der Sachgrundbefristung und erleichtert damit den Abschluss von befristeten Verträgen bis zu der festgelegten Höchstdauer von zwei Jahren bei maximal dreimaliger Verlängerungsmöglichkeit. Sie kennzeichnet den nach Auffassung des Gesetzgebers unter allen Umständen unproblematischen Bereich. Ist ein Sachgrund nach § 14 Abs. 1 TzBfG gegeben, lässt erst das erhebliche Überschreiten dieser Grenzwerte den Schluss auf eine missbräuchliche Gestaltung zu.[129] Allein das einfache Überschreiten der Schwellenwerte stellt kein Indiz dar; vielmehr ändern sich nur die Anforderungen an weitere Vertragsverlängerungen. Zumindest regelmäßig besteht bei Vorliegen eines die Befristung an sich rechtfertigenden Sachgrunds kein gesteigerter Anlass zur Missbrauchskontrolle. Dies ändert sich erst dann, wenn die in § 14 Abs. 2 Satz 1 TzBfG für die sachgrundlose Befristung bezeichneten Grenzen in signifikanter Weise überschritten sind. Werden diese Schwellenwerte – sei es alternativ, sei es kumulativ – mehrfach überschritten, ist eine umfassende Missbrauchskontrolle geboten, in deren Rahmen es Sache des Arbeitnehmers ist, weitere für einen Missbrauch sprechende Umstände vorzutragen. Werden die in § 14 Abs. 2 Satz 1 TzBfG genannten Grenzen alternativ oder insbesondere kumulativ in besonders gravierendem Ausmaß überschritten, kann eine missbräuchliche Ausnutzung der an sich eröffneten Möglichkeit zur Sachgrundbefristung indiziert sein.[130]

(b) Noch fehlt das Fallmaterial, um eine verlässliche Typologie zu entwickeln, wann und mit welchen Folgerungen Rechtsmissbrauch in unterschiedlichen Fallkonstellationen in Betracht ziehen ist. Die Urteile vom 18. Juli 2012 beschränken sich auf

---

[128] *Persch*, ZTR 2013, 268, 272.
[129] *Gooren*, ZESAR 2012, 225, 228.
[130] BAG 18. Juli 2012 – 7 AZR 443/09 – Rn. 48, a.a.O. (Fn. 2).

grobe Orientierungspunkte. Während der Senat in der Rechtssache Kücük bei einer Gesamtdauer von mehr als elf Jahren und 13 Befristungen eine missbräuchliche Gestaltung als indiziert ansah,[131] lag in der am selben Tag entschiedenen Befristungskontrollklage eines Arbeitnehmers im Einzelhandel nach einer Gesamtbeschäftigungsdauer von sieben Jahren und neun Monaten bei vier befristeten Arbeitsverträgen kein Anhaltspunkt für eine missbräuchliche Fortführung einer Reihe befristeter Arbeitsverhältnisse vor.[132] Aus der Verschränkung der beiden am 18. Juli 2012 entschiedenen Fallgestaltungen lässt sich immerhin eine Grundkonzeption erkennen. Bei dem Versuch, die dort vorgenommen Grenzziehungen zu abstrahieren, ist zum derzeitigen Stand der Entwicklung allerdings schon deshalb äußerste Vorsicht geboten, weil sich Anhaltspunkte für einen institutionellen Rechtsmissbrauch nicht nur an der Gesamtdauer der befristeten Arbeitsverhältnisse festmachen lassen, sondern diese ebenso aus einer Kombination mit der Anzahl der Verlängerungen folgen können. Auch die denkbar unterschiedlichen Fallkonstellationen einer langjährigen Tätigkeit auf der Grundlage von Jahresverträgen und einer Jahresbeschäftigung auf der Grundlage von einer Vielzahl von Kurzzeitverträgen verdeutlichen, dass die Rechtsprechung bei dem Stand der Rechtsentwicklung keine näheren quantitativen Festlegungen vornehmen kann. Unter dem sich daraus ergebenden Vorbehalt stehen die folgenden weiterführenden Überlegungen:

(aa) Im Hinblick auf die Gesamtbefristungsdauer durch Vertretungsbefristungen könnte aus der Entscheidung – 7 AZR 783/10 – der Schluss gezogen werden, dass unterhalb des Vierfachen allein eines der beiden Schwellenwerte des § 14 Abs. 2 Satz 1 TzBfG in aller Regel kein Anhaltspunkt für einen Rechtsmissbrauch besteht. Im Bild einer „Rechtsmissbrauchsampel" gesprochen zeichnet sich unter diesen Voraussetzungen eine „Grünphase" ab, in der ohne weitere Anhaltspunkte ein institutioneller Rechtsmissbrauch ausscheidet.

(bb) Im Gegensatz dazu könnte die Entscheidung – 7 AZR 443/09 – dahin interpretiert werden, dass der Senat einen Rechtsmissbrauch jedenfalls als indiziert ansieht, wenn bei wiederholter Vertretungsbefristung einer der Schwellenwerte des § 14 Abs. 2 Satz 1 TzBfG um mehr als fünffache überschritten ist; dies entspricht zugleich dem Doppelten des Befristungszeitraums, den § 14 Abs. 3 TzBfG für ältere Arbeitnehmer ohne Sachgrund akzeptiert. Die Entscheidung könnte ebenso den Schluss zulassen, dass ein institutioneller Rechtsmissbrauch indiziert ist, wenn beide Schwellenwerte für die nach § 14 Abs. 2 Satz 1 TzBfG maximal zulässige sachgrundlose Befristung in Vertretungsfällen kumulativ um mehr als das Vierfache überschritten sind, also bei einer acht Jahre überschreitenden Gesamtbefristungsdauer mit mehr als zwölf Vertragsverlängerungen. Bildhaft lässt sich hier die „Rotphase" erkennen.

(cc) Dazwischen liegt – um im Bild zu bleiben – eine Art „Gelbphase", die zu erhöhter Prüfintensität veranlasst, ohne dass bereits ein Rechtsmissbrauch indiziert ist. Auch wenn sich dazu in den Urteilen vom 18. Juli 2012 keine näheren Anhaltspunkte finden, bietet sich die Überlegung an, dass weitere für oder gegen einen Missbrauch streitenden Tatsachen insbesondere von ausschlagender Bedeutung sind, wenn befristete Arbeitsverträge bei einer Gesamtbefristungsdauer von über acht Jahren oder nach mehr als zwölf Verlängerungen eines befristeten Vertrages fortgesetzt werden sollen.

---

[131] BAG 18. Juli 2012 – 7 AZR 443/09 – Rn. 43, a.a.O. (Fn. 2).
[132] BAG 18. Juli 2012 – 7 AZR 753/10 – a.a.O. (Fn. 2).

In der Kombination von Gesamtdauer und Anzahl der Befristungen dürfte erhöhte Prüfintensität jedenfalls veranlasst sein, wenn die Schwellenwerte des § 14 Abs. 2 Satz 1 TzBfG wenigstens um das Dreifache überschritten sind. Der Senat hat am 13. Februar 2013[133] eine Sache an die Vorinstanz zurückverwiesen, in der über die Befristungskontrollklage einer Lehrerin, die in diese Kategorie fällt, nicht abschließend entschieden werden konnte. Nach dreizehn befristeten Arbeitsverträgen in über sechs Jahren ließ sich ein Rechtsmissbrauch weder annehmen noch ausschließen.

(dd) Freilich hat der Senat von derartigen Festlegungen bisher aus guten Gründen abgesehen. Ohnehin können von der Gesamtdauer der befristeten Verträge und Anzahl der Vertragsverlängerungen nur Indizwirkungen ausgehen. Die Signale der „Rechtsmissbrauchsampel" können sich also unter Berücksichtigung weiterer Umstände ändern. Sie haben in erster Linie Folgen für die Darlegungs- und Beweislast.[134] Bestehen keine Anhaltspunkte für einen Rechtsmissbrauch („Grünphase"), ist Rechtsmissbrauch nicht für jeden denkbaren Fall ausgeschlossen. Jedoch müsste der Arbeitnehmer besondere Tatsachen vortragen, die hier ausnahmsweise auf Missbrauch schließen lassen. Im umgekehrten Fall eines indizierten Rechtsmissbrauchs („Rotphase") hat der Arbeitgeber regelmäßig die Möglichkeit, die Annahme durch den Vortrag besonderer Umstände zu entkräften. In der „Gelbphase" ist eine vertiefte Prüfung sämtlicher Umstände geboten, die trotz Vorliegen eines Sachgrundes für und gegen die Annahme eines Rechtsmissbrauchs sprechen können. Nach Maßgabe der allgemeinen Grundsätze der Darlegungs- und Beweislast hat jede Partei die für sie günstigen Tatsachen vorzutragen und ggf. zu beweisen.

bb) Gesamtabwägung

Unter Berücksichtigung weiterer Gesamtumstände können Indiztatsachen danach in anderem Licht erscheinen. Eine Befristungskette aus einer Vielzahl von Sachgrundbefristungen lässt sich unter besonderen Gegebenheiten einer Branche oder grundrechtlich gewährleistete Freiheiten rechtfertigen, insbesondere durch die in Art. 5 Abs. 1 GG gewährleistete Pressefreiheit, durch die Freiheit der Berichterstattung in Rundfunk und Film sowie durch die in Art. 5 Abs. 3 GG garantierte Freiheit von Kunst und Wissenschaft, Forschung und Lehre.[135] Allgemein sprechen längere zeitliche Unterbrechungen gegen die Annahme von „aufeinanderfolgenden Arbeitsverhältnissen" oder „Befristungsketten".[136] Ein Missbrauchsindiz kann unter Umständen bereits dadurch entkräftet sein, dass der Arbeitnehmer nicht stets auf demselben Arbeitsplatz mit denselben, sondern mit ganz unterschiedlichen Aufgaben beschäftigt worden ist.[137] Möglicherweise kann ein Unterschied darin gesehen werden, ob der befristet Beschäftigte immer andere oder stets dieselbe Stammkraft vertritt. Diese Frage ist ungeklärt. Der Senat hat am 16. Januar 2013[138] die Revision gegen eine Entscheidung des

---

[133] BAG 13. Februar 2013 – 7 AZR 225/11.

[134] Zutreffend *Bayreuther*, NZA 2013, 23, 25; kritisch zu einer abgestuften Darlegungs- und Beweislast *Reichold*, zitiert in Mitteilungen DArbGV Nr. 88, 40.

[135] BAG 18. Juli 2012 – 7 AZR 443/09 – Rn. 47, a.a.O. (Fn. 2).

[136] BAG 18. Juli 2012 – 7 AZR 443/09 – Rn. 44, a.a.O. (Fn. 2); vgl. dazu auch BAG 6. April 2011 – 7 AZR 716/09 – Rn. 25, a.a.O. (Fn. 122).

[137] Vgl. EuGH 26. Januar 2012 – C-586/10 – (Kücük) Rn. 40, a.a.O. (Fn. 1).

[138] BAG 16. Januar 2013 – 7 AZN 2199/12.

LAG Baden-Würtembergs vom 14. August 2012[139] zugelassen, mit dem die Befristungskontrollklage des stellvertretenden Küchenleiters eines städtischen Alten- und Pflegeheims abgewiesen wurde. Der Kläger hat über einen Zeitraum von fast fünfzehn Jahren auf der Grundlage von dreizehn befristeten Verträgen dieselbe Arbeitnehmerin vertreten, die nach der Geburt ihrer drei Kinder jeweils Erziehungsurlaub bzw. Elternzeit und Sonderurlaub in Anspruch nahm. Das LAG hat einen Rechtsmissbrauch mit der Begründung verneint, der Kläger habe während der ganzen Zeit ausschließlich eine einzige Stammkraft unmittelbar vertreten. In diesem Zusammenhang dürfte die Bedeutung der „Nähe" des Vertreters zu dem Vertretenen geklärt werden,[140] die Frage also, ob der Vertreter die Stammkraft unmittelbar, mittelbar, im Wege einer gedanklichen Zuordnung oder im Rahmen eines Gesamtvertretungsbedarfs vertreten hat.

Vertritt ein befristet Beschäftigter immer andere Arbeitnehmer, kann es einzelfallbezogen auf eine missbräuchliche Ausnutzung der Befristungsmöglichkeit hindeuten, wenn der Arbeitgeber gegenüber einem bereits langjährig beschäftigten Arbeitnehmer weiter auf befristete Verträge zurückgreift, obwohl er den dauerhaften Vertretungsbedarf auch durch eine unbefristete Einstellung abdecken könnte. Der Umstand eines ständigen oder dauerhaften Vertretungsbedarfs fällt bei einer Gesamtabwägung ins Gewicht, selbst wenn der Arbeitgeber grundsätzlich keine Personalreserve vorhalten muss.[141] Der Arbeitgeber wird hierdurch nicht mittelbar gezwungen, auf einen ständigen Vertretungsbedarf unternehmerisch durch Schaffung einer unbefristeten Vertreterstelle zu reagieren. Vielmehr wird vertragsbezogen dem Umstand Rechung getragen, dass er einen bestimmten Arbeitnehmer als „Dauervertreter" beschäftigt und damit bewusst oder unbewusst selbst einen ständigen Arbeitsplatz geschaffen hat.[142]

Ein deutliches Anzeichen für einen institutionellen Rechtsmissbrauch kann sich ferner aus dem Umstand ergeben, dass eine vereinbarte Befristungsdauer zeitlich hinter dem zu erwartenden Vertretungsbedarf zurückbleibt.[143] Wird trotz eines tatsächlich zu erwartenden langen Vertretungsbedarfs in rascher Folge mit demselben Arbeitnehmer eine Vielzahl kurzfristiger Arbeitsverhältnisse vereinbart, liegt die Annahme des Gestaltungsmissbrauchs deutlich näher, als wenn die vereinbarte Befristungsdauer mit dem prognostizierten Vertretungsbedarf zeitlich übereinstimmt.[144]

VI. Schlussbemerkung

Am Ende hat einmal mehr das Unionsrecht die Fortentwicklung des nationalen Arbeitsrechts in einer grundlegenden Rechtsfrage beflügelt. Nicht zuletzt dank der Wegweisungen des Gerichtshofs konnte der Senat die rechtssichere und in der Praxis bewährte Prüfungsstruktur des Sachgrundes der Vertretung beibehalten und mit dem Instrument des institutionellen Rechtsmissbrauchs Befristungsketten unionsrechtskonform begrenzen. Die Revision und am Ende die Befristungskontrollklage der Jus-

---

[139] LAG Baden-Würtemberg 14. August 2012 – 14 Sa 53/12.

[140] *Bayreuther*, NZA 2013, 23, 25.

[141] BAG 18. Juli 2012 – 7 AZR 443/09 – Rn. 45, a.a.O. (Fn. 2); vgl. dazu die Überlegungen bei *Schmitt*, ZESAR 2012, 369, 375 f., 379.

[142] Überzeugend *Willemsen*, RdA 2012, 291, 295; vgl. auch *Bayreuther*, NZA 2013, 12, 24.

[143] BAG 18. Juli 2012 – 7 AZR 443/09 – Rn. 45, a.a.O. (Fn. 2); überzeugend APS/*Backhaus*, § 14 Rn. 48 c; *Bauer/von Medem*, SAE 2012, 25, 29 f.; KR/*Lipke*, § 14 Rn. 148.

[144] BAG 18. Juli 2012 – 7 AZR 443/09 – Rn. 46, a.a.O. (Fn. 2).

tizangestellten Kücük hatten danach Erfolg.[145] Fallübergreifende Grundsätze zur Rechtsmissbrauchskontrolle werden sich mit der Zeit genauer abzeichnen, wenn die Rechtsprechung die Missbrauchsgrenze in einer Typologie noch stärker konturiert hat. Als Mitglied des Senats steht mir dabei keine Bewertung des Lösungskonzepts zu. Soviel lässt sich aber bereits feststellen: Während die Urteile des BAG vom 18. Juli 2012 im Schrifttum diskutiert werden,[146] hat sich die Praxis – wie es scheint ganz unaufgeregt – auf die Rechtsgrundsätze zum institutionellen Rechtsmissbrauch eingestellt.

---

[145] Nachdem die Sache zu einer weiteren Rechtsmissbrauchskontrolle an das LAG zurückverwiesen wurde, erkannte das beklagte Land den Anspruch der Klägerin an.

[146] Erläuternd und im Grundsatz zustimmend *Bauer*, ArbR 2012, 373; *Bayreuther*, NZA 2013, 23; *Böhm*, DB 2013, 516; *Brock*, öAT 2012, 250; *Fuhlrott*, GWR 2012, 530; *Grolms*, AiB 2013, 68; *Hauck/Scholz*, öAT 2013, 14; *Kuner*, öAT 2012, 183; *Lakies*, PersR 2013, 54; *Lipinski*, BB 2012, 1983; *Mues*, ArbRB 2012, 5; *Persch*, BB 2013, 629; *Schmid*, BB 2013, 192; *Schmidt-Rolfes*, AuA 2012, 503; *Wagner*, FA 2013, 12; kritisch *Berg*, PersR 2012, 431; zurückhaltend auch *Hunold*, Schnellbrief 2012 Nr. 17; S. 2: „Fragen über Fragen!".

Ausgewählte Probleme aus der Rechtsprechung des Dritten Senats des Bundesarbeitsgerichts zum Betriebsrentenrecht im Jahr 2012

Dr. Günter Spinner, Richter am Bundesarbeitsgericht

INHALT

Der Beitrag gibt einen Überblick über die Rechtsprechung des Dritten Senats im Jahr 2012 zu Fragen der Betriebsrentenanpassung nach § 16 BetrAVG, der Einstandspflicht nach § 1 Abs. 1 Satz 3 BetrAVG, der Anhebung der Altersgrenze in der gesetzlichen Rentenversicherung sowie zu einigen im Zusammenhang mit dem Verbot der Diskriminierung wegen des Alters stehenden Fragen. Der Berichtszeitraum ist dabei nicht auf das Kalenderjahr 2012 begrenzt, sondern es werden auch einzelne Entscheidungen aus dem Jahr 2011 und von Anfang des Jahres 2013 vorgestellt. Im Hinblick auf die Vielzahl der Entscheidungen erhebt der Beitrag keinen Anspruch auf Vollständigkeit.

I. Anpassung laufender Rentenleistungen nach § 16 BetrAVG

Die Anpassung laufender Rentenleistungen bildet traditionell einen Schwerpunkt in der Rechtsprechung des Dritten Senats. Die Entscheidungssammlung Arbeitsrechtliche Praxis (AP) umfasst zu § 16 BetrAVG derzeit über 80 Entscheidungen. Ausgangspunkt der Betriebsrentenanpassung ist § 16 BetrAVG, der in seinem Absatz 1 den Arbeitgeber verpflichtet, alle drei Jahre eine Anpassung der laufenden Leistungen der betrieblichen Altersversorgung zu prüfen und hierüber nach billigem Ermessen zu entscheiden. Als Kriterien für diese vom Arbeitgeber zu treffende Ermessensentscheidung bestimmt das Gesetz die Belange des Versorgungsempfängers einerseits und die wirtschaftliche Lage des Arbeitgebers andererseits. Die Belange der Versorgungsempfänger bestehen in erster Linie in der Erhaltung des wirtschaftlichen Wertes der ihm vom Arbeitgeber zugesagten Versorgungsleistungen.[1] Die Berücksichtigung der wirtschaftlichen Lage des Arbeitgebers soll letztlich eine Gefährdung von Arbeitsplätzen zugunsten von Rentensteigerungen verhindern.

1. Bestimmung des Prüfungstermins

Nach § 16 Abs. 1 BetrAVG hat der Arbeitgeber alle drei Jahre eine Anpassung der laufenden Leistungen der betrieblichen Altersversorgung zu prüfen. Diese gesetzliche Vorgabe zwingt den Arbeitgeber nach der ständigen Rechtsprechung des Dritten Senats jedoch nicht zu starren, vom jeweiligen individuellen Rentenbeginn abgeleiteten Prüfungsterminen.[2] Der Arbeitgeber ist vielmehr – zur Vermeidung eines unverhältnismäßigen Verwaltungsaufwandes – berechtigt, alle im Unternehmen anfallenden Prüfungstermine zu einem bestimmten jährlichen Termin zusammenzufassen (zu bündeln). Bei der Wahl des Prüfungstermins muss der Arbeitgeber beachten, dass durch die Bündelung der Anpassungsprüfungen die erste um nicht mehr als sechs Monate, vom jeweiligen individuellen Rentenbeginn gerechnet, verzögert werden darf,[3] sodass der Arbeitgeber spätestens drei Jahre und sechs Monate nach dem Leistungsbeginn die erste Anpassungsprüfung vorzunehmen hat. In der Folgezeit muss der Drei-Jahresrhythmus eingehalten werden.[4]

2. Belange der Versorgungsempfänger

Die Belange der Versorgungsempfänger werden bei der Anpassungsprüfung gemäß § 16 Abs. 2 BetrAVG durch den Anpassungsbedarf einerseits und die sog. reallohnbezogene Obergrenze andererseits bestimmt und zugleich begrenzt.

---

[1]   BAG 19. Juni 2012 – 3 AZR 464/11 – Rn. 13, NZA 2012, 1291.
[2]   BAG 30. November 2010 – 3 AZR 754/08 – Rn. 49, AP BetrAVG § 16 Nr. 72 = EzA BetrAVG § 16 Nr. 57; BAG 30. August 2005 – 3 AZR 395/04 – Rn. 19 m. w. N, BAGE 115, 353; BAG 28. April 1992 – 3 AZR 142/91 – zu I 1 der Gründe, BAGE 70, 137.
[3]   BAG 30. August 2005 – 3 AZR 395/04 – Rn. 20, a. a. O.; BAG 25. April 2006 – 3 AZR 50/05 – Rn. 50, EzA BetrAVG § 16 Nr. 49.
[4]   BAG 30. November 2010 – 3 AZR 754/08 – Rn. 49, a. a. O.; BAG 28. April 1992 – 3 AZR 142/ 91 – zu I 1 der Gründe, a. a. O.

a) Ermittlung des Kaufkraftverlustes

Jede Anpassungsprüfung beginnt mit der Ermittlung des Anpassungsbedarfs. Dieser richtet sich gemäß § 16 Abs. 2 Nr. 1 BetrAVG nach dem zwischen dem individuellen Rentenbeginn und dem jeweiligen Anpassungsstichtag eingetretenen Kaufkraftverlust. Für die Ermittlung des Kaufkraftverlustes ist – wie sich aus § 16 Abs. 2 Nr. 1 BetrAVG ergibt – auf den Verbraucherpreisindex für Deutschland abzustellen. Dabei ist der jeweils am Anpassungsprüfungsstichtag vom Statistischen Bundesamt veröffentlichten Index zugrunde zu legen.[5] Der bislang aktuelle war der Verbraucherpreisindex für Deutschland Basis: 2005 (VPI 2005), der am 29. Februar 2008 veröffentlicht wurde.[6] Ende Februar 2013 wurde nunmehr der Verbraucherpreisindex für Deutschland Basis: 2010 veröffentlicht.[7]

Damit der eingetretene Kaufkraftverlust vollständig ausgeglichen wird, sind für die Ermittlung des Anpassungsbedarfs die Indexwerte für die Kalendermonate maßgebend, die dem Rentenbeginn einerseits und dem Anpassungsstichtag andererseits unmittelbar vorausgehen.[8] Dazu ist der im Monat vor der Anpassungsprüfung erreichte Verbraucherpreisindex zu dem im Monat vor dem Rentenbeginn erreichten Verbraucherpreisindex in das Verhältnis zu setzen. Der sich ergebende Wert ist sodann um eins zu vermindern und das Ergebnis mit einhundert zu multiplizieren. Das Ergebnis der Rechnung bildet den prozentualen Kaufkraftverlust ab.[9]

aa) Bedeutung des Indexwechsel zum 1. Januar 2003

Der Verbraucherpreisindex ist nur für die Zeit ab dem 1. Januar 2003 maßgeblich. Liegt der individuelle Rentenbeginn vor dem 1. Januar 2003 ist es erforderlich, den davor gültigen Index, den Preisindex für die Lebenshaltung von Vier-Personen-Haushalten von Arbeitern und Angestellten mit mittlerem Einkommen „Basisjahr 1995" heranzuziehen. Denn nach der Rechtsprechung des Dritten Senats bleibt für Prüfungszeiträume vor dem 1. Januar 2003 dieser Preisindex maßgebend. Dies folgt aus § 30c Abs. 4 BetrAVG.[10] Dessen Wortlaut bezieht sich ausdrücklich auf „Zeiträume" und gerade nicht auf einen konkreten Anpassungsprüfungszeitpunkt. Für diese aus dem Wortlaut abgeleitete Auslegung der Übergangsvorschrift in § 30c Abs. 4

---

5   BAG 28. Juni 2011 – 3 AZR 859/09 – Rn. 28 f., AP BetrAVG § 16 Nr. 74 = EzA BetrAVG § 16 Nr. 60.

6   Vgl. *Schlewing/Henssler/Schipp/Schnitker,* Arbeitsrecht der betrieblichen Altersversorgung Stand Dezember 2012 Teil 11 B Rn. 860.1.

7   Vgl. www.destatis.de/DE/Publikationen/Thematisch/Preise/Verbraucherpreise/Verbrauch preisindexUmstellung5611106139004.pdf?__blob=publicationFile; letzter Abruf am 1. März 2013.

8   BAG 28. Juni 2011 – 3 AZR 859/09 – Rn. 28, a. a. O.; 25. April 2006 – 3 AZR 184/05 – Rn. 35.

9   Beispiel: Rentenbeginn ist der 1. Mai 2004. Im vorangegangenen Kalendermonat April 2004 betrug der VPI 2005 98,3. Die Anpassungsprüfung findet zum 1. Mai 2010 statt. Im April 2010 belief sich der VPI 2005 auf 107,9. Daraus errechnet sich ein Kaufkraftverlust von gerundet 9,77 % ([107,9 : 98,3 – 1] × 100).

10   Vgl. BAG 11. Oktober 2011 – 3 AZR 527/09 – Rn. 22, AP BetrAVG § 16 Nr. 81 = EzA BetrAVG § 16 Nr. 62; 11. Oktober 2011 – 3 AZR 732/09 – Rn. 41, AP BetrAVG § 16 Nr. 75 = EzA BetrAVG § 61 Nr. 61; 31. Juli 2007 – 3 AZR 810/05 – Rn. 13, BAGE 123, 319.

BetrAVG spricht im Übrigen auch die Gesetzesbegründung zu dieser Vorschrift.[11] Diese stellt darauf ab, dass es aus Gründen des Vertrauensschutzes für Zeiträume bis Ende des Jahres 2002 bei dem bisherigen, für diesen Zeitraum weiterhin bestehenden alten Preisindex verbleiben sollte.[12] Zwar wurde der Preisindex für die Lebenshaltung von Vier-Personen-Haushalten von Arbeitern und Angestellten mit mittlerem Einkommen „Basisjahr 1995" im Jahr 2000 nicht mehr aktualisiert, sondern lediglich bis zum 31. Dezember 2002 noch fortgeschrieben. Die mit einem Anknüpfen an den „Stichtag" 1. Januar 2003 verbundenen statistischen Ungenauigkeiten hat der Gesetzgeber aber bewusst in Kauf genommen.[13] Eine andere Sichtweise würde § 30c Abs. 4 BetrAVG letztlich bedeutungslos werden lassen. Diese Übergangsvorschrift trat gleichzeitig mit der Änderung § 16 Abs. 2 Nr. 1 BetrAVG rückwirkend zum 1. Januar 2003 in Kraft.[14]

bb) Berechnung des Kaufkraftverlustes bei Rentenbeginn vor dem 1. Januar 2003

Auch wenn der Prüfungszeitraum sowohl Zeiträume vor als auch nach dem Stichtag 1. Januar 2003 umfasst, muss der Anpassungsbedarf vom individuellen Rentenbeginn bis zum aktuellen Anpassungsstichtag ermittelt werden. Hierzu wurden unterschiedliche Berechnungswege vorgeschlagen. Der Dritte Senat hat sich in mehreren Entscheidung vom 11. Oktober 2011[15] für die von ihm sog. „Rückrechnungsmethode" ausgesprochen, ohne allerdings andere Berechnungswege auszuschließen. Nach der Rückrechnungsmethode wird die Teuerungsrate aus den seit 2003 maßgeblichen Indizes errechnet. Allerdings wird dabei für die Zeiträume vor dem 1. Januar 2003 der Verbraucherpreisindex für Deutschland in dem Verhältnis umgerechnet, in dem sich dieser Preisindex und der Preisindex für die Lebenshaltung von Vier-Personen-Haushalten von Arbeitern und Angestellten mit mittlerem Einkommen im Monat Dezember 2002 gegenüberstehen.

Zunächst ist der im Dezember 2002 gültige Verbraucherpreisindex für Deutschland (VPI Basis 2000: 104,0) ins Verhältnis zu setzen zu dem im Dezember 2002 gültigen Preisindex für die Lebenshaltung von Vier-Personen-Haushalten von Arbeitern und Angestellten mit mittlerem Einkommen (Basis 1995: 110,4). Daraus ergibt sich ein Wert von 0,94203 (104,0 : 110,4). Sodann ist der Preisindex für die Lebenshaltung von Vier-Personen-Haushalten von Arbeitern und Angestellten mit mittlerem Einkommen für den Monat vor Rentenbeginn festzustellen und mit dem im ersten Schritt errechneten Faktor 0,94203 zu multiplizieren. Der sich ergebende Wert ist schließlich

---

[11] BT-Drucks. 15/124 S. 6.

[12] Vgl. BT-Drucks. 15/124 S. 6.

[13] Vgl. *Bode/Grabner*, Teuerungsanpassung der Betriebsrenten in 2005, DB 2005, 162; BAG 11. Oktober 2011 – 3 AZR 527/09 – Rn. 23, a. a. O.

[14] Gesetz zur Änderung von Fristen und Bezeichnungen im Neunten Buch Sozialgesetzbuch und zur Änderung anderer Gesetze vom 3. April 2003 (BGBl. I S. 462).

[15] BAG 11. Oktober 2011 – 3 AZR 527/09 – Rn. 25, a. a. O.; – 3 AZR 525/09 – Rn. 29; AP § 16 BetrAVG Nr. 76 (nur redaktioneller Leitsatz); – 3 AZR 528/09 – Rn. 24, AP § 16 BetrAVG Nr. 77 (nur redaktioneller Leitsatz); – 3 AZR 529/09 – Rn. 25, AP § 16 BetrAVG Nr. 78 (nur redaktioneller Leitsatz);

noch in das Verhältnis zum Verbraucherpreisindex für den Monat vor dem Anpassungsstichtag zu setzen.[16]

b) Reallohnbezogene Obergrenze

Nach § 16 Abs. 2 Nr. 2 BetrAVG gilt die Verpflichtung nach § 16 Abs. 1 BetrAVG als erfüllt, wenn die Anpassung nicht geringer ist als der Anstieg der Nettolöhne vergleichbarer Arbeitnehmergruppen des Unternehmens im Prüfungszeitraum. Der von § 16 Abs. 1 BetrAVG verlangten Billigkeit entspricht es auch, wenn der Arbeitgeber die Betriebsrente nur bis zur durchschnittlichen Steigerung der Nettoverdienste vergleichbarer aktiver Arbeitnehmer anpasst. Soweit die Steigerung der Nettoeinkommen vergleichbarer aktiver Arbeitnehmer hinter dem Kaufkraftverlust zurückbleibt, können auch die Betriebsrentner keine größere Rentenerhöhung erreichen. Das Versorgungsniveau der Betriebsrentner wird damit in demselben Umfang aufrechterhalten wie das Einkommensniveau der aktiven Arbeitnehmer.[17]

aa) Maßgeblicher Prüfungszeitraum

Begrenzt die reallohnbezogene Obergrenze den Anpassungsbedarf und damit die Belange der Versorgungsempfänger ebenso wie der seit Rentenbeginn eingetretene Kaufkraftverlust, dann muss für beide auch derselbe Prüfungszeitraum vom individuellen Rentenbeginn bis zum jeweiligen Anpassungsprüfungsstichtag gelten.[18] Diese Rechtsprechung hat der Dritte Senat am 19. Juni 2012 nochmals ausdrücklich bestätigt[19] und zur Begründung seiner Auffassung darauf verwiesen, dass § 16 Abs. 1 BetrAVG zwar einen dreijährigen Turnus für die Anpassungsprüfung bestimmt. Dies bedeutet aber nicht, dass damit der Prüfungszeitraum auf diese letzten drei Jahre vor dem jeweiligen Anpassungsprüfungsstichtag beschränkt wäre. § 16 Abs. 1 BetrAVG legt

---

16 Zur Veranschaulichung der Berechnung soll das folgende, dem Urteil des Dritten Senats vom 11. Oktober 2011 – 3 AZR 527/09 – a. a. O. nachgebildete Beispiel dienen: Betriebsrentner S. trat mit Ablauf des 30. September 1998 in Ruhestand und bezieht seit dem 1. Oktober 1998 von der Arbeitgeberin eine Betriebsrente. Diese hat die Anpassungsprüfungen jeweils zum 1. Januar gebündelt und für den Betriebsrentner S. erstmals zum 1. Januar 2001 eine Anpassungsprüfung vorgenommen. Zum 1. Januar 2007 reklamiert er eine Anpassung seiner Betriebsrente und verlangt den vollen Kaufkraftverlust seit dem 1. Oktober 1998 bis zum 1. Januar 2007. Zur Umrechnung auf den Verbraucherpreisindex für Deutschland (Basis: 2000) ist der für September 1998 (dem Monat vor dem Rentenbeginn) gültige Preisindex für die Lebenshaltung von Vier-Personen-Haushalten von Arbeitern und Angestellten mit mittlerem Einkommen (Basis: 1995) i. H. v. 104,1 mit dem Faktor 0,94203 zu multiplizieren. Dies ergibt einen Wert i. H. v. 98,07. Setzt man nun diesen Wert ins Verhältnis zu dem für Dezember 2006 (dem Monat vor der Anpassungsprüfung) gültigen Verbraucherpreisindex für Deutschland (Basis: 2000) i. H. v. 111,1, ergibt sich eine prozentuale Steigerung von 13,29 % [(111,1 : 98,07 − 1) × 100].

17 Vgl. BAG 30. August 2005 – 3 AZR 395/04 – zu III 2 und 2 a der Gründe, BAGE 115, 353.

18 Ständige Rechtsprechung des Dritten Senats statt vieler BAG 10. Februar 2009 – 3 AZR 610/07 – Rn. 23, AP BetrAVG § 16 Nr. 70; BAG 21. August 2007 – 3 AZR 330/06 – Rn. 15, EzA BetrAVG § 16 Nr. 51; BAG 31. Juli 2007 – 3 AZR 810/05 – Rn. 16, BAGE 123, 319; BAG 25. April 2006 – 3 AZR 159/05 – Rn. 23, EzA BetrAVG § 16 Nr. 47; BAG 30. August 2005 – 3 AZR 395/04 – zu II 1 der Gründe, a. a. O.; BAG 21. August 2001 – 3 AZR 589/00 – zu II 2 b der Gründe, BAGE 98, 349.

19 BAG 19. Juni 2012 – 3 AZR 464/11 – Rn. 22, a. a. O.

ausschließlich den Prüfungstermin nicht aber auch den maßgebenden Prüfungszeitraum fest. Letzterer wird erst in § 16 Abs. 2 BetrAVG erwähnt und gilt sowohl für den auf der Grundlage des zwischenzeitlich eingetretenen Kaufkraftverlustes ermittelten Anpassungsbedarf einerseits als auch für die den Anpassungsbedarf begrenzende reallohnbezogene Obergrenze andererseits. Der Prüfungszeitraum nach § 16 Abs. 2 BetrAVG ist keiner der beiden Nummern ausschließlich zugeordnet, weshalb er für beide heranzuziehen ist.

Aus dem Zweck des § 16 BetrAVG ergeben sich auch Beginn und Ende des Prüfungszeitraums. Die Anpassungsverpflichtung dient dazu, eine Auszehrung der laufenden Betriebsrenten zu vermeiden. Wenn aber die Entwicklung der Reallöhne den Anpassungsbedarf begrenzt, so muss für diese derselbe Prüfungszeitraum gelten wie für den Kaufkraftverlust. Bleiben die Reallöhne vergleichbarer aktiver Arbeitnehmer hinter der Teuerungsrate seit Rentenbeginn zurück, müssen dementsprechend auch die Betriebsrentner eine geringere Rentenerhöhung hinnehmen. Eine isoliert auf jeweils drei Jahre begrenzte Betrachtungsweise würde dazu führen, dass den Betriebsrentnern Kaufkraftverluste verbleiben, die bei vergleichbaren aktiven Arbeitnehmern nicht mehr bestehen, wenn und soweit diese einen Abbau der Reallohneinbußen durch spätere Verdienststeigerungen erreichen konnten.[20]

Weiter spricht für die vom Dritten Senat vorgenommene Auslegung, dass die Regelung der Anpassungsmaßstäbe durch den mit dem Rentenreformgesetz 1999 eingeführten § 16 Abs. 2 BetrAVG der früheren ständigen Rechtsprechung des Bundesarbeitsgerichts entspricht und die Kodifizierung der Rechtsklarheit dient.[21] Es ist deshalb davon auszugehen, dass der Gesetzgeber den Begriff des Prüfungszeitraums im Sinne der ständigen Rechtsprechung des Dritten Senats aus der Zeit vor der Schaffung des § 16 Abs. 2 BetrAVG verwendet.[22]

Darüber hinaus stützen auch § 16 Abs. 3 Nr. 1 und Abs. 4 Satz 1 BetrAVG diese Auslegung. § 16 Abs. 3 Nr. 1 BetrAVG lässt die Verpflichtung nach § 16 Abs. 1 BetrAVG entfallen, wenn der Arbeitgeber sich verpflichtet, die laufenden Leistungen jährlich um wenigstens 1 v. H. anzupassen. Damit hat der Gesetzgeber eine von § 16 Abs. 1 und Abs. 2 BetrAVG unabhängige gesetzliche Anpassungsregelung geschaffen, deren Ziel die Erhaltung der betriebliche Altersversorgung und die Förderung ihrer Verbreitung ist, und erhöht damit für den Arbeitgeber die Planungs- und Rechtssicherheit. Der Vorteil für die Versorgungsempfänger liegt darin, dass die Anpassung der laufenden Betriebsrente nicht mehr von der wirtschaftlichen Lage des Arbeitgebers abhängt. Im Übrigen ist eine feste Zusage auf einen bestimmten Anpassungssatz auch insolvenzgeschützt.[23] Die Garantieanpassung nach § 16 Abs. 3 Nr. 1 BetrAVG vollzieht sich ohne Berücksichtigung eines bei der Anpassungsprüfung zu ermittelnden Anpassungsbedarfs und der Entwicklung der Nettovergütungen vergleichbarer aktiver Arbeitnehmer.[24]

[20] BAG 19. Juni 2012 – 3 AZR 464/11 – Rn. 23, a. a. O.; 30. August 2005 – 3 AZR 395/04 – zu III 2 a der Gründe, a. a. O.
[21] BT-Drucks. 13/8011 S. 73 ff.
[22] BAG 19. Juni 2012 – 3 AZR 464/11 – Rn. 24, a. a. O.
[23] Vgl. BT-Drucks. 13/8011 S. 73 f.
[24] BAG 19. Juni 2012 – 3 AZR 464/11 – Rn. 27, a. a. O.

§ 16 Abs. 4 Satz 1 BetrAVG bestimmt, dass der Arbeitgeber zur nachholenden Anpassung nicht verpflichtet, wenn die Anpassung zu Recht ganz oder teilweise unterblieben ist. Eine zu Recht unterbliebene Anpassung i. S. d. § 16 Abs. 4 Satz 1 BetrAVG liegt nur vor, wenn der Arbeitgeber wegen seiner wirtschaftlichen Lage die Versorgungsleistungen nicht, jedenfalls aber nicht in vollem Umfang anpassen konnte. Nur in diesem Fall ist er nicht verpflichtet, die entstehende Lücke bei späteren Anpassungsentscheidungen zu schließen und die Anpassung nachzuholen. Aus § 16 Abs. 4 Satz 2 BetrAVG, wonach eine Anpassung als zu Recht unterblieben gilt, wenn der Arbeitgeber dem Versorgungsempfänger die wirtschaftliche Lage des Unternehmens schriftlich dargelegt, der Versorgungsempfänger nicht binnen drei Kalendermonaten nach Zugang der Mitteilung schriftlich widersprochen hat und auf die Rechtsfolgen eines nicht fristgemäßen Widerspruchs hingewiesen wurde, ergibt sich, dass eine auf die reallohnbezogene Obergrenze gestützte (teilweise) unterbliebene Anpassung von § 16 Abs. 4 Satz 1 BetrAVG daher nicht erfasst wird.[25]

Soweit eine Anpassung wegen der wirtschaftlichen Lage des Arbeitgebers zu Recht unterblieben ist und nach § 16 Abs. 4 BetrAVG i. V. m. § 30c Abs. 2 BetrAVG bei späteren Anpassungen nicht mehr nachgeholt werden muss, dürfen deshalb sowohl der zu dem früheren Anpassungsstichtag zu verzeichnende Anstieg des Verbraucherpreisindexes als auch die damaligen Reallohnerhöhungen bei den späteren Anpassungsentscheidungen unberücksichtigt bleiben. Diese Regelung hat nur dann einen Sinn, wenn bei der Ermittlung des Kaufkraftverlustes und der reallohnbezogenen Obergrenze nicht lediglich auf den Drei-Jahreszeitraum vor dem jeweiligen Anpassungsstichtag abgestellt wird, sondern auf den Zeitraum vom Rentenbeginn bis zum jeweiligen Anpassungsstichtag. Andernfalls käme eine nachholende Anpassung nicht in Betracht.[26]

Der Gleichlauf der Prüfungszeiträume für den Anpassungsbedarf und die reallohnbezogene Obergrenze ist auch deshalb geboten, weil beim Abstellen auf einen dreijährigen Prüfungszeitraum für die reallohnbezogenen Obergrenze, den Betriebsrentnern Kaufkraftverluste verbleiben würden, die den vergleichbaren aktiven Arbeitnehmern bei deren Reallöhnen nicht mehr entstünden, weil die Nettovergütungen in der Vergangenheit nicht nur in Höhe der Teuerungsrate gestiegen sind oder die vergleichbaren aktiven Arbeitnehmer einen Abbau der Reallohneinbußen durch spätere Verdiensterhöhungen erreicht haben.[27]

bb) Weitere Probleme bei der reallohnbezogenen Obergrenze

Bei der Ermittlung der reallohnbezogenen Obergrenze nach § 16 Abs. 2 Nr. 2 BetrAVG stellen sich neben dieser grundsätzlichen Frage des Prüfungszeitraums zahlreiche Detailprobleme, wie etwa der zutreffenden Bildung der Gruppen vergleichbarer Arbeitnehmer und der konkreten Berechnung der Reallöhne vergleichbarer Arbeitnehmer. Zu diesen Fragen hat sich der Dritte Senat im Berichtszeitraum – jedenfalls im Rahmen von Revisionsentscheidungen – nicht äußern können; sie sind

---

[25] BAG 19. Juni 2012 – 3 AZR 464/11 – Rn. 25 f., a. a. O.
[26] BAG 19. Juni 2012 – 3 AZR 464/11 – Rn. 26, a. a. O.
[27] Vgl. BAG 21. August 2001 – 3 AZR 589/00 – zu II 2 b der Gründe, BAGE 98, 349; BAG 30. August 2005 – 3 AZR 395/04 – zu III 2 a der Gründe, a. a. O.

teilweise Gegenstand einiger beim Dritten Senat derzeit anhängiger Revisionsverfahren, die noch zur Entscheidung anstehen.

3. Wirtschaftliche Lage des Arbeitgebers

Nach § 16 Abs. 1 BetrAVG ist im Rahmen der vorzunehmenden Anpassungsprüfung und -entscheidung neben den Belangen des Versorgungsempfängers auch die wirtschaftliche Lage des Arbeitgebers zu berücksichtigen. Diese stellt eine zukunftsbezogene Größe dar und umschreibt die künftige Belastbarkeit des Arbeitgebers. Dafür ist eine Prognose erforderlich. Die Grundlage für eine langfristig zum Anpassungsstichtag zu erstellende Prognose ist grundsätzlich die bisherige wirtschaftliche Entwicklung des Unternehmens vor dem Anpassungsstichtag, wenn und soweit daraus Schlüsse für dessen weitere Entwicklung gezogen werden können. Für eine hinreichend zuverlässige Prognose muss die bisherige Entwicklung über einen längeren repräsentativen Zeitraum von mindestens drei Jahren ausgewertet werden. Allerdings kann sich auch die wirtschaftliche Entwicklung nach dem Anpassungsstichtag auf die Überprüfung der Anpassungsentscheidung des Arbeitgebers auswirken. Eine spätere Entwicklung kann die frühere Prognose bestätigen aber auch entkräften. Veränderungen bezüglich der wirtschaftlichen Verhältnisse des Unternehmens müssen zum Anpassungsstichtag bereits vorhersehbar gewesen sein, um bei der zum Anpassungsstichtag zu erstellenden Prognose berücksichtigt zu werden. Unerwartete Veränderungen, die erst nach dem Anpassungsstichtag eintreten, können hingegen erst bei der nächsten Anpassungsprüfung mit einfließen.[28]

Die wirtschaftliche Lage des Arbeitgebers vermag eine Ablehnung der Betriebsrentenanpassung nur insoweit zu rechtfertigen, als das Unternehmen ansonsten übermäßig belastet und seine Wettbewerbsfähigkeit gefährdet werden würde. Davon ist auszugehen, wenn der Arbeitgeber auf der Grundlage einer nachvollziehbaren Prognose annehmen darf, dass es ihm mit hinreichender Wahrscheinlichkeit nicht möglich sein wird, den eingetretenen Kaufkraftverlust aus den Unternehmenserträgen und den verfügbaren Wertzuwächsen des Unternehmensvermögens bis zum nächsten Anpassungsstichtag aufzubringen. Diese Frage ist regelmäßig anhand der voraussichtlichen Entwicklung der Eigenkapitalverzinsung und der Eigenkapitalausstattung des Unternehmens zu beurteilen.[29]

a) Berechnung der Eigenkapitalverzinsung

Die Berechnung der Eigenkapitalverzinsung erfolgt unter Berücksichtigung der Höhe des Eigenkapitals einerseits und des erzielten Betriebsergebnisses andererseits. Diese Bemessungsgrundlagen sind anhand der handelsrechtlichen Jahresabschlüsse zu bestimmen.[30] Für eine angemessene Eigenkapitalverzinsung kommt es jedenfalls bis zum 28. Mai 2009 auf das tatsächlich vorhandene Eigenkapital i. S. d. § 266 Abs. 3 Buchst. a HGB an. Zum Eigenkapital zählen danach nicht nur das gezeichnete Kapital (sog. Stammkapital) und die Kapitalrücklage, sondern auch Gewinnrücklagen, Ge-

---

[28] Vgl. BAG 30. November 2010 – 3 AZR 754/08 – Rn. 52, AP BetrAVG § 16 Nr. 72 = EzA BetrAVG § 16 Nr. 57.

[29] BAG 30. November 2010 – 3 AZR 754/08 – Rn. 53, a. a. O.

[30] BAG 11. Oktober 2011 – 3 AZR 527/09 – Rn. 34, a. a. O; BAG 26. Oktober 2010 – 3 AZR 502/08 – Rn. 31, AP BetrAVG § 16 Nr. 71 = EzA BetrAVG § 16 Nr. 56.

winn-/Verlustvorträge und Jahresüberschüsse/Jahresfehlbeträge,[31] wobei ggf. betriebswirtschaftlich gebotene Korrekturen vorzunehmen sind. Damit sind nicht nur die in den Bilanzen enthaltenen Scheingewinne zu verstehen, sondern beispielsweise auch betriebswirtschaftlich überhöhte Abschreibungen. Außerordentliche Erträge sind zwar keine Scheingewinne. Gleichwohl bleiben sie unberücksichtigt; wegen ihres Ausnahmecharakters werden sie bei der Beurteilung der künftigen Ertragsentwicklung außer Acht gelassen. In der Regel sind außerordentliche Erträge oder Verluste aus den der Prognose zugrunde gelegten früheren Jahresabschlüssen herauszurechnen. Etwas anderes kann nur dann gelten, wenn außerordentliche Erträge oder Verluste – auch ihrer Höhe nach – eine ausreichende Kontinuität aufweisen.[32] Steuern vom Einkommen und vom Ertrag sind beim erzielten Betriebsergebnis nicht zu berücksichtigen, weil Rentenerhöhungen nach einer erfolgten Anpassungsprüfung den steuerpflichtigen Gewinn verringern.[33]

aa) Maßgeblichkeit der handelsrechtlichen Jahresabschlüsse

Die Beurteilung der wirtschaftlichen Lage hat ausgehend von den nach handelsrechtlichen Grundsätzen erstellten Bilanzen zu erfolgen. Einen Rückgriff auf die nach den Rechnungslegungsregeln der IFRS erstellten (Jahres-)Abschlüsse hat der Dritte Senat abgelehnt,[34] und betont, dass der Ausgangspunkt für die Berechnung der Eigenkapitalverzinsung stets die handelsrechtlichen Jahresabschlüsse sind.[35] Ob der Arbeitgeber aufgrund seiner wirtschaftlichen Lage eine Anpassung der Betriebsrenten ablehnen kann, ist anhand eines für alle normunterworfenen Arbeitgeber einheitlich geltenden Maßstabs zu ermitteln, der die wirtschaftliche Lage des Arbeitgebers objektiv wiedergibt. Dies setzt voraus, dass die zugrunde zu legenden Abschlüsse nach solchen Rechnungslegungsregeln aufgestellt worden sind, die ein den tatsächlichen wirtschaftlichen Bedingungen entsprechendes Bild der wirtschaftlichen Lage des Arbeitgebers vermitteln. Dies ist bei den handelsrechtlichen Jahresabschlüssen gewährleistet. Diese müssen etwa nach § 243 Abs. 1 HGB entsprechend den Grundsätzen ordnungsgemäßer Buchführung aufgestellt werden, wozu neben den in § 243 Abs. 2 HGB (Klarheit und Übersichtlichkeit), § 246 HGB (Vollständigkeit, Verrechnungsverbot), § 252 HGB (Allgemeine Bewertungsgrundsätze), § 253 HGB (Zugangs- und Folgebewertung) und § 308 HGB (Einheitliche Bewertung) ausdrücklich niedergelegten Prinzipien der Rechnungslegung, auch die ungeschriebenen Grundsätze ordnungsgemäßer Buchführung (z. B. der Grundsatz der Wahrheit, der Grundsatz der Redlichkeit im Sinne des „true and fair view", der Grundsatz der Richtigkeit und der Grundsatz der Willkürfreiheit) zu rechnen sind.[36] § 264 Abs. 2 HGB bestimmt für Kapitalgesellschaften ausdrücklich, dass der Jahresabschluss unter Beachtung der Grundsätze ordnungsgemäßer Buchführung ein den tatsächlichen Verhältnissen entsprechendes Bild der Vermögens-, Finanz- und Ertragslage der Gesellschaft zu vermitteln hat. Das Heranziehen der handelsrechtlichen Jahresabschlüssen stellt im Übrigen auch sicher, dass jeder Arbeitgeber über diese Abschlüsse verfügt; sie müssen nicht erst zum Zweck einer

---

31 BAG 30. November 2010 – 3 AZR 754/08 – Rn. 55, a. a. O.
32 BAG 30. November 2010 – 3 AZR 754/08 – Rn. 56, a. a. O.
33 BAG 17. April 1996 – 3 AZR 56/95 – zu II 2 e der Gründe, BAGE 83, 1.
34 BAG 21. August 2012 – 3 ABR 20/10 – Rn. 38.
35 BAG 21. August 2012 – 3 ABR 20/10 – Rn. 38.
36 MünchKommHGB/*Ballwieser*, 2. Aufl. § 243 Rn. 12.

Anpassungsprüfung erstellt werden. Abschlüsse, die nach den Rechnungslegungsregeln der IFRS erstellt werden, sind nur für kapitalmarktorientierte Unternehmen bedeutsam und dienen nicht dem Gläubigerschutz, sondern sollen kapitalmarktbezogene Informationen liefern[37] und vorrangig den Investoren oder Anteilseignern für diese entscheidungsrelevante Erkenntnisse darüber vermitteln, ob ein Investment in einer Gesellschaft gestartet, gehalten, erhöht oder vermindert werden soll.[38]

bb) Ermittlung des Eigenkapitals

Das Eigenkapital eines Unternehmens verändert sich ständig während eines Geschäftsjahres, weshalb weder auf das zu Beginn des Geschäftsjahres vorhandene noch das am Ende des Geschäftsjahres erreichte Eigenkapital abgestellt werden kann. Auszugehen ist vielmehr von einem Durchschnittswert. Zu dessen Ermittlung wird das Eigenkapital zum Beginn und zum Ende des jeweiligen Geschäftsjahres zusammengerechnet und anschließend halbiert.[39]

cc) Ermittlung der Eigenkapitalverzinsung

Nach der Rechtsprechung des Dritten Senats besteht eine angemessene Eigenkapitalverzinsung aus dem Basiszins und einem Zuschlag für das Risiko, dem das im Unternehmen investierte Kapital ausgesetzt ist. Als Basiszins wird die Umlaufrendite öffentlicher Anleihen herangezogen. Der Risikozuschlag beträgt für am Markt tätige Unternehmen einheitlich 2 %.[40] Für sog. Abwicklungs- bzw. Rentnergesellschaften wird ein solcher Risikozuschlag nicht gewährt.[41]

b) Eigenkapitalauszehrung

Neben einer nicht ausreichenden Eigenkapitalverzinsung kann einer Anpassung der laufenden Betriebsrenten auch eine eingetretene Eigenkapitalauszehrung entgegenstehen[42]. Die wirtschaftliche Belastbarkeit eines Unternehmens ist auch bei einer angemessenen Eigenkapitalverzinsung beeinträchtigt, wenn die Eigenkapitalausstattung unzureichend ist. Bei einer eingetretenen Eigenkapitalauszehrung muss dem Arbeitgeber zugebilligt werden, zunächst die verlorene Vermögenssubstanz wieder aufzubauen,[43] und möglichst umgehend für eine ausreichende Kapitalausstattung zu sorgen und bis dahin von Betriebsrentenanpassungen abzusehen. Vorhandene Kapitalrücklagen müssen nicht für Betriebsrentenanpassungen verwendet werden. Erst wenn das vorhandene Eigenkapital die Summe aus gezeichnetem Kapital (§ 272 Abs. 1 Satz 1

---

[37] MünchKommHGB/*Ballwieser*, 2. Aufl. § 243 Rn. 93 f.

[38] BAG 21. August 2012 – 3 ABR 20/10 – Rn. 40.

[39] BAG 21. August 2012 – 3 ABR 20/10 – Rn. 40; 11. Oktober 2011 – 3 AZR 527/09 – Rn. 37, a. a. O; 30. November 2010 – 3 AZR 754/08 – Rn. 57, a. a. O.

[40] BAG 21. August 2012 – 3 ABR 20/10 – Rn. 35; 11. Oktober 2011 – 3 AZR 527/09 – Rn. 38, a. a. O; 30. November 2010 – 3 AZR 754/08 – Rn. 58, a. a. O.

[41] BAG 26. Oktober 2010 – 3 AZR 502/08 – Rn. 39, AP BetrAVG § 16 Nr. 71 = EzA BetrAVG § 16 Nr. 56.

[42] BAG 11. Dezember 2012 – 3 AZR 615/10 –.

[43] Vgl. BAG 11. Dezember 2012 – 3 AZR 615/10 –; 10. Februar 2009 – 3 AZR 727/07 – Rn. 13, BAGE 129, 292.

HGB) und zusätzlich gebildeten Kapitalrücklagen (vgl. § 272 Abs. 2 HGB) wieder erreicht hat, kann von einer Gesundung des Unternehmens ausgegangen werden.[44]

4. Arbeitgeber als Anpassungsschuldner

a) Maßgeblichkeit des Rechtsträgers

Die Anpassungsverpflichtung trifft – wie sich aus § 16 Abs. 1 BetrAVG ergibt – den Arbeitgeber und damit grundsätzlich dasjenige Unternehmen, das als Arbeitgeber die Versorgungszusage erteilt hat oder im Wege der Rechtsnachfolge in diese eingetreten ist. Deshalb kommt es für die Beurteilung der wirtschaftlichen Lage auf dessen wirtschaftliche Lage an. Dies gilt grundsätzlich auch dann, wenn dieses Unternehmen in einen Konzern eingebunden ist. Eine Konzernverbindung führt für sich genommen weder zu einem Verlust der Selbständigkeit einer in den Konzern eingebundenen Gesellschaften, noch hebt die Einbindung einer Gesellschaft in einen Konzern die Trennung der beteiligten Vermögensmassen auf.[45]

b) Berechnungsdurchgriff

Der Grundsatz, wonach es bei der Anpassung laufender Betriebsrenten nach § 16 BetrAVG auf die wirtschaftliche Lage des die Versorgung schuldenden Arbeitgebers ankommt, wird vom Dritten Senat in ständiger Rechtsprechung für den Fall des sog. Berechnungsdurchgriffs modifiziert.[46] Allerdings bleibt auch im Fall eines Berechnungsdurchgriffs der Arbeitgeber zur Anpassungsprüfung verpflichtet; ihm wird jedoch die günstige wirtschaftliche Lage eines anderen Unternehmens im Konzern zugerechnet.[47] Im Ergebnis hat ein Berechnungsdurchgriff zur Folge, dass ein Unternehmen, das wirtschaftlich nicht zur Betriebsrentenanpassung in der Lage und damit auch nicht verpflichtet ist, dennoch eine Anpassung der laufenden Betriebsrenten vornehmen muss, wenn und soweit die wirtschaftliche Lage des anderen Konzernunternehmens dies zulässt.

Deshalb setzt ein Berechnungsdurchgriff einen Gleichlauf von Zurechnung und Innenhaftung im Sinne einer Einstandspflicht bzw. Haftung des anderen Konzernunternehmens gegenüber dem Versorgungsschuldner voraus. Wird der Versorgungsschuldner deshalb erfolgreich auf eine Betriebsrentenanpassung in Anspruch genommen, weil ihm die günstige wirtschaftliche Lage eines anderen Konzernunternehmens, etwa der Konzernmutter zugerechnet wird, so muss der Arbeitgeber die Möglichkeit haben, seine durch die Betriebsrentenanpassung eintretende höhere Belastung an das andere Unternehmen weiterzugeben; ihm muss die Möglichkeit verbleiben, sich letztlich bei diesem Unternehmen zu refinanzieren.[48] Nur wenn dies gewährleistet ist, kann der Versorgungsschuldner zur Anpassung der Betriebsrente verpflichtet werden, obschon seine eigene wirtschaftliche Lage einer Anpassung entgegensteht. Ohne diese

---

[44] BAG 11. Dezember 2012 – 3 AZR 615/10 –; 30. November 2010 – 3 AZR 754/08 – Rn. 60, a. a. O; 18. Februar 2003 – 3 AZR 172/02 – zu A II 2 d bb (1) der Gründe, BAGE 105, 72.

[45] BAG 29. September 2010 – 3 AZR 427/08 – Rn. 31, BAGE 135, 344.

[46] Vgl. statt vieler BAG 26. Oktober 2010 – 3 AZR 502/08 – Rn. 60, a. a. O.; BAG 23. Oktober 1996 – 3 AZR 514/95 – zu II 2 a der Gründe, BAGE 84, 246.

[47] BAG 23. Oktober 1996 – 3 AZR 514/95 – zu II 2 a der Gründe, BAGE 84, 246.

[48] BAG 4. Oktober 1994 – 3 AZR 910/93 – zu B II 4 b (3) der Gründe, BAGE 78, 87; BAG 17. April 1996 – 3 AZR 56/95 – zu I 2 b bb (1) der Gründe, BAGE 83, 1; BAG 29. September 2010 – 3 AZR 427/08 – Rn. 32, BAGE 135, 344.

Möglichkeit einer Refinanzierung müsste die Betriebsrentenanpassung ansonsten aus der Vermögenssubstanz des Versorgungsschuldners erbracht werden. Dies soll § 16 Abs. 1 BetrAVG jedoch verhindern.

aa) Berechnungsdurchgriff aufgrund eines Beherrschungs- und Ergebnisabführungsvertrags

Zunächst hatte der Dritte Senat des Bundesarbeitsgerichts angenommen, dass ein bestehender Beherrschungs- und Gewinnabführungsvertrag dazu führen würde, dass es bei der Anpassungsprüfung nach § 16 BetrAVG in der Regel auf die wirtschaftliche Lage der herrschenden Konzernobergesellschaft ankommt.[49]

Diese Rechtsprechung hat der Dritte Senat in einer späteren Entscheidung nuanciert[50] und angenommen, dass für einen Berechnungsdurchgriff stets zwei Voraussetzungen erfüllt sein müssten. Erste Voraussetzung war eine verdichtete Konzernverbindung zwischen der Versorgungsschuldnerin und der Obergesellschaft, auf deren wirtschaftliche Lage bei der Anpassungsprüfung abgestellt werden sollte. Eine verdichtete Konzernbeziehung wurde bejaht, wenn zwischen beiden Unternehmen ein Beherrschungs- oder Ergebnisabführungsvertrag bestand. Es konnte aber für eine verdichtete Konzernbeziehung – ohne Vorliegen von Beherrschungs- oder Ergebnisabführungsverträgen – auch ausreichen, wenn die Obergesellschaft die Geschäfte des Tochterunternehmens tatsächlich dauernd und umfassend geführt hat. Daneben wurde als zweite Voraussetzung für einen Berechnungsdurchgriff gefordert, dass die Leitungsmacht vom herrschenden Unternehmen in einer solchen Weise ausgeübt wurde, die keine angemessene Rücksicht auf die Belange der abhängigen Gesellschaft genommen, sondern stattdessen die Interessen anderer dem Konzern angehörender Unternehmen oder der Konzernobergesellschaft in den Vordergrund gestellt hat. Verursachte dies eine die Leistungsfähigkeit ausschließende wirtschaftliche Lage des Tochterunternehmens, so wurde die wirtschaftliche Lage des herrschenden Unternehmens in die Anpassungsprüfung mit einbezogen.[51]

Diese Rechtsprechung hat der Dritte Senat mit seinem Urteil vom 26. Mai 2009[52] weiterentwickelt und angenommen allein das Bestehen eines Beherrschungsvertrags rechtfertige bereits für sich genommen – ohne eine weitere Voraussetzung – einen Berechnungsdurchgriff, weil die Anpassungsschuldnerin die Betriebsrentenanpassung nicht mit der Begründung ablehnen kann, dass ihre schlechte wirtschaftliche nicht durch Weisung der herrschenden Obergesellschaft verursacht wurde. Entscheidend ist dann die wirtschaftliche Lage der herrschenden Gesellschaft, die der abhängigen Gesellschaft nach § 302 AktG zum Ausgleich etwaiger durch die Betriebsrentenanpassung entstehender Verluste verpflichtet ist.[53] Eine Auseinandersetzung mit dem zu

---

[49] BAG 19. Mai 1981 – 3 AZR 308/80 – BAGE 35, 301; 14. Februar 1989 – 3 AZR 191/87 – BAGE 61, 94.

[50] BAG 4. Oktober 1994 – 3 AZR 910/93 – BAGE 78, 87 zu B II 4 b der Gründe, BAGE 78, 87.

[51] BAG 4. Oktober 1994 – 3 AZR 910/93 – BAGE 78, 87 zu B II 4 b der Gründe, BAGE 78, 87.

[52] BAG 26. Mai 2009 – 3 AZR 369/07 – BAGE 131, 50.

[53] BAG 26. Mai 2009 – 3 AZR 369/07 – Rn. 31, a. a. O.

dieser Entscheidung veröffentlichten Schrifttum[54] ist dem Senat bislang nicht möglich gewesen.[55]

bb) Berechnungsdurchgriff aufgrund eines Ergebnisabführungsvertrags

Mit Urteil vom 15. Januar 2013 hat der Dritte Senat entschieden, dass das Bestehen eines isolierten Gewinnabführungsvertrags als alleinige Grundlage für einen Berechnungsdurchgriff nicht ausreicht.[56]

cc) Berechnungsdurchgriff im qualifiziert faktischen Konzern

Mit dem bereits genannten Urteil vom 15. Januar 2013[57] hat der Dritte Senat des Bundesarbeitsgerichts den Berechnungsdurchgriff im qualifiziert faktischen Konzern aufgegeben. Dieser beruhte auf dem vom Bundesgerichtshof entwickelten Konzept für die Haftung des herrschenden Unternehmens für Verbindlichkeiten des beherrschten Unternehmens.[58] Dieser Rechtsprechung hatte sich das Bundesarbeitsgericht angeschlossen und dieses Haftungskonzept auf die Anpassungsprüfung nach § 16 BetrAVG angewandt.[59]

5. Die zu Recht unterbliebene Anpassung nach § 16 Abs. 4 BetrAVG

Nach § 16 Abs. 4 Satz 1 BetrAVG ist der Arbeitgeber nicht verpflichtet, die Anpassung der Betriebsrente zu einem späteren Zeitpunkt nachzuholen, wenn laufende Leistungen nach § 16 Abs. 1 BetrAVG nicht oder nicht in vollem Umfang anzupassen sind (zu Recht unterbliebene Anpassung). Gemäß § 16 Abs. 4 Satz 2 BetrAVG gilt eine Anpassung als zu Recht unterblieben, wenn der Arbeitgeber dem Versorgungsempfänger die wirtschaftliche Lage des Unternehmens schriftlich dargelegt, der Versorgungsempfänger nicht binnen drei Kalendermonaten nach Zugang der Mitteilung schriftlich widersprochen hat und er auf die Rechtsfolgen eines nicht fristgemäßen Widerspruchs hingewiesen wurde.

---

54 *Cisch/Kruip*, Baustelle Betriebsrentenanpassung im Konzern, NZA 2010, 540; *Diller/Beck*, § 16 BetrAVG: Ende für den „Berechnungsdurchgriff" auf Mutter- oder Tochtergesellschaft?, DB 2011, 1052; *Forst/Granetzky*, Betriebliche Altersversorgung im Konzern versus gesellschaftsrechtliche Haftung im Konzern, BetrAV 2011, 118; *Preu/Novara*, Gesellschaftsrechtliche Beurteilung eines Berechnungsdurchgriffs im Rahmen der Rentenanpassungsprüfung nach § 16 BetrVG, NZA 2011, 1263; *Schäfer*, Betriebsrentenanpassung im Konzern aus gesellschaftsrechtlicher Sicht, ZIP 2010, 2025; *Roth*, Anmerkung zu BAG EzA BetrAVG § 16 Nr. 55.

55 Das möglicherweise auch diese Fragen betreffende Revisionsverfahren – 3 AZR 866/09 – wurde von den Parteien außerhalb mündlichen Verhandlung vergleichsweise erledigt. In dem mit Urteil vom 15. Januar 2013 – 3 AZR 638/10 – abgeschlossenen Rechtsstreit kam es auf die Frage, ob ein Beherrschungsvertrag für sich genommen einen Berechnungsdurchgriff rechtfertigen kann, nicht an, weil ein solcher Vertrag nicht bestanden hat.

56 BAG 15. Januar 2013 – 3 AZR 638/10 –.

57 BAG 15. Januar 2013 – 3 AZR 638/10 –.

58 BGH 16. September 1985 – II ZR 285/84 – [Autokran] BGHZ 95, 330; 20. Februar 1989 – II ZR 167/88 – [Tiefbau] BGHZ 107, 7; 23. September 1991 – II ZR 135/90 – [Video] AP AktG § 303 Nr. 1; 29. März 1993 – II ZR 265/91 – [TBB] ZIP 1993, 586.

59 BAG 14. Dezember 1993 – 3 AZR 519/93 – zu III 2 der Gründe, AP BetrAVG § 16 Nr. 29 = EzA BetrAVG § 16 Nr. 26.

Diese Fiktion kann nach der Rechtsprechung des Dritten Senats jedoch nur dann eintreten, wenn sich der schriftlichen Information des Arbeitgebers entnehmen lässt, aufgrund welcher Umstände davon auszugehen ist, das Unternehmen werde voraussichtlich nicht in der Lage sein, die Anpassungen zu leisten.[60] Die Darstellung der wirtschaftlichen Lage im Unterrichtungsschreiben des Arbeitgebers muss so detailliert sein, dass der Versorgungsempfänger allein durch diese Unterrichtung in die Lage versetzt wird, die Entscheidung des Arbeitgebers auf ihre Plausibilität hin zu überprüfen.[61] Begründet hat der Dritte Senat seine Auffassung damit, dass sich aus dem Wort „darlegen" in § 16 Abs. 4 Satz 2 BetrAVG ergibt, dass eine ausführliche Erläuterung bzw. Erklärung zur wirtschaftlichen Lage erforderlich ist und der Arbeitgeber folglich gehalten ist, dem Betriebsrentner die voraussichtliche Entwicklung der Eigenkapitalverzinsung und der Eigenkapitalausstattung so detailliert darzustellen, dass er nachvollziehen kann, weshalb die Anpassung seiner Betriebsrente unterblieben ist. Untermauert wird dies auch dadurch, dass der Gesetzgeber mit § 16 Abs. 4 BetrAVG aus Gründen der leichteren Umsetzbarkeit für die Praxis regeln wollte, unter welchen Voraussetzungen die Anpassung einer Betriebsrente als zu Recht unterblieben gilt. Folglich muss die vom Arbeitgeber für die Nichtanpassung gegebene Begründung die maßgebenden Gründe hierfür enthalten, damit der Versorgungsempfänger die Entscheidung des Arbeitgebers nachvollziehen kann.[62] Auch wenn an den Inhalt des Schreibens nach § 16 Abs. 4 Satz 2 BetrAVG keine allzu hohen Anforderungen zu stellen sind,[63] muss die Information jedoch so beschaffen sein, dass der Versorgungsempfänger allein auf ihrer Grundlage, die Entscheidung des Arbeitgebers nachvollziehen kann.[64]

6. Zinsen bei Anpassungsforderungen

Der Dritte Senat hat mit seinem Urteil vom 28. Juni 2011[65] klargestellt, dass Anpassungsforderungen nach § 16 BetrAVG frühestens mit der Rechtskraft des Urteils über die Anpassungsforderung zu verzinsen sind. Bei diesen Anpassungsforderungen handelt es sich um Leistungen, die nach billigem Ermessen zu bestimmen sind, und deshalb bei einer gerichtlichen Bestimmung erst aufgrund eines rechtskräftigen Gestaltungsurteils nach § 315 Abs. 3 BGB fällig werden.[66] Folglich kann ein Schuldnerverzug erst mit Rechtskraft des Gestaltungsurteils eintreten. Ob bei Anpassungsforderungen Prozesszinsen nach § 291 BGB zugesprochen werden können,[67] hat der Dritte Senat offenge-

---

[60] BAG 11. Oktober 2011 – 3 AZR 732/09 – Rn. 27, AP BetrAVG § 16 Nr. 75 = EzA BetrAVG § 16 Nr. 61; 11. Oktober 2011 – 3 AZR 733/09 – Rn. 27.

[61] BAG 11. Oktober 2011 – 3 AZR 732/09 – Rn. 27, a. a. O.; *Doetsch/Förster/Rühmann*, Änderungen des Betriebsrentengesetzes durch das Rentenreformgesetz 1999, DB 1998, 258, 263; Vienken, Rechtsfolgen einer zu Unrecht unterbliebenen Betriebsrentenanpassung gem. § 16 Abs. 4 BetrAVG, DB 2003, 994.

[62] Vgl. BT-Drucks. 13/8011 S. 74.

[63] *Rolfs*, in: Blomeyer/Rolfs/Otto, BetrAVG 5. Aufl. § 16 Rn. 103.

[64] 11. Oktober 2011 – 3 AZR 732/09 – Rn. 27 ff., a. a. O.

[65] BAG 29. Juni 2011 – 3 AZR 859/09 –AP BetrAVG § 16 Nr. 74 = EzA BetrAVG § 16 Nr. 60.

[66] Vgl. BGH 24. November 1995 – V ZR 174/94 – zu II 3 b der Gründe, NJW 1996, 1054; BAG 30. August 2005 – 3 AZR 395/04 – zu II 2 der Gründe, BAGE 115, 353.

[67] Vgl. BGH 4. April 2006 – X ZR 122/05 – Rn. 23, BGHZ 167, 139; BAG 4. April 2006 – X ZR 80/05 – Rn. 24, NJW-RR 2007, 56.

lassen,[68] weil ein Zinsanspruch jedenfalls auch nur Zeiträume nach Fälligkeit der Hauptforderungen bestehen kann, die jedoch erst mit Rechtskraft des Urteils über die Anpassungsforderung selbst eintritt.

II. Einstandspflicht des Arbeitgebers, § 1 Abs. 1 Satz 3 BetrAVG

Mit einer für die Praxis der betrieblichen Altersversorgung höchst relevanten Frage hat sich der Dritte Senat am 19. Juni 2012 befasst.[69] Ein Betriebsrentner hat seinen vormaligen Arbeitgeber u.a. darauf in Anspruch genommen, dass dieser auch insoweit für laufende Leistungen der betrieblichen Altersversorgung aufkommt, als seine über eine Pensionskasse abgewickelte Betriebsrente von dieser reduziert wurde. Die Pensionskasse hat die Kürzung aufgrund ihrer angespannten finanziellen Lage satzungsgemäß beschlossen. Der Dritte Senat musste sich mit der Frage befassen, ob der Arbeitgeber nun für die von der Pensionskasse vorgenommene Kürzung einzustehen und den entsprechenden Minderbetrag an den Betriebsrentner zu leisten hat.

Dies hat der Dritte Senat bejaht. Nach § 1 Abs. 1 Satz 3 BetrAVG hat der Arbeitgeber für die Erfüllung der von ihm zugesagten Leistungen auch dann einzustehen, wenn die Durchführung der betrieblichen Altersversorgung nicht unmittelbar über ihn selbst, sondern durch einen Dritten erfolgt. § 1 Abs. 1 Satz 3 BetrAVG wurde durch das Gesetz zur Reform der gesetzlichen Rentenversicherung und zur Förderung eines kapitalgedeckten Altersvorsorgevermögens (Altersvermögensgesetz – AVmG) vom 26. Juni 2001[70] in das Betriebsrentengesetz eingefügt. Die Vorschrift geht zurück auf die ständigen Rechtsprechung des Dritten Senats, wonach im Betriebsrentenrecht zwischen der arbeitsrechtlichen Grundverpflichtung einerseits und den Durchführungswegen andererseits zu unterscheiden und ein eingeschalteter externe Versorgungsträger letztlich nur ein Instrument des Arbeitgebers zur Erfüllung seiner arbeitsrechtlichen Versorgungspflichten ist.[71] Wird die dem Versorgungsempfänger vom Arbeitgeber geschuldete Versorgung nicht auf dem vorgesehenen Durchführungsweg erbracht, muss der Arbeitgeber im Versorgungsfall ggf. aus seinem eigenen Vermögen dem Arbeitnehmer die ihm versprochene Versorgungsleistungen verschaffen. Der Arbeitgeber hat folglich eine gleichwertige Leistung zu erbringen. Die Einstandspflicht des Arbeitgebers löst nicht lediglich Schadensersatzansprüche des Arbeitnehmers aus, sondern zieht Erfüllungsansprüche des Versorgungsberechtigten nach sich.[72]

Diese Rechtsprechung des Dritten Senats war die Grundlage für die Änderung von § 1 BetrAVG durch das Altersvermögensgesetz. Ausweislich der Begründung des Gesetzentwurfs für das Altersvermögensgesetz sollte lediglich aus Gründen der Klar-

---

[68] BAG 19. Juni 2012 – 3 AZR 464/11 – Rn. 50, NZA 2012, 1291.

[69] BAG 19. Juni 2012 – 3 AZR 408/10 – DB 2012, 2818.

[70] BGBl. 2001 I S. 1310.

[71] BAG 29. August 2000 – 3 AZR 201/00 – zu II 1 der Gründe, AP BetrAVG § 1 Zusatzversorgungskassen Nr. 55 = EzA BetrAVG § 1 Zusatzversorgung Nr. 12; 14. Dezember 1999 – 3 AZR 713/98– zu I 1 a bb der Gründe, BAGE 93, 105; 17. April 1996 – 3 AZR 774/94 – zu II 2 a der Gründe; 7. März 1995 – 3 AZR 282/94 – zu B III 2 b bb der Gründe, BAGE 79, 236.

[72] Vgl. BAG 29. August 2000 – 3 AZR 201/00 – zu II 1 der Gründe, AP BetrAVG § 1 Zusatzversorgungskassen Nr. 55 = EzA BetrAVG § 1 Zusatzversorgung Nr. 12; 14. Dezember 1999 – 3 AZR 713/98– zu I 1 a bb der Gründe, BAGE 93, 105.

stellung ausdrücklich geregelt werden, dass unabhängig von der Durchführungsform der betrieblichen Altersversorgung immer eine arbeitsrechtliche Grundverpflichtung" des Arbeitgebers zur Erbringung der zugesagten Leistungen besteht.[73] Der Arbeitgeber kann sich von seinen Verpflichtungen aus den von ihm gegebenen Versorgungszusagen durch Einschaltung eines externen Versorgungsträger nicht befreien. Ihn trifft eine Einstandspflicht, nach der er dem Arbeitnehmer im Versorgungsfall die zugesagten Leistungen zu verschaffen hat, sofern dies erforderlich wird.[74] Im Grundsatz unterscheidet § 1 Abs. 1 BetrAVG zwischen der Versorgungszusage des Arbeitgebers in Satz 1, der Bestimmung des internen oder externen Durchführungsweges in Satz 2 und schließlich dem aus der Einstandspflicht nach Satz 3 folgenden Verschaffungsanspruch des Versorgungsempfängers.

Der Verschaffungsanspruch schließt eine mögliche Lücke zwischen der Versorgungszusage einerseits und der Ausgestaltung des Durchführungsweges andererseits.[75] Die Einstandspflicht betrifft danach die Fälle, in denen die vom Arbeitgeber mit dem Versorgungsträger getroffenen Regelungen zur Durchführung der erteilten Versorgungszusage hinter den vom Arbeitgeber im Verhältnis zum Versorgungsempfänger übernommenen Verpflichtungen zurückbleiben. Die Einstandspflicht des Arbeitgebers greift auch dann, wenn der externe Versorgungsträger die Versorgungsansprüche aus anderen Gründen, etwa wegen Zahlungsschwierigkeiten, nicht erfüllt. Sie stellt sicher, dass die mit der Versorgungszusage versprochenen Leistungen auch dann erbracht werden, wenn im Durchführungsweg Schwierigkeiten auftreten.[76] Die Einstandspflicht kann wegen § 17 Abs. 3 Satz 3 BetrAVG auch nicht zum Nachteil der Arbeitnehmer ausgeschlossen oder verändert werden. Diese Vorschrift verhindert auch, dass sich eine in der Satzung einer Pensionskasse vorgesehene Möglichkeit zur Leistungskürzung auf das vom Arbeitgeber gegebene Versorgungsversprechen auswirkt, etwa durch eine dynamische Verweisung in der Versorgungszusage auf die Satzung und die Leistungsbedingungen der Pensionskasse. Eine solche dynamische Verweisung dient ausschließlich zur Ausfüllung der Versorgungszusage des Arbeitgebers.[77] Eine dynamische Verweisung auf die Satzung der Pensionskasse erfasst nur die Satzungs- und Leistungsplanbestimmungen der Pensionskasse, die das arbeitsrechtliche Grundverhältnis zwischen dem Arbeitgeber und dem Arbeitnehmer betreffen. Vorschriften in der Satzung oder im Leistungsplan, die ausschließlich den Durchführungsweg und diejenigen Vorschriften, die sich damit befassen unter welchen Voraussetzungen und ggf. in welchem Umfang die Pensionskasse von den ursprünglich mit dem Arbeitgeber für die Durchführung der betrieblichen Altersversorgung getroffenen Abreden abweichen darf, werden allerdings typischerweise von der Verweisung nicht erfasst.[78] Solche Regelungen dienen ausschließlich dazu, den Zusammenbruch der Pensionskasse zu verhindern.[79]

[73] Vgl. BT-Drucks. 14/4595 S. 67.
[74] BAG 19. Juni 2012 – 3 AZR 408/10 – Rn. 36, a. a. O.
[75] BAG 19. Juni 2012 – 3 AZR 408/10 – Rn. 37, a. a. O.
[76] BAG 12. Juni 2007 – 3 AZR 186/06 – Rn. 20, BAGE 123, 82.
[77] BAG 19. Juni 2012 – 3 AZR 408/10 – Rn. 37, a. a. O.
[78] BAG 19. Juni 2012 – 3 AZR 408/10 – Rn. 37, a. a. O.
[79] Vgl. BAG 12. Juni 2007 – 3 AZR 14/06 – Rn. 25 f., 31 ff., BAGE 123, 72 zur Finanzaufsicht bei Pensionskassen.

Wollte man eine solche dynamische Verweisungsklausel dahin gehend auslegen, dass auch solche Satzungsbestimmungen von ihr erfasst werden sollen, die nicht der Ausgestaltung des arbeitsrechtlichen Grundverhältnisses dienen, stünde dies im Widerspruch zu zwingenden betriebsrentenrechtlichen Wertungen. Die Einstandspflicht aus § 1 Abs. 1 Satz 3 BetrAVG trifft den Arbeitgeber auch, wenn er die von ihm zugesagte betriebliche Altersversorgung über eine Pensionskasse durchgeführt.[80] Eine dynamische Verweisung auf die Satzung einer Pensionskasse begründet folglich kein akzessorisches Recht zur Kürzung laufender Rentenleistungen.[81] Eine solche Regelung wäre wegen § 17 Abs. 3 Satz 3 BetrAVG unwirksam.

III. Anhebung der Regelaltersgrenze in der gesetzlichen Rentenversicherung – Rente mit 67

Im Mai 2012 musste sich der Dritte Senat im Rahmen eines typischen Ablösungsfalls u. a. mit den Auswirkungen der schrittweisen Anhebung der Regelaltersgrenze in der gesetzlichen Rentenversicherung durch das Gesetz zur Anpassung der Regelaltersgrenze an die demografische Entwicklung und zur Stärkung der Finanzierungsgrundlagen der gesetzlichen Rentenversicherung (RV-Altersgrenzenanpassungsgesetz) vom 20. April 2007[82] befassen. Die schrittweise Anhebung regeln §§ 35, 235 Abs. 2 Satz 2 SGB VI.[83]

1. Ablösungsprinzip bei zeitlich aufeinanderfolgenden Betriebsvereinbarungen

Dabei hat der Dritte Senat zunächst die Grundsätze der Ablösung einer auf einer Betriebsvereinbarung beruhenden Versorgungszusage durch eine zeitlich nachfolgenden Betriebsvereinbarung – geradezu ein Klassiker des Betriebsrentenrechts – dargestellt und das von ihm dazu entwickelte dreistufige Prüfungsschema[84] angewandt. Bei mehreren zeitlich aufeinanderfolgenden Betriebsvereinbarungen, die denselben Gegenstand regeln, gilt das sog. Ablösungsprinzip. Die neue zeitlich nachfolgende Betriebsvereinbarung löst danach eine ältere Betriebsvereinbarung grundsätzlich selbst dann ab, wenn die Neuregelung für den Arbeitnehmer ungünstiger ist.[85] Das in der Zeitkollisionsregel enthaltene Ablösungsprinzip ermöglicht jedoch gerade im Betriebsrentenrecht nicht jede Änderung. Soweit durch die Neuregelung in bestehende Besitzstände eingegriffen wird, müssen die Grundsätze des Vertrauensschutzes und der Verhältnismäßigkeit von den Betriebsparteien beachtet werden.[86] Betriebsvereinbarungen, die Versorgungsansprüche aus einer früheren Betriebsvereinbarung einschränken, unterliegen deshalb einer Rechtskontrolle.[87] Zur Präzisierung der zu be-

---

80 BAG 19. Juni 2012 – 3 AZR 408/10 – Rn. 44, a. a. O.

81 BAG 19. Juni 2012 – 3 AZR 408/10 – Rn. 44, a. a. O.

82 BGBl. I 2007 S. 554.

83 BAG 15. Mai 2012 – 3 AZR 11/10 – DB 2012, 1756 = BB 2012, 2630.

84 Grundlegend BAG 17. April 1985 – 3 AZR 72/83 – BAGE 49, 57.

85 Vgl. statt vieler BAG 29. Oktober 2002 – 1 AZR 573/01 – zu I 2 a der Gründe m. w. N, BAGE 103, 187.

86 BAG 10. Februar 2009 – 3 AZR 653/07 – Rn. 18, EzA BetrAVG § 1 Betriebsvereinbarung Nr. 6.

87 Vgl. 18. September 2001 – 3 AZR 728/00 – zu II 2 c der Gründe, BAGE 99, 75.

achtenden Grundsätze des Vertrauensschutzes und der Verhältnismäßigkeit wurde das dreistufige Prüfungsschema entwickelt.[88]

2. Dreistufiges Prüfungsschema des Dritten Senats – ergebnisbezogene Betrachtung

Nach dem dreistufigen Prüfungsschema werden den abgestuften Besitzständen der betroffenen Arbeitnehmer entsprechend abgestufte, verschieden gewichtete Eingriffsgründe des Arbeitgebers gegenübergestellt.[89] Der unter der Geltung der bis zur Ablösung geltenden Versorgungsordnung und in dem Vertrauen auf deren Inhalt bereits erdiente – entsprechend § 2 Abs. 1, Abs. 5 Satz 1 BetrAVG ermittelte – Teilbetrag kann nur in seltenen Ausnahmefällen entzogen werden. Dazu bedarf es – auch bei noch nicht nach § 1b BetrAVG ggf. i.V.m. § 30 f BetrAVG unverfallbaren Versorgungsanwartschaften – zwingender Gründe. Zuwächse, die sich – wie etwa bei endgehaltsbezogenen Zusagen und Gesamtversorgungssystemen – dienstzeitunabhängig aus variablen Berechnungsfaktoren ergeben (erdiente Dynamik), dürfen nur aus triftigen Gründen geschmälert werden. Für Eingriffe in künftige, dienstzeitabhängige, mithin noch nicht erdiente Zuwachsraten genügen sachlich-proportionale Gründe.[90]

Bei der Überprüfung einer Ablösung anhand des dreistufigen Prüfungsschemas ist zu beachten, dass die Frage, ob eine zeitlich nachfolgende Betriebsvereinbarung in Besitzstände eingreift und folglich überhaupt einer Überprüfung anhand des dreistufigen Prüfungsschemas zu unterziehen ist, nur im jeweiligen Einzelfall und auf das Ergebnis im Einzelfall bezogen festgestellt werden.[91] Dazu müssen die Versorgungsrechte bzw. die Anwartschaften nach der alten und der neuen Versorgungsordnung berechnet und gegenübergestellt werden. Insbesondere bei endgehaltsbezogenen Versorgungszusagen und bei Gesamtversorgungssystemen kann typischerweise erst im Zeitpunkt des Ausscheiden aus dem Arbeitsverhältnis – sei es aufgrund vorzeitigen Ausscheidens oder aufgrund des Eintritts des Versorgungsfalls – verbindlich ermittelt werden, ob die Neuregelung in bestehende Besitzstände aus der Altregelung eingreift. Erst dann kann ermittelt werden, welche der beiden Versorgungsordnungen letztlich günstiger ist.[92]

3. Vollendung des 65. Lebensjahres als feste Altersgrenze

Der Dritte Senat befasste sich im Rahmen der deshalb erforderlichen Vergleichsberechnungen nach den beiden Versorgungsordnungen mit der Frage, ob und ggf. wie die in der Altregelung aus dem Jahr 1995 enthaltenen Worte „Erreichen des 65. Lebensjahres" auszulegen sind. In der Altregelung war bestimmt, dass zur Ermittlung eines Teils der Betriebsrente (sog. „Zuwachsrente") das Verhältnis der Dienstzeit, die ab dem Ablösestichtag bis zum Erreichen des 65. Lebensjahres zurückgelegt werden

---

[88] Grundlegend BAG 17. April 1985 – 3 AZR 72/83 – zu B II 3 c der Gründe, BAGE 49, 57.

[89] BAG 9. Dezember 2008 – 3 AZR 384/07 – Rn. 30, AP BetrAVG § 9 Nr. 22 = EzA BetrAVG § 1 Ablösung Nr. 47.

[90] BAG 15. Mai 2012 – 3 AZR 11/10 – Rn. 25, a. a. O.

[91] BAG 21. April 2009 – 3 AZR 674/07 – Rn. 36, AP BetrAVG § 1 Ablösung Nr. 53; BAG 15. Mai 2012 – 3 AZR 11/10 – Rn. 26, a. a. O; BAG 15. Januar 2013 – 3 AZR 705/10 –.

[92] Vgl. BAG 11. Dezember 2001 – 3 AZR 128/01 – BAGE 100, 105; BAG 15. Mai 2012 – 3 AZR 11/10 – Rn. 26, a. a. O; BAG 15. Januar 2013 – 3 AZR 705/10 –.

könnte, zu der möglichen Dienstzeit vom Eintritt beim Arbeitgeber bis zum Erreichen des 65. Lebensjahres, maßgeblich ist.

Der Dritte Senat hat diese Frage dahin gehend entschieden, dass mit der Formulierung „Erreichen des 65. Lebensjahres" nicht die Vollendung des 65. Lebensjahres gemeint ist, sondern vielmehr die Regelaltersgrenze in der gesetzlichen Rentenversicherung und damit die nach §§ 35, 235 Abs. 2 Satz 2 SGB VI ansteigende Altersgrenze.

Seine Auslegung hat der Dritte Senat entgegen dem vermeintlich eindeutigen Wortlaut der Versorgungsordnung vorgenommen, der auf das 65. Lebensjahr abstellt. Gleichwohl ist bei der Berechnung der Zuwachsrente nach der alten Versorgungsordnung aus dem Jahr 1995 die Anhebung der Regelaltersgrenze durch das RV-Altersgrenzenanpassungsgesetz einzubeziehen. Dies hat zur Folge, dass die in der Versorgungsordnung bestimmte Altersgrenze 65 schrittweise ansteigt. Das RV-Altersgrenzenanpassungsgesetz hatte nicht nur eine stufenweise Anhebung der Regelaltersgrenze zum Gegenstand, sondern es hat zugleich auch § 2 Abs. 1 Satz 1 BetrAVG geändert und die Formulierung „Vollendung des 65. Lebensjahrs" durch „Regelaltersgrenze in der gesetzlichen Rentenversicherung" ersetzt.[93] Auch nach der Gesetzesänderung bleibt nach § 2 Abs. 1 Satz 1 Halbs. 2 BetrAVG die Möglichkeit erhalten, an die Stelle der Regelaltersgrenze in der gesetzlichen Rentenversicherung einen früheren Zeitpunkt treten zu lassen. Dies setzt aber voraus, dass dieser frühere Zeitpunkt in der Versorgungsordnung als feste Altersgrenze bestimmt ist. Ob es bei Versorgungsordnungen, die vor dem Inkrafttreten des RV-Altersgrenzenanpassungsgesetz geschaffen wurden und nicht abstrakt auf das Erreichen der Regelaltersgrenze in der gesetzlichen Rentenversicherung abstellen, sondern ausdrücklich die Vollendung des 65. Lebensjahres benennen, zu einem schrittweisen Anheben der Altersgrenze bis zur Vollendung des 67. Lebensjahres kommt oder ob die Vollendung des 65. Lebensjahres einen früheren Zeitpunkt i. S. d. § 2 Abs. 1 Satz 1 Halbs. 2 BetrAVG darstellt, wurde im Schrifttum unterschiedlich beurteilt.[94]

Entscheidend für die vom Dritten Senat vorgenommene Auslegung, wonach die Benennung des 65. Lebensjahres in der Regel eine dynamische Verweisung auf die Regelaltersgrenze in der gesetzlichen Rentenversicherung darstellt und es damit auch in der betrieblichen Altersversorgung zu einer schrittweisen Anhebung der Altersgrenze kommt, war, dass diese Regelaltersgrenze bereits seit dem Jahr 1916 durchgehend bei der Vollendung des 65. Lebensjahres lag. Es bestand deshalb bei der Abfassung von Versorgungsordnungen keinerlei Veranlassung zu abweichenden Formulierungen, wenn an die in der gesetzlichen Rentenversicherung geltende Altersgrenze von 65 Jahren angeknüpft wurde.[95] Für die Frage, ob die Versorgungsordnung einen früheren Zeitpunkt als die Regelaltersgrenze bestimmt, muss auf den Zeitpunkt der Erteilung der Versorgungszusage abgestellt werden. Auf der Grundlage der vor Inkrafttreten des RV-Altersgrenzenanpassungsgesetzes bestehenden Rechtslage kann deshalb nicht

93 Art. 12 RV-Altersgrenzenanpassungsgesetz.
94 Für ein Festhalten am Wortlaut einerseits *Kemper/Kisters-Kölkes/Berenz/Huber*, BetrAVG 4. Aufl. 2010 § 2 Rn. 32; DFL/*Kisters-Kölkes*, 4. Aufl. 2011 § 2 BetrAVG Rn. 21; ErfK/*Steinmeyer*, 12. Aufl. 2012 § 2 BetrAVG Rn. 5; für das schrittweise Mitwandern andererseits *Höfer*, BetrAVG Stand Juni 2011 Rn. 3119.5 ff.; *Höfer/Witt/Kuchem*, BB 2007, 1445, 1450; *Schaub/Vogelsang*, Arbeitsrechts-Handbuch 14. Aufl. 2011 § 85 Rn. 155.
95 Siehe auch *Schaub/Vogelsang*, § 85 Rn. 155; HWK/*Schipp*, Vorb. BetrAVG Rn. 106a.

angenommen werden, dass derartige Versorgungsordnungen einen früheren Zeitpunkt als die Regelaltersgrenze bestimmt haben.

Das vom Dritten Senat gefundene Auslegungsergebnis entspricht auch dem bei der Änderung von § 2 Abs. 1 BetrAVG durch das RV-Altersgrenzenanpassungsgesetz zum Ausdruck gebrachten gesetzgeberischen Willen, die Anhebung der gesetzlichen Altersgrenzen in der gesetzlichen Rentenversicherung auch in den Systemen der betrieblichen Altersversorgung nachzuvollziehen.[96] Im Übrigen basiert das deutsche Betriebsrentenrecht nach wie vor auf dem Verständnis, dass die vom Arbeitgeber zu erbringende betriebliche Altersversorgung die Gegenleistung für die gesamte Betriebszugehörigkeit zwischen dem Beginn des Arbeitsverhältnisses und dem Erreichen der festen Altersgrenze ist.[97] Der Altersgrenze „Vollendung des 65. Lebensjahres" liegt der Gedanke zugrunde, dass zu diesem Zeitpunkt der Arbeitnehmer regelmäßig seine ungekürzte Altersrente aus der gesetzlichen Rentenversicherung bezieht und das Arbeitsverhältnis zu diesem Zeitpunkt enden wird.[98]

IV. Ablösung eines Rentenversprechens durch eine Kapitalleistung

Mit der Entscheidung vom 15. Mai 2012[99] hat der Dritte Senat hinsichtlich eines weiteren Problemkreises juristisches Neuland betreten. Die ablösende zeitlich spätere Betriebsvereinbarung sah – anders als die abzulösende frühere Betriebsvereinbarung – möglicherweise keine laufenden Leistungen der betrieblichen Altersversorgung mehr vor, sondern eine ggf. in mehreren Raten zu zahlende Kapitalleistung. Der Dritte Senat musste sich im Rahmen der vom Landesarbeitsgericht bei der neuerlichen Verhandlung und Entscheidung zu berücksichtigenden Vorgaben mit der Frage befassen, welche Rechtsfolgen sich aus der in der ablösenden Neuordnung enthaltenen Umstellung des bislang gegebenen Versprechens laufender Rentenleistungen in ein Versprechen einer Kapitalleistung ergeben können.

Wegen der Reichweite der sich aus der Umstellung eines Versprechens laufender Leistungen in ein Kapitalversprechen ergebenden Folgen hat der Dritte Senat entschieden, dass die Ersetzung einer Rentenanwartschaft durch eine Anwartschaft auf eine Kapitalleistung in einer ablösenden Betriebsvereinbarung einer eigenständigen Rechtfertigung nach den Grundsätzen des Vertrauensschutzes und der Verhältnismäßigkeit bedarf.[100] Laufende Rentenleistungen haben für den künftigen Betriebsrentner eine besondere Wertigkeit. Er kann darauf vertrauen, als Gegenleistung für seine Dienste und seine Betriebstreue im Alter laufende Rentenzahlungen vom Arbeitgeber zu erhalten. Jedenfalls die vollständig Ersetzung einer Zusage laufender Rentenleistungen durch eine Zusage einer Kapitalleistung muss deshalb gesondert gerechtfertigt werden.[101]

Für die Prüfung dieser Rechtfertigung kann allerdings das vom Dritten Senat zur Konkretisierung der Grundsätze des Vertrauensschutzes und der Verhältnismäßigkeit

---

[96] BT-Drucks. 16/3794 S. 31.

[97] BAG 19. Juli 2011 – 3 AZR 434/09 – Rn. 42 ff., AP BetrAVG § 2 Nr. 65 = EzA BetrAVG § 7 Nr. 76.

[98] BAG 15. Mai 2012 – 3 AZR 11/10 – Rn. 51, a. a. O.

[99] BAG 15. Mai 2012 – 3 AZR 11/10 – a. a. O.

[100] BAG 15. Mai 2012 – 3 AZR 11/10 – Rn. 74, a. a. O.

[101] BAG 15. Mai 2012 – 3 AZR 11/10 – Rn. 74, a. a. O.

entwickelte dreistufige Prüfungsschema[102] nicht herangezogen werden.[103] Das dreistufige Prüfungsschema wurde für Eingriffe in die Höhe der Versorgungsanwartschaften entwickelt und lässt sich auf andere Eingriffe in Versorgungsrechte wie etwa bei Eingriffen in laufende Leistungen und die Änderungen von Anpassungsregelungen bei laufenden Betriebsrenten[104] ebenso wenig ohne Weiteres übertragen, wie auf die Schaffung von Ausschlustatbeständen für eine Hinterbliebenenversorgung[105] und eben auch für die Prüfung der Wirksamkeit der Umstellung von einem Versprechen laufender Rentenleistungen auf ein Versprechen einer Kapitalleistung. Die bloße Umstellung bewirkt für sich genommen keinen Eingriff in die Höhe der Versorgungsanwartschaften.[106] Sie kann deshalb nur an den allgemeinen Grundsätzen des Vertrauensschutzes und der Verhältnismäßigkeit gemessen werden, die eine Abwägung der wechselseitigen Interessen verlangen. Die vom Arbeitgeber zur Rechtfertigung der Umstellung herangezogenen Gründe müssen dabei umso gewichtiger sein, je schwerwiegender die Nachteile der Umstellung für den Arbeitnehmer sind.[107]

Das Erfordernis einer gesonderten Rechtfertigung hat der Dritte Senat vor allem aus der hinter dem Abfindungsverbot des § 3 BetrAVG stehenden gesetzgeberischen Wertung abgeleitet. Diese deutet auf die Erforderlichkeit einer gesonderten Rechtfertigung für die Umstellung einer Rentenzusage in eine Zusage einer Kapitalleistung hin. Für den Gesetzgeber hat eine einmalige Kapitalleistung nicht dieselbe Wertigkeit wie laufende Leistungen der betrieblichen Altersversorgung. Das Abfindungsverbot des § 3 BetrAVG soll sicherstellen, dass dem Versorgungsberechtigten die zugesagte Betriebsrente im Versorgungsfall in Form von laufenden Rentenleistungen zur Verfügung steht. Angesichts der stetig zunehmenden Bedeutung von Betriebsrenten für die Alterssicherung der Beschäftigten sollen Anwartschaften auf betriebliche Altersversorgung bis zum Rentenbeginn und laufende Betriebsrenten bis zum Lebensende erhalten bleiben. Ihre vorzeitige Verwertung widerspricht dem Versorgungszweck.[108] Letztlich soll der Versorgungsempfänger an einer Kapitalisierung seines Anspruchs auf betriebliche Altersversorgung gehindert und davon abgehalten werden, die ausgezahlte Geldsumme für die Vermögensbildung oder den Konsum statt für die vorgesehene Versorgung zu verwenden.[109]

Das Betriebsrentengesetz bewertet das Schutzbedürfnis des künftigen Versorgungsempfängers damit bereits im Ausgangspunkt höher als das Interesse des Arbeitgebers, sich aus seinen Ruhegeldverpflichtungen für ausscheidende Arbeitnehmer zu lösen und sich damit nicht nur den Verwaltungsaufwand und die daraus resultierenden finanziellen Aufwendungen zu ersparen, sondern auch die Anpassungsprüfungs-

---

[102] Grundlegend BAG 17. April 1985 – 3 AZR 72/83 – BAGE 49, 57.

[103] BAG 15. Mai 2012 – 3 AZR 11/10 – Rn. 75, a.a.O.

[104] Vgl. dazu ausführlich BAG 28. Juni 2011 – 3 AZR 282/09 – Rn. 38 ff., AP BetrAVG § 1 Nr. 54 = EzA BetrAVG § 16 Nr. 59.

[105] BAG 21. November 2000 – 3 AZR 91/00 – AP BetrAVG § 1 Hinterbliebenenversorgung Nr. 21 = EzA BetrAVG § 1 Ablösung Nr. 26.

[106] BAG 15. Mai 2012 – 3 AZR 11/10 – Rn. 75, a.a.O.

[107] BAG 15. Mai 2012 – 3 AZR 11/10 – Rn. 76, a.a.O.

[108] Vgl. BT-Drucks. 15/2150 S. 52.

[109] In diese Richtung auch BAG 17. Oktober 2000 – 3 AZR 7/00 – BAGE 96, 54; BGH 21. Mai 2003 – VIII ZR 57/02 – DB 2003, 1568.

pflicht nach § 16 Abs. 1 BetrAVG zu vermeiden.[110] Zuzugestehen ist allerdings, dass nach den Wertungen des Betriebsrentengesetzes im Ausgangspunkt laufende Leistungen der betrieblichen Altersversorgung und Kapitalleistungen zwei gleichwertige Formen der betrieblichen Altersversorgung darstellen.[111] Gleichwohl ist eine spätere Umstellung von laufenden Leistungen zu einer Kapitalleistung mit erheblichen Veränderungen zum Nachteil der betroffenen Arbeitnehmer verbunden. Mit der Zusage einer laufenden Rente hat der Arbeitgeber zum Ausdruck gebracht, dass er das sog. Langlebigkeitsrisiko mit allen für den Arbeitnehmer und ihn damit verbundenen Vor- und Nachteilen tragen will. Eine solche Umstellung verschiebt dieses Langlebigkeitsrisiko einseitig zulasten des Arbeitnehmers. Die Anpassungsprüfungspflicht nach § 16 BetrAVG besteht nur bei laufenden Rentenleistungen; sie erhält regelmäßig den Wert der Rente über die gesamte Bezugsdauer.[112] Auch birgt die Umstellung von laufenden Rentenleistungen hin zur Kapitalleistung grundsätzlich die Gefahr einer höheren Steuerlast des Arbeitnehmers aufgrund der Progressionswirkung und zwar auch dann, wenn die Leistung des Kapitalbetrages in Teilbeträgen über längere Zeiträume hinweg erfolgt.[113] Schließlich führt der Wechsel bei einer möglichen Zwangsvollstreckung zu erheblichen Veränderungen. Während laufende Rentenleistungen dem Pfändungsschutz nach § 850c ZPO unterliegen, richtet sich der Pfändungsschutz bei Kapitalleistungen § 850i ZPO und setzt einen gesonderten Antrag des Schuldners und damit des Versorgungsempfängers voraus. § 850i ZPO zwingt ihn damit zum Tätigwerden.

Der Wechsel von einer Renten- auf eine Kapitalleistung ist nicht zu beanstanden, wenn das die Umstellung begründende Interesse des Arbeitgebers das Interesse des Arbeitnehmers am Erhalt der Rentenleistung erheblich überwiegt. Dabei reicht es jedoch nicht aus, dass sich die Entscheidung des Arbeitgebers lediglich als nicht willkürlich erweist, weil Sachgründe eine Umwandlung des Rentenversprechens in ein Versprechen einer Kapitalleistung nur nahelegen.[114] Zu Gunsten des Arbeitgebers können sich aber vor allem wirtschaftliche Gründe auswirken, ebenso wie Vorteile im Hinblick auf die Bilanzierung und die Finanzierung der Versorgungsverpflichtungen. Zweifelsohne können auch Leistungsverbesserungen - etwa durch eine Anhebung des Dotierungsrahmens - die Abwägung zugunsten der Neuregelung beeinflussen. Hat der Arbeitgeber eine Kapitalleistung zugesagt, die den nach den Rechnungsgrundlagen und anerkannten Regeln der Versicherungsmathematik ermittelten Barwert der bislang versprochenen Rentenleistung übersteigt, so kann dies die Nachteile der Umstellung für den Arbeitnehmer aufwiegen.[115]

V. Betriebsrente und Unionsrecht

Ein stetig an Bedeutung gewinnender Gesichtspunkt in der Rechtsprechung des Dritten Senats betrifft das Verhältnis des nationalen Betriebsrentenrechts zum Unionsrecht und die aus dem Unionsrecht ins nationale Recht übernommenen Diskrimini-

---

[110] *Rolfs*, in: Blomeyer/Rolfs/Otto, 5. Aufl. 2010 § 3 Rn. 2 f.

[111] Vgl. BAG 21. März 2000 – 3 AZR 127/99 – AP BetrAVG § 3 Nr. 9 = EzA BetrAVG § 3 Nr. 6.

[112] BAG 15. Mai 2012 – 3 AZR 11/10 – Rn. 79, a. a. O.

[113] BAG 15. Mai 2012 – 3 AZR 11/10 – Rn. 80, a. a. O.

[114] BAG 15. Mai 2012 – 3 AZR 11/10 – Rn. 83, a. a. O.

[115] BAG 15. Mai 2012 – 3 AZR 11/10 – Rn. 84, a. a. O.

rungsverbote. Im Betriebsrentenrecht ist insoweit vor allem das Verbot der Diskriminierung wegen des Alters von Bedeutung, aber auch das Verbot der Benachteiligung wegen des Geschlechts[116] und wegen der sexuellen Ausrichtung[117] werfen erhebliche Rechtsprobleme auf.

1. Vereinbarkeit von § 2 Abs. 1 BetrAVG mit Unionsrecht

Mit zwei Urteilen vom 19. Juli 2011[118] hat der Dritte Senat entschieden, dass sowohl § 2 Abs. 1 BetrVG als auch § 7 Abs. 2 Satz 3 BetrAVG und die darin vorgesehene Berechnung der unverfallbaren Betriebsrentenanwartschaft bzw. der insolvenzgeschützten Anwartschaft zwar anhand des primärrechtlichen Verbots der Diskriminierung wegen des Alters, wie es nunmehr in Art. 21 Abs. 1 der Charta der Grundrechte der Europäischen Union niedergelegt ist, zu überprüfen sind.[119] Unter Heranziehung der den primärrechtlichen Grundsatz des Verbots der Altersdiskriminierung konkretisierenden Regelungen in Art. 1, Art. 2 und Art. 6 Abs. 1 der Richtlinie 2000/78/EG des Rates vom 27. November 2000 zur Festlegung eines allgemeinen Rahmens für die Verwirklichung der Gleichbehandlung in Beschäftigung und Beruf,[120] verstoßen diese gesetzlichen Bestimmungen aber nicht gegen das unionsrechtliche Verbot der Diskriminierung wegen des Alters.

§ 2 Abs. 1 BetrAVG und § 7 Abs. 2 Satz 3 BetrAVG knüpfen nicht an das Lebensalter an, und können deshalb keine unmittelbare Benachteiligung wegen des Alters bewirken.[121] Allerdings können beide Vorschriften – abhängig von der konkreten Ausgestaltung der zugrunde liegenden Versorgungsordnung – dazu führen, dass Personen, die ihre Betriebszugehörigkeit in einem jüngeren Lebensalter zurückgelegt haben, gegenüber Personen benachteiligt werden können, die die gleiche Betriebszugehörigkeit in höherem Lebensalter erbracht haben. Je länger die mögliche Betriebszugehörigkeit bis zur festen Altersgrenze ist, desto geringer ist der Anteil der tatsächlichen Betriebszugehörigkeit hieran, auch wenn er absolut derjenigen eines mit einem höheren Lebensalter in den Betrieb eingetretenen Arbeitnehmers entspricht.[122] Die potenziell unterschiedlichen Auswirkungen sind auf das Alter zurückzuführen, weil die Betriebszugehörigkeit je nach Lebensalter zu unterschiedlichen Ansprüchen führen kann.[123] Dabei ist es unerheblich, dass sich der Nachteil erst verwirklicht, wenn der Versorgungsfall eingetreten ist und die Arbeitnehmer dann das gleiche Lebens-

---

[116] Vgl. etwa BAG 9. Oktober 2012 – 3 AZR 477/10 – zur Wirksamkeit der Unverfallbarkeitsfristen nach § 1 Abs. 1 BetrAVG in der Fassung des Gesetzes vom 19. Dezember 1974.

[117] Vgl. etwa BAG 11. Dezember 2012 – 3 AZR 684/10 – zur Hinterbliebenenversorgung des eingetragenen Lebenspartners eines Dienstordnungsangestellten.

[118] BAG 19. Juli 2011 – 3 AZR 571/09 – Rn. 21 ff. und – 3 AZR 434/09 – Rn. 20 ff., AP BetrAVG § 2 Nr. 65 = EzA BetrAVG § 7 Nr. 76.

[119] BAG 19. Juli 2011 – 3 AZR 434/09 – Rn. 23 ff., AP BetrAVG § 2 Nr. 65 = EzA BetrAVG § 7 Nr. 76.

[120] ABl. Nr. L 303 S. 16.

[121] BAG 11. Dezember 2012 – 3 AZR 634/10 – zu II 2 b aa der Gründe.

[122] Vgl. *Rolfs*, „Für die betriebliche Altersversorgung gilt das Betriebsrentengesetz" – Über das schwierige Verhältnis von AGG und BetrAVG, NZA 2008, 553, 555; *Rengier*, Bestandsschutz bei Neuregelung der betrieblichen Altersversorgung, RdA 2006, 213, 215 f.

[123] EuGH 19. Januar 2010 – C-555/07 – [Kücükdeveci] Rn. 30, Slg. 2010, I-365.

alter ausweisen.[124] Die unterschiedliche Behandlung der Arbeitnehmer erfolgt jedenfalls auch durch Regelungen in § 2 Abs. 1 BetrAVG bzw. § 7 Abs. 2 Satz 3 BetrAVG unmittelbar und nicht ausschließlich durch die jeweilige zugrunde liegende Versorgungsordnung.

Die vom Betriebsrentengesetz in beiden Fällen angeordnete zeitratierliche Berechnung führt allerdings nicht in jedem Fall zu einer Benachteiligung jüngerer Arbeitnehmer. Diese kann nur eintreten, wenn nach der maßgeblichen Versorgungsordnung die Voraussetzungen der Höchstrente bereits zu einem Zeitpunkt vor dem Erreichen der festen Altersgrenze erfüllt werden können.[125] Dies betrifft Versorgungsordnung die den Erwerb von Versorgungsanwartschaften nur bis zu einer bestimmten Dauer der Betriebszugehörigkeit, etwa 25, 30 oder 40 Jahre ermöglichen. Sieht die Versorgungsordnung eine gleichmäßige Steigerung der Anwartschaften bis zum Erreichen der festen Altersgrenze vor, so tritt der in der Regelung des § 2 Abs. 1 Satz 1 BetrAVG bzw. § 7 Abs. 2 Satz 3 BetrAVG zur zeitratierlichen Berechnung angelegte Effekt überhaupt nicht ein. Die grundsätzlich nachteilige Wirkung der zeitratierlichen Berechnung wird in einem solchen Fall durch eine höhere fiktive Vollrente wieder ausgeglichen.[126]

Die für die Berechnung der gesetzlich unverfallbaren Anwartschaft maßgeblichen § 2 Abs. 1 Satz 1 BetrAVG und § 7 Abs. 2 Satz 3 BetrAVG bewirken jedoch keine mittelbare Diskriminierung wegen des Alters, denn den Bestimmungen liegt ein legitimes, im Allgemeininteresse bestehendes Ziel zugrunde und die Mittel zur Erreichung dieses Ziels sind angemessen und erforderlich i. S. v. Art. 6 Abs. 1 der Rahmenrichtlinie.[127]

2. Vereinbarkeit von Versorgungsordnungen mit dem AGG

Zwischenzeitlich hat der Dritte Senat auch entscheiden, dass eine Regelung in einer Versorgungsordnung, die die anrechenbare Dienstzeit auf die letzten 40 Jahre beschränkt nicht gegen das Verbot der Diskriminierung wegen des Alters verstößt und deshalb nicht nach § 7 Abs. 2 AGG unwirksam ist. Eine solche Regelung bewirkt weder eine unmittelbare Diskriminierung noch eine unzulässige mittelbare Benachteiligung wegen des Alters.[128]

Die in einer Versorgungsordnung vorgesehene Regelung zur Begrenzung der anrechnungsfähigen Dienstzeit beispielsweise auf 40 Jahre knüpft nicht an das Lebensalter an; eine unmittelbare Diskriminierung durch die Regelung scheidet folglich aus. Personen eines bestimmten Alters können von dieser dem Anschein nach neutralen Bestimmung zur Begrenzung der anrechenbaren Dienstjahre in besonderer Weise benachteiligt werden. Typischerweise bewirkt eine solche Regelung, dass Personen, die ihre Betriebszugehörigkeit vor Vollendung des 25. Lebensjahres beginnen, gegenüber

---

[124] BAG 19. Juli 2011 – 3 AZR 434/09 – Rn. 31, AP BetrAVG § 2 Nr. 65 = EzA BetrAVG § 7 Nr. 76.

[125] BAG 19. Juli 2011 – 3 AZR 434/09 – Rn. 32, a. a. O.

[126] Vgl. *Preis*, Altersdiskriminierung im Betriebsrentenrecht, BetrAV 2010, 513, 515; *Diller*, Altersdiskriminierung der ratierlichen Kürzung nach § 2 BetrAVG?, NZA 2011, 725.

[127] BAG 19. Juli 2011 – 3 AZR 434/09 – Rn. 32 ff., a. a. O; 11. Dezember 2012 – 3 AZR 634/10 – zu II 2 b dd der Gründe.

[128] BAG 11. Dezember 2012 – 3 AZR 634/10 – zu I 2 b der Gründe.

Personen benachteiligt werden können, deren Betriebszugehörigkeit erst danach beginnt. Bei den letztgenannten Arbeitnehmern wirken sich sämtliche Jahre der Betriebszugehörigkeit rentensteigernd aus; bei der ersten Gruppe führen die vor Vollendung des 25. Lebensjahres zurückgelegten Dienstjahre hingegen nicht zu einer Rentensteigerung. Im Falle des vorzeitigen Ausscheidens aus dem Arbeitsverhältnis mit unverfallbarer Anwartschaft bewirkt eine solche Regelung aufgrund nach § 2 Abs. 1 BetrAVG vorgesehenen zeitratierlichen Berechnung, dass die Anwartschaft von Arbeitnehmern, deren Arbeitsverhältnis vor Vollendung des 25. Lebensjahres begonnen hat, geringer ist als diejenige von Arbeitnehmern, die erst danach das Arbeitsverhältnis begründet haben und die mit derselben Betriebszugehörigkeit aus dem Arbeitsverhältnis ausscheiden.[129]

Nach der Rechtsprechung des Dritten Senats liegt darin gleichwohl keine unzulässige mittelbare Benachteiligung wegen des Alters. Die Regelung ist durch ein rechtmäßiges Ziel sachlich gerechtfertigt und die Mittel zur Erreichung dieses Ziels sind angemessen und erforderlich, so dass der Tatbestand der mittelbaren Diskriminierung nach § 3 Abs. 2 AGG ausgeschlossen ist.

Rechtmäßiges Ziel der Begrenzungsregelung in der Versorgungsordnung ist die Begrenzung des Risikos des Arbeitgebers, um die von ihm zu erbringenden Leistungen der betrieblichen Altersversorgung überschaubar und kalkulierbar zu halten. Dies ist zwar kein Ziel aus den Bereichen Beschäftigungspolitik, Arbeitsmarkt und berufliche Bildung i. S. d. Art. 6 Abs. 1 Richtlinie 2000/78/EG des Rates vom 27. November 2000 zur Festlegung eines allgemeinen Rahmens für die Verwirklichung der Gleichbehandlung in Beschäftigung und Beruf. Allerdings muss das rechtmäßige Ziel, das über das Vorliegen einer mittelbaren Diskriminierung entscheidet, kein legitimes Ziel i. S. d. Art. 6 Abs. 1 der Richtlinie 2000/78/EG sein. Auch andere von der Rechtsordnung anerkannte Gründe für die Verwendung des neutralen Kriteriums werden erfasst.[130]

Das von der Versorgungsordnung eingesetzte Mittel, die Zahl der anrechenbaren Dienstjahre auf 40 zu begrenzen, ist angemessen. Eine solche Regelung ist schon deshalb nicht unangemessen, weil die Begrenzung der anrechenbaren Dienstjahre auf 40 ein typisches Erwerbsleben nahezu vollständig abdeckt; bei typisierender Betrachtung können fast während des gesamten Erwerbslebens Rentensteigerungen erarbeitet werden. Zumindest eine Begrenzung der anrechenbaren Dienstzeit auf 40 Jahre beeinträchtigt die Interessen der betroffenen Beschäftigten daher nur unwesentlich.[131] In der Entscheidung vom 11. Dezember 2011[132] hat der Dritte Senat offengelassen, ob bei einer Begrenzung auf weniger als 40 Jahre etwas anderes gelten könnte.

3. Anspruchsausschließende Wartezeiten und Höchstaltersgrenzen

Mit Urteil vom 12. Februar 2013[133] hat der Dritte Senat entschieden, dass eine Bestimmung in einer Versorgungsordnung, wonach Ansprüche auf eine betriebliche Altersversorgung nur bestehen, wenn eine mindestens 15jährige Betriebszugehörigkeit

---

[129] BAG 11. Dezember 2012 – 3 AZR 634/10 – zu I 2 b der Gründe.
[130] BAG 11. Dezember 2012 – 3 AZR 634/10.
[131] BAG 11. Dezember 2012 – 3 AZR 634/10 – zu I 2 b der Gründe.
[132] BAG 11. Dezember 2012 – 3 AZR 634/10.
[133] BAG 12. Februar 2013 – 3 AZR 100/11.

bis zum Erreichen der Regelaltersgrenze in der gesetzlichen Rentenversicherung im Betrieb erbracht werden kann, wirksam ist und nicht gegen das Verbot der Benachteiligung wegen des Alters verstößt und auch keine unzulässige Benachteiligung wegen des Geschlechts bewirkt. Der Dritte Senat konnte dahinstehen lassen, ob eine solche Regelung die betroffenen Arbeitnehmer unmittelbar wegen ihres Alters benachteiligt, weil sie ab einem bestimmten Lebensalter von der betrieblichen Altersversorgung ausgeschlossen werden, oder ob lediglich eine mittelbare Diskriminierung denkbar ist. Er hat angenommen, dass eine unmittelbare Benachteiligung wegen des Alters nach § 10 AGG gerechtfertigt ist. Mit § 10 Satz 3 Nr. 4 AGG hat der Gesetzgeber dem Arbeitgeber ein Mittel zur Verfügung gestellt, mit dem das legitime sozialpolitische Ziel der Verbreitung der betrieblichen Altersversorgung verfolgt wird. Damit ist allerdings nicht jede Wartezeit bzw. Höchstaltersgrenze zu rechtfertigen. Vielmehr muss die konkret festgelegte Wartezeit bzw. Höchstaltersgrenze angemessen i. S. v. § 10 Satz 2 AGG sein. Dies hat der Dritte Senat für eine 15jährige Wartezeit bejaht.

Internationales Arbeitsvertragsrecht
– System und ausgewählte Einzelfragen –

Prof. Dr. Olaf Deinert, Universität Göttingen

INHALT

I. Einführung

Das Internationale Arbeitsrecht, verstanden als Verweisungsrecht oder Kollisionsrecht, ist das Rechtsgebiet, das beantwortet, welches Recht auf einen Sachverhalt mit Auslandsberührung anzuwenden ist. Es ist der Anwendung des eigentlichen Sachrechts vorgeschaltet und entscheidet darüber, welcher Rechtsordnung das Sachrecht zu entnehmen ist, nach dem am Ende der Sachverhalt rechtlich zu beurteilen ist. Das Internationale Arbeitsrecht war über lange Zeit hinweg gesetzlich nicht geregelt. Das Gebiet war zunächst durch Rechtsprechung und Literatur geprägt. Eine erste umfassende systematische wissenschaftliche Durchdringung erfolgte 1959 durch *Franz Gamillscheg*.[1] Diese Monographie, die auf einer Habilitationsschrift beruhte, blieb über die Jahre und bis heute ein Meilenstein. 1980 wurde dann erstmalig ein Anlauf für eine Kodifikation genommen. In diesem Jahr wurde das Europäische Schuldvertragsübereinkommen (EVÜ) zwischen den damaligen EWG-Mitgliedstaaten geschlossen.[2] Dieses sah einheitliches Kollisionsrecht im Bereich des Schuldvertragsrechts für die Vertragsstaaten vor und schloss dabei auch Individualarbeitsverträge ein. Das EVÜ wurde von der Bundesrepublik ratifiziert.[3] Allerdings wurde das EVÜ nicht mit unmittelbarer Anwendbarkeit versehen, vielmehr erfolgte eine Umsetzung in Art. 27 ff. EGBGB durch das IPRNG[4]. Das internationale Individualarbeitsvertragsrecht fand

---

[1] *Gamillscheg*, Internationales Arbeitsrecht (Arbeitsverweisungsrecht), Tübingen 1959.

[2] Übereinkommen über das auf vertragliche Schuldverhältnisse anwendbare Recht vom 19. 6. 1980, ABl. Nr. L 266/1.

[3] Gesetz vom 25.07.1986, BGBl. II 809.

[4] Gesetz zur Neuregelung des Internationalen Privatrechts (IPRNG) vom 25. 7. 1986, BGBl. I 1142.

dabei eine Regelung in Art. 30 EGBGB.[5] Abgesehen vom deutschen Sonderweg einer Umsetzung des völkerrechtlichen Übereinkommens kann eine völkervertragliche Lösung ohnehin nicht die Harmonisierungen bringen, die Regelungen des EU-Rechts schaffen können. Die Europäische Kommission strebte daher eine Vergemeinschaftung des IPR auf der Grundlage des heutigen Art. 81 Abs. 2 lit. c AEUV (zuvor Art. 61 lit. c, 65 EG) an. Das gelang für die arbeitsrechtlich relevanten Bereiche des außervertraglichen Schuldrechts durch die Rom II-Verordnung[6] und des vertraglichen Schuldrechts durch die Rom I-Verordnung[7]. Während die Rom II-Verordnung insbesondere für die Haftung bei Arbeitskämpfen relevant ist,[8] enthält die Rom I-Verordnung namentlich eine Anknüpfungsregel für Individualarbeitsverträge sowie weitere Regelungen zum Internationalen Vertragsrecht, die auch für Arbeitsverträge bedeutsam sind.

Die Anknüpfung des Arbeitsvertrages nach Art. 8 Rom I-Verordnung unterscheidet sich kaum von der nach dem früheren Art. 30 EGBGB.[9] Die verbleibenden Unterschiede bleiben gleichwohl relevant, weil die Rom I-Verordnung anwendbar ist auf Verträge, die ab[10] dem 17. Dezember 2009 geschlossen wurden. Für Arbeitsverträge, die vor diesem Datum geschlossen wurden, bleibt es daher bei der Anknüpfung nach Art. 30 EGBGB.[11] Anders ist es nur bei substantiellen Vertragsänderungen nach dem Stichtag.[12]

Die Rom I-Verordnung ist eine *loi uniforme*, d.h. sie ist unabhängig davon anwendbar, ob die anderen Staaten, zu denen der Sachverhalt Berührungspunkte aufweist, an die Rom I-Verordnung gebunden sind. Sie gilt daher bei Bezügen zu Frankreich ebenso wie bei Bezügen zu Dänemark, für das die Rom I-Verordnung aufgrund eines besonderen Protokolls nicht gilt, oder bei Bezügen zu den Vereinigten Staaten von Amerika.

---

[5] Zur arbeitsrechtlichen Bedeutung des IPRNG (im Entwurfsstadium) *Gamillscheg*, ZfA 1983, 307 ff.

[6] Verordnung (EG) Nr. 864/2007 des Europäischen Parlaments und des Rates vom 11. 07. 2007 über das auf außervertragliche Schuldverhältnisse anwendbare Recht („Rom II"), ABl. Nr. L 199/40.

[7] Verordnung (EG) Nr. 593/2008 des Europäischen Parlaments und des Rates vom 17. 06. 2008 über das auf vertragliche Schuldverhältnisse anzuwendende Recht (Rom I), ABl. Nr. L 177/6.

[8] Dazu etwa *Deinert*, Internationales Arbeitsrecht, Tübingen 2013, § 16.

[9] *Bollé/Lemaire*, Recueil Dalloz 2008, 2155, 2156; *Lagarde/Tenenbaum*, Rev.crit.DIP 2008, 727, 732; zum vorausgegangenen Kommissionsvorschlag s. bereits *Junker*, RIW 2006, 401.

[10] Nach dem ursprünglichen Text sollte die Verordnung für Verträge gelten, die „nach" dem 17. Dezember 2009 geschlossen wurden. Das wurde später im Sinne eines „ab" berichtigt, ABl. 2009 Nr. L 309/87; zu Zweifeln, ob dies lediglich eine Textberichtigung oder eine Änderung ist, *Rauscher/Pabst*, NJW 2010, 3487, 3493.

[11] Das gilt nach dem Übergangsrecht zum IPRNG auch für die früheren Altfälle aus der Zeit vor dem IPRNG, BAG AP Nr. 31 zu Internationales Privatrecht Arbeitsrecht; ferner m.w.N. *Magnus*, IPRax 2010, 27, 31; *Deinert*, IAR (Fn. 8), § 2 Rn. 10.

[12] *Wurmnest*, EuZA 2009, 481, 486.

II. IPR und Territorialität

1. Einseitige und allseitige Anknüpfung

Mitunter finden sich bei internationalprivatrechtlichen Fragestellungen Hinweise auf eine territoriale Geltung oder ein so genanntes Territorialitätsprinzip. Gemeint ist damit, dass eine Rechtsnorm nur im Erlassstaat beziehungsweise nur auf Sachverhalte, die sich im Erlassstaat abspielen, angewendet werden soll. Diese Sichtweise ist dem Internationalen Privatrecht allerdings grundsätzlich fremd. Nach der Überwindung der so genannten Statutentheorie[13] fragt man internationalprivatrechtlich nicht mehr nach der Anwendbarkeit einer bestimmten Rechtsnorm. Die Frage lautet vielmehr, welche Rechtsnorm auf einen bestimmten Sachverhalt angewendet werden muss. Sie wird damit vom Sachverhalt, nicht von der Rechtsnorm her gestellt. Die Kollisionsnormen sind darum allseitiger Natur. Ihre Rechtsfolge ist nicht im Sinne eines „Ja" oder „Nein" auf die Anwendbarkeit der Rechtsnorm einer bestimmten Rechtsordnung gerichtet, sondern ergebnisoffen auf die Anwendbarkeit der Rechtsnormen einer Rechtsordnung, auf die die Anknüpfungsmomente der Kollisionsnorm deuten. Gerichte fragen daher in einem Kündigungsschutzprozess nicht, ob das deutsche KSchG anwendbar ist. (Wäre die Antwort „Nein", ließe sich der Streit nicht entscheiden.) Sie fragen, nach welchem Recht die Kündigung zu beurteilen ist. Zwar gibt es bisweilen auch einseitige Kollisionsnormen, die die Anwendbarkeit einer bestimmten Rechtsnorm vorsehen, wenn die Voraussetzungen dafür gegeben sind. Das ist etwa bei § 1 SeemG der Fall gewesen, wonach das deutsche Recht auf Schiffe unter deutscher Flagge anwendbar war. Oftmals müssen solche einseitigen Kollisionsnormen allerdings zu allseitigen „ausgebaut" werden, wie dies im Falle des § 1 SeemG gehandhabt wurde[14]: Das Heuerstatut folgte insgesamt einer Flaggenanknüpfung. Eine fremde Flagge führte damit zum fremden Recht, obwohl § 1 SeemG dies nicht vorsah. Die Anknüpfung des Heuerverhältnisses nach § 1 SeemG ist inzwischen allerdings durch die Anknüpfungsnormen der Rom I-Verordnung verdrängt.[15]

Ganz anders als die grundsätzlich allseitige Anknüpfung im Internationalen Privatrecht ist im internationalen öffentlichen Recht vorzugehen. Öffentliches Recht ist regelmäßig von Behörden anzuwendendes Recht. Dabei wenden Behörden grundsätzlich nur ihr eigenes öffentliches Recht, nicht etwa fremdes öffentliches Recht an.[16] Darüber hinaus erfolgt die hoheitliche Durchsetzung von öffentlichem Recht grundsätzlich nur im Inland.[17] Das hat seinen maßgeblichen Grund darin, dass der Staat völkerrechtlich weitgehend gehindert ist, seine Hoheitsrechte im Ausland durchzusetzen. Das öffentliche Recht geht damit im Prinzip davon aus, dass es nur für In-

---

[13] Dazu *Kropholler*, Internationales Privatrecht, einschließlich der Grundbegriffe des Internationalen Verfahrensrechts, 6. Auflage, Tübingen 2006, § 2 II, S. 11 ff.

[14] S. etwa *Gamillscheg*, IAR (Fn. 1), S. 136; *Ebenroth/Fischer/Sorek*, ZVglRWiss 88 (1989), 124, 138.

[15] Näher *Deinert*, IAR (Fn. 8), § 9 Rn. 157 ff.

[16] *Gamillscheg*, IAR (Fn. 1), S. 187 ff.; *Gamillscheg*, RabelsZ 23 (1958), 819, 828; *Borgmann*, Die Entsendung von Arbeitnehmern in der Europäischen Gemeinschaft, Frankfurt/M. 2001 (zugl. Trier, Univ., Diss. 2000), S. 116; *Führich*, Die Einordnung des Arbeitsschutzrechts in das öffentliche oder private Recht und die internationalrechtlichen Folgen dieser Einordnung, Würzburg, Univ., Diss. 1978, S. 62 f.; ausf. *Junker*, Internationales Arbeitsrecht im Konzern, Tübingen 1992 (zugl. Münster, Univ., Habil. 1991/92), S. 106 ff., 122 f.

[17] *Gamillscheg*, IAR (Fn. 1), S. 187 f.

landsachverhalte gilt. Das ist eine einseitige Anknüpfung. Zwar ist der Staat nicht gehindert, sein öffentliches Recht durch inländische Behörden auch auf Sachverhalte anzuwenden, die sich ganz oder teilweise im Ausland zugetragen haben.[18] In diesem Sinne kann beispielsweise bei Anwendung des ArbZG auch der Teil der Arbeit zu berücksichtigen sein, der vorübergehend im Ausland erbracht wurde.[19] Gleichwohl setzt er dieses öffentliche Recht regelmäßig nur im Inland durch. Man spricht dann von Ausstrahlungen des Inlandsrechts.

2. Zuständigkeit, Prozessrecht, anwendbares IPR und Anknüpfung

Die kollisionsrechtliche Frage hängt ohne konkreten Rechtsanwender allerdings in der Luft. Das liegt daran, dass Internationales Privatrecht zwar dem Namen nach „international" ist, in Wahrheit aber national oder regional begrenzt ist. Die Kollisionsnormen des Internationalen Privatrechts sind von Land zu Land unterschiedlich. Es gibt nicht ein Internationales Privatrecht, sondern eine Vielzahl Internationaler Privatrechte. Zwar ist das IPR in den Ländern, in denen die Rom I-Verordnung anwendbar ist, vereinheitlicht. Außerhalb dieses Kreises gelten aber andere Kollisionsnormen. Er stellt sich damit die Frage, nach welchem Internationalen Privatrecht in einem konkreten Fall anzuknüpfen ist.

Diese Frage ist regelmäßig auf ein Gericht oder Schiedsgericht bezogen. Das Gericht etwa, das den Rechtsstreit entscheiden muss, muss das maßgebliche Kollisionsrecht auffinden und anwenden. Ähnlich ist bei der Rechtsgestaltung zu verfahren. Hier muss man sich fragen, welches Recht ein mit dem Streit befasstes Gericht oder Schiedsgericht der rechtlichen Beurteilung zu Grunde legen wird. In beiden Fällen kommt es dabei in einem ersten Schritt auf die internationale Zuständigkeit an. Für das internationale Zuständigkeitsrecht der Gerichte gilt dabei ein "Territorialitätsprinzip". Jedes Gericht wendet das an seinem Ort geltende internationale Zuständigkeitsrecht an. In der Bundesrepublik richtet sich die internationale Zuständigkeit im Verhältnis zu den anderen EU-Mitgliedstaaten nach der Brüssel I-Verordnung[20], im Verhältnis zu Norwegen, Island und der Schweiz nach dem Luganer Übereinkommen[21] und im Verhältnis zu allen übrigen Staaten nach der entsprechenden Anwendung des örtlichen Zuständigkeitsrechts[22].[23] Gleichermaßen gilt für das Prozessrecht nichts anderes als sonst

---

[18] *Gamillscheg*, IAR (Fn. 1), S. 188 f.; *Junker*, IAR im Konzern (Fn. 16), S. 106, 107 f.

[19] Vgl. *Wiebauer*, EuZA 2012, 485, 489 ff.

[20] Verordnung (EG) Nr. 44/2001 des Rates vom 22. 12. 2000 über die gerichtliche Zuständigkeit und die Anerkennung und Vollstreckung von Entscheidungen in Zivil- und Handelssachen, ABl. 2001 Nr. L 12/1; dazu *Geimer*, IPRax 2002, 69 ff.; *Piltz*, NJW 2002, 789 ff.; zur Zuständigkeit der deutschen Arbeitsgerichte nach der Verordnung *Däubler*, NZA 2003, 1297 ff.; *Junker*, NZA 2005, 199 ff.

[21] Luganer Übereinkommen über die gerichtliche Zuständigkeit und die Anerkennung und Vollstreckung von Entscheidungen in Zivil- und Handelssachen vom 30. 10. 2007, ABl. 2009 L 147/5; dazu *Wagner/Janzen*, IPRax 2010, 298 ff.

[22] BAG AP Nr. 32 zu Internationales Privatrecht – Arbeitsrecht; BAG AP Nr. 8 zu Art. 27 EGBGB n.F.; BAG NZA-RR 2012, 320.

[23] Vgl. näher *Junker*, Internationales Zivilprozessrecht, München 2012, § 13 Rn. 29 ff.; *Deinert*, IAR (Fn. 8), § 18 Rn. 2 ff.

für öffentliches Recht, so dass das Gericht das Prozessrecht anwendet, das am Ort des Gerichtes gilt, in der Bundesrepublik also ArbGG und ZPO.[24]

Die kollisionsrechtliche Frage ist dann durch das international zuständige Gericht im Rahmen der Rechtsanwendung aufzuwerfen. Auch insoweit gilt wieder das „Territorialitätsprinzip". Denn das Gericht wendet das am Gerichtsort geltende Internationale Privatrecht, das IPR der *lex fori*, an. Erst wenn (wiederum einseitig) geklärt ist, welches internationale Privatrecht anwendbar ist, kommt es zur allseitigen (s.o. 1.) Anknüpfung. Nach Subsumtion unter den Tatbestand weist die Rechtsfolge der Kollisionsnorm auf das anwendbare Recht. Das anwendbare Recht ist dann mit dem Inhalt anzuwenden, den es nach der jeweiligen Rechtsordnung hat. Ein fremdes Recht ist damit so anzuwenden, wie es das dortige Gericht anwenden würde, die Auslegung folgt nicht etwa den deutschen Auslegungsgrundsätzen, sondern den Auslegungsgrundsätzen der anwendbaren Rechtsordnung.

III. Anknüpfung des Arbeitsvertrages

1. Rechtswahlfreiheit

Für alle vertraglichen Schuldverhältnisse, damit auch für den Arbeitsvertrag, gilt der Vorrang der freien Rechtswahl gemäß Art. 3 Abs. 1 Satz 1 Rom I-Verordnung. Dazu gibt es allerdings zwei allgemeine Einschränkungen in Art. 3 Abs. 3 und 4 Rom I-Verordnung. Bei einem so genannten reinen Inlandssachverhalt, bei dem alle Elemente des Sachverhalts – mit Ausnahme der Rechtswahl – auf ein bestimmtes Recht weisen, können die zwingenden Bestimmungen dieses Rechts nicht durch Rechtswahl abbedungen werden. Bei einem Arbeitsvertrag zwischen zwei Deutschen über Arbeit im Inland ohne sonstige Gesichtspunkte, die auf ein anderes Recht weisen, kann die Wahl französischen Rechts nur vom dispositiven deutschen Recht befreien, während das zwingende deutsche Arbeitsrecht weiterhin anwendbar bleibt. Eine ähnliche Wirkung erzeugt die so genannte Binnenmarktklausel des Art. 3 Abs. 4 Rom I-Verordnung. Die Wahl eines drittstaatlichen Rechts kann danach die Anwendung zwingenden europäischen Rechts nicht ausschließen.

Sieht man einmal von den beiden vorgenannten Einschränkungen ab, so kann eine Rechtswahl weit reichende Folgen haben. Ein deutscher Arbeitnehmer eines US-amerikanischen Unternehmens, der in Deutschland arbeitet, kann durch die Rechtswahl deutschem Recht oder dem Recht des US-Bundesstaates, dem der Arbeitgeber angehört, unterworfen werden. Nach deutschem Recht könnte etwa Kündigungsschutz nach dem KSchG eingreifen, während in den USA weitgehend das Prinzip des *„hire and fire"* nach der *employment at will*-Doktrin[25] greift. Ob eine Rechtswahlfreiheit mit so weit reichenden Folgen angesichts der strukturellen Unterlegenheit des Arbeitnehmers im Arbeitsverhältnis uneingeschränkt hinzunehmen ist, war vor der Kodifizierung des Internationalen Arbeitsrechts umstritten. Das BAG bejahte die Rechts-

---

24 BAG NZA-RR 2012, 269, 270.
25 *Payne v. Western & Atlantic Railroad Co.* 82 Tenn. 507; *Goldmann/Corrada*, in: International Encyclopedia for Labour Law and Industrial Relations, Deventer u.a. (Loseblatt), USA Rn. 148 ff. Dazu im Einzelnen *Casebeer/Minda*, Work Law in American Society, 2. Aufl., Durham 2010, S. 333 ff.; *Kittner/Kohler*, BB 2000, Beilage 4, S. 6, 10 ff.; *Krebber*, Internationales Privatrecht des Kündigungsschutzes bei Arbeitsverhältnissen, Baden-Baden 1997 (zugl. Trier, Univ., Diss. 1996/97), S. 119 ff.

wahlfreiheit.[26] Für die Rechtswahlfreiheit konnte ins Feld geführt werden, dass eine Rechtswahl lediglich graduelle Unterschiede bewirken kann, sie erlaubt eine Auswahl unter mehreren Schutzrechten, nicht aber die bloße Abwahl eines Schutzrechts.[27] Von anderer Seite war die freie Rechtswahl im Internationalen Arbeitsrecht hingegen der Kritik ausgesetzt.[28] Zum Schutz des Arbeitnehmers als schwächerer Vertragspartei wurde unter anderem gefordert, eine Rechtswahl gänzlich auszuschließen[29] oder diese doch unter den Vorbehalt eines Günstigkeitsprinzips zu stellen, so dass sie nur eine Verbesserung des Arbeitnehmerschutzes gestattet hätte im Vergleich zum Recht am Arbeitsort[30]. Das angesprochene Günstigkeitsprinzip hatte rechtsvergleichende Vorbilder vor allem in Frankreich und Italien[31] und wurde im EVÜ später aufgegriffen, so dass es seit 1986 auch in der Bundesrepublik gemäß Art. 30 EGBGB galt. Nunmehr gilt das Günstigkeitsprinzip nach Art. 8 Abs. 1 Satz 2 Rom I-Verordnung: Nach Art. 8 Abs. 1 Satz 1 Rom I-Verordnung greift die Rechtswahlfreiheit nach Art. 3 Rom I-Verordnung auch im Arbeitsverhältnis. Satz 2 der Bestimmung besagt aber, dass die Rechtswahl nicht dazu führen kann, dass dem Arbeitnehmer der Schutz entzogen wird, den er nach dem Recht genießen würde, das ohne Rechtswahl anwendbar wäre. Die Schutznormen des so genannten objektiven Vertragsstatuts (sogleich u. 2), setzen sich gegen einen dahinter zurückbleibenden Schutz nach dem gewählten Recht durch. Es gilt damit grundsätzlich das gewählte Recht, das zwingende Arbeitnehmerschutzrecht nach dem objektiven Vertragsstatut unterliegt damit aber einer Sonderanknüpfung. Nach h. M. ist der Günstigkeitsvergleich im Wege eines Sachgruppenvergleichs durchzuführen.[32]

2. Objektives Vertragsstatut

Das objektive Vertragsstatut ist das Recht, das anwendbar ist, wenn eine Rechtswahl der Parteien nicht getroffen wurde. Es ist aber nicht nur in dem Fall zu ermitteln, dass es einer Rechtswahl ermangelt. Zur Durchführung des Günstigkeitsvergleichs (s.o. 1.) muss das objektive Vertragsstatut ebenfalls ermittelt werden.

---

[26] BAG AP Nr. 6 zu Internationales Privatrecht – Arbeitsrecht; BAG AP Nr. 23 zu Internationales Privatrecht – Arbeitsrecht.

[27] *Gamillscheg*, ZfA 1983, 307, 323; *Gamillscheg*, RIW/AWD 1979, 225, 226; *Gamillscheg*, RabelsZ 37 (1973), 284, 291; vgl. auch *Kraushaar*, BB 1989, 2121, 2122; *Martiny*, in: Säcker/ Rixecker (Hrsg.), Münchener Kommentar zum Bürgerlichen Gesetzbuch, Bd. 10, Internationales Privatrecht, 5. Aufl., München 2011 (MünchKomm), Art. 8 Rom I-VO Rn. 2.

[28] *Beitzke*, GS Dietz, 1973, S. 127, 137 f.

[29] So etwa *Simitis*, FS Kegel, 1977, S. 153 ff.

[30] So etwa *Däubler*, AWD 1972, 1, 8 cf., 10 f.

[31] Vgl. m.w.N. *Deinert*, IAR (Fn. 8), § 9 Rn. 7.

[32] *Junker*, IAR im Konzern (Fn. 16), S. 267 ff.; *Junker*, Internationales Privatrecht, München 1992, Rn. 385; *Verschraegen*, in: Rummel (Hrsg.), ABGB, Bd. 2, 2. Teilband, Wien 2007 Art. 6 EVÜ Rn. 20; *Winkler von Mohrenfels/Block*, in: Oetker/Preis (Hrsg.), Europäisches Arbeits- und Sozialrecht (EAS) (Loseblatt) B 3000 Rn. 74; *Magnus*, in: Staudinger, Art. 1–10 Rom I VO, Berlin 2011, Art. 8 Rom I-VO Rn. 84; MünchKomm-*Martiny* (Fn. 27), Art. 8 Rom I-VO Rn. 40; *Spickhoff*, in: Bamberger/Roth (Hrsg.), Kommentar zum BGB, 3. Aufl., München 2012, Art. 8 Rom I-VO Rn.18; *Koch/Magnus/Winkler von Mohrenfels*, § 9 Rn. 9, Fn. 15; *Franzen*, AR-Blattei SD 920 Rn. 127; *Schlachter*, in: Müller-Glöge/Preis/Schmidt (Hrsg.), Erfurter Kommentar zum Arbeitsrecht (ErfK), 13. Aufl., München 2013, Rom I-VO Rn. 19; *Schneider*, NZA 2010, 1380, 1382; *Deinert*, IAR (Fn. 8), § 9 Rn. 58; a.A. (für Einzelvergleich) etwa *Däubler*, RIW 1987, 249, 253.

a) Gewöhnlicher Arbeitsort

Die objektive Anknüpfung weist gemäß Art. 8 Abs. 2 Rom I-Verordnung auf das Recht des Staates, „in dem oder anderenfalls von dem aus der Arbeitnehmer in Erfüllung des Vertrags gewöhnlich seine Arbeit verrichtet". Grundsätzlich gilt also das Recht am Arbeitsort (*lex loci laboris*). Gewöhnlicher Arbeitsort ist damit regelmäßig der Ort des Betriebes, in dem der Arbeitnehmer tätig wird. Maßgeblich kommt es aber auf die tatsächlichen Verhältnisse an, nicht auf die vertragliche Vereinbarung.[33] Art. 8 Abs. 2 Satz 2 Rom I-Verordnung stellt klar, das eine vorübergehende Entsendung des Arbeitnehmers in einen anderen Staat nicht zum Wechsel des gewöhnlichen Arbeitsortes und damit zu einem Statutenwechsel führt. Dabei geht die herrschende Meinung zu Recht davon aus, dass der Charakter einer Entsendung als vorübergehend nicht von der Dauer der Entsendung abhängt, sondern, wie Erwägungsgrund (36) Satz 1 der Verordnung deutlich macht, davon, ob eine Rückkehr des Arbeitnehmers an den bisherigen gewöhnlichen Arbeitsort intendiert ist.[34] Das bedeutet, dass eine dreijährige Entsendung für die Durchführung eines bestimmten Projektes mit beabsichtigter nachfolgender Rückkehr keinen Statutenwechsel bewirkt, während der dauerhafte Wechsel des Arbeitsortes bereits vom ersten Tag an zur Anwendbarkeit eines anderen Rechts führt.

Wenn ein Arbeitnehmer regelmäßig in verschiedenen Staaten arbeitet, beispielsweise ein Handelsvertreter oder ein Kraftfahrer im internationalen Verkehr, könnte die Ermittlung eines gewöhnlichen Arbeitsortes Schwierigkeiten bereiten, weil die Arbeit in den anderen Staaten sich nicht als vorübergehende Entsendung darstellt, sondern ebenfalls "gewöhnlich" ist. Zu einer Zuständigkeitsregel im früheren EuGVÜ[35], die in ähnlicher Weise an den gewöhnlichen Arbeitsort anknüpfte, ging der EuGH davon aus, dass der gewöhnliche Arbeitsort auch der Ort sein kann, von dem aus der Arbeitnehmer gewöhnlich tätig wird.[36] Diese Rechtsprechung wurde durch die Rom I-Verordnung aufgegriffen, so dass gleichermaßen an den Ort zu knüpfen ist, von dem aus der Arbeitnehmer gewöhnlich tätig wird. Dies hat substantielle Bedeutung. Denn in Ermangelung eines gewöhnlichen Arbeitsortes ist nach Art. 8 Abs. 3 Rom I-Verordnung das Recht des Staates maßgeblich, in dem sich die Niederlassung befindet, die den Arbeitnehmer eingestellt hat. Diese manipulationsanfälligere Anknüpfung wird durch die Möglichkeit der Anknüpfung an den Ort, von dem aus die Arbeit gewöhnlich verrichtet wird, zurückgedrängt.[37] In der Rechtssache

---

[33] Vgl. ausf. *Kozak*, DRdA 2011, 588 ff.; vgl. auch Staudinger-*Magnus* (Fn. 32), Art. 8 Rom I-VO Rn. 101; Rummel-*Verschraegen* (Fn. 32), Art. 6 EVÜ Rn. 26; *Plender/Wilderspin*, The European Private International Law of Obligations, London 2009, Rn. 11-051; anders OGH DRdA 1988, 345 (= ÖJZ 1986, 760 = ZAS 1987, 50 = JBl. 1987, 196); *Schwimann*, DRdA 1981, 281, 283.

[34] *Magnus*, IPRax 2010, 27, 40; *Mankowski*, in: Ferrari/Leible (Hrsg.), Rome I Regulation, The Law Applicable to Contractual Obligations in Europe, München 2009, S. 171, 185 f.; *Deinert*, IAR (Fn. 8), § 9 Rn. 102 ff.

[35] Brüsseler EWG-Übereinkommen über die gerichtliche Zuständigkeit und die Vollstreckung gerichtlicher Entscheidungen in Zivil- und Handelssachen vom 27.9.1968, ABl. 1972 L 299/32, konsolidierte Fassung in ABl. 1998 C 27/1.

[36] EuGH Slg. 1997 I-57, Rn. 25 – Rutten; vgl. zuvor schon EuGH Slg. 1993 I-4075, Rn. 24 – Mulox.

[37] Vgl. *Jault-Seseke*, RDT 2008, 620, 623.

Koelzsch hat der EuGH zu einem Altfall entschieden, das auch nach dem EVÜ gegebenenfalls an den Ort anzuknüpfen ist, von dem aus der Arbeitnehmer gewöhnlich seine Arbeit verrichtet. Der EuGH hat klargestellt, dass die Arbeitsortanknüpfung weit auszulegen ist, während die Niederlassungsanknüpfung eng auszulegen ist. Gewöhnlicher Arbeitsort ist danach der Ort, der sich als Mittelpunkt der Tätigkeit des Arbeitnehmers darstellt (etwa der Ort, von dem ein Kraftfahrer regelmäßig abfährt und an den er zurückkehrt, oder das Büro, in dem ein Arbeitnehmer seine Tätigkeit koordiniert); in Ermangelung eines solchen Mittelpunktes ist gewöhnlicher Arbeitsort der Ort, an dem der Arbeitnehmer den größten Teil seiner Arbeit ausübt.[38]

b) Einstellende Niederlassung

Der Anwendungsbereich der subsidiär eingreifenden Niederlassungsanknüpfung ist damit sehr eingeschränkt.[39] Sie kommt etwa in Betracht, wenn überhaupt kein Mittelpunkt der Tätigkeit feststellbar ist und es auch keinen Ort gibt, an dem der größte Teil der Arbeit verrichtet wird. Bei der Niederlassungsanknüpfung bleibt aber eine Streitfrage, wie nämlich zu bestimmen ist, welches die einstellende Niederlassung ist. Entgegen einer verbreiteten Ansicht, wonach es nicht auf den vom Arbeitgeber einseitig bestimmbaren formalen Vertragsschluss ankommen könne, und daher zur Vermeidung einer verkappten Rechtswahl auf die Niederlassung abgestellt werden solle, in die der Arbeitnehmer arbeitstechnisch eingebunden ist[40], hat der EuGH in der Rechtssache *Voogsgeerd* entschieden, dass es maßgeblich auf die Niederlassung ankomme, bei der die Einstellung vorgenommen worden sei.[41] Auch wenn es sich ebenfalls um eine Entscheidung zu einem Altfall, der nach dem EVÜ zu beurteilen war, handelt, ist nicht zu erwarten, dass der Gerichtshof zur insoweit inhaltsgleichen Rom I-Verordnung anders entscheiden wird. Maßgeblich war für den Gerichtshof, dass angesichts der weiten Auslegung des Arbeitsortes das subsidiäre Anknüpfungsmerkmal der Niederlassung nicht ebenfalls durch die tatsächliche Beschäftigung gekennzeichnet sein könne. Die Rechtsprechung verdient Kritik.[42] Sie verkennt, dass ein Abstellen auf die Niederlassung, in die der Arbeitnehmer arbeitstechnisch eingegliedert ist, keineswegs mit dem Arbeitsort identisch ist. Denn wer beispielsweise an wechselnden Orten auf hoher See eingesetzt wird, hat seinen gewöhnlichen Arbeitsort nicht an dem Ort der Niederlassung, von der aus seine Arbeitsleistung organisiert und koordiniert wird. Außerdem öffnet diese Rechtsprechung dem Missbrauch Tür und Tor. Dies wird sinnfällig in einer zustimmenden Äußerung aus der Literatur, wonach kei-

---

[38] EuGH EuZW 2011, 302 – Koelzsch (= Rev.crit.DIP 2011, 447, m. Anm. *Jault-Seseke*); dazu *Lacoste-Mary*, RDT 2011, 531 ff.; *Lüttringhaus*, IPRax 2011, 554 ff.; *Mankowski/Knöfel*, EuZA 2011, 521 ff.; Vorabentscheidungsersuchen durch Cour d'appel (Luxemburg) EWS 2010, 160.

[39] *Block*, Die kollisionsrechtliche Anknüpfung von Individualarbeitsverträgen im staatsfreien Raum, Bestimmung des anwendbaren Rechts nach der Rom I-Verordnung, Hamburg 2012 (zugl. Rostock, Univ., Diss. 2011), S. 142 ff.

[40] OGH ZfRV 1994, 207; *Bitter*, IPRax 2008, 96, 100; *Martiny*, ZEuP 2010, 747, 772; Staudinger-*Magnus* (Fn. 32), Art. 8 Rom I-VO Rn. 124; *Ganzert*, Das internationale Arbeitsverhältnis im deutschen und französischen Kollisionsrecht, Frankfurt/M. 1992 (zugl. Regensburg, Univ., Diss. 1992), S. 90; vgl. auch *Hergenröder*, ZfA 1999, 1, 19 (faktische Arbeitsaufnahme).

[41] EuGH EuZW 2012, 61 – Voogsgeerd; dazu *Jault-Seseke*, RDT 2012, 115 ff.; *Lüttringhaus/Schmidt-Westphal*, EuZW 2012, 139 ff.; *Winkler v. Mohrenfels*, EuZA 2012, 368 ff.

[42] Vgl. zum Folgenden, *Deinert*, IAR (Fn. 8), § 9 Rn. 122.

neswegs „die Gestaltungsspielräume der Arbeitgeberseite über Gebühr verkürzt"[43] würden. Genau dies ist nicht Sinn der Niederlassungsanknüpfung. Sie ist eine objektive Anknüpfung und nicht Rechtswahl. Die Lösung der Rechtsprechung erlaubt aber eine verkappte Rechtswahl, die anders als die Rechtswahl nach Art. 8 Abs. 1 Rom I-Verordnung keiner Einschränkung durch den Günstigkeitsvergleich ausgesetzt ist.

Der EuGH lässt zwar zwei Ausnahmen, um Manipulationen zu begegnen: Einerseits verweist er auf die Ausweichklausel. Verkannt wird dabei allerdings, dass die Ausweichklausel nicht Korrekturmittel für unerwünschte Ergebnisse ist.[44] Andererseits will der EuGH ausnahmsweise ein anderes Unternehmen als einstellende Niederlassung anerkennen, wenn „im Namen und auf Rechnung eines anderen Unternehmens" gehandelt wurde. Diese Fallgruppe zielt auf die Reaktion auf missbräuchliche Gesetzesumgehungen. Sie dürfte als Ausnahme aber wohl eng zu verstehen sein und ist relativ unpräzise[45].

c) Ausweichklausel

Das nach Vorstehendem (s.o. a) und b)) ermittelte Recht muss allerdings dem Recht eines anderen Staates weichen, zu dem eine engere Verbindung besteht. Diese Ausweichklausel stellt freilich keine eigenständige Anknüpfung da, die es erlauben würde, unter Übergehung von Arbeitsortanknüpfung und Niederlassungsanknüpfung unmittelbar die engsten Verbindungen zu suchen.[46] Sie erlaubt eine Abweichung vom Ergebnis der Regelanknüpfung im Interesse der internationalprivatrechtlichen Gerechtigkeit, wenn die Interessenlage im Einzelfall von der durch die Rom I-Verordnung getroffenen Interessenbewertung abweicht. Soll diese Korrekturmöglichkeit nicht der Beliebigkeit weichen, ist zu fordern, das die Verbindungen zu einem anderen Recht mit einer gewissen Deutlichkeit für die Abweichung von der Regelanknüpfung sprechen.[47] Das Gewicht der übrigen Umstände muss das Gewicht der Arbeitsortanknüpfung beziehungsweise der Niederlassungsanknüpfung deutlich überwiegen.[48] Solche engeren Verbindungen können beispielsweise begründet werden durch eine gemeinsame Staatsangehörigkeit der Vertragsparteien.[49] Weitere Gesichtspunkte, die nicht allein, aber im Verbund mit anderen engere Verbindungen begründen können, sind beispielsweise Sitz

---

[43] *Lüttringhaus/Schmidt-Westphal*, EuZW 2012, 139, 141.

[44] *Lüttringhaus/Schmidt-Westphal*, EuZW 2012, 139, 141.

[45] Konkretisierungsversuche bei *Magnus*, IPRax 1991, 382, 385; vgl. auch *Jault-Seseke*, RDT 2012, 115, 118.

[46] *Block* (Fn. 39), S. 139 ff.; *Junker*, RIW 2001, 94, 99 f.; *Junker*, FS Heldrich, 2005, S. 719, 720; *Schlachter*, NZA 2000, 57, 60.

[47] Vgl. *Magnus*, IPRax 2010, 27, 41.

[48] BAG AP Nr. 30 zu Internationales Privatrecht – Arbeitsrecht; BAG AP Nr. 31 zu Internationales Privatrecht – Arbeitsrecht; *Junker*, FS Heldrich, 2005, S. 719, 721; *Kappelhoff*, ArbRB 2009, 342, 344; Staudinger-*Magnus* (Fn. 32), Art. 8 Rom I-VO Rn. 130; vgl. Bamberger/Roth-*Spickhoff* (Fn. 32), Art. 8 Rom I-VO Rn. 28.

[49] BAG AP Nr. 12 zu Internationales Privatrecht – Arbeitsrecht; BAG AP Nr. 31 zu Internationales Privatrecht – Arbeitsrecht; BAG AP Nr. 261 zu § 1 TVG Tarifverträge: Bau; BAG AP Nr. 10 zu Art. 30 EGBGB n. F.; Cass. soc. RDC 2005, 1181.

des Arbeitgebers[50], Ort des Vertragsschlusses[51], Wohnsitz des Arbeitnehmers[52] und Währung, in der die Vergütung zu bezahlen ist[53].

3. Umfang des Vertragsstatuts

Unter dem Stichwort „Umfang des Vertragsstatuts" oder „Reichweite des Vertragsstatuts" wird diskutiert, welche Rechtsfragen vom Vertragsstatut beherrscht werden, sich also nach dem Recht richten, auf das die Anknüpfung des Vertrages nach Art. 8 Rom I-Verordnung verweist. Dazu regelt zunächst Art. 10 Rom I-Verordnung, dass sich Zustandekommen und Wirksamkeit des Vertrages nach dem Recht richten, das anzuwenden wäre, wenn der Vertrag oder die fragliche Bestimmung wirksam wäre, mithin nach dem (ggf. fiktiven) Vertragsstatut. Darüber hinaus umfasst das Vertragsstatut gemäß Art. 12 Abs. 1 Rom I-Verordnung

- – Auslegung des Vertrages,
- – Erfüllung der Vertragspflichten,
- – Folgen der Nichterfüllung,
- – Erlöschen der Verpflichtung sowie Verjährung und Verfristung,
- – Folgen der Nichtigkeit.

Damit wird ein breites Spektrum vertragsrechtlicher Fragen vom Vertragsstatut erfasst. Es reicht von Problemen des faktischen Arbeitsverhältnisses[54] über innerbetrieblichen Schadensausgleich[55] und allgemeinen Kündigungsschutz[56] bis hin zu nachvertraglichen Wettbewerbsverboten[57].

---

[50] BAG AP Nr. 30 zu Internationales Privatrecht – Arbeitsrecht; BAG AP Nr. 31 zu Internationales Privatrecht – Arbeitsrecht.

[51] BAG AP Nr. 30 zu Internationales Privatrecht – Arbeitsrecht; im Anschluss an BAG AP Nr. 6 zu Internationales Privatrecht – Arbeitsrecht.

[52] BAG AP Nr. 30 zu Internationales Privatrecht – Arbeitsrecht; BAG AP Nr. 31 zu Internationales Privatrecht – Arbeitsrecht.

[53] BAG AP Nr. 12 zu Internationales Privatrecht – Arbeitsrecht; BAG AP Nr. 30 zu Internationales Privatrecht – Arbeitsrecht; BAG AP Nr. 31 zu Internationales Privatrecht – Arbeitsrecht; BAG AP Nr. 261 zu § 1 TVG Tarifverträge: Bau.

[54] Staudinger-*Magnus* (Fn. 32), Art. 8 Rom I-VO Rn. 33; *Deinert*, RdA 2009, 144, 152; vgl. ferner etwa Bamberger/Roth-*Spickhoff* (Fn. 32), Art. 8 Rom I-VO Rn.10.

[55] *Franzen*, AR-Blattei SD 920 Rn. 133; *Staudinger*, in: Ferrari/Kieninger/Mankowski/Otte/Saenger/Schulze/Staudinger, Internationales Vertragsrecht, 2. Aufl. München 2012, Art. 8 Rom I-VO Rn. 28; *Winkler von Mohrenfels/Block*, EAS B 3000 (Fn. 32) Rn. 204; *Oetker*, in: Richardi/Wlotzke/Wißmann/Oetker (Hrsg.), Münchener Handbuch zum Arbeitsrecht (MünchArbR), Bd. 1, Individualarbeitsrecht, 3. Aufl., München 2009, § 11 Rn. 68 f.; MünchKomm-*Martiny* (Fn. 27), Art. 8 Rom I-VO Rn. 90.

[56] BAG AP Nr. 30 zu Internationales Privatrecht Arbeitsrecht; BAG AP Nr. 1 zu § 18 GVG; *Gamillscheg*, IAR (Fn. 1), S. 342; MünchArbR-*Oetker* (Fn. 55), § 11 Rn. 111; MünchKomm-*Martiny* (Fn. 27), Art. 8 Rom I-VO Rn. 100; *Weigand*, in: Etzel u. a., Gemeinschaftskommentar zum Kündigungsschutzgesetz und zu sonstigen kündigungsschutzrechtlichen Vorschriften (KR), 10. Aufl., Köln 2013, IntArbvertragsR Rn. 85; *Mauer*, FS Leinemann, 2006, S. 733; *Deinert*, RdA 2009, 144, 153.

[57] *Gamillscheg*, IAR (Fn. 1), S. 243.; MünchArbR-*Oetker* (Fn. 55), § 11 Rn. 114; *Thorn*, in: Palandt, BGB, 72. Aufl., München 2013, Art. 8 Rom I-VO Rn. 4; *Däubler*, RIW 1987, 249, 254; *Deinert*, RdA 2009, 144, 153; a. A. *Hartley*, Rec. 1997, 341, 418.

Allerdings gibt es zwei eigenständige Anknüpfungsregeln für besondere Teilfragen, die damit nicht dem Arbeitsvertragstatut unterliegen. Art. 11 Rom I-Verordnung regelt die Anknüpfung von Formfragen im Sinne eines *favor negotii*: die kollisionsrechtliche Anknüpfung soll möglichst nicht die materielle Unwirksamkeit nach sich ziehen.[58] Rechts-, Geschäfts- und Handlungsfähigkeit richten sich gemäß Art. 7 EGBGB regelmäßig nach dem Personalstatut, das heißt nach dem Recht, der die Person angehört. Art. 13 Rom I-Verordnung enthält aber eine besondere Regel zum Vertrauensschutz: Beim Vertragsschluss innerhalb eines Staates kommt die Berufung auf die fehlende Rechts-, Geschäfts- oder Handlungsfähigkeit nur bei diesbezüglicher Kenntnis oder grob fahrlässiger Unkenntnis des anderen in Betracht.

Das Vertragsstatut muss bisweilen verschiedenen Sonderanknüpfungen weichen. Sie kommen namentlich in Bezug auf zwingende Schutznormen nach Durchführung des Günstigkeitsvergleichs (s.o. 1) oder so genannte Eingriffsnormen, auf die sogleich einzugehen ist (u. IV), in Betracht.

Korrekturen im Rahmen der Anwendung des durch die Verweisung berufenen Rechts können schließlich im Falle eines Verstoßes gegen den *ordre public* gemäß Art. 21 Rom I-Verordnung[59] oder durch Angleichung[60] im Falle eines so genannten Normenmangels oder einer so genannten Normenhäufung erforderlich werden.

IV. Eingriffsnormen

Art. 9 Abs. 2 Rom I-Verordnung ermöglicht die Sonderanknüpfung von Eingriffsnormen der *lex fori*. Was Eingriffsnormen sind, definiert Art. 9 Abs. 1 Rom I-Verordnung. Dies sind zwingende Vorschriften, deren Einhaltung von einem Staat als so entscheidend für die Wahrung seines öffentlichen Interesses, insbesondere seiner politischen, sozialen oder wirtschaftlichen Organisationen, angesehen werden, dass sie ungeachtet des sonst auf den Vertrag anzuwendenden Rechts auf alle Sachverhalte anzuwenden sind, die in ihren Anwendungsbereich fallen. Anders als beim *ordre public*-Vorbehalt gemäß Art. 21 Rom I-Verordnung ist die Rechtsfolge der Durchsetzung von Eingriffsnormen nicht etwa die Unanwendbarkeit einer Bestimmung eines fremden Rechts wegen Unvereinbarkeit mit der öffentlichen Ordnung des Forums, sondern vielmehr die Anwendung eigener Bestimmungen der *lex fori* im öffentlichen Interesse. Diese Sonderanknüpfung von Eingriffsnormen kann daher auch als positiver *ordre public* bezeichnet werden.[61] Anders als der Abwehrklausel liegt der Anwendung von Eingriffsnormen eine kollisionsrechtliche Verweisung zu Grunde.[62]

Welche Bestimmungen als Eingriffsnormen anzusehen sind, kann Art. 9 Rom I-Verordnung naturgemäß nicht regeln. Denn die Qualifizierung einer Norm als Ein-

---

[58] MünchKomm-*Spellenberg* (Fn. 27), Art. 11 Rom I-VO Rn. 2; zur rechtspolitischen Kritik in Bezug auf das Internationale Arbeitsrecht *Gamillscheg*, IAR (Fn. 1), S. 99; *Junker*, IPRax 1993, 1, 5; *Deinert*, IAR (Fn. 8), § 8 Rn. 12.

[59] Dazu ausführlich *Deinert*, IAR (Fn. 8), § 5.

[60] Vgl. dazu *Deinert*, IAR (Fn. 8), § 18 Rn. 16.

[61] Vgl. *Deinert*, IAR (Fn. 8), § 5 Rn. 5.

[62] Vgl. *Brüning*, Die Beachtlichkeit des fremden ordre public, Berlin 1997 (zugl. Passau, Univ., Diss. 1995/96), S. 184 ff.; *Kuckein*, Die „Berücksichtigung" von Eingriffsnormen im deutschen und englischen internationalen Vertragsrecht, Tübingen 2008 (zugl. Passau, Univ., Diss. 2007), S. 55 ff.

griffsnorm obliegt dem Erlassstaat. Freilich kann die Durchsetzung arbeitsrechtliche Bestimmungen des Forums gegen die Dienstleistungsfreiheit ausländischer Arbeitgeber (Art. 56 AEUV) verstoßen, die ihre Arbeitnehmer ins Inland entsenden. Dies folgt aus der Rechtsprechung des EuGH in den Rechtssachen *Laval*[63], *Rüffert*[64] und *Kommission/Luxemburg*[65], nach der die europäische Entsenderichtlinie 96/71/EG[66] eine Konkretisierung der Reichweite der Dienstleistungsfreiheit sowie eine Harmonisierung ihrer international-privatrechtlichen Beschränkungen durch die Mitgliedstaaten bedeutet[67]. Die Richtlinie ist danach eine Vollharmonisierung, die einerseits regelt, welche individualarbeitsrechtlichen Arbeitsbedingungen unabhängig vom Vertragsstatut als Eingriffsrecht durchgesetzt werden müssen, andererseits einer weitergehenden Erstreckung des Arbeitsrechts am Arbeitsortes auf entsandte Arbeitnehmer mit Rücksicht auf die Dienstleistungsfreiheit des entsendenden Arbeitgebers grundsätzlich entgegensteht. Art. 3 Abs. 7 der Entsenderichtlinie, wonach Art. 3 Abs. 1–6 der Richtlinie der Anwendung von für den Arbeitnehmer günstigeren Bedingungen nicht entgegenstehen, enthält damit lediglich ein kollisionsrechtliches Günstigkeitsprinzip, das einer Erstreckung des Arbeitnehmerschutzrechts am Arbeitsort dann entgegensteht, wenn der Arbeitnehmer bereits nach dem Vertragsstatut weitergehende Rechte genießt.[68] Die Regelung erlaubt aber nicht eine beliebige Erstreckung weiterer Arbeitsbedingungen des Arbeitsortes auf entsandte Arbeitnehmer. Dies ist vielmehr nach Art. 3 Abs. 10 der Richtlinie nur zulässig „unter Einhaltung des Vertrages". Als Beschränkung der Dienstleistungsfreiheit muss die Erstreckung weiterer Arbeitsbedingungen daher durch ein zwingendes Allgemeininteresse gerechtfertigt werden können.[69] Freilich kann auch der Schutz der Arbeitnehmer ein solches Allgemeininteresse darstellen, dass die Beschränkung der Dienstleistungsfreiheit rechtfertigt. Dies hat der EuGH in der Rechtssache *Laval* betont.[70]

In Gemäßheit der Entsenderichtlinie enthält § 2 AEntG einen Katalog von Arbeitsbedingungen, die für in- und ausländischer Arbeitgeber („... finden *auch* auf Arbeitsverhältnisse zwischen einem im Ausland ansässigen Arbeitgeber und seinen im Inland beschäftigten Arbeitnehmern und Arbeitnehmerinnen zwingend Anwendung") anzuwenden sind, so dass es auf das Vertragsstatut nicht ankommt. Die davon

---

[63] EuGH AP Nr. 15 zu Art. 49 EG – Laval (= NZA 2008, 159).

[64] EuGH AP Nr. 16 zu Art. 49 EG – Rüffert (= NZA 2008, 537).

[65] EuGH NZA 2008, 865 – Kommission/Luxemburg.

[66] Richtlinie 96/71/EG des Europäischen Parlaments und des Rates vom 16.12.1996 über die Entsendung von Arbeitnehmern im Rahmen der Erbringung von Dienstleistungen, ABl. 1997 Nr. L 18/1.

[67] Ausf. *Deinert*, IAR (Fn. 8), § 10 Rn. 67 ff., 74.

[68] Vgl. *Fallon*, Rev.crit.DIP 2008, 781, 816; *Velikova*, Arbeitnehmerentsendung und Kollektivvertragssystem, Zwischen Mindestschutz und Günstigkeitsvergleich, Baden-Baden 2012 (zugl. Halle-Wittenberg, Univ., Diss. 2008), S. 222 ff.; ferner bereits *Liukkonen*, The Role of Mandatory Rules in International Labour Law, A Comparative Study in the Conflict of Laws, Helsinki 2004, S. 181; in diesem Sinne wohl auch *Rödl*, EuZW 2011, 292, 293.

[69] *v. Hoek/Houwerzijl*, NTER 2008, 337, 345 f.; *Marchal Escalona*, REDI 2002, 811, 821; *Moizard*, Dr.soc. 2008, 866, 870 f.; vgl. auch *Deakin/Morris*, Labour Law, 6. Aufl. Oxford und Portland/Oregon 2012, Rn. 2.48; *Franzen*, ZAS 2011, 255, 257.

[70] S. o. Fn. 63.

erfassten Regelungen sind damit durch § 2 AEntG für Arbeit im Inland als Eingriffs-normen deklariert.[71] Das betrifft:

- Mindestentgeltsätze. Allerdings gibt es derzeit in Deutschland keine gesetzlichen Mindestlöhne. Mindestentgeltverordnungen nach dem MiArbG wären allerdings gemäß dessen § 8 international zwingend. Umstritten ist im Übrigen, ob das Ver-bot sittenwidriger Löhne nach § 138 BGB in diesem Sinne als Eingriffsrecht an-zusehen ist.[72] Das lässt sich mit gutem Grund bezweifeln, weil § 138 BGB nicht selbst die Lohnsätze festgelegt.[73] Es handelt sich aber um Eingriffsrecht im Sinne des Art. 9 Abs. 1 Rom I-Verordnung.[74]
- bezahlten Mindestjahresurlaub, also Urlaubsansprüche nach dem BUrlG.
- Arbeitszeiten und Mindestruhezeiten, insbesondere also das Arbeitszeitrecht nach dem ArbZG.
- Bedingungen für die Überlassung von Arbeitskräften, insbesondere durch Leihar-beitsunternehmen. Dies umfasst die Regelungen des AÜG, auch erlaubnisfreie Ar-beitnehmerüberlassung.[75] Auch Gleichbehandlungsanspruch und Lohnuntergren-ze sind damit international zwingend.
- Sicherheit, Gesundheitsschutz und Hygiene am Arbeitsplatz, also den Arbeits-schutz.
- Schutzmaßnahmen für Schwangere und Wöchnerinnen, Kinder und Jugendliche, namentlich die Regelungen des MuSchG und des JArbSchG.
- Gleichbehandlung von Männern und Frauen sowie andere Nichtdiskriminierungs-bestimmungen, insbesondere das AGG.

Üblicherweise ordnen die Gesetze ihre international zwingende Wirkung als Ein-griffsnormen nicht selbst an. Außerhalb des Katalogs des § 2 AEntG muss einer Norm daher durch Auslegung entnommen werden, ob sie eine Eingriffsnorm ist. Das ist teilweise durch die Rechtsprechung für einzelne Bestimmungen geklärt. Auch wenn zu Zeiten des EVÜ zum alten Art. 34 EGBGB keine dem Art. 9 Abs. 1 Rom I-Verordnung entsprechende Definition von Eingriffsnormen existierte, kann insoweit auch auf frühere Rechtsprechung zurückgegriffen werden. Denn die Rechtsprechung hat in der Vergangenheit eine Bestimmung dann als Eingriffsnorm angesehen, wenn sie über die Herstellung von Vertragsgerechtigkeit zwischen den Vertragsparteien hi-

---

71 *Koberski* u. a., Arbeitnehmer-Entsendegesetz, Mindestarbeitsbedingungengesetz, 3. Aufl., München 2011, § 2 AEntG Rn. 5; Thüsing-*Thüsing*, AEntG, München 2010, § 2 Rn. 2; *Junker*, JZ 2005, 481, 486.
72 Dafür: *Däubler*, RIW 2000, 255, 258; *Burger*, ZAS 2012, 4, 8; *Koberski* u.a. (Fn. 71), § 2 AEntG Rn. 12; dagegen: *Krebber*, IPRax 2001, 22, 25; für das Wucherverbot des § 138 Abs. 2 BGB *Oppertshäuser*, NZA-RR 2000, 393, 397; differenzierend nach der Strafbarkeit C. *Müller*, International zwingende Normen des deutschen Arbeitsrechts, Tübingen 2005 (zugl. Köln, Univ., Diss. 2004/05), S. 378.
73 *Bayreuther*, DB 2011, 706, 707; *Bayreuther*, NZA 2010, 1157, 1159; Däubler-*Lakies*, TVG, 3. Aufl., Baden-Baden 2012, § 2 AEntG Rn. 6.
74 ErfK-*Schlachter* (Fn. 32), § 2 AEntG Rn. 1; Thüsing-*Thüsing* (Fn. 71), § 2 Rn. 7; *Bayreuther*, NZA 2010, 1157, 1158; *Deinert*, IAR (Fn. 8), § 10 Rn. 100; a. A. *Franzen*, ZESAR 2011, 101, 106 f.
75 C. *Müller* (Fn. 32), S. 392 f.; *Franzen*, EuZA 2011, 451, 460; Staudinger-*Magnus* (Fn. 32), Art. 8 Rom I-VO Rn. 171; Däubler-*Lakies* (Fn. 73), TVG, § 2 Rn. 9; Thüsing-*Thüsing* (Fn. 71), § 2 Rn. 2.

nausgehende öffentliche Gemeinwohlinteressen verfolgt.[76] Vor diesem Hintergrund sind zu den Eingriffsnormen des deutschen Rechts beispielsweise zu zählen der Entgeltfortzahlungsanspruch nach § 3 EFZG (s. näher u. VI.2.a) oder der Massenentlassungsschutz nach §§ 17 ff. KSchG[77]. Demgegenüber ist der Anspruch auf Verringerung der Arbeitszeit nach § 8 TzBfG nicht als Eingriffsrecht zu qualifizieren.[78] Dasselbe gilt für den allgemeinen Kündigungsschutz nach dem KSchG.[79]

Die umstrittene Frage, ob auch Tarifverträge, zumindest allgemeinverbindliche Tarifverträge, Eingriffsnormen sein können,[80] ist jedenfalls im Anwendungsbereich des AEntG für bundesweite Entgelt- und Urlaubstarifverträge sowie Tarifverträge über sonstige Arbeitsbedingungen i. S. d. § 2 AEntG in den nach § 4 AEntG erfassten Branchen durch dieses Gesetz entschieden.

Die Qualifizierung einer Norm als Eingriffsrecht genügt zu deren Anwendung nach Art. 9 Abs. 2 Rom I-Verordnung allerdings nicht. Hinzukommen muss ein hinreichender Inlandsbezug.[81] Denn das Interesse an einer Durchsetzung der eigenen Ordnungsvorstellungen gegenüber den Vertragsparteien ist umso geringer, je geringer die Auswirkungen im Inland sind.[82]

Teilweise wird davon ausgegangen, dass eine Norm entweder dem Vertragsstatut zurechne oder Eingriffsnorm sein könne, nicht aber beides zugleich. Eingriffsnormen seien nur einer Sonderanknüpfung zugänglich.[83] Diese Sonderanknüpfungslehre hat

---

[76] BAG AP Nr. 2 zu § 1a AEntG; BAG AP Nr. 10 zu Art. 30 EGBGB n. F.; BAG AP Nr. 261 zu § 1 TVG Tarifverträge: Bau.

[77] BAG AP Nr. 30 zu Internationales Privatrecht Arbeitsrecht; *Gamillscheg*, ZfA 1983, 307, 363; *C. Müller* (Fn. 72), S. 415 f.; MünchKomm-*Martiny* (Fn. 27), Art. 8 Rom I-VO Rn. 126; ErfK-*Schlachter* (Fn. 32), Rom I-VO Rn. 23.

[78] BAG AP Nr. 8 zu Art. 27 EGBGB n.F.; zust. *Junker*, EuZA 2009, 88, 93 ff.

[79] BAG AP Nr. 30 zu Internationales Privatrecht Arbeitsrecht; BAG AP Nr. 5 zu Art. 25 GG; *Heilmann*, Das Arbeitsvertragsstatut, Konstanz 1991, S. 121 f.; *C. Müller* (Fn. 72), S. 414 f.; Staudinger-*Magnus* (Fn. 32), Art. 8 Rom I-VO Rn. 202; MünchKomm-*Martiny* (Fn. 27), Art. 8 Rom I-VO Rn. 100; ErfK-*Schlachter* (Fn. 32), Rom I-VO Rn. 23; *Winkler von Mohrenfels/Block*, EAS B 3000 (Fn. 32) Rn. 219; *Reiserer*, NZA 1994, 673, 677 f.; a. A. *Birk*, RdA 1989, 201, 207; *Krebber* (Fn. 25), S. 306 ff.

[80] Vgl. m. w. N. *Deinert*, IAR (Fn. 8), § 10 Rn. 37.

[81] BAG AP Nr. 10 zu Art. 30 EGBGB n. F.; *Stoll*, Eingriffsnormen im Internationalen Privatrecht, Dargestellt am Beispiel des Arbeitsrechts, Frankfurt/M. u. a. 2002 (zugl. Mannheim, Univ., Diss. 2000/2001), S. 66 f.; *Wank*, in: Hanau/Steinmeyer/Wank, Handbuch des europäischen Arbeits- und Sozialrechts, München 2002, § 31 Rn. 141; *Kropholler* (Fn. 13), § 52 IX 1, S. 498; *Magnus*, IPRax 2010, 27, 41.

[82] *Heilmann* (Fn. 79), S. 115; *E. Lorenz*, RdA 1989, 220, 227.

[83] Vgl. *Mankowski*, IPRax 1994, 88, 94 ff.; *E. Lorenz*, RIW 1987, 569, 578, 579; *Mankowski*, IPRax 2006, 101, 110; *Maultzsch*, RabelsZ 75 (2011), 60, 88; *Schurig*, RabelsZ 54 (1990), 217, 233 ff.; *Junker*, IAR im Konzern (Fn. 16), S. 286; *Anderegg*, Ausländische Eingriffsnormen im internationalen Vertragsrecht, Tübingen 1989 (zugl. Hamburg, Univ., Diss. 1988), S. 79 f.; *Borgmann* (Fn. 16), S. 118 f.; *Stoll* (Fn. 81), S. 52 ff.; *Straube*, Sozialrechtliche Eingriffsnormen im Internationalen Privatrecht, Frankfurt/M. 2001 (zugl. Hamburg, Univ., Diss. 2000), S. 164 ff.; *v. Bar/Mankowski*, Internationales Privatrecht, Bd. I Allgemeine Lehren, 2. Aufl., München 2003, § 4 Rn. 120; *Kegel/Schurig*, Internationales Privatrecht, 9. Aufl., München 2004, § 2 IV 2, S. 155; *Kropholler* (Fn. 13), § 52 IX 3, S. 500 f.

sich auf europäischer Ebene nicht durchsetzen können.[84] Der Rom I-Verordnung liegt die Vorstellung der so genannten Schuldstatuttheorie zu Grunde, wonach eine Norm gleichzeitig dem Vertragsstatut unterliegen und Eingriffsnorm sein kann. Dementsprechend kann eine arbeitsrechtliche Bestimmung, auch wenn sie als Eingriffsnorm zu qualifizieren ist, dem Vertragsstatut zu unterwerfen sein.[85] Der Unterschied wirkt sich bei Arbeit im Inland unter inländischem Vertragsstatut nicht aus. Ob beispielsweise § 3 EFZG als Eingriffsnorm oder als Teil des Vertragsstatuts zur Anwendung berufen ist, wirkt sich auf das Ergebnis eines Rechtsstreits nicht aus. Anders kann es aber sein, wenn unter deutschem Vertragsstatut im Ausland gearbeitet wird. Mit Rücksicht darauf, dass Eingriffsnormen nur bei hinreichendem Inlandsbezug anzuwenden sind, würde der Arbeitnehmer die Entgeltfortzahlung nur genießen, wenn § 3 EFZG auch zum Vertragsstatut rechnet.[86]

V. Öffentlich-rechtliches Arbeitsrecht

Die grundsätzlich einseitige Anknüpfung des öffentlichen Rechts (vgl. II.1.) bereitet immer dann Schwierigkeiten, wenn öffentlich-rechtliche Bestimmungen auf Privatrechtsverhältnisse einwirken. Solche Einwirkungen sind im Arbeitsrecht prominent. Für das Arbeitsschutzrecht ist im deutschen Recht die Transformationslehre anerkannt, wonach öffentlich-rechtliche Verpflichtung des Arbeitgebers, soweit sie auch Gegenstand eines Arbeitsvertrages sein könnten, zugleich vertragsrechtliche Pflichten gegenüber dem Arbeitnehmer sind.[87] Ebenso ist eine solche Transformation im österreichischen Recht bekannt.[88] In der Schweiz ist sie durch die so genannte Rezeptionsklauseln des Art. 342 Abs. 2 OR gesetzlich geregelt.

Grundsätzlich gilt die Rom I-Verordnung freilich nicht für öffentlich-rechtliche Regelungen. Art. 1 Abs. 1 Satz 2 Rom I-Verordnung stellt ausdrücklich klar, dass die Verordnung nicht für verwaltungsrechtliche Angelegenheiten gilt. Das besagt allerdings nichts darüber, wie die Einwirkungen des öffentlichen Rechts auf Privatrechtsverhältnisse internationalprivatrechtlich zu beurteilen sind. Die privatrechtliche Aufnahme öffentlich-rechtliche Verpflichtungen in das Pflichtenprogramm der Vertragsparteien ist eine grundsätzlich privatrechtliche Frage. Insoweit unterscheidet

---

[84] Vgl. ausf. *Deinert*, IAR (Fn. 8), § 10 Rn. 31.

[85] *v.Bar*, Internationales Privatrecht, Bd. II Besonderer Teil, München 1991, Rn. 448; Staudinger-*Magnus* (Fn. 32), Art. 8 Rom I-VO Rn. 203 ff.; Bamberger/Roth-*Spickhoff* (Fn. 32), Art. 9 Rom I-VO Rn. 12 f., Art. 8 Rom I-VO Rn.15; *Callsen*, L'influance du droit de l'Union européenne en droit du travail international – l'exemple des lois de police, Nanterre 2011, S. 92; *Liukkonen* (Fn. 68), S. 135; *Wimmer*, Die Gestaltung internationaler Arbeitsverhältnisse durch kollektive Normenverträge, Baden-Baden 1992 (zugl. Freiburg/Br., Univ., Diss. 1991), S. 176, 181 ff.; *Wimmer*, IPRax 1995, 207, 211.

[86] Die Voraussetzung für eine Anwendung eventueller Entgeltfortzahlungsvorschriften des Ortsrechts als Eingriffsrecht nach Art. 9 Abs. 3 oder Art. 12 Abs. 2 Rom I-Verordnung sind in einem solchen Fall nicht gegeben, so dass der Arbeitnehmer das Entgeltfortzahlungsrecht am ausländischen Arbeitsort nur genießen kann, wenn er dort klagen kann und das Gericht dieses Recht als Eingriffsrecht der (seiner) *lex fori* anwendet.

[87] BAG DB 2008, 2030; vgl. m.w.N. *Deinert*, Privatrechtsgestaltung durch Sozialrecht, Baden-Baden 2007 (zugl. Rostock, Univ., Habil. 2006), S. 60.

[88] *Löschnigg*, Arbeitsrecht, 11. Aufl., Wien 2011, Rn. 6/366; *Grillberger*, FS Schwarz, 1991, S. 69, 78; *Rebhahn*, FS Strasser, 1983, S. 59, 67; *Burger*, ZAS 2012, 4, 8.

die Rom I-Verordnung nicht zwischen öffentlichem und privatem Recht.[89] Sie respektiert, dass auch öffentlich-rechtliche Bestimmungen das Schuldverhältnis regeln können. Diese Vorstellung lag bereits den EVÜ zu Grunde. Das geht aus dem Bericht von *Giuliano/Lagarde* zum EVÜ hervor.[90] Sie lag gleichermaßen Art. 30 EGBGB zu Grunde.[91]

Öffentliches Recht ist damit verweisungsrechtlich differenziert zu behandeln, nämlich einerseits hinsichtlich der Behandlung als durch Behörden durchsetzbares Recht, andererseits hinsichtlich der Behandlung als Recht, das das Arbeitsverhältnis regelt.[92] Das durch die Kollisionsnorm berufene Privatrecht entscheidet damit auch über Ob und Qualität der Einwirkung des öffentlichen Rechts auf das Rechtsverhältnis. Das kann allerdings regelmäßig nicht weiter reichen als die öffentlich-rechtliche Norm angewendet werden will.[93] Da dieses regelmäßig aber nur auf Arbeit im Inland angewendet werden will, insoweit also ein „Territorialitätsprinzip" gilt,[94] ergibt sich eine einseitige Kollisionsnorm im Sinne einer Anwendung auf Inlandsarbeit.[95] Uneingeschränkt gilt das allerdings nicht, denn öffentliches Recht kann unter Umständen auch Wirkungen im Ausland erzeugen.[96] Ob dies der Fall ist, hängt vom Schutzzweck und den behördlichen Durchsetzungsmöglichkeiten ab.[97]

Grundsätzlich lässt sich dieser Gedanke zu einer einseitigen Kollisionsnorm im Sinne eines Territorialitätsprinzips ausbauen: grundsätzlich will auch jedes ausländische öffentliche Recht bei Arbeit im jeweiligen Erlassstaat angewendet werden.[98] Für die praktisch wichtige Konstellation eines Arbeitsverhältnisses unter deutschem Recht bei Arbeit im Ausland bedeutet dies, dass es sich um eine ausländische Eingriffsnorm handelt,[99] während das inländische öffentliche Recht wegen des Arbeitsortes im Ausland im Allgemeinen keine Anwendung verlangt. Diese ausländische Eingriffsnorm ist freilich nicht in jedem Falle anzuwenden.[100] Ihr kann nach Art. 9 Abs. 3 Rom I-Verordnung Wirkung verliehen werden, soweit sie die Erfüllung des Vertrages unrechtmäßig werden lässt, wie dies insbesondere regelmäßig beim Arbeitsschutzrecht der Fall sein wird. Ansonsten ist das Recht des Erfüllungsortes (auch soweit es sich um Eingriffsrecht handelt) nach Art. 12 Abs. 2 Rom I-Verordnung im Rahmen des Vertragsstatuts „zu berücksichtigen".

---

[89] *Streithofer*, DRdA 2012, 191, 192.

[90] *Giuliano/Lagarde*, BT-Drucks.10/503, S. 33, 57.

[91] Vgl. BT-Drucks. 10/504, S. 81; *Gamillscheg*, ZfA 1983, 307, 347; MünchKomm-*Martiny* (Fn. 27), Art. 8 Rom I-VO Rn. 35; 374; *Kronke*, DB 1984, 404, 405; a. A. *Kegel/Schurig* (Fn. 83), S. 684; wohl auch *Hartley*, Rec. 1997, 341.

[92] *Gamillscheg*, IAR (Fn. 1), S. 187; *Gamillscheg*, RabelsZ 23 (1958), 819, 831; *Junker*, IAR im Konzern (Fn. 16), S. 119; *Deinert*, RdA 2009, 144, 153.

[93] Vgl. *Heilmann* (Fn. 79), S. 101.

[94] *Deinert*, Anm. zu BAG AP Nr. 409 zu § 613a BGB.

[95] Vgl. BAG AP Nr. 15 zu § 12 SchwbG.

[96] BAG AP Nr. 15 zu § 12 SchwbG.

[97] *Birk*, RabelsZ 46 (1982), 384, 411.

[98] S. näher *Junker*, IAR im Konzern (Fn. 16), S. 126 ff.

[99] Vgl. *Junker*, IAR im Konzern (Fn. 16), S. 119.

[100] Ausf. zur Anwendung ausländischen Eingriffsrechts *Deinert*, IAR (Fn. 8), § 10 Rn. 151 ff.

VI. Ausgewählte Sonderfälle

1. Gesetzliche Selbstbeschränkung („Kanalfährenproblematik")

Viel diskutiert ist die so genannte Kanalfähren-Entscheidung des BAG, in der das Gericht zur Anwendbarkeit englischen Arbeitsrechts kam.[101] Nicht eingegangen wurde darauf, dass es um Arbeit außerhalb Großbritanniens ging, auf die das anwendbare Recht selbst gar nicht angewendet werden wollte. Das kommt bei englischen und US-amerikanischen Gesetzen oftmals vor.[102] Zwar wurde zur Umsetzung der europäischen Entsenderichtlinie[103] auf eine ausdrückliche gesetzliche Selbstbeschränkungsklausel im Employment Rights Act 1996 verzichtet. Dadurch ist die Anwendung des Gesetzes auf vorübergehend nach England entsandte Arbeitnehmer nicht mehr ausgeschlossen. Die Rechtsprechung geht aber davon aus, dass das Parlament nicht beabsichtigt habe, ein Gesetz für Arbeit ohne jeden Bezug zu Großbritannien zu schaffen. Es wird damit ein hinreichender Bezug zum Vereinigten Königreich und zu den britischen Gesetzen gefordert, der umso stärker sein muss, wenn die Arbeit außerhalb Großbritanniens verrichtet wird.[104] Das kann nun zu dem Problem führen, dass im Falle einer Verweisung auf das englische Recht keine anwendbare Norm den Sachverhalt erfasst. Die Annahme, das englische Recht enthalte selbst bereits eine Lösung, insoweit der Arbeitnehmer auf das *common law* zurückgeworfen werde,[105] ist nach der zu Grunde liegenden gesetzgeberischen Zurückhaltung, die vor allem darauf zielt, nicht fremder Gesetzgebung vorzugreifen, nicht überzeugend. Richtiger Ansicht nach liegt darin vielmehr eine versteckte Rückverweisung auf das deutsche Recht. Zur Vermeidung eines Normenmangels liegt die richtige Lösung darin, diese versteckte Rückverweisung nicht anzunehmen, so dass das Sachrecht ausnahmsweise anwendbar ist, obwohl es selbst nicht angewendet werden will.[106] Dies entspricht dem Rechtsgedanken des Art. 20 Rom I-Verordnung, wonach Rück- und Weiterverweisungen unbeachtlich sind. Nur in den seltenen Fällen, in denen die selbstbeschränkende Norm nicht kollisionsrechtlichem Denken mit Rücksicht auf Souveränitätsrechte anderer Staaten entspricht, sondern tatsächlich rechtliche Wirkungen entfalten soll, wäre dieser Weg ausgeschlossen.[107] Da es sich insoweit um

[101] BAG AP Nr. 30 zu Internationales Privatrecht – Arbeitsrecht; dazu insb. *Magnus*, IPRax 1991, 392, 386; *Junker*, SAE 1991, 317, 327.

[102] Vgl. EEOC v. Arabian American Oil Company 499 U.S. 244 (für das Antidiskriminierungsrecht allerdings durch 42 U.S.C. § 200 (e) (1) (c) erledigt); *Hay/Borchers/Symeonides*, Conflict of Laws, 5. Aufl., St. Paul 2010, § 3.65 ff.; *Casebeer/Minda* (Fn. 25), S. 1172; Lawson v. Serco [2006] IRLR 289 (H.L.); *Deakin/Morris* (Fn. 69), Rn.2.46; *Dicey, Morris & Collins*, on the conflict of laws, 14. Aufl., London 2006, 2nd Supplement, London 2008, 3rd Supplement, London 2010, Rn. 33-069, mit Darstellung zu einzelnen Gesetzen in Rn. 33-089 ff.; *Plender/Wilderspin* (Fn. 33), Rn. 11-060 ff.

[103] S.o. Fn. 66.

[104] Duncombe and others v. Secretary of State for Children, Schools and Families [2011] IRLR 840 (UKSC); Ravat v. Halliburton Manufacturing and Services [2012] IRLR 315 (UKSC); Lawson v. Serco [2006] IRLR 289 (H.L.); vgl. auch *Plender/Wilderspin* (Fn. 33), Rn. 11-067; ferner *Junker*, EuZA 2011, 252.

[105] So *Magnus*, IPRax 1991, 382, 386; Staudinger-*Magnus* (Fn. 32), Art. 8 Rom I-VO Rn. 71.

[106] Vgl. *Junker*, IAR im Konzern (Fn. 16), S. 177; *Deinert*, IAR (Fn. 8), § 6 Rn. 11; a. A. *Gamillscheg*, RIW/AWD 1979, 225, 233.

[107] Vgl. *Krebber* (Fn. 25), S. 266 ff.

eine rein kollisionsrechtliche Frage handelt, wird damit der fremden Norm keine Gewalt angetan.[108]

2. Mögliches Eingreifen konkurrierender Kollisionsnormen

a) Entgeltfortzahlung im Krankheitsfalle

In der ersten Rechtssache Paletta hat der EuGH die Frage der Anerkennung ausländischer Arbeitsunfähigkeitsbescheinigungen für die Zwecke der Entgeltfortzahlung im Koordinierungsrecht der damaligen Verordnung (EWG) 1408/71 sowie der Durchführungsverordnung (EWG) 574/72 unterstellt.[109] Daraus wird teilweise eine sozialversicherungsrechtliche bzw. sozialversicherungsakzessorische Anknüpfung hergeleitet[110] oder jedenfalls angenommen, das Entgeltfortzahlungsrecht unterstehe innerhalb der EU dem Koordinierungsrecht.[111] Die sozialversicherungsakzessorische Anknüpfung wurde aber auch früher bereits mit Rücksicht darauf vertreten, dass die Lohnfortzahlung in den allermeisten Staaten die Krankenversicherung entlaste.[112]

Tatsächlich aber ist der Entgeltanspruch gegen den Arbeitgeber nach § 3 EFZG ein privatrechtlicher Anspruch, nicht etwa sozialversicherungsrechtliche Verpflichtung. Auch das Aufwendungsausgleichsgesetz ändert daran nichts. Es macht zwar die enge Verbindung zum Krankenversicherungsrecht deutlich, ohne dass dadurch die privatrechtliche Natur des Entgeltfortzahlungsanspruchs infrage gestellt wird. Die zuständigkeitsorientierte Anknüpfung des internationalen Sozialrechts passt dementsprechend auch gar nicht für private Arbeitgeber. Anders ist es hinsichtlich der Frage der Beachtlichkeit einer ausländischen Arbeitsunfähigkeitsbescheinigung. Nur für diese hat der EuGH auch die Anwendbarkeit des Koordinierungsrechts angenommen, ohne zum anwendbaren Recht hinsichtlich des Entgeltfortzahlungsanspruchs Stellung zu nehmen. Dieser Anspruch ist deshalb internationalprivatrechtlich anzuknüpfen, während hinsichtlich der Beachtlichkeit von Arbeitsunfähigkeitsbescheinigungen das Koordinierungsrecht eingreift.[113] Die neue Durchführungsverordnung (EG) Nr. 987/2009[114] sieht dazu in Art. 27 Abs. 8 eine Bindungswirkung vor, wenn diese auch nach innerstaatlichem Recht vorgesehen ist. Nach deutschem Recht gilt insoweit, dass der Arbeitgeber die Krankheit des Arbeitnehmers widerlegen kann.[115]

---

[108] *Gamillscheg*, RabelsZ 23 (1958), 819, 832.

[109] EuGH AP Nr. 1 zu Art. 18 EWG-Verordnung Nr. 574/72 – Paletta I; vgl. auch EuGH AP Nr. 9 zu Art. 48 EWG-Vertrag (= NJW 1988, 2171).

[110] *Winkler von Mohrenfels/Block*, EAS B 3000 (Fn. 32) Rn. 201; i. E. ähnlich *Nunes Fernandes Gil Wolf*, Arbeitnehmereinsatz im Ausland, Das auf doppelte Arbeitsverhältnisse anwendbare Recht am Beispiel der Vertragsgestaltung eines internationalen Konzerns, Frankfurt/M. 2010 (zugl. München, Univ., Diss. 2009/10), S. 102 ff.

[111] MünchArbR-*Oetker* (Fn. 55), § 11 Rn. 78.

[112] *Eichenhofer*, Internationales Sozialrecht und Internationales Privatrecht, Baden-Baden 1987 (zugl. Saarbrücken, Univ., Habil. 1986/87), S. 96 f.; *Birk*, DB 1973, 1551 ff.; *Birk*, RabelsZ 46 (1982), 384, 398.

[113] *Deinert*, IAR (Fn. 8), § 12 Rn. 37.

[114] Durchführungsverordnung (EG) Nr. 987/2009, ABl. L 284/1. Die Verordnung erging zur Durchführung der VO (EG) Nr. 883/2004 zur Koordinierung der sozialen Sicherungssysteme in Europa, ABl. L 166/1; Berichtigungen: ABl. L 200/1 und ABl. 2007 L 204/30.

[115] Vgl. ErfK-*Dörner/Reinhard* (Fn. 32), § 5 EFZG Rn. 14.

Richtiger Ansicht nach ist also der Entgeltfortzahlungsanspruch gemäß Art. 12 Abs. 1 lit. c Rom I-Verordnung dem Vertragsstatut zu unterwerfen.[116] Es stellt sich aber die Frage, ob die Zwecksetzung des Entgeltfortzahlungsanspruchs nach § 3 EFZG diesem den Charakter als Eingriffsnorm vermittelt. Das ist mit dem BAG und der überwiegenden Lehre zu bejahen.[117] Die Krankenversicherung enthält ein gemeinwohlorientiertes sozialpolitisches Grundanliegen, an dem der Entgeltfortzahlungsanspruch insoweit teilhat, als dieses Anliegen partiell in die Verantwortung des privatrechtlichen Arbeitgebers gelegt wird. Deshalb greift es zu kurz, wenn der Charakter als Eingriffsrecht mit der Überlegung verneint wird, dass der Vergütungsanspruch keinen Eingriffscharakter habe und der Entgeltfortzahlungsanspruch diesen lediglich aufrechterhalte.[118]

Das BAG macht allerdings eine Einschränkung: insoweit es den Eingriffscharakter aus der Entlastung der Krankenversicherung herleitet, verneint es den international zwingenden Anwendungswillen von § 3 EFZG für den Fall, dass der Arbeitnehmer keinem deutschen Sozialversicherungsstatut unterliegt.[119] Das ist nicht überzeugend mit Rücksicht auf das gesetzliche Ziel der Lebensstandardsicherung bei Krankheit, das der Entgeltfortzahlung zu Grunde liegt. Hätte der Gesetzgeber sich auf eine Entlastung der Krankenversicherung beschränken wollen, hätte es genügt, wenn er dem Arbeitnehmer keinen vollen Entgeltfortzahlungsanspruch verschafft hätte, sondern einen der Höhe nach dem Krankengeld gemäß § 44 SGB V entsprechenden. Wenig überzeugend ist auch ein Umkehrschluss des BAG aus § 2 AEntG, wonach die fehlende Nennung des EFZG in dieser Norm zeige, dass der Gesetzgeber die Bestimmung nicht in jedem Fall als Eingriffsnorm angesehen habe.[120] Der Gesetzgeber hat mit dem Entsendegesetz im Katalog des § 2 EFZG lediglich den Katalog des Art. 3 Abs. 1 der Entsenderichtlinie abgeschrieben. Daraus herzuleiten, dass der Gesetzgeber zugleich reflektiert habe, welche der sämtlichen arbeitsrechtlichen Schutzbestimmungen des deutschen Rechts als Eingriffsnormen anzusehen sind, und dabei zum Ergebnis gekommen sei, dass keine einzige eine solche sei, ist äußerst gewagt.[121]

b) Haftungsausschluss bei Arbeitsunfall

In Bezug auf die Haftung für Unfälle gibt es mit dem Haager Straßenverkehrsabkommen[122] ein völkerrechtliches Abkommen. Solche Abkommen gehen der Rom I-Verordnung nach deren Art. 25 vor. Ob dieses auch in Bezug auf Haftungsausschlüsse bei Arbeitsunfällen anwendbar ist,[123] muss letztlich nicht entschieden werden, da das Abkommen von der Bundesrepublik bislang nicht gezeichnet wurde.

---

[116] Vgl. bereits *Heilmann* (Fn. 79), S. 124; *Gamillscheg*, IAR (Fn. 1), S. 312.

[117] BAG AP Nr. 10 zu Art. 30 EGBGB n.F.; ebenso *Gamillscheg*, ZfA 1983, 307, 360; Münch-ArbR-*Oetker* (Fn. 55), § 11 Rn. 78; abl. *Franzen*, IPRax 2003, 239, 242 f.

[118] So *Junker*, RIW 2001, 94, 103; ErfK-*Schlachter* (Fn. 32), Rom I-VO Rn. 24.

[119] BAG RIW 2012, 638.

[120] BAG RIW 2012, 638, 640.

[121] Die dafür bemühte Literaturfundstelle (*Mayer*, in: Däubler [Hrsg.], Arbeitsrecht, 2. Aufl., Baden-Baden 2010, § 2 AEntG Rn. 1) trägt die Aussage nicht.

[122] Abgedruckt bei *Jayme/Hausmann*, Internationales Privat- und Verfahrensrecht, 16. Aufl., München 2012, Nr. 100.

[123] Bejahend OGH ZAS 1985, 67; krit. Anm. *Schwimann*.

Wegen des engen Zusammenhangs mit dem Unfallversicherungsrecht wird eine sozialversicherungsakzessorische Anknüpfung verbreitet befürwortet.[124] Dem trägt die europäische Koordinierungsverordnung VO (EG) 883/2004[125] in Art. 85 Rechnung. Sie enthält eine Kollisionsnorm für Unfälle, in denen ein Sozialversicherungsträger Leistungen bei Schäden aus Ereignissen in anderen EU-Mitgliedstaaten erbringt.[126] Art. 85 Abs. 2 der Verordnung führt zur Anwendbarkeit des Haftungsprivilegs nach dem Sozialversicherungsstatut.[127] Unterabs. 2 erstreckt dies auch auf den Regress des Versicherungsträgers. Auch in den Fällen, in denen ein Haftungsprivileg nicht greift, gilt für den Regress des Versicherungsträgers das Sozialversicherungsstatut gemäß Art. 85 Abs. 1 lit. b der Verordnung.[128]

In den Fällen, in denen die VO (EG) 883/2004 nicht greift, etwa bei Schäden in einem Drittstaat, sind die Haftungsprivilegien der §§ 104, 105 SGB VII als Eingriffsnormen anzusehen.[129] Der notwendige Inlandsbezug für die Anwendung der Haftungsprivilegien als Eingriffsnormen wird insoweit durch ein inländisches Sozialversicherungsstatut oder durch einen inländischen Unfall begründet. Da diese Haftungsprivilegien aber nur greifen, wenn der Geschädigte Versicherter ist, muss der Arbeitnehmer keinen Haftungsausschluss hinnehmen, wenn das einschlägige Sozialversicherungsstatut keinen Versicherungsschutz vermittelt. Bei deutschem Vertragsstatut und Arbeit unter fremdem Sozialversicherungsstatut im Ausland greift kein Haftungsprivileg. Der Arbeitnehmer muss sich aber eventuelle Versicherungsleistungen der ausländischen Versicherung im Wege der Vorteilsausgleichung anrechnen lassen.[130]

VII. Ausgewählte Sachrechtsprobleme

1. Kündigungsschutz

Ein deutsches Vertragsstatut umfasst gem. Art. 12 Abs. 1 lit. d Rom I-Verordnung auch den Kündigungsschutz nach dem KSchG. Die Rechtsprechung lässt die Anwendbarkeit deutschen Rechts aber nicht genügen. So verlangt sie, dass die Erfüllung der Betriebsgröße nach § 23 KSchG durch einen Inlandsbetrieb erfolgt. Das hat sie zunächst mit einem „räumlichen Geltungsbereich" des KSchG begründet und deswegen erhebliche Kritik aus der Literatur erfahren[131]. Zugrunde lag der Rechtsprechung die Überlegung, dass die Gesetzgebungsbefugnisse des Parlaments auf das Inland beschränkt seien.[132] Inzwischen wurde die Begründung für dasselbe Ergebnis gewechselt. Nunmehr geht das BAG von einer sachrechtlichen Selbstbeschränkung des Gesetzes aus. Dafür werden die folgenden Argumente ins Feld geführt. Zunächst wird

---

[124] *Gamillscheg*, ZfA 1983, 307, 361; *Junker*, RdA 1990, 212, 216; *Mummenhoff*, IPRax 1988, 215; *Winkler von Mohrenfels/Block*, EAS B 3000 (Fn. 32) Rn. 205; OLG Schleswig IPRax 1988, 230, 231; *Eichenhofer* (Fn. 112), S. 100 ff.

[125] S. Fn. 114.

[126] BGHZ 177, 237 (= NJW 2009, 916).

[127] Vgl. *Pabst*, ZESAR 2011, 423, 425; ausf. *Straube*, (Fn. 83), S. 131 f.

[128] So zum früheren Art. 93 VO (EWG) 1408/71 BGH NJW 2007, 1755.

[129] Vgl. *Straube*, (Fn. 83), S. 133 ff.; *Deinert*, IAR (Fn. 8), § 12 Rn. 131; ebenso OGH SZ 75, 455, 459, zum Dienstgeberhaftungsprivilegien nach § 333 ASVG im österreichischen Recht.

[130] Vgl. *Junker*, RdA 1990, 212, 216.

[131] *Junker*, FS Konzen, 2006, S. 367 ff.; *Mauer*, FS Leinemann, 2006, S. 733 ff.; *W. Gravenhorst*, FS 2005, 34; *A.C.Gravenhorst*, RdA 2007, 283, 286 ff.; *Deinert*, RIW 2008, 148, 151 ff.

[132] BAG AP Nr. 16 zu § 23 KSchG 1969; BAG AP Nr. 33 zu § 23 KSchG 1969.

darauf abgestellt, dass der Kündigungsschutz früher mit dem Betriebsverfassungsrecht verbunden war, das seinerseits auf Inlandsbetriebe beschränkt ist. §§ 23, 24 KSchG enthielten Regelungen für Schifffahrt und Luftfahrt, was zeige, dass das Gesetz allein von einem territorialen Selbstverständnis ausgegangen sei. Zudem sah das Gericht sich durch billigendes Schweigen des Gesetzgebers zur bisherigen Rechtsprechung bestätigt.[133] Überzeugend ist das nicht.[134] Das moderne Kündigungsschutzrecht ist eben nicht betriebsverfassungsrechtlich zu qualifizieren. Die Erwähnung internationaler Branchen enthält keinerlei Aussagen darüber, dass für alle anderen national introvertierte Regelungen gelten sollen und das Schweigen des Gesetzgebers ohne konkreten Anlass lässt sich kaum als Billigung der Rechtsprechung qualifizieren, einer Rechtsprechung zudem, deren Begründung des Gericht offensichtlich selbst für verfehlt hält, wenn es die Begründung austauscht. Ruft man sich in Erinnerung, das das BVerfG den Ausschluss des Kündigungsschutzes wegen Art. 12 Abs. 1 GG für rechtfertigungsbedürftig gehalten hat,[135] spricht das Verfassungsrecht eindeutig gegen die im Wortlaut des Gesetzes nicht angelegte Annahme, dass das Gesetz nur auf inländische Betriebe anwendbar sei. Denn die vom BVerfG angenommene Rechtfertigung der Kleinbetriebsklausel im Hinblick darauf, dass kleinere Arbeitgeber vor finanziellen und verwaltungsmäßigen Lasten des Kündigungsschutzes geschützt werden sollen und ferner dem persönlichen Kontakt im Kleinbetrieb und der Bedeutung des Einzelnen im betrieblichen Zusammenhangrechnung getragen werden soll, wird in keiner Weise dadurch beeinflusst, wo der Betrieb belegen ist. Im Gegenteil führt die Rechtsprechung zu einem gleichheitswidrigen Ergebnis. Ein Arbeitnehmer unter deutschem Vertragsstatut, der in einem Betrieb arbeitet, der zwar den Schwellenwert des § 23 KSchG überschreitet, jedoch ganz oder teilweise im Ausland belegen ist, genießt danach keinen Kündigungsschutz. Wegen des deutschen Vertragsstatuts genießt er auch nicht etwa Kündigungsschutz nach einem ausländischen Recht. Im Vergleich zu einem Arbeitnehmer, der bei gleicher Betriebsgröße unter deutschem Vertragsstatut in einem Inlandsbetrieb arbeitet, wird ein solcher Arbeitnehmer schlechter behandelt, ohne dass es dafür einen rechtfertigenden Grund gibt. Dass das BVerfG eine Verfassungsbeschwerde gegen ein auf dieser Rechtsprechung beruhendes Urteil nicht angenommen hat,[136] bedeutet keine inhaltliche Billigung der sachrechtlichen Erwägungen und hindert nicht,[137] die Rechtsprechung im Sinne der inzwischen herrschenden Meinung[138] zu korrigieren.

---

[133] BAG AP Nr. 40 zu § 23 KSchG 1969.

[134] Zum Folgenden *Deinert*, AuR 2008, 300 ff.

[135] BVerfGE 97, 169.

[136] BVerfG, 12.3.2009 – 1 BvR 1250/08.

[137] In diesem Sinne aber BAG AP Nr. 45 zu § 23 KSchG 1969.

[138] MünchKomm-*Martiny* (Fn. 27), Art. 8 Rom I-VO Rn. 100; *Winkler von Mohrenfels/Block*, EAS B 3000 (Fn. 32), Rn. 221 ff.; Palandt-*Thorn* (Fn. 57), Art. 8 Rom I-VO Rn. 4; *Mauer*, FS Leinemann, 2006, S. 733 ff.; *Mauer*, RIW 2007, 92, 98; *Straube*, DB 2009, 1406, 1408; *Junker*, FS Konzen, 2006, S. 367 ff.; *W.Gravenhorst*, FS 2005, 34; *A.C.Gravenhorst*, RdA 2007, 283, 286 ff.; *Deinert*, RIW 2008, 148, 151 ff.; *Deinert*, AuR 2008, 300 ff.; *Däubler*, FS Birk, 2008, 27, 38 f.; *Wisskirchen/Bissles*, DB 2007, 340, 346; KR-*Weigand* (Fn. 56), § 23 KSchG Rn. 19c; LAG Hamburg, 22. 03. 2011 – 1 Sa 2/11; a.A. *Horcher*, FA 2010, 43, 44; *Otto/Mückel*, BB 2008, 1231 ff.

Ebenfalls eine sachrechtliche Frage ist die, ob bei der Betriebsgrößenberechnung nur Arbeitnehmer unter deutschem Vertragsstatut mitgezählt werden können.[139] Sie stellt sich erst dann, wenn auf das einzelne konkrete Arbeitsverhältnis, um dessen Beendigung es geht, deutsches Recht anwendbar ist. Im Hinblick auf den Zweck der Kleinbetriebsklausel macht es dann keinen Unterschied, welchem Recht der Arbeitsvertrag unterliegt. Für die Betriebsgröße kennzeichnend ist die Zahl der Personen, nicht das auf ihre Verträge anwendbare Recht. Mag dies auch Schwierigkeiten bei der praktischen Gesetzesanwendung mit sich bringen, rechtfertigt dies entgegen der Rechtsprechung[140] nicht die Annahme, dass nur Arbeitnehmer unter deutschem Vertragsstatut zählen.[141]

Zustimmung verdient hingegen die Rechtsprechung, soweit sie hinsichtlich der Wartezeit nach § 1 KSchG unter Bezugnahme auf den Erprobungszweck der Regelung davon ausgeht, dass auch Beschäftigungszeiten unter einem fremden Vertragsstatut mitgezählt werden müssen.[142]

2. Betriebsübergang

Ebenfalls eine sachrechtlichen Frage ist, ob § 613 a BGB, wenn er anwendbar ist, nur innerstaatliche Betriebsübergänge erfasst oder auch grenzüberschreitende Betriebsübergänge. Eine Einschränkung im letztgenannten Sinne lässt sich jedenfalls nicht mit einem Territorialitätsprinzip begründen, da im privatrechtlichen Bereich die Kollisionsnormen des IPR und nicht das Territorialitätsprinzip maßgeblich sind.[143] Entscheidend ist also, ob es eine sachrechtliche Selbstbeschränkung auf inländische Betriebsübergänge gibt, ob der grenzüberschreitende Betriebsinhaberwechsel also womöglich nicht vom gesetzlichen Tatbestand erfasst wird. Insoweit geht es um eine Abgrenzung von Stilllegung (mit nachfolgender Neugründung) und Betriebsübergang. Dabei hat die Rechtsprechung aber nicht auf die Entfernung abgestellt und deshalb sogar einen Betriebsübergang von Berlin nach Lyon für möglich gehalten,[144] sondern entscheidend darauf abgestellt, ob mit erheblicher Entfernung ein zwangsläufiger Wechsel der Belegschaft verbunden ist.[145] In der neuesten Rechtsprechung wird eindeutig klargestellt, dass entscheidend ist, ob die wirtschaftliche Einheit ihre Identität behält.[146] Die Antwort darauf kann unterschiedlich ausfallen je nach Entfernung und Gegenstand des Betriebes.[147] Die Betriebsverlagerung über die Grenze hinweg bedeutet jedenfalls nicht zwingend Identitätsverlust in diesem Sinn.[148] Auf die Frage der Zumutbarkeit eines Umzugs kommt

---

[139] A. A. *Winkler von Mohrenfels/Block*, EAS B 3000 (Fn. 32) Rn. 222.

[140] BAG AP Nr. 45 zu § 23 KSchG; ferner *Winkler von Mohrenfels/Block*, EAS B 3000 (Fn. 32) Rn. 222.

[141] So auch die h. M., *A. C. Gravenhorst*, RdA 2007, 283, 285; *Horcher*, FA 2010, 43, 44 f.; *Straube*, DB 2009, 1406, 1408; *Deinert*, IAR (Fn. 8), § 13 Rn. 43; *Deinert*, RIW 2008, 148, 150.

[142] BAG NZA 2012, 148; ebenso *Horcher*, FA 2010, 43, 45; allg. *Schmidt-Hermesdorf*, RIW 1988, 938, 941.

[143] BAG AP Nr. 409 zu § 613 a BGB.

[144] BAG AP Nr. 81 zu § 613 a BGB.

[145] BAG AP Nr. 67 zu § 613 a BGB; BAG AP Nr. 81 zu § 613 a BGB.

[146] BAG AP Nr. 237 zu § 613 a BGB; BAG AP Nr. 409 zu § 613 a BGB.

[147] *Forst*, SAE 2012, 18, 22.

[148] Vgl. *Kania*, ZESAR 2010, 112, 114 f.; *Deinert*, Anm. zu BAG AP Nr. 409 zu § 613 a BGB.

es hingegen nicht an.[149] Denn diesem Aspekt ist bereits dadurch Rechnung getragen, dass der Arbeitnehmer ein Widerspruchsrecht nach § 613a Abs. 6 BGB hat.[150]

Darauf, ob auch der aufnehmende Staat den Übergang des Arbeitsverhältnisses aufgrund Betriebsübergangs kennt, kommt es nicht an.[151] Das Sachrecht kennt eine solche Einschränkung nicht. Auch kollisionsrechtlich lässt sie sich nicht begründen, weil auf einen Sachverhalt regelmäßig nur ein Recht anwendbar sein kann, nicht aber zwei Rechtsordnungen zugleich.[152] Dass der Arbeitsvertrag infolge des mit dem Wechsel des Betriebsortes erfolgenden Arbeitsortwechsels möglicherweise nunmehr einem anderen Recht unterliegt und dadurch einen anderen Inhalt erlangt, stellt dies nicht infrage. Denn auch sonst führt ein Statutenwechsel zu Anwendbarkeit eines anderen Rechts. Im Übrigen wird auch ein Gericht, dessen *lex fori* keinen Betriebsübergang kennt, den Übergang des Arbeitsverhältnisses nach deutschem Recht akzeptieren, wenn sein IPR auf das deutsche Recht verweist.

VIII. Fazit

Das Arbeitskollisionsrecht hat in jüngerer Zeit durch die Rom I-Verordnung, die Neufassung des Entsendegesetzes[153] und die Vorgaben des Primärrechts im Zusammenhang mit der Entsenderichtlinie in der Auslegung durch den EuGH (s. o. IV.) einige neue Impulse erhalten. Darüber hinaus sind viele Fragen des internationalen Arbeitsrechts ungeregelt und stellen die Rechtsprechung vor einige Herausforderungen, von denen die sachrechtlichen Probleme des internationalen Sachverhalts (s. o. VII.) nur die spektakulärsten sind. Mehr als 3 Mio. Arbeitnehmer in der Bundesrepublik sind Ausländer, mehr als 100.000 Arbeitnehmer wandern jährlich ab, während mehr als 300.000 im Jahre 2008 vorübergehend in der Bundesrepublik beschäftigt wurden.[154] Diese Zahlen zeigen, dass die Befassung mit der Materie angesichts einer zunehmenden Internationalisierung der Wirtschaft und der Arbeitsbedingungen zunehmend wichtiger wird.

---

[149] A. A. *Reichold*, FS Birk, 2008, S. 687, 699 f.

[150] *Forst*, SAE 2012, 18, 22; vgl. bereits *Cohnen*, FS 25 Jahre ARGE Arbeitsrecht im DAV, 2006, S. 595, 610.

[151] *Bittner*, Europäisches und internationales Betriebsrentenrecht, Grenzüberschreitende betriebliche Altersversorgung im Spannungsfeld von europäischem und internationalem Betriebsrentenrecht, Tübingen 2000 (zugl. Freiburg/Br., Univ., Habil. 1999), S. 485 ff.; a.A. *Junker*, IAR im Konzern (Fn. 16), S. 239 f.; *Mankowski*, IPRax 1994, 88, 97 f.

[152] Vgl. *Franzen*, Der Betriebsinhaberwechsel nach § 613a BGB im internationalen Arbeitsrecht, Heidelberg 1994 (zugl. Berlin, Freie Univ., Diss. 1993), S. 110 ff.; vgl. auch *Reichold*, FS Birk, 2008, S. 687, 698; ähnl. auch die Einwände bei *Forst*, SAE 2012, 18, 24.

[153] Gesetz über zwingende Arbeitsbedingungen für grenzüberschreitend entsandte und für regelmäßig im Inland beschäftigte Arbeitnehmer und Arbeitnehmerinnen (Arbeitnehmer-Entsendegesetz – AEntG) vom 20. 04. 2009, BGBl. I 799.

[154] Empirische Hinweise bei *Deinert*, IAR (Fn. 8), § 1 Rn. 2.

Rechtswidrigkeit von Arbeitskampfmaßnahmen in kirchlichen Einrichtungen auf dem Zweiten und Dritten Weg
– Kirchliche Selbstbestimmung und kollektive Koalitionsfreiheit im Konflikt –

Univ.-Prof. Dr. Claudia Schubert, Berlin

INHALT

I. Einleitung

Das kirchliche Arbeitsrecht ist in den letzten Jahren in besonderem Maße in den Fokus der Gerichte geraten. Mit Spannung erwartet wurden insbesondere die Entscheidungen des BAG vom 20. November 2012 über den Arbeitskampf in kirchlichen Einrichtungen.[1] Die Anträge richteten sich auf die Unterlassung von Arbeitskampfmaßnahmen durch den Marburger Bund in kirchlichen Einrichtungen auf dem Zweiten Weg und durch ver.di in kirchlichen Einrichtungen auf dem Dritten Weg. Beide Ge-

---

[1] BAG 20. November 2012 – 1 AZR 179/11 und 1 AZR 611/11.

werkschaften obsiegten – doch die Analyse der Urteilsgründe offenbart einen Pyrrhussieg. Die kirchlichen Einrichtungen dürfen in Ausübung ihres kirchlichen Selbstbestimmungsrechts den Zweiten oder Dritten Weg wählen und dabei den Arbeitskampf ausschließen, sofern das Verfahren zur Festlegung der Arbeitsbedingungen der Koalitionsfreiheit im Sinne praktischer Konkordanz hinreichend Rechnung trägt.

Die Niederlage der Kläger beruhte vor allem auf der Unzulässigkeit der Klage bzw. auf der fehlenden Wiederholungs- oder Erstbegehungsgefahr für den Unterlassungsanspruch aus §§ 1004 analog, 823 Abs. 1 BGB.[2] Das BAG geht aber auf die Beschränkung der kollektiven Koalitionsfreiheit durch das kirchliche Selbstbestimmungsrecht im Verfahren über den Arbeitskampf in Einrichtungen auf dem Zweiten Weg in einem obiter dictum ein. Bei den über mehr als 15 Seiten gehenden Ausführungen handelt es sich nicht mehr nur um „nebenbei Gesagtes", aber auch nicht um tragende Entscheidungsgründe. Der 1. Senat scheint sicherstellen zu wollen, dass die Entscheidung den Parteien nicht Steine statt Brot gibt. Das stellt die Gewerkschaft aber vor die Frage, ob sie als obsiegende Parteien wegen eines obiter dictum, das die Unzulässigkeit von Arbeitskampfmaßnahmen in kirchlichen Einrichtungen betrifft, in zulässiger Weise Verfassungsbeschwerde und später Beschwerde zum EGMR erheben kann.

Für die kirchlichen Einrichtungen, die sich für den Dritten Weg entschieden haben, bleiben mehr Fragen als Antworten. Aus dem Urteil lassen sich nicht umfassend die Vorgaben für die Ausgestaltung des Dritten Weges ablesen. Eine Entscheidung ist indes kein Rechtsgutachten – auch wenn die kirchlichen Einrichtungen sich das gewünscht haben mögen. Angesichts der Entscheidungsgründe dürfte es ihnen mehr als schwer fallen, weitergehenden Rechtsschutz vor dem BVerfG oder dem EGMR zu erlangen. Die Urteilsbegründung macht das BAG in beiden Verfahren voraussichtlich zur letzten Instanz – obwohl die Parteien das Gericht gerne als Zwischeninstanz behandelt hätten. Honi soi qui mal y pense.

II. Entscheidungen zum Arbeitskampf in kirchlichen Einrichtungen

1. Arbeitskampf in kirchlichen Einrichtungen auf dem Zweiten Weg

Im Verfahren 1 AZR 611/11 klagte der Arbeitgeberverband der Nordkirche (vormals: Nordelbische Evangelisch-Lutherische Kirche, NEK) gegen den Bundesverband des Marburger Bundes und dessen Landesverband Hamburg darauf, dass Arbeitskampfmaßnahmen in den Einrichtungen der Verbandsmitglieder unterlassen werden. Die frühere NEK gehörte zu den wenigen Landeskirchen, die sich für den sog. Zweiten Weg entschieden hatten (§ 1 Arbeitsrechtsregelungsgesetz-NEK[3]), so dass die Regelung der Arbeitsbedingungen in kirchlichen Einrichtungen durch Tarifverträge mit dem Arbeitgeberverband (VKDA-NEK) geregelt wurden. 1978 schloss der Arbeitgeberverband mit mehreren Gewerkschaften, zu denen nicht der Marburger Bund gehörte, zwei Grundlagentarifverträge, die eine absolute Friedenspflicht und ein

---

2   BAG 20. November 2012 – NZA 2013, 448 Rn. 28 ff., 52, 78, 87 ff.; BAG 20. November 2012 – NZA 2013, 437 Rn. 77 ff.

3   Kirchengesetz über die Regelung der Rechtsverhältnisse der in einem privatrechtlichen Arbeitsverhältnis beschäftigten Mitarbeiter in der Nordelbisch Evangelisch-Lutherischen Kirche vom 9. 6. 1979, GVOBl. S. 193.

Schlichtungsverfahren regeln.[4] Die Schlichtung erfolgt danach durch eine paritätisch besetzte Stelle mit neutralem Vorsitzenden, auf den sich die Tarifvertragsparteien einigen oder der hilfsweise durch den Präsidenten des LG Kiel bestellt wird. Sofern die Tarifvertragsparteien den Spruch der Schlichtungsstelle nicht annehmen, erfolgt nach einmonatiger Wartefrist erneut eine Schlichtung, die mit einem verbindlichen Spruch endet, der die Wirkung eines Tarifvertrages hat.

Der Marburger Bund hatte 2007 zu Tarifverhandlungen aufgefordert, auf die sich der Arbeitgeberverband erst nach Abschluss von Grundlagentarifverträgen einlassen wollte. Die Tarifverhandlungen wurden daraufhin aufgegeben. 2009 kam es in einem diakonischen Krankenhaus in Hamburg zum Streik. Der dagegen gerichtete Antrag auf einstweilige Verfügung wurde durch das ArbG Hamburg rechtskräftig unter Verweis auf die Rechtmäßigkeit des Arbeitskampfs abgewiesen.[5] Ein Hauptsacheverfahren erfolgte nicht, vielmehr klagte der Arbeitgeberverband mit Globalanträgen, auf die generelle Unterlassung von Arbeitskampfmaßnahmen in den Einrichtungen seiner Mitglieder (Antrag 1a), hilfsweise auf Unterlassung von Arbeitskampfmaßnahmen nach Abschluss von Grundlagentarifverträgen (Antrag 1b), höchst hilfsweise auf Unterlassung von Arbeitskampfmaßnahmen durch Ärzte (Antrag 1c).

Die Anträge wurden als unbegründet abgewiesen, da es an der Wiederholungs- oder Erstbegehungsgefahr für eine rechtswidrige Arbeitskampfmaßnahme fehle.[6] Der Bundesverband habe bisher keinen Arbeitskampf gegenüber den Mitgliedern des Arbeitgeberverbandes geführt oder sich an solchen beteiligt. Zudem führe der Landesverband Hamburg nur für seinen räumlichen Zuständigkeitsbereich Tarifverhandlungen und Arbeitskämpfe. Für die Mitglieder des Arbeitgeberverbands in Schleswig-Holstein bestehe daher keine Erstbegehungsgefahr.

Darüber hinaus verneinte das BAG trotz des bereits geführten Streiks eine Wiederholungs- oder Erstbegehungsgefahr für rechtswidrige Arbeitskampfmaßnahmen des Landesverbandes in Hamburg.[7] Wegen des rechtskräftig abgewiesenen Antrags auf eine einstweilige Verfügung gegen den damaligen Arbeitskampf fehle es an einer rechtswidrigen Maßnahme als Anknüpfungspunkt für eine Wiederholungsgefahr. Eine Erstbegehungsgefahr sei nicht ersichtlich. Obiter dictum führte das BAG aus, dass sich die NEK angesichts des Leitbilds der christlichen Dienstgemeinschaft für den Zweiten Weg unter Ausschluss des Arbeitskampfs entscheiden dürfe.[8] Die Schlichtungsvereinbarung stelle eine praktische Konkordanz zwischen kirchlicher Selbstbestimmung und Koalitionsbetätigungsfreiheit her. Dass mit der Gewerkschaft bisher kein Grundlagentarifvertrag geschlossen wurde und keine kirchengesetzliche Schlichtungsregelung besteht, gebot für das BAG keine andere Entscheidung.

---

[4] Tarifvertrag zur Regelung der Grundlagen einer kirchengemäßen Tarifpartnerschaft vom 5.11.1979 (GVOBl. 1980 S. 12); Schlichtungsvereinbarung vom 5.11.1979 (GVOBl. 1980 S. 12).

[5] ArbG Hamburg 27.8.2009 – NZA-RR 2009, 655 Rn. 55, 61 ff.

[6] BAG 20. November 2012 – NZA 2013, 437 Rn. 77 ff., insbesondere 83, 84, 85 ff.

[7] BAG 20. November 2012 – NZA 2013, 437 Rn. 85 ff.

[8] BAG 20. November 2012 – NZA 2013, 437 Rn. 58 ff.

2. Arbeitskampf in kirchlichen Einrichtungen auf dem Dritten Weg

Das Verfahren 1 AZR 179/11 betraf die generelle Rechtswidrigkeit von Arbeitskämpfen in kirchlichen Einrichtungen auf dem Dritten Weg. Die Arbeitsbedingungen der Mitarbeiter werden durch Arbeitsvertragsrichtlinien geregelt, die durch paritätisch besetzte Arbeitsvertragliche Kommissionen erarbeitet werden. Die EKD hatte sich bereits 1976 für den dritten Weg ausgesprochen. Das Arbeitsrechtsregelungsgesetz-Westfalen normiert die Errichtung einer paritätisch besetzten Arbeitsrechtlichen Kommission sowie einer Schiedskommission, deren unparteiischer Vorsitzender die Befähigung zum Richteramt haben muss (§ 16 Abs. 5).

Die von der Kommission erarbeiteten Arbeitsrechtsregelungen sind verbindlich (§ 3 Abs. 1 ARRG-Westfalen). Arbeitsverträge sind mit den Mitarbeitern der evangelischen Kirche und ihrer Diakonischen Werke unter Anwendung der Arbeitsrechtsregelungen zu schließen (§ 3 Abs. 2 ARRG-Westfalen). Die selbständigen Rechtsträger der Diakonie, die nicht Teil der Gliedkirche sind, legen in der Satzung fest, dass die Arbeitsrechtsregelungen für die Ausgestaltung der Arbeitsverträge der Mitarbeiter maßgeblich sind. In der Satzung des Diakonischen Werkes der Evangelischen Kirche von Westfalen bestimmt § 4 Abs. 2 Nr. 7a, dass „die Mitarbeitenden nach Arbeitsbedingungen zu beschäftigen [sind], die in einem kirchengesetzlich anerkannten Verfahren gesetzt werden, welches auf strukturellem Gleichgewicht der Dienstgeber- und Dienstnehmerseite beruht." Daher kann der Rechtsträger zwischen den Arbeitsrechtsregelungen der regionalen Arbeitsrechtlichen Kommission und des Diakonischen Werkes der EKD wählen.

Die am 20. November 2012 entschiedene Klage zielte darauf, dass ver.di den Aufruf, die Organisation und Durchführung von Arbeitskampfmaßnahmen zukünftig unterlässt. Hilfsweise richtet sich die Klage auf die Unterlassung von Arbeitskampfmaßnahmen, falls „regelhaft" die Anwendung von Arbeitsbedingungen vereinbart wurde, die in einem „kirchengesetzlich anerkannten Verfahren gesetzt werden, welches auf strukturellem Gleichgewicht der Arbeitgeber- und Arbeitnehmerseite beruht und ein geregeltes Schlichtungsverfahren beinhaltet". Höchst hilfsweise richteten sich die Anträge auf das Unterlassen von Arbeitskampfmaßnahmen, wenn vertraglich „regelhaft" die „vollumfängliche Anwendung" der im Antrag konkret bezeichneten Arbeitsvertragsrichtlinien vereinbart ist.

Kläger waren die evangelischen Gliedkirchen und die Diakonischen Werke Westfalen und Hannover sowie einzelne Mitglieder dieser Diakonischen Werke. Klage erhob zudem die Diakonie Rheinland-Westfalen-Lippe, die als Dachverband den Zweck verfolgt, ihre Mitglieder bei der Beschaffung von Mitteln zur Förderung aller Gebiete der Diakonie zu unterstützen. Beklagte war die Gewerkschaft ver.di. Die Gliedkirchen und Diakonischen Werke sowie die Diakonie Rheinland-Westfalen-Lippe stellten zusätzlich einen Hilfsantrag, der sich auf den Arbeitskampf von Arbeitnehmern in kirchlichen Einrichtungen i. S. v. § 118 Abs. 2 BetrVG beschränkt, deren Arbeitgeber bei dem jeweiligen Kläger Mitglied sind.

Die abgestuften Globalanträge der Parteien sollten offensichtlich ermitteln, ob und in welchem Umfang Arbeitskampfmaßnahmen in kirchlichen Einrichtungen auf dem Dritten Weg zu unterlassen sind. Das BAG hat die Anträge mit Ausnahme des Hauptantrags und des Hilfsantrags, der sich auf die vollumfänglich anwendbaren Arbeitsvertragsrichtlinien bezog, wegen Unbestimmtheit als unzulässig abgewiesen.[9]

---

[9] BAG 20. November 2012 – NZA 2013, 437 Rn. 23, 28 ff.

Die Klage der evangelischen Kirche und die des Diakonischen Werkes Hannover scheiterten an der fehlenden Wiederholungs- oder Erstbegehungsgefahr einer rechtswidrigen Arbeitskampfmaßnahme in der Begründetheit.[10] Dem Dachverband Diakonie Rheinland-Westfalen-Lippe wurde das kirchliche Selbstbestimmungsrecht abgesprochen, so dass der Unterlassungsanspruch schon deshalb unbegründet war.[11]

Der verbleibende Antrag der Evangelischen Kirche von Westfalen, ihres Diakonischen Werkes und eines seiner Mitglieder wies das BAG ab, weil die Ausgestaltung des Dritten Weges nicht den verfassungsrechtlichen Vorgaben entspreche.[12] Zwischen dem kirchlichen Selbstbestimmungsrecht aus Art. 137 Abs. 3 WRV, Art. 140 GG und der Koalitionsbetätigungsfreiheit aus Art. 9 Abs. 3 Satz 1 GG sei eine praktische Konkordanz herzustellen. Mit dem Konzept der Dienstgemeinschaft stehe es nicht in Einklang, wenn der Dienstgeber die Wahl habe, ob er die vereinbarten Arbeitsrechtsregelungen des Diakonischen Werkes Westfalen oder andere Arbeitsvertragsrichtlinien heranziehe.[13] Die Anforderungen an die Besetzung und das Verfahren der Arbeitsrechtlichen Kommission sowie der Schiedskommission waren daher nicht mehr entscheidungserheblich. Somit bleibt offen, ob das BAG die Einwände des LAG Hamm[14] gegen die Besetzung der Arbeitsrechtlichen Kommission und die eingeschränkten Beteiligungsmöglichkeiten für die Gewerkschaft teilt. Die Grundrechtskonformität der Ausgestaltung des Dritten Weges im Detail ist weiterhin unsicher.

III. Globalanträge – zwischen effektivem Rechtsschutz und unzulässigem Rechtsgutachten

Die hier im Mittelpunkt stehenden Verfahren zum Arbeitskampf in kirchlichen Einrichtungen nach dem Zweiten oder Dritten Weg sollten nach der Vorstellung der Kläger wohl möglichst allgemein klären, dass die verklagten Gewerkschaften nicht zu Arbeitskampfmaßnahmen aufrufen, sie nicht organisieren oder durchführen dürfen. Die Klagen richteten sich daher nicht gegen konkrete Maßnahmen, sondern sollten für die Zukunft sicherstellen, dass Arbeitskampfmaßnahmen in den kirchlichen Einrichtungen der Kläger zu unterlassen sind. Auf diese Weise soll zugleich die Konfrontation mit den Gewerkschaften dauerhaft beendet werden. Zudem besteht mangels einer gesetzlichen Regelung des Arbeitskampfrechts ein spezielles Bedürfnis, Rechtssicherheit durch gesetzesvertretendes Richterrecht zu erlangen.

Wegen der Subsidiarität der Feststellungsklage erhoben die Kläger Leistungsklagen mit globalen Unterlassungsanträgen. Globalanträge sind zulässig, solange sie den Vorgaben an die Bestimmtheit von Klageanträgen nach § 253 Abs. 2 Nr. 2 ZPO genügen. Das Prozessrisiko ist dadurch erhöht, dass der Kläger bereits unterliegt, wenn nicht in allen vom Antrag umfassten Fällen ein Anspruch auf Unterlassung besteht. Daneben setzt ein Anspruch aus §§ 1004 Abs. 1 Satz 2 (analog), 823 Abs. 1 BGB nicht nur eine rechtswidrige Beeinträchtigung eines subjektiven absoluten Rechts voraus, sondern auch eine Wiederholungs- oder Erstbegehungsgefahr in allen erfassten Fällen

---

[10] BAG 20. November 2012 – NZA 2013, 437 Rn. 78, 87 ff., 90 ff.
[11] BAG 20. November 2012 – NZA 2013, 437 Rn. 74 ff.
[12] BAG 20. November 2012 – NZA 2013, 437 Rn. 93 ff.
[13] BAG 20. November 2012 – NZA 2013, 437 Rn. 119.
[14] Siehe LAG Hamm 13. Januar 2011 – AuR 2011, 84 Rn. 141 ff.

und für alle Kläger. Die Wiederholungs- oder Erstbegehungsgefahr ist eine materielle Anspruchsvoraussetzung, keine Prozessvoraussetzung.[15]

Diese prozessualen und materiell-rechtlichen Vorgaben stellen sicher, dass ein effektiver Rechtsschutz gewährt wird, ohne dass die Gerichte Rechtsgutachten erteilen. Alles andere widerspräche einem Prozessrecht, das auf effektiven Rechtsschutz zur Befriedigung eines konkreten Rechtsschutzbedürfnisses zugeschnitten ist. Das mag gerade in Bereichen, wo eine gesetzliche Regelung fehlt, misslich erscheinen, ist aber im Interesse einer funktionsfähigen Justiz unumgänglich. Schließlich lässt sich die Rechtslage selbst mit Globalanträgen nicht abschließend klären. So haben die Entscheidungen zum Sympathiearbeitskampf und zum Flashmob letztlich „nur" ergeben, dass diese Arbeitskampfmittel nicht generell rechtswidrig sind.[16] Klare Vorgaben für ihre Handhabung nach Maßgabe des Verhältnismäßigkeitsgrundsatzes sind nur vage erkennbar, zumal es stets der Beurteilung im Einzelfall bedarf. Insofern lässt sich auch mit Globalanträgen nicht alles erreichen, was die Parteien für ihr subjektives Bedürfnis nach Rechtssicherheit erstreben. Insofern ist eine Enttäuschung über die Grenzen der richterlichen Entscheidung grundsätzlich nicht berechtigt. Die Parteien müssen vielmehr im konkreten Einzelfall, wo es tatsächlich auf die Rechtslage ankommt, erneut Klage erheben.

Im Verfahren gegen Arbeitskampfmaßnahmen bei kirchlichen Einrichtungen auf dem Dritten Weg scheiterte die überwiegende Zahl der Hilfsanträge an ihrer Unbestimmtheit (§ 253 Abs. 2 Nr. 2 ZPO). Das BAG ließ es nicht ausreichen, dass der Antrag darauf abstellte, dass mit den Mitarbeitern „regelhaft" die Anwendung von Arbeitsvertragsrichtlinien vereinbart ist.[17] Damit beantragten die Kläger nach ihrem Verständnis die Verurteilung der Beklagten, Arbeitskämpfe zu unterlassen, wenn die überwiegende Zahl der Arbeitnehmer von den Arbeitsvertragsrichtlinien erfasst ist. Diese Quantifizierung war dem BAG zu ungewiss.[18] Sie ließe sich praktisch zwar feststellen, die Gewerkschaft werde aber praktisch selten wissen, ob die Voraussetzungen für die konkrete Einrichtung gegeben sind. Zudem werde das Vollstreckungsverfahren behindert, weil das Gericht zunächst Beweis erheben müsse.

Die Globalanträge waren auch zu unbestimmt, soweit sie auf ein „kirchengesetzlich anerkanntes Verfahren, welches auf strukturellem Gleichgewicht der Dienstgeber- und Dienstnehmerseite beruht", Bezug nahmen.[19] Es handelt sich dabei um die Übernahme eines Passus aus der Satzung des Diakonischen Werkes. Sie lässt erkennen, dass die Arbeitsvertragsrichtlinien unter paritätischer Beteiligung der Dienstgeber und Mitarbeiter erarbeitet werden sollen. Wegen der Auseinandersetzung um die verfassungskonforme Ausgestaltung eines solchen Verfahrens, das zum Ausschluss des Streikrechts führt, genügt eine so allgemeine Bezeichnung wie in diesem Antrag nicht. Hier zeigt sich die Schwierigkeit des Globalantrags. Eine Entscheidung ist gerade bei komplexen Verfahren, wie dem zur Erarbeitung von Arbeitsvertragsrichtli-

---

[15] BGH 9. November 1979 – NJW 1980, 1843; Staudinger/*Gursky*, BGB, 2011, § 1004 Rn. 215; *Baldus*, MünchKomm-BGB, 5. Aufl. 2009, § 1004 Rn. 136.

[16] BAG 19. Juni 2007 – AP GG Art. 9 Arbeitskampf Nr. 173 Rn. 14; BAG 22. September 2009 – AP GG Art. 9 Arbeitskampf Nr. 174 Rn. 31.

[17] BAG 20. November 2011 – NZA 2013, 448 Rn. 28 ff.

[18] BAG 20. November 2011 – NZA 2013, 448 Rn. 29.

[19] BAG 20. November 2011 – NZA 2013, 448 Rn. 32.

nien, grundsätzlich nur am konkreten Einzelfall zu treffen. Das ist aber mit dem Nachteil verbunden, dass angesichts der Vielgestaltigkeit solcher Verfahren keine endgültige Klärung herbeigeführt werden kann. Das leistet auch der Globalantrag, der bei einer Leistungsklage dennoch vollstreckbar bleiben muss, nicht.

Wegen der Unzulässigkeit der Anträge musste sich das BAG in der Begründetheit nicht mehr mit der Frage auseinandersetzen, ob und inwieweit das Recht auf kirchliche Selbstbestimmung auch kirchlichen Einrichtungen zukommt, in denen nicht alle Mitarbeiter nach den Arbeitsvertragsrichtlinien beschäftigt werden. Angesichts der Abweichung der kirchlichen Einrichtungen vom Dritten Weg, indem sie Mitarbeiter zu Bedingungen unterhalb der Arbeitsvertragsrichtlinien beschäftigen, wird dieser Aspekt stärker praktische Bedeutung erlangen.[20] Es stellt sich insbesondere die Frage, wann die Abweichung vom Dritten Weg so weit geht, dass sich die Einrichtung nicht mehr auf die Privilegierung durch den besonderen Schutz des kirchlichen Selbstbestimmungsrechts berufen kann.

Letzteres setzte voraus, dass es sich nicht mehr um eine kirchliche Einrichtung handelte. Eine rechtlich selbständige Einrichtung ist nach der Rechtsprechung des BVerfG wie des BAG nur dann der Kirche zuzuordnen, wenn sie – verkürzt gesagt – an der Verwirklichung des Glaubensbekenntnisses teilhat und der Einfluss der Religionsgemeinschaft sichergestellt ist.[21] Daran lässt sich zweifeln, wenn die Beschäftigung der Mitarbeiter dem Leitbild der christlichen Dienstgemeinschaft widerspricht, der nicht nur die Zusammenarbeit des Dienstgebers und der Mitarbeiter, sondern auch die Verwirklichung der Sendung in der Welt betrifft.[22] Gerade der Dritte Weg gilt als in besonderer Weise passend für die christliche Dienstgemeinschaft[23], so dass Abweichungen von den Arbeitsrechtsregelungen mit der Dienstgemeinschaft in Konflikt geraten. Vergleichbare Überlegungen waren bereits für die Entscheidung des Kirchengerichtshofs vom 9.10.2006[24] maßgeblich. Der Kirchengerichtshof ging davon

---

[20] Ausführlich dazu *Joussen,* Essener Gespräche 46 (2012), 53, 75 f.

[21] BVerfG 11. Oktober 1977 – BVerfGE 46, 73, 86; BVerfG 25. März 1980 – BVerfGE 53, 366, 392; BVerfG 4. Juni 1985 – BVerfGE 70, 138, 162 f.; BAG 6. Dezember 1977 – AP BetrVG 1972 § 118 Nr. 10; BAG 24. Juli 1991 – AP BetrVG 1972 § 118 Nr. 48; BAG 31. Juli 2002 – AP BetrVG 1972 § 118 Nr. 70; BAG 5. Dezember 2007 – AP BetrVG 1972 § 118 Nr. 82 Rn. 30 ff.; *Dütz,* FS Stahlhacke, 1995, S. 101, 103 ff.; *Richardi,* MünchArbR, 3. Aufl. 2009, § 327 Rn. 33 ff., 38; s. auch Thiel/*Bleistein,* MAVO, 6. Aufl. 2006, § 1 Rn. 66.

[22] Zu diesen beiden Seiten der Dienstgemeinschaft *Joussen,* RdA 2007, 328, 333.

[23] Siehe Art. 1 S. 1 Grundordnung des kirchlichen Dienstes im Rahmen kirchlicher Arbeitsverhältnisse; Ordnung zur Mitwirkung bei der Gestaltung des Arbeitsvertragsrechtes durch eine Kommission für den diözesanen Bereich (Bistums-KODA/Regional-KODA); Ordnung zur Mitwirkung bei der Gestaltung des Arbeitsvertragsrechts durch eine Kommission für den überdiözesanen Bereich (Zentral-KODA); ARRG-EKD; dazu *Briza,* „Tarifvertrag" und „Dritter Weg", 1983, S. 198 f.; *Grethlein,* ZevKR 37 (1992), 1, 12 ff.; *Joussen,* Essener Gespräche 46 (2012), 53, 74, 83; *Richardi,* ZfA 1984, 109, 132; *Richardi,* Arbeitsrecht in der Kirche, 5. Aufl. 2009, § 13 Rn. 2; *Thüsing,* Kirchliches Arbeitsrecht, 2006, S. 115 f. Zum Widerspruch zwischen Arbeitskampf und Dienstgemeinschaft auch *Frank,* RdA 1979, 86, 93; *Grethlein,* ZevKR 24 (1979), 270, 284; *Mayer-Maly,* Essener Gespräche 10 (1976), 127, 140; *Müller,* RdA 1979, 71, 77 f.

[24] KGH 9. Oktober 2006 – II-0124/M35-06 – ZMV 2007, 92, 93 f.

aus, dass der dauerhafte Einsatz von Leiharbeitnehmern das Bestehen einer Dienstgemeinschaft und somit die Einordnung als diakonische Einrichtung in Frage stellt.[25]

IV. Unterlassungsansprüche von kirchlichen Einrichtungen und ihren Verbänden

1. Grundlage des vorbeugenden Unterlassungsanspruchs

Die Unterlassungsansprüche ergeben sich in beiden Verfahren aus den §§ 1004 Abs. 1 Satz 2 analog, 823 Abs. 1 BGB. Im Verfahren zum Zweiten Weg stützt das BAG den Anspruch auf die kollektive Koalitionsfreiheit des Arbeitgeberverbandes aus Art. 9 Abs. 3 Satz 1 GG, der für sich entschieden hatte, am Abschluss von Tarifverträgen unter Ausschluss des Arbeitskampfs mitzuwirken.[26] Diese Koalitionsbetätigung unterläuft ein rechtswidriger Arbeitskampf gegenüber den Verbandsmitgliedern. Im Verfahren zum Dritten Weg lässt das BAG offen, ob die evangelischen Gliedkirchen und die diakonischen Werke einen Eingriff in den eingerichteten und ausgeübten Gewerbetrieb geltend machen können. Für den Begriff des Handelsgewerbes nach § 1 Abs. 1 HGB setzt der BGH nach wie vor eine Gewinnerzielungsabsicht voraus, wenngleich das Schrifttum diesem Verständnis überwiegend widerspricht.[27] Die Vorinstanzen und ein Teil der Literatur wollen zumindest den deliktischen Schutz des eingerichteten und ausgeübten Gewerbebetriebs auf non-profit-Organisationen erweitern.[28] Das BAG weicht dieser Entscheidung aus und stützt den Anspruch auf das kirchliche Selbstbestimmungsrecht aus Art. 137 Abs. 3 WRV, Art. 140 GG als absolutes Recht i. S. von § 823 Abs. 1 BGB.[29]

Das kirchliche Selbstbestimmungsrecht ist für die Religionsgemeinschaften im Grunde ein partielles Pendant zur Vereinigungsfreiheit, für deren Schutz durch das

---

[25] KGH 9. Oktober 2006 – II-0124/M35-06 – ZMV 2007, 92, 93 f.; vgl. auch die Novellierung von § 34 MAVO, der der Mitarbeitervertretung ein Zustimmungsverweigerungsrecht einräumt, wenn der Dienstgeber Zeitarbeiter länger als sechs Monaten beschäftigen will. Die Dauer der wiederholten Beschäftigung bei demselben Dienstgeber wird zusammengerechnet.

[26] BAG 20. November 2012 – NZA 2013, 437 Rn. 32; zu einem Unterlassungsanspruch des Arbeitgeberverbandes unter Rückgriff auf Art. 9 Abs. 3 GG bereits BAG 26. April 1988 – AP GG Art. 9 Arbeitskampf Nr. 101; BAG 27. Juni 1989 – AP GG Art. 9 Arbeitskampf Nr. 113; 24. April 2007 – AP TVG § 1 Sozialplan Nr. 2.

[27] BGH 11. Januar 1962 – BGHZ 36, 273, 276; BGH 28. Oktober 1971 – BGHZ 57, 191, 199; BGH 22. Januar 1976 – BGHZ 66, 48, 49; BGH 22. April 1982 – BGHZ 83, 382, 386; EBJS/*Kindler*, HGB, 2. Aufl. 2008, § 1 Rn. 26; KRM/*Roth*, HGB, 7. Aufl. 2011, § 1 Rn. 9; ein Abrücken andeutend BGH 24. Juni 2003 – BGHZ 155, 240, 245 f.; BGH 29. März 2006 – NJW 2006, 2250, 2251; a. A. BH/*Hopt*, HGB, 35. Aufl. 2012, § 1 Rn. 16; *Canaris*, Handelsrecht, 24. Aufl. 2006, § 2 Rn. 14; *Henssler*, ZHR 161 (1997), 13, 21 f.; Oetker/*Körber*, HGB, 2. Aufl. 2011, § 1 Rn. 29; *Röhricht/Graf von Westphalen*, HGB, 3. Aufl. 2008, § 1 Rn. 24, 48 ff.; *K. Schmidt*, Handelsrecht, 5. Aufl. 1999, § 1 Rn. 23; s. auch OLG Dresden 20. November 2011 – NJW-RR 2003, 257.

[28] BR/*Spindler*, BGB, 3. Aufl. 2012, § 823 Rn. 107; *Wagner*, MünchKomm-BGB, 5. Aufl. 2009, § 823 Rn. 192; s. auch LAG Hamm 13. Januar 2011 – 8 Sa 788/10, Rn. 103; ebenso LAG Hamburg 23. März 2011 – 2 Sa 83/10, Rn. 42 (beide nach juris); so bereits LAG Hamm 16. Januar 2007 – NZA-RR 2007, 250, 251.

[29] BAG 20. November 2012 – NZA 2013, 448, Rn. 53.

Deliktsrecht keine einheitliche Rechtsprechung vorliegt.[30] Die Besonderheit des Rechts auf kirchliche Selbstbestimmung besteht darin, dass es sich weniger um einen Integritätsschutz, sondern vor allem um einen Aktivitätsschutz handelt. Im Vergleich dazu schützt das allgemeine Persönlichkeitsrecht primär die Integrität der Person. Ihre Entfaltung wird nur in selektiven Bereichen, z.B. durch das Antidiskriminierungsrecht, geschützt. Das Recht am eingerichteten und ausgeübten Gewerbebetrieb umfasst indes einen Integritäts- und einen Aktivitätsschutz, dem das Erfordernis eines betriebsbezogenen Eingriffs Grenzen setzt. Insofern steht ein Aktivitätsschutz für das kirchliche Selbstbestimmungsrecht nicht außerhalb der Grenzen des Deliktsrechts.

Die Abweisung des Unterlassungsantrags des Dachverbands der Diakonie Rheinland-Westfalen-Lippe mangels eines kirchlichen Selbstbestimmungsrechts, überzeugt indes nicht. Die Zuordnung zur Kirche setzt die Teilhabe an der Verwirklichung der kirchlichen Sendung voraus. Bei Wirtschaftsunternehmen und Vermögensverwaltung in kirchlicher Trägerschaft wird darauf Bedacht genommen, ob der Rechtsträger der Existenz der kirchlichen Einrichtungen und ihrer Zweckerfüllung dient.[31] Daher kommt es nicht nur auf den Gegenstand der Tätigkeit, sondern auch auf seine kirchenspezifische Ausrichtung an. Der Verbandszweck ist die Beschaffung von Mitteln zur Förderung der Tätigkeit der Diakonie, wobei die Mitglieder jeweils diakonische Werke betreiben. Der Verband verwaltet zwar nicht deren Vermögen, er unterstützt aber die professionelle Nutzung von Fördermöglichkeiten, um die Tätigkeit diakonischer Einrichtungen zu unterstützen und zur Sicherung ihres Bestands beizutragen. Insofern handelt es sich um einen Verband, der darauf gerichtet ist, dass die Sendung der Kirche im Rahmen der Diakonie weiterhin im gleichen Umfang verwirklicht werden kann. Er ist daher der Kirche zuzuordnen, so dass Art. 137 Abs. 3 Satz 1 WRV, Art. 140 GG anwendbar sind. Im konkreten Fall fehlte es möglicherweise aber an der Wiederholungs- oder Erstbegehungsgefahr eines rechtswidrigen Arbeitskampfes.

2. Wiederholungs- oder Erstbegehungsgefahr

Der Grundfall des § 1004 Abs. 1 Satz 2 BGB ist der vorbeugende Unterlassungsanspruch bei Wiederholungsgefahr („weitere Beeinträchtigungen"). Die vorangehende rechtswidrige Beeinträchtigung des geschützten Rechts begründet eine widerlegliche Vermutung für die Wiederholungsgefahr.[32] Die Erstbegehungsgefahr ist hingegen darzulegen und zu beweisen.[33] Eine Besonderheit weist insofern das Verfahren zum Zweiten Weg auf, bei dem das BAG den Unterlassungsanspruch trotz eines vorausgegangenen Arbeitskampfs der beklagten Gewerkschaft in einer Mitgliedseinrichtung des VKDA-NEK in Hamburg verneint hat.

Der 1. Senat verweist darauf, dass die Entscheidung des ArbG Hamburg auf dem fehlenden Verfügungsanspruch – also mangels rechtswidriger Beeinträchtigung – be-

---

30 Für einen deliktsrechtlichen Schutz: BR/*Spindler*, BGB, 3. Aufl. 2011, § 823 Rn. 95. Offengelassen durch BGH 28. November 1969 – NJW 1970, 378, 381.

31 Vgl. BVerfG 11. Oktober 1977 – BVerfGE 46, 73, 86; s. auch *v. Campenhausen/de Wall*, Staatskirchenrecht, 4. Aufl. 2006, S. 104, 106; *Dütz*, FS Stahlhacke, 1995, S. 101, 108.

32 BGH 12. Mai 2010 – MDR 2011, 118 Rn. 11; BGH 14. April 2011 – MDR 2011, 1059 Rn. 13; Staudinger/*Gursky*, BGB, 2011, § 1004 Rn. 217.

33 BGH 13. März 2008 – NJW-RR 2009, 184 Rn. 17; BGH 17. August 2011 – BGHZ 191, 19 Rn. 44.

ruhte und in formelle und materielle Rechtskraft erwuchs.[34] Im Verfahren vor dem BAG kommt es auf die materielle Rechtskraft der einstweiligen Verfügung aber nicht an. Die Klage ist auf einen anderen Streitgegenstand gerichtet. Der 1. Senat verweist zutreffend darauf, dass es um die Tatbestandswirkung der Entscheidung im Hinblick auf die Wiederholungsgefahr geht.[35] Die rechtskräftige Entscheidung über den Antrag auf einstweilige Verfügung wegen des Streikaufrufs von 2009 hatte zur Folge, dass die Beklagte von der Rechtmäßigkeit ihres Handelns ausgehen durfte und daher keine Wiederholungsgefahr für ein rechtswidriges Handeln bestehe.[36] Für eine Erstbegehungsgefahr fehle es nach Ansicht des Gerichts an Anhaltspunkten.[37]

Das erscheint an sich richtig, weil die Wiederholung einer rechtswidrigen Handlung nicht in Betracht kommt. Allerdings scheint die Wiederholung eines Arbeitskampfes seitens des Marburger Bundes erwartbar. Das gilt umso mehr, als er sein Handeln für rechtmäßig halten durfte. Die Besonderheit des Falles besteht darin, dass die rechtliche Beurteilung von Arbeitskampfmaßnahmen in kirchlichen Einrichtungen auf dem Zweiten Weg zwischen dem ArbG Hamburg und dem BAG divergiert und deshalb ein erstmals rechtswidriges Handeln noch aussteht. Wegen des bereits erfolgten Streiks ist wohl zu erwarten, dass der Landesverband in der Zukunft erneut zu Arbeitskampfmaßnahmen aufruft, sie organisiert und durchführt, auch wenn sie nicht unmittelbar bevorstanden.

V. Rechtswidrigkeit von Arbeitskampfmaßnahmen in kirchlichen Einrichtungen

1. Ausschluss des Arbeitskampfs – kirchliches Selbstbestimmungsrecht und Koalitionsbetätigungsfreiheit im Konflikt

Das BAG positioniert sich in beiden Urteilen – unabhängig von der Entscheidungserheblichkeit – zum Schutzbereich des kirchlichen Selbstbestimmungsrechts. Es macht deutlich, dass die Entscheidung über die Rechtmäßigkeit von Arbeitskampfmaßnahmen in kirchlichen Einrichtungen nicht durch den sachlichen Schutzbereich des kirchlichen Selbstbestimmungsrechts determiniert ist, sondern grundsätzlich eine praktische Konkordanz zwischen dem Selbstbestimmungsrecht der Religionsgemeinschaft und der Koalitionsbetätigungsfreiheit herzustellen ist.[38] Diese Anforderungen erfüllt der Dritte Weg nach dem ARRG des Diakonischen Werkes Westfalen gegenwärtig zwar nicht, die Ausführungen machen aber deutlich, dass der 1. Senat davon ausgeht, dass eine verfassungskonforme Ausgestaltung des Dritten Weges möglich ist.[39] Das Gleiche gilt für den Zweiten Weg, dessen Ausgestaltung in der Nordkirche vom BAG obiter dictum gebilligt wird.[40]

---

[34] BAG 20. November 2012 – NZA 2013, 437 Rn. 88. Die materielle Rechtskraft einstweiliger Verfügungen ist bis heute streitig, ausführlich dazu *Stürner,* ZZP 2012, 3, 7 ff., 13 f. m. w. N.

[35] BAG 20. November 2012 – NZA 2013, 437 Rn. 91 f., 94.

[36] BAG 20. November 2012 – NZA 2013, 437 Rn. 85, 91.

[37] BAG 20. November 2012 – NZA 2013, 437 Rn. 95.

[38] BAG 20. November 2012 – NZA 2013, 448 Rn. 93 ff., 110 ff.; BAG 20. November 2012 – NZA 2013, 437 Rn. 51 ff.

[39] BAG 20. November 2012 – NZA 2013, 448 Rn. 116 ff.

[40] BAG 20. November 2012 – NZA 2013, 448 Rn. 33 ff.

a) Sachlicher Schutzbereich des kirchlichen Selbstbestimmungsrechts

aa) Gegenstand der kirchlichen Selbstbestimmung im Rahmen des sachlichen Schutzbereichs

Das Selbstbestimmungsrecht gewährleistet der Religionsgemeinschaft und den zu ihr gehörenden Einrichtungen das Recht, ihre eigenen Angelegenheiten selbst zu ordnen und zu regeln. Dazu zählt das BAG ebenso wie das BVerfG die Entscheidung über die Ernennung von Kirchenbeamten nach dem Kirchenrecht oder die Beschäftigung von Arbeitnehmern auf der Grundlage des staatlichen Arbeitsrechts.[41] Zudem darf die Religionsgemeinschaft selbst entscheiden, nach welchem Leitbild sie die Tätigkeit der Mitarbeiter organisiert. Der 1. Senat akzeptiert die Festlegung auf die christliche Dienstgemeinschaft, die sich als theologischer und juristischer Begriff im 20. Jahrhundert erst allmählich entwickelt hat[42], auf die inzwischen aber auch die Kirchengesetze Bezug nehmen.[43] Damit verbunden ist nicht nur die Vorstellung vom Priestertum aller Gläubigen, sondern die Verbindung aller Mitarbeiter in einer Gemeinschaft zur Verwirklichung eines Teils der Sendung der Kirche im Zusammenwirken, wobei Konflikte innerhalb der Gemeinschaft konsensual, nicht konfrontativ gelöst werden sollen.[44] Dabei komme es nicht auf den individuellen Glauben an, sondern es genüge, dass der Mitarbeiter in einer Einrichtung mitwirke, die der Religionsgemeinschaft zugeordnet sei.[45]

Das BAG hebt hervor, dass die Kirche selbst entscheide, was Teil ihres Bekenntnisses sei.[46] Eine Differenzierung zwischen verkündigungsnahen und verkündungsfernen Tätigkeiten erfolgt nicht.[47] Eine solche Unterscheidung ist in diesem Fall bereits ausgeschlossen, weil es um die Organisation der Tätigkeit in kirchlichen Einrichtungen und

---

[41] BAG 20. November 2012 – NZA 2013, 448 Rn. 95; BAG 20. November 2012 – NZA 2013, 437 Rn. 35. So bereits BVerfG 4. Juni 1985 – BVerfGE 70, 138, 165; BAG 24. April 1997 – AP BGB § 611 Kirchendienst Nr. 27; *v. Campenhausen/de Wall* (Fn. 32), S. 103; Dreier/*Morlok*, GG, 2. Aufl. 2008, Art. 137 WRV Rn. 72; *Mayer-Maly*, BB 1979, 632, 633; *Otto*, Arbeitskampfrecht, 2002, § 28 Rn. 30 f.

[42] Zur Entwicklung des Begriffs *Joussen*, RdA 2007, 328, 331 f.; *Joussen*, Essener Gespräche 46 (2012), 53, 55 ff. Zum Begriff auch Thiel/*Bleistein*, MAVO, 6. Aufl. 2006, Präambel Rn. 21 ff.; *v. Campenhausen*, Essener Gespräche 18 (1983), 9, 21 ff.; *Heinig*, ZevKR 44 (2009), 62, 72, 74 f.; *Jurina*, ZevKR 29 (1984), 171, 173 ff., 182; *Richardi*, FS Rüfner, 2003, S. 727, 730; *Richardi* (Fn. 23), § 4 Rn. 10 ff.; *Robbers*, Streikrecht in der Kirche, 2010, S. 32 ff.; krit. zur Entscheidung für den dritten Weg *v. Nell-Breuning*, AuR 1979, 1, 8.

[43] BAG 20. November 2012 – NZA 2013, 448 Rn. 97; 20. November 2012 – NZA 2013, 437 Rn. 37. Siehe Art. 1 S. 1 Grundordnung des kirchlichen Dienstes im Rahmen kirchlicher Arbeitsverhältnisse; Präambel der MAVO und des MVG.EKD.

[44] BAG 20. November 2012 – NZA 2013, 448 Rn. 96; BAG 20. November 2012 – NZA 2013, 437 Rn. 38; s. z. B. *v. Campenhausen/de Wall* (Fn. 32), S. 184; Maunz/Dürig/*Korioth*, GG, November 2011, Art. 140 GG/Art. 137 WRV Rn. 42; *Richardi* (Fn. 23), § 13 Rn. 2; *Robbers* (Fn. 43), S. 32 f., 34 ff.; *Thüsing*, RdA 1997, 163, 164 f.

[45] BAG 20. November 2012 – NZA 2013, 448 Rn. 99; BAG 20. November 2012 – NZA 2013, 437 Rn. 38; s. *Hammer*, Kirchliches Arbeitsrecht, 2002, S. 175; *Richardi* (Fn. 23), § 4 Rn. 24.

[46] BAG 20. November 2012 – NZA 2013, 448 Rn. 103 f.; BAG 20. November 2012 – NZA 2013, 437 Rn. 41 f.

[47] BAG 20. November 2012 – NZA 2013, 448 Rn. 99; BAG 20. November 2012 – NZA 2013, 437 Rn. 39; so aber *Kissel*, Arbeitskampfrecht, 2002, § 28 Rn. 37 f.; *Otto* (Fn. 42), § 9 Rn. 31 f.; ähnlich LAG Hamm 13. Januar 2011 – AuR 2011, 84 Rn. 134.

die Befriedung von Konflikten geht. Die Entscheidung für den Zweiten oder Dritten Weg betrifft die gesamte Einrichtung. Sofern sie am Sendungsauftrag der Kirche mitwirkt und die Dienstgemeinschaft zum Leitbild hat, darf sie den Arbeitskampf ausschließen (Art. 137 Abs. 3 WRV, Art. 140 GG). Die Ausgestaltung des Verfahrens zur Regelung der Arbeitsbedingung und der Konfliktlösungsmechanismus muss aber der kollektiven Koalitionsfreiheit Rechnung tragen.

Ebenso wie bei der Abgrenzung des persönlichen Schutzbereichs von Art. 137 Abs. 3 WRV, Art. 140 GG kommt es darauf an, ob sich das Selbstbestimmungsrecht auf die Einrichtung erstreckt. Dazu muss sie eine kirchliche Einrichtung sein. Das BVerfG legt insofern eine zweistufige Prüfung zugrunde und setzt voraus, dass die Einrichtung an der Verwirklichung des Glaubensbekenntnisses mitwirkt und der Einfluss der Religionsgemeinschaft sichergestellt ist.[48] Die Religionsgemeinschaft entscheidet selbst, was Teil ihres Bekenntnisses ist. Angesichts ihrer Autonomie kann es nicht Sache der staatlichen Gerichte sein, das zu prüfen. Daher wird es insbesondere bei selbständigen Rechtsträgern darauf ankommen, ob sie der Kirche zuzuordnen sind. Allerdings kann sich die Religionsgemeinschaft nur dann auf die Organisation der Einrichtung als Dienstgemeinschaft berufen, wenn die Dienstgemeinschaft gelebt und nicht nur behauptet wird.

Bei karitativen Einrichtungen gilt, dass sowohl die Caritas als auch die Diakonie auf die Verwirklichung der kirchlichen Sendung in Form eines gelebten Glaubens hinarbeiten und somit den Schutz des kirchlichen Selbstbestimmungsrechts genießen.[49] Insofern spielt es keine Rolle, ob die Abläufe in einem diakonischen Krankenhaus oder einer Pflegeeinrichtung weltlichen Unternehmen entsprechen. Auch der Umstand, dass weltliche Unternehmen und kirchliche Einrichtungen im Wettbewerb stehen, nimmt den verfassungsrechtlichen Schutz nicht, sondern ist die Folge einer sozialen Marktwirtschaft. Das konstatiert auch der 1. Senat in beiden Urteilen.[50] Er geht zudem davon aus, dass sich das kirchliche Selbstbestimmungsrecht nicht darauf beschränkt, die christliche Dienstgemeinschaft zum Leitbild zu erklären. Die Religionsgemeinschaft darf auch das Verfahren zur Festsetzung der Arbeitsbedingungen festlegen, das an die Stelle des Arbeitskampfs treten soll und mit der Dienstgemeinschaft in Einklang steht.[51] Bei der Ausgestaltung muss jedoch die grundrechtlich geschützte Koalitionsbetätigungsfreiheit der Gewerkschaft Berücksichtigung finden. Dabei handelt es sich nicht um eine Schutzbereichsbegrenzung, sondern um eine Beschränkung der beiden Rechte mit Verfassungsrang zur Herstellung praktischer Konkordanz.[52]

---

[48] Siehe oben Fn. 21.

[49] BVerfG 4. Juni 1985 – BVerfGE 70, 138, 161; *v. Campenhausen/de Wall* (Fn. 32), S. 103; *Hesse*, in: Listl/Prison, Handbuch des Staatskirchenrechts der Bundesrepublik Deutschland, Bd. II, 2. Aufl. 1995, S. 540. Anwendung des Art. 137 Abs. 3 WRV i.V.m. Art. 140 GG im Bereich der kirchlich getragenen Krankenpflege: BVerfG 11. Oktober 1977 – BVerfGE 46, 73, 87 ff.; BVerfG 25. März 1980 – BVerfGE 53, 366, 393 ff. Dazu auch BAG 20. November 2012 – NZA 2013, 448 Rn. 101; BAG 20. November 2012 – NZA 2013, 437 Rn. 40.

[50] BAG 20. November 2012 – NZA 2013, 448 Rn. 102; BAG 20. November 2012 – NZA 2013, 437 Rn. 40.

[51] BAG 20. November 2012 – NZA 2013, 448 Rn. 105; BAG 20. November 2012 – NZA 2013, 437 Rn. 43.

[52] BAG 20. November 2012 – NZA 2013, 448 Rn. 105; BAG 20. November 2012 – NZA 2013, 437 Rn. 43.

bb) Justiziabilität der Entscheidung für eine christliche Dienstgemeinschaft

Dieses Verständnis der kirchlichen Selbstbestimmung belässt den Religionsgemeinschaften einen großen Gestaltungsspielraum. Das BAG will die Entscheidung der Religionsgemeinschaft nur auf Plausibilität prüfen[53], solange kein Widerspruch zu den Grundprinzipien der Rechtsordnung entsteht, die im Willkürverbot (Art. 3 Abs. 1 GG), den guten Sitten (§ 138 BGB) und dem ordre public zum Ausdruck kommen.[54] Insoweit verwendet das Gericht einen vom BVerfG entwickelten Maßstab.[55] Dennoch sei darauf verwiesen, dass die Religionsgemeinschaften – trotz ihres Status als Körperschaft des öffentlichen Rechts – nicht an die Grundrechte gebunden sind.[56] Zudem wird der ordre public als Maßstab einerseits zur Rechtfertigung für staatliches Handeln (z. B. bei der Beeinträchtigung von Grundfreiheiten), andererseits als Grenze für die Anwendung ausländischen Rechts vor nationalen Gerichten im Rahmen des Internationalen Privatrechts oder für den Vollzug ausländischer Urteile im Rahmen des Internationalen Zivilverfahrensrechts herangezogen. Für die Religionsgemeinschaften und die Ausübung ihrer Autonomie gelten grundsätzlich die allgemeinen Grenzen. Für privatautonome Rechtsgeschäfte ergeben sie sich aus den §§ 134, 138 BGB, wobei die Grundrechte mittelbare Drittwirkung entfalten. Soweit eine Rechtssetzung erfolgt, die als Kirchengesetz von der Rechtsordnung anerkannt wird[57], darf die Grenze des ordre public nicht überschritten werden. Insofern gilt nichts anderes als bei der Anerkennung ausländischer Urteile oder der Wahl einer ausländischen Rechtsordnung nach dem Internationalen Privatrecht.

Unabhängig von den rechtlichen Grenzen der kirchlichen Selbstbestimmung ist die gerichtliche Kontrolle nicht zurückzunehmen, wenn die Einrichtung nicht der Kirche zuzuordnen ist. Gerade wenn das Ideal der Dienstgemeinschaft und die gelebte Wirklichkeit voneinander abweichen, stellt sich die Frage, ob und bis zu welcher Grenze sich die kirchliche Einrichtung auf das Selbstbestimmungsrecht und die christliche Dienstgemeinschaft berufen darf. Das geht den Grenzen der kirchlichen Selbstbestimmung vor. Für das Mitarbeitervertretungsrecht wird davon ausgegangen, dass sich eine rechtlich selbständige karitative Einrichtung auf den Vorbehalt in § 118 Abs. 2 BetrVG nur berufen kann, wenn sie das Kirchenrecht anwendet.[58] Ansonsten verweigert sie die Übernahme des kirchenrechtlichen Propriums in einem Maße, das

---

[53] Zur Zulässigkeit der von den Kirchen verlangten Plausibilisierung ihres Selbstverständnisses auch nach Maßgabe der EMRK *Walter*, ZevKR 57 (2012), 233, 242.

[54] BAG 20. November 2012 – NZA 2013, 448 Rn. 104; 20. November 2012 – NZA 2013, 437 Rn. 42.

[55] BVerfG 4. Juni 1985 – BVerfGE 70, 138, 168.

[56] *Barwig*, Die Geltung der Grundrechte im kirchlichen Bereich, 2004, S. 57 ff., 321 f.; v. Mangold/Klein/Starck/*v. Campenhausen/Unruh*, GG, 6. Aufl. 2010, Art. 137 WRV Rn. 47; *Rüfner*, Essener Gespräche 7 (1972), 9 ff.; *Pirson*, ZevKR 17 (1972), 358 ff.; *Unruh*, Religionsverfassungsrecht, 2. Aufl. 2012, § 6 Rn. 175; *Weber*, in: Listl/Pirson (Fn. 50), S. 579 f.; *Weber*, ZevKR 42 (1997), 282, 289.

[57] Zum Erlass von Kirchengesetzen als Teil der kirchlichen Selbstbestimmung *v. Campenhausen/de Wall* (Fn. 32), S. 101; *Hesse*, in: Listl/Prison (Fn. 50), S. 531; v. Maunz/Dürig/*Korioth* (Fn. 45), Art. 140 GG, Art. 137 WRV Rn. 23; *Pahlke*, Kirche und Koalitionsrecht, 1983, S. 76.

[58] ArbG Mönchengladbach 12. Juli 2001 – ZMV 2001, 244, 245; *Richardi/Dörner/Weber*, BPersVG, 3. Aufl. 2008, § 112 Rn. 28.

sie nicht mehr als kirchliche Einrichtung gelten kann und das BetrVG Anwendung findet. § 118 Abs. 2 BetrVG ist keine voraussetzungslose Privilegierung.[59]

Für die Abweichung vom weltlichen Tarif- und Arbeitskampfrecht muss im Grunde Ähnliches gelten. Eine eigene Konzeption für die Regelung der Arbeits- und Wirtschaftsbedingungen ist im Rahmen der Selbstbestimmung möglich. Die kirchengesetzliche Regelung für den Zweiten Weg im einschlägigen Arbeitsrechtsregelungsgesetz ist zu wahren. Das Gleiche gilt für die Bestimmungen zum Dritten Weg. Ein Rekurs auf die Dienstgemeinschaft als Ausdruck kirchlicher Selbstbestimmung kann aber scheitern, wenn sie als solche nicht gelebt wird. Der Begriff der Dienstgemeinschaft ist aber vage und noch nicht abschließend präzisiert.[60] Daher ist nur in Extremfälle, bei schweren bzw. wiederholten Verstößen gegen das Konzept der Dienstgemeinschaft eine Berufung auf die Selbstbestimmung ausgeschlossen.

b) Koalitionsbetätigungsfreiheit und ihre Kollision mit dem Recht der Religionsgemeinschaft auf Selbstbestimmung

Das BAG sieht in Art. 9 Abs. 3 Satz 1 GG ein mit der kirchlichen Selbstbestimmung kollidierendes Grundrecht.[61] Seine Ausführungen zum sachlichen Schutzbereich referieren das tradierte Verständnis von BVerfG und BAG, die eine eigenständige Gewährleistung der kollektiven Koalitionsfreiheit anerkennen, die die Koalitionsbetätigungsfreiheit einschließt.[62] Diese umfasst jedes koalitionsspezifische Verhalten, insbesondere die Tarifautonomie, als Recht, die Arbeitsbedingungen der Mitglieder mit dem Arbeitgeber oder Arbeitgeberverband zu verhandeln und in Kollektivverträgen verbindlich zu regeln.[63] Der Arbeitskampf sei insofern Annex der Tarifautonomie und stelle sicher, dass die Gewerkschaft gleich starker Verhandlungspartner sei und sich nicht auf kollektives Betteln beschränken müsse.[64]

Art. 9 Abs. 3 Satz 1 GG findet allgemein auf Koalitionen Anwendung und differenziert nicht danach, ob der Arbeitgeber ein kirchlicher Dienstgeber ist.[65] Der sachliche Schutzbereich enthält keinen speziellen Vorbehalt zugunsten der kirchlichen

---

[59] Vgl. zur Überlassung des Gestaltungsfreiraums zugunsten der kirchlichen Einrichtungen als Spielraum für eigene Regelungen entsprechend dem Selbstverständnis und nicht als rechtliches Vakuum: v. Mangold/Klein/Starck/v. Campenhausen/Unruh (Fn. 57), Art. 137 WRV Rn. 97; Unruh (Fn. 57), § 6 Rn. 206; Richardi (Fn. 23), § 17 Rn. 9; s. auch Hollerbach, AöR 106 (1981), 218, 244 ff.; Krüger, PersV 1988, 42, 46; Jurina, ZevKR 29 (1984), 171, 183; unter Verweis auf Richtlinie 2002/14/EG Classen, Religionsrecht, 2006, Rn. 452.

[60] Dazu Joussen, RdA 2007, 328, 332 f.

[61] BAG 20. November 2012 – NZA 2013, 448 Rn. 110; BAG 20. November 2012 – NZA 2013, 437 Rn. 48.

[62] BVerfG 26. Juni 1991 – BVerfGE 84, 212, 224; BVerfG 4. Juli 1995 – BVerfGE 92, 365, 393 f.; BVerfG 6. Februar 2007 – BVerfGK 10, 250, 255; BAG 20. November 2012 – NZA 2013, 448 Rn. 111; BAG 20. November 2012 – NZA 2013, 437 Rn. 49.

[63] BVerfG 26. Juni 1991 – BVerfGE 84, 212, 224; BAG 20. November 2012 – NZA 2013, 448 Rn. 111; BAG 20. November 2012 – NZA 2013, 437 Rn. 49.

[64] So zuerst BAG 10. Juni 1980 – AP GG Art. 9 Arbeitskampf Nr. 64; BAG 12. September 1984 – AP GG Art. 9 Arbeitskampf Nr. 81; BAG 12. März 1985 – AP GG Art. 9 Arbeitskampf Nr. 84; bestätigt durch BVerfG 26. Juni 1991 – BVerfGE 84, 212, 229; BVerfG 10. September 2004 – BVerfGK 4, 60, 63; BAG 20. November 2012 – NZA 2013, 448 Rn. 111.

[65] BAG 20. November 2012 – NZA 2013, 448 Rn. 112; BAG 20. November 2012 – NZA 2013, 437 Rn. 50.

Einrichtungen. Daher zieht das BAG zu Recht Art. 9 Abs. 3 Satz 1 GG heran und will den Konflikt zwischen Koalitionsbetätigungsfreiheit und kirchlicher Selbstbestimmung durch die Herstellung praktischer Konkordanz auflösen.[66] Damit hat das BAG in der Auseinandersetzung über die Zulässigkeit des Arbeitskampfs in kirchlichen Einrichtungen grundsätzlich Stellung genommen. Anders als *Robbers*[67] geht der 1. Senat nicht davon aus, dass das Streikrecht in kirchlichen Einrichtungen vom sachlichen Schutzbereich der kollektiven Koalitionsfreiheit aus Art. 9 Abs. 3 Satz 1 GG ausgenommen ist. Er gibt der kirchlichen Selbstbestimmung gegenüber der kollektiven Koalitionsfreiheit nicht einseitig den Vorzug.[68] Auch der bloße Verweis auf die Unvereinbarkeit des Streikrechts mit der Dienstgemeinschaft und vor allem mit der christlichen Grundüberzeugung im Rahmen der Diakonie einen Dienst am Nächsten zu leisten, der qua definitionem nicht suspendierbar ist, genügt nicht.[69]

Das Gericht fällt aber auch nicht in das gegenteilige Extrem, wonach das Recht auf kirchliche Selbstbestimmung den Arbeitskampf nicht ausschließen könne.[70] Das hätte zur Folge, dass Art. 137 Abs. 3 WRV, Art. 140 GG, den Kirchen zwar erlaubte, die Dienstgemeinschaft zum Leitbild zu erheben, Art. 9 Abs. 3 Satz 1 GG aber die Umsetzung dieser Entscheidung unmöglich machte, weil der Arbeitskampf weiter möglich bliebe. In der Literatur wird einem Streikrecht in kirchlichen Einrichtungen zwar teilweise das Wort geredet.[71] Das BAG befürwortet aber ebenso wie ein großer Teil des Schrifttums keinen bedingungslosen Vorrang der kollektiven Koalitionsfreiheit, sondern die Herstellung praktischer Konkordanz.[72]

Der Grundsatz praktischer Konkordanz gilt nicht nur im Verhältnis zwischen Grundrechten, sondern auch im Verhältnis zwischen kollektiver Koalitionsfreiheit

---

[66] BAG 20. November 2012 – NZA 2013, 448 Rn. 113 f.; BAG 20. November 2012 – NZA 2013, 437 Rn. 51 f.

[67] Streikrecht in der Kirche, 2010, S. 73.

[68] BAG 20. November 2012 – NZA 2013, 448 Rn. 113; BAG 20. November 2012 – NZA 2013, 437 Rn. 51; anders wohl *Richardi/Thüsing*, AuR 2002, 94, 97 f., die die Autonomie der Kirche betonen.

[69] BAG 20. November 2012 – NZA 2013, 437 Rn. 59; s. auch BAG 20. November 2012 – NZA 2013, 448 Rn. 113.

[70] So aber *Däubler*, RdA 2003, 204, 209; *Gamillscheg*, FS Zeuner, 1994, S. 39, 46 ff.; *Kühling*, AuR 2001, 241, 250; *Naendrup*, BlStSozArbR 1979, 353, 368.

[71] *Kühling*, AuR 2001, 241, 250; s. auch *Hammer* (Fn. 46), S. 298 ff.

[72] BAG 20. November 2012 – NZA 2013, 437 Rn. 51; BAG 20. November 2012 – NZA 2013, 448 Rn. 113; *Belling*, ZevKR 48 (2003), 407, 437 ff.; *Briza* (Fn. 23), S. 101; *v. Campenhausen*, FS Geiger, 1989, S. 580, 588 ff.; ErfK/*Schmidt*, 13. Aufl. 2013, Art. 4 GG Rn. 55; *Grethlein*, NZA 1986, Beil. 1, 18, 20; *Joussen*, Essener Gespräche 46 (2012), 53, 88, 92 ff.; *Mückl*, in: Isensee/Kirchhof, Handbuch des Staatsrechts, Bd. VII, 3. Aufl. 2009, § 139 Rn. 45; *Oswald*, Streikrecht im kirchlichen Dienst und in anderen karitativen Einrichtungen, 2005, S. 139; auf einen verhältnismäßigen Ausgleich verweist auch *Thüsing*, ZevKR 41 (1996), 52, 59; auch von einer Güterabwägung sprechend LAG Hamm 13. Januar 2011 – AuR 2011, 84 Rn. 114 f.; LAG Hamburg 23. März 2011 – 2 Sa 83/10, Rn. 50, 59 (nach juris); ArbG Bielefeld 3. März 2010 – ZMV 2010, 224, Rn.107; ArbG Hamburg 1. September 2010 – LAGE GG Art. 9 Arbeitskampf Nr. 85a Rn. 36; anders *Waldhoff*, GS Heinze, 2005, S. 995, 1002 ff.; im Anschluss daran *Reichold*, ZevKR 57 (2012), 57, 65 f., die davon ausgehen, dass die kirchliche Selbstbestimmung wegen ihrer Eigenart keine Abwägung im Sinne praktischer Konkordanz erlaube.

und kirchlichem Selbstbestimmungsrecht als Grundsatz mit Verfassungsrang[73]. Die Einbeziehung der staatskirchenrechtlichen Bestimmung des Art. 137 WRV in das Grundgesetz sollte ihr den gleichen Rang wie dem Verfassungsrecht einräumen, so dass Art. 9 Abs. 3 Satz 1 GG nicht über dem Recht auf Selbstbestimmung steht, sondern eine Kollision gleichrangiger Rechte vorliegt.

2. Praktische Konkordanz bei der Ausgestaltung des Zweiten Weges

a) Ausgestaltung des Schlichtungsverfahrens

Auf der dargestellten verfassungsrechtlichen Grundlage setzt sich das BAG mit dem Schlichtungsverfahren auseinander, dass der VKDA-NEK mit mehreren Gewerkschaften vereinbart hat, und sieht es zu Recht als geeignet für die Herstellung einer praktischen Konkordanz an.[74] Die Gewerkschaft behält, anders als beim sog. Dritten Weg, die Möglichkeit, Tarifverträge zu schließen und als eigenständiger Verhandlungspartner zu agieren, ohne sich in eine Arbeitsrechtliche Kommission integrieren zu müssen. Dazu muss die Schlichtung in einer Form ausgestaltet sein, die geeignet ist, um den Interessenkonflikt in einen Kompromiss zu überführen, bei dem sich die organisierten Mitarbeiter nicht unterordnen, sondern die reale Möglichkeit haben, ihre Interessen einzubringen. Das BAG verweist darauf, dass das Schlichtungsverfahren den Konflikt auf eine andere Ebene verlagert, ohne die Gewerkschaft zur Bittstellerin zu machen.[75] Die Schlichtungsstelle ist zudem paritätisch besetzt und hat einen neutralen Vorsitzenden. Sie kann von beiden Seiten aufgerufen und ihr Ergebnis kann zunächst zurückgewiesen werden. Erst der zweite Schlichterspruch ist bindend. Auf diese Weise hat die Gewerkschaft die Möglichkeit, ihre Interessen mit Nachdruck zu vertreten.

Das BAG hält es für unschädlich, dass die Schlichtungsvereinbarung vorsieht, dass es nach der Zurückweisung des ersten Schlichterspruchs für einen erneuten Spruch der Zwei-Drittel-Mehrheit bedarf.[76] Es verweist darauf, dass für eine Einigung an sich nur eine einfache Mehrheit erforderlich ist und erst bei noch schwereren Konflikten ein möglichst breiter Konsens für den Schlichterspruch gefordert wird.[77] Bedenkt man, dass der Spruch nicht allein vom Dienstgeber zurückgewiesen werden kann, ist die Verpflichtung auf einen möglichst breiten Konsens ein gangbarer Weg, um einen tragfähigen Kompromiss zwischen Dienstgeber- und Mitarbeiterinteressen herbeizuführen. Schließlich kann sich keine Seite einseitig durchsetzen. Das erschwert sicher die Kompromissfindung, entspricht aber dem Kooperationsgedanken der Dienstgemeinschaft in besonderer Weise.

Unbeanstandet ließ das BAG die Vorgabe der Schlichtungsvereinbarung, dass die Beisitzer der Schlichtungsstelle zu kirchlichen Ämtern wählbar sein sollen.[78] Diese Vorgabe beschränkt die Entscheidungsfreiheit der Gewerkschaft hinsichtlich der Stellenbesetzung wesentlich. Das BAG setzt sich allerdings nicht damit auseinander, ob

---

[73] BVerfG 14. Dezember 1965 – BVerfGE 19, 206, 219; BVerfG 4. Juni 1985 – BVerfGE 70, 138, 167; Dreier/*Morlok* (Fn. 41), Art. 137 WRV Rn. 14, 44; *Hesse*, in: Listl/Pirson (Fn.50), S. 522, 524; *Hollerbach*, AöR 92 (1967), 99, 103; *Richardi*, FS Beitzke, 1979, S. 873, 880.

[74] BAG 20. November 2012 – NZA 2013, 437 Rn. 53 ff., 58 ff.

[75] BAG 20. November 2012 – NZA 2013, 437 Rn. 57, 60.

[76] BAG 20. November 2012 – NZA 2013, 437 Rn. 61.

[77] BAG 20. November 2012 – NZA 2013, 437 Rn. 61.

[78] BAG 20. November 2012 – NZA 2013, 437 Rn. 62.

und in welchem Maße die Gewerkschaften insoweit geschützt sind.[79] Es verweist zu Recht darauf, dass es sich bei den Vorgaben für die Auswahl der Beisitzer lediglich um eine Soll-Vorschrift handelt, um die Sachnähe des Beisitzers zu den Arbeitsbedingungen in kirchlichen Einrichtungen sicherzustellen.[80]

b) Bestehen einer absoluten Friedenspflicht sowie einer Schlichtungsvereinbarung

Das BAG schlussfolgert bereits aus der Entscheidung der NEK für den Zweiten Weg und der bestehenden Schlichtungsvereinbarung, dass Arbeitskampfmaßnahmen generell rechtswidrig seien.[81] Dabei wird nicht berücksichtigt, dass die Schlichtungsvereinbarung für die beklagte Gewerkschaft, den Marburger Bund, nicht gilt. Die Nordelbische Kirche – als Rechtsvorgängerin der Nordkirche – erließ 1979 das Arbeitsrechtsregelungsgesetz, in dem sie sich für den Zweiten Weg entschied, ohne eine absolute Friedenspflicht und ein Schlichtungsverfahren kirchengesetzlich zu regeln. Vielmehr schloss der zeitgleich gegründete Arbeitgeberverband für kirchliche und diakonische Arbeitgeber im selben Jahr mit mehreren Gewerkschaften dazu zwei Grundlagentarifverträge. Der Marburger Bund war jedoch nicht Tarifvertragspartei.

Im Ergebnis findet das Arbeitsrechtsregelungsgesetz der NEK zwar auf die kirchlichen Einrichtungen Anwendung, es bestimmt jedoch keine allgemeine Geltung einer absoluten Friedenspflicht und einer Schlichtung unabhängig vom Abschluss des Grundlagentarifvertrags. Das Gesetz legt zwar fest, dass nicht-organisierte Arbeitnehmer nicht ungleich behandelt werden dürfen (§ 2 ARRG-NEK). Der Tarifvertrag über die Friedenspflicht und das Schlichtungsverfahren regelt jedoch nur das Verhältnis zwischen den Tarifvertragsparteien, so dass sich aus § 2 ARRG-NEK für solche Tarifverträge nichts ergibt.

Hätte die bloße Entscheidung für den Zweiten Weg ohne eine kirchengesetzlich geregelte Schlichtung zur Folge, dass der Arbeitskampf – wie das BAG annimmt – unzulässig ist, käme es zu einer unzulässigen Beschränkung der Koalitionsbetätigungsfreiheit. Die Gewerkschaft dürfte keinen Arbeitskampf führen, ohne dass ihr der Zugang zum Schlichtungsverfahren offensteht, solange sie nicht Vertragspartner der Grundlagentarifverträge ist. Zudem besteht für den VKDA-NEK keine Pflicht zum Abschluss eines Tarifvertrages mit dem Marburger Bund. Das ARRG-NEK sieht keinen Kontrahierungszwang vor und aus den allgemeinen Vorschriften ergibt sich auch keine Pflicht zum Vertragsschluss. Daher muss ein Arbeitskampf zumindest solange zulässig sein, bis der VKDA-NEK einen entsprechenden Tarifvertrag anbietet oder die Nordkirche ein Schlichtungsverfahren durch Kirchengesetz regelt.

3. Praktische Konkordanz bei der Ausgestaltung des Dritten Weges

a) Verbindlichkeit der ausgehandelten Arbeitsvertragsrichtlinien

aa) Zweiter und Dritter Weg als gleichberechtigte Alternativen

Soweit das BAG über den Unterlassungsantrag des diakonischen Werkes und seiner Mitglieder entscheiden musste, kommt es zu dem Ergebnis, dass das kirchliche Selbst-

---

[79]   Zur Beteiligung der Gewerkschaften an den Arbeitsrechtlichen Kommissionen: LAG Hamm 13. Januar 2011 – AuR 2011, 84 Rn. 141 ff.

[80]   BAG 20. November 2012 – NZA 2013, 437 Rn. 62.

[81]   BAG 20. November 2012 – NZA 2013, 437 Rn. 58 (sich indirekt aus der mangelnden Bindung der Beklagten ergebend).

bestimmungsrecht durch Arbeitskampfmaßnahmen in diesen Einrichtungen nach dem Dritten Weg nicht ausnahmslos rechtswidrig beeinträchtigt wird.[82] Der Arbeitskampf in kirchlichen Einrichtungen auf dem sog. Dritten Weg führe nur dann zu einer rechtswidrigen Beeinträchtigung des kirchlichen Selbstbestimmungsrechts, wenn in der jeweiligen Einrichtung die Arbeitsvertragsrichtlinien verbindlich seien und die Gewerkschaft in das Verfahren zu ihrer Regelung organisatorisch eingebunden sei.[83] Das Verfahren muss somit einen schonenden Ausgleich der kollidierenden Rechtspositionen mit Verfassungsrang sicherstellen.

Das BAG geht davon aus, dass sich die Religionsgemeinschaft auf die christliche Dienstgemeinschaft als Leitbild für die Tätigkeit in ihren Einrichtungen festlegen kann[84], mit der Folge, dass Arbeitskämpfe in kirchlichen Einrichtungen auf dem Dritten Weg ausgeschlossen sind. Die Arbeitsbedingungen der Mitarbeiter werden nicht durch Gewerkschaft und Arbeitgeber, sondern durch paritätisch besetzte Arbeitsrechtliche Kommissionen erarbeitet, an denen sich die Gewerkschaften beteiligen können. Die Arbeitsrechtsregelungen oder Arbeitsvertragsrichtlinien sind Allgemeine Arbeitsbedingungen, also Allgemeine Geschäftsbedingungen, die keine normative Wirkung haben, sondern in den Arbeitsvertrag einbezogen werden müssen.[85] Die evangelischen Gliedkirchen, die sich für den Dritten Weg entschieden haben, sind nach dem jeweiligen ARRG verpflichtet, die Arbeitsvertragsrichtlinien den Arbeitsverträgen mit ihren Mitarbeitern zugrunde zu legen. Das gilt ebenfalls für die Diakonischen Werke der evangelischen Kirche. Sofern die diakonische Einrichtung einen selbständigen Rechtsträger hat, muss er sich verpflichten, das kirchliche Arbeitsrecht zu beachten.[86] Eine solche Erklärung erfolgt regelmäßig in der Satzung. Das kirchliche Arbeitsrecht wird dadurch nicht zu Satzungsrecht, es handelt sich um eine Rechtswahl ähnlich dem Internationalen Privatrecht. Sie ist Voraussetzung für die Anerkennung der Einrichtung als kirchliche und hat somit Einfluss auf das Bestehen des kirchlichen Selbstbestimmungsrechts.

Das BAG sieht den Zweiten und Dritten Weg als zwei Alternativen, derer sich die kirchlichen Einrichtungen bedienen können, solange die Ausgestaltung die Gewerkschaftsbeteiligung in einer Weise sicherstellt, die einen schonenden Ausgleich von kirchlicher Selbstbestimmung und kollektiver Koalitionsfreiheit darstellt.[87] Diese

---

[82] BAG 20. November 2012 – NZA 2013, 448 Rn. 115 ff.

[83] BAG 20. November 2012 – NZA 2013, 448 Rn. 117 ff.

[84] BAG 20. November 2012 – NZA 2013, 448 Rn. 103 f.

[85] Zur Einordnung als AGB siehe z.B. BAG 17. November 2005 – AP BGB § 611 Kirchendienst Nr. 45 Rn. 13 ff.; BAG 22. Juli 2010 – AP BGB § 611 Kirchendienst Nr. 55 Rn. 26; BAG 19. April 2012 – AP BGB § 611 Kirchendienst Nr. 69 Rn. 22.

[86] Vgl. aber für einen Rechtsträger einer katholischen Einrichtung die Entscheidung des Delegationsgerichts des Obersten Gerichts der Apostolischen Signatur 31. März 2010 – 42676/09 VT Paderborn – ZMV 2010, 145 ff., wo die Grundordnung so ausgelegt wird, dass die selbständigen Einrichtungen ein Wahlrecht haben, ob sie das kirchliche Arbeitsrecht übernehmen. Art. 2 Abs. 2 der Grundordnung des kirchlichen Dienstes im Rahmen kirchlicher Arbeitsverhältnisse bestimmt nun: „Kirchliche Rechtsträger, die nicht der bischöflichen Gesetzgebungsgewalt unterliegen, sind verpflichtet, bis spätestens 21. 12. 2013 diese Grundordnung durch Übernahme in ihr Statut verbindlich zu übernehmen. Wenn sie dieser Verpflichtung nicht nachkommen, haben sie im Hinblick auf die arbeitsrechtlichen Beziehungen nicht am Selbstbestimmungsrecht der Kirche gemäß Art. 140 GG i. V. m. Art. 137 Abs. 3 WRV teil."

Feststellung ist auf den ersten Blick überraschend, da die Beteiligungsintensität für die einzelne Gewerkschaft auf dem Zweiten und Dritten Weg erheblich voneinander abweicht. Beim Zweiten Weg verhandelt die Gewerkschaft ihre eigenen Tarifverträge, während sie sich beim Dritten Weg nur an einer Arbeitsrechtlichen Kommission beteiligen kann, ohne die Mitarbeitervertretung allein zu übernehmen. Vielmehr müssen sich die Gewerkschaftsvertreter durch ihre Delegierten in die Kommission einordnen. Diese Zwänge haben die Gewerkschaften zum Teil davon Abstand nehmen lassen, sich an den Kommissionen zu beteiligen.

Dass es sich dennoch um gleichwertige Alternativen handelt, ist nur plausibel, wenn man bedenkt, dass beide Verfahren darauf zielen, die Arbeitsbedingungen der Mitarbeiter festzulegen, und dabei berücksichtigen, dass zwischen Dienstgeber und Mitarbeiter ein strukturelles Gleichgewicht besteht. Insofern tritt das Verfahren auf dem Dritten Weg an die Stelle der Vertretung der Mitarbeiterinteressen allein durch die Gewerkschaft.[88] Zudem besteht für die Ausgestaltung der Dienstgemeinschaft ein Spielraum, den nicht die Gerichte, sondern die Religionsgemeinschaft ausfüllt. Sie muss sich nicht für das Verständnis von Dienstgemeinschaft entscheiden, das den Gewerkschaften die Gestaltungsmöglichkeiten so weit wie möglich erhält. Auch unter diesem Gesichtspunkt ist die Wahl zwischen Zweitem und Drittem Weg frei.

Die EKD hat ebenso wie die Bischofskonferenz bereits 1976 den Dritten Weg als am besten vereinbar mit der christlichen Dienstgemeinschaft angesehen.[89] Das erlaubt der Religionsgemeinschaft aber nicht, die Verwirklichung der kollektiven Koalitionsfreiheit durch die Vertretung der Mitarbeiterinteressen vollständig zu beseitigen.[90] Insofern wird es in der Zukunft darauf ankommen, in welchem Maße sich die Gewerkschaften an der Arbeitsrechtlichen Kommission beteiligen können. Das vermag einen schonenden Ausgleich zwischen kirchlicher Selbstbestimmung und kollektiver Koalitionsfreiheit zu gewährleisten. Der Grenzverlauf für eine verfassungskonforme Ausgestaltung des Dritten Weges im Sinne praktischer Konkordanz ist dabei nicht leicht zu bestimmen, zumal für die Arbeitsrechtliche Kommission und die Erarbeitung der Arbeitsvertragsrichtlinien sehr unterschiedliche Regelungen bestehen.

bb) Wahrung der Dienstgemeinschaft durch die Ausgestaltung des Dritten Weges

Unabhängig davon, muss die konkrete Ausgestaltung des Dritten Weges zunächst einmal dem Verständnis der Dienstgemeinschaft entsprechen. Die Einrichtung kann sich nicht auf die kirchliche Selbstbestimmung berufen und das Konzept der Dienstgemeinschaft zugrunde legen, wenn die konkrete Ausgestaltung der Arbeitsrechtlichen Kommission dem Verständnis der Dienstgemeinschaft grundsätzlich widerspricht. Auch in diesem Punkt gilt, dass die Dienstgemeinschaft – wenn sie als christliches Ideal herangezogen wird – auch gelebt werden muss. Hierauf verweist der 1. Senat in der Entscheidung über den Arbeitskampf in kirchlichen Einrichtungen auf dem Dritten Weg. Er hat seine Entscheidung darauf gestützt, dass die ausgehandelten

---

[87] BAG 20. November 2012 – NZA 2013, 448 Rn. 116.

[88] Vgl. BAG 20. November 2012 – NZA 2013, 448 Rn. 116.

[89] Wegen der Autonomie der Gliedkirchen stand der NEK eine Festlegung auf den Zweiten Weg offen.

[90] So letztlich auch das BAG in der Entscheidung v. 20. November 2012 – NZA 2013, 448 Rn. 116.

Arbeitsvertragsrichtlinien den Arbeitsverhältnissen der Mitarbeiter nicht ohne weiteres zugrunde gelegt werden, sondern dem Dienstgeber eine Wahlmöglichkeit bleibt.[91] Das Ziel des Dritten Weges, durch Kollektivverhandlungen einer paritätisch besetzten Kommission die Arbeitsbedingungen der Mitarbeiter festzulegen, scheitere, wenn das Verhandlungsergebnis nicht verbindlich sei, sondern der Dienstgeber zwischen mehreren alternativen Arbeitsvertragsrichtlinien wählen könne.[92] Das sei mit den Strukturprinzipien des Dritten Weges unvereinbar.[93]

Das Konzept der Dienstgemeinschaft, so wenig bestimmt es im Detail sein mag, setzt Vorgaben, an denen der 1. Senat die Religionsgemeinschaft und ihre Einrichtungen bei der Ausgestaltung und Durchführung des Dritten Weges festhalten will. Die Vorgehensweise des BAG stellt – mehr oder weniger ausdrücklich – richtigerweise zwei Dinge sicher: Das Konzept der Dienstgemeinschaft kann nicht als salvatorisches Argument herangezogen werden, ohne dass sich damit eine inhaltliche Aussage verbindet. Gerade in der Konzeption verwirklicht sich die Selbstbestimmung. Zudem können sich die Religionsgemeinschaft und ihre Einrichtungen auf die Dienstgemeinschaft nur berufen, solange sie deren Konzept praktizieren. Die Vorstellung von der Dienstgemeinschaft muss in autonomen Regelungen und in der Praxis umgesetzt werden, wenn sich die Religionsgemeinschaft legitimerweise auf ihre Selbstbestimmung berufen will. Die Dienstgemeinschaft ist kein Konzept, das sich einseitig dazu instrumentalisieren lässt, die Mitwirkung der Gewerkschaften auszuschließen.[94] Allerdings ist es auch an den Gewerkschaften, sich am Dritten Weg zu beteiligen, statt ihn zu meiden.

Das BAG geht in der Entscheidung davon aus, dass der Dritte Weg ein Regelungsverfahren ist, um den für die Selbstbestimmung belassenen Freiraum zu füllen, indem der Interessengegensatz von Dienstgeber und Mitarbeitern in Ausgleich gebracht und das Arbeitsleben sinnvoll geordnet wird.[95] Es geht davon aus, dass dafür nicht nur die paritätische Besetzung der Arbeitsrechtlichen Kommission erforderlich sei, sondern es auch eines Instruments bedürfe, um Verhandlungsblockaden zu lösen und auf Kompromisse hinzuarbeiten.[96] Das könne durch eine Schiedskommission gelingen, sofern sie von beiden Seiten jederzeit uneingeschränkt angerufen werden kann.[97]

Diese Ausführungen klingen im Grunde nach Anforderungen, die generell für einen kollektiven Interessenausgleich ohne Arbeitskampf gelten müssen. Das entspricht auch den Maßgaben, die das BAG für die Ausgestaltung des Zweiten Weges als Kompromiss zwischen kirchlicher Selbstbestimmung und kollektiver Koalitionsfreiheit entwickelt hat. Die Besonderheit des Verfahrens besteht darin, dass das Gericht diese Vorgaben nicht zur Herstellung praktische Konkordanz heranzieht, sondern das

---

[91] BAG 20. November 2012 – NZA 2013, 448 Rn. 119.

[92] BAG 20. November 2012 – NZA 2013, 448 Rn. 119.

[93] BAG 20. November 2012 – NZA 2013, 448 Rn. 119; unter Verweis auf *Joussen*, Essener Gespräche 46 (2012), 53, 75; *Schliemann*, NZA 2011, 1189, 1193, die sich aber beide auf Fälle beziehen, wo von den Arbeitsvertragsrichtlinien abgewichen und Arbeitsbedingungen zugrunde gelegt werden, die nicht auf dem Dritten Weg vereinbart wurden.

[94] BAG 20. November 2012 – NZA 2013, 448 Rn. 118.

[95] BAG 20. November 2012 – NZA 2013, 448 Rn. 117.

[96] BAG 20. November 2012 – NZA 2013, 448 Rn. 117.

[97] BAG 20. November 2012 – NZA 2013, 448 Rn. 117.

Konzept des Dritten Weges erläutert, so wie es sich – nach seinem Verständnis – bisher entwickelt hat. Nicht klar wird allerdings, wer originärer Interpretator des Dritten Weges bzw. der Dienstgemeinschaft ist. Sofern es sich um ein Konzept in Ausübung kirchlicher Selbstbestimmung handelt, kann nicht das staatliche Gericht, sondern muss die Religionsgemeinschaft selbst den Maßstab setzen. Dabei ist zu berücksichtigen, wer nach der Binnenverfassung der Religionsgemeinschaft die Kompetenz hat, verbindliche Aussagen zu treffen. Das ist in den Diözesen der Bischof, wohingegen in den Gliedkirchen der EKD vor allem Aussagen der Landessynode maßgeblich sind. Jedenfalls kann nicht die EKD für die Gliedkirchen Vorgaben entwickeln, es sei denn, es liegt deren Zustimmung vor.

Das staatliche Gericht kann im Rahmen einer Plausibilitätskontrolle überprüfen, ob die Religionsgemeinschaft den selbst gewählten Maßstab konsequent in seinen Regelungen umsetzt und dabei Idee und Wirklichkeit so in Einklang bringt, dass es hier tatsächlich zur Verwirklichung der Dienstgemeinschaft kommt. Darüber hinaus kann das Gericht nur die Grundrechtskollision auflösen. Das BAG hat eine Entscheidung über die Anforderungen der praktischen Konkordanz vermieden, indem es für die Entscheidung auf die mangelnde Umsetzung des Konzepts der Dienstgemeinschaft abgestellt hat. Für die Begründung bezieht sich der 1. Senat aber nicht auf eine der Autoritäten, die als originäre Interpretatoren des Verständnisses der Dienstgemeinschaft gelten dürfen. Zudem ergeben die angeführten Fundstellen nicht klar, dass auch die Wahl zwischen mehreren Arbeitsvertragsrichtlinien dem Verständnis der Dienstgemeinschaft widerspricht. Es finden sich zwar Stellungnahmen, dass bei einer verantwortlichen, fairen Konfliktlösung die Möglichkeit, die Bestimmungen einseitig aufzuheben, ausgeschlossen sein muss.[98] Im zu entscheidenden Fall bestand aber nur die Wahl zwischen den Arbeitsvertragsrichtlinien des Diakonischen Werkes Westfalen und des Diakonischen Werkes der EKD, die beide in einem Verfahren mit einer paritätisch besetzten Kommission zustande gekommen sind. Darauf geht das BAG nicht ein. Der 1. Senat arbeitet eigentlich in unzulässiger Weise mit einem selbst entwickelten Verständnis der Dienstgemeinschaft.

Bedenklich erscheint ohnehin, ob und in welchem Maße es Sache eines staatlichen Gerichts sein kann, die Regelung des Dritten Weges am Maßstab der Dienstgemeinschaft zu kontrollieren. Das BAG betont selbst, dass es die Ausübung des kirchlichen Selbstbestimmungsrechts nur auf Plausibilität anhand des Willkürverbots, des ordre public und der guten Sitten prüft. Ob jenseits dieser Kontrolle eine korrekte Umsetzung des Konzepts der christlichen Dienstgemeinschaft im kirchlichen Recht erfolgt ist, bleibt grundsätzlich Sache der Religionsgemeinschaft. Das staatliche Gericht kann bei einer erheblichen Abweichung zwischen dem Konzept der Dienstgemeinschaft und der Ausgestaltung des Dritten Weges untersuchen, ob es sich noch um eine zulässige Ausübung des kirchlichen Selbstbestimmungsrechts handelt. Zudem kann es darauf eingehen, dass die Dienstgemeinschaft entgegen der Behauptung der Religionsgemeinschaft nicht praktiziert wird, so dass sich diese nicht mehr darauf berufen kann. Eine Detailprüfung geht darüber aber hinaus, zumal der Begriff der Dienstgemeinschaft relativ unbestimmt ist. Ihn auszufüllen, zu konkretisieren ist Sache der Religionsgemeinschaft, nicht des BAG. Solange die konkrete Ausgestaltung des Dritten Weges eine Ausübung des kirchlichen Selbstbestimmungsrechts ist, bleibt primär zu

---

[98] Z. B. *Grethlein*, ZevKR 37 (1992), 1, 20.

prüfen, ob eine praktische Konkordanz mit der kollektiven Koalitionsfreiheit herge-stellt wurde. Insoweit hätte die Wahlmöglichkeit des Dienstgebers Berücksichtigung finden müssen, weil sie die wirksame Vertretung der Mitgliederinteressen durch die Gewerkschaft beeinträchtigt.

b) Beteiligung der Gewerkschaften an den Arbeitsrechtlichen Kommissionen

Für die Zukunft des Dritten Weges wird die Herstellung einer praktischen Konkor-danz zwischen kirchlicher Selbstbestimmung und kollektiver Koalitionsfreiheit bei der Ausgestaltung der Arbeitsrechtlichen Kommission, der Schiedskommission und des Verfahrens zur Regelung der Arbeitsbedingungen mindestens von genau so gro-ßer, wahrscheinlich sogar größerer Bedeutung sein. Allein die Vielgestaltigkeit der Re-gelungen führt zu einem erheblichen Klärungsbedarf. Das BAG musste sich zu diesen Fragen nicht äußern, da es bereits die Wahlmöglichkeit des Dienstgebers als Wider-spruch zur Koalitionsbetätigungsfreiheit ansah, die nicht der praktischen Konkor-danz zwischen kirchlicher Selbstbestimmung und Koalitionsbetätigungsfreiheit ent-sprach. In der Entscheidung finden sich daher nur Andeutungen. Das Gericht macht allerdings deutlich, dass es die Herstellung einer praktischen Konkordanz für möglich hält, so dass den Kirchen ein Festhalten am Dritten Weg grundsätzlich möglich ist.[99] Die Entscheidung lässt in Ansätzen erkennen, dass es auch in der Zukunft einen ei-genständigen Modus zur Festlegung der Arbeitsbedingungen für Mitarbeiter in kirch-lichen Einrichtungen geben kann. Das steht in Einklang mit der Rechtsprechung des 6. Senats, der die Inhaltskontrolle der Arbeitsvertragsrichtlinien nach § 307 Abs. 1 BGB wegen der Besonderheiten des (kirchlichen) Arbeitsrechts einschränkt, weil die Arbeitsbedingungen in einem Verfahren erarbeitet werden, bei dem keine Seite ein Übergewicht hat, so dass sich die Kontrolle der Arbeitsvertragsrichtlinien auf eine Rechtskontrolle wie bei Tarifverträgen beschränken könne.[100]

Bei der Herstellung praktischer Konkordanz geht es, wie das BAG zu Recht an-nimmt, nicht um einen Kompromiss von Drittem Weg und Streikrecht, sondern zwi-schen kirchlichem Selbstbestimmungsrecht und Koalitionsfreiheit.[101] Die Überlegun-gen zu einem schonenden Ausgleich zwischen den Positionen mit Verfassungsrang müssen von deren Schutzbereich ausgehen. Der Ausschluss von Tarifverträgen und Arbeitskampf in kirchlichen Einrichtungen nach dem Dritten Weg kann nur dann zu einer praktischen Konkordanz der verfassungsrechtlichen Positionen führen, wenn den Koalitionen eine effektive Möglichkeit bleibt, die Interessen ihrer Mitglieder zu vertreten. Das BAG betont zu Recht, dass die Kirche den Gestaltungsspielraum nicht dazu nutzen darf, die Gewerkschaft durch die Besetzungsregeln für die Arbeitsrecht-liche Kommission und die Schiedsmission von einer frei gewählten Mitwirkung am Dritten Weg auszuschließen.[102] Ein solches Zurückdrängen berührt nicht nur die ko-

---

[99] BAG 20. November 2012 – NZA 2013, 448 Rn. 115 ff.

[100] BAG 22. Juli 2010 – AP BGB § 611 Kirchendienst Nr. 55 Rn. 31, 32; BAG 22. Juli 2010 – BB 2011, 186 Rn. 61, 63; BAG 19. Juni 2012 – AP BGB § 611 Kirchendienst Nr. 69 Rn. 22, 24.

[101] BAG 20. November 2012 – NZA 2013, 448 Rn. 113 f.

[102] BAG 20. November 2012 – NZA 2013, 448 Rn. 118.

alitionsspezifische Betätigung, sondern indirekt auch den Bestand der Koalition, wenn ihre Attraktivität erheblich vermindert wird.[103]

Das BAG geht davon aus, dass sich bereits aus dem Konzept der Dienstgemeinschaft ergebe, dass die Arbeitsrechtliche Kommission paritätisch besetzt sein und ein Schiedsverfahren zur Verfügung stehen müsse, zu dem beide Seiten – Dienstgeber und Mitarbeiter – freien Zugang haben.[104] Zudem ist es für einen schonenden Ausgleich der verfassungsrechtlichen Positionen erforderlich, dass die Besetzungsregelungen die Gewerkschaft nicht davon abhalten, ihr Sach- und Fachwissen nach ihrer Entscheidung in das Verfahren zur Erarbeitung der Arbeitsvertragsrichtlinien zu integrieren.[105] Diese Anforderungen lassen sich auf die Koalitionsbetätigungsfreiheit und die Freiheit der Koalitionen hinsichtlich ihrer Binnenorganisation zurückführen.[106] Letztere gewährleistet der Arbeitnehmervereinigung die Freiheit, die interne Organisation nach ihrer eigenen Vorstellung zu regeln.[107] Insofern ist es grundsätzlich Sache der Gewerkschaft, wen sie mit den Verhandlungen über Tarifverträge betraut und somit an der Koalitionsbetätigung mitwirken lässt.

Ein gegenläufiges Interesse der Religionsgemeinschaft und ihrer Einrichtungen besteht darin, dass in den Arbeitsrechtlichen Kommissionen keine kirchenfeindlichen Personen mitwirken. Das gilt umso mehr als die Dienstgemeinschaft auf ein kooperatives Miteinander von Dienstgeber- und Dienstnehmerseite angelegt ist. Die Arbeitsrechtsregelungsgesetze versuchen das sicherzustellen, indem sie den Zugang zur Arbeitsrechtlichen Kommission nur Personen eröffnen, die kirchlich gebunden sind. § 5 Abs. 3 ARRG-Westfalen setzt voraus, dass die Mitglieder die Befähigung zum Amt eines Presbyters oder Kirchenältesten in einer Gliedkirche der EKD oder zu entsprechenden Ämtern einer Freikirche haben oder Amtsträger dieser Kirchen sind. Anders als bei der Ausgestaltung des Zweiten Weges, insbesondere im Grundlagentarifvertrag des Arbeitgeberverbands VKDA-NEK über das Schlichtungsverfahren, handelt es sich aber nicht um eine Soll-Vorschrift, sondern um eine zwingende Vorgabe, was den Gestaltungsspielraum erheblich verringert. Zwei Drittel der Mitarbeitervertreter müssen zudem im kirchlichen Dienst tätig sein (§ 6 Abs. 2 ARRG-Westfalen).

Im Ergebnis wird es auf die Zahl der Plätze ankommen, die die Gewerkschaft in der Arbeitsrechtlichen Kommission belegen kann. Die Möglichkeit einer Interessenvertretung wäre zu weit zurückgeschnitten, wenn sie sich auf eine beratende Funktion außerhalb der Kommission zurückziehen müsste. Schließlich ist den Mitarbeitern in

---

[103] BAG 20. November 2012 – NZA 2013, 448 Rn. 118.
[104] BAG 20. November 2012 – NZA 2013, 448 Rn. 117.
[105] BAG 20. November 2012 – NZA 2013, 448 Rn. 118.
[106] Zur Freiheit der inneren Organisation, Willensbildung und Geschäftsführung: BVerfG 14. November 1995 – BVerfGE 93, 352, 357; BVerfG 24. Februar 1999 – BVerfGE 100, 214, 221; Dreier/*Bauer*, GG, 2. Aufl. 2008, Art. 9 Rn. 81, 82; v. Mangoldt/Klein/Starck/*Kemper*, GG, 6. Aufl. 2010, Art. 9 Rn. 100; zur Freiheit der Verhandlungsführung und Auseinandersetzung s. auch LAG Rheinland-Pfalz 14. Juni 2007 – DB 2007, 2432, 2434; v. Mangoldt/Klein/Starck/*Kemper*, GG, 6. Aufl. 2010, Art. 9 Rn. 148. Zur Koalitionsbetätigungsfreiheit im Interesse der Mitglieder BVerfG 26. Juni 1991 – BVerfGE 84, 212, 224; BVerfG 14. November 1995 – BVerfGE 93, 352, 357; zur Gewährleistung der Mitgliederbetreuung als Teil der Koalitionsbetätigungsfreiheit: *Löwisch/Rieble*, MünchArbR, 3. Aufl. 2009, § 157 Rn. 72.
[107] Siehe Fn. 107.

kirchlichen Einrichtungen in gleicher Weise die Koalitionsfreiheit gewährleistet, so dass die Gewerkschaft auch die Interessen ihrer Mitglieder effektiv vertreten können muss.

VI. Einfluss des europäischen und internationalen Arbeitsrechts

In den letzten Jahren hat der 1. Senat des BAG wiederholt die Einwirkung des europäischen und internationalen Arbeitsrechts auf das Arbeitskampfrecht in seinen Entscheidungen berücksichtigt. Auch in den hier zu besprechenden Urteilen geht das Gericht mit identischen Ausführungen auf die Vorgaben aus der Grundrechtecharta, der Europäischen Menschenrechtskonvention, der Europäischen Sozialcharta und des ILO-Abkommen Nr. 87 ein. Das BAG verweist zu Recht darauf, dass Art. 28 GRC keine Anwendung findet, weil der Sachverhalt keinen Bezug zum Handeln der Organe der Europäischen Union oder zum indirekten Vollzug des Unionsrechts in den Mitgliedstaaten hat.[108]

Das internationale Arbeitsrecht hat grundsätzlich vermittels einer völkerrechtsfreundlichen Auslegung des deutschen Rechts Einfluss auf die Auslegung der Grundrechte und damit auch auf das Arbeitskampfrecht.[109] Internationale Verträge stehen nach ihrer Ratifizierung zwar im Rang des einfachen Bundesrechts, sind jedoch für die Auslegung des Grundgesetzes wegen seiner Bezugnahme auf die völkerrechtliche Einbindung der Bundesrepublik Deutschland heranzuziehen.[110] Das gilt zumindest für Grundrechte und Grundsätze mit Verfassungsrang, die in den internationalen Rechtsakten ebenfalls garantiert sind. Ergebnisrelevanz hat das internationale Arbeitsrecht aber nur, wenn der Schutz der kollektiven Koalitionsfreiheit weiter reicht als im nationalen Recht oder wenn das Recht auf kirchliche Selbstbestimmung keine vergleichbare Berücksichtigung wie im deutschen Recht findet.

Ein subjektives Recht der Koalition auf Kollektivverhandlungen hat der EGMR im Urteil *Demir and Baykara* im Jahre 2008 erstmals abgeleitet.[111] In der Rechtssache *Energij Yapı-Yol Sen* erkannte er 2009 ein sich aus Art. 11 Abs. 1 EMRK ergebendes Recht auf Streik an.[112] Ein solches Recht ergibt sich auch aus Art. 6 Abs. 4 ESC, der aber eine reine Interstaatenverpflichtung ist. Auch aus Art. 3 ILO-Abkommen Nr. 87 leiten die Fachausschüsse der ILO ein Recht auf Kollektivverhandlungen und auf Streik ab.[113]

---

[108] BAG 20. November 2012 – NZA 2013, 448 Rn. 122 f.; BAG 20. November 2012 – NZA 2013, 437 Rn. 65 f.

[109] Ausführlich die *Görgülü*-Entscheidung: BVerfG 14. Oktober 2004 – BVerfGE 111, 307, 316 ff.; ebenso die Entscheidung zur Sicherungsverwahrung: BVerfG 4. Mai 2011 – BVerfGE 128, 326, 368 ff.

[110] Siehe Fn. 110.

[111] EGMR 12. November 2008 – Appl. 34503/97, Rn. 143 (Demir and Baykara/Turkey).

[112] EGMR 21. April 2009 – Appl. 68959/01, Rn. 24 (Enerji Yapı-Yol Sen/Turkey).

[113] ILO, Committee of Experts, General Survey 1994, Rn. 149, 156; ILO, Freedom of Association Committee, Official Bulletin, Bd. 65 (1982) Series B, Nr. 1, S. 55 (Peru); Bd. 74 (1991) Series B, S. 80 Rn. 278 ff., 291 (Deutschland) = PersR 1991, 155, 156; ILO, Committee of the Freedom of Association, Digest 1996 Rn. 473-475, 478; ILO, CEACR Report 1998, Rn. 50; dazu *Ben-Israel*, International Labour Standards, 1988, S. 93 ff.; *Schneider,* Die Vereinbarkeit des deutschen Arbeitskampfrechts mit den Übereinkommen Nr. 87 und 98 der Internationalen Arbeitsorganisation, Diss. Bonn 1998, S. 35 ff.; *Weiss/Seifert,* GS Zachert, 2009, S. 130, 136 ff.

Einschränkungen dieses Rechts auf Streik durch den Vertragsstaat bedürfen der Rechtfertigung (Art. 11 Abs. 2 EMRK, Art. 31 ESC). Für Art. 11 EMRK hat der EGMR ausgesprochen, dass bei einer Kollision zweier Menschenrechte eine Abwägung beider Rechte vorzunehmen ist.[114] Ähnliches muss für Art. 6 ESC gelten. Art. 31 ESC erlaubt eine Beschränkung dieses Rechts aufgrund Gesetzes, wenn es zum Schutz der Rechte und Freiheiten anderer oder zum Schutz der öffentlichen Sicherheit und Ordnung, der Sicherheit des Staates, der Volksgesundheit und der Sittlichkeit in einer demokratischen Gesellschaft notwendig ist. Insofern kommt es darauf an, ob das Recht auf kirchliche Selbstbestimmung nach der EMRK als Menschenrecht geschützt ist oder sonst einen legitimen Grund für eine Beschränkung des Rechts auf kollektive Koalitionsfreiheit darstellt und einen vollständigen Ausschluss des Arbeitskampfs rechtfertigen kann.

Die EMRK enthält im Gegensatz zum GG keine staatskirchenrechtlichen Bestimmungen. Der EGMR leitet aus Art. 9 EMRK (i. V. m. Art. 11 Abs. 1 EMRK) aber einen Schutz der Religionsgemeinschaft ab.[115] Dieser umfasse insbesondere ein Recht auf Selbstverwaltung, zumal ihr autonomer Bestand als Element einer pluralen Gesellschaft anerkannt wird.[116] Der Gerichtshof geht ebenso wie das BAG davon aus, dass der Staat nicht bestimmen darf, ob religiöse Überzeugungen legitim sind; er darf sich nicht in interne Angelegenheiten einmischen.[117] Zudem könne die Organisation bei einer Religionsgemeinschaft eigene religiöse und sakrale Bedeutung haben und sei vom Schutz des Art. 9 Abs. 1 EMRK umfasst.[118] Auch die Ausrichtung der Arbeitsverhältnisse auf die Lehren der Religionsgemeinschaft sei von deren Autonomie gedeckt.[119]

Insofern lässt sich die Festlegung auf das Ideal der Dienstgemeinschaft und die darauf beruhenden Regelungen des Zweiten und Dritten Weges in die Selbstbestimmung der Religionsgemeinschaft nach Art. 9 Abs. 1 EMRK einordnen. Eine Kontrolle der kirchenrechtlichen Bestimmungen anhand des Maßstabs der Dienstgemeinschaft durch ein staatliches Gericht ist insofern als Einmischung in die kirchliche Autonomie zu bewerten, wenn ein solches Handeln nicht nach Art. 9 Abs. 2 EMRK gerechtfertigt ist. Insofern kann insbesondere auf den Schutz der kollektiven Koalitionsfreiheit, des Rechts auf Kollektivverhandlungen und auf Streik aus Art. 11 Abs. 1 EMRK

---

[114] Vgl. EGMR 31. Januar 2012 – Appl. 2330/09, Rn. 79 f. (Sindicatul Pastorul cel Bun/Rumania); unter Verweis auf EGMR 10. Mai 2011 – Appl. 1620/03, Rn. 69 (Schüth/Germany); ebenso *Walter*, ZevKR 2012, 233, 250 ff.

[115] EGMR 26. Oktober 2000 – Appl. 30985/96, Rn. 62 (Hasan and Chaush/Bulgaria); EGMR 14. Juni 2007 – Appl. 77703/01, Rn. 112, 117 (Svyato-Mykhaylivska Parafiya); Grote/Marauhn/*Walter*, EMRK/GG, 2006, Kap. 17 Rn. 97; *Karpenstein/Mayer*, EMRK, 2012, Art. 9 Rn. 28.

[116] EGMR 26. Oktober 2000 – Appl. 30985/96, Rn. 62 (Hasan and Chaush/Bulgaria). Zur Freiheit der inneren Organisation: EGMR 15. September 2009 – Appl. 798/05, Rn. 80d (Mirolubovs/Latvia); Grote/Marauhn/*Walter* (Fn. 116), Kap. 17 Rn. 99; *Karpenstein/Mayer* (Fn. 115), Art. 9 Rn. 28, 30; *Meyer-Ladewig*, EMRK, 3. Aufl. 2011, Art. 9 Rn. 12.

[117] EGMR 26. September 1996 – Appl. 18748/91, Rn. 47 (Manoussakis/Greece); EGMR 26. Oktober 2000 – Appl. 30985/96, Rn. 78 (Hasan and Chaush/Bulgaria); EGMR 15. September 2009 – Appl. 798/05, Rn. 80 f. (Mirolubovs/Latvia); *Karpenstein/Mayer* (Fn. 115), Art. 9 Rn. 30; *Meyer-Ladewig* (Fn. 117), Art. 9 Rn. 13.

[118] EGMR 26. Oktober 2000 – Appl. 30985/96, Rn. 78, 86 (Hasan and Chaush/Bulgaria).

[119] Dazu *Karpenstein/Mayer* (Fn. 115), Art. 9 Rn. 30.

verwiesen werden, so dass es im Rahmen der Verhältnismäßigkeit eines Ausgleichs beider Rechte bedarf. Insoweit ergeben sich keine grundsätzlich anderen Strukturen als im nationalen Recht. Zudem gewährt der EGMR den Mitgliedstaaten einen umso größeren Beurteilungsspielraum, je weniger einheitlich die rechtlichen Rahmenbedingungen in den Mitgliedstaaten des Europarates sind. Eine erhebliche Diskrepanz zwischen den Mitgliedstaaten besteht einerseits hinsichtlich der Ausgestaltung der Tarifautonomie und des Streikrechts, andererseits bei der Religionsfreiheit.

VII. Das Bundesarbeitsgericht – letzte Instanz?

Angesichts der Entscheidungsgründe beider Urteile ist der Weg zum BVerfG, wenn man ihn überhaupt für offen erachtet, ein sehr steiniger. Die Urteilsverfassungsbeschwerde als Individualrechtsschutz setzt eine grundrechtswidrige Beschwer des Beschwerdeführers voraus. Die Beschwerdebefugnis ist nur gegeben, wenn der Beschwerdeführer selbst, gegenwärtig und unmittelbar in seinen Grundrechten betroffen ist.[120] Das Gericht muss somit durch seine Entscheidung die kollektive Koalitionsfreiheit der Gewerkschaft bzw. das Selbstbestimmungsrecht der Kirche und die Religionsfreiheit aus Art. 4 Abs. 1 GG verkürzt haben.

Im Verfahren zum Arbeitskampf in kirchlichen Einrichtungen auf dem Zweiten Weg hat das BAG obiter dictum das Vorgehen des Arbeitgeberverbandes VKDA-NEK bestätigt, so dass er im Ergebnis nicht beschwert ist. Der Marburger Bund hat in dem Verfahren aber obsiegt, so dass sich eine Beschwer höchstens aus dem obiter dictum hinsichtlich der Unzulässigkeit des Arbeitskampfs auf dem Zweiten Weg ergeben kann. Die Rechtsprechung des BAG zum Arbeitskampfrecht stellt mangels einer gesetzlichen Regelung gesetzesvertretendes Richterrecht dar. Gegen ein Gesetz kann Verfassungsbeschwerde erhoben werden, sobald es in Kraft getreten ist und keines weiteren Vollzugsaktes bedarf[121] oder wenn es zumindest schon Vorwirkung entfaltet, weil die Beeinträchtigung gewiss ist und die Grundrechtsträger nicht mehr korrigierbare Dispositionen treffen[122]. Setzte man das Richterrecht dem Gesetzesrecht gleich, so bedürfte es für das „Arbeitskampfrecht" keines zusätzlichen Vollzugsaktes. Es handelt sich zwar nur um ein obiter dictum, würde eine Gewerkschaft jedoch einen Arbeitskampf gegen Mitglieder des VKDA-NEK führen, so machte sie sich schadensersatzpflichtig. Ein Verschulden ist bereits gegeben, wenn sich die streikführende Gewerkschaft nicht nach Kräften von der Rechtmäßigkeit des Streiks überzeugt hat.[123]

---

[120] St. Rspr. seit BVerfG 19. Dezember 1951 – BVerfGE 1, 97, 101 f.; dazu Umbach/Clemens/Dollinger/*Ruppert*, BVerfGG, 2. Aufl. 2005, § 90 Rn. 71.

[121] So zur Unmittelbarkeit der Beschwer st. Rspr., BVerfG 19. Dezember 1951 – BVerfGE 1, 97, 102 f.; BVerfG 15. August 1982 – BVerfGE 60, 360, 372; BVerfG 15. Dezember 1983 – BVerfGE 65, 1, 37; BVerfG 5. Mai 1987 – BVerfGE 75, 246, 263; dazu Sachs/*Sturm/Detterbeck*, GG, 6. Aufl. 2011, Art. 93 Rn. 94; Umbach/Clemens/Dollinger/*Ruppert* (Fn. 121), § 90 Rn. 78.

[122] So zur Gegenwärtigkeit der Beschwer, BVerfG 15. August 1982 – BVerfGE 60, 360, 372 f.; BVerfG 15. Dezember 1983 – BVerfGE 65, 1, 37; BVerfG 5. Mai 1987 – BVerfGE 75, 246, 263; dazu Dreier/*Wieland*, GG, 2. Aufl. 2008, Art. 93 Rn. 85; Sachs/*Sturm/Detterbeck*, GG, 6. Aufl. 2011, Art. 93 Rn. 93.

[123] BAG 20. Dezember 1963 – AP GG Art. 9 Arbeitskampf Nr. 32, 33.

Ein unvermeidbarer Rechtsirrtum kann nicht angenommen werden, wenn höchstrichterliche Erkenntnisse zu einer Rechtsfrage vorliegen.[124]

Diese Vorwirkung des obiter dictum hat aber nicht zur Folge, dass es sich um eine nicht mehr zu korrigierende Disposition handelt. Die Gewerkschaft kann den Aufruf und die Organisation eines Streiks beschließen und vor der Umsetzung des Verbandsbeschlusses Feststellungsklage vor dem zuständigen Arbeitsgericht erheben, um die Rechtmäßigkeit ihres Vorgehens klären zu lassen. In einem solchen Fall besteht ein Feststellungsinteresse, weil es der Gewerkschaft nicht zumutbar ist, den Verbandsbeschluss durchzuführen, um sich im Verfahren des vorläufigen Rechtsschutzes bzw. im Hauptsacheverfahren gegen den Vorwurf einer rechtswidrigen Arbeitskampfmaßnahme zu verteidigen, zumal bei einem Unterliegen Schadensersatz zu leisten wäre, der für die Gewerkschaft existenzbedrohend sein kann. Im Ergebnis fehlt es an einer gegenwärtigen Beschwer des Marburger Bundes, um gegen die Entscheidung des BAG vorzugehen.

Das Urteil über Arbeitskampfmaßnahmen in kirchlichen Einrichtungen auf dem Dritten Weg beruht auf einem Verstoß gegen die Maximen der Dienstgemeinschaft. Die Vorgaben, die das BAG entwickelt, beziehen sich auf die Anforderungen an die Ausgestaltung der Arbeitsrechtlichen Kommission und ihre Arbeitsweise nach dem Verständnis der christlichen Dienstgemeinschaft. Der 1. Senat hält fest, dass der Zweite und Dritte Weg gleichwertige Alternativen zur Verwirklichung der Dienstgemeinschaft sind, für die jeweils die praktische Konkordanz mit der kollektiven Koalitionsfreiheit sicherzustellen ist. Eine mögliche Grundrechtsverletzung kann sich nur daraus ergeben, dass der Dritte Weg nicht generell als eine nicht zu rechtfertigende Beeinträchtigung von Art. 9 Abs. 3 Satz 1 GG angesehen wurde, sondern eine praktische Konkordanz gefordert wird. Allerdings gilt auch in diesem Verfahren, dass die Entscheidung nicht auf diesem Teil der Entscheidungsgründe beruht.

Eine Beschwer kann sich höchstens für die Kläger ergeben, soweit die Entscheidung des BAG auf einem Verständnis der Dienstgemeinschaft beruht, das vom Gericht selbst entwickelt wurde und nicht dem Selbstverständnis der Kläger entspricht. Der 1. Senat betont zwar, dass er das Leitbild der Dienstgemeinschaft nach Maßgabe der Religionsgemeinschaften heranziehen muss und diese Vorgaben nur auf Plausibilität überprüft. Die konkrete Entscheidung basiert aber auf einem Verständnis der Dienstgemeinschaft, das vom Gericht zugrunde gelegt wird, ohne dass es einen klaren Bezug auf das Selbstverständnis der Kläger gibt.

VIII. Zusammenfassung der wesentlichen Ergebnisse

1. Die Urteile des BAG zum Arbeitskampf in kirchlichen Einrichtungen nach dem Zweiten und Dritten Weg sind wegweisend, auch wenn wesentliche Teile der Entscheidungen obiter dictum sind. Es bleiben allerdings viele Fragen zur Zusammensetzung der Arbeitsrechtlichen Kommissionen und zur Ausgestaltung ihres Verfahrens offen.

2. Das Recht auf kirchliche Selbstbestimmung lässt den Einrichtungen die Wahl, ob sie die Tätigkeit in der kirchlichen Einrichtung am Verständnis der christlichen

---

[124] Vgl. BAG 10. Dezember 2002 – AP GG Art. 9 Arbeitskampf Nr. 162 m. w. N.

Dienstgemeinschaft ausrichten. Der Zweite und Dritte Weg gelten insofern als gleichwertige Möglichkeit, um die Dienstgemeinschaft zu verwirklichen.

3. Der 1. Senat macht den Betriff der Dienstgemeinschaft zu einem zentralen Anknüpfungspunkt seiner Entscheidung. Der Begriff erlaubt der Religionsgemeinschaft einen Maßstab zu setzen, der nur der Kontrolle nach den §§ 134, 138 BGB und bei Kirchengesetzen dem ordre public unterliegt. Allerdings prüft das Gericht gerade für den Dritten Weg, ob die Ausgestaltung der Arbeitsrechtlichen Kommission und ihres Verfahrens den eigenen Vorgaben der Religionsgemeinschaft entspricht. Das Gericht läuft damit Gefahr sich zum originären Interpretator des Konzepts der Dienstgemeinschaft zu machen, obwohl das nur die Religionsgemeinschaft sein kann. Insbesondere die Annahme, dass das Verfahren auf dem Dritten Weg bereits der Dienstgemeinschaft nicht entspreche, ist nicht hinreichend auf kircheneigene Erklärungen gestützt. Zudem bestehen Zweifel, inwieweit überhaupt eine entsprechende Kontrolle durch ein staatliches Gericht erfolgen kann.

4. Positiv ist allerdings zu bewerten, dass das Gericht auf diese Weise grundsätzlich einen Weg geschaffen hat, um die Fälle zu handhaben, bei denen sich die Organisation der kirchlichen Einrichtung vom Ideal der Dienstgemeinschaft so weit entfernt hat, dass ein Verweis auf die ausgeübte kirchliche Selbstbestimmung nicht mehr möglich ist.

5. Der 1. Senat will den Konflikt zwischen Art. 9 Abs. 3 Satz 1 GG und Art. 137 Abs. 3 WRV, Art. 140 GG im Wege praktischer Konkordanz durch einen schonenden Ausgleich beider Rechte lösen und gewährt weder der kollektiven Koalitionsfreiheit noch dem Recht auf kirchliche Selbstbestimmung einseitig Vorrang.

6. Das Gericht geht zu Recht davon aus, dass der Zweite Weg, wie ihn die Nordkirche (vormals: NEK) praktiziert, geeignet ist, praktische Konkordanz herzustellen. Es berücksichtigt aber nicht, dass der beklagten Gewerkschaft das Schlichtungsverfahren bisher nicht zugänglich ist, weil mit ihr kein Grundlagentarifvertrag besteht und kein entsprechendes Kirchengesetz in Kraft ist.

7. Der 1. Senat sieht auch in den Arbeitsrechtlichen Kommissionen des Dritten Weges grundsätzlich eine Möglichkeit für einen schonenden Ausgleich der konfligierenden Rechte mit Verfassungsrang. Die Anforderungen an die Ausgestaltung bleiben in der Entscheidung jedoch unklar.

8. Das internationale Arbeitsrecht wird voraussichtlich keine grundsätzlich anderen Weichenstellungen vornehmen, da es die kollektive Koalitionsfreiheit und die Selbstbestimmung der Religionsgemeinschaft im hier maßgeblichen Bereich in ähnlicher Weise schützt. Einwände ergeben sich vor allem gegen die Intensität, mit der das Gericht die Regelungen des Dritten Weges anhand des Konzepts der Dienstgemeinschaft überprüft.

ANHANG

Übersichten

– Anhang zum Teil A –

I. Politische sowie fachliche Organisation

II. Gerichtsbarkeit

I. Politische sowie fachliche Organisation

Die Organisation der obersten Verwaltungsbehörden für Arbeit des Bundes und der Länder

(Stand: 31. 12. 2012)

a) Bund
Bundesministerium für Arbeit und Soziales
Ministerin Dr. Ursula *von der Leyen*

Dienststelle Berlin:
Wilhelmstraße 49
10117 **Berlin**
Tel.: 03018 527-0   Fax: 03018 527-1830
E-Mail: info@bmas.bund.de
www.bmas.de

Dienststelle Bonn:
Rochusstraße 1, Rochusstraße 289 bzw. Villemombler Straße 76
53123 **Bonn**
Tel.: 0228 99 527-0   Fax: 0228 99 527-2965
E-Mail: info@bmas.bund.de
www.bmas.de

Beamtete Staatssekretäre: Gerd *Hoofe* und Dr. Annette *Niederfranke*
Parlamentarische Staatssekretäre: Dr. Ralf *Brauksiepe* und Hans-Joachim *Fuchtel*

Abteilung III:
Arbeitsrecht, Arbeitsschutz

b) Länder
1. Baden-Württemberg
Ministerium für Arbeit und Sozialordnung, Familie, Frauen und Senioren
Ministerin Katrin *Altpeter*
Schellingstraße 15
70174 **Stuttgart**
Tel.: 0711 123-0   Fax: 0711 123-3999
E-Mail: poststelle@sm.bwl.de
www.sozialministerium-bw.de

2. Bayern
Bayerisches Staatsministerium für Arbeit und Sozialordnung, Familie und Frauen
Ministerin Christine *Haderthauer*
Winzererstraße 9
80797 **München**
Tel.: 089 1261-01   Fax: 089 1261-1122
E-Mail: poststelle@stmas.bayern.de
www.stmas.bayern.de

3. Berlin

Senatsverwaltung für Arbeit, Integration und Frauen
Senatorin Dilek *Kolat*
Oranienstraße 106
10969 **Berlin**
Tel.: 030 9028-0   Fax: 030 9028-2056
E-Mail: pressestelle@senaif.berlin.de
www.berlin.de/sen/aif

4. Brandenburg

Ministerium für Arbeit, Soziales, Frauen und Familie
Minister Günter *Baaske*
Heinrich-Mann-Allee 103
14473 **Potsdam**
Tel.: 0331 866-0   Fax: 0331 866-5108
E-Mail: poststelle@masf.brandenburg.de
www.masf.brandenburg.de

5. Bremen

Senator für Wirtschaft, Arbeit und Häfen
Senator Martin *Günthner*
Zweite Schlachtpforte 3
28195 **Bremen**
Tel.: 0421 361-8748   Fax: 0421 361-8586
E-Mail: holger.bruns@wuh.bremen.de
www.wirtschaft.bremen.de

6. Hamburg

Behörde für Arbeit, Soziales, Familie und Integration
Senator Detlef *Scheele*
Hamburger Straße 47
22083 **Hamburg**
Tel.: 040 42863-0   Fax: 040 42863-2286
E-Mail: poststelle@basfi.hamburg.de
www.hamburg.de/kontakt-basfi

7. Hessen

Hessisches Sozialministerium
Minister Stefan *Grüttner*
Dostojewskistraße 4
65187 **Wiesbaden**
Tel.: 0611 817-0   Fax: 0611 809399
E-Mail: poststelle@hsm.hessen.de
www.sozialministerium.hessen.de

8. Mecklenburg-Vorpommern

Ministerium für Arbeit, Gleichstellung und Soziales
Ministerin Manuela *Schwesig*
Werderstraße 124
19055 **Schwerin**
Tel.: 0385 588-0   Fax: 0385 588-9099
E-Mail: poststelle@sm.mv-regierung.de
www.regierung-mv.de

9. *Niedersachsen*
Niedersächsisches Ministerium für Wirtschaft, Arbeit und Verkehr
Minister Jörg *Bode*
Friedrichswall 1
30159 **Hannover**
Tel.: 0511 120-0   Fax: 0511 120-5772
E-Mail: pressestelle@mw.niedersachsen.de
www.mw.niedersachsen.de

10. *Nordrhein-Westfalen*
Ministerium für Arbeit, Integration und Soziales
Minister Guntram *Schneider*
Fürstenwall 25
40219 **Düsseldorf**
Tel.: 0221 855-5   Fax: 0221 855-3211
E-Mail: info@mags.nrw.de
www.mais.nrw.de

11. *Rheinland-Pfalz*
Ministerium für Soziales, Arbeit, Gesundheit und Demografie
Ministerin Malu *Dreyer*
Bauhofstraße 9
55116 **Mainz**
Tel.: 06131 16-2027   Fax: 06131 16-2452
E-Mail: poststelle@msagd.rlp.de
www.msagd.rlp.de

12. *Saarland*
Ministerium für Wirtschaft, Arbeit, Energie und Verkehr
Minister Heiko *Maas*
Franz-Josef-Röder-Straße 17
66119 **Saarbrücken**
Tel.: 0681 501-1668   Fax: 0681 501-1526
E-Mail: minister@wirtschaft.saarland.de
www.saarland.de/ministerium_wirtschaft_arbeit_energie_verkehr.htm

13. *Sachsen*
Staatsministerium für Wirtschaft, Arbeit und Verkehr
Staatsminister Sven *Morlok*
Wilhelm-Buck-Straße 2
01097 **Dresden**
Tel.: 0351 564-0   Fax: 0351 564-8068
E-Mail: info@smwa.sachsen.de
www.smwa.sachsen.de

14. *Sachsen-Anhalt*
Ministerium für Arbeit und Soziales
Minister Norbert *Bischoff*
Turmschanzenstraße 25
39114 **Magdeburg**
Tel.: 0391 567-4607   Fax: 0391 567-4622
E-Mail: ms-presse@ms.sachsen-anhalt.de
www.ms.sachsen-anhalt.de

15. Schleswig-Holstein
Ministerium für Soziales, Gesundheit, Familie und Gleichstellung
Ministerin Kristin *Alheit*
Adolf-Westphal-Straße 4
24143 **Kiel**
Tel: 0431 988-0   Fax: 0431 988-5344
E-Mail: pressestelle@sozmi.landsh.de
www.schleswig-holstein.de/MSGFG/DE/

16. Thüringen
Thüringer Ministerium für Wirtschaft, Arbeit und Technologie
Minister Matthias *Machnig*
Max-Reger-Straße 4-8
99096 **Erfurt**
Tel.: 0361 37 97 999   Fax: 0361 37 97 990
E-Mail: mailbox@tmwat.thüringen.de
www.thueringen.de/th6/tmwat/

Der Ausschuss für Arbeit und Soziales des Deutschen Bundestages
(Stand: 31.12.2012)

17. Wahlperiode
37 Mitglieder

Vorsitzende: Sabine *Zimmermann* (DIE LINKE)
Stellvertretender Vorsitzender: Max *Straubinger* (CDU/CSU)

Fraktion/Gruppe	Ordentliche Mitglieder Abgeordnete	Stellvertretende Mitglieder Abgeordnete
CDU/CSU	Heike Brehmer	Peter Aumer
	Gitta Connemann	Ingrid Fischbach
	Thomas Dörflinger	Alexander Funk
	Frank Heinrich	Mechthild Heil
	Ulrich Lange	Michael Hennrich
	Paul Lehrieder	Karl Holmeier
	Dr. Carsten Linnemann	Hubert Hüppe
	Maria Michalk	Dieter Jasper
	Karl Schiewerling	Alois Karl
	Max Straubinger	Matthias Lietz
	Dr. Peter Tauber	Eckhard Pols
	Dr. Johann Wadephul	Uwe Schummer
	Peter Weiß	Kai Wegner
	Dr. Matthias Zimmer	Willi Zylajew
SPD	Gabriele Hiller-Ohm	Heinz-Joachim Barchmann
	Josip Juratovic	Marco Bülow
	Anette Kramme	Elke Ferner
	Angelika Krüger-Leißner	Kerstin Griese
	Gabriele Lösekrug-Möller	Michael Peter Groß
	Katja Mast	Bettina Hagedorn
	Anton Schaaf	Hubertus Heil
	Silvia Schmidt	Dr. Eva Högl
	Ottmar Schreiner	Dr. Rolf Mützenich
FDP	Sebastian Blumenthal	Reiner Deutschmann
	Heinz Golombek	Heinz Lanfermann
	Miriam Gruß	Dr. Erwin Lotter
	Pascal Kober	Gabriele Molitor
	Dr. Heinrich Leonhard Kolb	Dr. Martin Neumann
	Johannes Vogel	Hartfrid Wolff
DIE LINKE	Matthias W. Birkwald	Dr. Martina Bunge
	Klaus Ernst	Katja Kipping
	Jutta Krellmann	Kornelia Möller
	Sabine Zimmermann	Dr. Ilja Seifert
Bündnis 90/DIE GRÜNEN	Markus Kurth	Birgitt Bender
	Beate Müller-Gemmeke	Katrin Göring-Eckardt
	Brigitte Pothmer	Maria Klein-Schmeink
	Dr. Wolfgang Strengmann-Kuhn	Fritz Kuhn

Der Ausschuss für Arbeit und Sozialpolitik des Bundesrates
(Stand: 31.12.2012)

Vorsitzender: Stefan Grüttner – Staatsminister (Land Hessen) –
Stellvertreterin: Christine Haderthauer – Staatsministerin (Freistaat Bayern) –

Land	Mitglied
Baden-Württemberg	Ministerin Katrin Altpeter
Berlin	Senator Mario Czaja
Berlin	Senatorin Dilek Kolat
Brandenburg	Minister Günter Baaske
Bremen	Senator Martin Günthner
Bremen	Senatorin Anja Stahmann
Hamburg	Senator Detlef Scheele
Mecklenburg-Vorpommern	Ministerin Manuela Schwesig
Niedersachsen	Stellv. Ministerpräsident und Minister Jörg Bode
Niedersachsen	Ministerin Aygül Özkan
Nordrhein-Westfalen	Minister Guntram Schneider
Nordrhein-Westfalen	Ministerin Barbara Steffens
Rheinland-Pfalz	Staatsministerin Malu Dreyer
Saarland	Stellv. Ministerpräsident und Minister Heiko Maas
Saarland	Minister Andreas Storm
Sachsen	Staatsministerin Christine Clauß
Sachsen	Stellv. Ministerpräsident und Staatsminister Sven Morlok
Sachsen-Anhalt	Minister Norbert Bischoff
Schleswig-Holstein	Ministerin Kristin Alheit
Schleswig-Holstein	Minister Reinhard Meyer
Thüringen	Minister Matthias Machnig
Thüringen	Ministerin Heike Taubert

II. Gerichtsbarkeit

1. Besetzungsplan der Senate des Bundesarbeitsgerichts (Stand 31. 12. 2012)

1. Senate

Erster Senat:

Vorsitzende: Präsidentin des Bundesarbeitsgerichts *Schmidt*

Regelmäßiger Vertreter der Vorsitzenden:
Richter am Bundesarbeitsgericht *Dr. Linck*

1. Beisitzer: Richter am Bundesarbeitsgericht *Dr. Linck*
2. Beisitzer: Richter am Bundesarbeitsgericht *Prof. Dr. Koch*

Regelmäßige   Vertreter der Beisitzer:
Richter am Bundesarbeitsgericht *Breinlinger*
Richterin am Bundesarbeitsgericht *Spelge*
Richterin am Bundesarbeitsgericht *Berger*
Richter am Bundesarbeitsgericht *Dr. Treber*

Zweiter Senat:

Vorsitzender: Vorsitzender Richter am Bundesarbeitsgericht *Kreft*

Regelmäßige   Vertreterin des Vorsitzenden:
Richterin am Bundesarbeitsgericht *Berger*

1. Beisitzerin: Richterin am Bundesarbeitsgericht *Berger*
2. Beisitzerin: Richterin am Bundesarbeitsgericht *Rachor*
3. Beisitzerin: Richterin am Bundesarbeitsgericht *Dr. Rinck*

Regelmäßige Vertreter der Beisitzer:
Richter am Bundesarbeitsgericht Prof. Dr. *Koch*
Richter am Bundesarbeitsgericht Dr. *Spinner*
Richterin am Bundesarbeitsgericht Dr. *Winter*

Dritter Senat:

Vorsitzende: Vorsitzende Richterin am Bundesarbeitsgericht *Gräfl*

Regelmäßige Vertreterin der Vorsitzenden:
Richterin am Bundesarbeitsgericht *Dr. Schlewing*

1. Beisitzerin: Richterin am Bundesarbeitsgericht *Dr. Schlewing*
2. Beisitzer: Richter am Bundesarbeitsgericht *Dr. Spinner*

Regelmäßige Vertreter der Beisitzer:
Richter am Bundesarbeitsgericht *Prof. Dr. Kiel*
Richter am Bundesarbeitsgericht *Reinfelder*
Richterin am Bundesarbeitsgericht *K. Schmidt*
Richter am Bundesarbeitsgericht *Dr. Biebl*

Vierter Senat:

Vorsitzender: Vorsitzender Richter am Bundesarbeitsgericht *Dr. Eylert*

Anhang 4: Bundesarbeitsgericht

Regelmäßiger Vertreter des Vorsitzenden:
  Richter am Bundesarbeitsgericht Creutzfeldt

1. Beisitzer: Richter am Bundesarbeitsgericht *Creutzfeldt*
2. Beisitzer: Richter am Bundesarbeitsgericht *Dr. Treber*
3. Beisitzerin: Richterin am Bundesarbeitsgericht *Dr. Winter*

Regelmäßige Vertreter der Beisitzer:
  Richter am Bundesarbeitsgericht *Dr. Suckow*
  Richterin am Bundesarbeitsgericht *Rachor*
  Richter am Bundesarbeitsgericht *Breinlinger*

Fünfter Senat:
Vorsitzender: Vizepräsident des Bundesarbeitsgerichts *Dr. Müller-Glöge*

Regelmäßige Vertreterin des Vorsitzenden:
  Richterin am Bundesarbeitsgericht *Dr. Laux*

1. Beisitzerin: Richterin am Bundesarbeitsgericht *Dr. Laux*
2. Beisitzer: Richter am Bundesarbeitsgericht *Dr. Biebl*

Regelmäßige Vertreter der Beisitzer:
  Richter am Bundesarbeitsgericht *Klose*
  Richterin am Bundesarbeitsgericht *Spelge*
  Richter am Bundesarbeitsgericht *Prof. Dr. Koch*

Sechster Senat:
Vorsitzender: Vorsitzender Richter am Bundesarbeitsgericht *Dr. Fischermeier*

Regelmäßige Vertreterin des Vorsitzenden:
  Richterin am Bundesarbeitsgericht *Gallner*

1. Beisitzerin: Richterin am Bundesarbeitsgericht *Gallner*
2. Beisitzerin: Richterin am Bundesarbeitsgericht *Spelge*

Regelmäßige Vertreter der Beisitzer:
  Richter am Bundesarbeitsgericht *Mestwerdt*
  Richter am Bundesarbeitsgericht *Dr. Spinner*
  Richter am Bundesarbeitsgericht *Dr. Treber*
  Richterin am Bundesarbeitsgericht *Dr. Winter*

Siebter Senat:
Vorsitzender: Vorsitzender Richter am Bundesarbeitsgericht *Linsenmaier*

Regelmäßiger Vertreter des Vorsitzenden:
  Richter am Bundesarbeitsgericht *Dr. Zwanziger*

1. Beisitzer: Richter am Bundesarbeitsgericht *Dr. Zwanziger*
2. Beisitzer: Richter am Bundesarbeitsgericht *Prof. Dr. Kiel*
3. Beisitzerin: Richterin am Bundesarbeitsgericht *K. Schmidt*

Regelmäßige Vertreter der Beisitzer:
  Richterin am Bundesarbeitsgericht *Berger*
  Richter am Bundesarbeitsgericht *Dr. Suckow*
  Richterin am Bundesarbeitsgericht *Rachor*

Achter Senat:
Vorsitzender: Vorsitzender Richter am Bundesarbeitsgericht *Hauck*

Regelmäßiger Vertreter des Vorsitzenden:
Richter am Bundesarbeitsgericht *Böck*

1. Beisitzer: Richter am Bundesarbeitsgericht *Böck*
2. Beisitzer: Richter am Bundesarbeitsgericht *Breinlinger*

Regelmäßige Vertreter der Beisitzer:
Richter am Bundesarbeitsgericht *Reinfelder*
Richterin am Bundesarbeitsgericht *K. Schmidt*
Richter am Bundesarbeitsgericht *Dr. Biebl*
Richter am Bundesarbeitsgericht *Prof. Dr. Kiel*

Neunter Senat:
Vorsitzender: Vorsitzender Richter am Bundesarbeitsgericht *Dr. Brühler*

Regelmäßiger Vertreter des Vorsitzenden:
Richter am Bundesarbeitsgericht *Krasshöfer*

1. Beisitzer: Richter am Bundesarbeitsgericht *Krasshöfer*
2. Beisitzer: Richter am Bundesarbeitsgericht *Dr. Suckow*
3. Beisitzer: Richter am Bundesarbeitsgericht *Klose*

Regelmäßige Vertreter der Beisitzer:
Richterin am Bundesarbeitsgericht *Rachor*
Richter am Bundesarbeitsgericht *Dr. Biebl*
Richter am Bundesarbeitsgericht *Mestwerdt*

Zehnter Senat:
Vorsitzender: Vorsitzender Richter am Bundesarbeitsgericht *Prof. Dr. Mikosch*

Regelmäßiger Vertreter des Vorsitzenden:
Richter am Bundesarbeitsgericht *Schmitz-Scholemann*

1. Beisitzer: Richter am Bundesarbeitsgericht *Schmitz-Scholemann*
2. Beisitzer: Richter am Bundesarbeitsgericht *Reinfelder*
3. Beisitzer: Richter am Bundesarbeitsgericht *Mestwerdt*

Regelmäßige Vertreter der Beisitzer:
Richterin am Bundesarbeitsgericht *Spelge*
Richterin am Bundesarbeitsgericht *Berger*
Richter am Bundesarbeitsgericht *Dr. Suckow*

2. Vertretungen
2.1 Reihenfolge der Vertreter in den Senaten
Die regelmäßigen Vertreter der Richterinnen und Richter werden in der aufgeführten Reihenfolge zu den Sitzungen nacheinander herangezogen.

Eine Heranziehung zu einer Sitzung liegt vor, sobald durch Aktenvermerk der Geschäftsstelle der an der konkreten Sitzung teilnehmende Vertreter festgelegt ist.

Unberührt von dieser Regelung bleibt die Geschäftsführung des Senats bei Verhinderung aller ordentlichen Mitglieder des Senats. Sie obliegt dem ersten regelmäßigen Vertreter, bei dessen Verhinderung dem nächstberufenen Vertreter.

Im Falle der Verhinderung der Mitglieder des zuständigen Senats und ihrer regelmäßigen Vertreter sind in der alphabetischen Reihenfolge gleichmäßig (entsprechend § 49 Abs. 4 GVG) alle übrigen berufsrichterlichen Mitglieder des Gerichts zur Vertretung berufen.

2.2 Nicht besetzte Dienstposten von Senatsvorsitzenden
Ist der Dienstposten des Vorsitzenden Richters eines Senats nicht besetzt, so wird bis zur Behebung des Mangels diesem Senat nach der Reihenfolge des niedrigsten Dienstalters ein Vorsitzender Richter als Senatsvorsitzender zugeteilt, der nicht bereits durch eine derartige Zuteilung in Anspruch genommen ist.
Tritt der Zuteilungsbedarf bei mehreren Senaten gleichzeitig ein, so erfolgen die Zuteilungen an die Senate nach der Reihenfolge ihrer Ordnungsnummern.

3. Großer Senat
3.1 Dem Großen Senat gehört kraft Gesetzes an (§ 45 Abs. 5 Satz 1 ArbGG):
Präsidentin des Bundesarbeitsgerichts
Schmidt (1. Senat)

3.2 Dem Großen Senat sind zugeteilt:
Vorsitzender Richter am Bundesarbeitsgericht
Kreft (2. Senat)

Richterin am Bundesarbeitsgericht
Dr. Schlewing (3. Senat)

Richter am Bundesarbeitsgericht
Creutzfeldt (4. Senat)

Vizepräsident des Bundesarbeitsgerichts
Dr. Müller-Glöge (5. Senat)

Richterin am Bundesarbeitsgericht
Spelge (6. Senat)

Vorsitzender Richter am Bundesarbeitsgericht
Linsenmaier (7. Senat)

Vorsitzender Richter am Bundesarbeitsgericht
Hauck (8. Senat)

Richter am Bundesarbeitsgericht
Krasshöfer (9. Senat)

Vorsitzender Richter am Bundesarbeitsgericht
Prof. Dr. Mikosch (10. Senat)

3.3 Reihenfolge der Vertreter im Großen Senat
Die Vorsitzenden Richter, einschließlich Präsidentin und Vizepräsident, werden nach der Regelung der Stellvertretung des Vorsitzenden im jeweiligen Senat vertreten.
Die Richter werden zunächst durch den jeweiligen Vorsitzenden ihres Senats und sodann durch den stellvertretenden Vorsitzenden und den ihnen nachfolgenden weiteren Richter ihres jeweiligen Senats vertreten, bei zwei nachfolgenden Richtern durch den im Dienstalter älteren Richter.

4. Zuteilung der ehrenamtlichen Richterinnen und Richter an die zehn Senate

Erster Senat:
Ehrenamtliche Richter aus den Kreisen der Arbeitnehmer
Berg, Peter
Hayen, Ralf-Peter
Dr. Klebe, Thomas
Kunz, Olaf
Platow, Helmut
Schuster, Norbert
Schwitzer, Helga
Seyboth, Marie
Spoo, Sibylle

Ehrenamtliche Richter aus den Kreisen der Arbeitgeber
Dr. Benrath, Gerd
Frischholz, Peter
Dr. Gentz, Manfred
Dr. Hann, Michael
Dr. Klosterkemper, Heinrich
Rath, Ralf
Wisskirchen, Alfred

Zweiter Senat:
Ehrenamtliche Richter aus den Kreisen der Arbeitnehmer
Claes, Ansgar
Eulen, Jan
Falke, Torsten
Dr. Grimberg, Herbert
Löllgen, Frank
Nielebock, Helga
Perreng, Martina
Pitsch, Renate
Schierle, Karlheinz
Schipp, Barbara

Ehrenamtliche Richter aus den Kreisen der Arbeitgeber
Dr. Bartz, Gerhard
Beckerle, Klaus
Frey, Hans-Paul
Gans, Thomas
Krichel, Ulrich
Dr. Niebler, Michael
Dr. Roeckl, Kurt
Dr. Sieg, Rainer
Söller, Wolfgang
Wolf, Roland

Dritter Senat:
Ehrenamtliche Richter aus den Kreisen der Arbeitnehmer
Becker, Matthias
Frehse, Heike
Heuser, Walter
Kanzleiter, Gerda

Anhang 4: Bundesarbeitsgericht

Knüttel, Astrid
Lohre, Karl Werner
Nötzel, Silke
Schepers, Hermann-Josef
Schmalz, Hubert
Trunsch, Heidi
Wischnath, Hans-Martin

Ehrenamtliche Richter aus den Kreisen der Arbeitgeber
Brunke, Roger
Busch, Dagmar
Fasbender, Volker
Dr. Hopfner, Sebastian
Dr. Kaiser, Heinrich
Kappus, Holger
Dr. Möller, Ruth
Dr. Rau, Helmut
Prof. Dr. Reiter, Christian
Dr. Schmidt, Klaus
Schultz, Andreas
Stemmer, Ralf

Vierter Senat:
Ehrenamtliche Richter aus den Kreisen der Arbeitnehmer
Dierßen, Martina
Hannig, Heinrich
Hess, Thomas
Kiefer, Peter
Lippok, Norbert Georg
Pfeil, Eva-Maria
Plautz, Silke
Ratayczak, Jürgen
Redeker, Edda
Schuldt, Heidemarie
Steding, Walter Ernst Peter

Ehrenamtliche Richter aus den Kreisen der Arbeitgeber
Bredendiek, Knut
Drechsler, Wolfgang
Fritz, Michael
Görgens, Norbert
Hardebusch, Franz-Josef
Kleinke, Gisela
Klotz, Heinrich
Dr. Kriegelsteiner, Paul
Pieper, Bernhard
Dr. Pust, Helmut
Rupprecht, Peter

Fünfter Senat:
Ehrenamtliche Richter aus den Kreisen der Arbeitnehmer
Buschmann, Hans-Rudolf
Christen, Anja

Dittrich, Jürgen
Kremser, Hans-Jürgen
Mandrossa, Michael
Mattausch, Nadine
Rehwald, Rainer
Reinders, Jutta
Zoller, Günter
Zorn, Marissa

Ehrenamtliche Richter aus den Kreisen der Arbeitgeber
Bürger, Ernst
Busch, Axel
Dr. Dombrowsky, Hans-Michael
Feldmeier, Georg
Prof. Dr. Dr. hc. Hromadka, Wolfgang
Ilgenfritz-Donné, Uwe
Jungbluth, Hans-Joachim
Pollert, Dirk
Dr. Rahmstorf, Frank
Röth-Ehrmann, Sigrid

Sechster Senat:
Ehrenamtliche Richter aus den Kreisen der Arbeitnehmer
Döpfert, Kerstin
Frank, Wolfgang
Jerchel, Kerstin
Jostes, Manfred
Knauß, Dieter
Koch, Reiner
Lorenz, Ute
Peter, Claudia
Stang, Brigitte
Zabel, Uwe

Ehrenamtliche Richter aus den Kreisen der Arbeitgeber
Dr. Augat, Armin
Geyer, Markus
Hoffmann, Manfred
Kammann, Katrin
Klapproth, Klaus-Dieter
Lauth, Ulrich
Matiaske, Hartmut
Oye, Volker
Schäferkord, Gerhard
Sieberts, Urban
Dr. Wollensak, Joachim

Siebter Senat:
Ehrenamtliche Richter aus den Kreisen der Arbeitnehmer
Bea, Werner
Busch, Volker
Coulin, Christian
Prof. Dr. Deinert, Olaf

Anhang 4: Bundesarbeitsgericht

Gmoser, Renate
Holzhausen, Erika
Klenter, Peter
Metzinger, Günther
Schiller, Reinhardt
Schuh, Beate
Vorbau, Reinhard-Ulrich

Ehrenamtliche Richter aus den Kreisen der Arbeitgeber
Donath, Sylvana
Dr. Gerschermann, Roland
Glock, Dirk
Hansen, Hans-Carsten
Kley, Wilfried
Krollmann, Helge Martin
Dr. Rose, Franz-Josef
Prof. Dr. Spie, Ulrich
Strippelmann, Bernhard
Willms, Udo
Zwisler, Michael

Achter Senat:
Ehrenamtliche Richter aus den Kreisen der Arbeitnehmer
Burr, Hermann Hans
Gothe, Christine
Henniger, Andreas
Kandler, Raymund
Dr. Pauli, Hanns
Soost, Stefan
von Schuckmann, Hermann
Wankel, Sibylle
Wroblewski, Andrej

Ehrenamtliche Richter aus den Kreisen der Arbeitgeber
Avenarius, Friedrich
Dr. Bloesinger, Hubert
Döring, Christina
Eimer, Horst
Dr. Hermann, Michael
Lüken, Klemens Christoph
Dr. Mallmann, Luitwin
Schulz, Edmund
Dr. Umfug, Peter
Dr. Volz, Franz-Eugen

Neunter Senat:
Ehrenamtliche Richter aus den Kreisen der Arbeitnehmer
Anthonisen, Holger
Faltyn, Harald
Heilmann, Micha
Lücke, Martin
Neumann, Sylvia
Otto, Rainer

Pielenz, Cornelia
Preuß, Jens
Schmid, Walter
Spiekermann, Peter
Wege, Doris

Ehrenamtliche Richter aus den Kreisen der Arbeitgeber
Brossardt, Bertram
Dipper, Matthias
Furche, Norbert
Kranzusch, Holger
Dr. Leitner, Ulrich
Mehnert, Henry
Merte, Karin
Müller, Georg
Neumann-Redlin, Cornelius
Ropertz, Claus Jürgen
Dr. Starke, Klaus-Peter

Zehnter Senat:
Ehrenamtliche Richter aus den Kreisen der Arbeitnehmer
Alex, Mirjam
Bicknase, Rainer
Effenberger, Ansgar
Fieback, Gabriele
Fluri, Stefan
Großmann, Rudolf
Kiel, Detlev
Maurer, Sigrid
Petri, Ulrich
Schumann, Dirk
Trümner, Martina
Zielke, Gabriele

Ehrenamtliche Richter aus den Kreisen der Arbeitgeber
Baschnagel, Roland
Beck, Adelbert
Frese, Volker
Guthier, Werner
Huber, Walter
Rudolph, Kerstin
Schürmann, Karin
Simon, Werner
Thiel, Wolfhart
Züfle, Rigo H.

Im Falle der Wiederberufung eines ehrenamtlichen Richters im laufenden Geschäftsjahr bleibt er demselben Senat zugewiesen.
Bei plötzlicher Verhinderung eines geladenen ehrenamtlichen Richters oder in den Fällen der §§ 42, 48 ZPO ist, wenn die Heranziehung eines anderen ehrenamtlichen Richters aus der Liste des betreffenden Senats auf erhebliche Schwierigkeiten stößt, ein an Gerichtsstelle anwesender ehrenamtlicher Richter aus dem jeweiligen Kreis der Arbeitnehmer oder Arbeitgeber heranzuziehen. Sind mehrere ehrenamtliche Richter an Gerichtsstelle anwesend, bestimmt sich die Rei-

henfolge nach dem Alphabet. Wenn kein ehrenamtlicher Richter an Gerichtsstelle anwesend ist oder in anderen Verhinderungsfällen, in denen die Heranziehung eines anderen ehrenamtlichen Richters aus der Liste des betreffenden Senats auf erhebliche Schwierigkeiten stößt, wird ein ehrenamtlicher Richter mit Schriftwechseladresse in der Reihenfolge der Postleitzahlbereiche 99…, 07…, 04…, 36…, 34…, 60…, 61…, 06… und 95… jeweils in alphabetischer Reihenfolge herangezogen. Erklärt sich einer der erreichten ehrenamtlichen Richter für verhindert, so tritt an seine Stelle der nächste zu berufende ehrenamtliche Richter in der angegebenen Reihenfolge. Durch eine Heranziehung nach dieser Regelung ändert sich nichts an der Reihenfolge der Heranziehung der ehrenamtlichen Richter in den Senaten, denen sie zugeteilt sind. Bei Entscheidungen nach § 78 a ArbGG wirken die ehrenamtlichen Richter in der Reihenfolge der Liste des jeweiligen Senats mit.

5. Zuteilung der ehrenamtlichen Richterinnen und Richter an den Großen Senat
Ehrenamtliche Richter aus den Kreisen der Arbeitnehmer:
Dr. Klebe, Thomas
Nielebock, Helga
Platow, Helmut

Regelmäßige Vertreter:
Buschmann, Hans-Rudolf
Perreng, Martina
Seyboth, Marie
Schuster, Norbert
Prof. Dr. Deinert, Olaf

Ehrenamtliche Richter aus den Kreisen der Arbeitgeber:
Dr. Federlin, Gerd
Dr. Gentz, Manfred
Wisskirchen, Alfred

Regelmäßige Vertreter:
Dr. Umfug, Peter
Frey, Hans-Paul
Dr. Brocker, Ulrich
Wolf, Roland
Prof. Dr. Dr. h.c. Hromadka, Wolfgang

Bei den regelmäßigen Vertretern der ehrenamtlichen Richterinnen und Richter im Großen Senat tritt der zuerst aufgeführte Vertreter ein, wenn durch Verhinderung eines ständigen Mitglieds eine Vertretung notwendig wird. Bei Verhinderung des zuerst aufgeführten Vertreters tritt der nächstbezeichnete Vertreter ein und so fort.

6. Gemeinsamer Senat der obersten Gerichtshöfe des Bundes
Dem Gemeinsamen Senat gehören nach dem Gesetz an:
Die Präsidentin des Bundesarbeitsgerichts *Schmidt*
sowie die Vorsitzenden Richter der jeweils beteiligten Senate des Bundesarbeitsgerichts.

In den Gemeinsamen Senat werden gemäß § 3 Abs. 1 Nr. 3, Abs. 2 und 4 des Gesetzes zur Wahrung der Einheitlichkeit der Rechtsprechung der obersten Gerichtshöfe des Bundes vom 19. Juni 1968 für die Geschäftsjahre 2011 und 2012 folgende Richter entsandt:

Erster Senat:
Richter am Bundesarbeitsgericht *Dr. Linck*
Richter am Bundesarbeitsgericht *Prof. Dr. Koch*

Vertreter:
Richter am Bundesarbeitsgericht *Breinlinger*

Zweiter Senat:
Richterin am Bundesarbeitsgericht *Berger*

Vertreterin:
Richterin am Bundesarbeitsgericht *Rachor*

Dritter Senat:
Richterin am Bundesarbeitsgericht *Dr. Schlewing*

Vertreter:
Richter am Bundesarbeitsgericht *Dr. Spinner*

Vierter Senat:
Richter am Bundesarbeitsgericht *Dr. Treber*

Vertreter:
Richter am Bundesarbeitsgericht *Creutzfeldt*

Fünfter Senat:
Richter am Bundesarbeitsgericht *Dr. Biebl*

Vertreterin:
Richterin am Bundesarbeitsgericht *Dr. Laux*

Sechster Senat:
Richterin am Bundesarbeitsgericht *Gallner*

Vertreterin:
Richterin am Bundesarbeitsgericht *Spelge*

Siebter Senat:
Richter am Bundesarbeitsgericht *Dr. Zwanziger*

Vertreter:
Richter am Bundesarbeitsgericht *Prof. Dr. Kiel*

Achter Senat:
Richter am Bundesarbeitsgericht *Böck*

Vertreter:
Richter am Bundesarbeitsgericht *Breinlinger*

Neunter Senat:
Richter am Bundesarbeitsgericht *Krasshöfer*

Vertreter:
Richter am Bundesarbeitsgericht *Dr. Suckow*

Zehnter Senat:
Richter am Bundesarbeitsgericht *Schmitz-Scholemann*

Vertreter:
Richter am Bundesarbeitsgericht *Reinfelder*

Anhang 4: Bundesarbeitsgericht

Großer Senat:
Vizepräsident des Bundesarbeitsgerichts *Dr. Müller-Glöge*
Vorsitzender Richter am Bundesarbeitsgericht *Prof. Dr. Mikosch*

Vertreter:
Vorsitzender Richter am Bundesarbeitsgericht *Linsenmaier*
Richterin am Bundesarbeitsgericht *Spelge*

7. Sitzungstage und Sitzungssäle

Erster Senat:	Dienstag	Sitzungssaal II / III*
Zweiter Senat:	Donnerstag	Sitzungssaal II / III*
Dritter Senat:	Dienstag	Sitzungssaal IV
Vierter Senat:	Mittwoch	Sitzungssaal II / III*
Fünfter Senat:	Mittwoch	Sitzungssaal I
Sechster Senat:	Donnerstag	Sitzungssaal IV
Siebter Senat:	Mittwoch	Sitzungssaal IV
Achter Senat:	Donnerstag	Sitzungssaal IV
Neunter Senat:	Dienstag	Sitzungssaal I
Zehnter Senat:	Mittwoch	Sitzungssaal I / IV

---

* Sitzungssäle II und III verbunden

Die Landesarbeitsgerichte
(Stand: 31.12.2012)

a) Baden-Württemberg
Landesarbeitsgericht Baden-Württemberg
Börsenstraße 6
70174 **Stuttgart**
Tel.: 0711 6685-0   Fax: 0711 6685-400

Präsident: **Dr. Natter**

Kammer 1:	Präsident	*Dr. Natter*
Kammer 2:	Vorsitzender Richter am LAG	*Hensinger*
Kammer 3:	Vorsitzender Richter am LAG	*Oesterle*
Kammer 4:	Vorsitzender Richter am LAG	*Stöbe*
Kammer 5:	Vizepräsident	*Augenschein*
Kammer 6:	Vorsitzender Richter am LAG	*Reiner Müller*
Kammer 7:	Vorsitzender Richter am LAG	*Pfeiffer*
Kammer 8:	Vorsitzende Richterin am LAG	*Kaiser*
Kammer 9:	Vorsitzender Richter am LAG	*Tillmanns*
Kammer 10:	Vorsitzender Richter am LAG	*Arnold*
Kammer 11:	Vorsitzender Richter am LAG	*Bernhard*
Kammer 12:	Vorsitzender Richter am LAG	*Stephan Müller*
Kammer 13:	Vorsitzender Richter am LAG	*Dr. Schlünder*
Kammer 14:	Vorsitzende Richterin am LAG	*Witte*
Kammer 15:	Vorsitzende Richterin am LAG	*Steer*
Kammer 16:	Vorsitzender Richter am LAG	*Steuerer*
Kammer 17:	Vorsitzende Richterin am LAG	*Dr. Rieker*
Kammer 18:	Vizepräsidentin des Arbeitsgerichts	*Zimmermann*
Kammer 19:	Vorsitzende Richterin am LAG	*Dr. Auweter*
Kammer 20:	Richter am Arbeitsgericht	*Meyer*
Kammer 21:	Vorsitzender Richter am LAG	*Rieker*
Kammer 22:	Vorsitzende Richterin am LAG	*Dr. Kramer*

b) Bayern
Landesarbeitsgericht München
Winzererstraße 104
80797 **München**
Tel.: 089 30619-0   Fax: 089 30619-211

Präsident: **N.N.**

Kammer 1:	Vizepräsident	*Moeller*
Kammer 2:	Vorsitzender Richter am LAG	*Waitz*
Kammer 3:	Vorsitzende Richterin am LAG	*Dr. Eulers*
Kammer 4:	Vorsitzender Richter am LAG	*Burger*
Kammer 5:	Vorsitzender Richter am LAG	*Dr. Wanhöfer*
Kammer 6:	Vorsitzender Richter am LAG	*Dr. Künzl*
Kammer 7:	Vorsitzender Richter am LAG	*Karrasch*
Kammer 8:	Vorsitzender Richter am LAG	*Dyszak*

Kammer 9:	Vorsitzende Richterin am LAG	*Dr. Förschner*
Kammer 10:	Richterin am Arbeitsgericht	*Kautnik*
Kammer 11:	Vorsitzender Richter am LAG	*Neumeier*

Landesarbeitsgericht Nürnberg
Roonstraße 20
90429 **Nürnberg**
Tel.: 0911 928-0   Fax: 0911 928-2750

Präsident: **Heider**

Kammer 1:	Präsident	*Heider*
Kammer 2:	Vorsitzender Richter am LAG	*Steindl*
Kammer 3:	Vorsitzender Richter am LAG	*Bär*
Kammer 4:	Vorsitzender Richter am LAG	*Roth*
Kammer 5:	Vorsitzender Richter am LAG	*Malkmus*
Kammer 6:	Vorsitzender Richter am LAG	*Vetter*
Kammer 7:	Vorsitzende Richterin am LAG	*Weißenfels*
Kammer 8:	Vizepräsidentin	*Bonfigt*
Kammer 9:	N.N.	

c) Berlin-Brandenburg

Landesarbeitsgericht Berlin-Brandenburg
Magdeburger Platz 1
10785 **Berlin**
Tel.: 030 90171-0   Fax: 030 90171-222/333

Präsident: **Dr. Binkert**

Kammer 1:	N.N.	
Kammer 2:	Präsident	*Dr. Binkert*
Kammer 3:	Vorsitzende Richterin am LAG	*Salzmann*
Kammer 4:	Vorsitzender Richter am LAG	*Dr. Schleusener*
Kammer 5:	Vorsitzende Richterin am LAG	*Metzke*
Kammer 6:	Vorsitzender Richter am LAG	*Corts*
Kammer 7:	Vorsitzende Richterin am LAG	*Reber*
Kammer 8:	Vorsitzende Richterin am LAG	*Albrecht-Glauche*
Kammer 9:	Vorsitzende Richterin am LAG	*Wieland*
Kammer 10:	Vorsitzender Richter am LAG	*Wenning-Morgenthaler*
Kammer 11:	Vorsitzender Richter am LAG	*Dr. Pahlen*
Kammer 12:	Vorsitzende Richterin am LAG	*Dr. Hantl-Unthan*
Kammer 13:	Vorsitzender Richter am LAG	*Dr. Fenski*
Kammer 14:	Vorsitzende Richterin am LAG	*Schaude*
Kammer 15:	Vorsitzender Richter am LAG	*Klueß*
Kammer 16:	Vorsitzende Richterin am LAG	*Pechstein*
Kammer 17:	Vorsitzender Richter am LAG	*Dreßler*
Kammer 18:	Vorsitzende Richterin am LAG	*Staudacher*
Kammer 19:	Vorsitzender Richter am LAG	*Dr. Rancke*
Kammer 20:	Vorsitzender Richter am LAG	*Rausch*
Kammer 21:	Richterin am Arbeitsgericht	*Dr. Hinrichs*
Kammer 22:	Vorsitzende Richterin am LAG	*Kaiser*
Kammer 23:	Vorsitzender Richter am LAG	*Przybyla*
Kammer 24:	Vorsitzender Richter am LAG	*Schinz*
Kammer 25:	Richterin am Arbeitsgericht	*Dr. Ahrendt*
Kammer 26:	Vorsitzender Richter am LAG	*Kloppenburg*

d) Bremen

Landesarbeitsgericht Bremen
Am Wall 198
28195 **Bremen**
Tel.: 0421 361-6371   Fax: 0421 361-6579

Präsidentin: **Kallmann**

Kammer 1:	Präsidentin	*Kallmann*
Kammer 2:	Vorsitzender Richter am LAG	*Nitsche*
Kammer 3:	Vorsitzender Richter am LAG	*Grauvogel*
Kammer 4 (Hilfskammer): Richter am ArbG		*Böggemann*

e) Hamburg

Landesarbeitsgericht Hamburg
Osterbekstraße 96
22083 **Hamburg**
Tel.: 040 42863-5665   Fax: 040 42863-5852

Präsident: **Dr. Nause**

Kammer 1:	Präsident	*Dr. Nause*
Kammer 2:	Vorsitzender Richter am LAG	*Beck*
Kammer 3:	Vorsitzender Richter am LAG	*Schaude*
Kammer 4:	Vorsitzender Richter am LAG	*Rath*
Kammer 5:	Vorsitzender Richter am LAG	*Lesmeister*
Kammer 6:	Vorsitzende Richterin am LAG	*Kusserow*
Kammer 7:	Vizepräsidentin	*Loets*
Kammer 8:	Vorsitzender Richter am LAG	*Rühl*

f) Hessen

Hessisches Landesarbeitsgericht
Gutleutstraße 130
60327 **Frankfurt am Main**
Tel.: 069 15047-0   Fax: 069 15047-8300

Präsident: **Dr. Bader**

Kammer 1:	Präsident	*Dr. Bader*
Kammer 2:	Vizepräsidentin	*Jörchel*
Kammer 3:	Vorsitzende Richterin am LAG	*Schäffer*
Kammer 4:	Vorsitzender Richter am LAG	*Griebeling*
Kammer 5:	Vorsitzender Richter am LAG	*Goltzsche*
Kammer 6:	Vorsitzende Richterin am LAG	*Paki*
Kammer 7:	Vorsitzender Richter am LAG	*Georg Schäfer*
Kammer 8:	Richter am Arbeitsgericht	*Dr. Franzke*
Kammer 9:	Vorsitzender Richter am LAG	*Bram*
Kammer 10:	Vorsitzender Richter am LAG	*Dr. Kriebel*
Kammer 11:	Vorsitzende Richterin am LAG	*Taubel-Gerber*
Kammer 12:	Vorsitzender Richter am LAG	*Mandelke*
Kammer 13:	Vorsitzender Richter am LAG	*Henkel*
Kammer 14:	Vorsitzende Richterin am LAG	*Nungeßer*
Kammer 15:	Vorsitzende Richterin am LAG	*Jansen*
Kammer 16:	Vorsitzender Richter am LAG	*Dr. Gegenwart*
Kammer 17:	Vorsitzender Richter am LAG	*Wagester*

Kammer 18:	Vorsitzende Richterin am LAG	*Gieraths*
Kammer 19:	Vorsitzende Richterin am LAG	*Dr. Rennpferdt*
Kammer 20:	Vorsitzende Richterin am LAG	*Dr. Lukas*
Kammer 21:	Richterin am Arbeitsgericht	*Stubbe*

g) Mecklenburg-Vorpommern

Landesarbeitsgericht Mecklenburg-Vorpommern
August-Bebel-Straße 15
18055 **Rostock**
Tel.: 0381 241-0   Fax: 0381 241124

Präsident: **Kampen**

Kammer 1:	Vizepräsident	*Eckhardt*
Kammer 2:	Vorsitzender Richter am LAG	*Seel*
Kammer 3:	Präsident	*Kampen*
Kammer 4:	N.N.	
Kammer 5:	Vorsitzender Richter am LAG	*Anuscheck*
Kammer 6:	Präsident	*Kampen*
(Mediationskammer)	Vizepräsident	*Eckardt*

h) Niedersachsen

Landesarbeitsgericht Niedersachsen
Siemensstraße 10
30173 **Hannover**
Tel.: 0511 80708-0   Fax: 0511 80708-25

Präsident: **Prof. Dr. Lipke**

Kammer 1:	Präsident	*Prof. Dr. Lipke*
Kammer 2:	Direktor des Arbeitsgerichts	*Kreß*
Kammer 3:	Vizepräsident	*Vogelsang*
Kammer 4:	Vorsitzende Richterin am LAG	*Krönig*
Kammer 5:	Vorsitzender Richter am LAG	*Kubicki*
Kammer 6:	Vorsitzende Richterin am LAG	*Klausmeyer*
Kammer 7:	Vorsitzender Richter am LAG	*Leibold*
Kammer 8:	Vorsitzende Richterin am LAG	*Stöcke-Muhlack*
Kammer 9:	Vorsitzende Richterin am LAG	*Dr. Hartwig*
Kammer 10:	Vorsitzender Richter am LAG	*Dreher*
Kammer 11:	Vorsitzender Richter am LAG	*Dr. Voigt*
Kammer 12:	Vorsitzender Richter am LAG	*Walkling*
Kammer 13:	Vorsitzender Richter am LAG	*Dr. Rosenkötter*
Kammer 14:	Vorsitzender Richter am LAG	*Dr. Annerl*
Kammer 15:	Vorsitzender Richter am LAG	*Löber*
Kammer 16:	Vorsitzender Richter am LAG	*Löber*
Kammer 17:	Vorsitzende Richterin am LAG	*Knauß*

i) Nordrhein-Westfalen

Landesarbeitsgericht Düsseldorf
Ludwig-Erhard-Allee 21
40227 **Düsseldorf**
Tel.: 0211 7770-0   Fax: 0211 7770-2199

Präsidentin: **B. Göttling**

Kammer 1:	Präsidentin	*B. Göttling*
Kammer 2:	Vizepräsident	*Goeke*
Kammer 3:	Vorsitzender Richter am LAG	*Dr. Westhoff*
Kammer 4:	N.N.	
Kammer 5:	Vorsitzender Richter am LAG	*W. Göttling*
Kammer 6:	Vorsitzender Richter am LAG	*J. Barth*
Kammer 7:	Vorsitzende Richterin am LAG	*Paßlick*
Kammer 8:	Vorsitzender Richter am LAG	*Schneider*
Kammer 9:	Vorsitzender Richter am LAG	*Dr. Ulrich*
Kammer 10:	Vorsitzender Richter am LAG	*Mailänder*
Kammer 11:	N.N.	
Kammer 12:	Vorsitzender Richter am LAG	*Dr. Gotthardt*
Kammer 13:	Vorsitzender Richter am LAG	*Nübold*
Kammer 14:	Vorsitzender Richter am LAG	*Dr. Ziegler*
Kammer 15:	Vorsitzende Richterin am LAG	*Dr. Stoltenberg*
Kammer 16:	Richter am Arbeitsgericht	*Buschkröger*
Kammer 17:	Vorsitzender Richter am LAG	*Jansen*

Landesarbeitsgericht Hamm
Marker Allee 94
59071 Hamm
Tel.: 02381 891-1   Fax: 02381 891-283

Präsidentin: **Göhle-Sander**

Kammer 1:	Präsidentin	*Göhle-Sander*
Kammer 2:	Vorsitzender Richter am LAG	*Marschollek*
Kammer 3:	Vorsitzender Richter am LAG	*Schmidt*
Kammer 4:	Vorsitzender Richter am LAG	*Deventer*
Kammer 5:	N.N.	
Kammer 6:	Vorsitzender Richter am LAG	*Ziemann*
Kammer 7:	Vizepräsident	*Dr. Schrade*
Kammer 8:	Vorsitzender Richter am LAG	*Dr. Dudenbostel*
Kammer 9:	Vorsitzender Richter am LAG	*Pakirnus*
Kammer 10:	Direktor am Arbeitsgericht	*Helbig*
Kammer 11:	Vorsitzender Richter am LAG	*Limberg*
Kammer 12:	Vorsitzender Richter am LAG	*Gerretz*
Kammer 13:	Vorsitzender Richter am LAG	*Dr. Müller*
Kammer 14:	Vorsitzender Richter am LAG	*Henssen*
Kammer 15:	Vorsitzender Richter am LAG	*Dr. Wessel*
Kammer 16:	Vorsitzende Richterin am LAG	*Hackmann*
Kammer 17:	Vorsitzende Richterin am LAG	*Held-Wesendahl*
Kammer 18:	Vorsitzender Richter am LAG	*Dr. Jansen*
Kammer 19:	N.N.	

Landesarbeitsgericht Köln
Blumenthalstraße 33
50670 Köln
Tel.: 0221 7740-0   Fax: 0221 7740-356

Präsident: **Dr. v. Stein**

Kammer 1:	Präsident	*Dr. v. Stein*
Kammer 2:	Vorsitzende Richterin am LAG	*Olesch*

Kammer 3:	Vorsitzender Richter am LAG	*Dr. Kreitner*
Kammer 4:	Vorsitzender Richter am LAG	*Dr. Backhaus*
Kammer 5:	Vorsitzender Richter am LAG	*Dr. Sievers*
Kammer 6:	Vizepräsident	*Dr. Kalb*
Kammer 7:	Vorsitzender Richter am LAG	*Dr. Czinczoll*
Kammer 8:	Vorsitzender Richter am LAG	*Jüngst*
Kammer 9:	Vorsitzender Richter am LAG	*Schwartz*
Kammer 10:	Vorsitzender Richter am LAG	*Dr. Staschik*
Kammer 11:	Vorsitzender Richter am LAG	*Weyergraf*
Kammer 12:	Richterin am Arbeitsgericht	*Dr. Goebel*
Kammer 13:	Vorsitzende Richterin am LAG	*Dr. v. Ascheraden*

j) Rheinland-Pfalz

Landesarbeitsgericht Rheinland-Pfalz
Ernst-Ludwig-Platz 1
55116 **Mainz**
Tel.: 06131 141-0   Fax: 06131 141-9506

Präsident: **Wildschütz**

Kammer 1 (und Bühnenfachkammer):		*N.N.*
Kammer 2:	Vizepräsident	*Stock*
Kammer 3:	Vorsitzender Richter am LAG	*Hambach*
Kammer 4:	(gegenstandslos)	
Kammer 5:	Vorsitzender Richter am LAG	*Dr. Dörner*
Kammer 6:	Richter am Arbeitsgericht	*Boch*
Kammer 7:		*N.N.*
Kammer 8:	Vorsitzender Richter am LAG	*Bernardi*
Kammer 9:	Präsident	*Wildschütz*
Kammer 10:	Vorsitzende Richterin am LAG	*Vonderau*
Kammer 11:	Richter am Arbeitsgericht	*Dr. Budroweit*

k) Saarland

Landesarbeitsgericht Saarland
Obere Lauerfahrt 10
66121 **Saarbrücken**
Tel.: 0681 501-3603   Fax: 0681 501-3607

Präsident: **Dier**

Kammer 1:	Präsident	*Dier*
Kammer 2:	Vizepräsident	*Hossfeld*

l) Sachsen

Sächsisches Landesarbeitsgericht
Zwickauer Straße 54
09112 **Chemnitz**
Tel.: 0371 453-0   Fax: 0371 453-7222

Präsident: **Dr. Gockel**

Kammer 1:	Präsident	*Dr. Gockel*
Kammer 2:	Vizepräsident	*Dr. Spilger*
Kammer 3:	Vorsitzender Richter am LAG	*Heuwerth*
Kammer 4:	Vorsitzende Richterin am LAG	*Sünkel*

Kammer 5:	Vorsitzender Richter am LAG	*Borowski*
Kammer 6:	Vorsitzender Richter am LAG	*Vorndamme*
Kammer 7:		*N.N.*
Kammer 8:		*N.N.*
Kammer 9:	Vorsitzender Richter am LAG	*Dr. Beumer*

m) Sachsen-Anhalt

Landesarbeitsgericht Sachsen-Anhalt
Thüringer Straße 16
06112 **Halle**
Tel.: 0345 220-0   Fax: 0345 220-2240

Präsident: *N.N.*

Kammer 1:		*N.N.*
Kammer 2:	Vizepräsident	*Böger*
Kammer 3:	Vorsitzende Richterin am LAG	*Heinecke*
Kammer 4:	Vorsitzender Richter am LAG	*Dr. Molkenbur*
Kammer 5:	Richter am Arbeitsgericht	*Born*
Kammer 6:	Vorsitzender Richter am LAG	*Hesse*
Kammer 7:	Vorsitzender Richter am LAG	*Quecke*
Kammer 8:	*N.N.*	
Kammer 9:		*N.N.*

n) Schleswig-Holstein

Landesarbeitsgericht Schleswig-Holstein
Deliusstraße 22
24114 **Kiel**
Tel.: 0431 604-0   Fax: 0431 604-4100

Präsidentin: **Willikonsky**

Kammer 1:	Vorsitzender Richter am LAG	*Benning*
Kammer 2:	Präsidentin	*Willikonsky*
Kammer 3:	Vizepräsidentin	*Heimann*
Kammer 4:	Vorsitzender Richter am LAG	*Hartmann*
Kammer 5:	Vorsitzende Richterin am LAG	*Otten-Ewer*
Kammer 6:	Vorsitzender Richter am LAG	*Scholz*

o) Thüringen

Thüringer Landesarbeitsgericht
Rudolfstraße 46
99092 **Erfurt**
Tel.: 0361 3776-001   Fax: 0361 3776-000

Präsident: **Kotzian-Marggraf**

Kammer 1:	Präsident	*Kotzian-Marggraf*
Kammer 2:	Vorsitzender Richter am LAG	*Dr. Amels*
Kammer 3:	Vorsitzende Richterin am LAG	*Engel*
Kammer 4:	Vizepräsident	*Tautphäus*
Kammer 6:	Richterin am Arbeitsgericht	*König*
Kammer 7:	Vorsitzender Richter am LAG	*Brummer*

Dokumentation des Arbeitsrechts und der Arbeitsgerichtsbarkeit 2012

Inhalt

A.
Die Gesetzgebung der Bundesrepublik Deutschland auf den Gebieten des Arbeitsrechts und der Arbeitsgerichtsbarkeit

1. Arbeitsrecht

1. Gesetz zur weiteren Erleichterung der Sanierung von Unternehmen vom 7. Dezember 2011 – BGBl I 2011, 2582.

2. Gesetz zur Umsetzung der Beitreibungsrichtlinie sowie zur Änderung steuerlicher Vorschriften (Beitreibungsrichtlinien-Umsetzungsgesetz – BeitrRLUmsG) vom 7. Dezember 2011 – BGBl I 2011, 2592.

3. Verordnung über die pauschalierten Nettoentgelte für das Kurzarbeitergeld für das Jahr 2012 vom 13. Dezember 2011 – BGBl I 2011, 2696.

4. Verordnung zur Änderung der Verordnung über technische Kontrollen von Nutzfahrzeugen auf der Straße und zur Änderung der Fahrpersonalverordnung vom 19. Dezember 2011 – BGBl I 2011, 2835.

5. Gesetz zur Verbesserung der Eingliederungschancen am Arbeitsmarkt vom 20. Dezember 2011 – BGBl I 2011, 2854.

6. Verordnung über den Einsatz von Mitarbeitern in der Anlageberatung, als Vertriebsbeauftragte oder als Compliance-Beauftragte und über die Anzeigepflichten nach § 34d des Wertpapierhandelsgesetzes (WpHG-Mitarbeiteranzeigeverordnung – WpHGMaAnzV) vom 21. Dezember 2011 – BGBl I 2011, 3116.

7. Berufszugangsverordnung für den Güterkraftverkehr (GBZugV) vom 21. Dezember 2011 – BGBl I 2011, 3120.

8. Achtes Gesetz zur Änderung des Stasi-Unterlagen-Gesetzes vom 22. Dezember 2011 – BGBl I 2011, 3106.

9. Berichtigung des Achten Gesetzes zur Änderung des Stasi-Unterlagen-Gesetzes vom 1. März 2012 – BGBl I 2012, 442.

10. Gesetz zur Unterstützung der Fachkräftegewinnung im Bund und zur Änderung weiterer dienstrechtlicher Vorschriften vom 15. März 2012 – BGBl I 2012, 462.

11. Gesetz zu dem Abkommen vom 18. Oktober 2011 zwischen der Regierung der Bundesrepublik Deutschland und der Europäischen Aufsichtsbehörde für das Versicherungswesen und die betriebliche Altersversorgung über den Sitz der Europäischen Aufsichtsbehörde für das Versicherungswesen und die betriebliche Altersversorgung vom 12. April 2012 – BGBl II 2012, 338.

12. Verordnung zur Einführung einer Finanzanlagenvermittlungsverordnung vom 2. Mai 2012 – BGBl I 2012, 1006.

13. Gesetz zur Änderung des Gemeindefinanzreformgesetzes und von steuerlichen Vorschriften vom 8. Mai 2012 – BGBl I 2012, 1030.

14. Berichtigung des Gesetzes zur Unterstützung der Fachkräftegewinnung im Bund und zur Änderung weiterer dienstrechtlicher Vorschriften vom 6. Juli 2012 – BGBl I 2012, 1489.

15. Gesetz zur Regelung der Arbeitszeit von selbständigen Kraftfahrern vom 11. Juli 2012 – BGBl I 2012, 1479.

16. Gesetz zur Förderung der Mediation und anderer Verfahren der außergerichtlichen Konfliktbeilegung vom 21. Juli 2012 – BGBl I 2012, 1577.

17. Bekanntmachung der Neufassung des Einsatz-Weiterverwendungsgesetzes vom 4. September 2012 – BGBl I 2012, 2070.

18. Gesetz zur Vereinfachung des Elterngeldvollzugs vom 10. September 2012 – BGBl I 2012, 1878.

19. Verordnung zur Änderung arbeitszeitrechtlicher Vorschriften vom 19. September 2012 – BGBl I 2012, 2017.

20. Verordnung über statistische Erhebungen zu Arbeitsunfällen und arbeitsbedingten Gesundheitsproblemen im Rahmen der Arbeitskräfteerhebung in der Europäischen Union vom 23. Oktober 2012 – BGBl I 2012, 2265.

21. Gesetz zur Neuordnung der Altersversorgung der Bezirksschornsteinfegermeister und zur Änderung anderer Gesetze vom 5. Dezember 2012 – BGBl I 2012, 2467.

22. Verordnung über die Bezugsdauer für das Kurzarbeitergeld vom 7. Dezember 2012 – BGBl I 2012, 2570.

23. Verordnung über die pauschalierten Nettoentgelte für das Kurzarbeitergeld für das Jahr 2013 vom 7. Dezember 2012 – BGBl I 2012, 2607.

2. Berufsbildung

24. Vierundzwanzigstes Gesetz zur Änderung des Bundesausbildungsförderungsgesetzes vom 6. Dezember 2011 – BGBl I 2011, 2569.

25. Erste Verordnung zur Änderung der Verordnung zur Gleichstellung von Prüfungszeugnissen der Staatlichen Zeichenakademie Hanau mit den Zeugnissen über das Bestehen der Abschluss- und Gesellenprüfung in Ausbildungsberufen vom 17. Dezember 2011 – BGBl I 2011, 3115.

26. Berichtigung der Bekanntmachung der Neufassung des Bundesausbildungsförderungsgesetzes vom 7. Februar 2012 – BGBl I 2012, 197.

27. Verordnung über die Prüfung zum anerkannten Fortbildungsabschluss Geprüfter Fachkaufmann für Büro- und Projektorganisation und Geprüfte Fachkauffrau für Büro- und Projektorganisation vom 9. Februar 2012 – BGBl I 2012, 268.

28. Verordnung über die Prüfung zu anerkannten Fortbildungsabschlüssen in der Finanzdienstleistungswirtschaft vom 9. Februar 2012 – BGBl I 2012, 274.

29. Verordnung über die Prüfung zum anerkannten Fortbildungsabschluss Geprüfter Meister für Kraftverkehr und Geprüfte Meisterin für Kraftverkehr vom 9. Februar 2012 – BGBl I 2012, 286.

30. Verordnung über die Prüfung zum anerkannten Fortbildungsabschluss Geprüfter Tourismusfachwirt und Geprüfte Tourismusfachwirtin vom 9. Februar 2012 – BGBl I 2012, 302.

31. Verordnung über die Berufsausbildung zum Schilder- und Lichtreklamehersteller und zur Schilder- und Lichtreklameherstellerin (Schilder- und Lichtreklame-Ausbildungsverordnung – SchLichtReklAusbV) vom 26. März 2012 – BGBl I 2012, 494.

32. Berichtigung der Verordnung über die Prüfung zu anerkannten Fortbildungsabschlüssen in der Finanzdienstleistungswirtschaft vom 15. März 2012 – BGBl I 2012, 510.

33. Verordnung zur Änderung der Zweiradmechanikermeisterverordnung vom 29. März 2012 – BGBl I 2012, 603.

34. Verordnung über die Berufsausbildung zum Verfahrensmechaniker für Kunststoff- und Kautschuktechnik und zur Verfahrensmechanikerin für Kunststoff- und Kautschuktechnik vom 21. Mai 2012 – BGBl I 2012, 1168.

35. Verordnung über die Berufsausbildung zum Fachangestellten für Arbeitsmarktdienstleistungen und zur Fachangestellten für Arbeitsmarktdienstleistungen vom 24. Mai 2012 – BGBl I 2012, 1206.

36. Prüfungsordnung für Fahrlehrer vom 19. Juni 2012 – BGBl I 2012, 1302.

37. Fahrlehrer-Ausbildungsordnung vom 19. Juni 2012 – BGBl I 2012, 1307.

38. Durchführungsverordnung zum Fahrlehrergesetz vom 19. Juni 2012 – BGBl I 2012, 1346.

39. Erste Verordnung zur Änderung der Verordnung zur Gleichstellung von Prüfungszeugnissen der staatlich anerkannten Hiberniaschule Herne mit den Zeugnissen über das Bestehen der Gesellenprüfung in handwerklichen Ausbildungsberufen vom 20. Juni 2012 – BGBl I 2012, 1384.

40. Erste Verordnung zur Änderung der Verordnung zur Gleichstellung von Prüfungszeugnissen der Berufsfachschule für das Holz und Elfenbein verarbeitende Handwerk in Michelstadt mit den Zeugnissen über das Bestehen der Abschluss- und Gesellenprüfung in Ausbildungsberufen vom 20. Juni 2012 – BGBl I 2012, 1385.

41. Erste Verordnung zur Änderung der Verordnung zur Gleichstellung von Prüfungszeugnissen des Staatlichen Berufskollegs Glas-Keramik-Gestaltung des Landes Nordrhein-Westfalen in Rheinbach mit den Zeugnissen über das Bestehen der Abschluss- und Gesellenprüfung in Ausbildungsberufen vom 20. Juni 2012 – BGBl I 2012, 1386.

42. Erste Verordnung zur Änderung der Verordnung zur Gleichstellung von Prüfungszeugnissen der Erwin-Stein-Schule, Staatliche Glasfachschule Hadamar, mit den Zeugnissen über das Bestehen der Abschluss- und Gesellenprüfung in Ausbildungsberufen vom 20. Juni 2012 – BGBl I 2012, 1387.

43. Erste Verordnung zur Änderung der Verordnung zur Gleichstellung von Prüfungszeugnissen der Berufsfachschule – Handwerksberufe – an der Berufsbildenden Schule des Bezirksverbandes Pfalz in Kaiserslautern mit den Zeugnissen über das Bestehen der Abschluss- und Gesellenprüfung in Ausbildungsberufen vom 20. Juni 2012 – BGBl I 2012, 1388.

44. Verordnung über die Berufsausbildung zum Schornsteinfeger und zur Schornsteinfegerin (Schornsteinfeger-Ausbildungsverordnung - SchfAusbV) vom 20. Juni 2012 – BGBl I 2012, 1430.

45. Verordnung über die Berufsausbildung zum Pharmazeutisch-kaufmännischen Angestellten und zur Pharmazeutisch-kaufmännischen Angestellten vom 3. Juli 2012 – BGBl I 2012, 1456.

46. Verordnung über die Prüfung zum anerkannten Fortbildungsabschluss Geprüfter Meister Medienproduktion Bild und Ton und Geprüfte Meisterin Medienproduktion Bild und Ton vom 4. Juli 2012 – BGBl I 2012, 1467.

47. Erste Verordnung zur Änderung der Verordnung über die Berufsausbildung zur Fachkraft für Möbel-, Küchen- und Umzugsservice vom 11. Juli 2012 – BGBl I 2012, 1487.

48. Verordnung über die Prüfung zum anerkannten Fortbildungsabschluss Geprüfter Polier und Geprüfte Polierin vom 6. September 2012 – BGBl I 2012, 1926.

49. Verordnung über die Meisterprüfung in den Teilen I und II im Fleischer-Handwerk (Fleischermeisterverordnung - FleiMstrV) vom 4. Oktober 2012 – BGBl I 2012, 2109.

50. Bekanntmachung der Neufassung des Aufstiegsfortbildungsförderungsgesetzes vom 8. Oktober 2012 – BGBl I 2012, 2126.

51. Verordnung über die Meisterprüfung in den Teilen I und II im Müller-Handwerk (Müllermeisterverordnung - MüMstrV) vom 11. Oktober 2012 – BGBl I 2012, 2138.

52. Verordnung über die Meisterprüfung in den Teilen I und II im Modellbauer-Handwerk (Modellbauermeisterverordnung - MbauMstrV) vom 27. Dezember 2012 – BGBl I 2013, 27

53. Zweite Verordnung zur Änderung der Verordnung zur Gleichstellung von Prüfungszeugnissen der Staatlichen Zeichenakademie Hanau mit den Zeugnissen über das Bestehen der Abschluss- und Gesellenprüfung in Ausbildungsberufen vom 27. Dezember 2012 – BGBl I 2013,31

54. Erste Verordnung zur Änderung der Verordnung zur Gleichstellung von Prüfungszeugnissen des Theodor-Reuter-Berufskollegs Iserlohn, Staatliche Berufsfachschule für Fertigungstechnik und Elektrotechnik mit den Zeugnissen über das Bestehen der Abschlussprüfung in Ausbildungsberufen vom 27. Dezember 2012 – BGBl I 2013, 32

3. Arbeitsgerichtsbarkeit

55. Bekanntmachung zu § 115 der Zivilprozessordnung (Prozesskostenhilfebekanntmachung 2012 - PKHB 2012) vom 7. Dezember 2011 – BGBl I 2011, 2796.

56. Gesetz zur Änderung von Vorschriften über Verkündung und Bekanntmachungen sowie der Zivilprozessordnung, des Gesetzes betreffend die Einführung der Zivilprozessordnung und der Abgabenordnung vom 22. Dezember 2011 – BGBl I 2011, 3044.

57. Zweite Bekanntmachung zu § 115 der Zivilprozessordnung (2. Prozesskostenhilfebekanntmachung 2012 - 2. PKHB 2012) vom 29. November 2012 – BGBl I 2012, 2462.

B.
Jahresbericht des Bundesarbeitsgerichts 2012

INHALT

A. Geschäftsentwicklung

1. Die Zahl der Eingänge beim Bundesarbeitsgericht ist um 661 Verfahren gestiegen. Die durchschnittliche Dauer der beim Bundesarbeitsgericht erledigten Verfahren betrug im abgelaufenen Geschäftsjahr 6,1 Monate.

2. Insgesamt gingen im Geschäftsjahr 2012 4.082 Sachen ein *(Vorjahr 3.421)*. Davon waren 1.209 *(Vorjahr 1.089)* oder 29,6 % Revisionen und Rechtsbeschwerden in Beschlussverfahren sowie 2.737 *(Vorjahr 2.180)* oder 67,1 % Nichtzulassungsbeschwerden. Hinzu kamen 78 *(Vorjahr 81)* Revisions- bzw. Rechtsbeschwerden in Beschwerdeverfahren, 46 Anträge auf Bewilligung von Prozesskostenhilfe außerhalb eines anhängigen Verfahrens, elf sonstige Verfahren sowie ein erstinstanzliches Beschlussverfahren nach § 158 Nr. 5 SGB IX. Die Zahl der Revisionen und Rechtsbeschwerden in Beschlussverfahren ist um 120 Verfahren *(11 %)* gestiegen. Noch deutlicher hat sich erneut die Zahl der Eingänge bei den Nichtzulassungsbeschwerden um 557 Verfahren *(25,6 %)* gesteigert.

3. Im Jahr 2012 sind 4.304 Sachen erledigt worden, also 1.472 Sachen mehr als im Jahr 2011 *(2.832 Sachen)*. Es handelte sich um 1.047 *(Vorjahr 903)* oder 24,3 % Revisionen und Rechtsbeschwerden in Beschlussverfahren sowie 3.069 *(Vorjahr 1.808)* oder 71,3 % Nichtzulassungsbeschwerden. Daneben wurden noch 114 Revisions- bzw. Rechtsbeschwerden in Beschwerdeverfahren, 62 Anträge auf Bewilligung von Prozesskostenhilfe außerhalb eines anhängigen Verfahrens sowie 12 sonstige Verfahren erledigt.

Von den erledigten Revisionen und Rechtsbeschwerden hatten unter Berücksichtigung der Zurückverweisungen 246 Erfolg, das entspricht einer Erfolgsquote von 23,5 % gegenüber 27,5 % *(248 Sachen)* im Vorjahr. Von den Nichtzulassungsbeschwerden waren 198 Beschwerden *(6,5 % – im Vorjahr 160 entsprechend 8,8 %)* erfolgreich. Anhängig sind am Ende des Berichtsjahres noch 1.883 Sachen *(Vorjahr 2.099; 2010: 1.511; 2009: 1.673; 2008: 1.714; 2007: 1.718; 2006: 1.626; 2005: 1.196; 2004: 957; 2003: 905; 2002: 891)*; davon sind 1.347 Revisionen *(Vorjahr 1.212)*.

4. Dem Großen Senat des Bundesarbeitsgerichts liegt derzeit keine Sache vor. Gegen verschiedene Entscheidungen des Bundesarbeitsgerichts sind beim Bundesverfassungsgericht Beschwerden anhängig.

Zuordnung nach Rechtsgebieten:

	Eingänge	Erledigungen	Bestände
Ruhegeld (einschl. Vorruhestand) und Altersteilzeit	40,27 % (1644)	45,79 % (1971)	17,58 % (331)
Beendigung von Arbeitsverhältnissen (Kündigungen, befristete Arbeits-verhältnisse; ohne Kündigungen nach § 613 a BGB)	18,67 % (762)	15,52 % (668)	21,24 % (400)
Arbeitsentgelt	11,22 % (458)	10,29 % (443)	13,49 % (254)
Tarifvertragsrecht und Tarifausle-gung (einschl. Eingruppierung)	6,69 % (273)	5,60 % (241)	16,57 % (312)
Betriebsverfassung und Personalvertretung	6,3 % (258)	5,65 % (243)	9,77 % (184)
Sonstige	16,83 (687)	17,15 (738)	21,35 (402)

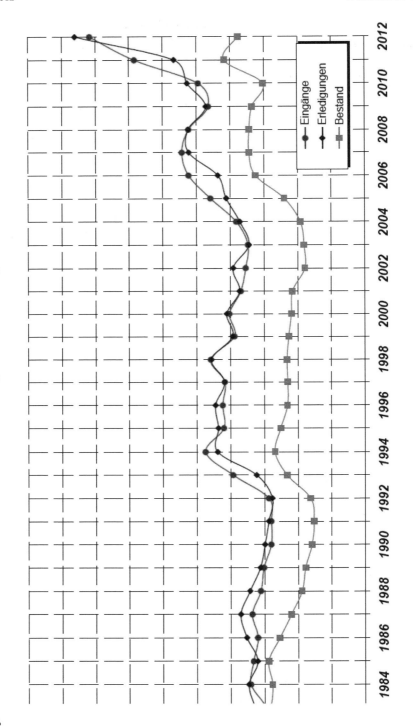

Geschäftsentwicklung beim Bundesarbeitsgericht

B. Rechtsprechungsübersicht

In den Jahresbericht wurden folgende Entscheidungen aufgenommen:

1. Entscheidungen des Ersten Senats:

Beschluss vom 17. Januar 2012 – 1 ABR 45/10 –
(Mitbestimmung bei der Ausgestaltung der Dienstkleidungspflicht)

Beschluss vom 7. Februar 2012 – 1 ABR 46/10 –
(Betriebsrat – Überwachungsrecht – betriebliches Eingliederungsmanagement –
Datenschutz)

Beschluss vom 17. April 2012 – 1 ABR 5/11 –
(Tarifzuständigkeit einer Gewerkschaft)

Beschluss vom 23. Mai 2012 – 1 AZB 58/11 –
(Fehlende Tariffähigkeit der CGZP – Aussetzung von Lohnzahlungsverfahren)

Urteil vom 19. Juni 2012 – 1 AZR 775/10 –
(Arbeitskampf – Wechsel in OT-Mitgliedschaft)

Urteil vom 17. Juli 2012 – 1 AZR 476/11 –
(Ablösung von allgemeinen Arbeitsbedingungen durch Betriebsvereinbarung)

Urteil vom 17. Juli 2012 – 1 AZR 563/11 –
(Annahmeverzug – Streikteilnahme nach Kündigung)

Beschluss vom 24. Juli 2012 – 1 AZB 47/11 –
(Tariffähigkeit – Tarifzuständigkeit - Aussetzung)

Urteil vom 20. November 2012 – 1 AZR 179/11 –
(Arbeitskampf in diakonischen Einrichtungen – Dritter Weg)

Urteil vom 20. November 2012 – 1 AZR 611/11 –
(Arbeitskampf in diakonischen Einrichtungen – Zweiter Weg)

Beschluss vom 11. Dezember 2012 – 1 AZR 552/10 –
(Gewerkschaftliches Zutrittsrecht zu diakonischen Einrichtungen)

2. Entscheidungen des Zweiten Senats

Urteil vom 26. Januar 2012 – 2 AZR 102/11 –
(Änderungskündigung zum Zweck der Versetzung – Streitgegenstand einer
Änderungsschutzklage – „überflüssige" Änderungskündigung)

Urteil vom 23. Februar 2012 – 2 AZR 548/10 –
(Betriebsbedingte Kündigung – Reduzierung des Arbeitsvolumens und Kurzarbeit)

Urteil vom 19. April 2012 – 2 AZR 233/11 –
(Personenbedingte Kündigung – Sonderkündigungsschutz eines Ersatzmitglieds des
Betriebsrats)

Urteil vom 24. Mai 2012 – 2 AZR 62/11 –
(Betriebsbedingte Kündigung nach Widerspruch gegen den Übergang des Arbeitsver-
hältnisses auf einen Betriebserwerber – gemeinsamer Betrieb mehrerer Unternehmen
– Weiterbeschäftigung im Konzern – Anhörung des Betriebsrats – Restmandat)

Urteil vom 24. Mai 2012 – 2 AZR 124/11 –
(Betriebsbedingte Kündigung – Wegfall einer Hierarchieebene – Darlegungslast)

Urteil vom 21. Juni 2012 – 2 AZR 153/11 –
(Ordentliche verhaltensbedingte Kündigung – Entwendung von Zigarettenpackungen durch Verkäuferin – verdeckte Videoüberwachung – Beweisverwertungsverbot)

Urteil vom 19. Juli 2012 – 2 AZR 352/11 –
(Ordentliche betriebsbedingte Kündigung – Interessenausgleich mit Namensliste – Schriftform der Namensliste – Bildung von Altersgruppen – Herausnahme aus der Sozialauswahl – grobe Fehlerhaftigkeit)

Urteil vom 19. Juli 2012 – 2 AZR 782/11 –
(Anspruch auf Entfernung einer zu Recht erteilten Abmahnung aus der Personalakte)

Urteil vom 6. September 2012 – 2 AZR 372/11 –
(Außerdienstliche Aktivitäten für NPD und JN als Kündigungsgrund)

Urteil vom 22. November 2012 – 2 AZR 570/11 –
(Restitutionsklage nach EGMR-Entscheidung)

3. Entscheidungen des Dritten Senats

Urteil vom 11. Oktober 2011 – 3 AZR 527/09 –
(Betriebsrentenanpassung – Ermittlung des Kaufkraftverlusts – Grenzen des billigen Ermessens)

Urteil vom 11. Oktober 2011 – 3 AZR 732/09 –
(Betriebsrente – zu Recht unterbliebene Anpassung)

Urteil vom 15. November 2011 – 3 AZR 869/09 –
(Hochschullehrer – Anspruch auf beamtengleiche Versorgung)

Urteil vom 15. Mai 2012 – 3 AZR 11/10 –
(Ablösung einer Versorgungsordnung – Drei-Stufen-Schema – Auslegung einer Betriebsvereinbarung – Anhebung der gesetzlichen Regelaltersgrenze – Umstellung von Versprechen laufender Rentenleistungen auf Kapitalleistung)

Urteil vom 15. Mai 2012 – 3 AZR 610/11 –
(Anspruch auf Abschluss eines Versorgungsvertrags – betriebliche Übung)

Urteil vom 19. Juni 2012 – 3 AZR 708/11 –
(Dienstordnungsangestellter – Invaliditätsrente – fiktive Nachversicherung)

Urteil vom 19. Juni 2012 – 3 AZR 464/11 –
(Betriebsrentenanpassung – Belange des Versorgungsempfängers – Teuerungsrate – reallohnbezogene Obergrenze – Prüfungszeitraum)

Urteil vom 19. Juni 2012 – 3 AZR 408/10 –
(Betriebliche Altersversorgung – Pensionskassenleistungen – Herabsetzung der Leistungen durch die Pensionskasse – Einstandspflicht des Arbeitgebers)

Urteil vom 21. August 2012 – 3 AZR 698/10 –
(Rückzahlung von Fortbildungskosten – Rückzahlungsklausel – Transparenzgebot – ungerechtfertigte Bereicherung)

Urteil vom 18. September 2012 – 3 AZR 415/10 –
(Betriebliche Altersversorgung – Änderung einer Anpassungsregelung – arbeitsvertragliche Einheitsregelung – Jeweiligkeitsklausel – AGB-Kontrolle – Tariföffnungsklausel)

4. Entscheidungen des Vierten Senats

Urteil vom 14. Dezember 2011 – 4 AZR 26/10 –
(Auslegung einer Verweisungsklausel in einem Altersteilzeitarbeitsvertrag)

Urteil vom 25. Januar 2012 – 4 AZR 147/10 –
(Eingruppierung eines Klinischen Chemikers)

Urteil vom 25. Januar 2012 – 4 AZR 185/10 –
(Absoluter Revisionsgrund der nicht vorschriftsmäßigen Besetzung des Gerichts –
Entscheidung über die Wiedereröffnung der mündlichen Verhandlung durch den
Spruchkörper in vollständiger Besetzung)

Urteil vom 18. April 2012 – 4 AZR 139/10 –
(Anrechnung von Arbeitgeberleistungen auf den tariflichen Mindestlohn)

Urteil vom 18. April 2012 – 4 AZR 168/10 –
(Anrechnung von Arbeitgeberleistungen auf den tariflichen Mindestlohn)

Urteil vom 18. April 2012 – 4 AZR 371/10 –
(Feststellungsklage – „Verbandsklage" nach § 9 TVG)

Urteil vom 18. April 2012 – 4 AZR 392/10 –
(Auslegung einer vertraglichen Bezugnahmeklausel – lückenhafte Vertragsregelung –
ergänzende Vertragsauslegung – Wahrung tarifvertraglicher Ausschlussfrist)

Urteil vom 16. Mai 2012 – 4 AZR 321/10 –
(Betriebsübergang auf nicht tarifgebundenen Arbeitgeber – § 613a Abs. 1 Satz 1 und
Satz 2 BGB – Inkrafttreten eines vor Betriebsübergang abgeschlossenen Tarifvertrags
erst nach dem Zeitpunkt des Betriebsübergangs)

Urteil vom 16. Mai 2012 – 4 AZR 366/10 –
(Tarifvertrag – Nachwirkung – andere Abmachung – Rechtsqualität eines Tarifvertrags – konkludenter Nachwirkungsausschluss)

5. Entscheidungen des Fünften Senats

Urteil vom 21. März 2012 – 5 AZR 61/11 –
(Umfang des Forderungsübergangs bei Leistungen nach dem SGB II)

Urteil vom 21. März 2012 – 5 AZR 670/11 –
(Arbeitszeitkonto – Kürzung von Zeitguthaben)

Urteil vom 18. April 2012 – 5 AZR 630/10 –
(Lohnwucher – auffälliges Missverhältnis – maßgeblicher Wirtschaftszweig – Post-
mindestlohn)

Urteil vom 16. Mai 2012 – 5 AZR 251/11 –
(Ende des Annahmeverzugs – Gesamtberechnung – zweistufige Ausschlussfrist)

Urteil vom 16. Mai 2012 – 5 AZR 268/11 –
(Ein-Tages-Arbeitsverhältnis – Betriebsübergang – Lohnwucher – verwerfliche Gesinnung)

Urteil vom 16. Mai 2012 – 5 AZR 331/11 –
(Pauschalabgeltung von Überstunden – mündliche Allgemeine Geschäftsbedingung –
überraschende Klausel – Inhaltskontrolle – Transparenzkontrolle – sittenwidrige Vergütung)

Urteil vom 16. Mai 2012 – 5 AZR 347/11 –
(Darlegungs- und Beweislast im Überstundenprozess)

Urteil vom 19. September 2012 – 5 AZR 627/11 –
(Zweistufige tarifliche Ausschlussfrist – Vergütung wegen Annahmeverzugs)

Urteil vom 19. September 2012 – 5 AZR 678/11 –
(Umkleiden – Arbeitszeit – Vergütungspflicht)

6. Entscheidungen des Sechsten Senats

Urteil vom 18. Januar 2012 – 6 AZR 407/10 –
(Hinweispflicht des Arbeitsgerichts nach § 6 Satz 2 KSchG – Ersetzung der Stellungnahme des Betriebsrats durch einen lediglich vom Betriebsrat unterzeichneten Interessenausgleich mit Namensliste)

Urteil vom 16. Februar 2012 – 6 AZR 553/10 –
(Frage nach der Schwerbehinderung im bestehenden Arbeitsverhältnis – widersprüchliches Verhalten)

Urteil vom 21. März 2012 – 6 AZR 596/10 –
(Beifügung der Stellungnahme des Betriebsrats zur Massenentlassungsanzeige)

Urteil vom 24. Mai 2012 – 6 AZR 586/10 –
(Besitzstandszulage für die Vergütungsgruppenzulage – Unschädlichkeit des Sonderurlaubs)

Urteil vom 28. Juni 2012 – 6 AZR 217/11 –
(Reichweite einer dynamischen Bezugnahmeklausel im kirchlichen Arbeitsvertrag – bischöfliches Letztentscheidungsrecht und Änderungsvorbehalt i. S. v. § 308 Nr. 4 BGB)

Urteil vom 28. Juni 2012 – 6 AZR 780/10 –
(keine Heilung von Fehlern der Massenentlassungsanzeige durch einen bestandskräftigen Verwaltungsakt der Arbeitsverwaltung – falsche Angabe der Zahl der zu entlassenden Arbeitnehmer)

Urteil vom 20. September 2012 – 6 AZR 155/11 –
(Unterrichtung des Betriebsrats über Massenentlassungen – Einhaltung der Schriftform – Heilungsmöglichkeit durch abschließende Stellungnahme des Betriebsrats)

Urteil vom 20. September 2012 – 6 AZR 253/11 –
(unionsrechtskonforme Auslegung des § 125 InsO hinsichtlich der Kompetenzen eines Administrators nach englischem Recht)

Urteil vom 18. Oktober 2012 – 6 AZR 261/11 –
(Strukturausgleich – Auslegung des Merkmals „Aufstieg – ohne")

Urteil vom 15. November 2012 – 6 AZR 339/11 –
(Wartezeitkündigung – Reichweite des Fragerechts des Arbeitgebers vor Einstellung eines Lehrers)

7. Entscheidungen des Siebten Senats

Urteil vom 21. September 2011 – 7 AZR 150/10 –
(Befristung und Maßregelungsverbot des § 612a BGB – analoge Anwendung des § 15 Abs. 6 AGG)

Beschluss vom 15. Dezember 2011 – 7 ABR 65/10 –
(Überlassung von Arbeitnehmern des öffentlichen Dienstes an private Einsatzbetriebe
– Betriebsgröße)

Urteil vom 15. Dezember 2011 – 7 AZR 394/10 –
(Befristung einer Arbeitszeiterhöhung – Inhaltskontrolle)

Beschluss vom 18. Januar 2012 – 7 ABR 73/10 –
(Schulung für Betriebsratsmitglieder über aktuelle Rechtsprechung – Erforderlichkeit
der Schulungsteilnahme i. S. v. § 37 Abs. 6 Satz 1 BetrVG – Grund- und Spezialwissen)

Urteil vom 18. Januar 2012 – 7 AZR 112/08 –
(Tarifliche Altersgrenze nach Vollendung des 60. Lebensjahres – Flugzeugführer –
richtlinienkonforme Auslegung nach Vorabentscheidungsersuchen)

Urteil vom 15. Februar 2012 – 7 AZR 734/10 –
(Befristung aufgrund eines gerichtlichen Vergleichs)

Urteil vom 18. Juli 2012 – 7 AZR 443/09 –
(Aufeinanderfolgende befristete Arbeitsverträge – unionsrechtskonforme Auslegung
und Anwendung des Sachgrunds der Vertretung – ständiger Vertretungsbedarf – Personalreserve – institutioneller Rechtsmissbrauch)

Beschluss vom 15. August 2012 – 7 ABR 34/11 –
(Beschäftigte des öffentlichen Dienstes in privatrechtlich organisierten Unternehmen
– Wählbarkeit zum Betriebsrat)

Urteil vom 15. August 2012 – 7 AZR 184/11 –
(Tarifvertragliche Regelungen über sachgrundlose Befristungen)

Beschluss vom 21. September 2012 – 7 ABR 54/10 –
(Anfechtung einer Betriebsratswahl – Verkennung des Betriebsbegriffs – Zusammenfassung von Betrieben durch Tarifvertrag nach § 3 Abs. 1 Nr. 1 Buchst. b BetrVG)

8. Entscheidungen des Achten Senats

Urteil vom 15. Dezember 2011 – 8 AZR 220/11 –
(Betriebsübergang – Unterrichtungsschreiben – Widerspruch – Anfechtung)

Urteil vom 15. März 2012 – 8 AZR 37/11 –
(Entschädigung – schwerbehinderter Mensch – Ausschlussfrist)

Urteil vom 15. März 2012 – 8 AZR 700/10 –
(Betriebsübergang – Widerspruch gegen den Übergang des Arbeitsverhältnisses – Verwirkung)

Urteil vom 10. Mai 2012 – 8 AZR 639/10 –
(Betriebsübergang – Daseinsvorsorge – Rettungsdienst)

Urteil vom 21. Juni 2012 – 8 AZR 188/11 –
(Benachteiligung aufgrund eines durch § 1 AGG gebotenen Merkmals (Alter) – Entschädigungs- und Schadensersatzansprüche – Ausschlussfrist zur Geltendmachung)

Urteil vom 21. Juni 2012 – 8 AZR 364/11 –
(Diskriminierung – Darlegung von Indizien – unrichtige oder widersprüchliche Auskünfte über den Grund der Benachteiligung)

Urteil vom 23. August 2012 – 8 AZR 285/11 –
(Bewerber - Benachteiligung – Alter)

Urteil vom 23. August 2012 – 8 AZR 394/11 –
(Verjährung - Hemmung durch Klageerhebung – Zustellung „demnächst" im Ausland)

Urteil vom 27. September 2012 – 8 AZR 826/11 –
(Wechsel des Betriebsinhabers bei Betriebsübergang)

Urteil vom 25. Oktober 2012 – 8 AZR 572/11 –
(Wechsel zu einer „Beschäftigungs- und Qualifizierungsgesellschaft" als Umgehung der Rechtsfolgen eines Betriebsübergangs)

9. Entscheidungen des Neunten Senats

Urteil vom 15. November 2011 – 9 AZR 348/10 –
(Pflegezeit – einmalige oder mehrmalige Inanspruchnahme)

Urteil vom 15. November 2011 – 9 AZR 386/10 –
(Zeugnis – Geheimcode – Zeugnisklarheit)

Urteil vom 21. Februar 2012 – 9 AZR 487/10 –
(Doppelarbeitsverhältnis – Anrechnung von gewährtem Urlaub)

Urteil vom 20. März 2012 – 9 AZR 529/10 –
(Urlaubsdauer – Altersdiskriminierung)

Urteil vom 22. Mai 2012 – 9 AZR 618/10 –
(Verfall tariflichen Mehrurlaubs bei Arbeitsunfähigkeit – § 26 TV-L)

Urteil vom 19. Juni 2012 – 9 AZR 652/10 –
(Urlaubsabgeltung – Aufgabe der Surrogatstheorie)

Urteil vom 7. August 2012 – 9 AZR 353/10 –
(Urlaub – krankheitsbedingtes Ruhen des Arbeitsverhältnisses)

Urteil vom 7. August 2012 – 9 AZR 760/10 –
(Mindest- und Mehrurlaub – Tilgungsbestimmung)

Urteil vom 16. Oktober 2012 – 9 AZR 183/11 –
(Klassenfahrt – Lehrkraft – Reisekosten – Verzicht)

10. Entscheidungen des Zehnten Senats

Urteil vom 16. Mai 2011 – 10 AZR 190/11 –
(Sozialkassenverfahren – Bürgenhaftung – Bauträger)

Urteil vom 18. Januar 2012 – 10 AZR 612/10 –
(Sonderzahlung mit Mischcharakter – Bestandsklausel)

Urteil vom 18. Januar 2012 – 10 AZR 667/10 –
(Weihnachtsgratifikation – AGB-Kontrolle – Anspruchsausschluss bei gekündigtem Arbeitsverhältnis)

Urteil vom 15. Februar 2012 – 10 AZR 111/11 –
(Arbeitnehmerstatus – Öffentlichkeitsarbeit für den Deutschen Bundestag – Rahmenvereinbarung – befristete Einzelverträge)

Urteil vom 14. März 2012 – 10 AZR 778/10 –
(Sparkassensonderzahlung – Pfändbarkeit – § 850a Nr. 4 ZPO)

Urteil vom 18. April 2012 – 10 AZR 200/11 –
(Urlaubskassenverfahren – portugiesisches Bauunternehmen – Beitragspflicht – Entgeltfortzahlung für gesetzliche Feiertage und Zeiten der Arbeitsunfähigkeit – Voraussetzungen einer Eingriffsnorm)

Urteil vom 16. Mai 2012 – 10 AZR 202/11 –
(Leistungsentgelt nach § 18 TVöD (VKA) – fehlende Dienst-/Betriebsvereinbarung)

Urteil vom 13. Juni 2012 – 10 AZR 351/11 –
(Zulage wegen nicht ständiger Schicht-/Wechselschichtarbeit – unregelmäßige/vertretungsweise Einbeziehung in das Schichtsystem)

Urteil vom 11. Juli 2012 – 10 AZR 488/11 –
(Kürzung der Jahressonderzahlung nach § 20 Abs. 4 TV-L – Arbeitgeberwechsel)

Urteil vom 29. August 2012 – 10 AZR 499/11 –
(Ehrenamtliche Tätigkeit in der Telefonseelsorge – Arbeitnehmereigenschaft)

Urteil vom 26. September 2012 – 10 AZR 370/10 –
(Unlautere Abwerbung von Mitarbeitern - Schadensersatz - tatrichterliche Schätzung)

Abkürzungsverzeichnis

ABN	Beschwerden wegen der Nichtzulassung der Rechtsbeschwerde
ABR	Rechtsbeschwerden
AEntG	Arbeitnehmer-Entsendegesetz
AEUV	Vertrag über die Arbeitsweise der Europäischen Union
AGG	Allgemeines Gleichbehandlungsgesetz
AktG	Aktiengesetz
AltTZG	Altersteilzeitgesetz
ArbGG	Arbeitsgerichtsgesetz
ArbPlSchG	Arbeitsplatzschutzgesetz
ArbSchG	Arbeitsschutzgesetz
ArbZG	Arbeitszeitgesetz
AS	Sondersachen
ASiG	Gesetz über Betriebsärzte, Sicherheitsingenieure und andere Fachkräfte für Arbeitssicherheit
AÜG	Arbeitnehmerüberlassungsgesetz
AZB	Revisionsbeschwerden; sonstige Beschwerden
AZN	Beschwerden wegen der Nichtzulassung der Revision
AZR	Revisionen
BBiG	Berufsbildungsgesetz
BDSG	Bundesdatenschutzgesetz
BeamtVG	Beamtenversorgungsgesetz
BEEG	Bundeselterngeld- und Elternzeitgesetz
BErzGG	Bundeserziehungsgeldgesetz
BetrAVG	Gesetz zur Verbesserung der betrieblichen Altersversorgung
BetrVG	Betriebsverfassungsgesetz
BGB	Bürgerliches Gesetzbuch
BPersVG	Bundespersonalvertretungsgesetz

BUrlG	Bundesurlaubsgesetz
BVerfG	Bundesverfassungsgericht
Charta	Charta der Grundrechte der Europäischen Union
EFZG	Entgeltfortzahlungsgesetz
EGBGB	Einführungsgesetz zum Bürgerlichen Gesetzbuch
EGZPO	Einführungsgesetz zur Zivilprozessordnung
EUGH	Gerichtshof der Europäischen Union
EUV	Vertrag über die Europäische Union
EUGVVO	Verordnung über die gerichtliche Zuständigkeit und die Anerkennung und Vollstreckung gerichtlicher Entscheidungen in Zivil- und Handelssachen
EUInsVO	Verordnung (EG) Nr. 1346/2000 des Rates vom 29. Mai 2000 über Insolvenzverfahren
GewO	Gewerbeordnung
GG	Grundgesetz für die Bundesrepublik Deutschland
GmbHG	Gesetz betreffend die Gesellschaften mit beschränkter Haftung
HGB	Handelsgesetzbuch
InsO	Insolvenzordnung
KSchG	Kündigungsschutzgesetz
LPVG NW	Personalvertretungsgesetz für das Land Nordrhein-Westfalen
NachwG	Nachweisgesetz
RL	Richtlinie
RVO	Reichsversicherungsordnung
SchwbVWO	Wahlordnung Schwerbehindertenvertretungen
SGB II	Sozialgesetzbuch Zweites Buch – Grundsicherung für Arbeitssuchende –
SGB III	Sozialgesetzbuch Drittes Buch – Arbeitsförderung –
SGB IV	Sozialgesetzbuch Viertes Buch – Gemeinsame Vorschriften für die Sozialversicherung –
SGB V	Sozialgesetzbuch Fünftes Buch – Gesetzliche Krankenversicherung –
SGB IX	Sozialgesetzbuch Neuntes Buch – Rehabilitation und Teilhabe behinderter Menschen –
SGB X	Sozialgesetzbuch Zehntes Buch – Sozialverwaltungsverfahren und Sozialdatenschutz –
StGB	Strafgesetzbuch
st. Rspr.	ständige Rechtsprechung
TVG	Tarifvertragsgesetz
TVÖD	Tarifvertrag für den öffentlichen Dienst
TVÖD BT-S	TVÖD, Besonderer Teil Sparkassen
TzBfG	Teilzeit- und Befristungsgesetz
UmwG	Umwandlungsgesetz
VVG	Versicherungsvertragsgesetz
WRV	Deutsche Verfassung vom 11. August 1919
ZPO	Zivilprozessordnung
ZVG	Gesetz über die Zwangsversteigerung und die Zwangsverwaltung

1. Abschnitt Recht des Arbeitsverhältnisses

I. Arbeitnehmerstatus

Notwendige Voraussetzung für die Annahme eines Arbeitsverhältnisses ist nach § 611 Abs. 1 BGB, dass sich der Arbeitnehmer vertraglich zur Leistung von Diensten verpflichtet. Eine Rahmenvereinbarung, welche nur die Bedingungen der erst noch abzuschließenden Arbeitsverträge wiedergibt, selbst aber noch keine Verpflichtung zur Arbeitsleistung begründet, ist nach einer Entscheidung des Zehnten Senats vom 15. Februar 2012 (– 10 AZR 111/11 –) kein Arbeitsvertrag. Wird das Vertragsverhältnis aber tatsächlich abweichend gehandhabt und wie ein Arbeitsverhältnis durchgeführt, ist es auch als Arbeitsverhältnis anzusehen. Der Senat hat darüber hinaus ausgeführt, dass keine Verpflichtung besteht, statt der Kombination einer solchen Rahmenvereinbarung mit Einzelvereinbarungen über die jeweiligen Einsätze ein Abrufarbeitsverhältnis nach § 12 TzBfG zu vereinbaren. Zwingendes Kündigungsschutz- oder Befristungskontrollrecht wird dadurch nicht umgangen.

Der Zehnte Senat hat mit Urteil vom 29. August 2012 (– 10 AZR 499/11 –) entschieden, dass durch die Ausübung einer unentgeltlichen ehrenamtlichen Tätigkeit kein Arbeitsverhältnis begründet wird. Im Streitfall war die Klägerin auf der Grundlage von schriftlichen „Beauftragungen" ehrenamtlich als Telefonseelsorgerin tätig. Der Senat stellte klar, dass mit der Begründung eines Arbeitsverhältnisses typischerweise die Vereinbarung oder jedenfalls die berechtigte Erwartung einer angemessenen Gegenleistung für die versprochenen Dienste verbunden ist. Ob eine berechtigte Vergütungserwartung besteht, richtet sich nach der Art der Arbeit und nach den Umständen, unter denen sie geleistet wird. Auch wenn die Erwerbsabsicht keine notwendige Bedingung für die Arbeitnehmereigenschaft ist, spricht ihr Fehlen doch im Rahmen einer Gesamtwürdigung gegen die Annahme eines Arbeitsverhältnisses. Im Streitfall sah der Senat ein Auftragsverhältnis i. S. d. § 671 BGB als gegeben an. Abschließend stellte er klar, dass die Beauftragung zu ehrenamtlicher Tätigkeit nicht zur Umgehung zwingender arbeitsrechtlicher Schutzbestimmungen führen darf.

II. Arbeitsbedingungen

1. Arbeitszeit

Im Urteil vom 19. September 2012 (– 5 AZR 678/11 –) hatte der Fünfte Senat über die Vergütungspflicht von Umkleide- und hierdurch veranlasste innerbetriebliche Wegezeiten zu entscheiden. Der Arbeitgeber verspricht regelmäßig die Vergütung für alle Dienste, die er dem Arbeitnehmer aufgrund seines Direktionsrechts abverlangt. Ordnet der Arbeitgeber das Umkleiden im Betrieb an, macht er dies mit seiner Weisung zur arbeitsvertraglichen Verpflichtung. Beginnt die Arbeit mit dem angeordneten Umkleiden, zählen auch innerbetriebliche Wege zur Arbeitszeit. Dies gilt jedenfalls, soweit sie dadurch veranlasst sind, dass der Arbeitgeber das Umkleiden nicht am Arbeitsplatz ermöglicht, sondern dafür eine vom Arbeitsplatz getrennte Umkleidestelle einrichtet, die der Arbeitnehmer zwingend benutzen muss. Abschließend hat der Senat klargestellt, dass zur Arbeitszeit nur die Zeitspanne zählt, die für den einzelnen Arbeitnehmer unter Ausschöpfung seiner persönlichen Leistungsfähigkeit für das Umkleiden und das Zurücklegen des Wegs von der Umkleide- zur Arbeitsstelle erforderlich ist.

2. Bezugnahme- und Verweisungsklauseln

In einem vom Vierten Senat am 14. Dezember 2011 (- 4 AZR 26/10 -) entschiedenen Fall ging es um die Anwendbarkeit eines Tarifvertrags auf das zwischen den Parteien vereinbarte Altersteilzeitarbeitsverhältnis. Zentrale Frage war die Auslegung des Altersteilzeitvertrags. Legen die Parteien eines Arbeitsverhältnisses in einer mit „Vertrag" überschriebenen Urkunde fest, dass für ihr Rechtsverhältnis zukünftig ausdrücklich benannte Rechtsfolgen gelten sollen, handelt es sich dabei nicht um einen Akt der bloßen Erkenntnis. Vielmehr stellt dies einen Akt der Betätigung rechtsgeschäftlichen Willens dar. Soll einer solchen Vereinbarung dennoch ausnahmsweise lediglich die Wirkung eines Hinweises auf eine – unabhängig von der Vereinbarung bestehende – Rechtslage beigemessen werden, bedarf es hierfür eindeutiger Anhaltspunkte. Allein das Bestehen einer gleichgerichteten, aber anderweitig begründeten Rechtslage reicht für eine solche Annahme einer rein „deklaratorischen Vereinbarung" nicht aus. Arbeitsvertragsparteien sind grundsätzlich frei, ein kollektives Regelwerk in Bezug zu nehmen, ohne dass es auf dessen *(normative)* Wirksamkeit ankommt. Etwas anderes gilt nur dann, wenn die Arbeitsvertragsparteien dessen normative Wirksamkeit als Bedingung für die vertragliche Verbindlichkeit des Regelwerks vereinbart haben.

In einer Entscheidung vom 18. April 2012 (– 4 AZR 392/10 –) hatte sich der Vierte Senat mit einer arbeitsvertraglichen Bezugnahmeklausel auseinanderzusetzen, wonach „der Bundes-Angestelltentarifvertrag … in der jeweils für den Bereich der kommunalen Arbeitgeberverbände geltenden Fassung *(BAT/VKA)*" sowie die ergänzenden Tarifverträge anzuwenden sind. In diesem Zusammenhang hat der Senat zunächst bestätigt, dass infolge der Tarifsukzession im öffentlichen Dienst im Wege der ergänzenden Vertragsauslegung regelmäßig die an dessen Stelle tretenden Nachfolgetarifverträge erfasst sind. Aufgrund der Aufspaltung der bis zum 30. September 2005 weitgehend gleichlautenden Regelungen für die Angestellten des öffentlichen Dienstes im Bereich der VKA ist bei der ergänzenden Auslegung des Arbeitsvertrags eines Arztes weiterhin zu ermitteln, ob die Parteien nach Treu und Glauben als redliche Vertragspartner den Tarifvertrag für die Ärztinnen und Ärzte an kommunalen Krankenhäusern im Bereich der VKA *(TV-Ärzte/VKA)* oder den Tarifvertrag für den öffentlichen Dienst *(TVöD/VKA)* vereinbart haben. Die ergänzende Vertragsauslegung des Arbeitsvertrags eines Arztes kann dann zur Anwendung des TVöD/VKA führen, wenn mit der vertraglichen Bezugnahmeklausel eine Vereinheitlichung der Arbeitsbedingungen für alle Beschäftigten eines Krankenhauses nach Maßgabe der Bestimmungen eines Tarifwerks bezweckt wird.

In einer Entscheidung vom 28. Juni 2012 (– 6 AZR 217/11 –) hat der Sechste Senat seine Rechtsprechung zu dynamischen Verweisungsklauseln in kirchlichen Arbeitsverträgen *(vgl. BAG 16. Februar 2012 – 6 AZR 573/10 – sowie BAG 22. Juli 2010 – 6 AZR 847/07 –)* fortentwickelt. Danach sind dynamische Verweisungsklauseln in Arbeitsverträgen kirchlicher Arbeitnehmer regelmäßig dahin auszulegen, dass das gesamte kirchenrechtliche System der Arbeitsrechtssetzung erfasst werden soll. Zu ihm gehören auch alle Verfahrensordnungen und die daraus hervorgegangenen Beschlüsse Arbeitsrechtlicher Kommissionen, Unter- oder Regionalkommissionen, die auf dem sog. Dritten Weg zustande gekommen sind. Eine Bezugnahmeklausel in einem Formulararbeitsvertrag, die auf Arbeitsvertragsregelungen Bezug nimmt, die auf dem „Dritten Weg" von einer paritätisch mit weisungsunabhängigen Mitgliedern besetzten

Arbeitsrechtlichen Kommission beschlossen wurden, ist grundsätzlich wirksam. Das verlangt die angemessene Berücksichtigung der Besonderheiten des Arbeitsrechts i. S. v. § 310 Abs. 4 Satz 2 Halbs. 1 BGB. Eine solche Verweisung gewährleistet ebenso wie die arbeitsvertragliche Bezugnahme auf einen einschlägigen Tarifvertrag eine Anpassung der Arbeitsbedingungen an veränderte Umstände. Sie liegt nicht nur im Interesse des Arbeitgebers, sondern auch in dem des Arbeitnehmers. Der Senat ließ offen, ob einer dynamischen Verweisung, die auch das in einer Ordnung der Arbeitsrechtlichen Kommission enthaltene bischöfliche Letztentscheidungsrecht erfasst, wegen § 308 Abs. 1 Nr. 4 BGB die Wirksamkeit abzusprechen ist. Für diesen Fall ist der Arbeitsvertrag jedenfalls ergänzend dahin auszulegen, dass die Verweisung auf solche Regelungen beschränkt ist, die auf dem „Dritten Weg" durch einen ordnungsgemäßen Beschluss der zuständigen, paritätisch mit weisungsunabhängigen Mitgliedern besetzten Kommission zustande gekommen sind.

3. Rückzahlung von Fortbildungskosten

Mit Urteil vom 21. August 2012 *(– 3 AZR 698/10 –)* hat der Dritte Senat seine bisherige Rechtsprechung *(vgl. BAG 15. September 2009 – 3 AZR 173/08 –)* zur Erstattung von Fortbildungskosten weiterentwickelt. Danach genügt eine Klausel dem Transparenzgebot aus § 307 Abs. 1 Satz 2 BGB nur dann, wenn die durch die Fortbildung entstehenden Kosten dem Grunde und der Höhe nach im Rahmen des Möglichen und Zumutbaren bezeichnet sind. Dazu müssen zumindest Art und Berechnungsgrundlagen der Fortbildungskosten benannt werden. Ist eine Rückzahlungsklausel wegen Verstoßes gegen das Transparenzgebot unwirksam, bleibt die Fortbildungsvereinbarung im Übrigen wirksam. In einem solchen Fall scheiden nach Ansicht des Senats bereicherungsrechtliche Ansprüche des Klauselverwenders nach den §§ 812 ff. BGB regelmäßig aus.

III. Ansprüche aus dem Arbeitsverhältnis

1. Vergütung

a) Übliche Vergütungshöhe/Lohnwucher

Im Rahmen einer Zahlungsklage über Vergütungsdifferenzen wegen sittenwidriger Vergütung hat der Fünfte Senat am 18. April 2012 *(– 5 AZR 630/10 –)* entschieden, dass die Verordnung über zwingende Arbeitsbedingungen für die Branche Briefdienstleistungen vom 28. Dezember 2007 *(PostmindestlohnVO)* wegen Verstoßes gegen § 1 Abs. 3a AEntG a. F. unwirksam ist. Ob eine Rechtsverordnung nach dieser Norm *(jetzt § 7 Abs. 1 AEntG)* wirksam ist, prüfen die Gerichte für Arbeitssachen als Vorfrage in jedem arbeitsgerichtlichen Verfahren, in dem es entscheidungserheblich darauf ankommt. Eine Bindung an entsprechende Entscheidungen der Verwaltungsgerichte besteht nicht. Ein Verstoß gegen Anhörungs- und Beteiligungsrechte im Verfahren zum Erlass einer Rechtsverordnung führt regelmäßig zur Unwirksamkeit der Verordnung. Einen solchen Verstoß sah der Senat als gegeben an. Das für den objektiven Tatbestand sowohl des Lohnwuchers *(§ 138 Abs. 2 BGB)* als auch des wucherähnlichen Geschäfts *(§ 138 Abs. 1 BGB)* erforderliche auffällige Missverhältnis zwischen Leistung und Gegenleistung liegt vor, wenn die Arbeitsvergütung nicht einmal zwei Drittel eines im betreffenden Wirtschaftszweig üblicherweise gezahlten Tariflohns erreicht. Die bei der Ermittlung eines auffälligen Missverhältnisses zwischen Leistung und Gegenleistung i. S. v. § 138 BGB erforderliche Zuordnung eines Unternehmens des Arbeitgebers zu einem bestimmten Wirtschaftszweig richtet sich nach der durch Unionsrecht vorgegebenen Klassifikation der Wirtschaftszweige.

Ebenfalls um Lohnwucher ging es in der Entscheidung des Fünften Senats vom 16. Mai 2012 (– *5 AZR 268/11* –). Hierzu hat der Senat festgestellt, dass ein Rechtsgeschäft nur dann nach § 138 Abs. 1 BGB sittenwidrig ist, wenn eine verwerfliche Gesinnung des Begünstigten festgestellt werden kann. Liegt objektiv ein besonders grobes Missverhältnis zwischen Leistung und Gegenleistung vor, weil der Wert der Leistung *(mindestens)* doppelt so hoch ist wie der Wert der Gegenleistung, gestattet dies den tatsächlichen Schluss auf eine verwerfliche Gesinnung des Begünstigten. Dann bedarf es zwar noch der Behauptung der verwerflichen Gesinnung, doch sind an diesen Vortrag keine hohen Anforderungen zu stellen. Es genügt, dass sich die benachteiligte Vertragspartei auf die tatsächliche Vermutung beruft. Übersteigt der Wert der Arbeitsleistung den Wert der Gegenleistung um mehr als 50 %, aber weniger als 100 %, bedarf es zur Annahme der Nichtigkeit der Vergütungsabrede zusätzlicher Umstände, aus denen geschlossen werden kann, der Arbeitgeber habe die Not oder einen anderen den Arbeitnehmer hemmenden Umstand in verwerflicher Weise zu seinem Vorteil ausgenutzt. Die mit einem besonders groben Missverhältnis von Leistung und Gegenleistung begründete tatsächliche Vermutung kann im Einzelfall durch besondere Umstände erschüttert werden. Insofern trägt die begünstigte Vertragspartei die Darlegungs- und Beweislast.

b) Eingruppierung

Die unterschiedlichen Entgeltregelungen im Tarifvertrag für den öffentlichen Dienst der Länder *(TV-L)* für die Fachärztinnen und Fachärzte an Universitätskliniken einerseits und für Naturwissenschaftler mit einer Weiterbildung zum Klinischen Chemiker, die in ärztlichen Servicebereichen der Patientenversorgung tätig sind, andererseits verstoßen nicht gegen den allgemeinen Gleichheitssatz nach Art. 3 Abs. 1 GG. Dies hat der Vierte Senat durch Urteil vom 25. Januar 2012 (– *4 AZR 147/10* –) entschieden. Die Tarifvertragsparteien sind bei der tariflichen Normsetzung nicht unmittelbar grundrechtsgebunden. Aufgrund der Schutzpflichtfunktion der Grundrechte ist allerdings solchen Tarifregelungen die Durchsetzung zu verweigern, die zu gleichheits- und sachwidrigen Differenzierungen führen und deshalb Art. 3 GG verletzen. Bei einer personenbezogenen Ungleichbehandlung ist der Gleichheitssatz verletzt, wenn eine Gruppe von Normadressaten im Vergleich zu anderen Normadressaten anders behandelt wird, obwohl zwischen beiden Gruppen keine Unterschiede von solcher Art und solchem Gewicht bestehen, dass sie die ungleiche Behandlung rechtfertigen könnten. Nach der Konzeption des Grundgesetzes ist die Festlegung der Höhe des Entgelts als integraler Bestandteil der Tarifautonomie grundsätzlich den Tarifvertragsparteien übertragen, die nur in sehr engen Grenzen von der Rechtsprechung überprüft werden kann. Sie sind nicht verpflichtet, die jeweils zweckmäßigste, vernünftigste oder gerechteste Lösung zu wählen, und können auch typisierende Regelungen treffen. Bei der Überprüfung von Tarifverträgen anhand des allgemeinen Gleichheitssatzes ist deshalb nicht auf die Einzelfallgerechtigkeit abzustellen, sondern auf die generellen Auswirkungen der Regelung. Eine Verletzung des arbeitsrechtlichen Gleichbehandlungsgrundsatzes liegt nicht vor, wenn ein Arbeitgeber tarifliche Regelungswerke entsprechend ihrem persönlichen Geltungsbereich auf die bei ihm beschäftigten Arbeitnehmergruppen anwendet. Deshalb ist eine Gruppenbildung, wonach der TV-Ärzte/TdL auf die in einem Universitätsklinikum beschäftigten Ärztinnen und Ärzte angewendet wird und der TV-L auf die übrigen Beschäftigtengruppen, nicht zu beanstanden.

c) Leistungsentgelt

In einer Entscheidung vom 16. Mai 2012 (– 10 AZR 202/11 –) hat sich der Zehnte Senat mit dem Leistungsentgelt nach § 18 TVöD (VKA) auseinandergesetzt. Hierzu hat er entschieden, dass die nach § 18 Abs. 3 Satz 2 TVöD (VKA) bestehende Verpflichtung zur jährlichen Auszahlung der Leistungsentgelte mangels tariflicher Regelung der Vergütungsform und der Verteilungsgrundsätze den Abschluss einer Dienst- oder Betriebsvereinbarung voraussetzt. Für den Fall des Nichtbestehens einer Dienst-/Betriebsvereinbarung nach § 18 Abs. 6 TVöD (VKA) gewährt die Protokollerklärung Nr. 1 zu Absatz 4 des § 18 TVöD (VKA) ab dem Jahr 2008 nur einen Anspruch auf ein undifferenziertes Leistungsentgelt in Höhe von 6 v. H. des individuellen Tabellenentgelts. Der nicht ausgeschüttete Teil des für die Leistungsentgelte zur Verfügung stehenden Gesamtvolumens wird jeweils auf das Folgejahr übertragen, ohne zu einer Erhöhung des undifferenzierten Leistungsentgelts zu führen. Auch im Fall einer solchen Übertragung besteht kein Anspruch der Beschäftigten auf ein erhöhtes undifferenziertes Leistungsentgelt im Folgejahr. Vielmehr setzt auch die Ausschüttung des erhöhten Gesamtvolumens den Abschluss einer Dienst- oder Betriebsvereinbarung voraus.

d) Arbeitszeitkonto

Der Entscheidung des Fünften Senats vom 21. März 2012 (– 5 AZR 670/11 –) lag die Frage zugrunde, ob der Arbeitgeber berechtigt ist, in ein Arbeitszeitkonto eingestellte Stunden zu streichen. Nach Ansicht des Senats ist der Antrag auf (Wieder-) Gutschrift der gestrichenen Stunden nach Kürzung des auf einem Arbeitszeitkonto ausgewiesenen Zeitguthabens hinreichend bestimmt i. S. v. § 253 Abs. 2 Nr. 2 ZPO. In der Sache hat der Senat ausgeführt, dass der Arbeitnehmer einen Anspruch darauf hat, dass der Arbeitgeber ein Arbeitszeitkonto entsprechend den vereinbarten Vorgaben führt. Dies hat zur Folge, dass der Arbeitgeber ein Arbeitszeitkonto, das die Abweichungen von den dienstplanmäßigen Arbeitszeiten umfasst und dokumentiert, nur dann mit Minusstunden aus der Nichtausschöpfung der geschuldeten Arbeitszeit in den Dienstplänen belasten darf, wenn die der Führung des Arbeitszeitkontos zugrunde liegende Vereinbarung dies vorsieht.

e) Überstunden

In einer Entscheidung vom 16. Mai 2012 (– 5 AZR 331/11 –) hat sich der Fünfte Senat mit einer mündlichen Abrede zur Pauschalabgeltung von Überstunden auseinandergesetzt. Danach sollten in der vereinbarten Monatsvergütung die ersten zwanzig Überstunden monatlich „mit drin" sein. Der Senat stellte zunächst klar, dass auch eine mündliche Vertragsbedingung, die der Arbeitgeber für eine Vielzahl von Arbeitsverhältnissen verwendet, eine Allgemeine Geschäftsbedingung ist. Er hielt die Klausel weder für überraschend noch für intransparent. Eine Klausel, die ausschließlich die Vergütung von Überstunden, nicht aber die Anordnungsbefugnis des Arbeitgebers zur Leistung von Überstunden regelt, ist eine Hauptleistungsabrede und deshalb von der Inhaltskontrolle nach § 307 Abs. 1 Satz 1 BGB ausgenommen.

In einer Entscheidung vom 16. Mai 2012 (– *5 AZR 347/11* –) hat der Fünfte Senat seine bisherige Rechtsprechung zur Darlegungs- und Beweislast im Überstundenprozess *(vgl. BAG 25. Mai 2005 – 5 AZR 319/04 –)* fortentwickelt. Verlangt der Arbeitnehmer Arbeitsvergütung für Überstunden, hat er darzulegen und – im Bestreitensfall – zu beweisen, dass er Arbeit in einem die Normalarbeitszeit übersteigenden zeitlichen Umfang verrichtet hat. Dabei genügt der Arbeitnehmer seiner Darlegungslast, indem er vorträgt, an welchen Tagen er von wann bis wann Arbeit geleistet oder sich auf Weisung des Arbeitgebers zur Arbeit bereitgehalten hat. Auf diesen Vortrag muss der Arbeitgeber im Rahmen einer gestuften Darlegungslast substantiiert erwidern und im Einzelnen vortragen, welche Arbeiten er dem Arbeitnehmer zugewiesen hat und an welchen Tagen der Arbeitnehmer von wann bis wann diesen Weisungen – nicht – nachgekommen ist. Diese Grundsätze dürfen jedoch nicht schematisch angewendet werden, sondern bedürfen stets der Berücksichtigung der im jeweiligen Streitfall zu verrichtenden Tätigkeit und der konkreten betrieblichen Abläufe. Die Darlegung der Leistung von Überstunden durch den Arbeitnehmer und die substantiierte Erwiderung hierauf durch den Arbeitgeber haben entsprechend § 130 Nr. 3 und Nr. 4 ZPO schriftsätzlich zu erfolgen. Beigefügte Anlagen können den schriftsätzlichen Vortrag lediglich erläutern oder belegen, verpflichten das Gericht aber nicht, sich die unstreitigen oder streitigen Arbeitszeiten aus den Anlagen selbst zusammenzusuchen.

f) Sonderzahlung/Weihnachtsgratifikation

Im Rahmen einer auf Weihnachtsgratifikation gerichteten Zahlungsklage hat sich der Zehnte Senat im Urteil vom 18. Januar 2012 (– *10 AZR 667/10* –) mit der Wirksamkeit einer Stichtagsklausel auseinandergesetzt. In diesem Zusammenhang hat er entschieden, dass die Zahlung einer Sonderzuwendung, die im Synallagma zur erbrachten Arbeitsleistung steht und vom Arbeitnehmer durch die Erbringung der geschuldeten Arbeitsleistung verdient worden ist, in Allgemeinen Geschäftsbedingungen nicht vom Vorliegen weiterer Voraussetzungen abhängig gemacht werden kann. Im Gegensatz dazu kann eine Weihnachtsgratifikation, die an den Bestand des Arbeitsverhältnisses anknüpft und nicht der Vergütung geleisteter Arbeit dient, vom ungekündigten Bestehen des Arbeitsverhältnisses zum Auszahlungszeitpunkt abhängig gemacht werden. Dann muss auch nicht danach differenziert werden, wer die Kündigung ausgesprochen hat und ob sie auf Gründen beruht, die in der Sphäre des Arbeitgebers oder des Arbeitnehmers liegen.

Knüpft der Arbeitgeber bei der Bemessung einer Sonderzahlung an die erbrachte Arbeitsleistung im Bezugjahr an, so ist die Zahlung zumindest teilweise Vergütung für geleistete Arbeit. Wird daneben in der Zusage als Leistungszweck die „Honorierung der Betriebstreue" bestimmt, so handelt es sich um eine Sonderzahlung mit Mischcharakter. Eine Bestimmung in Allgemeinen Geschäftsbedingungen, wonach eine solche Sonderzahlung vom ungekündigten Bestand des Arbeitsverhältnisses zu einem Zeitpunkt außerhalb des Bezugszeitraums, in dem die Arbeitsleistung erbracht wurde, abhängen soll, steht im Widerspruch zu § 611 Abs. 1 BGB. Sie entzieht dem Arbeitnehmer bereits erarbeiteten Lohn und erschwert unzulässig die Ausübung des Kündigungsrechts. Die Klausel benachteiligt den Arbeitnehmer nach einer Entscheidung des Zehnten Senats vom 18. Januar 2012 (– *10 AZR 612/10* –) unangemessen und ist deshalb gemäß § 307 Abs. 1 Satz 1 BGB unwirksam.

Der Anspruch auf Jahressonderzahlung nach § 20 Abs. 1 TV-L vermindert sich nach § 20 Abs. 4 TV-L um ein Zwölftel für jeden Kalendermonat, in dem der Beschäftigte keinen Anspruch auf Entgelt oder Fortzahlung des Entgelts gegen den Arbeitgeber hat, bei dem er am 1. Dezember des Jahres beschäftigt ist. Dies hat der Zehnte Senat durch Urteil vom 11. Juli 2012 (– 10 AZR 488/11 –) entschieden. Beschäftigungszeiten bei anderen Arbeitgebern ändern an der Anspruchskürzung nach § 20 Abs. 4 TV-L nichts. Dies gilt auch dann, wenn es sich um Arbeitgeber des öffentlichen Dienstes handelt, die den TV-L anwenden.

g) Zulagen

Die Inanspruchnahme von Sonderurlaub ist nach Auffassung des Sechsten Senats im Urteil vom 24. Mai 2012 (– 6 AZR 586/10 –) für den Anspruch auf die Besitzstandszulage nach § 9 Abs. 1 TVÜ-Länder unschädlich. Der Anspruch des Arbeitnehmers erlischt nicht gemäß § 9 Abs. 4 Satz 1 TVÜ-Länder. Vielmehr handelt es sich insoweit um eine unschädliche Unterbrechung i. S. d. Protokollerklärung Nr. 1 zu § 9 Abs. 4 TVÜ-Länder. Soweit diese Protokollerklärung Urlaub als unschädlich ansieht, ist darunter nach Ansicht des Senats auch unbezahlter Sonderurlaub zu verstehen. Urlaub umfasst als Oberbegriff neben dem bezahlten Erholungsurlaub und dem tariflichen oder gesetzlichen Zusatzurlaub auch Sonderurlaub. Außerdem spricht entscheidend der Zweck der Besitzstandszulage dafür, dass auch Sonderurlaub eine unschädliche Unterbrechung der Tätigkeit sein soll. Der Senat hat herausgestellt, dass Vergütungsgruppenzulagen einen Ersatz für nicht vorhandene Zwischengruppen zwischen den Vergütungsgruppen darstellen. Erst die Summe des Entgelts aus Vergütungsgruppe und Zulage bildet die tarifliche Gesamtwertigkeit der Tätigkeit ab. Diese Wertigkeit fand im TV-L bis zum Inkrafttreten der Entgeltordnung zum TV-L am 1. Januar 2012 keinen vollständigen Niederschlag und bedurfte deshalb nach Auffassung der Tarifvertragsparteien eines besonderen Bestandsschutzes. Vor diesem Hintergrund lassen auch längerfristige Unterbrechungen der Tätigkeit wegen Sonderurlaubs den an die Wertigkeit dieser Tätigkeit geknüpften Besitzstand bei Wiederaufnahme der Tätigkeit nicht erlöschen. Eine andere Auslegung würde zudem Art. 3 Abs. 1 GG iVm. Art. 6 Abs. 1 GG verletzen, wenn dadurch den Beschäftigten, die Sonderurlaub zur Betreuung von Kindern in Anspruch nehmen, nach Beendigung des Sonderurlaubs die Weiterzahlung der Zulage verwehrt würde.

Der Zehnte Senat hat durch Urteil vom 13. Juni 2012 (– 10 AZR 351/11 –) entschieden, dass nicht ständige Schichtarbeit i. S. v. § 8 Abs. 6 Satz 2 bzw. nicht ständige Wechselschichtarbeit i. S. v. § 8 Abs. 5 Satz 2 TVöD vorliegt, wenn Beschäftigten Schicht- oder Wechselschichtarbeit nicht dauerhaft, sondern lediglich vertretungsweise (z. B. als „Springer") oder gelegentlich zugewiesen wird. Der Entscheidung lag ein Sachverhalt zugrunde, in dem der Kläger neben seiner eigentlichen Tätigkeit häufig als Vertretung eingesetzt wurde, wobei teilweise rund um die Uhr, teilweise im Schichtbetrieb zu arbeiten war. Nach Ansicht des Senats setzt der Anspruch auf die Zulage für nicht ständige Schicht-/ Wechselschichtarbeit gemäß § 8 Abs. 5 Satz 2 und Abs. 6 Satz 2 TVöD den mindestens einmaligen tatsächlichen Einsatz in allen geforderten Schichten innerhalb eines Monatszeitraums voraus. Hinsichtlich der geforderten Nachtschicht kann nach § 7 Abs. 1 Satz 1 TVöD eine Durchschnittsbetrachtung angestellt werden, wenn Beschäftigte über einen längeren Zeitraum oder immer wieder zu Wechselschichtarbeit herangezogen werden. Die Voraussetzungen für den Zulagenanspruch können durch Einsätze auf verschiedenen Arbeitsplätzen innerhalb des Monatszeitraums erfüllt werden, soweit dort Schicht- bzw. Wechselschichtarbeit im tariflichen Sinn geleistet wird. Erfolgt ein Teil der Einsätze auf Schichtarbeitsplätzen, so entsteht für die dort geleisteten Stunden nur der Anspruch auf die Zulage für nicht ständige Schichtarbeit.

h) Strukturausgleich

In einem am 18. Oktober 2012 (– 6 AZR 261/11 –) entschiedenen Fall ging es um Zahlung des Strukturausgleichs nach § 12 Abs. 1 des Tarifvertrags zur Überleitung der Beschäftigten der Länder (TV-L) und zur Regelung des Übergangsrechts (TVÜ-Länder) vom 12. Oktober 2006. Die neue Entgeltstruktur des TV-L hat für aus dem BAT übergeleitete Angestellte teilweise Einbußen bei der individuellen Entgeltentwicklung im Vergleich zu der Vergütungserwartung bei Fortbestand des BAT zur Folge. Zur Abmilderung dieser sog. Exspektanzverluste haben die Tarifvertragsparteien einen Strukturausgleich vereinbart. Nach Auffassung des Senats lässt sich anhand der Auslegungskriterien Wortlaut, Sinn und Zweck, Tarifsystematik und Entstehungsgeschichte des Tarifvertrags nicht mit der erforderlichen Eindeutigkeit feststellen, ob in der dritten Spalte der maßgeblichen Tabelle zum Strukturausgleich das Merkmal „Aufstieg – ohne" nur erfüllt ist, wenn der Angestellte zum Stichtag der Einführung des TV-L, dem 1. November 2006, ohne vorherigen Aufstieg („originär") in einer Vergütungsgruppe eingruppiert war, aus der kein Aufstieg möglich war, oder ob es für den Anspruch auf Strukturausgleich ausreicht, wenn im Zeitpunkt der Überleitung kein (weiterer) Aufstieg des Angestellten aus seiner Vergütungsgruppe möglich war. Bei Heranziehung des Grundsatzes der objektiven Auslegung und des Gebots der Normenklarheit sei der Normbefehl des Merkmals „Aufstieg - ohne" jedoch dahin zu verstehen, dass der Anspruch auf Strukturausgleich schon dann besteht, wenn die für die Vergütung des Angestellten im Zeitpunkt des Inkrafttretens des TVÜ maßgebliche Vergütungsgruppe keinen (weiteren) Aufstieg zulässt.

i) Annahmeverzug

Der Annahmeverzug des Arbeitgebers endet, wenn die Voraussetzungen des Gläubigerverzugs entfallen. Ist der Arbeitgeber nach einer unwirksamen Kündigung mit der Annahme der Dienste des Arbeitnehmers in Verzug gekommen, muss er zur Beendigung des Annahmeverzugs die versäumte Arbeitsaufforderung nachholen. In diesem Zusammenhang hat der Fünfte Senat durch Urteil vom 16. Mai 2012 (– 5 AZR 251/11 –) entschieden, dass allein aus der Eingehung eines neuen Arbeitsverhältnisses nicht das Fehlen der Leistungsbereitschaft des Arbeitnehmers im gekündigten Arbeitsverhältnis hergeleitet werden kann. Der Arbeitnehmer kann das neue Arbeitsverhältnis auch unter Einhaltung einer Kündigungsfrist beenden. Kommt er der Arbeitsaufforderung des alten Arbeitgebers aber ohne jegliche Erklärung nicht nach, indiziert dies seine fehlende Leistungsbereitschaft im gekündigten Arbeitsverhältnis. Zur Höhe des Anspruchs hat der Senat ausgeführt, dass der anderweitige Verdienst, den der Arbeitnehmer während des Anrechnungszeitraums erzielt hat, gemäß § 615 Satz 2 BGB, § 11 Nr. 1 KSchG nicht pro rata temporis, sondern auf die Gesamtvergütung für die Dauer des (beendeten) Annahmeverzugs anzurechnen ist. Zum Zwecke der dafür erforderlichen Vergleichsberechnung (Gesamtberechnung) ist zunächst die Vergütung für die infolge des Verzugs nicht geleisteten Dienste zu ermitteln. Dieser Gesamtvergütung ist das gegenüberzustellen, was der Arbeitnehmer im selben

Zeitraum anderweitig verdient hat. Aufgrund der im Zivilprozess geltenden Dispositionsmaxime bestimmen die Parteien mit ihren Anträgen und Einwendungen den der Gesamtberechnung zugrunde zu legenden Zeitraum.

j) Auslagenerstattung

Ein Land verstößt als Arbeitgeber gegenüber seinen angestellten Lehrkräften gegen § 242 BGB, wenn es Schulfahrten regelmäßig nur unter der Voraussetzung genehmigt, dass die teilnehmenden Lehrkräfte formularmäßig auf die Erstattung ihrer Reisekosten verzichten. Die generelle Bindung der Genehmigung von Schulfahrten an den „Verzicht" auf die Erstattung von Reisekosten stellt die angestellten Lehrkräfte unzulässig vor die Wahl, ihr Interesse an einer Reisekostenerstattung zurückzustellen oder dafür verantwortlich zu sein, dass Schulfahrten, die Bestandteil der Bildungs- und Erziehungsarbeit sind, nicht stattfinden. Dies hat der Neunte Senat durch Urteil vom 16. Oktober 2012 (– 9 AZR 183/11 –) entschieden. Daher konnte die klagende Lehrerin Erstattung der Reisekosten verlangen, obwohl sie vor Fahrtantritt einen vom beklagten Land vorformulierten „Verzicht" unterzeichnet hatte.

k) Anrechnung von Arbeitgeberleistungen

Im Urteil vom 18. April 2012 (– 4 AZR 139/10 –) hat sich der Vierte Senat mit der Anrechnung von Arbeitgeberleistungen auf den tariflichen Mindestlohn beschäftigt. Er hat in diesem Zusammenhang entschieden, dass bei der Erfüllungswirkung von Leistungen des Arbeitgebers auf tariflich begründete Mindestlohnansprüche des Arbeitnehmers darauf abzustellen ist, welche (Gegen-) Leistung des Arbeitnehmers durch die Leistung des Arbeitgebers ihrem Zweck nach vergütet werden soll. Besteht zwischen dem Zweck der tatsächlich erbrachten Leistung und dem Zweck des tariflichen Mindestlohns, den der Arbeitnehmer als unmittelbare Leistung für die zu verrichtende Tätigkeit begehrt, eine funktionale Gleichwertigkeit, ist die erbrachte Leistung auf den zu erfüllenden Anspruch anzurechnen. Folglich ist eine vom Arbeitgeber geleistete „Erschwerniszulage" dann anzurechnen, wenn sie darauf beruht, dass der von ihm angewandte Haustarifvertrag die konkrete Arbeitsleistung wegen der besonderen Arbeitsbedingungen als zulagenpflichtig („Erschwerniszulage") ansieht, der allgemeinverbindliche Mindestlohntarifvertrag dieselbe Tätigkeit aber ersichtlich mit dem Grundentgelt als hinreichend vergütet bewertet.

Die Anrechnung von Arbeitgeberleistungen auf den tariflichen Mindestlohn war auch Gegenstand der Entscheidung des Vierten Senats vom 18. April 2012 (– 4 AZR 168/11 –). Vor diesem Hintergrund hat er festgestellt, dass eine vom Arbeitgeber aufgrund eines von ihm angewandten Haustarifvertrags erbrachte „Einmalzahlung", die die Funktion der Überbrückung bis zum späteren Inkrafttreten einer linearen tabellenwirksamen Lohnerhöhung hat, aufgrund ihres Zwecks grundsätzlich auf den Mindestlohnanspruch eines Arbeitnehmers aus einem allgemeinverbindlichen Verbandstarifvertrag anzurechnen ist. Eine vom Arbeitgeber aufgrund des von ihm angewandten Haustarifvertrags erbrachte „vermögenswirksame Leistung" iSd. Fünften VermBG ist nicht auf den tariflichen Mindestlohnanspruch des Arbeitnehmers anzurechnen, da ihr Zweck der langfristigen Vermögensbildung in Arbeitnehmerhand nicht funktional gleichwertig mit dem Zweck des Mindestlohns ist. Der Senat hat dem EuGH die Frage zur Entscheidung vorgelegt, ob diese Auslegung mit der Auslegung des Begriffs „Mindestlohnsätze" in Art. 3 Abs. 1 Unterabs. 1 Buchst. c der Richtlinie 96/71/EG vereinbar ist.

l) Forderungsübergang nach § 115 SGB X

Der Fünfte Senat hat sich im Urteil vom 21. März 2012 (– 5 AZR 61/11 –) mit dem Umfang des Forderungsübergangs bei Leistungen nach dem SGB II beschäftigt. Im Einklang mit der Rechtsprechung des BSG (vgl. 7. November 2006 – 7b AS 8/06 R –) hat er entschieden, dass die Bedarfsgemeinschaft iSv. § 7 Abs. 2, Abs. 3, § 9 Abs. 2 SGB II nicht selbst Inhaberin der Sozialleistungsansprüche ist. Dies sind vielmehr ihre einzelnen Mitglieder. Der gesetzliche Übergang eines Vergütungsanspruchs auf einen Sozialleistungsträger nach § 115 SGB X setzt Personenidentität voraus. Der Bezieher der Sozialleistung und der Arbeitnehmer müssen dieselbe Person sein. Der Senat hat in diesem Zusammenhang ausgeführt, dass § 34a SGB II (heute § 34b SGB II) den Grundsatz der Personenidentität für Leistungen nach dem SGB II aufhebt. Grundsicherungsleistungen an den nicht getrennt lebenden Ehegatten oder Lebenspartner des Hilfebedürftigen sowie an dessen unverheiratete Kinder, die das 25. Lebensjahr noch nicht vollendet haben, gelten als Aufwendungen für den Hilfebedürftigen und führen zu einem erweiterten Anspruchsübergang nach § 115 SGB X. Ein weiterer Teil der Entscheidung befasste sich mit der Kausalität des Anspruchsübergangs. Der Sozialleistungsträger muss mit eigenen Leistungen eingetreten sein, weil der Arbeitgeber die geschuldete Vergütung nicht gezahlt hat. Dabei kommt es auf die Identität der Zahlungszeiträume an. Etwas anderes gilt dann, wenn Sozialleistungen nach dem SGB II auch gewährt werden müssten, wenn der Arbeitgeber seiner Vergütungspflicht rechtzeitig und vollständig nachkommt. In diesem Falle findet insoweit kein Anspruchsübergang statt. Die Absetzungsbeträge nach § 30 SGB II (heute § 11b SGB II), insbesondere die Arbeitnehmer-Freibeträge, können deshalb den auf den Leistungsträger übergehenden Teil des Vergütungsanspruchs beschränken.

2. Urlaub

Hat der Arbeitgeber das Arbeitsverhältnis gekündigt und besteht nach der Entscheidung des Gerichts das Arbeitsverhältnis fort, hat er die Urlaubsansprüche des Arbeitnehmers grundsätzlich auch dann zu erfüllen, wenn dieser inzwischen mit einem anderen Arbeitgeber ein neues Arbeitsverhältnis eingegangen ist. Dies hat der Neunte Senat durch Urteil vom 21. Februar 2012 (– 9 AZR 487/10 –) entschieden. Der Regelungsbereich des § 6 Abs. 1 BUrlG, wonach der Anspruch auf Urlaub nicht besteht, soweit dem Arbeitnehmer für das laufende Kalenderjahr bereits von einem früheren Arbeitgeber Urlaub gewährt worden ist, erfasst keine Doppelarbeitsverhältnisse. Der Arbeitnehmer muss sich nur dann den ihm während des Kündigungsrechtsstreits vom anderen Arbeitgeber gewährten Urlaub auf seinen Urlaubsanspruch gegen den alten Arbeitgeber anrechnen lassen, wenn er die Pflichten aus beiden Arbeitsverhältnissen nicht gleichzeitig hätte erfüllen können.

Nach einer Entscheidung des Neunten Senats vom 20. März 2012 (– 9 AZR 529/10 –) benachteiligt die in § 26 Abs. 1 Satz 2 TVöD aF nach Altersstufen gestaffelte Urlaubsdauer jüngere Beschäftigte und stellt eine unmittelbare Diskriminierung wegen des Alters dar. Die Vorschrift enthält eine Regelung, wonach nur Beschäftigte, die das 40. Lebensjahr vollendet haben, in jedem Kalenderjahr Anspruch auf 30 Arbeitstage Urlaub haben. Dieser Verstoß gegen das Verbot der Diskriminierung wegen des Alters kann für die Vergangenheit nur durch eine „Anpassung nach oben" beseitigt werden. Dies hat zur Folge, dass der Urlaubsanspruch der diskriminierten Beschäftigten in jedem Kalenderjahr ebenfalls 30 Arbeitstage beträgt.

Kernfrage der Entscheidung des Neunten Senats im Urteil vom 7. August 2012 (– 9 AZR 760/10 –) war die Frage der Tilgung von Mindest- und Mehrurlaub. Hierzu hat der Senat entschieden, dass es sich auch dann, wenn der Anspruch auf Erholungsurlaub auf verschiedenen Grundlagen beruht, um eine einheitliche Forderung handelt, auf die § 366 BGB keine Anwendung findet. Selbst wenn eine arbeits- oder tarifvertragliche Regelung eine längere Urlaubsdauer als das Bundesurlaubsgesetz vorsieht, bringt der Arbeitgeber mit der Freistellung des Arbeitnehmers von der Verpflichtung zur Arbeitsleistung grundsätzlich beide Ansprüche ganz oder teilweise zum Erlöschen. Dies gilt auch ohne ausdrückliche oder konkludente Tilgungsbestimmung. Verlängert eine betriebliche Übung einen tariflichen Übertragungszeitraum, so geht der nur aufgrund der betrieblichen Übung aufrechterhaltene Mehrurlaubsanspruch grundsätzlich am Ende des verlängerten Übertragungszeitraums auch dann unter, wenn der Arbeitnehmer zu diesem Zeitpunkt arbeitsunfähig krank ist.

Die Tarifvertragsparteien des TV-L haben mit § 26 Abs. 2 Buchst. a TV-L ein eigenständiges, von dem des Bundesurlaubsgesetzes abweichendes Fristenregime geschaffen, nach dem der tarifliche Mehrurlaub auch bei fortbestehender Arbeitsunfähigkeit am Ende des verlängerten Übertragungszeitraums am 31. Mai des Folgejahres verfällt. Dies hat der Neunte Senat durch Urteil vom 22. Mai 2012 (– 9 AZR 618/10 –) entschieden. Tarifvertragsparteien können deshalb nach der Rechtsprechung des Senats auch bei fortdauernder Arbeitsunfähigkeit wirksam den Verfall von tariflichen Mehrurlaubsansprüchen am Ende des Urlaubsjahres und/oder eines kurzen Übertragungszeitraums von wenigen Monaten vorsehen. Ebenso können sie die Abgeltung des Mehrurlaubs bei Vertragsbeendigung davon abhängig machen, dass die Arbeitsunfähigkeit nicht fortdauert. Die Tarifvertragsparteien des TV-L haben nach Ansicht des Senats für die Abgeltung von Urlaubsansprüchen jedoch keine eigenständige Regelung getroffen. Insofern besteht also ein Gleichlauf mit den Regelungen zum gesetzlichen Mindesturlaub.

Der gesetzliche Erholungsurlaub (§§ 1, 3 BUrlG) und der Zusatzurlaub für schwerbehinderte Menschen (§ 125 Abs. 1 SGB IX) setzen keine Arbeitsleistung des Arbeitnehmers im Urlaubsjahr voraus. Grundsätzlich ist allein das Bestehen eines Arbeitsverhältnisses Voraussetzung. Gesetzliche Urlaubsansprüche entstehen auch dann, wenn der Arbeitnehmer eine befristete Rente wegen Erwerbsminderung bezieht und eine tarifliche Regelung das Ruhen des Arbeitsverhältnisses an den Bezug dieser Rente knüpft. Im Anschluss an die Rechtsprechung des EuGH (22. November 2011 – C-214/10 – [KHS]) hat der Neunte Senat am 7. August 2012 (– 9 AZR 353/10 –) entschieden, dass gesetzliche Urlaubsansprüche eines Arbeitnehmers, der aus gesundheitlichen Gründen daran gehindert ist, seine Arbeitsleistung zu erbringen, aufgrund unionsrechtskonformer Auslegung des § 7 Abs. 3 Satz 3 BUrlG 15 Monate nach Ablauf des Urlaubsjahres verfallen.

Durch Urteil vom 19. Juni 2012 (– 9 AZR 652/10 –) hat der Neunte Senat die Surrogatstheorie insgesamt aufgegeben. Nach dieser war der Abgeltungsanspruch Surrogat des Urlaubsanspruchs und wurde nach denselben Regeln behandelt (vgl. BAG 28. Juni 1984 – 6 AZR 521/81 –). Der Senat hat nunmehr klargestellt, dass der Anspruch auf Abgeltung des Urlaubs auch für den Fall der Arbeitsfähigkeit des aus dem

Arbeitsverhältnis ausscheidenden Arbeitnehmers ein reiner Geldanspruch ist. Daher unterfällt er nicht dem Fristenregime des BUrlG. Als Folge hiervon ist der Urlaub grundsätzlich auch dann abzugelten, wenn der während des Urlaubsjahres ausgeschiedene Arbeitnehmer seinen Urlaubsabgeltungsanspruch erstmals nach Ablauf des Urlaubsjahres geltend macht. Ein Verfall gemäß § 7 Abs. 3 Satz 1 BUrlG tritt nicht ein.

3. Pflegezeit

§ 3 PflegeZG räumt dem Beschäftigten ein einseitiges Gestaltungsrecht ein. Durch die Erklärung, Pflegezeit in Anspruch zu nehmen, treten unmittelbar die gesetzlichen Rechtsfolgen der Pflegezeit ein, ohne dass es noch eines weiteren Handelns des Arbeitgebers bedürfte. § 3 Abs. 1 Satz 1 i.V.m. § 4 Abs. 1 Satz 1 PflegeZG eröffnet dem Arbeitnehmer nur die Möglichkeit, durch einmalige Erklärung bis zu sechs Monate lang Pflegezeit in Anspruch zu nehmen. Hat der Arbeitnehmer die Pflegezeit durch Erklärung gegenüber dem Arbeitgeber in Anspruch genommen, ist er gehindert, von seinem Recht erneut Gebrauch zu machen, sofern sich die Pflegezeit auf denselben Angehörigen bezieht. Nach der Entscheidung des Neunten Senats vom 15. November 2011 (– 9 AZR 348/10 –) handelt es sich um ein einmaliges Gestaltungsrecht. Der Senat hat ausdrücklich offengelassen, ob es mit § 3 Abs. 1 PflegeZG vereinbar ist, dass der Arbeitnehmer die Pflegezeit im Wege einer einmaligen Erklärung auf mehrere getrennte Zeitabschnitte verteilt und ob die zeitliche Höchstbeschränkung des Pflegezeitanspruchs nur für dasselbe Arbeitsverhältnis gilt.

4. Zeugnis

Die Formulierung: „Wir haben Herrn K. als sehr interessierten und hochmotivierten Mitarbeiter kennengelernt, der stets eine sehr hohe Einsatzbereitschaft zeigte", ist kein „Geheimcode". Es handelt sich nicht um eine verschlüsselte Formulierung. Auch widerspricht die Wortwahl nicht dem Gebot der Zeugnisklarheit. Mit der Wendung „kennengelernt" bringt der Arbeitgeber nicht zum Ausdruck, dass die im Zusammenhang angeführten Eigenschaften tatsächlich nicht vorliegen. Dies hat der Neunte Senat durch Urteil vom 15. November 2011 (– 9 AZR 386/10 –) entschieden.

5. Ausschlussfristen

In der Entscheidung vom 16. Mai 2012 (– 5 AZR 251/11 –) hat sich der Fünfte Senat u. a. mit der Wirksamkeit einer zweistufigen arbeitsvertraglichen Ausschlussfrist beschäftigt. In diesem Zusammenhang hat er festgestellt, dass die Unwirksamkeit der ersten Stufe einer in Allgemeinen Geschäftsbedingungen geregelten Ausschlussfrist die Unwirksamkeit der zweiten Stufe zur Folge hat, wenn es keinen Zeitpunkt mehr gibt, an den der Fristenlauf der zweiten Stufe anknüpfen könnte.

Um die Einhaltung einer zweistufigen tariflichen Ausschlussfrist ging es im Urteil des Fünften Senats vom 19. September 2012 (– 5 AZR 627/11 –). Hierzu hat der Senat entschieden, dass ein Arbeitnehmer mit Erhebung einer Bestandsschutzklage – ganz gleich ob Kündigungsschutz- oder Befristungskontrollklage – die von deren Ausgang abhängigen Vergütungsansprüche „gerichtlich geltend macht". Zwar bedarf es nach Ablauf der Befristung eines Arbeitsverhältnisses zur Begründung des Annahmeverzugs des Arbeitgebers nach § 295 BGB eines wörtlichen Angebots des Arbeitnehmers. Es liegt jedoch vor, wenn der Arbeitnehmer gegen die Befristung des Arbeitsverhältnisses protestiert und/oder eine Befristungskontrollklage erhebt. Hierdurch wahrt er auch die zweite Stufe einer tariflichen Ausschlussfrist.

IV. Schutz vor Benachteiligung – Förderung der Chancengleichheit

1. Alter

Wird ein Stellenbewerber im Gegensatz zu einem anderen Bewerber nicht zu einem Vorstellungsgespräch eingeladen, so kann dies bereits eine unzulässige Benachteiligung iSd. § 7 AGG darstellen, wenn die Einladung *(auch)* wegen eines beim Bewerber vorliegenden Merkmals i.S.d. § 1 AGG unterblieben ist. Das hat der Achte Senat durch Urteil vom 23. August 2012 *(– 8 AZR 285/11 –)* entschieden. Der 1956 geborene Kläger hatte sich auf eine Stelle beworben, für die zwei Mitarbeiter „zwischen 25 und 35 Jahren" gesucht wurden. Die Beklagte sah von der Besetzung der Stellen ab. Der Senat stellte klar, dass es für die Benachteiligung unerheblich ist, ob der Arbeitgeber letztlich überhaupt einen Bewerber einstellt oder nicht.

2. Ethnische Herkunft

Im Rahmen einer auf Schadensersatz- und Entschädigungsansprüche gerichteten Klage hat der Achte Senat sich mit der Frage der Diskriminierung aufgrund der ethnischen Herkunft beschäftigt. Durch Urteil vom 21. Juni 2012 *(– 8 AZR 364/11 –)* hat er entschieden, dass sich aus Quoten oder Statistiken grundsätzlich Indizien für eine Diskriminierung ergeben können. Jedoch ist die bloße Unterrepräsentation einer Gruppe von Beschäftigten nicht zwingend ein Indiz für eine diskriminierende Personalpolitik. So ist der Umstand, dass ein Arbeitgeber im gesamten Unternehmen Arbeitnehmer aus 13 Nationen, in einem Betrieb jedoch zeitweise keine Arbeitnehmer nichtdeutscher Herkunft beschäftigt, nicht aussagekräftig. In prozessualer Hinsicht hat der Senat ausgeführt, dass es zunächst in der Verantwortung des Arbeitnehmers liegt, das Gericht von Indizien, also von der überwiegenden Wahrscheinlichkeit einer Diskriminierung zu überzeugen. Erst dann trägt der Arbeitgeber die Beweislast dafür, dass eine diskriminierende Benachteiligung nicht vorlag. Dagegen kann es ein Indiz für eine Diskriminierung darstellen, wenn ein Arbeitgeber bei der Auskunftserteilung Gründe angibt, die im Widerspruch zu seinem sonstigen Verhalten stehen. Ebenso können wechselnde Begründungen des Arbeitgebers Indizwirkung für eine benachteiligende Maßnahme haben. Die Frage, ob auch ein Auskunftsanspruch gegen den Arbeitgeber bestanden hätte, konnte der Senat dahinstehen lassen.

3. Ausschlussfrist

Die zweimonatige Ausschlussfrist des § 15 Abs. 4 AGG zur Geltendmachung von Ansprüchen wegen eines Verstoßes gegen das Benachteiligungsverbot des § 7 AGG beginnt im Falle einer erfolglosen Bewerbung grundsätzlich mit dem Zugang der Ablehnung, nicht jedoch vor dem Zeitpunkt, ab dem der Bewerber Kenntnis von seiner Benachteiligung erlangt. Dies ist nach einer Entscheidung des Achten Senats vom 15. März 2012 *(– 8 AZR 37/11 –)* dann der Fall, wenn der abgelehnte Bewerber Kenntnis von einem Indiz hat, aus dem er die Vermutung seiner Benachteiligung wegen eines in § 1 AGG genannten Grundes herleitet.

Hieran anknüpfend hat der Achte Senat durch Urteil vom 21. Juni 2012 *(– 8 AZR 188/11 –)* entschieden, dass die Ausschlussfrist des § 15 Abs. 4 AGG nicht gegen Unionsrecht verstößt, da sie die Grundsätze der Äquivalenz und der Effektivität wahrt.

Die Ausschlussfrist gilt sowohl für Entschädigungsansprüche nach § 15 Abs. 2 AGG als auch für Schadensersatzansprüche i. S. d. § 15 Abs. 1 AGG, wenn diese mit einem Verstoß gegen das Benachteiligungsverbot begründet werden. Der Schadensersatzanspruch nach § 15 Abs. 1 AGG verdrängt als speziellere Regelung Ansprüche aus § 280 Abs. 1, § 241 Abs. 2, § 311 Abs. 2 BGB i. V. m. § 7 Abs. 3 AGG, soweit der Anspruch allein mit einem Verstoß gegen das Benachteiligungsverbot begründet wird. Auch deliktische Ansprüche, etwa nach § 823 Abs. 2 BGB in Verbindung mit einem Schutzgesetz, die auf denselben Lebenssachverhalt wie Ansprüche aus § 15 Abs. 1 AGG gestützt werden, fallen unter die Ausschlussfrist des § 15 Abs. 4 AGG.

V. Beendigung von Arbeitsverhältnissen

1. Abmahnung

Der Arbeitnehmer kann die Entfernung einer zu Recht erteilten Abmahnung aus seiner Personalakte nur dann verlangen, wenn das gerügte Verhalten für das Arbeitsverhältnis in jeder Hinsicht bedeutungslos geworden ist. Das hat der Zweite Senat durch Urteil vom 19. Juli 2012 (– 2 AZR 782/11 –) entschieden. Der Anspruch auf Entfernung einer zu Recht erteilten Abmahnung setzt nicht nur voraus, dass die Abmahnung ihre Warnfunktion verloren hat. Vielmehr darf der Arbeitgeber darüber hinaus kein berechtigtes Interesse mehr an der Dokumentation der gerügten Pflichtverletzung haben. Es besteht nicht deshalb ein berechtigtes Interesse des Arbeitgebers, eine Abmahnung in der Personalakte des Arbeitnehmers zu belassen, weil sie stets für eine eventuell notwendig werdende spätere Interessenabwägung von Bedeutung sein kann. So kann ein hinreichend lange zurückliegender, nicht schwerwiegender und durch beanstandungsfreies Verhalten faktisch überholter Pflichtenverstoß seine Bedeutung auch für eine später erforderlich werdende Interessenabwägung gänzlich verlieren. Demgegenüber wird eine nicht unerhebliche Pflichtverletzung im Vertrauensbereich eine erhebliche Zeit von Bedeutung sein.

2. Kündigung

a) Ordentliche Kündigung

aa) Verstoß gegen Generalklauseln

In einem vom Sechsten Senat am 15. November 2012 (– 6 AZR 339/11 –) entschiedenen Fall ging es um die Wirksamkeit einer Kündigung, nachdem der Arbeitnehmer die Frage nach innerhalb der letzten drei Jahre anhängigen strafrechtlichen Ermittlungsverfahren wahrheitswidrig beantwortet hatte. In diesem Zusammenhang hat der Senat entschieden, dass ein Arbeitgeber einen Stellenbewerber grundsätzlich nicht nach eingestellten strafrechtlichen Ermittlungsverfahren fragen darf. Eine solche unspezifizierte Frage verstößt gegen Datenschutzrecht und die Wertentscheidungen des § 53 Bundeszentralregistergesetz. Stellt der Arbeitgeber die Frage dennoch und verneint der Bewerber in Wahrnehmung seines informationellen Selbstbestimmungsrechts diese wahrheitswidrig, darf der Arbeitgeber das zwischenzeitlich begründete Arbeitsverhältnis nicht wegen dieser wahrheitswidrig erteilten Auskunft kündigen. Die allein auf die wahrheitswidrige Beantwortung der Frage nach Ermittlungsverfahren gestützte Kündigung verstößt gegen die objektive Wertordnung des Grundgesetzes, wie sie im Recht auf informationelle Selbstbestimmung zum Ausdruck kommt. Sie ist deshalb gemäß § 138 Abs. 1 BGB unwirksam.

bb) Personenbedingte Kündigung

Der Zweite Senat hat durch Urteil vom 6. September 2012 *(– 2 AZR 372/11 –)* entschieden, dass einem Beschäftigten des öffentlichen Dienstes wegen außerdienstlicher Aktivitäten für die NPD und ihre Jugendorganisation *(JN)* gekündigt werden kann. Arbeitnehmer des öffentlichen Dienstes müssen ein bestimmtes Maß an Verfassungstreue aufbringen. Welchen Anforderungen sie insoweit unterliegen, richtet sich nach ihrer vertraglich geschuldeten Tätigkeit und der Aufgabenstellung des öffentlichen Arbeitgebers. Eine Mitgliedschaft in und Aktivitäten für die NPD oder JN stehen regelmäßig nicht schon als solche einer Weiterbeschäftigung im öffentlichen Dienst entgegen. Dies gilt selbst dann, wenn man die Verfassungsfeindlichkeit der Organisationen unterstellt. Allerdings dürfen sich auch Beschäftigte, die keiner „gesteigerten", beamtenähnlichen Loyalitätspflicht unterliegen, nicht so äußern, dass sie den Staat, die Verfassung und deren Organe beseitigen wollen, ihn beschimpfen oder verächtlich machen. Entfaltet ein Arbeitnehmer - und sei es nur außerdienstlich - Aktivitäten dieser Art, kann dies ein Grund für eine Kündigung sein. Dies gilt auch dann, wenn das Verhalten nicht strafbar ist. Im konkreten Fall hatte das Vorgehen des Arbeitnehmers deutlich gemacht, dass er das ihm abzuverlangende Mindestmaß an Verfassungstreue nicht aufbringt. Daher war die Kündigung jedenfalls aus Gründen in seiner Person gerechtfertigt.

cc) Betriebsbedingte Kündigung

Der Zweite Senat hat sich im Urteil vom 23. Februar 2012 *(– 2 AZR 548/10 –)* mit den Voraussetzungen einer betriebsbedingten Kündigung bei einer Reduzierung des Arbeitsvolumens und Kurzarbeit befasst. Es fehlt an einem betrieblichen Erfordernis zur wirksamen Beendigung eines Arbeitsverhältnisses i. S. d. § 1 Abs. 2 KSchG, wenn außer- oder innerbetriebliche Umstände nicht zu einer dauerhaften Reduzierung des betrieblichen Arbeitskräftebedarfs führen. Der Arbeitgeber hat die Tatsachen näher darzulegen, aus denen sich ergeben soll, dass zukünftig auf Dauer mit einem reduzierten Arbeitsvolumen und Beschäftigungsbedarf zu rechnen ist. Hierbei muss das Vorliegen von möglicherweise nur kurzfristigen Produktions- oder Auftragsschwankungen ausgeschlossen sein. Der Arbeitgeber hat den dauerhaften Rückgang des Arbeitsvolumens nachvollziehbar darzustellen, indem er etwa die einschlägigen Daten aus repräsentativen Referenzperioden miteinander vergleicht. Ein nur vorübergehender Arbeitsmangel kann eine betriebsbedingte Kündigung nicht rechtfertigen. Wird im Betrieb Kurzarbeit geleistet, spricht dies gegen einen dauerhaft gesunkenen Beschäftigungsbedarf. Entfällt der Beschäftigungsbedarf für einzelne von der Kurzarbeit betroffene Arbeitnehmer aufgrund weiterer, später eingetretener Umstände dauerhaft, kann trotz der Kurzarbeit ein dringendes betriebliches Erfordernis für eine Kündigung vorliegen. Dies setzt allerdings voraus, dass der Arbeitgeber die Möglichkeiten zur Reduzierung der geschuldeten Arbeitszeit, die ihm die Regelungen zur Kurzarbeit bieten, in vollem Umfang ausgeschöpft hat.

Läuft die unternehmerische Entscheidung auf den Abbau einer Hierarchieebene oder die Streichung eines einzelnen Arbeitsplatzes, verbunden mit einer Umverteilung der dem betroffenen Arbeitnehmer bisher zugewiesenen Aufgaben, hinaus, muss der Arbeitgeber konkret erläutern, in welchem Umfang und aufgrund welcher Maßnahmen die bisher vom gekündigten Arbeitnehmer ausgeübten Tätigkeiten für diesen zukünftig entfallen. Der Arbeitgeber hat im Rahmen einer abgestuften Darlegungslast die Auswirkungen seiner unternehmerischen Vorgaben und Planungen auf das erwartete Arbeitsvolumen anhand einer schlüssigen Prognose im Einzelnen darzustellen. Dabei hat er anzugeben, wie die anfallenden Arbeiten vom verbliebenen Personal ohne überobligationsmäßige Leistungen erledigt werden können. Der Zweite Senat hat am 24. Mai 2012 (– 2 AZR 124/11 –) entschieden, dass es dem Arbeitgeber überlassen bleibt, in welcher Weise er darlegt, dass die Umverteilung von Arbeitsaufgaben nicht zu einer überobligatorischen Beanspruchung der im Betrieb verbliebenen Arbeitnehmer führt. Handelt es sich um nicht taktgebundene Arbeiten, muss nicht in jedem Fall und minutiös dargelegt werden, welche einzelnen Tätigkeiten die fraglichen Mitarbeiter künftig mit welchen Zeitanteilen täglich zu verrichten haben. Je nach Einlassung des Arbeitnehmers kann es ausreichen, wenn der Arbeitgeber die getroffenen Vereinbarungen zu Umfang und Verteilung der Arbeitszeit darstellt und Anhaltspunkte dafür darlegt, dass Freiräume für die Übernahme zusätzlicher Aufgaben vorhanden sind.

In der Entscheidung des Zweiten Senats vom 19. Juli 2012 (– 2 AZR 352/11 –) ging es um die Bildung von Altersgruppen in einem Interessenausgleich mit Namensliste. Hierzu hat der Senat – im Anschluss an seine Entscheidung vom 22. März 2012 (– 2 AZR 167/11 –) zunächst klargestellt, dass eine Sozialauswahl nach Altersgruppen zur Sicherung einer ausgewogenen Personalstruktur des Betriebs i. S. v. § 1 Abs. 3 Satz 2 KSchG zulässig sein kann. Die konkrete Altersgruppenbildung muss dabei aber zur Sicherung der bestehenden Altersstruktur der Belegschaft tatsächlich geeignet sein. Sind mehrere Gruppen vergleichbarer Arbeitnehmer von den Entlassungen betroffen, ist dies nur der Fall, wenn auch innerhalb der jeweiligen Vergleichsgruppe eine proportionale Beteiligung aller Altersgruppen an den Entlassungen möglich ist.

b) Änderungskündigung

Mit Urteil vom 26. Januar 2012 (– 2 AZR 102/11 –) hat der Zweite Senat seine bisherige Rechtsprechung zur Änderungsschutzklage nach § 4 Satz 2 KSchG bestätigt und fortentwickelt (*vgl. BAG 29. September 2011 – 2 AZR 523/10 –*). Der Senat hat zunächst klargestellt, dass der Inhalt der für das Arbeitsverhältnis geltenden Vertragsbedingungen und nicht die Wirksamkeit der Kündigung Streitgegenstand ist. Unter „geänderten Arbeitsbedingungen" i. S. v. § 2 Satz 1, § 4 Satz 2 KSchG sind andere Vertragsbedingungen zu verstehen. Soll am bestehenden Vertragsinhalt materiell nichts geändert werden, liegt in Wirklichkeit kein Änderungsangebot vor. Die vermeintlich erst herbeizuführenden Vertragsbedingungen gelten bereits. Vom Arbeitgeber erstrebte Änderungen, die er durch Ausübung seines Weisungsrechts nach § 106 Satz 1 GewO bewirken kann, halten sich im Rahmen der schon bestehenden vertraglichen Vereinbarungen. Zu ihrer Durchsetzung bedarf es keiner „Änderung von Arbeitsbedingungen" nach § 2 Satz 1 KSchG. Eine Änderungsschutzklage ist in diesem Fall unbegründet. Dabei kommt es nicht darauf an, ob der Arbeitgeber sein Direktionsrecht tatsächlich schon ausgeübt hat. Es genügt, dass er es wahrnehmen könnte.

c) Betriebsratsanhörung

Im Urteil des Zweiten Senats vom 24. Mai 2012 (– 2 AZR 62/11 –) ging es ua. darum, ob die Kündigung wegen fehlender Beteiligung des Betriebsrats nach § 102 Abs. 1 Satz 3 BetrVG unwirksam ist. Im Streitfall hatte der Arbeitnehmer dem Betriebsübergang widersprochen. Zentrale Frage der Entscheidung war es, ob der Betriebsrat wegen eines Restmandats hätte beteiligt werden müssen. Zunächst stellte der Senat klar, dass die Erklärung des Widerspruchs nach § 613 a Abs. 6 BGB für sich genommen noch kein Vorgang ist, an den ein Restmandat des Betriebsrats anknüpfen könnte. Sie stellt, sei es als Akt eines Einzelnen, sei es als kollektiver Akt einer Mehrzahl von Arbeitnehmern, schon deshalb keine Stilllegung, Spaltung oder Zusammenlegung eines Betriebs i. S. v. § 21 b BetrVG dar, weil es sich nicht um eine Entscheidung des Arbeitgebers handelt. Arbeitnehmer können keine Betriebe stilllegen, spalten oder zusammenlegen. Eine Betriebsspaltung führt dann zu einem Restmandat des Betriebsrats i. S. d. § 21 b BetrVG, wenn der Ursprungsbetrieb aufgrund der Spaltung unter Verlust seiner Identität aufgelöst wird. Eine Spaltung in diesem Sinne liegt nicht vor, wenn sich eine betriebliche Umstrukturierung darin erschöpft, die betriebliche Tätigkeit eines Betriebsteils zu beenden und der (Rest-) Betrieb seine Identität behält und funktionsfähig bleibt. Das gilt auch in Fällen des Betriebsübergangs. Bleibt im Zusammenhang mit einer Einzelrechtsnachfolge i. S. v. § 613 a BGB die Identität des übertragenen (Rest-) Betriebs erhalten, behält der Betriebsrat das ihm durch die Wahl vermittelte Mandat. Für ein Restmandat i. S. v. § 21 b BetrVG ist dann kein Raum. Der Senat hat ausdrücklich dahinstehen lassen, ob die Vermutungstatbestände des § 1 Abs. 2 Nr. 1, Nr. 2 BetrVG in kündigungsschutzrechtlichen Zusammenhängen Anwendung finden.

d) Massenentlassungsanzeige

In seinem Urteil vom 18. Januar 2012 (– 6 AZR 407/10 –) hat sich der Sechste Senat mit der Pflicht des Arbeitgebers zur Konsultation des Betriebsrats bei Massenentlassungen auseinandergesetzt. In diesem Zusammenhang hat er zunächst klargestellt, dass die schriftliche Unterrichtung des Betriebsrats nach § 17 Abs. 2 Satz 1 KSchG auch dann nicht entbehrlich ist, wenn die Beifügung des Interessenausgleichs mit Namensliste nach § 125 Abs. 2 InsO die Stellungnahme des Betriebsrats gegenüber der Agentur für Arbeit ersetzt. Auch die Erklärung des Betriebsrats im Rahmen eines Interessenausgleichs, rechtzeitig und umfassend über die anzeigepflichtigen Entlassungen unterrichtet worden zu sein, genügt allein noch nicht zum Nachweis der Erfüllung der Konsultationspflicht. Allerdings kann der Arbeitgeber seine Pflichten gegenüber dem Betriebsrat aus §§ 111 BetrVG, 17 Abs. 2 Satz 1 KSchG und § 102 Abs. 1 BetrVG, soweit sie übereinstimmen, gleichzeitig erfüllen. Dabei hat der Arbeitgeber hinreichend klarzustellen, dass und welche Verfahren gleichzeitig durchgeführt werden sollen.

Unter Fortführung dieser Rechtsprechung hat der Sechste Senat durch Urteil vom 20. September 2012 (– 6 AZR 155/11 –) erneut über die Erfüllung der formalen Voraussetzungen von § 17 Abs. 2 Satz 1 KSchG entschieden. Er hat klargestellt, dass die Verbindung des Interessenausgleichsverfahrens nach § 111 BetrVG mit der Erfüllung der Unterrichtungspflicht des Arbeitgebers gegenüber dem Betriebsrat nach § 17 Abs. 2 Satz 1 KSchG auch unter Berücksichtigung des Erfordernisses unionsrechtskonformer Auslegung anhand der Vorgaben in Art. 2 Abs. 3 Unterabs. 1 Buchst. b der sog. Massenentlassungsrichtlinie 98/59/EG zulässig ist. Der Senat konnte offenlassen, ob § 17 Abs. 2 Satz 1 KSchG die Einhaltung der gesetzlichen Schriftform iSv. § 126 Abs. 1 BGB verlangt. Jedenfalls dann, wenn der Arbeitgeber die gesetzlich geforderten Angaben in einem nicht unterschriebenen Text festgehalten und diesen dem Betriebsrat zugeleitet hat, genügt die abschließende Stellungnahme des Betriebsrats zu den Entlassungen, um einen eventuellen Schriftformverstoß zu heilen. Der Betriebsrat macht mit seiner abschließenden Stellungnahme deutlich, dass er sich für ausreichend unterrichtet hält und die Zweiwochenfrist des § 17 Abs. 3 Satz 3 KSchG nicht ausschöpfen will.

Ein Interessenausgleich ohne Namensliste kann im Unterschied zu einem Interessenausgleich mit Namensliste mangels gesetzlicher Anordnung die Stellungnahme des Betriebsrats nach § 17 Abs. 3 Satz 2 KSchG nicht ersetzen. Diese Norm verlangt jedoch keine Stellungnahme des Betriebsrats in einem eigenständigen Dokument. Darum genügt auch eine in den Interessenausgleich ohne Namensliste integrierte Stellungnahme den gesetzlichen Anforderungen. Dies gilt jedenfalls, wenn die abschließende, integrierte Stellungnahme des Betriebsrats erkennen lässt, dass sie sich auf die angezeigten Kündigungen bezieht. Dies hat der Sechste Senat durch Urteil vom 21. März 2012 (– 6 AZR 596/10 –) entschieden. Die von § 17 Abs. 3 Satz 2 KSchG verlangte Beifügung der Stellungnahme des Betriebsrats zur Anzeige soll gegenüber der Agentur für Arbeit belegen, ob und welche Möglichkeiten der Betriebsrat sieht, die angezeigten Kündigungen zu vermeiden. Zugleich soll sie belegen, dass soziale Maßnahmen mit dem Betriebsrat beraten und ggf. getroffen worden sind. Schließlich soll verhindert werden, dass der Arbeitgeber eine für ihn ungünstige Stellungnahme des Betriebsrats gegenüber der Agentur für Arbeit verschweigt. Diesen Zielen genügt auch eine in den Interessenausgleich integrierte abschließende Stellungnahme des Betriebsrats.

Die Beifügung der Stellungnahme des Betriebsrats gemäß § 17 Abs. 3 Satz 2 KSchG ist Wirksamkeitsvoraussetzung für die Massenentlassungsanzeige. Dies hat der Sechste Senat durch Urteil vom 28. Juni 2012 (– 6 AZR 780/10 –) entschieden. Wird bei einer Massenentlassungsanzeige keine Stellungnahme des Betriebsrats beigefügt, kann das Arbeitsverhältnis der Parteien durch die Kündigung des Arbeitgebers nicht aufgelöst werden. Etwas anderes gilt nur dann, wenn die Voraussetzungen des § 17 Abs. 3 Satz 3 KSchG erfüllt sind. Die Stellungnahme des Betriebsrats genügt den gesetzlichen Anforderungen des § 17 Abs. 3 Satz 2 KSchG nur, wenn sie sich auf die angezeigten Kündigungen bezieht und eine abschließende Meinungsäußerung des Betriebsrats zu diesen Kündigungen enthält. Hierbei ist auch eine eindeutige Äußerung, keine Stellung nehmen zu wollen, ausreichend. Eine weitere Kernfrage bildete die zwingend erforderliche Angabe der Anzahl der zu entlassenden Arbeitnehmer. Hier hat der Senat klargestellt, dass grundsätzlich auch die Arbeitnehmer mitzuzählen sind, die auf Veranlassung des Arbeitgebers im Wege der Eigenkündigung aus dem Arbeitsverhältnis ausgeschieden und damit einer sonst erforderlichen betriebsbedingten Arbeitgeberkündigung zuvorgekommen sind. Wird die Anzahl der zu entlassenden Arbeitnehmer zu niedrig angegeben, können sich auf diesen Fehler allerdings nur die Arbeitnehmer berufen, die von der Massenentlassungsanzeige nicht erfasst sind. Ein dritter Schwerpunkt der Entscheidung lag auf der Frage der Bindungswirkung von Verwaltungsakten der Agentur für Arbeit. Liegt bezüglich der Massenentlassung ein bestandskräftiger Verwaltungsakt der Arbeitsverwaltung nach § 18 Abs. 1 oder § 18 Abs. 2 KSchG vor, sind die Arbeitsgerichte nicht gehindert, im Kündigungsschutzprozess die Unwirksamkeit der Massenentlassungsanzeige anzunehmen. Ein solcher Bescheid entfaltet weder gegenüber der Arbeitsgerichtsbarkeit noch gegenüber dem Arbeitnehmer materielle Bestandskraft. Wollte man dem Arbeitnehmer die Möglichkeit abschneiden, sich im Kündigungsschutzprozess auf Formfehler bei den Anforderungen des § 17 Abs. 3 KSchG zu berufen, wäre hierdurch das von Art. 6 der sog. Massenentlassungsrichtlinie 98/59/EG geforderte Schutzniveau unterschritten.

e) Sonderkündigungsschutz

Nach einer Entscheidung des Zweiten Senats vom 19. April 2012 (– 2 AZR 233/11 –) besteht der besondere Kündigungsschutz nach § 15 Abs. 1 Satz 1 KSchG für Ersatzmitglieder des Betriebsrats, solange wie sie ein zeitweilig verhindertes ordentliches Mitglied des Betriebsrats vertreten. Der nachwirkende Kündigungsschutz nach § 15 Abs. 1 Satz 2 KSchG tritt dann ein, wenn das Ersatzmitglied in der Vertretungszeit Betriebsratsaufgaben tatsächlich wahrgenommen hat. Bloß fiktive, in Wirklichkeit unterbliebene Aktivitäten des Ersatzmitglieds, das etwa zu einer Betriebsratssitzung nicht geladen worden ist, lösen den nachwirkenden Kündigungsschutz grundsätzlich nicht aus.

Die Frage des Arbeitgebers nach der Schwerbehinderung bzw. einem diesbezüglich gestellten Antrag ist im bestehenden Arbeitsverhältnis jedenfalls nach sechs Monaten – also nach Erwerb des Schwerbehindertenschutzes der §§ 85 ff. SGB IX – zulässig. Dies gilt nach einer Entscheidung des Sechsten Senats vom 16. Februar 2012 (– 6 AZR 553/10 –) insbesondere im Vorfeld von beabsichtigten Kündigungen. Zu diesem Zeitpunkt besteht ein berechtigtes, billigenswertes und schutzwürdiges Interesse des Arbeitgebers an der wahrheitsgemäßen Beantwortung der Frage. Im Vorfeld einer Kündigung diskriminiert die Frage den Arbeitnehmer auch nicht unmittelbar i. S. d. § 3 Abs. 1 Satz 1 AGG wegen einer Behinderung. Die Frage ist vielmehr Voraussetzung dafür, dass der Arbeitgeber die Belange des schwerbehinderten Menschen bei Kündigungen überhaupt wahren und sich rechtstreu verhalten kann. Verneint der schwerbehinderte Arbeitnehmer die Frage nach seiner Schwerbehinderung im Vorfeld einer Kündigung wahrheitswidrig, ist es ihm im Kündigungsschutzprozess unter dem Gesichtspunkt widersprüchlichen Verhaltens verwehrt, sich auf die fehlende Zustimmung des Integrationsamts zu berufen.

3. Befristung

a) Allgemeines

Ist eine zulässige Rechtsausübung des Arbeitnehmers das tragende Motiv des Arbeitgebers, mit dem Arbeitnehmer nach dem Ende eines befristeten Arbeitsvertrags kein unbefristetes Folgearbeitsverhältnis zu begründen, handelt es sich um eine verbotene Maßregelung iSv. § 612a BGB. Der Arbeitgeber übt dann nicht lediglich seine Vertragsfreiheit aus. Sein Beweggrund wird von der Rechtsordnung missbilligt. Das gilt gleichermaßen für vorangehende sachgrundlose Befristungen wie für Befristungen mit Sachgrund. Verletzt der Arbeitgeber das Maßregelungsverbot des § 612a BGB, indem er einem befristet beschäftigten Arbeitnehmer keinen Folgevertrag anbietet, weil der Arbeitnehmer in zulässiger Weise Rechte wahrgenommen hat, kann der Arbeitnehmer nach einer Entscheidung des Siebten Senats vom 21. September 2011 (– 7 AZR 150/10 –) Anspruch auf Schadensersatz haben. Einem Anspruch auf Naturalrestitution durch Abschluss eines Folgevertrags steht allerdings die entsprechende Anwendung von § 15 Abs. 6 AGG entgegen. Der Arbeitnehmer kann daher lediglich Geldersatz verlangen.

Im Urteil vom 15. Dezember 2011 (– 7 AZR 394/10 –) hat sich der Siebte Senat mit der Befristung einzelner Arbeitsbedingungen beschäftigt. Unter Fortführung seiner bisherigen Rechtsprechung *(vgl. BAG 2. September 2009 – 7 AZR 233/08 –)* hat der Senat ausgeführt, dass die Vorschriften des Teilzeit- und Befristungsgesetzes hierauf nicht anwendbar sind. Vielmehr erfolgt die gerichtliche Kontrolle nach den §§ 305 ff. BGB. Die Inhaltskontrolle nach § 307 BGB wird bei der Kontrolle der Befristung einzelner Arbeitsbedingungen nicht durch die für die Befristung von Arbeitsverträgen geltenden Bestimmungen in den §§ 14 ff. TzBfG verdrängt. Jedenfalls bei der befristeten Erhöhung der Arbeitszeit in einem erheblichen Umfang – im Streitfall wurde die Arbeitszeit für die Monate um 4/8 erhöht – bedarf es nach Ansicht des Senats solcher Umstände, die auch bei einem gesonderten Vertrag über die Arbeitszeitaufstockung die Befristung nach § 14 Abs. 1 TzBfG rechtfertigen würden. Andernfalls handelt es sich um eine nicht gerechtfertigte Benachteiligung des Arbeitnehmers iSv. § 307 Abs. 1 Satz 1 BGB.

Nach § 14 Abs. 1 Satz 2 Nr. 8 TzBfG liegt ein sachlicher Grund für die Befristung eines Arbeitsvertrags vor, wenn sie auf einem gerichtlichen Vergleich beruht. Voraussetzung hierfür ist, dass die Parteien darin – anlässlich eines „offenen Streits" – zur Beendigung eines Kündigungsschutzverfahrens oder eines sonstigen Feststellungsrechtsstreits über den (Fort-)Bestand des Arbeitsverhältnisses eine Einigung erzielen. Nach einer Entscheidung des Siebten Senats vom 15. Februar 2012 *(– 7 AZR 734/10 –)* kann nur ein gerichtlicher Vergleich i. S. d. § 278 Abs. 6 Satz 1 Alt. 2, Satz 2 ZPO einen tauglichen Befristungsgrund abgeben. Danach kann ein gerichtlicher Vergleich auch dadurch geschlossen werden, dass die Parteien einen schriftlichen Vergleichsvorschlag des Gerichts annehmen. Es ist nicht ausreichend, wenn die Parteien dem Gericht gem. § 278 Abs. 6 Satz 1 Alt. 1 ZPO einen schriftlichen Vergleichsvorschlag unterbreiten und das Gericht den so zustande gekommenen Vergleich lediglich feststellt. Insoweit fehlt es an der erforderlichen Mitwirkung des Gerichts.

b) Vertretungsbefristung

Im Anschluss an die Entscheidung des EuGH vom 26. Januar 2012 *(– C-586/10 – [Kücük])* hat der Siebte Senat seine Rechtsprechung zur Vertretungsbefristung nach § 14 Abs. 1 Satz 2 Nr. 3 TzBfG *(vgl. BAG 25. März 2009 – 7 AZR 34/08 –)* bestätigt und um Grundsätze zur Rechtsmissbrauchskontrolle ergänzt. Im Urteil vom 18. Juli 2012 *(– 7 AZR 443/09 –)* hat er entschieden, dass ein ständiger Vertretungsbedarf dem Vorliegen eines Sachgrunds im Sinne von § 14 Abs. 1 Satz 2 Nr. 3 TzBfG nicht entgegensteht. Entscheidend ist nur, ob bei Abschluss der Befristungsabrede ein Vertretungsfall vorlag. Allein die große Anzahl der mit einem Arbeitnehmer abgeschlossenen befristeten Arbeitsverträge oder die Gesamtdauer der „Befristungskette" führen nicht dazu, dass an den Sachgrund der Vertretung „strengere Anforderungen" zu stellen sind. Gleiches gilt für die Anforderungen an die Prognose des Arbeitgebers über den voraussichtlichen Wegfall des Vertretungsbedarfs durch die Rückkehr des vertretenen Mitarbeiters, die nach der Rechtsprechung des Senats Teil des Sachgrunds der Vertretung ist. Die Gerichte dürfen sich bei der Befristungskontrolle nach § 14 Abs. 1 Satz 2 Nr. 3 TzBfG aber nicht auf die Prüfung des geltend gemachten Sachgrunds der Vertretung beschränken. Sie sind vielmehr aus unionsrechtlichen Gründen verpflichtet, alle Umstände des Einzelfalls und dabei namentlich die Gesamtdauer und die Zahl der mit derselben Person zur Verrichtung der gleichen Arbeit geschlossenen aufeinanderfolgenden befristeten Verträge zu berücksichtigen, um auszuschließen, dass Arbeitgeber missbräuchlich auf befristete Arbeitsverträge zurückgreifen. Diese zusätzliche Prüfung ist im deutschen Recht nach den Grundsätzen des institutionellen Rechtsmissbrauchs (§ 242 BGB) vorzunehmen. Jedenfalls bei einer Gesamtdauer von mehr als elf Jahren und 13 Befristungen ist eine missbräuchliche Gestaltung indiziert. Im Unterschied hierzu hat der Senat in der am selben Tag entschiedenen Sache (– 7 AZR 783/10 –) bei einer Gesamtdauer von sieben Jahren und neun Monaten und vier Befristungen noch keine Anhaltspunkte für einen Gestaltungsmissbrauch gesehen.

c) Tarifvertragliche Regelungen zur Befristung

Im Anschluss an die Entscheidung des EuGH vom 13. September 2011 (– C-447/09 – [Prigge]) hat der Siebte Senat durch Urteil vom 18. Januar 2012 (– 7 AZR 112/08 –) entschieden, dass die Altersgrenze in § 19 Abs. 1 Satz 1 des Manteltarifvertrags Nr. 5a für das Cockpitpersonal bei Lufthansa i. d. F vom 14. Januar 2005 gegen das Benachteiligungsverbot wegen des Alters in § 7 Abs. 1 iVm. § 1 AGG verstößt und daher unwirksam ist. Die maßgebliche Regelung sieht vor, dass das Arbeitsverhältnis von Flugzeugführern mit dem Ende des Monats der Vollendung des 60. Lebensjahres endet. Sie führt unmittelbar zu einer auf dem Alter beruhenden Benachteiligung älterer Arbeitnehmer gegenüber vergleichbaren jüngeren Arbeitnehmern. Diese ist nicht gerechtfertigt. Wie der EuGH entschieden hat, gehört die Flugsicherheit nicht zu den in Art. 6 Abs. 1 Unterabs. 1 der sog. Gleichbehandlungsrahmenrichtlinie genannten Zielen, die eine Ungleichbehandlung wegen des Alters rechtfertigen können. Sie ist daher auch kein legitimes Ziel iSv. § 10 Satz 1 AGG.

Nach § 14 Abs. 2 Satz 3 TzBfG können durch Tarifvertrag nicht nur entweder die Anzahl der Verlängerungen befristeter Arbeitsverträge oder die Höchstdauer der Befristung, sondern kumulativ beide Vorgaben abweichend von § 14 Abs. 2 Satz 1 TzBfG geregelt werden. Das hat der Siebte Senat durch Urteil vom 15. August 2012 (– 7 AZR 184/11 –) entschieden. Der Senat stellte zugleich klar, dass die Dispositionsbefugnis der Tarifvertragsparteien wegen des gesetzgeberischen Konzepts des TzBfG sowie aus verfassungs- und unionsrechtlichen Gründen nicht völlig unbegrenzt ist. Der Senat konnte offenlassen, wo die Grenzen der den Tarifvertragsparteien eröffneten Regelungsbefugnis genau liegen. Der im Streitfall anwendbare Tarifvertrag, der eine sachgrundlose Befristung bis zur Höchstdauer von 42 Monaten und innerhalb dieses Rahmens die höchstens viermalige Vertragsverlängerung zulässt, ist weder nach der Systematik und dem Zweck des TzBfG noch aus verfassungs- oder unionsrechtlichen Gründen bedenklich.

VI. Betriebsübergang

1. Voraussetzungen des Betriebsübergangs

Für die Beurteilung eines Betriebsübergangs i. S. d. § 613a Abs. 1 Satz 1 BGB kommt es auf die Übernahme der tatsächlichen Betriebsinhaberschaft an. Bei Rettungsdiensten können die sächlichen Betriebsmittel, also die Rettungsfahrzeuge und die Rettungswachen, identitätsprägend sein. Gibt ein Leistungserbringer die ihm überlassenen sächlichen Betriebsmittel des Rettungsdienstes an den Träger des Rettungsdienstes heraus, wird dieser allein dadurch noch nicht zum neuen Betriebsinhaber. Dafür ist entscheidend, ob der Träger des Rettungsdienstes selbst eine Betriebstätigkeit aufnimmt. Daran fehlt es, wenn die materiellen Betriebsmittel sofort anderen privaten Hilfsdiensten zur Durchführung des Rettungsdienstes zur Verfügung gestellt werden. Dies hat der Achte Senat durch Urteil vom 10. Mai 2012 (– 8 AZR 639/10 –) entschieden. Nicht entscheidend ist es, ob der Träger des Rettungsdienstes nach öffentlichem Recht verpflichtet gewesen wäre, den Rettungsdienst selbst durchzuführen. Rettungsdienste nehmen eine im öffentlichen Interesse stehende Aufgabe der Daseinsvorsorge wahr. Dies steht der Annahme eines Betriebsübergangs grundsätzlich nicht entgegen. § 613a BGB findet auch Anwendung, wenn die öffentliche Hand einen privaten Betrieb übernimmt. Davon zu unterscheiden ist jedoch die Aufgabenübertragung von einer privaten Hilfsorganisation als Leistungserbringerin auf eine andere durch den öffentlich-rechtlichen Träger des Rettungsdienstes.

Durch Urteil vom 27. September 2012 (– 8 AZR 826/11 –) hat der Achte Senat entschieden, dass der Abschluss eines Kooperationsvertrags zwischen dem bisherigen Inhaber und dem späteren Betriebserwerber nicht notwendig einen Betriebsinhaberwechsel darstellt. Bei dem Übergang eines betriebsmittelgeprägten Betriebs kommt dem Übergang der Nutzungsmöglichkeit der Betriebsmittel im Rahmen der erforderlichen Gesamtabwägung wesentliches Gewicht zu. Der Betriebsmittelübernehmer muss die Betriebsmittel tatsächlich weiter nutzen oder wieder nutzen. Der bisherige Betriebsinhaber muss die Nutzung der Betriebsmittel im Betrieb oder Betriebsteil einstellen. Der im Streitfall abgeschlossene Kooperationsvertrag stellte nach Ansicht des Senats keinen Betriebsinhaberwechsel dar.

2. Widerspruch

In einem Fall, den der Achte Senat durch Urteil vom 15. Dezember 2011 (– 8 AZR 220/11 –) entschieden hat, ging es um die Frage, ob das Altersteilzeitarbeitsverhältnis trotz eines Widerspruchs des Arbeitnehmers auf die Betriebserwerberin übergegangen ist. Der Arbeitnehmer hatte die Anfechtung seines Widerspruchs erklärt. Hierzu hat der Senat entschieden, dass es zur Anfechtung wegen arglistiger Täuschung nach § 123 Abs. 1 BGB berechtigen kann, wenn bei der Unterrichtung über einen Betriebsübergang durch Verschweigen bestimmter Umstände ein falscher und für die Abgabe des Widerspruchs bedeutsamer Eindruck erweckt wird.

Liegen zwischen einer fehlerhaften Unterrichtung zum Betriebsübergang nach § 613a Abs. 5 BGB und der Erklärung des Widerspruchs gegen den Übergang des Arbeitsverhältnisses i. S. d. § 613a Abs. 6 BGB sechseinhalb Jahre, so ist von einem besonders schwerwiegend verwirklichten Zeitmoment auszugehen. Dies hat der Achte Senat durch Urteil vom 15. März 2012 (– 8 AZR 700/10 –) entschieden. Je mehr Zeit seit dem Zeitpunkt des Betriebsübergangs verstrichen ist und je länger der Arbeitnehmer bereits für den Erwerber gearbeitet hat, desto geringer sind die Anforderungen an das Umstandsmoment bei der Frage der Verwirkung. Allein der widerspruchslosen Weiterarbeit für die Betriebserwerberin ist regelmäßig kein Erklärungswert im Sinne eines Umstandsmoments beizumessen. Nichts anderes gilt, wenn übliche Anpassungen der Vertragsregelungen ohne grundlegende Änderung des rechtlichen Bestands des Arbeitsverhältnisses vorgenommen wurden. Ein Umstandsmoment von geringerem Gewicht kann es darstellen, wenn über Jahre hinweg ein Konflikt mit der Betriebserwerberin ausgetragen wird, der seine Ursache gerade in einer veränderten Rechtslage bei der Betriebserwerberin hat. In einer solchen Konstellation kann die Erklärung des Widerspruchs oder zumindest die Erklärung seines Vorbehalts naheliegen. Wird dennoch das Thema ausgespart, kann dies zu einem Umstand führen, aufgrund dessen der Betriebsveräußerer darauf vertrauen durfte, ein Widerspruch werde nicht oder nicht mehr erklärt.

3. Rechtsfolgen des Betriebsübergangs

Tritt ein Tarifvertrag nicht mit seinem Abschluss, sondern erst später in Kraft, beginnt die für die Transformation nach § 613a Abs. 1 Satz 2 BGB maßgebende Tarifgeltung mit dem Zeitpunkt des Inkrafttretens. Dies hat der Vierte Senat durch Urteil vom 16. Mai 2012 *(– 4 AZR 321/10 –)* entschieden. Mit der Transformation nach § 613a Abs. 1 Satz 2 BGB soll die Aufrechterhaltung der kollektivrechtlich geregelten Arbeitsbedingungen gewährleistet werden. Dabei geht es im deutschen Rechtsgefüge entsprechend der Wirkungsweise des TVG um den Erhalt von ursprünglich normativ begründeten Besitzständen nach einem Betriebsübergang, in dessen Folge die Voraussetzungen für eine normative Weitergeltung entfallen sind und es auch nicht zu einer Ablösung nach § 613a Abs. 1 Satz 3 BGB kommt. Zu den nach § 613a Abs. 1 Satz 2 BGB übergehenden Arbeitsbedingungen gehören nur solche Rechte und Pflichten aus Tarifverträgen, die im Zeitpunkt des Betriebsübergangs normativ wirkende Inhaltsnorm i. S. d. § 1 Abs. 1 TVG sind und damit der unmittelbaren und zwingenden Wirkung nach § 4 Abs. 1 TVG unterliegen. Ansprüche aus einem Tarifvertrag, der zwar vor einem Betriebsübergang abgeschlossen worden ist, jedoch erst danach in Kraft tritt, gehören nicht zu den Rechten und Pflichten aus dem im Zeitpunkt des Betriebsübergangs bestehenden Arbeitsverhältnis iSv. § 613a Abs. 1 Satz 1 BGB. Sie werden deshalb nicht Inhalt des Arbeitsverhältnisses mit dem neuen Betriebsinhaber.

Im Urteil vom 25. Oktober 2012 *(– 8 AZR 572/11 –)* hat sich der Achte Senat im Rahmen einer Befristungskontrollklage mit der Umgehung der Rechtsfolgen eines Betriebsübergangs auseinandergesetzt. Der Entscheidung lag der Sachverhalt zugrunde, dass der Kläger im Rahmen eines dreiseitigen Vertrags vom Betriebsveräußerer zu einer Beschäftigungs- und Qualifizierungsgesellschaft wechseln sollte. Zudem schloss der Kläger mit der Betriebserwerberin ein auf 20 Monate befristetes Arbeitsverhältnis ab. Dieses sah einen Vertragsbeginn vor, der zeitlich eine halbe Stunde später lag. Der Senat stellte vor diesem Hintergrund klar, dass sich der Betriebserwerber nicht auf die Unterbrechung des Arbeitsverhältnisses berufen kann. Der dreiseitige Vertrag kann nur dem Zweck gedient haben, die Kontinuität des Arbeitsverhältnisses zu unterbrechen und die Rechtsfolgen des § 613a BGB zu umgehen. Daher ist die Vereinbarung unwirksam.

VII. Betriebliche Altersversorgung

1. Anspruch auf Abschluss eines Versorgungsvertrags

Nach § 1b Abs. 1 Satz 4 BetrAVG kann ein Anspruch auf Erteilung einer Versorgungszusage auf betrieblicher Übung beruhen. Die bindende Wirkung einer betrieblichen Übung tritt auch gegenüber Arbeitnehmern ein, die zwar unter der Geltung der Übung im Betrieb gearbeitet, selbst aber die Vergünstigung noch nicht erhalten haben, weil sie die nach der Übung erforderlichen Voraussetzungen noch nicht erfüllt haben. Dies hat der Dritte Senat durch Urteil vom 15. Mai 2012 *(– 3 AZR 610/11 –)* entschieden. Sofern der Arbeitgeber über Jahre hinweg vorbehaltlos mit allen Arbeitnehmern nach einer bestimmten Dauer der Betriebszugehörigkeit und bei Vorliegen weiterer Voraussetzungen Versorgungsrechte vereinbart, ist er aufgrund betrieblicher Übung verpflichtet, die Versorgungsrechte auch mit anderen Arbeitnehmern zu vereinbaren, sofern sie die erforderliche Betriebszugehörigkeit erbracht haben und die übrigen Voraussetzungen erfüllen. Will der Arbeitgeber verhindern, dass aus der Stetigkeit seines Verhaltens eine in die Zukunft wirkende Bindung entsteht, muss er einen entsprechenden Vorbehalt erklären. Dieser Vorbehalt muss klar und unmissverständlich kundgetan werden.

2. Anspruch auf beamtengleiche Versorgung

In seiner Entscheidung vom 15. November 2011 (– 3 AZR 869/09 –) hat sich der Dritte Senat mit dem Anspruch eines Hochschullehrers auf beamtengleiche Versorgung beschäftigt. Unter Anwendung und Fortführung der Rechtsprechung des BVerfG (*vgl. 9. August 2000 – 1 BvR 514/00 –*) hielt der Senat es nicht für gleichheitswidrig, dass die Tarifvertragsparteien die Regelungen über die Versorgung bei der Versorgungsanstalt des Bundes und der Länder erst ab dem 1. Januar 1997 im Tarifgebiet Ost eingeführt haben. Als die Arbeitgeber des öffentlichen Dienstes in den neuen Ländern die arbeitsvertragliche Grundlage der von ihnen weiterbeschäftigter Professoren neu geregelt haben, waren sie nicht verpflichtet, die Professoren über Nachteile bei der Überführung des Zusatzversorgungssystems der Intelligenz nach dem Rentenrecht der DDR in das Rentenrecht des SGB VI aufzuklären. Dies gilt jedenfalls, soweit mit dem Abschluss des Vertrags keine Rentennachteile in der Sozialversicherung verbunden waren. In Art. 33 Abs. 4 GG ist die Möglichkeit angelegt, hoheitliche Funktionen nicht nur von Personen, die in einem öffentlich-rechtlichen Dienst- und Treueverhältnis stehen, sondern auch von Arbeitnehmern ausüben zu lassen. Dies schließt es aus, solche Regeln des Beamtenrechts, die sich gerade aus dessen Strukturprinzipien ergeben, als Prüfungsmaßstab für die Arbeitsbedingungen der im öffentlichen Dienst tätigen Arbeitnehmer heranzuziehen, selbst wenn sie eine Beamtentätigkeit ausüben. Für diese Arbeitnehmer ist das Beamtenversorgungsrecht deshalb weder unter Gleichbehandlungsgesichtspunkten noch sonst Beurteilungsmaßstab dafür, was ihnen als Versorgung zusteht. Es gehört zu den grundsätzlichen Unterschieden zwischen dem Beamten- und dem Arbeitsrecht, dass sich die Absicherung von Beamten im Alter nach dem Status des letzten Amtes zu richten hat und vom Dienstherrn zu leisten ist, während die Altersversorgung von Arbeitnehmern im Grundsatz durch die gesetzliche Sozialversicherung als Basis und die lediglich staatlich geförderte Möglichkeit der betrieblichen Altersversorgung und der Eigenversorgung geprägt ist.

3. Dienstordnungsangestellter

Gegenstand des Urteils des Dritten Senats vom 19. Juni 2012 (– 3 AZR 708/11 –) war die Höhe der Invaliditätsversorgung eines Dienstordnungsangestellten. Dieser war vor Eintritt des Versorgungsfalls, jedoch mit einer unverfallbaren Versorgungsanwartschaft ausgeschieden. Im Kern ging es um die Anwendung von § 18 Abs. 9 BetrAVG. Nach dieser Bestimmung darf die Betriebsrente bei Personen, die aufgrund einer beamtenähnlichen Stellung sozialversicherungsfrei waren, bei einem vorzeitigen Ausscheiden nicht hinter dem Rentenanspruch zurückbleiben, der sich ergeben hätte, wenn der Arbeitnehmer für die Zeit der versicherungsfreien Beschäftigung in der gesetzlichen Rentenversicherung nachversichert worden wäre. In diesem Zusammenhang hat der Senat entschieden, dass der Berechnung des fiktiven gesetzlichen Rentenanspruchs nur die Beschäftigungszeit in dem versicherungsfreien Dienstordnungsangestelltenverhältnis zugrunde zu legen ist, in dem die unverfallbare Versorgungsanwartschaft erworben wurde.

4. Einstandspflicht

Hat der Arbeitgeber dem Arbeitnehmer Leistungen der betrieblichen Altersversorgung zugesagt, die über eine Pensionskasse durchgeführt werden, und macht die Pensionskasse von ihrem satzungsmäßigen Recht Gebrauch, Fehlbeträge durch Herabsetzung ihrer Leistungen auszugleichen, hat der Arbeitgeber nach § 1 Abs. 1 Satz 3 BetrAVG dem Versorgungsempfänger im Umfang der Leistungskürzung einzustehen. Die Einstandspflicht soll eine Lücke schließen, die sich aus der Versorgungszusage einerseits und der Ausgestaltung des Durchführungswegs andererseits ergeben kann. Sie stellt sicher, dass bei Schwierigkeiten im Durchführungsweg gleichwohl der Versorgungszusage entsprechende Leistungen erbracht werden. Von dieser Einstandspflicht kann der Arbeitgeber sich durch vertragliche Abreden nicht zum Nachteil der Arbeitnehmer befreien. Nach einer Entscheidung des Dritten Senats vom 19. Juni 2012 (– 3 AZR 408/10 –) begründet deshalb eine in der Versorgungszusage enthaltene *(dynamische)* Verweisung auf die Satzung der Pensionskasse kein Recht des Arbeitgebers, laufende Leistungen der betrieblichen Altersversorgung zu kürzen.

5. Ablösung von Versorgungsregelungen

Dem Urteil des Dritten Senats vom 15. Mai 2012 (– 3 AZR 11/10 –) lag im Kern die Frage zugrunde, ob die ursprüngliche Altersversorgung durch andere Betriebsvereinbarungen wirksam abgelöst worden ist. Hierzu hat der Senat unter Bestätigung seiner bisherigen Rechtsprechung *(vgl. 21. April 2009 – 3 AZR 674/07 –)* zunächst klargestellt, dass nur im jeweiligen Einzelfall und auf das Einzelfallergebnis bezogen festgestellt werden kann, ob eine spätere Betriebsvereinbarung in Versorgungsrechte eingreift und deshalb einer Überprüfung anhand des dreistufigen Prüfungsschemas unterliegt. Dazu ist es erforderlich, dass die Versorgungsrechte bzw. Anwartschaften nach den beiden Versorgungsordnungen berechnet und gegenübergestellt werden. Die Umstellung eines Versprechens laufender Betriebsrentenleistungen in ein Kapitalleistungsversprechen bedarf wegen der damit für den Arbeitnehmer verbundenen Nachteile einer eigenständigen Rechtfertigung anhand der Grundsätze des Vertrauensschutzes und der Verhältnismäßigkeit. Ein weiterer Schwerpunkt der Entscheidung bezog sich auf die Auslegung einer Versorgungsordnung hinsichtlich einer Altersgrenze. Hierzu hat der Senat entschieden, dass eine vor dem RV-Altersgrenzenanpassungsgesetz entstandene Versorgungsordnung, die für den Eintritt des Versorgungsfalls auf die Vollendung des 65. Lebensjahres abstellt, regelmäßig dahingehend auszulegen ist, dass damit auf die Regelaltersgrenze in der gesetzlichen Rentenversicherung Bezug genommen wird.

6. Anpassung

In einem vom Dritten Senat am 18. September 2012 (– 3 AZR 415/10 –) entschiedenen Fall ging es um die Änderung einer Regelung zur Anpassung einer Betriebsrente. Im Streitfall hatte sich der Arbeitgeber mittels einer sog. Jeweiligkeitsklausel im Formulararbeitsvertrag eine Abänderung von auf arbeitsvertraglicher Einheitsregelung beruhenden Ansprüchen auf Leistungen der betrieblichen Altersversorgung vorbehalten. Der Senat stellte klar, dass eine solche Klausel wirksam ist. Sie verstößt weder gegen das Transparenzgebot des § 307 Abs. 1 Satz 2 BGB noch gegen § 308 Nr. 4 BGB. Die Auslegung der Klausel ergibt, dass sich der Arbeitgeber lediglich solche Änderungen vorbehält, die sich im Rahmen der von der Rechtsprechung entwickelten Grundsätze des Vertrauensschutzes und der Verhältnismäßigkeit halten. Einen weiteren Schwerpunkt der Entscheidung bildete § 17 Abs. 3 Satz 1 BetrAVG. Die Norm eröffnet für die Tarifvertragsparteien die Möglichkeit, in Tarifverträgen von § 16 BetrAVG abweichende Regelungen zuungunsten der Arbeitnehmer zu vereinbaren. Dies setzt nach Ansicht des Senats voraus, dass die Tarifvertragsparteien von ihrer Befugnis zur Regelung der betrieblichen Altersversorgung tatsächlich Gebrauch machen. Überlassen sie die Regelung der betrieblichen Altersversorgung den Betriebspartnern, den Partnern einer Dienstvereinbarung oder dem Arbeitgeber, sind sie nicht befugt, ausschließlich eine von § 16 BetrAVG abweichende Bestimmung zuungunsten der Arbeitnehmer zu vereinbaren.

Nach § 16 Abs. 1 Satz 1 BetrAVG hat der Arbeitgeber alle drei Jahre eine Anpassung der laufenden Leistungen der betrieblichen Altersversorgung zu prüfen und hierüber nach billigem Ermessen zu entscheiden. § 16 BetrAVG lässt die Bündelung aller in einem Betrieb anfallenden Prüfungstermine zu einem einheitlichen jährlichen Termin grundsätzlich zu. Der von § 16 BetrAVG vorgeschriebene Dreijahresturnus bei der Überprüfung von Betriebsrentenanpassungen zwingt nicht zu starren, individuellen Prüfungsterminen. Der Arbeitgeber kann auch nur alle drei Jahre eine gebündelte Prüfung für alle Betriebsrentner im Unternehmen vornehmen. Dies hat der Dritte Senat unter Bestätigung und Fortentwicklung seiner ständigen Rechtsprechung *(seit BAG 28. April 1992 – 3 AZR 142/91 –)* durch Urteil vom 11. Oktober 2011 *(– 3 AZR 732/09 –)* entschieden. Nach § 16 Abs. 4 Satz 2 BetrAVG gilt eine Anpassung als zu Recht unterblieben, wenn der Arbeitgeber dem Versorgungsempfänger die wirtschaftliche Lage des Unternehmens schriftlich darlegt, der Versorgungsempfänger nicht binnen drei Kalendermonaten nach Zugang der Mitteilung schriftlich widerspricht und er auf die Rechtsfolgen eines nicht fristgemäßen Widerspruchs hingewiesen wurde. Die Fiktion der zu Recht unterbliebenen Anpassung nach § 16 Abs. 4 Satz 2 BetrAVG tritt nur ein, wenn sich der schriftlichen Information des Arbeitgebers entnehmen lässt, aufgrund welcher Umstände davon auszugehen ist, dass das Unternehmen voraussichtlich nicht in der Lage ist, die Anpassungen zu leisten. Die Darstellung der wirtschaftlichen Lage im Unterrichtungsschreiben des Arbeitgebers muss so detailliert sein, dass der Versorgungsempfänger durch diese allein in die Lage versetzt wird, die Entscheidung des Arbeitgebers auf ihre Plausibilität hin überprüfen zu können.

Ebenfalls um eine Betriebsrentenanpassung und den maßgeblichen Prüfungszeitraum ging es in der Entscheidung des Dritten Senats vom 19. Juni 2012 *(– 3 AZR 464/ 11 –)*. Der Senat stellte voran, dass der Arbeitgeber bei seiner Entscheidung nach § 16 Abs. 1 Halbs. 1 BetrAVG insbesondere die Belange des Versorgungsempfängers und seine eigene wirtschaftliche Lage zu berücksichtigen hat. Die Belange des Versorgungsempfängers werden durch den Anpassungsbedarf bestimmt. Dieser richtet sich nach dem seit Rentenbeginn eingetretenen Kaufkraftverlust. Der Anpassungsbedarf wird durch die Nettoverdienstentwicklung bei den aktiven Arbeitnehmern *(reallohnbezogene Obergrenze)* begrenzt. Für die Ermittlung sowohl des Kaufkraftverlusts als auch der reallohnbezogenen Obergrenze kommt es auf die Entwicklung vom Rentenbeginn bis zum jeweils aktuellen Anpassungsstichtag an. Der Prüfungszeitraum steht nicht zur Disposition des Arbeitgebers. Der Senat stellte klar, dass dies von Verfassungs wegen nicht zu beanstanden ist.

Der für die Anpassung von Betriebsrenten maßgebliche Kaufkraftverlust ist gemäß § 16 Abs. 2 Nr. 1 BetrAVG grundsätzlich nach dem Verbraucherpreisindex für Deutschland zu ermitteln. Für Zeiträume vor dem 1. Januar 2003 ist jedoch nach § 30c Abs. 4 BetrAVG der Preisindex für die Lebenshaltung von Vier-Personen-Haushalten von Arbeitern und Angestellten mit mittlerem Einkommen zugrunde zu legen. Bei der Berechnung des Anpassungsbedarfs vom individuellen Rentenbeginn bis zum aktuellen Anpassungsstichtag kann nach einer Entscheidung des Dritten Senats vom 11. Oktober 2011 *(– 3 AZR 527/09 –)* die sog. Rückrechnungsmethode angewendet werden. Danach wird die Teuerungsrate zwar nach dem Verbraucherpreisindex für Deutschland berechnet; für Zeiträume vor dem 1. Januar 2003 wird der Verbraucherpreisindex für Deutschland jedoch in dem Verhältnis umgerechnet, in dem sich dieser Index und der Preisindex für die Lebenshaltung von Vier-Personen-Haushalten von Arbeitern und Angestellten mit mittlerem Einkommen im Dezember 2002 gegenüberstanden.

2. Abschnitt Kollektives Arbeitsrecht

I. Arbeitskampfrecht

1. Auseinandersetzungen im kirchlichen Bereich

In einem am 20. November 2012 *(– 1 AZR 179/11 –)* vom Ersten Senat entschiedenen Fall ging es um die Zulässigkeit von Arbeitskämpfen in kirchlichen Einrichtungen. Der Senat hat entschieden, dass Gewerkschaften nicht zu einem Streik aufrufen dürfen, wenn eine Religionsgesellschaft über ein am Leitbild der Dienstgemeinschaft ausgerichtetes Arbeitsrechtsregelungsverfahren verfügt, bei dem die Dienstnehmerseite und die Dienstgeberseite in einer paritätisch besetzten Kommission die Arbeitsbedingungen der Beschäftigten gemeinsam aushandeln und einen Konflikt durch den neutralen Vorsitzenden einer Schlichtungskommission lösen *(sog. Dritter Weg)*. Das gilt nach Ansicht des Senats jedoch nur, soweit Gewerkschaften in dieses Verfahren organisatorisch eingebunden sind und das Verhandlungsergebnis für die Dienstgeberseite als Mindestarbeitsbedingung verbindlich ist. Das Recht der verfassten Kirche und ihrer diakonischen Einrichtungen aus Art. 140 GG iVm. Art. 137 Abs. 3 WRV, die eigenen Angelegenheiten zu ordnen und zu verwalten, ist funktional auf die Verwirklichung der Religionsfreiheit aus Art. 4 Abs. 1 und 2 GG bezogen. Das schließt die Befugnis ein, die Regelung der Arbeitsbedingungen einer paritätisch besetzten Arbeitsrechtlichen Kommission sowie einer Schiedskommission mit einem unparteiischen Vorsitzenden zu übertragen. Dieses von staatlichen Gerichten nicht zu überprüfende religiöse Bekenntnis kollidiert mit der durch Art. 9 Abs. 3 GG geschützten Koalitionsfreiheit einer Gewerkschaft. Ein wesentlicher Zweck der geschützten Koalitionsbetätigungsfreiheit ist der Abschluss von Tarifverträgen, was auch Arbeitskampfmaßnahmen beinhalten kann. Diese Grundrechtskollision haben staatliche Gerichte bei der Entscheidung über einen zivilrechtlichen Unterlassungsanspruch einem schonenden Ausgleich nach dem Grundsatz praktischer Konkordanz zuzuführen. Die Gewichtung dieser grundrechtlich geschützten Belange zur Herstellung praktischer Konkordanz lässt ein Zurücktreten der Rechte einer Gewerkschaft nur zu, sofern diese sich innerhalb des Dritten Weges noch koalitionsmäßig betätigen kann, die Arbeitsrechtssetzung auf dem Dritten Weg für die Dienstgeber verbindlich ist und als Mindestarbeitsbedingung den Arbeitsverträgen auch zugrunde gelegt wird.

Durch Urteil vom 20. November 2012 (– *1 AZR 611/11* –) hat der Erste Senat zudem über die Zulässigkeit von Streikmaßnahmen im Bereich der vormaligen Nordelbischen Evangelisch-Lutherischen Kirche *(NEK)* entschieden. Im Streitfall machte der klagende Arbeitgeberverband die Aufnahme von Tarifverhandlungen mit dem Marburger Bund vom Abschluss eines Grundlagentarifvertrags abhängig. Darin ist geregelt, dass Arbeitskampfmaßnahmen zur Durchsetzung eines Tarifvertragsabschlusses unzulässig sind. Nach einer Schlichtungsvereinbarung entscheidet eine Schlichtungsstelle im Konfliktfall unter dem Vorsitz eines unparteiischen Schlichters über das Zustandekommen des Tarifvertrags *(sog. Zweiter Weg)*. Hier sind Streikmaßnahmen zur Durchsetzung von Tarifforderungen unzulässig, wenn sich die Kirche entscheidet, die Arbeitsbedingungen der Beschäftigten ihrer diakonischen Einrichtungen nur dann durch Tarifverträge auszugestalten, wenn eine Gewerkschaft zuvor eine absolute Friedenspflicht vereinbart und einem Schlichtungsabkommen zustimmt. Bei der vorzunehmenden Güterabwägung zwischen dem kirchlichen Selbstbestimmungsrecht aus Art. 140 GG iVm. Art. 137 Abs. 3 WRV, Art. 4 GG und der Koalitionsbetätigungsfreiheit aus Art. 9 Abs. 3 GG ist zu berücksichtigen, dass sich eine Gewerkschaft auf dem Zweiten Weg koalitionsmäßig betätigen kann. Zwar kann sie zur Durchsetzung ihrer Tarifforderungen keinen Verhandlungsdruck durch Streikandrohung entfalten. Sie führt aber die Verhandlungen mit der Arbeitgeberseite autonom und muss keine Rücksicht auf die Interessen von Nichtmitgliedern nehmen. Ihr bleibt ein erhebliches Maß an Einflussnahme. Sie kann unmittelbar und intensiv ihrer vom Grundgesetz vorausgesetzten Zweckbestimmung nachkommen, die Arbeits- und Wirtschaftsbedingungen zugunsten ihrer Mitglieder zu beeinflussen. Die Nutzung des staatlichen Tarifrechts im Zweiten Weg garantiert zudem die Verbindlichkeit von Tarifabschlüssen als Mindestarbeitsbedingung. Abweichungen zulasten gewerkschaftlich Organisierter sind den verbandsgebundenen diakonischen Dienstgebern nicht möglich. Dieser Schutz kommt der Gewerkschaft auch bei der Mitgliederwerbung zugute. Danach hat ihr Streikrecht gegenüber dem im Zweiten Weg zum Ausdruck kommenden kirchlichen Selbstbestimmungsrecht zurückzutreten. Da es jedoch aufgrund einer für den Senat bindenden Entscheidung des Arbeitsgerichts Hamburgs an einer für das Unterlassungsbegehren notwendigen Verletzungshandlung fehlte, hat er die ernstliche Besorgnis weiterer Störungen verneint und deshalb den Unterlassungsantrag des klagenden Arbeitgeberverbands abgewiesen.

In dem Fall, der beim Ersten Senat am 11. Dezember 2012 (– *1 AZR 552/11* –) zur Entscheidung anstand, haben die Parteien über ein Zutrittsrecht betriebsfremder Beauftragter der klagenden Gewerkschaft ver.di zum Klinikum der Beklagten zum Zweck der Mitgliederwerbung gestritten. Die Beklagte ist Mitglied im Diakonischen Werk der Evangelischen Kirche Württemberg. Nach den verlautbarten Zielen der Beklagten bilden die Mitarbeiter des Klinikums eine Dienstgemeinschaft. Den Arbeitsverhältnissen liegen Arbeitsvertragsbedingungen zugrunde, die durch eine paritätisch von Mitarbeiterseite und Kirchenleitung besetzte Kommission festgelegt werden. Mit ihrer Klage hat die Klägerin von der Beklagten verlangt zu dulden, dass betriebsfremde Beauftragte am „Schwarzen Brett" Informationsmaterial der Klägerin anbringen. Nachdem die Vorinstanzen die Klage abgewiesen hatten, hat die Beklagte die Ansprüche der Gewerkschaft in der Revision anerkannt. Daher hat der Senat durch Anerkenntnisurteil entschieden.

2. Rechtsfolgen von Arbeitskämpfen

Wechselt ein Unternehmen innerhalb eines Arbeitgeberverbands während laufender Tarifverhandlungen wirksam von einer Mitgliedschaft mit Tarifbindung in eine OT-Mitgliedschaft, kann die Gewerkschaft nach einer Entscheidung des Ersten Senats vom 19. Juni 2012 (– *1 AZR 775/10* –) grundsätzlich nicht mehr zur Durchsetzung ausschließlich verbandsbezogener Tarifforderungen zu einem Warnstreik in diesem Unternehmen aufrufen, wenn sie vor Beginn der beabsichtigten Arbeitskampfmaßnahme durch den Arbeitgeber oder den Arbeitgeberverband rechtzeitig über den Statuswechsel unterrichtet wurde. Die Unterrichtung ist erforderlich, damit die Gewerkschaft prüfen kann, ob sich durch den Statuswechsel die Verhandlungssituation und die Rahmenbedingungen für den geplanten Tarifabschluss wesentlich geändert haben. Andernfalls ist der erfolgte Statuswechsel tarifrechtlich wegen Verstoßes gegen Art. 9 Abs. 3 Satz 2 GG iVm. § 134 BGB unwirksam. Die Unterrichtung selbst unterliegt keinen besonderen formalen Anforderungen. Es besteht insbesondere keine Verpflichtung, einen schriftlichen Nachweis über den Statuswechsel zu führen. Entscheidend ist, dass der maßgebliche Sachverhalt der Gewerkschaft hinreichend klar mitgeteilt wird.

In der Entscheidung des Ersten Senats vom 17. Juli 2012 (– *1 AZR 563/11* –) ging es um die Frage, ob während der Teilnahme an einem Streik in einem fristlos gekündigten Arbeitsverhältnis Annahmeverzugsansprüche entstehen können, wenn sich im Kündigungsschutzprozess herausstellt, dass die außerordentliche Kündigung unwirksam war. Der Senat hat hierzu entschieden, dass dem Arbeitnehmer für die Dauer der Teilnahme an dem Arbeitskampf keine Vergütung aus Annahmeverzug zusteht, wenn er sich nach der unwirksamen außerordentlichen Kündigung an einem im Betrieb des Arbeitgebers geführten Streik beteiligt. Die Streikbeteiligung manifestiert den fehlenden Leistungswillen, der nach § 297 BGB den Annahmeverzug ausschließt. Während ein Arbeitnehmer, der sich in zulässiger Weise aus dem betrieblichen Zeiterfassungssystem abgemeldet hat und im Anschluss daran in Freizeit befindet, nicht im Rechtssinne streiken kann, ist dies einem unwirksam außerordentlich gekündigten Arbeitnehmer möglich. Nach objektiver Rechtslage befindet er sich in dieser Zeit nicht in Freizeit.

II. Tarifrecht

1. Tariffähigkeit und Tarifzuständigkeit einer Gewerkschaft

Beteiligte eines Beschlussverfahrens nach § 97 Abs. 1, § 2a Abs. 1 Nr. 4 ArbGG über die Tarifzuständigkeit einer Vereinigung sind neben dem Antragsteller alle diejenigen, die von der Entscheidung über die Tarifzuständigkeit in ihrer Rechtsstellung unmittelbar betroffen sind. Daher ist stets die Vereinigung anzuhören, über deren Tarifzuständigkeit gestritten wird, selbst wenn diese keinen eigenen Antrag gestellt hat. In einem nach § 97 Abs. 5 Satz 2 ArbGG eingeleiteten Verfahren über die Tarifzuständigkeit einer Arbeitnehmervereinigung sind daneben die Parteien des Ausgangsrechtsstreits anzuhören. Betrifft der Verfahrensgegenstand die Tarifzuständigkeit einer Vereinigung für einen bestimmten Tarifvertrag, sind die diesen abschließenden Vertragsparteien in das Beschlussverfahren einzubeziehen. Die Feststellung der Wirksamkeit oder der Unwirksamkeit von Tarifverträgen kann allerdings nicht selbst Gegenstand eines solchen Beschlussverfahrens sein. Dies hat der Erste Senat durch Beschluss vom 17. April 2012 (– *1 ABR 5/11* –) entschieden. Die Tarifzuständigkeit richtet sich nach dem in der Satzung der Vereinigung autonom festgelegten Organisationsbereich. Dessen Reichweite muss für die handelnden Organe der Vereinigung, für den sozialen Gegenspieler und für Dritte zuverlässig zu ermitteln sein. Für die Bestimmung des Organisationsbereichs einer Tarifvertragspartei ist deren Satzung ggf. auszulegen. Maßgeblich ist der objektive Wille des Satzungsgebers. Umstände außerhalb der Satzung, die sich in ihr nicht niederschlagen, sind nicht berücksichtigungsfähig. Auch kann eine Gewerkschaft ihre Tarifzuständigkeit nicht von ihrer Repräsentativität abhängig machen.

Wird in einem Verfahren nach § 97 Abs. 5 ArbGG rechtskräftig festgestellt, dass eine Vereinigung aufgrund von Satzungsmängeln zu einem bestimmten Zeitpunkt nicht tariffähig oder tarifzuständig war, steht dies weiteren Verfahren entgegen, in denen sich zu einem anderen Zeitpunkt diese Eigenschaften der Vereinigung ebenso nach dieser Satzung bestimmen. Dies hat der Erste Senat durch Beschluss vom 23. Mai 2012 (– 1 AZB 58/11 –) entschieden. Mit Beschluss vom 9. Januar 2012 (– 24 TaBV 1285/11 –) hatte das Landesarbeitsgericht Berlin-Brandenburg die fehlende Tariffähigkeit der CGZP im zeitlichen Geltungsbereich ihrer Satzungen vom 11. Dezember 2002 und 5. Dezember 2005 festgestellt. Dieser Beschluss ist in Rechtskraft erwachsen. Die Rechtskraft der Entscheidung des Landesarbeitsgerichts Berlin-Brandenburg erstreckt sich vom Zeitpunkt der Gründung der CGZP am 11. Dezember 2002 bis zum 7. Oktober 2009. Wird in einem Verfahren nach § 97 Abs. 5 ArbGG hingegen aus tatsächlichen Gründen festgestellt, dass eine Arbeitnehmerkoalition bei Abschluss eines bestimmten Tarifvertrags nicht über die erforderliche soziale Mächtigkeit verfügt hat, ist von deren Fehlen nicht nur für den festgestellten Zeitpunkt, sondern auch für die Folgezeit auszugehen. In diesem Fall wirkt die materielle Rechtskraft der im Verfahren nach § 97 Abs. 5 ArbGG getroffenen Entscheidung bis zu einer wesentlichen Änderung der entscheidungserheblichen, tatsächlichen oder rechtlichen Verhältnisse.

Einer Aussetzung nach § 97 Abs. 5 ArbGG bedarf es nach einer Entscheidung des Ersten Senats vom 24. Juli 2012 (– 1 AZB 47/11 –) nicht, wenn über den erhobenen Anspruch auch ohne die Klärung der Tariffähigkeit oder Tarifzuständigkeit einer Vereinigung entschieden werden kann. Dies setzt eine vorherige Prüfung der Schlüssigkeit und der Erheblichkeit des Parteivorbringens in Bezug auf die Klageforderung ebenso voraus wie die Durchführung einer ggf. notwendigen Beweisaufnahme. Zudem darf eine Aussetzung nur dann erfolgen, wenn entweder die Tariffähigkeit oder Tarifzuständigkeit einer Vereinigung aufgrund vernünftiger Zweifel streitig ist. Nicht ausreichend ist es, dass diese nur von einer Partei ohne Angabe nachvollziehbarer Gründe in Frage gestellt wird. Schließlich hat der Senat klargestellt, dass das Arbeitsgericht im Aussetzungsbeschluss den Zeitpunkt, zu dem die Tariffähigkeit oder Tarifzuständigkeit einer Vereinigung vorliegen muss, anzugeben hat. Nicht ausreichend ist es hierbei, wenn im Tenor oder in den Gründen nur die Dauer des Arbeitsverhältnisses angegeben und auf die in diesem Zeitraum geltenden Tarifverträge verwiesen wird.

2. Tarifvertragsrecht

Der Entscheidung des Vierten Senats vom 16. Mai 2012 (– 4 AZR 366/10 –) lag die Kernfrage zugrunde, ob ein Tarifvertrag nachwirkt. Nach § 4 Abs. 5 TVG gelten die Rechtsnormen nach Ablauf des Tarifvertrags weiter, bis sie durch eine andere Abmachung ersetzt werden. In welchem Umfang eine „andere Abmachung" einen nach § 4

Abs. 5 TVG nachwirkenden Tarifvertrag in zeitlicher und inhaltlicher Hinsicht ersetzen soll, bestimmt sich nach dem in ihr zum Ausdruck kommenden Regelungswillen, der durch Auslegung zu ermitteln ist. Die Tarifvertragsparteien können die Nachwirkung ausschließen. Das kann ausdrücklich oder auch konkludent geschehen. Allerdings ist nicht jede formwirksame schriftliche Vereinbarung zwischen tariffähigen Parteien ein Tarifvertrag im Sinne des TVG. Auch die Benennung als Tarifvertrag ist nicht entscheidend.

Geht es bei einer sog. Verbandsklage nach § 9 TVG um die Auslegung eines Tarifvertrags, sind im Antrag der einschlägige Tarifvertrag, die betreffende Tarifnorm sowie der umstrittene Tarifbegriff zu benennen. Dies hat der Vierte Senat durch Urteil vom 18. April 2012 (– 4 AZR 371/10 –) entschieden. Weiterhin ist die zu entscheidende Rechtsfrage in abstrakter fallübergreifender Weise zu formulieren. Aus der erweiterten Bindungswirkung eines Urteils nach § 9 TVG ergibt sich, dass sich der Tenor der Entscheidung nicht auf ein konkretes Rechtsverhältnis bezieht.

III. Betriebsverfassungsrecht

1. Schwellenwerte des BetrVG

In Privatbetrieben tätige Arbeitnehmer des öffentlichen Dienstes zählen bei den – z. B. für die Größe des Betriebsrats oder die Anzahl freizustellender Betriebsratsmitglieder maßgeblichen – Schwellenwerten der organisatorischen Vorschriften des Betriebsverfassungsgesetzes mit. Dies ergibt nach der Entscheidung des Siebten Senats vom 15. Dezember 2011 (– 7 ABR 65/10 –) eine am Wortlaut, an der Systematik und an Sinn und Zweck des § 5 Abs. 1 Satz 3 BetrVG orientierte, von der Entstehungsgeschichte der Vorschrift gestützte Auslegung. Nach dieser Vorschrift gelten als Arbeitnehmer auch Beamte, Soldaten sowie Arbeitnehmer des öffentlichen Dienstes, die in Betrieben privatrechtlich organisierter Unternehmen tätig sind. Auch im Hinblick auf den Zweck der Schwellenwerte bei den Organisationsvorschriften des Betriebsverfassungsgesetzes ist die Berücksichtigung der in § 5 Abs. 1 Satz 3 BetrVG genannten Beschäftigten geboten.

2. Wahl des Betriebsrats

Unter Anknüpfung an seine Entscheidung vom 15. Dezember 2011 (– 7 ABR 65/10 –) hat der Siebte Senat am 15. August 2012 (– 7 ABR 34/11 –) entschieden, dass Beschäftigten des öffentlichen Dienstes, die in Betrieben privatrechtlich organisierter Unternehmen tätig sind, dort das passive Wahlrecht zum Betriebsrat zusteht, soweit sie die allgemeinen Voraussetzungen dafür erfüllen. Das entspricht dem Wortlaut, dem systematischen Zusammenhang und dem Zweck des § 5 Abs. 1 Satz 3 BetrVG sowie der Gesetzesbegründung und Entstehungsgeschichte. Tätig im Sinn der Bestimmung sind solche Beschäftigten, die in die Betriebsorganisation eingegliedert sind. Darauf, ob dem Einsatz rechtliche Bedenken entgegenstehen, kommt es jedenfalls so lange nicht an, wie es sich um einen zwischen der Dienststelle und dem privatrechtlich organisierten Unternehmen koordinierten, vom Beschäftigten akzeptierten Einsatz handelt.

Werden durch einen Tarifvertrag nach § 3 Abs. 1 Nr. 1 Buchst. b BetrVG mehrere Betriebe zu betriebsverfassungsrechtlichen Organisationseinheiten zusammengefasst, können die Betriebsratswahlen in einzelnen Organisationseinheiten isoliert angefochten werden. Auch wenn die Anfechtung mit einer Verkennung des Betriebsbegriffs begründet wird, ist ihre Zulässigkeit nach einer Entscheidung des Siebten Senats vom

21. September 2011 *(– 7 ABR 54/10 –)* nicht von der Anfechtung der in anderen Organisationseinheiten durchgeführten Wahlen abhängig. Ein Tarifvertrag, durch den Betriebe zusammengefasst werden, kann dynamisch regeln, dass Betriebsräte jeweils in den Regionen zu wählen sind, in denen nach den organisatorischen Vorgaben des Arbeitgebers Bezirksleitungen bestehen. Dies entspricht dem Grundsatz, dass Interessenvertretungen der Arbeitnehmer dort gebildet werden, wo sich unternehmerische Leitungsmacht konkret entfaltet.

3. Kosten des Betriebsrats

Nach einer Entscheidung des Siebten Senats vom 18. Januar 2012 *(– 7 ABR 73/10 –)* gehört die Kenntnis der aktuellen Rechtsprechung des Bundesarbeitsgerichts nicht zum unverzichtbaren Grundwissen des einzelnen Betriebsratsmitglieds. Der Betriebsrat als Gremium muss sich aber über die Entwicklung der Rechtsprechung in den für seine Arbeit relevanten Bereichen auf dem Laufenden halten, um seine Aufgaben verantwortlich wahrnehmen zu können. Er kann es daher gemäß § 37 Abs. 6 Satz 1 BetrVG für erforderlich halten, dass sich einzelne Betriebsratsmitglieder in entsprechenden Schulungsveranstaltungen über die aktuelle Rechtsprechung des Bundesarbeitsgerichts informieren. Die Beurteilung der Erforderlichkeit hängt von den Umständen des Einzelfalls ab. Dazu gehören insbesondere die konkreten Seminarinhalte, eine mögliche Aufgabenverteilung innerhalb des Betriebsrats und eine thematische Spezialisierung einzelner Betriebsratsmitglieder. Auch die Zahl der entsandten Betriebsratsmitglieder, die Größe des Betriebsrats, die letzte Aktualisierung des bereits vorhandenen Wissens und betriebliche Entwicklungen, die es besonders dringlich erscheinen lassen, die Rechtsprechungskenntnisse in bestimmten Fragen zu aktualisieren, können für die Beurteilung von Bedeutung sein.

4. Mitbestimmung des Betriebsrats in sozialen Angelegenheiten

In dem am 17. Januar 2012 *(– 1 ABR 45/10 –)* vom Ersten Senat entschiedenen Fall ging es um die Wirksamkeit eines Einigungsstellenspruchs zur Dienstkleidung. Hier hat der Senat klargestellt, dass für die Regelung einer einheitlichen Dienstkleidung des Bodenpersonals eines deutschlandweit tätigen Luftfahrtunternehmens gemäß § 50 Abs. 1 Satz 1 BetrVG der Gesamtbetriebsrat zuständig ist. Denn das hiermit verfolgte Ziel, das Bodenpersonal des Arbeitgebers auf den angeflogenen Flughäfen gegenüber den Fluggästen besonders kenntlich zu machen und es von dem Personal anderer Fluggesellschaften zu unterscheiden, kann nur durch eine unternehmenseinheitliche Regelung erreicht werden. Der Spruch der Einigungsstelle war jedoch unwirksam, weil diese den persönlichen Geltungsbereich der Dienstkleidungspflicht nicht bestimmt hat. Der Senat hat des Weiteren entschieden, dass ein Einigungsstellenspruch, der vorsieht, dass Arbeitnehmer zum Zweck der guten Erkennbarkeit eine besonders auffällige Dienstkleidung zu tragen haben, zugleich eine Regelung über Umkleidemöglichkeiten im Betrieb treffen muss. Der Arbeitgeber kann die Arbeitnehmer nicht darauf verweisen, sich auf den Toiletten umzukleiden oder die Dienstbekleidung zu Hause anzuziehen und den Arbeitsweg darin zurückzulegen.

5. Durchführungs- und Überwachungsanspruch

Nach einer Entscheidung des Ersten Senats vom 7. Februar 2012 *(– 1 ABR 46/10 –)* muss der Arbeitgeber dem Betriebsrat die Namen der Arbeitnehmer mit Arbeitsunfähigkeitszeiten von mehr als sechs Wochen im Jahreszeitraum auch dann mitteilen, wenn diese der Weitergabe nicht zugestimmt haben. Die Erhebung und Nutzung dieser Angaben ist zur Erfüllung der sich für den Arbeitgeber aus § 84 Abs. 2 SGB IX ergebenden Pflichten nach § 28 Abs. 6 Nr. 3 BDSG zulässig. Dies umfasst auch deren Übermittlung an den Betriebsrat. Die Mitteilung der Namen der für die Durchführung eines betrieblichen Eingliederungsmanagements in Betracht kommenden Arbeitnehmer an den Betriebsrat ist zur Durchführung der sich aus § 80 Abs. 1 Nr. 1 BetrVG, § 84 Abs. 2 Satz 7 SGB IX ergebenden Überwachungsaufgabe erforderlich. Das Überwachungsrecht des Betriebsrats aus § 80 Abs. 2 Satz 1 BetrVG ist weder von einer zu besorgenden Rechtsverletzung des Arbeitgebers beim Normvollzug noch vom Vorliegen besonderer Mitwirkungs- oder Mitbestimmungsrechte abhängig.

6. Ablösende Betriebsvereinbarung

In einem vom Ersten Senat am 17. Juli 2012 (– 1 AZR 476/11 –) entschiedenen Fall ging es um das Fortbestehen von Leistungen im Krankheitsfall. Der Arbeitsvertrag enthielt eine Verweisungsklausel auf die jeweils für den Arbeitgeber geltenden allgemeinen Arbeitsbedingungen. Der Senat hat zunächst klargestellt, dass diese Klausel nicht intransparent ist, auch wenn es an einem ausdrücklichen Hinweis auf ihre Betriebsvereinbarungsoffenheit fehlt. Maßgeblich ist allein, dass die Abänderbarkeit der in Bezug genommenen Arbeitsbedingungen dem Arbeitnehmer als Vertragspartner des Klauselverwenders erkennbar wird. Eine ablösende Betriebsvereinbarung unterliegt nach § 310 Abs. 4 Satz 1 BGB keiner Inhaltskontrolle gemäß § 307 Abs. 1 Satz 1 BGB. Dies gilt auch, wenn die ablösende Betriebsvereinbarung zur Verschlechterung einer betriebsvereinbarungsoffenen vertraglichen Einheitsregelung führt. Sozialleistungen, die ausschließlich im Hinblick auf den Bestand des Arbeitsverhältnisses erbracht werden und nicht von der persönlichen Arbeitsleistung der begünstigten Arbeitnehmer abhängen, können durch Betriebsvereinbarung grundsätzlich mit Wirkung für die Zukunft eingestellt werden. Ohne das Hinzutreten besonderer Umstände kann ein Arbeitnehmer nicht auf den Fortbestand von Leistungen aus betrieblichen Regelungen vertrauen.

3. Abschnitt Insolvenzrecht

Klagen gegen Kündigungen, die ein Insolvenzverwalter im Sinne der EuInsVO in Deutschland nach deutschem Recht erklärt hat, sind auch dann keine Annexverfahren i. S. d. Art. 3 EuInsVO, wenn sie auf der Grundlage eines Interessenausgleichs mit Namensliste nach § 125 InsO und mit der kurzen Frist des § 113 InsO erklärt worden sind. Für solche Verfahren bestimmt sich die internationale Zuständigkeit nach der EuGVVO und nicht nach der EuInsVO. Dies hat der Sechste Senat durch Urteil vom 20. September 2012 (– 6 AZR 253/11 –) entschieden. Bei grenzüberschreitenden Insolvenzen im Sinne der EuInsVO, bei denen deutsches Arbeitsrecht aufgrund der Regelung in Art. 10 EuInsVO anwendbar ist, ist § 125 InsO unionsrechtskonform dahin auszulegen, dass auch ein Administrator, der in der vom englischen Insolvenzrecht vorgesehenen Weise für den Schuldner handelt, als Insolvenzverwalter i. S. d. § 125 InsO anzusehen ist. Er kann daher einen Interessenausgleich mit Namensliste abschließen, der die Wirkungen des § 125 InsO auslöst.

4. Abschnitt Prozessrecht

I. Allgemeines Zivilprozessrecht

Nach § 204 Abs. 1 Nr. 1 BGB wird der Eintritt der Verjährung durch die Erhebung einer Klage gehemmt. Auch eine Klagezustellung nach Ablauf der Verjährungsfrist bewirkt diese Hemmung, wenn sie „demnächst" i. S. d. § 167 ZPO vorgenommen wurde. Ob dies der Fall ist, kann nicht aufgrund einer rein zeitlichen Betrachtungsweise entschieden werden. Der Zustellungsbetreiber muss alles ihm Zumutbare für eine alsbaldige Zustellung getan haben. Verzögerungen der Zustellung, die durch das Gericht verursacht sind, muss sich der Kläger grundsätzlich nicht zurechnen lassen. Dies gilt nach einer Entscheidung des Achten Senats vom 23. August 2012 (– 8 AZR 394/11 –) auch bei mehrmonatigen Verzögerungen. Eine im Ausland zu bewirkende Zustellung erfolgt durch das Gericht. Steht dafür nur der diplomatische Weg zur Verfügung, so kann auch eine Zustellung 19 Monate nach Ablauf der Verjährungsfrist noch „demnächst" erfolgt sein.

II. Hinweispflichten des Gerichts

Das Arbeitsgericht genügt der Hinweispflicht des § 6 Satz 2 KSchG auf die Präklusionsvorschrift des § 6 Satz 1 KSchG bereits dann, wenn es den Arbeitnehmer allgemein darauf hinweist, dass er sich bis zum Schluss der mündlichen Verhandlung erster Instanz zur Begründung der Unwirksamkeit der Kündigung auch auf innerhalb der Klagefrist des § 4 KSchG nicht geltend gemachte Gründe berufen kann. Dies hat der Sechste Senat durch Urteil vom 18. Januar 2012 (– 6 AZR 407/10 –) entschieden. Hinweise des Arbeitsgerichts auf konkrete Unwirksamkeitsgründe sind aufgrund dieser Norm auch dann nicht geboten, wenn im Laufe des erstinstanzlichen Verfahrens deutlich wird, dass Unwirksamkeitsgründe in Betracht kommen, auf die sich der Arbeitnehmer bisher nicht berufen hat. Die Pflicht zu derartigen Hinweisen kann sich allerdings aus der in § 139 ZPO geregelten materiellen Prozessleitungspflicht des Gerichts ergeben.

III. Prozessuale Verwertungsverbote

In einem vom Zweiten Senat am 21. Juni 2012 (– 2 AZR 153/11 –) entschiedenen Fall ging es um die Wirksamkeit einer ordentlichen Kündigung, nachdem eine Verkäuferin Zigarettenpackungen aus dem Warenbestand des Arbeitgebers entwendet hatte. Sie war hierbei ohne ihr Wissen gefilmt worden. Kernfrage war, ob das aus einer verdeckten Videoüberwachung öffentlich zugänglicher Arbeitsplätze gewonnene Beweismaterial einem prozessualen Verwertungsverbot unterliegt. Hierzu hat der Senat entschieden, dass das Beweismaterial nicht allein deshalb einem prozessualen Beweisverwertungsverbot unterliegt, weil es unter Verstoß gegen § 6b Abs. 2 BDSG gewonnen wurde; nach dieser Norm sind bei Videoaufzeichnungen öffentlich zugänglicher Räume der Umstand der Beobachtung und die verantwortliche Stelle durch geeignete Maßnahmen kenntlich zu machen. Vielmehr hat eine Interessenabwägung zwischen einer funktionstüchtigen Rechtspflege und dem informationellen Selbstbestimmungsrecht stattzufinden. Hierbei hat das Interesse an der Verwertung von heimlich beschafften persönlichen Daten nur dann höheres Gewicht, wenn über das schlichte Beweisinteresse hinausgehende Aspekte hinzukommen, aufgrund derer sich die Informationsbeschaffung und Beweiserhebung als schutzbedürftig erweisen und aufgrund derer das Verwertungsinteresse trotz der Persönlichkeitsbeeinträchtigung überwiegt. Nach Ansicht des Senats ist die heimliche Videoüberwachung eines Arbeitnehmers zulässig, wenn der konkrete Verdacht einer strafbaren Handlung oder einer anderen schweren Verfehlung zu Lasten des Arbeitgebers besteht, weniger einschneidende Mittel zur Aufklärung des Verdachts ergebnislos ausgeschöpft sind, die verdeckte Videoüberwachung damit praktisch das einzig verbleibende Mittel darstellt und sie insgesamt nicht unverhältnismäßig ist. Der Verdacht muss in Bezug auf eine konkrete strafbare Handlung oder andere schwere Verfehlung zulasten des Arbeitgebers gegen einen zumindest räumlich und funktional abgrenzbaren Kreis von Arbeitnehmern bestehen. Auch im Hinblick auf die Möglichkeit einer weiteren Einschränkung des Kreises der Verdächtigen müssen weniger einschneidende Mittel als eine verdeckte Videoüberwachung zuvor ausgeschöpft worden sein.

IV. Schadensschätzung

Nach § 287 Abs. 1 ZPO entscheidet der Tatrichter unter Würdigung aller Umstände nach freier Überzeugung, ob ein Schaden entstanden und wie hoch er ist. Die Schätzung eines Schadens darf nur dann unterbleiben, wenn sie mangels konkreter Anhaltspunkte vollkommen „in der Luft hinge" und daher willkürlich wäre. Eine völlig abstrakte Berechnung eines Schadens, auch in Form eines Mindestschadens, ist nach einer Entscheidung des Zehnten Senats vom 26. September 2012 (– *10 AZR 370/10* –) unzulässig. Dies gilt auch bei unlauterer Abwerbung von Mitarbeitern eines Konkurrenzunternehmens. Eine vom Tatrichter nach freiem Ermessen vorzunehmende Schadensschätzung unterliegt nur der beschränkten Nachprüfung durch das Revisionsgericht dahin, ob der Tatrichter Rechtsgrundsätze der Schadensbemessung verkannt, wesentliche Bemessungsfaktoren außer Betracht gelassen oder seiner Schätzung unrichtige Maßstäbe zugrunde gelegt hat. Es ist revisionsrechtlich nicht zu beanstanden, wenn das Berufungsgericht bei einer multikausalen Schadenslage alle möglicherweise maßgeblichen Faktoren in seine Bewertung einbezieht und die Schätzung eines Schadens, der durch unlautere Abwerbung von Mitarbeitern entstanden sein und zu operativen Verlusten geführt haben soll, mit der Begründung ablehnt, ein hinreichender Zusammenhang zwischen den Abwerbungen und den eingetretenen Verlusten sei nicht erkennbar geworden.

V. Revisionsrecht

Für die Rüge eines absoluten Revisionsgrundes nach § 547 Nr. 1 bis 5 ZPO muss der Revisionskläger nicht nur den Zulassungsgrund benennen, sondern er hat auch diejenigen Tatsachen, aus denen sich der Verfahrensfehler des Berufungsgerichts ergeben soll, substantiiert vorzutragen. Dies hat der Vierte Senat am 25. Januar 2012 (– *4 AZR 185/10* –) entschieden. Das Gericht hat nach § 296a ZPO nach Schluss der mündlichen Verhandlung nachgereichte Schriftsätze darauf zu prüfen, ob Gründe für eine Wiedereröffnung der mündlichen Verhandlung gegeben sind. Das gilt sowohl dann, wenn die Rechtssache noch nicht abschließend beraten ist, als auch, wenn zwar die abschließende Beratung erfolgt, das Urteil aber noch nicht verkündet ist. In beiden Fällen hat das Gericht bis zur Urteilsverkündung eingehende Schriftsätze zur Kenntnis zu nehmen und eine Wiedereröffnung der mündlichen Verhandlung zu prüfen. Über die Wiedereröffnung der mündlichen Verhandlung nach § 156 ZPO hat das Gericht durch den Spruchkörper in vollständiger Besetzung und nicht durch den Vorsitzenden allein zu entscheiden. Dabei haben die ehrenamtlichen Richter mitzuwirken, die an der vorangegangenen letzten mündlichen Verhandlung teilgenommen haben. Die Beteiligung der ehrenamtlichen Richter an der Entscheidung über die Wiedereröffnung der mündlichen Verhandlung kann sich sowohl aus dem Urteil als auch aus der Akte ergeben.

VI. Restitutionsklage

Mit Urteil vom 22. November 2012 (– 2 AZR 570/11 –) hatte der Zweite Senat über die Zulässigkeit der Restitutionsklage eines Kirchenmusikers zu entscheiden, der die Wiederaufnahme eines Kündigungsschutzverfahrens vor dem Landesarbeitsgericht begehrte. Die beklagte katholische Kirchengemeinde hatte die Kündigung aus dem Jahr 1997 im Wesentlichen damit begründet, der Kläger habe Ehebruch begangen und dadurch seine besonderen Loyalitätspflichten aus dem Arbeitsverhältnis verletzt. Der Europäische Gerichtshof für Menschenrechte (EGMR) hat mit Urteil vom 23. September 2010 festgestellt, dass die Entscheidung des Landesarbeitsgerichts aus dem Jahr 2000, mit der die Kündigungsschutzklage rechtskräftig abgewiesen wurde, das Recht des Klägers auf Achtung seines Privat- und Familienlebens aus Art. 8 der Europäischen Konvention zum Schutz der Menschenrechte und Grundfreiheiten (EMRK) verletzt. Das Urteil des Landesarbeitsgerichts lasse nicht erkennen, dass auch dieses Recht bei der Abwägung berücksichtigt worden sei. Mit Urteil vom 28. Juni 2012 hat der EGMR dem Kläger gemäß Art. 41 EMRK eine Entschädigung zugesprochen. Der Senat hielt die Restitutionsklage für unzulässig. Nach § 580 Nr. 8 ZPO findet zwar mittlerweile die Restitutionsklage statt, wenn der EGMR eine Verletzung der EMRK oder ihrer Protokolle festgestellt hat und das Urteil auf der Verletzung beruht. Dieser Restitutionsgrund ist aber gemäß § 35 EGZPO nicht auf Verfahren anzuwenden, die vor dem 31. Dezember 2006 rechtskräftig abgeschlossen wurden. § 35 EGZPO knüpft dabei an die Rechtskraft des Ausgangsverfahrens und nicht an den Zeitpunkt an, zu dem ein endgültiges Urteil des EGMR i. S. d. Art. 44 EMRK vorliegt. § 35 EGZPO ist mit diesem Inhalt auch nicht konventions- oder verfassungswidrig. Dem steht schließlich auch das in Art. 6 Abs. 2 EUV zum Ausdruck gebrachte Ziel der wirksamen Umsetzung der EMRK nicht entgegen.

5. Abschnitt Zwangsvollstreckungsrecht

Durch Urteil vom 14. März 2012 (– 10 AZR 778/10 –) hat der Zehnte Senat entschieden, dass eine „Weihnachtsvergütung" iSv. § 850a Nr. 4 ZPO nicht nur die klassische „Weihnachtsgratifikation" sein kann, die der Arbeitgeber dem Arbeitnehmer als Beitrag zu den erhöhten Aufwendungen zahlt. Vielmehr kann dies nach Ansicht des Senats auch eine Sondervergütung für erbrachte Arbeit sein, sofern sie aus Anlass des Weihnachtsfests gezahlt wird. In diesem Zusammenhang hat der Senat klargestellt, dass der garantierte Anteil der Sparkassensonderzahlung nach § 44 Abs. 1 Satz 2 TVöD BT-S keine „Weihnachtsvergütung" iSd. Gesetzes ist.

6. Abschnitt Sozial- und Urlaubskassen-verfahren

§ 2 Abs. 1 EFZG regelt die privatrechtlichen Folgen der im öffentlichen Interesse angeordneten Arbeitsruhe an gesetzlichen Feiertagen. Die Norm betrifft daher in erster Linie das vertragsrechtliche Verhältnis von Leistung und Gegenleistung. Sie ist keine Eingriffsnorm i. S. d. Art. 34 EGBGB a. F. Dies hat der Zehnte Senat durch Urteil vom 18. April 2012 (– 10 AZR 200/11 –) entschieden. Die in § 3 EFZG geregelte Pflicht des Arbeitgebers zur Entgeltfortzahlung dient gegenüber Arbeitnehmern, die dem deutschen Sozialversicherungsrecht unterliegen, der Entlastung der gesetzlichen Krankenkassen. Seine Anwendung liegt daher gegenüber dem betreffenden Personenkreis im öffentlichen Interesse. § 3 EFZG ist insoweit Eingriffsnorm iSd. Art. 34 EGBGB a. F. Dagegen hat der Senat klargestellt, dass § 3 EFZG keine Eingriffsnorm ist, soweit Arbeitnehmer davon betroffen wären, die nicht dem deutschen Sozialversicherungsrecht unterliegen.

Wer allein für eigene, nicht baugewerbliche Zwecke Bauleistungen in Auftrag gibt, ist kein Unternehmer i. S. v. § 1 a AEntG a. F. und unterliegt als Bauherr nicht der Bürgenhaftung nach dieser Norm. Hingegen ist ein Bauträger, der Gebäude im eigenen Namen und auf eigene Rechnung durch andere Unternehmer mit dem Ziel errichten lässt, die Gebäude während oder nach der Bauphase zu veräußern, nicht lediglich Bauherr, sondern Unternehmer i. S. v. § 1 a AEntG a. F. Die Beauftragung von Bauleistungen ist wesentlicher, unmittelbarer Gegenstand seines Unternehmens. Dies hat der Zehnte Senat durch Urteil vom 16. Mai 2012 (– 10 AZR 190/11 –) entschieden. Darauf, ob der Bauträger zum Zeitpunkt der Auftragsvergabe bereits Vertragspflichten gegenüber den zukünftigen Erwerbern übernommen hat oder ob er dies erst für die Zeit während oder nach der Bauphase beabsichtigt, kommt es nach dem Sinn und Zweck der Bürgenhaftung des § 1 a AEntG a. F. nicht an.

C. Über das Bundesarbeitsgericht

I. Bibliothek

Die Bibliothek des Bundesarbeitsgerichts ist die größte juristische Spezialbibliothek mit Schwerpunkt Arbeitsrecht in der Bundesrepublik Deutschland. Der Bestand umfasste Ende 2012 91.000 Medieneinheiten und 80.000 Tarifverträge in einer hausinternen Sondersammlung.

Seit der Verlegung des Gerichts nach Erfurt im Jahr 1999 steht ihr im repräsentativen Neubau auf dem Petersberg eine Gesamtfläche von ca 1.700 qm mit 31 Arbeitsplätzen im Lesebereich zur Verfügung. Bestand und Dienstleistungen der Bibliothek sind gezielt auf die Bedürfnisse der Angehörigen des Gerichts ausgelegt, können aber auch von externen Benutzern während der allgemeinen Dienstzeiten in Anspruch genommen werden. Den Richterinnen, Richtern und Beschäftigten des Gerichts sind die Bestände jederzeit zugänglich.

Der gesamte Medienbestand ist im Online-Katalog verzeichnet, der an den Arbeitsplätzen im Haus, an den Auskunftsplätzen in der Bibliothek und im Internet nutzbar ist. Der Zeitschriftenbestand der Bibliothek ist außerdem in der Zeitschriftendatenbank (ZDB) nachgewiesen.

Die Bücher sind frei zugänglich nach einer eigenen Systematik gegliedert aufgestellt.

Neben dem Online-Katalog stehen verschiedene juristische Datenbanken auf CD-ROM zur Verfügung. Andere Datenbanken, insbesondere das juristische Informationssystem juris und beck-online sind für dienstliche Recherchen online zugänglich.

II. Dokumentation

Die Dokumentationsstelle des Bundesarbeitsgerichts wertet die ihr zugänglichen arbeitsrechtlichen Dokumente aus und erfasst diese sowohl in einer hausinternen Datenbank als auch in Dateien, die in das juristische Informationssystem juris Eingang finden. Daneben führt sie eine gerichtsinterne Chronologische Sammlung der Entscheidungen des Bundesarbeitsgerichts. In einem internen wöchentlich erscheinenden Informationsdienst weist die Dokumentationsstelle auf aktuelle Beiträge, Rechtsentwicklungen und Entscheidungen im nationalen und supranationalen Arbeitsrecht hin.

Dokumentiert werden insbesondere die Rechtsprechung des Bundesarbeitsgerichts, der Landesarbeitsgerichte, der Arbeitsgerichte, der Schiedsgerichte, der Kirchengerichte *(seit 2007)*, sowie supranationaler Gerichte in Arbeitsrechtsstreitigkeiten, das einschlägige Schrifttum aus Periodika *(Fachzeitschriften, Jahrbüchern etc.)*, Festschriften und anderen Sammelwerken sowie die Verwaltungsvorschriften aus Verkündungsblättern, Ministerialblättern etc., soweit ein Bezug zum Arbeitsrecht und zur Arbeitsgerichtsbarkeit besteht.

Die juris-Datenbank Rechtsprechung enthält knapp 1.200.000 Dokumente aus allen Gerichtsbarkeiten. Etwa 84.000 dieser Dokumente betreffen Entscheidungen der Gerichte für Arbeitssachen. Es handelt sich dabei um Entscheidungen des Bundesarbeitsgerichts *(24.800)* sowie Entscheidungen der Instanzgerichte *(Landesarbeitsgerichte 50.000, Arbeitsgerichte 8.900)*, hinzu kommen ca. 40 Entscheidungen von Bühnenschiedsgerichten, 140 kirchengerichtliche Entscheidungen, knapp 100 arbeitsrechtliche Entscheidungen von Gerichten der ehemaligen DDR sowie ca. 530 arbeitsrechtliche Entscheidungen des Gerichtshofs der Europäischen Union *(EuGH)*, des Gerichts erster Instanz der Europäischen Union *(EuG)*, des Gerichts für den öffentlichen Dienst der Europäischen Union *(EuGöD)* und des Europäischen Gerichtshofs für Menschenrechte *(EGMR)*, die ebenfalls vom Bundesarbeitsgericht dokumentiert wurden.

Seit 1995 werden – unabhängig von ihrer Veröffentlichung – sämtliche beim Bundesarbeitsgericht im Revisions- oder Rechtsbeschwerdeverfahren anhängigen Instanzentscheidungen mit ihrem Verfahrensgang *(Eingang, Terminierung, Erledigungsart, Erledigungsdatum)* für die juris-Datenbank dokumentiert, sofern nicht das Verfahren unmittelbar nach Eingang beim Bundesarbeitsgericht beendet wird.

In der juris-Datenbank Literaturnachweise *(Aufsätze und Bücher)* mit einem Bestand von ca. 850.000 Dokumenten betreffen mehr als 94.000 Dokumente Literatur *(seit 1970)* mit Bezug zum Arbeitsrecht oder zur Arbeitsgerichtsbarkeit, etwa 48.000 hiervon wurden von der Dokumentationsstelle des Bundesarbeitsgerichts dokumentiert.

An Verwaltungsregelungen *(Erlassen, Bekanntmachungen, Richtlinien etc.)* werden in der juris-Datenbank Verwaltungsvorschriften für den Bereich des Sozial- und Arbeitsrechts ca. 31.000 Dokumente angeboten. Etwa 3.000 Dokumente davon betreffen Regelungen mit Bezug zum Arbeitsrecht oder zur Arbeitsgerichtsbarkeit, die zum Teil vom Bundesarbeitsgericht dokumentiert worden sind.

III. Presse- und Öffentlichkeitsarbeit

Die Pressestelle des Bundesarbeitsgerichts informiert jeweils in einer vierteljährlichen Terminvorschau über anstehende Verhandlungen in Fällen, die wegen ihres Gegenstands oder wegen der aufgeworfenen Rechtsfragen von besonderem Interesse sind.

Sobald in rechtlich bedeutsamen und für die Öffentlichkeit interessanten Fällen die Entscheidung ergangen ist, wird in einer Pressemitteilung hierüber berichtet. Dabei werden allerdings von den in den Terminvorschauen enthaltenen Verhandlungen nur solche Entscheidungen berücksichtigt, deren tatsächliche Grundlagen und rechtliche Erwägungen für eine derartige Kurzinformation geeignet sind.

Im Jahr 2012 wurden die Terminvorschauen an 903 Abonnenten und die insgesamt 90 Pressemitteilungen an 1.180 Bezieher versandt.

Das Bundesarbeitsgericht stellt in Zusammenarbeit mit der juris GmbH auch im Internet Informationen zur Verfügung. Unter der Adresse **http://www.bundesarbeitsgericht.de** befinden sich allgemeine Informationen über die Arbeitsgerichtsbarkeit, die Aufgaben des Bundesarbeitsgerichts, die Bibliothek und die Dokumentationsstelle sowie eine Vorschau auf anstehende Verhandlungen. Im Übrigen kann die Sammlung der Pressemitteilungen des laufenden Jahres sowie der vorangegangenen vier Jahre aufgerufen werden.

Die Entscheidungen des Bundesarbeitsgerichts ab 2009 stehen ebenfalls im Internet zur Verfügung. Hier ist eine Suche nach Daten, Nummer der Pressemitteilung oder Textstichworten möglich.

In einem jährlichen Pressegespräch werden ausführlich Geschäftsentwicklung, Schwerpunkte der Rechtsprechung im abgelaufenen Geschäftsjahr und zu erwartende arbeitsrechtliche Fragen erörtert.

Im Jahr 2012 haben 151 Gruppen - insbesondere Betriebs- und Personalräte sowie Führungskräfte, Referendare, Studierende und Schüler - Verhandlungen des Gerichts besucht. Sie wurden durch wissenschaftliche Mitarbeiterinnen und wissenschaftliche Mitarbeiter über die zur Entscheidung anstehenden Sachverhalte sowie die Arbeitsgerichtsbarkeit und die Aufgaben des Bundesarbeitsgerichts informiert.

Im Übrigen besteht nach wie vor ein großes Interesse an der Architektur des Gerichtsgebäudes und den Arbeitsbedingungen des Bundesarbeitsgerichts. Auch im vergangenen Jahr besichtigten wieder 32 Besuchergruppen das Bundesarbeitsgericht und wurden von fachkundigen Mitarbeiterinnen und Mitarbeitern durch das Haus geführt.

Am 26. und 27. April 2012 fand im Bundesarbeitsgericht zum siebten Mal ein Europarechtliches Symposion statt. Die Tagung wurde gemeinsam mit dem Deutschen Arbeitsgerichtsverband eV. veranstaltet. Eine supranationale Rechts-ordnung verlangt von ihren Akteuren, den Blick über den nationalen Tellerrand hinaus zu richten. Demzufolge standen im Mittelpunkt des ersten Teils des Symposions die Auswirkungen, die sich aus arbeitsrechtlicher Sicht aus dem Beitritt der EU-8- bzw. EU-2-Staaten ergeben. Für Rumänien und Bulgarien wird der Binnenmarkt für die Ausübung der europäischen Grundfreiheiten spätestens im Jahre 2014 schrankenlos offenstehen. Wie sich die Ausübung dieser Grundfreiheiten in sog. Hochlohnländern einerseits und sog. Niedriglohnländern andererseits auswirkt und mit welchen Mechanismen unsere Rechtsordnung hierauf reagiert, um unerwünschten Verwerfungen des Arbeitsmarkts zu begegnen, zeigten Prof. Dr. *Alan C. Neal* von der University of Warwick, London, und Prof. Dr. *Thomas Davulis* von der Universität Vilnius sowie Frau *Astrid Schneider-Sievers* vom Bundesministerium für Arbeit und Soziales eindrucksvoll auf. In zwei aktuellen und informativen Vorträgen beleuchteten anschließend Prof. Dr. *Heinz Josef Willemsen* aus anwaltlicher Perspektive und Prof. Dr. *Gregor Thüsing* aus wissenschaftlicher Perspektive die Rechtsprechung des Gerichtshofs der Europäischen Union und deren Auswirkungen auf die nationale Rechtsordnung. Ihre

Beiträge boten ein anschauliches Beispiel dafür, dass Fragen des Befristungsrechts, des Betriebsübergangsrechts oder der Diskriminierung im Arbeitsleben nicht mehr ohne Einbeziehung des Unionsrechts und der hierzu ergangenen Rechtsprechung des Gerichtshofs der Europäischen Union einer Lösung zugeführt werden können.

Der zweite Tag stand ganz im Zeichen des europäischen Mehrebenensystems und von dessen Konsequenzen für das nationale Arbeitsrecht. Prof. Dr. *Angelika Nußberger* vom Europäischen Gerichtshof für Menschenrechte in Straßburg veranschaulichte anhand einer erstaunlichen Zahl arbeitsrechtlicher Fälle die Auswirkungen der Rechtsprechung ihres Gerichts auf das deutsche Arbeitsrecht. Zum Abschluss des Symposions war es an Prof. Dr. Dr. *Udo Di Fabio*, ehemaliger Richter des Bundesverfassungsrechts, die Stellung des nationalen Arbeitsrechts im Spannungsfeld zwischen Grundgesetz, Grundrechtecharta und Europäischer Menschenrechtskonvention zu klären und die Kompetenzen der zu ihrer Durchsetzung berufenen Gerichte gegeneinander abzugrenzen.

Das Symposion wurde von insgesamt 350 in- und ausländischen Gästen besucht.

Im Jahr 2012 waren Delegationen aus Brasilien, China, Japan, Russland, Italien und Frankreich sowie von verschiedenen Gerichten und Institutionen aus dem Inland zu Gast beim Bundesarbeitsgericht und informierten sich über die Arbeit eines obersten Gerichtshofs des Bundes vor Ort.

Übersicht über die Pressemitteilungen 2012

lfd. Nr.	Nr.	Datum	Stichwort
2137	1/12	17.01.12	Betriebliche Altersversorgung für Arbeitnehmer der früheren Deutschen Reichsbahn – 3 AZR 805/09 –
2138	2/12	18.01.12	Anforderungen an die Hinweispflicht des Arbeitsgerichts gemäß § 6 Satz 2 KSchG – 6 AZR 407/10 –
2139	3/12	18.01.12	Dr. Gernot Brühler neuer Vorsitzender Richter am Bundesarbeitsgericht
2140	4/12	18.01.12	Anspruch auf Weihnachtsgratifikation bei gekündigtem Arbeitsverhältnis – 10 AZR 667/10 –
2141	5/12	20.01.12	Vierter arbeitsrechtlicher Moot-Court Wettbewerb beim Bundesarbeitsgericht
2142	6/12	24.01.12	Mitteilung zu dem Verfahren – 9 AZR 443/10 –
2143	7/12	26.01.12	Betriebsübergang – Verwirkung des Widerspruchsrechts – 8 AZR 609/10 –
2144	8/12	31.01.12	Geschäftslage des Bundesarbeitsgerichts zum 1. Januar 2012

lfd. Nr.	Nr.	Datum	Stichwort
2145	9/12	02.02.12	7. Europarechtliches Symposion beim Bundesarbeitsgericht
2146	10/12	07.02.12	Betriebliches Eingliederungsmanagement - Überwachungsrecht des Betriebsrats – 1 ABR 46/10 –
2147	11/12	08.02.12	Mitteilung zum Verfahren – 3 AZR 866/09 –
2148	12/12	16.02.12	Frage nach der Schwerbehinderung im bestehenden Arbeitsverhältnis – 6 AZR 553/10 –
2149	13/12	16.02.12	Entschädigung wegen der Benachteiligung eines schwerbehinderten Bewerbers – 8 AZR 697/10 –
2150	14/12	16.02.12	Schadensersatz wegen Gehaltseinbußen – 8 AZR 98/11 –
2151	15/12	21.02.12	Urlaub - Ausschluss von Doppelansprüchen bei unwirksamer Kündigung – 9 AZR 487/10 –
2152	16/12	22.02.12	Mehrarbeit - Vergütungserwartung – 5 AZR 765/10 –
2153	17/12	22.02.12	Keine Ablösung einzelvertraglicher Inbezugnahme durch (Haus-)Tarifvertrag – 4 AZR 24/10 –
2154	18/12	23.02.12	Mitteilung zu dem Verfahren – 2 AZR 492/10 –
2155	19/12	07.03.12	Mitteilung zu dem Verfahren – 3 AZR 276/10 –
2156	20/12	13.03.12	Mitteilung zu dem Verfahren – 6 AZR 525/10 –
2157	21/12	15.03.12	Frist zur Geltendmachung von Entschädigungsansprüchen nach AGG – 8 AZR 160/11 –
2158	22/12	20.03.12	Altersabhängige Staffelung der Urlaubsdauer – 9 AZR 529/09 –
2159	23/12	21.03.12	Stellungnahme des Betriebsrats zu bevorstehenden Massenentlassungen in einem Interessenausgleich ohne Namensliste – 6 AZR 596/10 –
2160	24/12	21.03.12	Umfang des Forderungsübergangs bei „Hartz IV-Leistungen" – 5 AZR 61/11 –

lfd. Nr.	Nr.	Datum	Stichwort
2161	25/12	21.03.12	Arbeitszeitkonto - Kürzung von Zeitguthaben – 5 AZR 676/11 –
2162	26/12	22.03.12	Mitteilung zu dem Verfahren – 2 AZR 153/11 –
2163	27/12	11.04.12	Mitteilung zu dem Verfahren – 9 AZR 540/10 –
2164	28/12	17.04.12	Betriebliche Altersversorgung nach Altersteilzeit – 3 AZR 280/10 –
2165	29/12	17.04.12	Mitteilung zu den Verfahren – 3 AZR 400/10 und 3 AZR 401/10 –
2166	30/12	18.04.12	Arbeitgeberleistungen als Erfüllung eines Mindestlohnanspruchs nach dem Arbeitnehmerentsendegesetz – 4 AZR 139/10 und 168/10 –
2167	31/12	18.04.12	Zur Zulässigkeit des Antrags in einer Klage nach § 9 TVG – 4 AZR 371/10 –
2168	32/12	19.04.12	Kündigung wegen „Stalking" – 2 AZR 258/11 –
2169	33/12	10.05.12	Betriebsübergang bei Rettungszweckverband – 8 AZR 639/10 –
2170	34/12	15.05.12	Anspruch auf Vereinbarung eines Versorgungsrechts – 3 AZR 128/11 –
2171	35/12	16.05.12	Leistungsentgelt nach § 18 TVöD – 10 AZR 202/11 –
2172	36/12	16.05.12	Inkrafttreten eines Tarifvertrags nach Betriebsübergang - Ansprüche gegen den Erwerber? – 4 AZR 320 und 321/10 –
2173	37/12	22.05.12	Verfall des tariflichen Mehrurlaubs gemäß § 26 TVöD bei Arbeitsunfähigkeit – 9 AZR 575/10 –
2174	38/12	24.05.12	Sonderurlaub als unschädliche Unterbrechung für die Zulage nach § 9 TVÜ-Länder – 6 AZR 586/10 –
2175	39/12	25.05.12	Tariffähigkeit der CGZP – 1 ABN 27/12 –
2176	40/12	31.05.12	Vorsitzender Richter am Bundesarbeitsgericht Prof. Klaus Bepler im Ruhestand
2177	41/12	01.06.12	Dr. Mario Eylert neuer Vorsitzender Richter am Bundesarbeitsgericht
2178	42/12	01.06.12	Neue Richterin am Bundesarbeitsgericht

lfd. Nr.	Nr.	Datum	Stichwort
2179	43/12	19.06.12	Befristung des Urlaubsabgeltungsanspruchs - Aufgabe der Surrogatstheorie – 9 AZR 652/10 –
2180	44/12	19.06.12	Pensionskassenleistung - Einstandspflicht des Arbeitgebers – 3 AZR 408/10 –
2181	45/12	19.06.12	Betriebsrentenanpassung - Prüfungszeitraum – 3 AZR 464/11 –
2182	46/12	19.06.12	Schadensersatz wegen rechtswidrigen Warnstreiks – 1 AZR 775/10 –
2183	47/12	21.06.12	Frist zur Geltendmachung von Schadensansprüchen wegen Diskriminierung – 8 AZR 188/11 –
2184	48/12	21.06.12	Erteilung einer Falschauskunft als Indiz für Diskriminierung – 8 AZR 364/11 –
2185	49/12	21.06.12	Kündigung wegen Entwendung von Zigarettenpackungen - Verdeckte Videoüberwachung – 2 AZR 153/11 –
2186	50/12	28.06.12	Keine Heilung von Fehlern bei der Erstattung der Massenentlassungsanzeige durch einen bestandskräftigen Bescheid der Arbeitsverwaltung – 6 AZR 780/10 –
2187	51/12	04.07.12	Mitteilung zu dem Verfahren – 9 AZR 16/11 –
2188	52/12	11.07.12	Öffentlicher Dienst - Kürzung der Jahressonderzahlung bei Arbeitgeberwechsel – 10 AZR 488/11 –
2189	53/12	17.07.12	Keine Annahmeverzugsvergütung bei Streikteilnahme – 1 AZR 563/11 –
2190	54/12	18.07.12	„Kettenbefristung" und Rechtsmissbrauch – 7 AZR 443/09 –
2191	55/12	26.07.12	Mitteilung zu dem Verfahren – 6 AZR 221/11 –
2192	56/12	07.08.12	Urlaubsanspruch im langjährig ruhenden Arbeitsverhältnis – 9 AZR 353/10 –
2193	57/12	15.08.12	Tarifvertragliche Regelungen über sachgrundlose Befristung – 7 AZR 184/11 –

lfd. Nr.	Nr.	Datum	Stichwort
2194	58/12	15.08.12	Wählbarkeit von Arbeitnehmern des öffentlichen Dienstes in Privatbetrieben – 7 ABR 34/11 –
2195	59/12	21.08.12	Mitteilung zu dem Verfahren – 3 AZR 866/09 –
2196	60/12	22.08.12	Diplomatenimmunität – 5 AZR 949/11 –
2197	61/12	23.08.12	Entschädigung wegen einer Benachteiligung aufgrund des Alters – 8 AZR 285/11 –
2198	62/12	29.08.12	Ehrenamt und Arbeitnehmerstatus – 10 AZR 499/11 –
2199	63/12	05.09.12	Zulässigkeit einer Differenzierungs- und Stichtagsklausel in einem Haustarifvertrag – 4 AZR 696/10 –
2200	64/12	06.09.12	Außerdienstliche Aktivitäten für die NPD und JN als Kündigungsgrund – 2 AZR 372/11 –
2201	65/12	18.09.12	Übertragung einer Direktversicherung in der Insolvenz – 3 AZR 176/10 –
2202	66/12	20.09.12	Unterrichtung des Betriebsrats über bevorstehende Massenentlassungen – 6 AZR 155/11 –
2203	67/12	20.09.12	Ein Administrator nach englischem Recht darf bei einer grenzüberschreitenden Insolvenz in Deutschland einen Interessenausgleich mit Namensliste schließen – 6 AZR 253/11 –
2204	68/12	26.09.12	Schadensersatz wegen wettbewerbswidrigen Verhaltens – 10 AZR 370/10 –
2205	69/12	27.09.12	Betriebsübergang - Wechsel des Betriebsinhabers – 8 AZR 826/11 –
2206	70/12	10.10.12	Mitteilung zu dem Verfahren – 7 AZR 462/11 –
2207	71/12	16.10.12	Verzicht einer angestellten Lehrerin auf Erstattung ihrer anlässlich einer mehrtägigen Schulfahrt entstandenen Reisekosten – 9 AZR 183/11 –
2208	72/12	17.10.12	Mitteilung zu dem Verfahren – 5 AZR 799/11 –

lfd. Nr.	Nr.	Datum	Stichwort
2209	73/12	17.10.12	Anspruch auf Herausgabe von Vergütung bei Verletzung des Wettbewerbsverbots – 10 AZR 809/11 –
2210	74/12	18.10.12	Mitteilung zu dem Verfahren – 4 AZR 676/10 –
2211	75/12	18.10.12	Auslegung des Merkmals „Aufstieg – ohne" für den Strukturausgleich der Länder – 6 AZR 261/11 –
2212	76/12	25.10.12	Wechsel zu einer „Beschäftigungs- und Qualifizierungsgesellschaft" als Umgehung der Rechtsfolgen eines Betriebsübergangs – 8 AZR 572/11 –
2213	77/12	13.11.12	Anspruch auf Arbeitszeitverringerung bei Arbeitszeitvorgaben des Entleihers – 9 AZR 259/11 –
2214	78/12	14.11.12	Vorlage einer ärztlichen Arbeitsunfähigkeitsbescheinigung – 5 AZR 886/11 –
2215	79/12	15.11.12	Frage an einen Stellenbewerber nach eingestellten Ermittlungsverfahren – 6 AZR 339/11 –
2216	80/12	15.11.12	Übergang des Arbeitsverhältnisses eines Hausverwalters auf den Erwerber der verwalteten Immobilie – 8 AZR 683/11 –
2217	81/12	20.11.12	Arbeitskampf in kirchlichen Einrichtungen - Dritter Weg – 1 AZR 179/11 –
2218	82/12	20.11.12	Arbeitskampf in kirchlichen Einrichtungen - Zweiter Weg – 1 AZR 611/11 –
2219	83/12	22.11.12	Restitutionsklage nach EGMR-Entscheidung – 2 AZR 570/11 –
2220	84/12	10.12.12	Gewerkschaftliches Zutrittsrecht zu diakonischen Einrichtungen Terminsaufhebung in dem Verfahren – 1 AZR 552/10 –
2221	85/12	11.12.12	Mitteilung zu dem Verfahren – 8 AZR 881/11 –
2222	86/12	11.12.12	Arbeitszeugnis - kein Anspruch des Arbeitnehmers auf Dank und gute Wünsche – 9 AZR 227/11 –
2223	87/12	11.12.12	Hinterbliebenenversorgung eingetragener Lebenspartner – 3 AZR 684/10 –

lfd. Nr.	Nr.	Datum	Stichwort
2224	88/12	12.12.12	Jahressonderzahlung nach § 20 TV-L - Befristete Arbeitsverträge mit Unterbrechungen – 10 AZR 922/11 –
2225	89/12	12.12.12	Jahressonderzahlung nach § 20 TVöD - Altersdiskriminierung – 10 AZR 718/11 –
2226	90/12	13.12.12	Zurückweisung der Betriebsratsanhörung mangels Vollmachtsnachweises? – 6 AZR 348/11 –

IV. Personalien

Am 18. Januar 2012 wurde der Richter am Bundesarbeitsgericht Dr. Gernot Brühler zum Vorsitzenden Richter ernannt. Herr Dr. Brühler, der zuvor dem Sechsten Senat angehörte, übernahm den Vorsitz des Neunten Senats des Bundesarbeitsgerichts. *(Pressemitteilung Nr. 3/12)*

Vorsitzender Richter am Bundesarbeitsgericht Prof. Klaus Bepler ist mit Ablauf des 31. Mai 2012 in den Ruhestand getreten. Herr Prof. Bepler wurde im Mai 1993 zum Richter am Bundesarbeitsgericht ernannt und gehörte zunächst dem Vierten Senat, ab Juli 1994 dem Dritten Senat des Bundesarbeitsgerichts an. Seit seiner Ernennung zum Vorsitzenden Richter ab Januar 2005 leitete er den Vierten Senat. *(Pressemitteilung Nr. 40/12)*

Mit Wirkung vom 1. Juni 2012 wurde der Richter am Bundesarbeitsgericht Dr. Mario Eylert zum Vorsitzenden Richter ernannt. Dr. Eylert, der zuvor dem Zweiten Senat angehörte, übernahm den Vorsitz des Vierten Senats des Bundesarbeitsgerichts. *(Pressemitteilung Nr. 41/12)*

Der Bundespräsident hat die stellvertretende Direktorin des Arbeitsgerichts Bremen-Bremerhaven Dr. Ursula Rinck mit Wirkung vom 1. Juni 2012 zur Richterin am Bundesarbeitsgericht ernannt. Frau Dr. Rinck wurde dem Zweiten Senat des Bundesarbeitsgerichts zugeteilt. *(Pressemitteilung Nr. 42/12)*

D. Tabellarischer Anhang

Geschäftsjahr 2012

Tätigkeit des Bundesarbeitsgerichts

Zeilen Nr.	Anhängige Verfahren	Verfahren Insgesamt	Veränderungen gegenüber Vorjahr
1	**Revisionen**		
11	**Unerledigte Revisionen am Jahresanfang**	1212	+ 194
12	**Eingelegte Revisionen**	1103	+ 108
	davon aus:		
1201	Baden-Württemberg	190	+ 102
1202	Bayern	129	+ 20
1203	Berlin-Brandenburg	116	+ 44
1204	Bremen	13	+ 5
1205	Hamburg	50	+ 25
1206	Hessen	97	- 57
1207	Mecklenburg-Vorpommern	14	- 3
1208	Niedersachsen	50	- 26
1209	Nordrhein-Westfalen	274	- 2
1210	Rheinland-Pfalz	32	- 27
1211	Saarland	3	- 4
1212	Sachsen	45	+ 4
1213	Sachsen-Anhalt	46	+ 28
1214	Schleswig-Holstein	30	- 1
1215	Thüringen	14	- 4
13	**Revisionen insgesamt**	2315	+ 302
14	**Erledigte Revisionen**	968	+ 167
141	Nach der Art der Erledigung:		
1411	Streitiges Urteil	568	+ 50
1412	Sonstiges Urteil	5	+ 1
1413	Beschluss nach § 91a ZPO	10	+ 1
1414	Sonstigen Beschluss	8	+ 5
1415	Vergleich	109	- 28
1416	Rücknahme	246	+ 121
1417	Auf sonstige Art	22	+ 17
142	**Durch streitiges Urteil erledigte Revisionen (Zeile 1411) nach der Dauer des Verfahrens**		

Zeilen Nr. Anhängige Verfahren		Verfahren	
		Insgesamt	Veränderungen gegenüber Vorjahr
1421	bis zu 6 Monaten	4	+ 4
1422	über 6 Monate bis zu 1 Jahr	96	+ 1
1423	über 1 Jahr bis zu 2 Jahren	415	+ 34
1424	über 2 Jahre	53	+ 11
15	**Unerledigte Revisionen am Jahresende**	1347	+ 135
2	**Rechtsbeschwerden**		
21	**Unerledigte Rechtsbeschwerden am Jahres-anfang**		
22	**Eingereichte Rechtsbeschwerden**	106	+ 12
	davon aus:		
2201	Baden-Württemberg	8	+ 5
2202	Bayern	14	+ 6
2203	Berlin-Brandenburg	13	+ 6
2204	Bremen	4	+ 3
2205	Hamburg	10	+ 7
2206	Hessen	9	- 7
2207	Mecklenburg-Vorpommern	2	- 1
2208	Niedersachsen	13	+ 1
2209	Nordrhein-Westfalen	26	+ 1
2210	Rheinland-Pfalz	0	- 6
2211	Saarland	0	- 1
2212	Sachsen	3	+ 2
2213	Sachsen-Anhalt	0	- 2
2214	Schleswig-Holstein	4	- 1
2215	Thüringen	0	- 1
23	**Rechtsbeschwerden insgesamt**	215	+ 4
24	**Erledigte Rechtsbeschwerden**	79	- 23
	davon:		
241	durch mündliche Verhandlung	35	- 12
242	ohne mündliche Verhandlung	5	- 11
243	durch Einstellung des Verfahrens gem. § 94 Nr. 3 ArbGG oder auf sonstige Art	39	0

Zeilen Nr.	Anhängige Verfahren	Verfahren	
		Insgesamt	Veränderungen gegenüber Vorjahr
25	**Durch Beschluss erledigte Rechtsbeschwerden (Zeilen 241–242) nach der Dauer des Verfahrens**		
251	bis zu 6 Monaten	1	+ 1
252	über 6 Monate bis zu 1 Jahr	2	- 8
253	über 1 Jahr bis zu 2 Jahren	36	- 17
254	über 2 Jahre	1	+ 1
26	**Unerledigte Rechtsbeschwerden am Jahresende**	136	+ 27
3	**Nichtzulassungsbeschwerden**		
31	Verfahren gem. § 72 a ArbGG		
311	Unerledigte Verfahren am Jahresanfang	679	+ 360
312	Beantragte Verfahren	2601	+ 543
313	Verfahren insgesamt	3280	+ 903
314	Erledigte Verfahren	2935	+ 1237
	davon durch:		
3141	Stattgebenden Beschluss	134	+ 25
3142	Zurückweisung	1979	+ 1216
3143	Zurückverweisung	49	+ 7
3144	Verwerfung	574	+ 1
3145	Rücknahme	186	+ 3
3146	Auf sonstige Art	13	- 15
3147	Unerledigte Verfahren am Jahresende	345	- 334
32	**Verfahren gem. § 92a ArbGG**		
321	Unerledigte Verfahren am Jahresanfang	34	+ 12
322	Beantragte Verfahren	136	+ 14
323	Verfahren insgesamt	170	+ 26
324	Erledigte Verfahren	134	+ 24
	davon durch:		
3241	Stattgebenden Beschluss	13	+ 4
3242	Zurückweisung	60	+ 19
3243	Zurückverweisung	2	+ 2
3244	Verwerfung	29	- 8

Zeilen Nr. Anhängige Verfahren	Verfahren	
	Insgesamt	Veränderungen gegenüber Vorjahr
3245 Rücknahme	26	+ 5
3246 Auf sonstige Art	4	+ 2
3247 Unerledigte Verfahren am Jahresende	36	+ 2
4 **Revisionsbeschwerden**		
41 **Verfahren gem. § 72b ArbGG**		
411 Unerledigte Verfahren am Jahresanfang	1	+ 1
412 Beantragte Verfahren	4	+ 2
413 Verfahren insgesamt	5	+ 3
414 Erledigte Verfahren davon durch:	4	+ 3
4141 Stattgebenden Beschluss (Zurückverweisung)	3	+ 3
4142 Zurückweisung	0	0
4143 Verwerfung	0	- 1
4144 Rücknahme	0	0
4145 Auf sonstige Art	1	+ 1
415 Unerledigte Verfahren am Jahresende	1	0
42 **Verfahren gem. § 77 ArbGG**		
421 Unerledigte Verfahren am Jahresanfang	1	- 9
422 Beantragte Verfahren	7	- 9
423 Verfahren insgesamt	8	- 18
424 Erledigte Verfahren davon durch:	8	- 17
4241 Stattgebenden Beschluss	0	- 1
4242 Zurückweisung	3	+ 1
4243 Verwerfung	4	- 12
4244 Rücknahme	1	- 3
4245 Auf sonstige Art	0	- 2
425 Unerledigte Verfahren am Jahresende	0	- 1
43 **Verfahren gem. § 78 ArbGG**		
431 Unerledigte Verfahren am Jahresanfang	38	+ 30
432 Beantragte Verfahren	67	+ 4
433 Verfahren insgesamt	105	+ 34

Zeilen Nr. Anhängige Verfahren	Verfahren	
	Insgesamt	Veränderungen gegenüber Vorjahr
434 Erledigte Verfahren	102	+ 69
davon durch:		
4341 Stattgabe	53	+ 49
4342 Zurückweisung	6	- 1
4343 Verwerfung	27	+ 11
4344 Rücknahme	13	+ 8
4335 Auf sonstige Art	3	+ 2
435 Unerledigte Verfahren am Jahresende	3	- 35
5 Bestimmungen des zuständigen Gerichts		
51 Unerledigte Anträge am Jahresanfang	2	+ 1
52 Eingereichte Anträge	11	+ 6
53 Anträge insgesamt	13	+ 7
54 Erledigte Anträge	12	+ 8
55 Unerledigte Anträge am Jahresende	1	- 1
6 Anträge auf Bewilligung von Prozesskostenhilfe		
61 Anträge außerhalb einer anhängigen Revision		
611 Unerledigte Anträge am Jahresanfang	23	+ 8
612 Eingereichte Anträge	46	- 20
613 Anträge insgesamt	69	- 12
614 Erledigte Anträge	62	+ 4
615 Unerledigte Anträge am Jahresende	7	- 16
62 Ergangene Entscheidungen bei anhängigen Revisionsverfahren (Zahl der Beschlüsse)	47	+ 25
7 Entscheidung über Anträge auf Einstellung der Zwangsvollstreckung	11	- 9
8 In das allgemeine Register eingetragene Anträge und Anfragen	353	+ 102

Zeilen Nr. Anhängige Verfahren	Verfahren	
	Insgesamt	Veränderungen gegenüber Vorjahr
9 Großer Senat (Anrufungen)		
91 Unerledigte Vorlagen am Jahresanfang	0	0
92 Eingereichte Vorlagen	0	0
93 Vorlagen insgesamt	0	0
94 Entschiedene Vorlagen	0	0
95 Unerledigte Vorlagen am Jahresende	0	0

Revisionen (AZR) nach der Art der Erledigung – Geschäftsjahr 2012

Art der Erledigungen	Zulassung		Summe	Entschieden zugunsten	
	durch LAG	durch BAG	Spalten 2a–2b	Arbeitgeber	Arbeitnehmer
1	2a	2b	3	3a	3b
I. durch streitiges Urteil					
1. als unzulässig verworfen					
a) aufgrund mündlicher Verhandlung	3	0	3	1	2
b) imschriftlichen Verfahren	0	0	0	0	0
2. als unbegründet zurückgewiesen					
a) aufgrund mündlicher Verhandlung	263	40	303	189	114
b) imschriftlichen Verfahren	23	3	26	21	5
3. unter Aufhebung des vorinstanzlichen Urteils zurückverwiesen					
a) aufgrund mündlicher Verhandlung	76	9	85	42	42
b) imschriftlichen Verfahren	6	3	9	3	6
4. der Revision ganz oder teilweise stattgegeben					
a) aufgrund mündlicher Verhandlung	105	21	126	71	55
b) imschriftlichen Verfahren	13	3	16	10	6
II. durch sonstiges Urteil	5	0	5	1	0
III. durch Beschluss					
1. als unzulässig verworfen	8	0	8	1	4
2. Kostenbeschluss § 91a ZPO	9	1	10	1	2
IV. durch Vergleich					
1. gerichtlichen Vergleich	98	6	104		
2. außergerichtlichen Vergleich	5	0	5		
V. durch Rücknahme	190	56	246		
VI. auf sonstige Art	3	19	22		
Summe	807	161	968	340	236

Rechtsbeschwerden (ABR) nach Art der Erledigung - Geschäftsjahr 2012

Zulassung	Zulassung durch LAG	durch BAG	Summe Spalte 2a–2b
1	2a	2b	3
1. Als unzulässig verworfen			
a) Aufgrund mündlicher Anhörung	0	0	0
b) Ohne mündliche Anhörung	1	0	1
2. Als unbegründet zurückgewiesen			
a) Aufgrund mündlicher Anhörung	26	2	28
b) Ohne mündliche Anhörung	0	1	1
3. Aufgehoben und zurückverwiesen			
a) Aufgrund mündlicher Anhörung	1	0	1
b) Ohne mündliche Anhörung	0	0	0
4. Ganz oder teilweise stattgegeben			
a) Aufgrund mündlicher Anhörung	6	0	6
b) Ohne mündliche Anhörung	3	0	3
5. Einstellung gem. § 94 Abs. 3 ArbGG	12	1	13
6. Sonstige Art	24	2	26
Summe	73	6	79

E. Geschäftsverteilung

Für das Geschäftsjahr 2012 sind den zehn Senaten des Bundesarbeitsgerichts im Wesentlichen folgende Rechtsmaterien zugewiesen:

1. Senat
Materielles Betriebsverfassungs-, Personalvertretungs- und kirchliches Mitarbeitervertretungsrecht, Vereinigungsfreiheit, Tariffähigkeit und Tarifzuständigkeit, Arbeitskampfrecht

2. Senat
Beendigung von Arbeitsverhältnissen durch Kündigungen sowie daran anschließende Abfindungs- und Weiterbeschäftigungsansprüche, Ersetzung der Zustimmung zur Kündigung, Abmahnungen

3. Senat
Betriebliche Altersversorgung und Lebensversicherung einschließlich Versorgungsschäden, Fragen der Berufsbildung

4. Senat
Tarifvertragsrecht und Anwendung eines Tarifvertrags in seiner Gesamtheit auf ein Arbeitsverhältnis, Ein-, Höher-, Um- und Rückgruppierungen

5. Senat
Arbeitsentgeltansprüche einschließlich Naturalvergütungen und Arbeitszeitkonten, Entgeltfortzahlung bei Krankheit und an Feiertagen, Mutterschutz

6. Senat
Die Auslegung von Tarifverträgen und Dienstordnungen des öffentlichen Dienstes sowie von Tarifverträgen bei den Alliierten Streitkräften einschließlich darin in Bezug genommener Rechtsnormen, gleichgültig, ob sie unmittelbar oder aufgrund Verweisung Anwendung finden, soweit es sich nicht um Rechtsstreitigkeiten handelt, in denen eine gemeinsame Einrichtung der Tarifvertragsparteien Partei ist. Auslegung von Tarifverträgen, an die in einer Rechtsform des bürgerlichen Rechts betriebene Unternehmen gebunden sind, an denen überwiegend juristische Personen des öffentlichen Rechts unmittelbar oder mittelbar Anteile halten, von Tarifverträgen bei der Deutschen Bahn, der Deutschen Post, der Postbank, der Deutschen Telekom und bei den mit ihnen verbundenen Unternehmen. Insolvenzrecht, Beendigung des Arbeitsverhältnisses in anderer Weise als durch Kündigung sowie daran anschließende Ansprüche auf Weiterbeschäftigung, Kündigung des Berufsausbildungsverhältnisses.

7. Senat
Formelles Betriebsverfassungs- und Personalvertretungsrecht, Mitbestimmung in personellen Angelegenheiten, Beendigung von Arbeitsverhältnissen aufgrund einer Befristung oder Bedingung oder aufgrund des Arbeitnehmerüberlassungsgesetzes sowie daran jeweils anschließende Ansprüche auf Weiterbeschäftigung, Ansprüche auf Begründung eines Arbeitsverhältnisses

8. Senat
Schadensersatz, Betriebsübergang und damit verbundene Kündigungen sowie Weiterbeschäftigungs- oder Wiedereinstellungsansprüche und Abfindungen, Entschädigungen, Vertragsstrafen sowie alle nicht in die Zuständigkeit anderer Senate fallende Rechtsstreitigkeiten

9. Senat
Recht des Erholungs-, Bildungs-, Sonder- und Erziehungsurlaubs sowie der Elternzeit, Urlaubsgeld, Vorruhestands- und Altersteilzeit, Zeugnisrecht, Arbeits- und Gesundheitsschutz, Konkurrentenklage im öffentlichen Dienst, Arbeitnehmererfindungen, Berufsbildung, Schwerbehindertenrecht

10. Senat
Gratifikationen, Aktienoptionen und Sondervergütungen, Tätigkeitszulagen und Erschwerniszulagen, ergebnisorientierte Zahlungen und Zielvereinbarungen, Wettbewerbs-, Handelsvertreter- und Zwangsvollstreckungsrecht, Arbeitspflicht, Beschäftigungspflicht, Arbeitnehmerstatus

Für das Geschäftsjahr 2012 sind den zehn Senaten folgende Richter zugewiesen:

1. Senat
Vorsitzende: Präsidentin des Bundesarbeitsgerichts Schmidt

1. Beisitzer Richter am Bundesarbeitsgericht Dr. Linck
2. Beisitzer Richter am Bundesarbeitsgericht Prof. Dr. Koch

2. Senat
Vorsitzender: Vorsitzender Richter am Bundesarbeitsgericht Kreft

1. Beisitzerin Richterin am Bundesarbeitsgericht Berger
2. Beisitzerin Richterin am Bundesarbeitsgericht Rachor
3. Beisitzerin Richterin am Bundesarbeitsgericht Dr. Rinck

3. Senat
Vorsitzende: Vorsitzende Richterin am Bundesarbeitsgericht Gräfl

1. Beisitzerin Richterin am Bundesarbeitsgericht Dr. Schlewing
2. Beisitzer Richter am Bundesarbeitsgericht Dr. Spinner

4. Senat
Vorsitzender: Vorsitzender Richter am Bundesarbeitsgericht Dr. Eylert

1. Beisitzer Richter am Bundesarbeitsgericht Creutzfeldt
2. Beisitzerin Richterin am Bundesarbeitsgericht Dr. Treber
3. Beisitzerin Richterin am Bundesarbeitsgericht Dr. Winter

5. Senat
Vorsitzender: Vizepräsident des Bundesarbeitsgerichts Dr. Müller-Glöge

1. Beisitzerin Richterin am Bundesarbeitsgericht Dr. Laux
2. Beisitzer Richter am Bundesarbeitsgericht Dr. Biebl

6. Senat
Vorsitzender: Vorsitzender Richter am Bundesarbeitsgericht Dr. Fischermeier

1. Beisitzerin Richterin am Bundesarbeitsgericht Gallner
2. Beisitzerin Richterin am Bundesarbeitsgericht Spelge

7. Senat
Vorsitzender: Vorsitzender Richter am Bundesarbeitsgericht Linsenmaier

1. Beisitzer Richter am Bundesarbeitsgericht Dr. Zwanziger
2. Beisitzer Richter am Bundesarbeitsgericht Prof. Dr. Kiel
3. Beisitzerin Richterin am Bundesarbeitsgericht K. Schmidt

8. Senat
Vorsitzender: Vorsitzender Richter am Bundesarbeitsgericht Hauck

1. Beisitzer Richter am Bundesarbeitsgericht Böck
2. Beisitzer Richter am Bundesarbeitsgericht Breinlinger

9. Senat
Vorsitzender: Vorsitzender Richter am Bundesarbeitsgericht Dr. Brühler

1. Beisitzer Richter am Bundesarbeitsgericht Krasshöfer
2. Beisitzer Richter am Bundesarbeitsgericht Dr. Suckow
3. Beisitzer Richter am Bundesarbeitsgericht Klose

10. Senat
Vorsitzender: Vorsitzender Richter am Bundesarbeitsgericht Prof. Dr. Mikosch

1. Beisitzer Richter am Bundesarbeitsgericht Schmitz-Scholemann
2. Beisitzer Richter am Bundesarbeitsgericht Reinfelder
3. Beisitzer Richter am Bundesarbeitsgericht Mestwerdt

Der Jahresbericht gibt einen Überblick
über die Tätigkeit des Bundesarbeitsgerichts im Geschäftsjahr 2012

Im Teil A wird die Geschäftsentwicklung anhand von statistischem Zahlenmaterial dargestellt. Teil B enthält eine Auswahl von Entscheidungen, die nach Auffassung der zehn Senate des Bundesarbeitsgerichts für die arbeitsrechtliche Praxis bedeutsam sind. Im Teil C wird über die Bibliothek, über die Dokumentationsstelle und über die Presse- und Öffentlichkeitsarbeit sowie über Personalien informiert. Tabellarische Angaben sind in Teil D des Berichts zusammengefasst.

C.

Die Rechtsprechung auf den Gebieten des Arbeitsrechts und der Arbeitsgerichtsbarkeit

Übersicht

1. Arbeitsrecht, allgemeines

1. **Zur generellen Höchstaltersgrenze für öffentlich bestellte und vereidigte Sachverständige (§ 2 Abs. 1 Nr. 1 AGG, § 3 Abs. 1 S. 1 AGG, § 6 Abs. 3 AGG, § 7 Abs. 1 AGG, § 8 Abs. 1 AGG, § 10 S. 1 AGG, § 10 S. 2 AGG, § 20 AGG, § 22 AGG, § 36 Abs. 3 Nr. 1 GewO, § 36 Abs. 4 GewO, Art. 2 Abs. 5 EGRL 78/2000, Art. 4 Abs. 1 EGRL 78/2000, Art. 6 Abs. 1 EGRL 78/2000)**

Leitsatz

1. Das mit der öffentlichen Bestellung und Vereidigung von Sachverständigen verfolgte Ziel, einen geordneten Rechtsverkehr sicherzustellen, ist kein legitimes Ziel nach § 10 AGG i.V.m. Art. 6 Abs. 1 der RL 2000/78/EG, das eine generelle Höchstaltersgrenze rechtfertigen könnte. (Rn. 14)

2. Das Lebensalter steht nicht im Sinne von § 8 Abs. 1 AGG i.V.m. Art. 4 Abs. 1 der RL 2000/78/EG in innerem Zusammenhang mit einer besonderen Anforderung an die Art. der beruflichen Betätigung eines öffentlich bestellten und vereidigten Sachverständigen in den Sachgebieten „EDV im Rechnungswesen und Datenschutz" sowie „EDV in der Hotellerie". (Rn. 19)

3. Die Festlegung einer Höchstaltersgrenze in einer Sachverständigenordnung dient jedenfalls in den vorgenannten Sachgebieten nicht im Sinne von Art. 2 Abs. 5 der RL 2000/78/EG den Erfordernissen der öffentlichen Sicherheit, der Verhütung von Straftaten oder dem Schutz der Rechte und Freiheiten anderer. (Rn. 23)

BVerwG, Urteil vom 01. 02. 2012 – 8 C 24.11 –

2. **Auskunftsanspruch des abgelehnten Bewerbers über die Auswahlentscheidung - Gleichbehandlung in Beschäftigung und Beruf - Richtlinien EGRL 43/2000, EGRL 78/2000 und EGRL 54/2006 - Indizwirkung der Auskunftsverweigerung für Diskriminierung bei der Einstellungsentscheidung (Art. 267 AEUV, Art. 3 Abs. 1 Buchst. a EGRL 43/2000, Art. 7 Abs. 1 EGRL 43/2000, Art. 8 Abs. 1 EGRL 43/2000, Art. 3 Abs. 1 Buchst. a EGRL 78/2000, Art. 9 Abs. 1 EGRL 78/2000, Art. 10 Abs. 1 EGRL 78/2000, Art. 1 Abs. 2 Buchst. a EGRL 54/2006, Art. 14 Abs. 1 Buchst. a EGRL 54/2006, Art. 17 Abs. 1 EGRL 54/2006, Art. 19 Abs. 1 EGRL 54/2006, § 1 AGG, § 3 Abs. 1 AGG, § 6 Abs. 1 AGG, § 7 Abs. 1 AGG, § 15 Abs. 2 AGG, § 22 AGG)**

Tenor

Art. 8 Abs. 1 der Richtlinie 2000/43/EG des Rates vom 29. Juni 2000 zur Anwendung des Gleichbehandlungsgrundsatzes ohne Unterschied der Rasse oder der ethnischen Herkunft, Art. 10 Abs. 1 der Richtlinie 2000/78/EG des Rates vom 27. November 2000 zur Festlegung eines allgemeinen Rahmens für die Verwirklichung der Gleichbehandlung in Beschäftigung und Beruf und Art. 19 Abs. 1 der Richtlinie 2006/54/EG des Europäischen Parlaments und des Rates vom 5. Juli 2006 zur Verwirklichung des Grundsatzes der Chancengleichheit und Gleichbehandlung von Männern und Frauen in Arbeits- und Beschäftigungsfragen sind dahin gehend auszulegen, dass sie für einen Arbeitnehmer, der schlüssig darlegt, dass er die in einer Stellenausschreibung genannten Voraussetzungen erfüllt, und dessen Bewerbung nicht berücksichtigt wurde, keinen Anspruch auf Auskunft darüber vorsehen, ob der Arbeitgeber am Ende des Einstellungsverfahrens einen anderen Bewerber eingestellt hat. Es kann jedoch nicht ausgeschlossen werden, dass die Verweigerung jedes Zugangs zu Informationen durch einen Beklagten ein Gesichtspunkt sein kann, der im Rahmen des Nachweises von Tatsachen, die das Vorliegen einer unmittelbaren oder mittelbaren Diskriminierung vermuten lassen, heranzuziehen ist. Es ist Sache des vorlegenden Gerichts, unter Berücksichtigung aller Umstände des bei ihm anhängigen Rechtsstreits zu prüfen, ob dies im Ausgangsverfahren der Fall ist.

EuGH, Urteil vom 19. 04. 2012 – C-415/10 – (Meister)

3. **Benachteiligung aufgrund eines durch § 1 AGG gebotenen Merkmals (Alter) – Entschädigungs- und Schadensersatzansprüche – Ausschlussfrist zur Geltendmachung**

Leitsatz

1. Die Ausschlussfrist des § 15 Abs. 4 AGG verstößt nicht gegen die europarechtlich gebotenen Grundsätze der Äquivalenz und der Effektivität.

2. Die Ausschlussfrist gilt sowohl für Entschädigungsansprüche nach § 15 Abs. 2 AGG wie für Schadensersatzansprüche nach § 15 Abs. 1 AGG und für Schadensersatzansprüche, die auf denselben Lebenssachverhalt einer Benachteiligung wie der Schadensersatzanspruch des § 15 Abs. 1 AGG gestützt werden.

BAG, Urteil vom 21. 06. 2012 – 8 AZR 188/11 –

4. **Diskriminierung – Darlegung von Indizien – unrichtige oder widersprüchliche Auskünfte über den Grund der Benachteiligung**

Leitsatz

1. Werden in einem Betrieb keine Arbeitnehmer nichtdeutscher Herkunft beschäftigt, jedoch im gesamten Unternehmen Arbeitnehmer aus insgesamt 13 Nationen, so ist dies kein aussagekräftiges Indiz dafür, dass in diesem Betrieb Arbeitnehmer nichtdeutscher Herkunft benachteiligt werden.

2. Gegebene, jedoch falsche, wechselnde oder in sich widersprüchliche Begründungen für eine benachteiligende Maßnahme können Indizwirkung i.S.d. § 22 AGG haben.

BAG, Urteil vom 21. 06. 2012 – 8 AZR 364/11 –

2. Arbeitsgerichtsbarkeit – Arbeitsgerichtsgesetz – Arbeitsgerichtsverfahren

5. **Nichtzulassungsbeschwerde – Darlegung der Entscheidungserheblichkeit (§ 72 Abs. 2 Nr. 1 ArbGG, § 72a Abs. 3 S. 2 Nr. 1 ArbGG)**

Leitsatz

1. Nach § 72a Abs. 3 S. 2 Nr. 1 ArbGG obliegt es dem Beschwerdeführer, die Entscheidungserheblichkeit der von ihm aufgezeigten Rechtsfragen mit grundsätzlicher Bedeutung darzulegen. (Rn. 6)

2. Dazu genügt es nicht, losgelöst vom Einzelfall das Bedürfnis nach einer Grundsatzentscheidung zu begründen. Es muss vielmehr dargelegt werden, dass das anzufechtende Berufungsurteil auf einer fehlerhaften Beantwortung der aufgezeigten Rechtsfrage von grundsätzlicher Bedeutung beruht. (Rn. 9)

3. Kommt eine Entscheidungserheblichkeit nur für einen Teil der prozessualen Ansprüche in Betracht, so sind diese hinreichend bestimmt zu bezeichnen. (Rn. 11)

BAG, Beschl. vom 15. 03. 2011 – 9 AZN 1232/10 –

6. **Nichtzulassungsbeschwerde - Grundsätzliche Bedeutung (§ 72a Abs. 1 ArbGG, § 72a Abs. 3 S. 2 Nr. 1 ArbGG, § 72 Abs. 2 Nr. 1 ArbGG)**

Leitsatz

Eine Rechtsfrage hat nicht allein deshalb grundsätzliche Bedeutung i.S.v. § 72 Abs. 2 Nr. 1 ArbGG, weil von ihr mehr als 20 Arbeitsverhältnisse bei dem beklagten Arbeitgeber betroffen sein können. (Rn. 11)

BAG, Beschl. vom 28. 06. 2011 – 3 AZN 146/11 –

7. **Eilentscheidungsbefugnis des Vorsitzenden anstelle der Kammer in personalvertretungsrechtlichen Eilverfahren (§ 85 Abs. 2 ArbGG, § 935 ZPO, § 937 ZPO, § 944 ZPO, PersVG ST 2004)**

Leitsatz

1. In dringenden Fällen kann der Vorsitzende über den Erlass einer einstweiligen Verfügung auch im personalvertretungsrechtlichen Verfahren anstelle der Kammer entscheiden. (Rn. 4)

2. Eine Dringlichkeit i.S.d. § 944 ZPO kann nur angenommen werden, wenn die sofortige Entscheidung im Interesse der Gewährung eines wirksamen Rechtsschutzes geboten ist, weil die mit der Hinzuziehung ehrenamtlicher Richter verbundene zeitliche Verzögerung zu einem nicht wieder gutzumachenden Rechtsverlust führen würde. (Rn. 4)
OVG Sachsen-Anhalt, Beschl. vom 14. 09. 2011 – 5 M 14/11 –

8. **Pfändungsschutzkonto: Anforderungen an die gerichtliche Festsetzung des Pfändungs-freibetrag für Arbeitseinkommen bei schwankender Höhe der Überweisungsbeträge (§ 850k Abs. 1 ZPO, § 850k Abs. 2 S. 1 Nr. 1 ZPO, § 850k Abs. 3 ZPO, § 850k Abs. 4 ZPO)**
Leitsatz
Ist das Arbeitseinkommen des Schuldners gepfändet, wird daher auf ein Pfändungsschutz-konto des Schuldners vom Arbeitgeber monatlich nur der unpfändbare Betrag überwiesen und weicht dieser ständig in unterschiedlichem Maße von den Sockelbeträgen des § 850k Abs. 1, Abs. 2 Satz 1 Nr. 1 und Abs. 3 ZPO ab, kann das Vollstreckungsgericht den Freibetrag gemäß § 850k Abs. 4 ZPO durch Bezugnahme auf das vom Arbeitgeber monatlich überwiesene pfän-dungsfreie Arbeitseinkommen festsetzen. (Rn. 8) (Rn. 9) (Rn. 10)
BGH, Beschl. vom 10. 11. 2011 – VII ZB 64/10 –

9. **Hinweispflicht nach § 6 Satz 2 KSchG - Konsultationspflicht bei Interessenausgleich mit Namensliste – Stellungnahme des Betriebsrats (§ 6 S. 2 KSchG, § 139 ZPO, § 1 Abs. 5 S. 1 KSchG, § 17 Abs. 2 S. 1 KSchG, § 17 Abs. 3 S. 2 KSchG, § 125 Abs. 2 InsO, § 112 Abs. 1 BetrVG, § 6 S. 1 KSchG)**
Leitsatz
Das Arbeitsgericht genügt der Hinweispflicht des § 6 Satz 2 KSchG auf die Präklusionsvor-schrift des § 6 Satz 1 KSchG, wenn es den Arbeitnehmer darauf hinweist, dass er sich bis zum Schluss der mündlichen Verhandlung erster Instanz zur Begründung der Unwirksamkeit der Kündigung auch auf innerhalb der Klagefrist des § 4 KSchG nicht geltend gemachte Gründe be-rufen kann. Hinweise des Arbeitsgerichts auf konkrete Unwirksamkeitsgründe sind unter dem Gesichtspunkt des § 6 Satz 2 KSchG auch dann nicht geboten, wenn im Laufe des erstinstanz-lichen Verfahrens deutlich wird, dass Unwirksamkeitsgründe in Betracht kommen, auf die sich der Arbeitnehmer bisher nicht berufen hat. (Rn. 14) Die Pflicht zu derartigen Hinweisen kann sich allerdings aus der in § 139 ZPO geregelten materiellen Prozessleitungspflicht des Gerichts ergeben. (Rn. 25)
BAG, Urteil vom 18. 01. 2012 – 6 AZR 407/10 –

10. **Ablehnungsgesuch – Selbstentscheidung (§ 49 Abs. 3 ArbGG, § 42 ZPO, § 45 Abs. 1 ZPO)**
Leitsatz
Über offensichtlich unzulässige und rechtsmissbräuchliche Ablehnungsgesuche können die Gerichte für Arbeitssachen unter Beteiligung der abgelehnten Richter entscheiden. Das Verbot der Selbstentscheidung gilt jedenfalls dann nicht, wenn mangels eines erkennbaren Befangen-heits- oder Ausschlussgrundes eine Sachprüfung entfällt. (Rn. 6)
BAG, Beschl. vom 07. 02. 2012 – 8 AZA 20/11 –

11. **Letztinstanzliche Gerichtsentscheidung – Begründungserfordernis – Prozesskostenhil-feantrag (§ 72a Abs. 5 S. 2 ArbGG, § 78a Abs. 1 S. 1 ArbGG, Art. 19 Abs. 4 GG, Art. 103 Abs. 1 GG, § 114 S. 1 ZPO)**
Leitsatz
Wird ein Prozesskostenhilfegesuch für einen beabsichtigten Rechtsbehelf wegen dessen man-gelnder Erfolgsaussicht abgelehnt, so kann der Begründungszwang für diese Entscheidung grundsätzlich nicht höher sein als bei einer Entscheidung über einen bereits eingelegten Rechts-behelf. (Rn. 5)
BAG, Beschl. vom 07. 02. 2012 – 8 AZA 53/11 (F) –

12. Richterablehnung wegen Tätigkeit dessen Ehegatten in der von der Gegenseite beauftragten Rechtsanwaltskanzlei (§ 42 Abs. 2 ZPO)

Leitsatz

Ein Richter kann wegen Besorgnis der Befangenheit abgelehnt werden, wenn sein Ehegatte als Rechtsanwalt in der Kanzlei tätig ist, die den Gegner vor diesem Richter vertritt. (Rn. 9)

BGH, Beschl. vom 15. 03. 2012 – V ZB 102/11 –

13. Darlegungs- und Beweislast im Vergütungsprozess (§ 611 Abs. 1 BGB, § 138 ZPO)

Leitsatz

Klagt ein Arbeitnehmer Arbeitsvergütung ein, hat er darzulegen und - im Bestreitensfall - zu beweisen, dass er Arbeit verrichtet oder einer der Tatbestände vorgelegen hat, der eine Vergütungspflicht ohne Arbeit regelt. (Rn. 14)

BAG, Urteil vom 18. 04. 2012 – 5 AZR 248/11 –

14. Fehlende Tariffähigkeit der CGZP – Aussetzung von Lohnzahlungsverfahren (§ 97 Abs. 5 ArbGG, § 2a Abs. 1 Nr. 4 ArbGG, § 322 ZPO)

Leitsatz

1. Der Streitgegenstand eines nach § 97 Abs. 5 Satz 2 ArbGG eingeleiteten Verfahrens über die Tariffähigkeit oder die Tarifzuständigkeit einer Vereinigung erfasst neben dem im Beschlusstenor bezeichneten Zeitpunkt weitere Zeiträume, wenn die in § 2a Abs. 1 Nr. 4 ArbGG genannten Eigenschaften in diesen nur einheitlich beurteilt werden können. (Rn. 8)

2. Nach der Zurückweisung der Nichtzulassungsbeschwerden gegen den Beschluss des Landesarbeitsgerichts Berlin-Brandenburg vom 9. Januar 2012 (- 24 TaBV 1285/11 u.a. –) durch Beschluss des Bundesarbeitsgerichts vom 22. Mai 2012 (– 1 ABN 27/12 –) steht rechtskräftig fest, dass die Tarifgemeinschaft Christlicher Gewerkschaften für Zeitarbeit und Personalserviceagenturen (CGZP) auch im zeitlichen Geltungsbereich ihrer Satzungen vom 11. Dezember 2002 und vom 5. Dezember 2005 nicht tariffähig war. (Rn. 12)

BAG, Beschl. vom 23. 05. 2012 – 1 AZB 58/11 –

15. Verletzung des rechtlichen Gehörs: Fehlender Protokollhinweis auf Verhandlung der Parteien zum Beweisergebnis (Art. 103 Abs. 1 GG, § 160 Abs. 2 ZPO, § 165 ZPO, § 279 Abs. 3 ZPO, § 285 Abs. 1 ZPO)

Orientierungssatz

Findet sich im Protokoll kein Hinweis darauf, dass die Parteien zum Beweisergebnis verhandelt haben, steht infolge der Beweiskraft gemäß §§ 165, 160 Abs. 2 ZPO ein Verstoß gegen die §§ 285 Abs. 1, 279 Abs. 3 ZPO und mithin ein Verfahrensfehler fest, der in der Regel das Recht der Parteien auf rechtliches Gehör verletzt. (Rn. 5)

BGH, Beschl. vom 23. 05. 2012 – IV ZR 224/10 –

16. Tariffähigkeit – Tarifzuständigkeit – Aussetzung (§ 2a Abs. 1 Nr. 4 ArbGG, § 97 Abs. 5 ArbGG, § 9 Abs. 1 ArbGG)

Leitsatz

Einer Aussetzung i.S.d. § 97 Abs. 5 ArbGG bedarf es nicht, wenn über den erhobenen Anspruch ohne Klärung der in § 2a Abs. 1 Nr. 4 ArbGG genannten Eigenschaften entschieden werden kann. (Rn. 9) Dies setzt eine vorherige Prüfung der Schlüssigkeit und der Erheblichkeit des Parteivorbringens in Bezug auf die Klageforderung ebenso voraus wie die Durchführung einer ggf. notwendigen Beweisaufnahme. (Rn. 11)

BAG, Beschl. vom 24. 07. 2012 – 1 AZB 47/11 –

17. Rechtsweg für insolvenzrechtlichen Rückgewähranspruchs wegen Beiträgen an Sozialeinrichtung (§ 2 Abs. 1 Nr. 6 ArbGG, § 143 Abs. 1 InsO)

Leitsatz

Für eine Klage, mit der ein insolvenzrechtlicher Rückgewähranspruch wegen Beiträgen, die die Beklagte als Sozialeinrichtung im Sinne von § 2 Abs. 1 Nr. 6 ArbGG von der Gemeinschuldnerin als Arbeitgeberin erlangt hatte, ist der Rechtsweg zu den Gerichten für Arbeitssachen eröffnet.

OLG Frankfurt, Beschl. vom 06. 08. 2012 – 19 W 33/12 –

18. Verjährung – Hemmung durch Klageerhebung – Zustellung "demnächst" im Ausland

Leitsatz

Bei einer vom Gericht durchzuführenden Auslandszustellung kann auch eine 19 Monate nach Ablauf der Verjährungsfrist erfolgte Zustellung noch „demnächst" i.S.v. § 167 ZPO sein.

BAG, Urteil vom 23. 08. 2012 – 8 AZR 394/11 –

19. Prozesskostenhilfe – Rechtsschutz durch die Gewerkschaft

Leitsatz

Die Möglichkeit eines Arbeitnehmers, zur Durchführung eines Arbeitsgerichtsprozesses gewerkschaftlichen Rechtsschutz in Anspruch zu nehmen, stellt Vermögen i.S.d. § 115 ZPO dar, solange die Gewerkschaft Rechtsschutz nicht abgelehnt hat oder es als sicher erscheint, dass dies geschehen wird. Etwas anderes gilt nur dann, wenn im Einzelfall der Vermögenseinsatz unzumutbar ist. Dies kann bei einer erheblichen Störung des Vertrauensverhältnisses zwischen der Gewerkschaft und ihrem Mitglied der Fall sein.

BAG, Beschluss vom 05. 11. 2012 – 3 AZB 23/12 –

3. Verfassungsrecht

20. Nichtannahmebeschluss: Kennzeichnung von sogenanntem „3-mm-Fleisch" als „Separatorenfleisch" i.S.v. Anh. 1 Nr. 1.14 EGV 853/2004 – keine Verletzung von Art. 101 Abs. 1 S. 2 GG durch Unterlassen einer Vorlage an den EuGH – fachgerichtliche Annahme einer „eindeutigen Rechtslage" vorliegend nicht offensichtlich unhaltbar – abweichende, gerichtlich noch nicht bestätigte Verwaltungspraxis in anderen Mitgliedsstaaten steht Eindeutigkeit der Rechtslage nicht entgegen (Art. 101 Abs. 1 S. 2 GG, Art. 267 Abs. 3 AEUV, Anh. 1 Nr. 1.14 EGV 853/2004, Erwägungsgrund 20 EGV 853/2004)

Orientierungssatz

1. Zu den Fallgruppen, in denen das Unterlassen einer Vorlage an den EuGH gem. Art. 267 Abs. 3 AEUV durch ein nationales Gericht die Gewährleistung des gesetzlichen Richters (Art. 101 Abs. 1 S. 2 GG) verletzt, vgl. BVerfG, 31. 05. 1990, 2 BvL 12/88, BVerfGE 82, 159 <194 f.>. (Rn. 19)

2a. Im Rahmen der Fallgruppe der Unvollständigkeit der EuGH-Rechtsprechung kann eine Verletzung von Art. 101 Abs. 1 S. 2 GG insbesondere dann vorliegen, wenn mögliche Gegenauffassungen zu entscheidungserheblichen Fragen des Unionsrechts der vom Fachgericht vertretenen Auffassung eindeutig vorzuziehen sind. Dies ist jedoch nicht der Fall, wenn das nationale Gericht die entscheidungserhebliche Frage in vertretbarer Weise beantwortet hat (vgl. BVerfG, 06.07.2010, 2 BvR 2661/06, BVerfGE 126, 286 <317>). (Rn.20)

2b. Dabei kommt es nicht in erster Linie darauf an, ob die fachgerichtlichen Auslegung des materiellen Unionsrechts vertretbar ist, sondern auf die Beachtung oder Verkennung der Voraussetzungen der Vorlagepflicht gem. Art. 267 Abs. 3 AEUV (vgl. BVerfG, 25. 01. 2011, 1 BvR 1741/09, NJW 2011, 1427 <1431; Rn. 104>). (Rn. 21)

2c. Sieht ein letztinstanzliches nationales Gericht mithin von einer Vorlage an den EuGH ab, so verlangt Art. 101 Abs. 1 S. 2 GG in der Regel eine vertretbare Begründung dafür, dass die maßgebliche Rechtsfrage durch den Europäischen Gerichtshof bereits entschieden oder die richtige Antwort auf diese Rechtsfrage offenkundig ist (vgl. BVerfG, 25. 02. 2010, 1 BvR 230/09, NJW 2010, 1268 <1269>). (Rn. 22)

3. Hier: Die angegriffene Entscheidung genügt den dargelegten Anforderungen; insbesondere hat das OVG seinen Beurteilungsrahmen nicht unvertretbar überschritten, indem es von einer

eindeutigen Rechtslage ausgegangen ist und deshalb von einer Vorlage an den EuGH abgesehen hat. (Rn. 24)

3a. So spricht Erwägungsgrund 20 der EGV 853/2004 für die Ansicht des OVG, dass die Definition des Begriffs „Separatorenfleisch" in Anh. 1 Nr. 1.14 EGV 853/2004 möglichst weit auszulegen sei. (Rn. 26)

3b. Zudem ist keine divergierende Rechtsprechung in anderen Mitgliedsstaaten ersichtlich, die es ausschließen würde, eine Eindeutigkeit der Rechtslage anzunehmen. Eine abweichende Verwaltungspraxis in anderen Mitgliedsstaaten, die gerichtlich noch nicht überprüft und gebilligt wurde, steht dieser Annahme nicht entgegen. (Rn. 27)

3c. Für seine Ansicht durfte sich das OVG auch auf die Rechtsauffassung der Europäischen Kommission berufen. Damit sprach das Gericht der Kommission keine gegenüber dem EuGH konkurrierende Auslegungskompetenz zu. Die Vertretbarkeit der Auffassung des OVG zur Klarheit der europäischen Rechtslage vermag auch nicht durch einzelne Stimmen in der Literatur in Frage gestellt zu werden. (Rn. 28)

BVerfG, Nichtannahmebeschluss vom 07. 06. 2011 – 1 BvR 2109/09 –

21. Stattgebender Kammerbeschluss: Höchstaltersgrenze von 71 Jahren in IHK-Satzung für öffentlich bestellte und vereidigte Sachverständige – Unterlassen der Vorlage an den EuGH, ob Altersgrenze mit Unionsrecht (hier: Art. 6 Abs. 1 EGRL 78/2000) vereinbar sei, verletzt Art. 101 Abs. 1 S. 2 GG (Garantie des gesetzlichen Richters) – Gegenstandswertfestsetzung auf 8000 Euro (Art. 101 Abs. 1 S. 2 GG, Art. 267 Abs. 3 AEUV, § 10 S. 1 AGG, § 10 S. 2 AGG, § 93c Abs. 1 S. 1 BVerfGG, Art. 6 Abs. 1 Unterabs. 1 EGRL 78/2000, § 36 Abs. 3 Nr. 1 GewO, § 36 Abs. 4 GewO, § 14 Abs. 1 RVG, § 37 Abs. 2 RVG)

Orientierungssatz

1. Zu den Voraussetzungen, unter denen ein Verstoß gegen die Vorlagepflicht an den EuGH gem. Art. 267 AEUV gleichzeitig eine Verletzung der Garantie des gesetzlichen Richters darstellt, sowie den hierzu entwickelten Fallgruppen vgl. BVerfG, 31. 05. 1990, 2 BvL 12/88, BVerfGE 82, 159 <192 ff.>; BVerfG, 25. 01. 2011, 1 BvR 1741/09, NJW 2011, 1427 <1431>. (Rn. 11)

2. Hier:

2a. Der Beschwerdeführer wendet sich gegen die Verweigerung der Verlängerung seiner Bestellung zum Sachverständigen; die zugrunde liegende IHK-Satzung sah eine Höchstaltersgrenze von 68 Jahren mit Verlängerungsmöglichkeit bis zum 71. Lebensjahr vor. Das BVerwG sah davon ab, dem EuGH die Frage vorzulegen, ob Art. 6 Abs. 1 EGRL 78/2000 einer solchen Regelung entgegenstehe.

2b. Die Begründung des BVerwG dafür, dass keine Vorlagepflicht bestehe, ist nicht tragfähig, so dass der Beschwerdeführer in seinem Grundrecht aus Art. 101 Abs. 1 S. 2 GG verletzt ist. Die – nach der Entscheidung des BVerwG ergangene – Entscheidung des EuGH in der Rechtssache „Prigge" (vgl. EuGH, 13. 09. 2011, C-447/09, NJW 2011, 3209) bestätigt nachdrücklich, dass die Annahme des BVerwG zur Auslegung von Art. 6 Abs. 1 EGRL 78/2000 keine Stütze in der Rspr des EuGH findet. (Rn. 15)

Die Verweise der BVerwG auf Entscheidungen des EuGH zur Begründung der Annahme, auch andere als sozialpolitische Ziele seien legitime Ziele i.S.d. Art. 6 Abs. 1 Unterabs. 1 EGRL 78/2000, finden in den zitierten Urteilen des EuGH keine Grundlage. Dies gilt u.a. für die Entscheidungen des EuGH in den Rechtssachen „Hütter" (vgl. EuGH, 18. 06. 2009, C-88/08), „Petersen" (vgl. EuGH, 12.01.2010, C-341/08) und „Georgiev" (vgl. EuGH, 18. 11. 2010, C-250/09, NJW 2011, 42). (Rn. 17)

2c. Da der EuGH mittlerweile die entscheidungserhebliche Frage auf eine Vorlage des BAG hin entgegengesetzt zur Entscheidung des BVerwG entschieden hat, steht zudem fest, dass das angegriffene Urteil auf der Verletzung von Art. 101 Abs. 1 S. 2 GG beruht. (Rn. 21)

3. Festsetzung des Gegenstandswertes auf 8.000 Euro. (Rn. 24)

BVerfG, Stattgebender Kammerbeschluss vom 24. 10. 2011 – 1 BvR 1103/11 –

22. Stattgebender Kammerbeschluss: Verletzung des Bewerbungsverfahrensanspruchs (Art. 33 Abs. 2 GG i.V.m. Art. 19 Abs. 4 GG) bei Stellenbesetzung nach Abbruch eines ersten Auswahlverfahrens ohne hinreichende Dokumentation des Abbruchgrundes (Art. 19 Abs. 4 GG, Art. 33 Abs. 2 GG, § 23 Abs. 1 S. 2 BVerfGG, § 92 BVerfGG, § 93 c Abs. 1 S. 1 BVerfGG)

Orientierungssatz

1a. Zu den Ansprüchen eines Beförderungsbewerbers auf ermessens- und beurteilungsfehlerfreie Entscheidung über die Bewerbung und auf gerichtliche Überprüfung vgl. BVerfG, 02. 10. 2007, 2 BvR 2457/04, BVerfGK 12, 265 <268 f.>. Der Bewerbungsverfahrensanspruch erfordert eine angemessene Gestaltung des Auswahlverfahrens (vgl. BVerfG, 28. 02. 2007, 2 BvR 2494/06, BVerfGK 10, 355 <357>; zu Art. 12 Abs. 1 GG vgl. auch BVerfG, 28.04.2005, 1 BvR 2231/02, BVerfGK 5, 205 <215>). (Rn. 20)

1b. Auch bei der Entscheidung über den Abbruch eines Auswahlverfahrens ist der Bewerbungsverfahrensanspruch zu berücksichtigen; ein Abbruch bedarf eines sachlichen Grundes (vgl. BVerfGK 5, 205 <215>). Ein ungerechtfertigter Verfahrensabbruch steht von Verfassungs wegen einer Neuausschreibung entgegen. Eine auf einen solchen Verfahrensabbruch folgende, auf einer Neuausschreibung basierende Stellenbesetzung verletzt die Bewerber des ursprünglichen Auswahlverfahrens in deren Bewerbungsverfahrensanspruch. (Rn. 22)

1c. Ist der für den Abbruch maßgebliche Grund nicht evident, so muss er schriftlich dokumentiert werden (vgl. BVerfG, 09. 07. 2007, 2 BvR 206/07, BVerfGK 11, 398 <402 f.>; BVerfG, 12. 07. 2011, 1 BvR 1616/11, Rn. 26). (Rn. 23)

2. Zur hinreichenden Substantiierung (§§ 23 Abs. 1 S. 2, 92 BVerfGG) einer Verfassungsbeschwerde sind die für eine sachgerechte verfassungsrechtliche Beurteilung erforderlichen Unterlagen vorzulegen (vgl. BVerfG, 09. 05. 2008, 2 BvR 733/08, BVerfGK 13, 557 <559>). (Rn. 17)

3. Hier:

3a. Der Beschwerdeführer wendet sich gegen die Zurückweisung von Rechtsmitteln in einem Konkurrentenstreit. Er hatte sich auf die Stelle eines Direktors einer Gesamtschule beworben, bezüglich der ein erstes Auswahlverfahren abgebrochen und die im Rahmen eines zweiten Auswahlverfahrens mit einem konkurrierenden Bewerber besetzt worden war.

3b. Mangels Vorlage des Berichts des Dienstherren über das Auswahlverfahren ist die Verfassungsbeschwerde teilweise unzureichend substantiiert. Unzulässig ist damit die Rüge, dass die Auswahlentscheidung inhaltlich fehlerhaft sei. (Rn. 17)

3c.aa. Die angegriffenen Entscheidungen verkennen jedoch bei der Prüfung, ob der Abbruch des ersten Auswahlverfahrens einer Stellenbesetzung entgegensteht, den Gehalt des Bewerbungsverfahrensanspruchs des Beschwerdeführers. Der VGH hätte mit Blick auf die dargelegten Dokumentationspflichten die erstmalige Darlegung eines sachlichen Grundes im gerichtlichen Eilverfahren nicht für ausreichend halten dürfen. (Rn. 25)

bb. Es lag auch kein Fall vor, in dem der sachliche Grund evident gewesen wäre. Die vorliegende Konstellation der künstlichen Verknappung des Bewerberfeldes entspricht nicht dem Fall, in dem nur eine Bewerbung vorliegt und eine Erweiterung des Bewerberfeldes zu erwarten ist. (Rn. 26)

BVerfG, Stattgebender Kammerbeschluss vom 28. 11. 2011 – 2 BvR 1181/11 –

23. Disziplinarverfügung – hier: Geldbuße wegen Teilnahme einer Lehrerin an einem Warnstreik (Art. 11 MRK, Art. 9 Abs. 3 GG, Art. 33 Abs. 5 GG, § 57 S. 1 BG NW 1981, § 58 S. 2 BG NW 1981, § 79 Abs. 1 BG NW 1981, § 83 Abs. 1 BG NW 1981, § 103 BG NW 1981, § 13 DG NW 2004, § 33 Abs. 1 Nr. 2 DG NW 2004, § 33 Abs. 1 Nr. 4 DG NW 2004)

Leitsatz

1. Beamte haben in der Bundesrepublik Deutschland kein Streikrecht.(Rn. 56)

2. Die Koalitionsfreiheit wird bezüglich der Beamten durch die im Grundgesetz verankerten hergebrachten Grundsätze des Berufsbeamtentums eingeschränkt. (Rn. 66) (Rn. 70)

3. Auch aus der Europäischen Menschenrechtskonvention lässt sich ein Streikrecht für deutsche Beamte nicht ableiten. Die Europäische Menschenrechtskonvention hat in der Bundesrepublik Deutschland den Rang eines einfachen Bundesgesetzes und ist damit an den Vorgaben des höherrangigen Grundgesetzes zu messen. (Rn. 176)

OVG Nordrhein-Westfalen, Urteil vom 07. 03. 2012 – 3d A 317/11.O –

24. **Mangels ausreichender Substantiierung unzulässige Verfassungsbeschwerde gegen die Berechnung der Zusatzrenten der Versorgungsanstalt des Bundes und der Länder (VBL) nach § 18 BetrAVG (Art. 2 Abs. 1 GG, Art. 3 Abs. 1 GG, Art. 5 Abs. 3 GG, Art. 14 Abs. 1 GG, Art. 20 Abs. 3 GG, § 23 Abs. 1 S. 2 Halbs. 1 BVerfGG, § 92 BVerfGG, § 18 Abs. 2 Nr. 1 S. 2 Buchst. f BetrAVG)**

Leitsatz

1. Die Satzung der Versorgungsanstalt des Bundes und der Länder ist tauglicher Beschwerdegegenstand im Sinne des § 90 Abs. 1 BVerfGG.

2. Richtet sich eine Verfassungsbeschwerde gegen komplexe Regelungen zur Leistungsberechnung, genügt es nicht, nachteilige Ungleichbehandlung durch einzelne Faktoren zu behaupten; vielmehr bedarf es auch einer Auseinandersetzung mit ihrem Zusammenwirken und dessen Ergebnis. Im Einzelfall kann es zumutbar sein, dabei unterstützende Beratung in Anspruch zu nehmen, um einen Verfassungsverstoß substantiiert rügen zu können.

BVerfG, Beschl. vom 08. 05. 2012 – 1 BvR 1065/03, 1 BvR 1082/03 – (VBL, Rentenanwartschaft)

25. **Nichtannahmebeschluss: keine Verletzung von Grundrechten und grundrechtsgleichen Rechten durch Geschäftsverteilung des BGH, in deren Rahmen dem Vorsitzenden des 4. Strafsenats zusätzlich der Vorsitz des 2. Strafsenats zugewiesen wurde (Art. 19 Abs. 4 GG, Art. 19 Abs. 4 GG, Art. 97 Abs. 1 GG, Art. 97 Abs. 2 S. 1 GG, Art. 101 Abs. 1 S. 2 GG)**

Orientierungssatz

1a. Zu den mit der Garantie des gesetzlichen Richters verfolgten Zielen – Wahrung der Unabhängigkeit der Rechtsprechung und Sicherung des Vertrauens der Rechtsuchenden und der Öffentlichkeit in die Unparteilichkeit und Sachlichkeit der Gerichte – vgl. BVerfG, 08. 04. 1997, 1 PBvU 1/95, BVerfGE 95, 322 <327>. (Rn. 11)

1b. Darüber hinaus hat Art. 101 Abs. 1 S. 2 GG auch einen materiellen Gewährleistungsgehalt, der dem rechtsuchenden Bürger im Einzelfall garantiert, vor einem unabhängigen und unparteilichen Richter zu stehen, der die Gewähr für Neutralität und Distanz gegenüber den Verfahrensbeteiligten bietet (vgl. BVerfG, 08. 06. 1993, 1 BvR 878/90, BVerfGE 89, 28 <36>). (Rn. 12)

1c. Die verfassungsgerichtliche Prüfung ist vorliegend nicht darauf beschränkt, ob die Anwendung und Auslegung von Zuständigkeitsnormen willkürlich oder offensichtlich unhaltbar ist (vgl. BVerfG, 27. 04. 2007, 2 BvR 1674/06, BVerfGK 11, 62 <71>) oder die angegriffenen Entscheidungen Bedeutung und Tragweite der Verfassungsgarantie grundlegend verkennen (vgl. BVerfG, a.a.O.). Vielmehr sind die die Überprüfung des Geschäftsverteilungsplans selbst betreffenden Rügen unmittelbar an den Gewährleistungen des Art. 101 Abs. 1 Satz 2 GG zu messen (vgl. BVerfG, 16. 02. 2005, 2 BvR 581/03, juris, Rn. 22). (Rn. 13)

2a. Die Überbeanspruchung eines Richters – unabhängig davon, ob eine solche tatsächlich vorliegt – führt grundsätzlich nicht zu einem Verstoß gegen den Anspruch auf den gesetzlichen Richter, weil eine dienstliche Überlastung den Richter nicht dazu zwingt, ein überobligatorisches Arbeitspensum zu erfüllen. (Rn. 16)

2b. Von der Gewähr eines unabhängigen Richters aus Art. 101 Abs. 1 Satz 2 GG ist die dem Richter selbst garantierte richterliche Unabhängigkeit aus Art. 97 GG zu unterscheiden, die ihm ein Abwehrrecht gegen eine überfordernde Einflussnahme bei der Zuweisung des Arbeitspensums einräumt. Er ist nicht verpflichtet, sämtliche ihm nach dem Geschäftsverteilungsplan übertragenen Aufgaben in vollem Umfang sofort und ohne Beschränkung seines zeitlichen Einsatzes zu erledigen (vgl. OVG Münster, 14. 11. 2005, 1 A 494/04, juris, Rn. 20). Überschreitet das zugewiesene Arbeitspensum die so zu bestimmende Arbeitsleistung – auch unter Berücksichtigung zumutbarer Maßnahmen wie zum Beispiel eines vorübergehenden erhöhten Arbeitseinsatzes – erheblich, kann der Richter nach pflichtgemäßer Auswahl unter sachlichen Gesichtspunkten die Erledigung der ein durchschnittliches Arbeitspensum übersteigenden Angelegenheiten zurückstellen. Die richterliche Unabhängigkeit bleibt dabei gewährleistet, da der Richter – nach entsprechender Anzeige der Überlastung – für die nach pflichtgemäßer Auswahl zurückgestellten Aufgaben und die dadurch begründete verzögerte Bearbeitung dienstaufsichtsrechtlich nicht zur Verantwortung gezogen werden kann (vgl. auch BGH, 03. 12. 2009, RiZ(R) 1/09, juris, Rn. 35). (Rn. 18)

2c. Ob sich ein überdurchschnittlich leistungsfähiger oder leistungsbereiter Richter darauf beruft oder sein erhöhtes Leistungsvermögen zur Bewältigung etwaiger überobligatorischer Aufgaben einsetzt, ist diesem überlassen. Auch wenn Art. 101 Abs. 1 S. 2 GG dem Rechtssuchenden die Gewähr eines unabhängigen Richters bietet, macht ihn das nicht zum Interessenwalter des Richters. Er kann nicht eine aus dessen Arbeitsbelastung abgeleitete Beeinträchtigung der richterlichen Unabhängigkeit geltend machen. (Rn. 19)

3. Zu den Voraussetzungen einer Verletzung des Anspruchs auf Rechtsschutz in angemessener Zeit, die sich durch eine infolge richterlicher Überlastung hervorgerufenen belastungsbedingten Erledigungsverzögerungen ergeben kann, vgl. BVerfG, 02. 03. 1993, 1 BvR 249/92, BVerfGE 88, 118 <123 f.> – hier jedoch weder vorgetragen noch ersichtlich.

4. Des Weiteren kann auch dem Einwand der Beschwerdeführer, dass der richtunggebende Einfluss des Vorsitzenden Richters des 2. Strafsenats infolge des ihm zugewiesenen Doppelvorsitzes nicht mehr gewährleistet sei, nicht gefolgt werden:

4a. Ein Vorsitzender soll aufgrund seiner Sachkunde, Erfahrung und Menschenkenntnis in der Lage sein, den richtunggebenden Einfluss durch geistige Überzeugungskraft auszuüben (VGH Kassel, 26. 11. 1992, 1 TG 1792/92, juris, Rn. 16). Seine Fähigkeit, auf die Rechtsprechung des ihm anvertrauten Spruchkörpers Einfluss zu nehmen, kann daher nicht von einer überlegenden inhaltlichen Kenntnis des zu entscheidenden Falles abhängen.

4b. Vielmehr erfordert jede Beratung und Entscheidung eines Spruchkörpers, dass alle Mitglieder – und nicht etwa nur der Berichterstatter und der Vorsitzende – vollständig über den Streitstoff informiert sind. Bei der Rechtsfindung im konkreten Fall sind Aufgabe, Leistung und Verantwortung aller Mitglieder des erkennenden Gerichts völlig gleich (vgl. BVerfG, 04. 06. 1969, 2 BvR 429/65, BVerfGE 26, 72 <76>). (Rn. 23)

BVerfG, Nichtannahmebeschluss vom 23. 05. 2012 – 2 BvR 610/12, 2 BvR 625/12 – (Doppelvorsitz BGH)

26. Arbeitsmarktintegration als Voraussetzung des Anspruchs bestimmter ausländischer Staatsangehöriger auf Elterngeld bzw. Erziehungsgeld kein hinreichendes Differenzierungskriterium, daher Verletzung von Art. 3 Abs. 1 GG – zudem Diskriminierung aufgrund des Geschlechts (Art. 3 Abs. 3 S. 1 Alt. 1 GG) bei Benachteiligung von Frauen aufgrund rechtlicher oder tatsächlicher Umstände der Mutterschaft – mangelnde Berücksichtigung spezifisch elternschaftsbezogener Hindernisse für Erwerbstätigkeit – Nichtigkeit von § 1 Abs. 6 Nr. 3 Buchst. b BErzGG i.d.F. vom 13. 12. 2006 sowie von § 1 Abs. 7 Nr. 3 Buchst. b BEEG i.d.F. vom 05. 12. 2006 (Art. 3 Abs. 1 GG, Art. 3 Abs. 3 S. 1 Alt. 1 GG, Art. 6 Abs. 4 GG, Art. 100 GG, § 78 S. 1 BVerfGG, § 80 BVerfGG, § 82 Abs. 1 BVerfGG, § 5 Abs. 3 AufenthG 2004, § 9 Abs. 2 S. 1 Nr. 2 AufenthG 2004, § 25 Abs. 3 AufenthG 2004, § 25 Abs. 4 AufenthG 2004, § 25 Abs. 5 AufenthG 2004, § 26 Abs. 4 AufenthG 2004, § 1 Abs. 7 Nr. 2 Halbs. 1 BEEG vom 05. 12. 2006, § 1 Abs. 7 Nr. 3 Buchst. b BEEG vom 05. 12. 2006, § 1 Abs. 6 Nr. 2 Halbs. 1 BErzGG vom 13. 12. 2006, § 1 Abs. 6 Nr. 3 Buchst. b BErzGG vom 13. 12. 2006, § 6 Abs. 1 MuSchG)

Leitsatz

1. Der Ausschluss ausländischer Staatsangehöriger, denen der Aufenthalt aus völkerrechtlichen, humanitären oder politischen Gründen erlaubt ist und die keines der in § 1 Abs. 6 Nr. 3

Buchst. b BErzGG 2006 und § 1 Abs. 7 Nr. 3 Buchst. b BEEG genannten Merkmale der Arbeitsmarktintegration erfüllen, vom Bundeserziehungsgeld und vom Bundeselterngeld verstößt gegen Art. 3 Abs. 1 und Art. 3 Abs. 3 Satz 1 GG.

   2. Eine Regelung, die weder an das Geschlecht anknüpft noch Merkmale verwendet, die von vornherein nur Frauen oder nur Männer treffen können, die aber Frauen aufgrund rechtlicher oder tatsächlicher Umstände der Mutterschaft gegenüber Männern benachteiligt, unterliegt nach Art. 3 Abs. 3 Satz 1 GG strengen Rechtfertigungsanforderungen.

BVerfG, Beschl. vom 10. 07. 2012 – 1 BvL 2/10, 1 BvL 3/10, 1 BvL 4/10, 1 BvL 3/11 – (Elterngeld für Ausländer)

4. Europäisches Recht

27. **Vorabentscheidungsersuchen – Grundrechte – Bekämpfung von Diskriminierungen – Gleichbehandlung von Männern und Frauen – Zugang zu und Versorgung mit Gütern und Dienstleistungen – Versicherungsprämien und -leistungen – Versicherungsmathematische Faktoren – Berücksichtigung des Kriteriums Geschlecht als Faktor für die Bewertung von Versicherungsrisiken – Private Versicherungsverträge – Richtlinie 2004/113/EG – Art. 5 Abs. 2 – Unbefristete Ausnahme – Charta der Grundrechte der Europäischen Union – Art. 21 und 23 – Ungültigkeit**

Leitsätze

   Art. 5 Abs. 2 der Richtlinie 2004/113 zur Verwirklichung des Grundsatzes der Gleichbehandlung von Männern und Frauen beim Zugang zu und bei der Versorgung mit Gütern und Dienstleistungen ist mit Wirkung vom 21. Dezember 2012 ungültig.

   Es steht fest, dass das mit der Richtlinie 2004/113 im Versicherungssektor verfolgte Ziel, wie in ihrem Art. 5 Abs. 1 zum Ausdruck kommt, in der Anwendung der Regel geschlechtsneutraler Prämien und Leistungen besteht. Im 18. Erwägungsgrund dieser Richtlinie heißt es ausdrücklich, dass zur Gewährleistung der Gleichbehandlung von Männern und Frauen die Berücksichtigung geschlechtsspezifischer versicherungsmathematischer Faktoren nicht zu Unterschieden bei den Prämien und Leistungen führen sollte. Im 19. Erwägungsgrund der Richtlinie wird die den Mitgliedstaaten eingeräumte Möglichkeit, die Regel geschlechtsneutraler Prämien und Leistungen nicht anzuwenden, als „Ausnahme" bezeichnet. Somit beruht die Richtlinie 2004/113 auf der Prämisse, dass für die Zwecke der Anwendung des in den Art. 21 und 23 der Charta der Grundrechte der Europäischen Union verbürgten Grundsatzes der Gleichbehandlung von Frauen und Männern die Lage von Frauen und die Lage von Männern in Bezug auf die Prämien und Leistungen der von ihnen abgeschlossenen Versicherungen vergleichbar sind.

   Art. 5 Abs. 2 der Richtlinie 2004/113, der es den betroffenen Mitgliedstaaten gestattet, eine Ausnahme von der Regel geschlechtsneutraler Prämien und Leistungen unbefristet aufrechtzuerhalten, läuft der Verwirklichung des mit dieser Richtlinie verfolgten Ziels der Gleichbehandlung von Frauen und Männern zuwider und ist mit den Art. 21 und 23 der Charta der Grundrechte der Europäischen Union unvereinbar. Die Bestimmung ist daher nach Ablauf einer angemessenen Übergangszeit als ungültig anzusehen. (vgl. Randnrn. 30, 32–34 und Tenor)

EuGH, Urteil vom 01. 03. 2011 – C-236/09 – (Association Belge des Consommateurs Test-Achats u.a.)

28. **Wanderarbeitnehmer – EWGV 1408/71 Art. 45 Abs. 1 – Altersrente – Berücksichtigung der in einem anderen Mitgliedstaat zurückgelegten Beitragszeit** (Art. 234 EG, Art. 45 Abs. 1 EWGV 1408/71, Art. 39 Abs. 3 EG)

Leitsätze

   Art. 45 Abs. 1 der Verordnung Nr. 1408/71 in der durch die Verordnung Nr. 118/97 geänderten und aktualisierten Fassung, geändert durch die Verordnung Nr. 1992/2006, ist dahin auszulegen, dass bei der Bestimmung der nach nationalem Recht für den Erwerb des Anspruchs auf eine Altersrente durch einen Arbeitnehmer erforderlichen Mindestversicherungszeit der zuständige Träger des betreffenden Mitgliedstaats zur Bestimmung der Grenze, die die beitragsfreien Zeiten im Verhältnis zu den Beitragszeiten nicht übersteigen dürfen, wie sie in der Regelung dieses Mitgliedstaats vorgesehen ist, alle von dem Arbeitnehmer im Laufe seines Berufslebens zurückgelegten Versicherungszeiten einschließlich der in anderen Mitgliedstaaten zurückgelegten zu berücksichtigen hat. (vgl. Rn. 39 und Tenor)

EuGH, Urteil vom 03. 03. 2011 – C-440/09 – (Tomaszewska)

29. Arbeitnehmerfreizügigkeit – Art. 45 AEUV und 48 AEUV – Wanderarbeitnehmer – betriebliche Altersversorgung – Anrechnung von Dienstzeiten beim selben Arbeitgeber in verschiedenen Mitgliedstaaten (Art. 234 EG, Art. 45 AEUV, Art. 48 AEUV, Art. 39 EG, Art. 42 EG, § 1 Abs. 1 S. 1 BetrAVG, § 17 Abs. 3 BetrAVG)

Leitsätze

1. Art. 48 AEUV hat keine unmittelbare Wirkung, auf die sich ein Einzelner gegenüber einem Arbeitgeber aus dem Privatsektor vor den nationalen Gerichten berufen kann. (vgl. Rn. 16, Tenor 1)

2. Art. 45 AEUV steht im Rahmen der zwingenden Anwendung eines Tarifvertrags dem entgegen,

– dass bei der Bestimmung des Zeitraums für den Erwerb von endgültigen Ansprüchen auf eine Zusatzrente in einem Mitgliedstaat die Dienstjahre nicht berücksichtigt werden, die der betroffene Arbeitnehmer für denselben Arbeitgeber in dessen Betriebsniederlassungen in anderen Mitgliedstaaten im Rahmen desselben übergreifenden Arbeitsvertrags abgeleistet hat,

– dass ein Arbeitnehmer, der von einer in einem Mitgliedstaat gelegenen Betriebsstätte seines Arbeitgebers in eine Betriebsstätte desselben Arbeitgebers in einem anderen Mitgliedstaat versetzt wurde, als ein Arbeitnehmer angesehen wird, der diesen Arbeitgeber freiwillig verlassen hat. (vgl. Rn. 36, Tenor 2)

EuGH, Urteil vom 10. 03. 2011 – C-379/09 – (Casteels)

30. Schutz der Arbeitnehmer bei Zahlungsunfähigkeit des Arbeitgebers – Richtlinien EWGRL 987/80 und EGRL 74/2002 – Befriedigung der nicht erfüllten Arbeitnehmeransprüche – Bestimmung der zuständigen Garantieeinrichtung – Lohngarantie nach nationalem Recht (Art. 234 EG, Art. 2 Abs. 1 EWGRL 987/80, Art. 3 EWGRL 987/80, Art. 2 Abs. 1 EGRL 74/2002)

Leitsätze

Art. 3 der Richtlinie 80/987 zur Angleichung der Rechtsvorschriften der Mitgliedstaaten über den Schutz der Arbeitnehmer bei Zahlungsunfähigkeit des Arbeitgebers in ihrer Fassung vor derjenigen, die sich aus ihrer Änderung durch die Richtlinie 2002/74/EG ergibt, ist dahin auszulegen, dass für die Befriedigung der nicht erfüllten Ansprüche eines Arbeitnehmers, der seine Beschäftigung gewöhnlich in einem anderen Mitgliedstaat als dem ausgeübt hat, in dem sich der Sitz seines vor dem 8. Oktober 2005 für zahlungsunfähig erklärten Arbeitgebers befindet, die Garantieeinrichtung des Mitgliedstaats des Sitzes des Arbeitgebers für die in diesem Artikel festgelegten Verpflichtungen verantwortlich ist, wenn dieser Arbeitgeber keinen Betrieb in diesem anderen Mitgliedstaat hat und seine Beitragspflicht für die Finanzierung dieser Einrichtung im Mitgliedstaat seines Sitzes erfüllt.

Die Richtlinie 80/987 untersagt es ferner nicht, dass eine nationale Regelung vorsieht, dass sich ein Arbeitnehmer nach dem Recht dieses Mitgliedstaats ergänzend oder anstelle der Lohngarantie, die von der in Anwendung dieser Richtlinie als zuständig bestimmten Einrichtung geboten wird, auf die Lohngarantie der nationalen Regelung berufen kann, allerdings nur, soweit diese Garantie ein höheres Schutzniveau für den Arbeitnehmer gewährt. (vgl. Rn. 34 und Tenor)

EuGH, Urteil vom 10. 03. 2011 – C-477/09 – (Defossez)

31. Wanderarbeitnehmer – Verordnung EWGV 1408/71 – persönlicher Geltungsbereich – Arbeitnehmereigenschaft – Leistungen für unterhaltsberechtigte Kinder – Verlängerung

der Karenz nach Geburt eines Kindes (Art. 267 AEUV, Art. 1 Buchst. a EWGV 1408/71, EGV 118/97, EGV 1606/98)

Leitsätze

Die Arbeitnehmereigenschaft im Sinne von Art. 1 Buchst. a der Verordnung Nr. 1408/71 in der durch die Verordnung Nr. 118/97 geänderten und aktualisierten und durch die Verordnung Nr. 1606/98 geänderten Fassung ist einer unabhängig von einer früheren oder aufrechten Erwerbstätigkeit in ein System der sozialen Sicherheit einbezogenen Person, die mit ihrem Arbeitgeber bewusst eine Verlängerung der Karenzierung ihres Arbeitsverhältnisses vereinbart hat, nur um weiter Kinderbetreuungsgeld beziehen zu können, und deren Pensionsversicherungszeiten in einem Mitgliedstaat zum Zeitpunkt der tatsächlichen Ausübung des Rechts auf Alterspension in einem anderen Mitgliedstaat angerechnet werden könnten, während der sechsmonatigen Verlängerung der Karenz im Anschluss an die Geburt ihres Kindes zuzuerkennen, vorausgesetzt, diese Person ist in dieser Zeit auch nur gegen ein einziges Risiko im Rahmen eines der in Art. 1 Buchst. a dieser Verordnung genannten allgemeinen oder besonderen Systeme der sozialen Sicherheit pflichtversichert oder freiwillig versichert. (vgl. Randnrn. 27, 30, 33 und Tenor)
EuGH, Urteil vom 10. 03. 2011 – C-516/09 – (Borger)

32. Vorabentscheidungsersuchen – soziale Sicherheit – Art. 15, 27 und 28 EWGV 1408/71 – Art. 39 und 42 EG – ehemaliger Wanderarbeitnehmer – berufliche Tätigkeit im Herkunftsmitgliedstaat und in einem anderen Mitgliedstaat – Ruhestand im Herkunftsmitgliedstaat – von beiden Mitgliedstaaten gezahlte Rente – eigenständiges System der sozialen Sicherheit zur Absicherung des Risikos der Pflegebedürftigkeit – Vorhandensein im früheren Beschäftigungsmitgliedstaat – freiwillige Weiterversicherung in diesem System – Fortbestand des Anspruchs auf Pflegegeld nach Rückkehr in den Herkunftsmitgliedstaat (Art. 4 Abs. 1 Buchst. a EWGV 1408/71, Art. 12 Abs. 1 S. 1 EWGV 1408/71, Art. 15 Abs. 1 EWGV 1408/71, Art. 15 Abs. 2 EWGV 1408/71, Art. 27 EWGV 1408/71, Art. 28 Abs. 1 S. 1 EWGV 1408/71, Art. 28 Abs. 1 S. 2 Buchst. b EWGV 1408/71, Art. 39 EG, Art. 42 EG, Art. 45 AEUV, Art. 48 AEUV, EGV 118/97, EGV 1386/2001, § 3 Abs. 1 SGB IV, § 20 Abs. 1 S. 2 Nr. 11 SGB XI, § 26 Abs. 1 SGB XI, § 26 Abs. 2 SGB XI, § 34 Abs. 1 Nr. 1 SGB XI)

Leitsatz

1. Die Art. 15 und 27 der Verordnung (EWG) Nr. 1408/71 des Rates vom 14. 06. 1971 zur Anwendung der Systeme der sozialen Sicherheit auf Arbeitnehmer und Selbständige sowie deren Familienangehörige, die innerhalb der Gemeinschaft zu- und abwandern, in der durch die Verordnung (EG) Nr. 118/97 des Rates vom 02. 12. 1996 geänderten und aktualisierten Fassung und geändert durch die Verordnung (EG) Nr. 1386/2001 des Europäischen Parlaments und des Rates vom 05.06.2001 stehen nicht dem entgegen, dass eine Person in einer Situation wie der des Ausgangsverfahrens, die Altersrente aus den Rentenkassen sowohl ihres Herkunftsmitgliedstaats als auch des Mitgliedstaats bezieht, in dem sie den größten Teil ihres Berufslebens verbracht hat, und die aus dem letztgenannten Mitgliedstaat in ihren Herkunftsmitgliedstaat umgezogen ist, aufgrund einer freiwilligen Weiterversicherung in einem eigenständigen System der Pflegeversicherung des Mitgliedstaats, in dem sie den größten Teil ihres Berufslebens verbracht hat, weiterhin eine dieser Versicherung entsprechende Geldleistung in Anspruch nehmen kann, insbesondere falls - was das vorlegende Gericht zu prüfen hat - im Wohnsitzmitgliedstaat keine Geldleistungen gewährt werden, die das spezifische Risiko der Pflegebedürftigkeit betreffen. (Rn. 88)

2. Wenn hingegen in den Rechtsvorschriften des Wohnsitzmitgliedstaats Geldleistungen, die das Risiko der Pflegebedürftigkeit betreffen, vorgesehen sind, dies aber nur in einer Höhe, die unter dem Betrag der Leistungen liegt, die sich auf dieses beziehen und von dem anderen Mitgliedstaat gewährt werden, der eine Rente schuldet, ist Art. 27 der EWGV 1408/71 in der durch die EGV 118/97 geänderten und aktualisierten Fassung und geändert durch die EGV 1386/2001 dahin auszulegen, dass eine solche Person gegenüber dem zuständigen Träger des letztgenannten

Staates einen Anspruch auf eine Zusatzleistung in Höhe des Unterschieds zwischen den beiden Beträgen hat. (Rn. 81) (Rn. 88)
EuGH, Urteil vom 30. 06. 2011 – C-388/09 – (da Silva Martins)

33. Unzulässigkeit des Vorabentscheidungsersuchens – Unanwendbarkeit der Richtlinien EGRL 43/2000 und EGRL 78/2000 – Gehaltsansprüche von Angehörigen des höheren Justizdienstes – Diskriminierung wegen der Zugehörigkeit zu einer Berufskategorie oder wegen des Arbeitsorts – Voraussetzungen für die Erstattung des erlittenen Schadens (Art. 267 AEUV, Art. 15 EGRL 43/2000, Art. 17 EGRL 78/2000)
Tenor
Das von der Curtea de Apel Bacău (Rumänien) eingereichte Vorabentscheidungsersuchen ist unzulässig.
Orientierungssatz
1. Der Gerichtshof der Europäischen Union hat das Vorabentscheidungsersuchen der Curtea de Apel Bacău (Rumänien) als unzulässig zurückgewiesen, da die vorgelegten Fragen nicht den Zweck haben, zu prüfen, ob eine Situation wie die im Ausgangsverfahren in Rede stehende in den Geltungsbereich von Art. 15 EGRL 43/2000 und Art. 17 EGRL 78/2000 fällt, sondern dies vielmehr unterstellen, um den Gerichtshof um eine Auslegung zu ersuchen, obwohl die genannten Vorschriften des Unionsrechts offensichtlich weder unmittelbar noch mittelbar auf die Umstände des vorliegenden Falles anwendbar sind.
2. Im Ausgangsverfahren ging es um die Frage, ob Art. 15 EGRL 43/2000 und Art. 17 EGRL 78/2000 nach ihrer Umsetzung in nationales Recht dahin auszulegen sind, dass sie Entscheidungen eines nationalen Verfassungsgerichts entgegenstehen, wonach es nicht zulässig ist, dass nach einer nationalen Rechtsvorschrift Personen, die wegen der Berufskategorie oder des Arbeitsorts im Hinblick auf ihr Gehalt diskriminiert wurden, ein Anspruch auf Schadensersatz in Form von Gehaltsansprüchen gewährt werden kann, die das Gesetz für eine andere Berufskategorie vorsieht. Des Weiteren sollte geklärt werden, ob ein nationales Gericht verpflichtet ist, eine solche Vorschrift des nationalen Rechts oder die betreffende verfassungsgerichtliche Rechtsprechung unangewandt zu lassen, ohne insoweit abwarten zu müssen, bis die Vorschrift in einer Weise, die geeignet wäre, die Vereinbarkeit mit dem Unionsrecht sicherzustellen, im Wege der Gesetzgebung geändert wird oder von dem Verfassungsgericht in einer solchen Weise neu ausgelegt wird.
EuGH, Urteil vom 07. 07. 2011 – C-310/10 – (Agafitei)

34. Eintritt in den Ruhestand – allgemeine Altersgrenze – Diskriminierung (Art. 2 Abs. 2 EGRL 78/2000, Art. 6 Abs. 1 EGRL 78/2000, § 7 AGG, § 10 S. 3 Nr. 5 AGG, § 24 Nr. 1 AGG, § 37 BG RP, § 54 a.F. BG RP, § 52 Abs. 3 HSchulG RP)
Leitsatz
Eine gesetzlich geregelte allgemeine Altersgrenze von 65 Jahren für den Eintritt der Beamten in den Ruhestand verstößt nicht gegen das Verbot der Altersdiskriminierung in § 7 AGG und in Art. 2 der Richtlinie 2000/78/EG des Rates vom 27. November 2000 zur Festlegung eines allgemeinen Rahmens für die Verwirklichung der Gleichbehandlung in Beschäftigung und Beruf. (Rn. 5) (Rn. 8)
BVerwG, Beschl. vom 06. 12. 2011 – 2 B 85.11 –

35. Schutz vor ungerechtfertigter Entlassung – Wartezeit (Art. 30 EUGrdRCh, Art. 51 Abs. 2 EUGrdRCh, Art. 267 Abs. 3 AEUV, Art. 6 Abs. 1 EUVtr 2007, Art. 101 Abs. 1 GG, Art. 103 Abs. 1 GG, § 138 Abs. 1 BGB, § 242 BGB, § 1 KSchG, § 72a ArbGG, § 139 ZPO, § 547 Nr. 1 ZPO)
Leitsatz
1. Der in Art. 30 GRC geregelte Schutz von Arbeitnehmern vor ungerechtfertigter Entlassung ist nach nationalem Recht für Arbeitnehmer während der gesetzlichen Wartezeit des § 1

KSchG dadurch gewährleistet, dass von den Gerichten für Arbeitssachen überprüft wird, ob die Kündigung gegen die guten Sitten verstößt (§ 138 Abs. 1 BGB) oder ob sie Treu und Glauben (§ 242 BGB) aus Gründen verletzt, die nicht von § 1 KSchG erfasst sind. (Rn.11)

2. Nach der am 1. Januar 2005 in Kraft getretenen Neuregelung des Revisionszugangs zum Bundesarbeitsgericht zählen Landesarbeitsgerichte, die die Revision bzw. die Rechtsbeschwerde nicht zulassen, aufgrund der Möglichkeit, die Nichtzulassungsbeschwerde auf die grundsätzliche Bedeutung einer Frage des Unionsrechts zu stützen, nicht mehr zum Kreis der vorlagepflichtigen Gerichte i.S.v. Art. 267 Abs. 3 AEUV. (Rn. 14)

BAG, Beschl. vom 08. 12. 2011 – 6 AZN 1371/11 –

36. Übereinkommen von Rom über das auf vertragliche Schuldverhältnisse anzuwendende Recht – Arbeitsvertrag – einstellende Niederlassung – zwingende Bestimmungen des mangels einer Rechtswahl anzuwendenden Rechts (Art. 6 Abs. 1 EuVtrÜbk, Art. 6 Abs. 2 Buchst. a EuVtrÜbk, Art. 6 Abs. 2 Buchst. b EuVtrÜbk, Art. 267 AEUV)

Tenor

1. Art. 6 Abs. 2 des Übereinkommens über das auf vertragliche Schuldverhältnisse anzuwendende Recht, aufgelegt zur Unterzeichnung am 19. Juni 1980 in Rom, ist dahin auszulegen, dass das angerufene Gericht zunächst festzustellen hat, ob der Arbeitnehmer in Erfüllung des Vertrags gewöhnlich seine Arbeit in ein und demselben Staat verrichtet, und zwar dem Staat, in dem oder von dem aus er unter Berücksichtigung sämtlicher Umstände, die diese Tätigkeit kennzeichnen, seine Verpflichtungen gegenüber seinem Arbeitgeber im Wesentlichen erfüllt.

2. Für den Fall, dass das vorlegende Gericht der Ansicht ist, dass es über den bei ihm anhängigen Rechtsstreit nicht aufgrund von Art. 6 Abs. 2 Buchst. a dieses Übereinkommens entscheiden kann, ist Art. 6 Abs. 2 Buchst. b dieses Übereinkommens wie folgt auszulegen:

– Unter dem Begriff „Niederlassung …, die den Arbeitnehmer eingestellt hat" ist ausschließlich die Niederlassung, die die Einstellung des Arbeitnehmers vorgenommen hat, und nicht die Niederlassung, bei der er tatsächlich beschäftigt ist, zu verstehen;

– der Besitz der Rechtspersönlichkeit ist keine Anforderung, die die Niederlassung des Arbeitgebers im Sinne dieser Bestimmung erfüllen muss;

– die Niederlassung eines anderen Unternehmens als desjenigen, das formal als Arbeitgeber auftritt und zu dem anderen Unternehmen Beziehungen unterhält, kann als „Niederlassung" im Sinne von Art. 6 Abs. 2 Buchst. b dieses Übereinkommens eingestuft werden, wenn sich anhand objektiver Umstände belegen lässt, dass die tatsächliche Lage nicht mit der sich aus dem Vertragstext ergebenden Lage übereinstimmt, und zwar auch dann, wenn die Weisungsbefugnis diesem anderen Unternehmen nicht formal übertragen worden ist.

EuGH, Urteil vom 15. 12. 2011 – C-384/10 – (Voogsgeerd)

37. Arbeitnehmereigenschaft trotz hohen Alters – Interesse des EU-Ausländers an Nachweis des Freizügigkeitsrechts (§ 123 Abs. 1 VwGO, Nr. 14 EGRL 38/2004, § 2 Abs. 2 Nr. 1 FreizügG/EU, § 5 Abs. 1 FreizügG/EU)

Leitsatz

1. Ein 81 Jahre alter EU-Bürger, der neben einer geringen Altersrente ein zusätzliches Einkommen von monatlich 525 Euro brutto für eine nicht nur kurzfristige und tatsächlich ausgeübte, abhängige Beschäftigung im Umfang von 16 Stunden pro Woche erzielt, ist als freizügigkeitsberechtigter Arbeitnehmer i.S.d. § 2 Abs. 2 Nr. 1 FreizügG/EU anzusehen. Eine solche Beschäftigung ist nicht als für die Eigenschaft als Arbeitnehmer völlig untergeordnete und unwesentliche außer Betracht zu lassen. Das Alter von 81 Jahren allein steht der Eigenschaft als Arbeitnehmer nicht entgegen. (Rn.8)

2. Ein freizügigkeitsberechtigter Unionsbürger hat ein schutzwürdiges Interesse daran, sein Aufenthaltsrecht im Umgang mit Behörden und Personen des privaten Rechts des Aufenthaltsstaats durch Vorlage der europarechtlich hierfür vorgesehenen Bescheinigung nachweisen zu können und diese Bescheinigung alsbald von der zuständigen Behörde zu erhalten. Bestreitet die deutsche Ausländerbehörde mit hoher Wahrscheinlichkeit zu Unrecht die Freizügigkeitsberech-

tigung eines Unionsbürgers, und begehrt er deshalb beim Verwaltungsgericht die Verpflichtung der Behörde zur Erteilung einer Bescheinigung gemäß § 5 Abs. 1 FreizügG/EU im Wege der einstweiligen Anordnung, so ist es für das Vorliegen des Anordnungsgrundes im Sinne des § 123 Abs. 1 VwGO nicht erforderlich, dass die Ausländerbehörde beabsichtigt, seinen Aufenthalt in naher Zukunft zu beenden, oder dass ihm ähnlich gravierende Nachteile drohen. Einer vollständigen Vorwegnahme der Hauptsache kann dadurch begegnet werden, dass die Behörde dazu verpflichtet wird, dem Unionsbürger vorläufig eine nur befristete Bescheinigung gemäß § 5 Abs. 1 FreizügG/EU zu erteilen. (Rn. 5)
Hamburgisches Oberverwaltungsgericht, Beschl. vom 05. 01. 2012 – 3 Bs 179/11 –

38. Soziale Sicherheit der Wanderarbeitnehmer – EWGV 1408/71 – Arbeitnehmer auf Festlandsockel-Bohrinsel – Pflichtversicherung (Art. 267 AEUV, Art. 13 Abs. 2 Buchst. a EWGV 1408/71, Art. 39 EG, Art. 60 SeeRÜbk, Art. 77 SeeRÜbk, Art. 80 SeeRÜbk)

Tenor

Art. 13 Abs. 2 Buchst. a der Verordnung (EWG) Nr. 1408/71 des Rates vom 14. Juni 1971 zur Anwendung der Systeme der sozialen Sicherheit auf Arbeitnehmer und Selbständige sowie deren Familienangehörige, die innerhalb der Gemeinschaft zu- und abwandern, in der durch die Verordnung (EG) Nr. 118/97 des Rates vom 2. Dezember 1996 geänderten und aktualisierten Fassung, geändert durch die Verordnung (EG) Nr. 1606/98 des Rates vom 29. Juni 1998, und Art. 39 EG sind dahin auszulegen, dass mit ihnen nicht vereinbar ist, dass ein Arbeitnehmer, der auf einer festen Einrichtung auf dem an einen Mitgliedstaat angrenzenden Festlandsockel beruflich tätig ist, in diesem Mitgliedstaat nur deshalb nicht nach den nationalen Sozialversicherungsvorschriften dieses Mitgliedstaats pflichtversichert ist, weil er nicht in diesem, sondern in einem anderen Mitgliedstaat wohnt.
EuGH, Urteil vom 17. 01. 2012 – C-347/10 – (Salemink)

39. Wanderarbeitnehmer – EWGV 1408/71 – Zugehörigkeit zum Sozialversicherungssystem eines Mitgliedstaats – Beschäftigung auf einem Schiff unter der Flagge eines Mitgliedstaats und Tätigkeitsverrichtung außerhalb des Unionsgebiets – Wohnsitzerfordernis (Art. 13 Abs. 2 Buchst. c EWGV 1408/71, Art. 1 Buchst. a Ziff. i EWGV 1408/71, Art. 2 Abs. 1 EWGV 1408/71, Art. 267 AEUV)

Tenor

Art. 13 Abs. 2 Buchst. c der Verordnung (EWG) Nr. 1408/71 des Rates vom 14. Juni 1971 zur Anwendung der Systeme der sozialen Sicherheit auf Arbeitnehmer und Selbständige sowie deren Familienangehörige, die innerhalb der Gemeinschaft zu- und abwandern, in der durch die Verordnung (EG) Nr. 118/97 des Rates vom 2. Dezember 1996 geänderten und aktualisierten Fassung, geändert durch die Verordnung (EG) Nr. 307/1999 des Rates vom 8. Februar 1999, ist dahin auszulegen, dass er einer gesetzlichen Maßnahme eines Mitgliedstaats entgegensteht, die eine in einer Situation wie derjenigen des Klägers des Ausgangsverfahrens befindliche Person, die die Staatsangehörigkeit dieses Mitgliedstaats hat, aber nicht in diesem wohnt, auf einem Baggerschiff beschäftigt ist, das unter der Flagge dieses Mitgliedstaats fährt, und ihre Tätigkeiten außerhalb des Hoheitsgebiets der Europäischen Union verrichtet, vom Anschluss an das System der sozialen Sicherheit dieses Mitgliedstaats ausschließt.
EuGH, Urteil vom 07. 06. 2012 – C-106/11 – (Bakker)

40. Mittelbare Altersdiskriminierung – EGRL 78/2000 – Nichtberücksichtigung von bei anderen konzerninternen Luftlinien erworbener Berufserfahrung bei der Einstufung in die kollektivvertraglichen Verwendungsgruppen (Art. 1 EGRL 78/2000, Art. 2 Abs. 1 EGRL 78/2000, Art. 2 Abs. 2 Buchst. b EGRL 78/2000, Art. 3 Abs. 1 Buchst. a EGRL 78/2000, Art. 3 Abs. 1 Buchst. c EGRL 78/2000, Art. 6 Abs. 1 EGRL 78/2000, Art. 267 AEUV)

Tenor

Art. 2 Abs. 2 Buchst. b der Richtlinie 2000/78/EG des Rates vom 27. November 2000 zur Festlegung eines allgemeinen Rahmens für die Verwirklichung der Gleichbehandlung in Beschäftigung und Beruf ist dahin auszulegen, dass er einer Bestimmung eines Kollektivvertrags nicht entgegensteht, nach der bei der Einstufung in die kollektivvertraglichen Verwendungsgruppen und damit für die Höhe des Entgelts nur die als Flugbegleiter bei einer bestimmten Luftlinie erworbene Berufserfahrung berücksichtigt wird, nicht aber die inhaltlich identische Erfahrung, die bei einer anderen konzerninternen Luftlinie erworben wurde.

EuGH, Urteil vom 07. 06. 2012 – C-132/11 – (Tyrolean Airways Tiroler Luftfahrt Gesellschaft)

41. Soziale Sicherheit der Wanderarbeitnehmer – Verordnung (EWG) Nr. 1408/71 – Art. 14 Nr. 1 Buchst. a und Art. 14a Nr. 1 Buchst. a – Art. 45 AEUV und 48 AEUV – Vorübergehende Beschäftigung in einem anderen Mitgliedstaat als dem, in dessen Gebiet die Tätigkeit normalerweise ausgeübt wird – Familienleistungen – Anzuwendende Rechtsvorschriften – Möglichkeit der Gewährung von Kindergeld durch den Mitgliedstaat, in dem die vorübergehende Beschäftigung ausgeübt wird, aber der nicht der zuständige Staat ist – Anwendung einer Antikumulierungsregel des nationalen Rechts, wonach diese Leistung ausgeschlossen ist, wenn eine vergleichbare Leistung in einem anderen Staat bezogen wird (Art. 45 AEUV, Art. 48 AEUV, § 62 EStG 2002, §§ 62 ff. EStG 2002, Art. 14 Nr. 1 Buchst. a EWGV 1408/71, Art. 14a Nr. 1 Buchst. a EWGV 1408/71, § 65 EStG 2002, Art. 39 EG, Art. 42 EG)

Tenor

1. Art. 14 Nr. 1 Buchst. a und Art. 14a Nr. 1 Buchst. a der Verordnung (EWG) Nr. 1408/71 des Rates vom 14. Juni 1971 zur Anwendung der Systeme der sozialen Sicherheit auf Arbeitnehmer und Selbständige sowie deren Familienangehörige, die innerhalb der Gemeinschaft zu- und abwandern, in der durch die Verordnung (EG) Nr. 118/97 des Rates vom 2. Dezember 1996 geänderten und aktualisierten Fassung, diese wiederum geändert durch die Verordnung (EG) Nr. 647/2005 des Europäischen Parlaments und des Rates vom 13. April 2005, sind dahin auszulegen, dass sie es einem Mitgliedstaat, der nach diesen Vorschriften nicht als zuständiger Staat bestimmt ist, nicht verwehren, nach seinem nationalen Recht einem Wanderarbeitnehmer, der unter Umständen wie denen der Ausgangsverfahren in seinem Hoheitsgebiet vorübergehend eine Arbeit ausführt, auch dann Leistungen für Kinder zu gewähren, wenn erstens festgestellt wird, dass der betreffende Erwerbstätige durch die Wahrnehmung seines Rechts auf Freizügigkeit keinen Rechtsnachteil erlitten hat, da er seinen Anspruch auf gleichartige Familienleistungen im zuständigen Mitgliedstaat behalten hat, und zweitens, dass weder dieser Erwerbstätige noch das Kind, für das diese Leistung beansprucht wird, ihren gewöhnlichen Aufenthalt im Gebiet des Mitgliedstaats haben, in dem die vorübergehende Arbeit ausgeführt wurde.

2. Die Bestimmungen des AEU-Vertrags über die Freizügigkeit der Arbeitnehmer sind dahin auszulegen, dass sie in einer Situation wie der im Ausgangsverfahren in Rede stehenden der Anwendung einer nationalen Rechtsvorschrift wie § 65 des Einkommensteuergesetzes entgegenstehen, soweit diese nicht zu einer Kürzung des Betrags der Leistung um die Höhe des Betrags einer in einem anderen Staat gewährten vergleichbaren Leistung, sondern zum Ausschluss dieser Leistung führt.

EuGH, Urteil vom 12. 06. 2012 – C-611/10 und C-612/10 – (Hudzinski)

42. Arbeitnehmerfreizügigkeit – Zugang von Wanderarbeitnehmern und ihren Familienangehörigen zum Unterricht – Finanzierung einer Hochschulausbildung außerhalb des Hoheitsgebiets des Mitgliedstaats – Wohnsitzerfordernis (Art. 267 AEUV, Art. 45 Abs. 2 AEUV, Art. 7 Abs. 2 EWGV 1612/68, Art. 12 EWGV 1612/68)

Tenor

1. Das Königreich der Niederlande hat dadurch gegen seine Verpflichtungen aus Art. 45 AEUV und Art. 7 Abs. 2 der Verordnung (EWG) Nr. 1612/68 des Rates vom 15. Oktober 1968

über die Freizügigkeit der Arbeitnehmer innerhalb der Gemeinschaft in der durch die Verordnung (EWG) Nr. 2434/92 des Rates vom 27. Juli 1992 geänderten Fassung verstoßen, dass Wanderarbeitnehmer und die von ihnen weiterhin unterhaltenen Familienangehörigen ein Wohnsitzerfordernis erfüllen müssen, die sogenannte „Drei-von-sechs-Jahren"-Regel, um für die Finanzierung eines Hochschulstudiums außerhalb der Niederlande in Betracht zu kommen.

    2. Das Königreich der Niederlande trägt die Kosten.

EuGH, Urteil vom 14. 06. 2012 – C-542/09 – (Kommission/Niederlande)

43. Urlaubsanspruch – EGRL 88/2003 – Berechtigung zur späteren Inanspruchnahme des bezahlten Jahresurlaubs bei Arbeitsunfähigkeit im Urlaubszeitraum (Art. 7 Abs. 1 EGRL 88/2003, Art. 267 AEUV, Art. 31 Abs. 2 EUGrdRCh)

Tenor

Art. 7 Abs. 1 der Richtlinie 2003/88/EG des Europäischen Parlaments und des Rates vom 4. November 2003 über bestimmte Aspekte der Arbeitszeitgestaltung ist dahin gehend auszulegen, dass er nationalen Rechtsvorschriften entgegensteht, die vorsehen, dass ein Arbeitnehmer, der während des bezahlten Jahresurlaubs arbeitsunfähig wird, nicht berechtigt ist, den Jahresurlaub, der mit der Arbeitsunfähigkeit zusammenfällt, später in Anspruch zu nehmen.

EuGH, Urteil vom 21. 06. 2012 – C-78/11 – (ANGED)

44. Arbeitnehmerfreizügigkeit – EWGV 1612/68 – Diskriminierungsverbot – Altersteilzeit – Bestimmung der Bemessungsgrundlage für die Berechnung des Aufstockungsbetrags durch fiktiven Abzug der Lohnsteuer des Beschäftigungsmitgliedstaats trotz Besteuerung im Wohnsitzmitgliedstaat (Art. 45 AEUV, Art. 267 AEUV, Art. 7 Abs. 1 EWGV 1612/68, Art. 7 Abs. 4 EWGV 1612/68, § 1 AltTZG 1996, § 3 Abs. 1 Nr. 1 Buchst. a AltTZG 1996 vom 20. 12. 1999, § 15 S. 1 AltTZG 1996, MinNettoV 2008, § 4 AltTZG 1996, § 6 Abs. 1 AltTZG 1996, § 1 Abs. 1 TVG)

Orientierungssatz

Zur Zulässigkeit der Bemessung des zusätzlich zum Altersteilzeitentgelt gezahlten Aufstockungsbetrags durch fiktiven Lohnsteuerabzug bei Grenzarbeitnehmern, die in ihrem Wohnsitzstaat besteuert werden, gemäß Art. 7 des zwischen dem Verband der Pfälzischen Metall- und Elektroindustrie e.V. und der Bezirksleitung der Industriegewerkschaft Metall abgeschlossenen Tarifvertrags zur Altersteilzeit vom 23. November 2004.

Tenor

Art. 45 AEUV und Art. 7 Abs. 4 der Verordnung (EWG) Nr. 1612/68 des Rates vom 15. Oktober 1968 über die Freizügigkeit der Arbeitnehmer innerhalb der Gemeinschaft stehen Bestimmungen in Tarif- und Einzelarbeitsverträgen entgegen, nach denen bei der Berechnung eines vom Arbeitnehmer im Rahmen einer Regelung über die Altersteilzeit gezahlten Aufstockungsbetrags wie des im Ausgangsrechtsstreit in Rede stehenden die vom Arbeitnehmer im Beschäftigungsmitgliedstaat geschuldete Lohnsteuer bei der Bestimmung der Bemessungsgrundlage für diesen Aufstockungsbetrag fiktiv abgezogen wird, obwohl nach einem Besteuerungsabkommen zur Vermeidung der Doppelbesteuerungen Besoldungen, Löhne und vergleichbare Entgelte, die Arbeitnehmern gezahlt werden, die nicht im Beschäftigungsmitgliedstaat wohnen, in deren Wohnsitzmitgliedstaat besteuert werden. Solche Bestimmungen sind nach Art. 7 Abs. 4 der Verordnung Nr. 1612/68 nichtig. Art. 45 AEUV und die Bestimmungen der Verordnung Nr. 1612/68 belassen den Mitgliedstaaten und den Sozialpartnern die Freiheit der Wahl unter den verschiedenen Lösungen, die zur Verwirklichung des jeweiligen Ziels der Bestimmungen geeignet sind.

EuGH, Urteil vom 28. 06. 2012 – C-172/11 – (Erny)

45. Verbot der Altersdiskriminierung – EGRL 78/2000 – Beendigung des Arbeitsverhältnisses mit Vollendung des 67. Lebensjahrs – keine Berücksichtigung der Höhe der Altersrente (Art. 267 AEUV, Art. 6 Abs. 1 Unterabs. 2 EGRL 78/2000)

Tenor

Art. 6 Abs. 1 Unterabs. 2 der Richtlinie 2000/78/EG des Rates vom 27. November 2000 zur Festlegung eines allgemeinen Rahmens für die Verwirklichung der Gleichbehandlung in Beschäftigung und Beruf ist dahin auszulegen, dass er einer nationalen Maßnahme wie der im Ausgangsverfahren fraglichen, die einem Arbeitgeber erlaubt, das Arbeitsverhältnis eines Arbeitnehmers aus dem bloßen Grund zu beenden, dass dieser das 67. Lebensjahr vollendet hat, und die nicht die Höhe der Rente berücksichtigt, die ein Einzelner beanspruchen können wird, nicht entgegensteht, sofern sie objektiv und angemessen ist, durch ein legitimes Ziel der Beschäftigungs- und der Arbeitsmarktpolitik gerechtfertigt ist und ein angemessenes und erforderliches Mittel zur Erreichung dieses Ziels ist.

EuGH, Urteil vom 05. 07. 2012 – C-141/11 – (Hörnfeldt)

46. Soziale Sicherheit der Wanderarbeitnehmer – Prüfung eines Anspruchs auf Altersrente – Berücksichtigung von in einem anderen Mitgliedstaat zurückgelegten Kindererziehungszeiten – Anwendbarkeit – Freizügigkeit (Art. 21 AEUV, Art. 44 Abs. 2 EGV 987/2009, Art. 13 Abs. 2 EWGV 1408/71, EGV 883/2004, § 5 SGB VI, § 6 SGB VI, § 56 SGB VI, § 57 SGB VI, § 249 SGB VI)

Orientierungssatz

Art. 21 AEUV ist in einer Situation wie der im Ausgangsverfahren fraglichen dahin auszulegen, dass er die zuständige Einrichtung eines ersten Mitgliedstaats dazu verpflichtet, im Hinblick auf die Gewährung einer Altersrente Kindererziehungszeiten, die in einem zweiten Mitgliedstaat von einer Person zurückgelegt wurden, welche nur in dem ersten Mitgliedstaat eine berufliche Tätigkeit ausgeübt hat und welche zur Zeit der Geburt ihrer Kinder ihre Berufstätigkeit vorübergehend eingestellt und ihren Wohnsitz aus rein familiären Gründen im Hoheitsgebiet des zweiten Mitgliedstaats begründet hatte, so zu berücksichtigen, als seien diese Kindererziehungszeiten im Inland zurückgelegt worden. (Rn. 45)

Tenor

Art. 21 AEUV ist in einer Situation wie der im Ausgangsverfahren fraglichen dahin auszulegen, dass er die zuständige Einrichtung eines ersten Mitgliedstaats dazu verpflichtet, im Hinblick auf die Gewährung einer Altersrente Kindererziehungszeiten, die in einem zweiten Mitgliedstaat von einer Person zurückgelegt wurden, welche nur in dem ersten Mitgliedstaat eine berufliche Tätigkeit ausgeübt hat und welche zur Zeit der Geburt ihrer Kinder ihre Berufstätigkeit vorübergehend eingestellt und ihren Wohnsitz aus rein familiären Gründen im Hoheitsgebiet des zweiten Mitgliedstaats begründet hatte, so zu berücksichtigen, als seien diese Kindererziehungszeiten im Inland zurückgelegt worden.

EuGH, Urteil vom 19. 07. 2012 – C-522/10 – (Reichel-Albert)

47. Arbeitsrechtliche Klage eines nicht hoheitlich tätigen Angestellten einer Botschaft eines Drittstaats – Begriff der Niederlassung im Sinne von Art. 18 Abs. 2 EGV 44/2001 – Immunität des Beschäftigungsstaats – Vereinbarkeit einer Gerichtsstandsklausel mit Art. 21 EGV 44/2001 (Art. 267 AEUV, Art. 18 Abs. 2 EGV 44/2001, Art. 19 EGV 44/2001, Art. 21 Nr. 2 EGV 44/2001)

Tenor

1. Art. 18 Abs. 2 der Verordnung (EG) Nr. 44/2001 des Rates vom 22. Dezember 2000 über die gerichtliche Zuständigkeit und die Anerkennung und Vollstreckung von Entscheidungen in Zivil- und Handelssachen ist dahin auszulegen, dass es sich bei einer im Hoheitsgebiet eines Mitgliedstaats gelegenen Botschaft eines Drittstaats in einem Rechtsstreit über einen Arbeitsvertrag, den die Botschaft im Namen des Entsendestaats geschlossen hat, um eine „Niederlassung" im Sinne dieser Bestimmung handelt, wenn die vom Arbeitnehmer verrichteten Aufgaben nicht unter die Ausübung hoheitlicher Befugnisse fallen. Es ist Sache des angerufenen nationalen Gerichts, zu bestimmen, welche Art. von Aufgaben der Arbeitnehmer genau verrichtet.

2. Art. 21 Nr. 2 der Verordnung Nr. 44/2001 ist dahin auszulegen, dass eine vor Entstehen einer Streitigkeit getroffene Gerichtsstandsvereinbarung unter diese Bestimmung fällt, sofern sie dem Arbeitnehmer die Möglichkeit eröffnet, außer den nach den Sonderbestimmungen der Art. 18 und 19 dieser Verordnung normalerweise zuständigen Gerichten andere Gerichte, und zwar gegebenenfalls auch Gerichte außerhalb der Union, anzurufen.

EuGH, Urteil vom 19. 07. 2012 – C-154/11 – (Mahamdia)

48. **Soziale Sicherheit der Wanderarbeitnehmer – EWGV 1408/71 – Versicherungspflicht – Bestimmung des anwendbaren Sozialstatuts – Tätigkeitsausübung vom Wohnsitzstaat aus – nationale Regelung, die die unwiderlegbare Vermutung aufstellt, dass im Mitgliedstaat des Sitzes der Gesellschaft eine Erwerbstätigkeit als Selbstständiger ausgeübt wird (Art. 267 AEUV, Art. 13 Abs. 2 Buchst. b EWGV 1408/71, Art. 14c Buchst. b EWGV 1408/71)**

Tenor

Das Unionsrecht, insbesondere Art. 13 Abs. 2 Buchst. b und Art. 14c Buchst. b der Verordnung (EWG) Nr. 1408/71 des Rates vom 14. Juni 1971 zur Anwendung der Systeme der sozialen Sicherheit auf Arbeitnehmer und Selbständige sowie deren Familienangehörige, die innerhalb der Gemeinschaft zu- und abwandern, in der durch die Verordnung (EG) Nr. 1606/98 des Rates vom 29. Juni 1998 geänderten Fassung sowie deren Anhang VII, steht einer nationalen Regelung wie der im Ausgangsverfahren in Rede stehenden insoweit entgegen, als diese es einem Mitgliedstaat erlaubt, bei der Führung der Geschäfte einer in seinem Hoheitsgebiet steuerpflichtigen Gesellschaft von einem anderen Mitgliedstaat aus unwiderlegbar zu vermuten, dass diese Tätigkeit in seinem Hoheitsgebiet ausgeübt wird.

EuGH, Urteil vom 27. 09. 2012 – C-137/11 – (Partena)

49. **Soziale Sicherheit der Wanderarbeitnehmer – Auslegung von Art. 14 Abs. 2 Buchst. b EWGV 1408/71 – gewöhnliche Beschäftigung im Gebiet von zwei oder mehr Mitgliedstaaten (Art. 14 Abs. 2 Buchst. b EWGV 1408/71, Art. 267 AEUV)**

Tenor

Art. 14 Abs. 2 Buchst. b der Verordnung (EWG) Nr. 1408/71 des Rates vom 14. Juni 1971 zur Anwendung der Systeme der sozialen Sicherheit auf Arbeitnehmer und Selbständige sowie deren Familienangehörige, die innerhalb der Gemeinschaft zu- und abwandern, in ihrer durch die Verordnung (EG) Nr. 118/97 des Rates vom 2. Dezember 1996 geänderten und aktualisierten Fassung, diese wiederum geändert durch die Verordnung (EG) Nr. 1992/2006 des Europäischen Parlaments und des Rates vom 18. Dezember 2006, ist dahin auszulegen, dass unter Umständen wie denen des Ausgangsverfahrens eine Person, die im Rahmen von aufeinanderfolgenden Arbeitsverträgen, in denen als Arbeitsort das Gebiet mehrerer Mitgliedstaaten angegeben ist, für die Dauer der einzelnen Verträge tatsächlich jeweils nur im Gebiet eines einzigen dieser Staaten arbeitet, nicht unter den Begriff „Person, die gewöhnlich im Gebiet von zwei oder mehr Mitgliedstaaten abhängig beschäftigt ist" im Sinne dieser Bestimmung fallen kann.

EuGH, Urteil vom 04. 10. 2012 – C-115/11 – (Format Urzadzenia i Montaze Przemyslowe)

50. **Massenentlassung – Geltungsbereich der Richtlinie EGRL 59/98 – Schließung einer amerikanischen Militärbasis – Unzuständigkeit des Gerichtshofs (Art. 267 AEUV, Art. 1 Abs. 2 Buchst. b EGRL 59/98)**

Orientierungssatz

Gemäß der in Art. 1 Abs. 2 Buchst. b EGRL 59/98 vorgesehenen Ausnahme fällt die Entlassung der Belegschaft einer Militärbasis nicht in den Geltungsbereich dieser Richtlinie, unabhängig davon, ob es sich um eine Militärbasis handelt, die einem Drittstaat gehört.

Tenor

Der Gerichtshof der Europäischen Union ist für die Beantwortung der Frage, die der Court of Appeal (England & Wales) (Civil Division) (Vereinigtes Königreich) mit Entscheidung vom 6. Dezember 2010 vorgelegt hat, nicht zuständig.

EuGH, Urteil vom 18. 10. 2012 – C-583/10 – (Nolan)

51. Nichtberücksichtigung der im Rahmen von befristeten Arbeitsverträgen zurückgelegten Dienstzeiten bei Verbeamtung zur Stabilisierung des Arbeitsverhältnisses ohne sachlichen Grund – Auslegung von § 4 der Rahmenvereinbarung über befristete Arbeitsverträge im Anhang der Richtlinie EGRL 70/99 (Art. 267 AEUV, Anh. Rahmenvereinbarung § 4 Nr. 1 EGRL 70/99, Anh. Rahmenvereinbarung § 4 Nr. 4 EGRL 70/99)

Tenor

Paragraf 4 der am 18. März 1999 geschlossenen Rahmenvereinbarung über befristete Arbeitsverträge, die im Anhang der Richtlinie 1999/70/EG des Rates vom 28. Juni 1999 zu der EGB-UNICE-CEEP-Rahmenvereinbarung über befristete Arbeitsverträge enthalten ist, ist dahin auszulegen, dass er einer nationalen Regelung wie der in den Ausgangsverfahren in Rede stehenden, die die Berücksichtigung von Dienstzeiten, die ein bei einer Behörde befristet beschäftigter Arbeitnehmer zurückgelegt hat, zur Festlegung seines Dienstalters bei seiner unbefristeten Einstellung durch diese Behörde als Berufsbeamter im Rahmen eines besonderen Verfahrens zur Stabilisierung seines Arbeitsverhältnisses vollständig ausschließt, entgegensteht, es sei denn, dieser Ausschluss ist durch „sachliche Gründe" im Sinne von Paragraf 4 Nrn. 1 und/oder 4 gerechtfertigt. Der bloße Umstand, dass der befristet beschäftigte Arbeitnehmer diese Dienstzeiten auf der Grundlage eines befristeten Arbeitsvertrags oder -verhältnisses zurückgelegt hat, stellt keinen solchen sachlichen Grund dar.

EuGH, Urteil vom 18. 10. 2012 – C-302/11 bis C-305/11 – (Valenza)

52. Freizügigkeit – Art. 39 EG – Angehöriger eines Mitgliedstaats, der in einem anderen Mitgliedstaat eine Beschäftigung sucht – Gleichbehandlung – Überbrückungsgeld für junge Menschen auf der Suche nach einer ersten Beschäftigung – Gewährung unter der Voraussetzung, mindestens sechs Ausbildungsjahre im Aufnahmestaat zurückgelegt zu haben. (Art. 39 Abs. 2 EG, Art. 39 Abs. 3 EG, Art. 12 EG, Art. 17 EG, Art. 18 EG, EWGV 1612/68)

Tenor

Art. 39 EG steht einer nationalen Vorschrift wie der im Ausgangsverfahren in Rede stehenden entgegen, die den Anspruch auf Überbrückungsgeld junger Menschen, die auf der Suche nach ihrer ersten Beschäftigung sind, an die Bedingung knüpft, dass der Betroffene mindestens sechs Ausbildungsjahre an einer Bildungseinrichtung des Aufnahmemitgliedstaats zurückgelegt hat, da diese Bedingung die Berücksichtigung anderer repräsentativer Gesichtspunkte verhindert, die geeignet sind, das Bestehen einer tatsächlichen Verbindung zwischen der Person, die das Überbrückungsgeld beantragt, und dem betreffenden räumlichen Arbeitsmarkt zu belegen, und dadurch über das hinausgeht, was zur Erreichung des mit der genannten Vorschrift verfolgten Ziels, das Bestehen einer solchen Verbindung zu gewährleisten, erforderlich ist.

EuGH, Urteil vom 25. 10. 2012 – C-367/11 – (Prete)

53. Vertragsverletzungsverfahren – Altersdiskriminierung – Art. 2 und 6 Abs. 1 EGRL 78/ 2000 – Zwangspensionierung ungarischer Richter bei Erreichen des 62. Lebensjahrs (Art. 258 AEUV, Art. 1 EGRL 78/2000, Art. 2 Abs. 1 EGRL 78/2000, Art. 2 Abs. 2 EGRL 78/2000, Art. 6 Abs. 1 EGRL 78/2000)

Tenor

1. Ungarn hat dadurch gegen seine Verpflichtungen aus Art. 2 und Art. 6 Abs. 1 der Richtlinie 2000/78/EG des Rates vom 27. November 2000 zur Festlegung eines allgemeinen Rahmens für die Verwirklichung der Gleichbehandlung in Beschäftigung und Beruf verstoßen, dass es eine nationale Regelung erlassen hat, wonach Richter, Staatsanwälte und Notare bei Erreichen des 62. Lebensjahrs aus dem Berufsleben ausscheiden müssen, was zu einer unterschiedlichen Behandlung aufgrund des Alters führt, die außer Verhältnis zu den verfolgten Zielen steht.

2. Ungarn trägt die Kosten.

EuGH, Urteil vom 06. 11. 2012 – C-286/12 – (Kommission/Ungarn)

54. Mittelbare Diskriminierung teilzeitbeschäftigter Frauen durch spanische Vorschriften zur beitragsbezogenen Altersrente – Art. 4 EWGRL 7/79 (Art. 157 AEUV, Art. 267 AEUV, Art. 4 Abs. 1 EWGRL 7/79, Anh Rahmenvereinbarung § 4 EGRL 81/97, Art. 4 EGRL 54/2006)

Tenor

Art. 4 der Richtlinie 79/7/EWG des Rates vom 19. Dezember 1978 zur schrittweisen Verwirklichung des Grundsatzes der Gleichbehandlung von Männern und Frauen im Bereich der sozialen Sicherheit ist dahin auszulegen, dass er unter Umständen wie denen des Ausgangsverfahrens einer Regelung eines Mitgliedstaats entgegensteht, nach der Teilzeitbeschäftigte, bei denen es sich überwiegend um Frauen handelt, gegenüber Vollzeitbeschäftigten proportional längere Beitragszeiten zurücklegen müssen, um gegebenenfalls einen Anspruch auf eine beitragsbezogene Altersrente zu haben, deren Höhe proportional zu ihrer Arbeitszeit herabgesetzt ist.

EuGH, Urteil vom 22. 11. 2012 – C-385/11 – (Elbal Moreno)

55. Arbeitnehmerfreizügigkeit – Art. 45 AEUV – Sozialversicherungsbeitragserstattung – Beihilfe zur Einstellung von älteren Arbeitslosen und Langzeitarbeitslosen – Erfordernis der Meldung bei einer Vermittlungsstelle der nationalen Arbeitsverwaltung – Wohnsitzerfordernis (Art. 21 AEUV, Art. 45 AEUV, Art. 267 AEUV

Tenor

Art. 45 AEUV ist dahin auszulegen, dass er einer Regelung eines Mitgliedstaats entgegensteht, die die Gewährung einer Beihilfe an Arbeitgeber zur Einstellung von Arbeitslosen, die mindestens das 45. Lebensjahr vollendet haben, an die Bedingung knüpft, dass der eingestellte Arbeitslose im selben Mitgliedstaat als arbeitsuchend gemeldet sein muss, wenn eine solche Meldung - was zu überprüfen Sache des vorlegenden Gerichts ist - an das Erfordernis eines Wohnsitzes in diesem Staat geknüpft ist.

EuGH, Urteil vom 13. 12. 2012 – C-379/11 – (Caves Krier Frères)

5. Elektronische Datenverarbeitung – Datenschutz

56. Vorabentscheidungsersuchen zur Auslegung von Art. 7 Buchst. f der EGRL 46/95 zum Schutz natürlicher Personen bei der Verarbeitung personenbezogener Daten und zum freien Datenverkehr; unmittelbare Wirkung (Art. 7 Buchst. f EGRL 46/95, Art. 267 AEUV)

Tenor

1. Art. 7 Buchst. f der Richtlinie 95/46/EG des Europäischen Parlaments und des Rates vom 24. Oktober 1995 zum Schutz natürlicher Personen bei der Verarbeitung personenbezogener Daten und zum freien Datenverkehr ist dahin auszulegen, dass er einer nationalen Regelung entgegensteht, die für die Verarbeitung personenbezogener Daten, die zur Verwirklichung eines berechtigten Interesses, das von dem für diese Verarbeitung Verantwortlichen oder von dem bzw. den Dritten wahrgenommen wird, denen diese Daten übermittelt werden, erforderlich ist, ohne Einwilligung der betroffenen Person nicht nur verlangt, dass deren Grundrechte und Grundfreiheiten nicht verletzt werden, sondern auch, dass diese Daten in öffentlich zugänglichen Quellen enthalten sind, und damit kategorisch und verallgemeinert jede Verarbeitung von Daten ausschließt, die nicht in solchen Quellen enthalten sind.

2. Art. 7 Buchst. f der Richtlinie 95/46 hat unmittelbare Wirkung.

EuGH, Urteil vom 24. 11. 2011 – C-468/10, C-469/10 – (Asociación Nacional de Establecimientos Financieros de Crédito)

57. Ordentliche verhaltensbedingte Kündigung – Verdeckte Videoüberwachung – Beweisverwertungsverbot (§ 1 Abs. 2 S. 1 Alt. 2 KSchG, § 241 Abs. 2 BGB, Art. 1 Abs. 1 GG, Art. 2 Abs. 1 GG, § 6b Abs. 1 BDSG 1990, § 6b Abs. 2 BDSG 1990, § 6b Abs. 3 BDSG 1990)

Leitsatz

1. Entwendet eine Verkäuferin Zigarettenpackungen aus dem Warenbestand des Arbeitgebers, kann dies auch nach längerer Beschäftigungsdauer eine Kündigung des Arbeitsverhältnisses rechtfertigen. (Rn. 20)

2. Das aus einer verdeckten Videoüberwachung öffentlich zugänglicher Arbeitsplätze gewonnene Beweismaterial unterliegt nicht allein deshalb einem prozessualen Beweisverwertungsverbot, weil es unter Verstoß gegen das Gebot in § 6b Abs. 2 BDSG gewonnen wurde, bei Videoaufzeichnungen öffentlich zugänglicher Räume den Umstand der Beobachtung und die verantwortliche Stelle durch geeignete Maßnahmen kenntlich zu machen. (Rn.35)

BAG, Urteil vom 21. 06. 2012 – 2 AZR 153/11 –

6. Kirche, kirchliche Einrichtungen

58. Einvernehmen zur Verselbständigung von Dienststellenteilen

Leitsatz

1. Das Einvernehmen nach § 3 Abs. 2 Satz 1 MVG.EKD muss hinreichend manifest sein. Dies folgt nicht zuletzt aus der gleichsam normativen Wirkung eines solchen Einvernehmens. Erst durch das Einvernehmen werden die „neuen" Zuschnitte und Strukturen der Mitarbeitervertretung festgelegt. Nur durch dieses grundlegende Einvernehmen wird den Mitarbeiterinnen und Mitarbeitern in den betroffenen Dienststellenteilen die Fähigkeit zuerkannt, dort eigenständige Mitarbeitervertretungen zu bilden, dies dann allerdings mit zwingender normativer Wirkung für alle, d.h. für die Dienststellenleitung, die Mitarbeiterinnen und Mitarbeiter und für die Mitarbeitervertretungen.

2. Der normativen Wirkung widerspricht es, das Einvernehmen nur aus Umständen abzuleiten, vor allem nur daraus, dass die Dienststellenleitung gegen die Wahl nichts unternommen hat.

KGH.EKD, Beschl. vom 21. 03. 2011 – I-0124/S76-10 –

59.

Leitsatz

1. Es ist keine Behinderung der Arbeit der Mitarbeitervertretung, wenn die Dienststelle eine andere Meinung als die Mitarbeitervertretung zur Behandlung von Zeiten vertritt, die ein Mitglied der Mitarbeitervertretung als Arbeitszeiten berücksichtigt bekommen möchte.

2. Unterschiedliche Auffassungen über die arbeitszeitliche Behandlung von Tätigkeitsstunden eines freigestellten Mitglieds der Mitarbeitervertretung sind zwischen diesem und der Dienststelle zu klären; eine insoweit von der Dienststelle vertretene Rechtsansicht ist keine Verletzung von kollektiven Rechten des Mitglieds und keine Behinderung seiner Amtstätigkeit, sondern ein der Klärung zugänglicher Rechtsstandpunkt. Dadurch wird erst recht nicht die Arbeit der Mitarbeitervertretung insgesamt behindert.

KGH.EKD, Beschl. vom 24. 05. 2011 – II-0124/S31-10 –

60. Hebung der Arbeitsleistung

Leitsatz

1. Unter den Mitbestimmungstatbestand „Hebung der Arbeitsleistung" (§ 40 Buchst. i MVG.EKD) fallen Maßnahmen, die darauf abzielen, die Effektivität der Arbeit in der vorgegebenen Zeit qualitativ oder quantitativ zu fördern, d.h., die Güte oder Menge der zu leistenden Arbeit zu steigern.

2. Der Schutzzweck des § 40 Buchst. i MVG.EKD, wie auch der der vergleichbaren Bestimmungen im staatlichen Personalvertretungsrecht, liegt darin, die Mitarbeiterinnen und Mitarbeiter vor unnötigen und/oder unzumutbaren Belastungen durch einseitige unkontrollierte Direktiven der Arbeitgeber- oder Dienstgeberseite durch Beteiligung der Mitarbeitervertretung bzw. der Personalvertretung zu schützen. Als unnötig oder unzumutbar kann eine Belastung nur

dann angesehen werden, wenn die Erhöhung des Arbeitsdrucks infolge der Maßnahme für die Mitarbeitenden objektiv deutlich spürbar ist. Dabei muss eine Gesamtabwägung vorgenommen werden, in der auch die Entlastungen der Mitarbeitenden aufgrund der Änderung der Arbeitsweise zu berücksichtigen sind. Erst wenn der „Saldo" eine hinreichend deutliche Mehrbelastung ergibt, ist von einer „Hebung der Arbeitsleistung" i.S. des § 40 Buchst. i MVG.EKD auszugehen.

KGH.EKD, Beschl. vom 24. 05. 2011 – I-0124/S39-10 –

61. Einstellung – Vergabe Radiologischer Dienstleistungen

Leitsatz

Voraussetzung für eine Einstellung i.S.d. § 42 Buchst. a MVG.EKD ist, dass der „Eingestellte" dem Weisungsrecht der Dienststelle im Hinblick auf den Umgang mit den „Klienten" der Einrichtung, z.B. den Patienten des von der Dienststelle betriebenen Krankenhauses, unterliegt. Ein solches Weisungsrecht ist auch dann anzunehmen, wenn Tätigkeiten zeitlich oder inhaltlich oder in anderer Hinsicht von der Dienststelle vorgegeben werden, mag die konkrete Durchführung auch im Einzelfall abgesprochen sein (Fortführung und Abgrenzung zu KGH.EKD, Beschluss vom 29. Januar 2007 – II-0124/M38-06 – ZMV 2007, 197).

KGH.EKD, Beschl. vom 24. 05. 2011 – I-0124/S66-10 –

62. Außerordentliche Kündigung eines Mitglieds der Mitarbeitervertretung

Leitsatz

1. Einem Mitglied der Mitarbeitervertretung kann nur bei Vorliegen eines wichtigen Grundes gekündigt werden. Erstattet ein Dienstnehmer eine Anzeige gegen seinen Dienstgeber, kann dieses ein Grund für eine außerordentliche Kündigung sein. Es ist stets aufgrund der konkreten Umstände des Einzelfalls zu prüfen, aus welcher Motivation die Anzeige erfolgt ist und ob darin eine verhältnismäßige Reaktion des Dienstnehmers auf das Verhalten des Dienstgebers liegt.

2. Die Dienststelleleitung trägt die Behauptungslast dafür, ob eine Anfrage an die zuständige Aufsichtsbehörde mit der Bitte um Auskunft über gesetzliche Grundlagen unter gleichzeitiger Schilderung von Gegebenheiten ohne Nennung des Namens der Dienststelle eine gegen die Dienststelle gerichtete Anzeige darstellt.

3. Wenn eine solche Anfrage eine Vertragspflichtverletzung darstellen sollte, liegt kein Grund für eine außerordentliche Kündigung „als solche" vor, wenn ein leitender Physiotherapeut damit bei einer Meinungsverschiedenheit mit der Dienststelle die Klärung von Ausbildungserfordernissen erreichen möchte.

KGH.EKD, Beschl. vom 18. 07. 2011 – II-0124/S33-10 –

63. Kirchlicher Arbeitnehmer – Kündigung – Loyalitätsverstoß (Art. 4 Abs. 1 GG, Art. 2 Abs. 1 GG, Art. 6 Abs. 1 GG, Art. 140 GG, Art. 137 Abs. 3 WRV, § 1 Abs. 2 KSchG, Art. 8 MRK, Art. 9 MRK, Art. 11 MRK, Art. 12 MRK, can 1055 CIC, can 1056 CIC, can 1085 § 2 CIC, Art. 2 KathKiGrdO, Art. 3 Abs. 2 KathKiGrdO, Art. 4 Abs. 1 KathKiGrdO, Art. 5 Abs. 1 KathKiGrdO, Art. 5 Abs. 2 KathKiGrdO, Art. 5 Abs. 3 KathKiGrdO, Art. 5 Abs. 4 KathKiGrdO, Art. 5 Abs. 5 KathKiGrdO, § 1 AGG, § 3 Abs. 1 AGG, § 7 AGG, § 9 Abs. 1 AGG, § 9 Abs. 2 AGG, Art. 4 Abs. 2 EGRL 78/2000)

Leitsatz

Auch bei Kündigungen wegen Enttäuschung der berechtigten Loyalitätserwartungen eines kirchlichen Arbeitgebers kann die stets erforderliche Interessenabwägung im Einzelfall zu dem Ergebnis führen, dass dem Arbeitgeber die Weiterbeschäftigung des Arbeitnehmers zumutbar und die Kündigung deshalb unwirksam ist. Abzuwägen sind das Selbstverständnis der Kirchen einerseits und das Recht des Arbeitnehmers auf Achtung seines Privat- und Familienlebens andererseits. (Rn. 45)

BAG, Urteil vom 08. 09. 2011 – 2 AZR 543/10 –

64. Feststellungsanspruch der Mitarbeitervertretung in Bezug auf das für die Dienststelle gültige Arbeitsrecht

Leitsatz

1. § 36 Abs. 3 Nr. 2 MVG.K gibt der Mitarbeitervertretung das Recht auf die Feststellung, dass die Dienststelle die Anwendung einer bestimmten Arbeitsvertragsrichtlinie zu unterlassen hat, weil deren Anwendung mit den Mitgliedschaftspflichten im Diakonischen Werk der Ev.-luth. Landeskirche Hannovers e.V. (DW.H) nicht vereinbar ist.

2. Unter unmittelbarer Geltung im Sinne des § 8 Abs. 2 Buchst. e S. 1 Eingangssatz der Satzung des DW.H ist die Anwendungspflicht der Einrichtung kraft Satzung des Diakonischen Werkes oder der Kirche zu verstehen, für die und auf dessen rechtlicher Grundlagen die Arbeitsrechtsregelung geschaffen worden ist.

KGH.EKD, Beschl. vom 08. 09. 2011 – I-0124/S67-10 –

65. Arbeitslosengeld – Sperrzeit wegen Arbeitsaufgabe – versicherungswidriges Verhalten – Aufhebungsvertrag mit kirchlichem Arbeitgeber – drohende fristlose verhaltensbedingte Kündigung – satirische Äußerungen über den Papst im Privatbereich – Zerstörung des Vertrauensverhältnisses – Zumutbarkeit des Abwartens der Arbeitgeberkündigung (§ 144 Abs. 1 S. 1 SGB III vom 22. 12. 2005, § 144 Abs. 1 S. 2 Nr. 1 SGB III vom 22. 12. 2005, § 626 Abs. 1 BGB, Art. 4 KathKiGrdO, Art. 5 KathKiGrdO)

Leitsatz

Ein Arbeitnehmer kann sich nicht auf einen wichtigen Grund für den Abschluss eines Aufhebungsvertrages berufen, wenn er seine aus dem Dienstvertrag mit dem dem Caritasverband angeschlossenen Arbeitgeber folgende Loyalitätsobliegenheit, kirchenfeindliches Verhalten zu unterlassen, durch Veröffentlichung von Artikeln im Internet, in denen er Papst Benedikt XVI in extremer Weise herabwürdigt, verletzt und ihm der Arbeitgeber deshalb eine fristlose verhaltensbedingte Kündigung androht.

LSG Baden-Württemberg, Urteil vom 21. 10. 2011 – L 12 AL 2879/09 –

66. Informationspflicht über Mitarbeiter Dritter

Leitsatz

1. Die Grenze der Informationspflicht ist dort erreicht, wo mitarbeitervertretungsrechtliche Beteiligungsrechte offenkundig auszuschließen sind (Bestätigung von KGH.EKD, Beschluss vom 24. August 2010 – II-0124/R28-09 – z.V.v.).

2. Dies gilt nicht nur, wenn von Anfang an kein Beteiligungsrecht bestanden hat, sondern auch, wenn es wegen Zeitablaufs nach § 61 Abs. 1 MVG.EKD verfallen und deshalb nicht mehr mit gerichtlicher Hilfe durchsetzbar ist.

3. Die Unterrichtung nach § 34 Abs. 3 Satz 3 MVG.EKD über Personen und Einsatz von Mitarbeitern dritter Unternehmen dient dem Zweck, Tatsachen zu erfahren, aus denen die Mitarbeitervertretung erkennen kann, ob es sich bei der Betätigung der Fremdarbeitskräfte in der Einrichtung um Arbeitnehmerüberlassung handelt oder um die Erbringung einer gegenständlich bestimmten Dienst- oder Werkleistung.

4. Ist eine Einstellung ohne Beteiligung der Mitarbeitervertretung erfolgt, so kann sie deswegen innerhalb der zweimonatigen Frist des § 61 Abs. 1 MVG.EKD das Kirchengericht anrufen. Diese Frist stellt eine materiell-rechtliche Ausschlussfrist dar. Wird sie überschritten, so kann die Mitarbeitervertretung die Rechtsverletzung nicht mehr geltend machen.

KGH.EKD, Beschl. vom 28. 11. 2011 – I-0124/T8-11 –

67. Kostentragung für rechtsanwaltliche Verfahrensvertretung

Leitsatz

1. Die Kosten eines von der Mitarbeitervertretung als Verfahrensbevollmächtigten herangezogenen Rechtsanwalts sind gemäß § 30 Abs. 2 Satz 1 MVG.EKD dem Grunde nach von der Dienststelle nur zu tragen, wenn und soweit diese Heranziehung erforderlich war (st. Rechtspre-

chung des Kirchengerichtshofs der EKD (vormals des Verwaltungsgerichts der EKD), Beschluss vom 10. Juli 1997 – 0124/A16-96 – NZA 1997, 1303).

2. Die Erforderlichkeit muss gerade für das jeweilige gerichtliche Verfahren gegeben sein. Werden nacheinander mehrere Verfahren anhängig gemacht, die einen strukturell gleichen Gegenstand betreffend, so ist grundsätzlich nicht für alle Verfahren die sofortige rechtsanwaltliche Vertretung vom Beginn jedes Verfahrens an erforderlich. Dies ist vor allem dann der Fall, wenn die Mitarbeitervertretung aufgrund der zuvor anhängig gemachten Streitverfahren in der Lage ist, die Antragsschrift im Wesentlichen selbst zu formulieren. Dann kann sich die Erforderlichkeit rechtsanwaltlicher Vertretung in einem später anhängig gemachten Verfahren ggf. erst ergeben, wenn feststeht, dass das Verfahren streitig durchgeführt werden muss, weil die strittige Frage nicht bereits in einem anderen, zeitlich vorangehenden Verfahren entschieden worden ist.
KGH.EKD, Beschl. vom 28. 11. 2011 – I-0124/T18-11 –

68. BAT-KF – Eingruppierung Chefarztsekretärin

Leitsatz

Will die Mitarbeitervertretung ihre Zustimmung zur Eingruppierung mit der Begründung verweigern, es treffe die Eingruppierung in eine höhere als von der Dienststellenleitung für zutreffend gehaltene Entgeltgruppe zu, so müssen im Streit darüber, ob die Zustimmung zu Recht verweigert worden ist (§ 41 Abs. 1, § 42 Buchst. c MVG.EKD) alle Tatsachen dargelegt und ggf. bewiesen werden, aus denen folgt, dass die Merkmale der von der Mitarbeitervertretung für richtig gehaltenen Entgeltgruppe vorliegen. Anderenfalls muss festgestellt werden, dass die Zustimmungsverweigerung ohne rechtfertigenden Grund erfolgt ist.
KGH.EKD, Beschl. vom 28. 11. 2011 – I-0124/T30-11 –

69. Eingruppierung einer gestellten DRK-Schwester

Leitsatz

1. Die auf grundsätzlicher Bedeutung (§ 63 Abs. 2 Satz 2 Nr. 2 MVG.EKD) gestützte Beschwerde gegen den angefochtenen Beschluss ist nicht zur Entscheidung anzunehmen, wenn dieser nach der darin enthaltenen Begründung nicht von der Rechtsfrage abhängt, die ihm nach der Beschwerdebegründung zu Grunde liegen soll.

2. Die Pflicht zur Eingruppierung setzt ein durch Arbeitsvertrag begründetes Arbeitsverhältnis voraus, an das der Mitarbeiter und die Dienststelle als Arbeitsvertragsparteien gebunden sind. Sie dient der arbeitsvertrags- und vergütungsordnungsgerechten Entgeltfindung und -bemessung.
KGH.EKD, Beschl. vom 28. 11. 2011 – I-0124/T40-11 –

70. Zulässigkeit der Durchführung eines Vermittlungsverfahrens nach § 11 AKDCVO (§ 11 AKDCVO, Art. 7 GrOkathK, Art. 2 Abs. 2 GrOkathK, § 308 Nr. 4 BGB, § 307 Abs. 1 S. 2 BGB, § 305c Abs. 1 BGB, § 310 Abs. 4 S. 1 BGB, § 310 Abs. 4 S. 2 BGB)

Leitsatz

1. Nach § 2 Abs. 1 KAGO sind die kirchlichen Gerichte für Arbeitssachen für Rechtsstreitigkeiten aus dem Recht der nach Art. 7 GrOkathK gebildeten Kommissionen zur Ordnung des Arbeitsvertragsrechts zuständig. Das gilt auch für einen Rechtsstreit zwischen der Dienstgeber- und der Dienstnehmerseite in der Regionalkommission Nordrhein-Westfalen der Arbeitsrechtlichen Kommission des Deutschen Caritasverbandes über die Einleitung und Durchführung des satzungsrechtlich vorgesehenen Vermittlungsverfahrens.

2. Die Erkenntnis des päpstlichen Sondergerichts, dass kirchenrechtlich keine zwingende rechtliche Verpflichtung zur Übernahme der Grundordnung gemäß Art. 2 Abs. 2 GrOkathK bestehe, schließt nicht aus, dass ein Rechtsträger aus anderen Gründen verpflichtet sein kann, sich der kirchlichen Arbeitsrechtsordnung zu unterwerfen. Mag sich im Einzelfall aus dem kanonischen Recht keine Rechtsverpflichtung zur Übernahme der Grundordnung ergeben, so kann eine solche Rechtbindung sich aber sehr wohl satzungs-, stiftungs-, gesellschafts- oder aufsichtsrechtlich begründen lassen.

3. Die Mitgliedschaft im Caritasverband verpflichtet den jeweiligen Rechtsträger zur Übernahme und Anwendung der Grundordnung, will er seine Mitgliedschaft im Caritasverband nicht zur Disposition stellen (Bestätigung von KAGH vom 06. 05. 2011 – M 06/11).

4. Schutzzweck des „Dritten Weges" ist wie für Tarifverträge, angemessene Arbeitsbedingungen unter paritätischer Beteiligung der Mitarbeiter festzulegen, die durch die Bezugnahme im Einzelarbeitsvertrag für kirchliche Arbeitsverhältnisse verbindlich werden. Mit der Ermöglichung einer einrichtungsspezifischen Regelung können sonst einschlägige Vertragsbestimmungen des "Dritten Weges" zu Lasten der Mitarbeiter unterschritten werden können; aber in Betracht kann auch eine einrichtungsspezifische Regelung zu Gunsten der Mitarbeiter kommen.

5. Das Regelungswerk des „Dritten Weges" ist gruppenbezogen ist und muss daher dem Gleichbehandlungsgrundsatz entsprechen. Der Gleichbehandlungsgrundsatz gilt nicht nur für Sondervergütungen, sondern auch für Entgelte, die in einem Gegenseitigkeitsverhältnis zur Arbeitsleistung stehen. Er verbietet nicht nur die sachfremde Schlechterstellung einzelner Arbeitnehmer gegenüber anderen Arbeitnehmern in vergleichbarer Lage, sondern auch die sachfremde Unterscheidung zwischen Arbeitnehmern in einer bestimmten Ordnung (vgl. BAG, Urteil vom 18. 09. 2001 – 3 AZR 656/00 = AP Nr. 179 zu § 242 BGB Gleichbehandlung; st. Rspr. des BAG).

6. Die Bezugnahme in Arbeitsverträgen auf die Regelungswerke des „Dritten Weges" ist, wenn sie auf die jeweilige Fassung verweisen, eine dynamische Bezugnahmeklausel, die einen Änderungsvorbehalt i.S. des § 308 Nr. 4 BGB darstellt (so BAG, Urteil vom 22. 07. 2010 – 6 AZR 847/07 = AP Nr. 55 zu § 611 BGB Kirchendienst). Sie genügt zwar dem Transparenzgebot (§ 307 Abs. 1 Satz 2 BGB) und ist auch keine überraschende Klausel i.S. v. § 305c Abs. 1 BGB, denn bei einem Arbeitsvertrag mit einem kirchlich-karitativen Werk habe, wie das Bundesarbeitsgericht ausführt, ein Arbeitnehmer davon auszugehen, „dass ein Arbeitgeber das spezifisch kirchliche Arbeitsvertragsrecht in seiner jeweiligen Fassung zum Gegenstand des Arbeitsverhältnisses machen will und dazu auch kirchenrechtlich verpflichtet ist" (BAG, a.a.O. Rn. 16). Da die Regelungswerke des „Dritten Weges" nicht unter § 310 Abs. 4 Satz 1 BGB fallen, der für Tarifverträge und Betriebs- und Dienstvereinbarungen eine Bereichsausnahme von §§ 305 ff. BGB enthält, sondern von § 310 Abs. 4 Satz 2 BGB erfasst werden, nach dem bei der Anwendung der AGB-Regelung lediglich die im Arbeitsrecht geltenden Besonderheiten angemessen zu berücksichtigen sind, findet auch § 308 Nr. 4 BGB Anwendung, nach dem ein Änderungsvorbehalt unwirksam ist, wenn nicht die Vereinbarung der Änderung oder Abweichung unter Berücksichtigung der Interessen des Arbeitgebers für den Arbeitnehmer zumutbar ist. Es geht daher bei den Regelungswerken des „Dritten Weges" nicht um einen Mindestschutz, sondern um eine Angemessenheit, die vom Bundesarbeitsgericht gemäß § 310 Abs. 4 Satz 2 BGB als im Arbeitsrecht geltende Besonderheit anerkannt wird, wenn sie auf dem „Dritten Weg" entstanden ist und von einer paritätisch mit weisungsunabhängigen Mitgliedern besetzten Arbeitsrechtlichen Kommission beschlossen wurde (BAG a.a.O. Rn. 31).

Kirchlicher Arbeitsgerichtshof für die deutschen Diözesen, Urteil vom 16. 12. 2011 – K 09/11 –

71. Außerordentliche Kündigung einer Dienstvereinbarung (§ 626 BGB)

Leitsatz

1. Eine für eine bestimmte oder unbestimmte Dauer geltende Dienstvereinbarung kann nicht nur ordentlich (fristgemäß) gekündigt werden (vgl. § 36 Abs. 5 MVG.EKD); sie kann auch außerordentlich (fristlos) gekündigt werden.

2. Die außerordentliche Kündigung einer Dienstvereinbarung setzt voraus, dass dem Kündigenden das Festhalten an der Dienstvereinbarung unter Abwägung der Umstände des Einzelfalles nicht zugemutet werden kann.

3. Für die Prüfung, ob ein Festhalten an einer Dienstvereinbarung unzumutbar ist oder nicht, kommt es nicht darauf an, ob dies ggf. im Zeitpunkt deren (angeblicher) Verletzung der Fall gewesen sein mag, sondern auf den Zeitpunkt des Zugangs der Erklärung der außerordentlichen Kündigung.

KGH.EKD, Beschluss vom 22. 12. 2011 – I-0124/T21-11 –

72. Kündigung des Vorsitzenden der Mitarbeitervertretung

Leitsatz

Besteht die Mitarbeitervertretung nur aus einer Person und beabsichtigt die Dienststelle, dieser Person zu kündigen, so bedarf die Kündigung der Zustimmung des Ersatzmitglieds (§ 21 Abs. 2 Satz 2 MVG.EKD). Diese rechtliche Verhinderung, über den Antrag auf Zustimmung in einer seine Person betreffenden Angelegenheit zu entscheiden, hindert diese Person aber nicht daran, den schriftlichen Antrag der Dienststellenleitung auf Zustimmung zur Kündigung entgegenzunehmen. Die eine Person, aus der die Mitarbeitervertretung besteht, gibt in einem solchen Fall nur einen inhaltlich vorgegebenen Zustimmungsantrag an das Ersatzmitglied, im Falle seiner Verhinderung an ein anderes Ersatzmitglied, weiter (im Anschluss an BAG vom 19. März 2003 – 7 ABR 15/02 – AP Nr. 77 zu § 40 BetrVG 1972 Rn. 12).

KGH.EKD, Beschl. vom 02. 01. 2012 – II-0124/T53-11 –

73. Kirchliche Arbeitsrechtsregelung über Einmalzahlungen – Dienstvertragsordnung – Bezugnahmeklausel (§ 305 BGB, § 1 EvKiKonfödDVtrO ND vom 16. 05. 1983, § 9 EvKi-KonfödMAG ND vom 10. 03. 2000, § 15 a EvKiKonföd-MAG ND vom 10. 03. 2000, § 26 EvKiKonfödMAG ND vom 10. 03. 2000, § 133 BGB, § 157 BGB)

Leitsatz

1. Das Mitarbeitergesetz der Konföderation evangelischer Kirchen in Niedersachsen lässt keine auf dem dritten Weg beschlossene Vergütungsregelung außerhalb der Dienstvertragsordnung zu. Trifft die Arbeits- und Dienstrechtliche Kommission gestützt auf das Mitarbeitergesetz eine entsprechende Arbeitsrechtsregelung, ändert diese materiell-rechtlich die Dienstvertragsordnung auch dann, wenn sie nicht als eine solche Änderung bezeichnet und scheinbar als eigenständige Regelung konzipiert ist. (Rn. 23)

2. Bezugnahmeklauseln auf die Bestimmungen des kirchlichen Arbeitsrechts sind grundsätzlich dahin auszulegen, dass sie dem kirchlichen Arbeitsrecht im privatrechtlichen Arbeitsverhältnis umfassend Geltung verschaffen. (Rn. 29)

BAG, Urteil vom 16. 02. 2012 – 6 AZR 573/10 –

74. Ordentliche Kündigung wegen weisungswidrigen internen Versands von E-Mails (§ 1 Abs. 2 KSchG)

Leitsatz

1. Eine geringfügige Störung genügt für die soziale Rechtfertigung einer verhaltensbedingten Kündigung des Arbeitsverhältnisses (§ 1 Abs. 2 KSchG) in aller Regel nicht.

2. Auf vorangegangenes Fehlverhalten kann zur Rechtfertigung einer verhaltensbedingten ordentlichen Kündigung nicht mehr zurückgegriffen werden, wenn es Gegenstand einer Abmahnung geworden ist.

KGH.EKD, Beschl. vom 23. 02. 2012 – II-0124/T20-11 –

75. Zustimmungsersetzung zur außerordentlichen Kündigung eines Mitgliedes der Mitarbeitervertretung

Leitsatz

1. Zumindest bei der außerordentlichen fristlosen Kündigung (§ 626 BGB) ist gegen eine Kürzung der Frist für die Stellungnahme der Mitarbeitervertretung auf fünf Tage regelmäßig nichts zu erinnern.

2. Die Rechtfertigung einer außerordentlichen Kündigung des Arbeitsvertrages (§ 626 BGB) mit einem Mitarbeiter, der der Mitarbeitervertretung angehört, setzt voraus, dass es der Dienststellenleitung auch ohne den besonderen Amtsschutz des Mitarbeiters nicht zuzumuten ist, den Mitarbeiter auch nur bis zum Ablauf der (fiktiven) Frist für eine ordentliche Kündigung weiter zu beschäftigen (vgl. KGH.EKD, Beschluss vom 29. Mai 2009 – II-0124/M22-06 – ZMV 2006, 247).

KGH.EKD, Beschl. vom 23. 02. 2012 – II-0124/T60-11 –

76. Individualanspruch auf Freizeitausgleich für eine Schulungsteilnahme

Leitsatz

Die Verfolgung von Individualansprüchen (Freizeitausgleich für eine Schulungsteilnahme außerhalb der persönlichen Arbeitszeit) zählt nicht zu den gesetzlichen Aufgaben der Mitarbeitervertretung nach dem Kirchengesetz der Konföderation evangelischer Kirchen in Niedersachsen (MVG.K); dies gilt auch, wenn die Ansprüche auf Mitarbeitervertretungstätigkeiten gestützt werden.

KGH.EKD, Beschl. vom 28. 03. 2012 – I-0124/T55-11 –

77. Mitarbeitervertretungsrechtlicher Begriff der Einrichtung (§ 1 Abs. 1 MAVO Augsburg, § 1a Abs. 2 S. 1 MAVO Augsburg, § 1a Abs. 2 S. 2 MAVO Augsburg, § 1a Abs. 2 S. 3 MAVO Augsburg)

Leitsatz

1. Die MAVO stellt bei der Festlegung des Geltungsbereichs in § 1 Abs. 1 auf die „Dienststellen, Einrichtungen und sonstigen selbständig geführten Stellen" ab, um festzulegen, wo die Mitarbeitervertretungen zu bilden sind. Sie verwendet insoweit als Oberbegriff den Begriff der Einrichtung, der von dem ebenfalls in § 1 Abs. 1 MAVO genannten Rechtsträgern zu unterscheiden ist. Der mitarbeitervertretungsrechtliche Begriff der Einrichtung korrespondiert vielmehr mit dem Begriff des Betriebs i.S. des BetrVG bzw. der Dienststelle i.S. der staatlichen Personalvertretungsgesetze.

2. Wie für den Begriff des Betriebs i.S. des BetrVG bzw. der Dienststelle i.S. der staatlichen Personalvertretungsgesetze ist Kriterium für den Begriff der Einrichtung die Verselbständigung der Organisation durch einen einheitlichen Leitungsapparat, der Dienstgeberfunktionen gegenüber den Mitarbeiterinnen und Mitarbeitern ausübt (so zum Betriebsbegriff die ständige Rechtsprechung des Bundesarbeitsgerichts, zuletzt BAG 09. 12. 2009 – 7 ABR 38/08 = AP BetrVG 1972 § 4 Nr. 19, Rn. 22). Die Einheit des Leitungsapparats kann im Verhältnis zur gesellschaftsrechtlich verfassten Unternehmensleitung bzw. bei einer Stiftung zu deren Leitung nur relativ gegeben sein. Wegen der Abgrenzungsschwierigkeiten bestimmt daher § 1a Abs. 2 Satz 1 MAVO, dass der Rechtsträger nach Anhörung betroffener Mitarbeitervertretungen regeln kann, was als Einrichtung gilt. Die Bestimmung greift nur ein, wenn es sich um denselben Rechtsträger handelt. Sie ergreift deshalb nicht Betriebe und Dienststellen, die einem anderen Rechtsträger zugeordnet sind. Die dem Rechtsträger eingeräumte Befugnis stellt aber nicht den für die Bildung von Mitarbeitervertretungen maßgeblichen Einrichtungsbegriff zur Disposition des Rechtsträgers. Die dem Rechtsträger eingeräumte Regelungskompetenz bezweckt vielmehr, die Einrichtung so abzugrenzen, dass in ihr eine funktionsfähige Mitarbeitervertretung unter der Zielsetzung einer mitarbeitervertretungsnahen Mitbestimmung gebildet werden kann. Zur Sicherung dieser Zweckbestimmung verlangt daher § 1a Abs. 2 Satz 2 MAVO, dass die Regelung der Genehmigung durch den Ordinarius bedarf, und der folgende Satz 3 gebietet: „Die Regelung darf nicht missbräuchlich erfolgen."

Kirchlicher Arbeitsgerichtshof für die deutschen Diözesen, Urteil vom 27. 04. 2012 – M 01/12 –

78. Abteilungsleiter mit Nebenanstellung als Dienstgebervertreter? (Art. 7 KathKiGrdO, § 3 Abs. 1 S. 1 Nr. 1 MAVO Fulda)

Leitsatz

Wer der Bistums-KODA als Dienstgeber- oder Dienstnehmervertreter angehören kann, ergibt sich aus der Bistums-KODA-Ordnung. Nach ihr kann gemäß § 5 Abs. 1 Satz 2 als Dienstgebervertreter nicht berufen werden, wer aufgrund der Mitarbeitervertretungsordnung (MAVO) Mitglied einer Mitarbeitervertretung sein könnte. Nicht berücksichtigt wird die Zugehörigkeit zu mehreren Einrichtungen, die eine Mitarbeitervertretung bilden können. § 5 Abs. 1 Satz 2 KODA- Ordnung ist einrichtungsübergreifend zu interpretieren. Selbst wenn das Mitarbeiterverhältnis zu derselben Einrichtung bestünde, würde bei einem einrichtungsbezogenen Mitarbeiterbegriff unerheblich sein, dass ein Mitarbeiter, der wegen der ihm übertragenen Aufgaben

als Mitarbeiter in leitender Stellung gemäß § 3 Abs. 2 Satz 1 Nr. 4 MAVO anzusehen ist, auch mit anderen Tätigkeiten beschäftigt wird. Entscheidend ist vielmehr, welche Aufgabenwahrnehmung die Gesamttätigkeit des Mitarbeiters prägt. Deshalb kann jemand zu den Mitarbeitern in leitender Stellung zählen, obwohl er bei verschiedenem Rechtsträger zugleich in einer anderen Einrichtung als Organist Mitarbeiter i.S. des § 3 Abs. 1 Satz 1 Nr. 1 MAVO ist.
Kirchlicher Arbeitsgerichtshof für die deutschen Diözesen, Urteil vom 27. 04. 2012 – K 02/12 –

79. Zustimmungsfiktion und Initiativantrag

Leitsatz
Eine Mitarbeitervertretung kann im Wege des Initiativrechts ohne Änderung der für die Eingruppierung maßgeblichen Tatsachen keine abweichende Eingruppierung durchsetzen, wenn sie der Eingruppierung zugestimmt hat oder ihre Zustimmung nach § 38 Abs. 3 MVG.EKD als erteilt gilt.
Kirchengerichtshof der Evangelischen Kirche in Deutschland, Beschluss vom 18. 06. 2012 – I-0124/U3-12 –

80. Beteiligung der Mitarbeitervertretung bei der Gestaltung einer Facebook-Seite (§ 40 Buchst. j MVG)

Leitsatz
Eine Facebook-Firmenseite, die keine persönlichen Daten von Mitarbeiterinnen und Mitarbeitern enthält und auch inhaltlich nicht dazu auffordert, Kommentare über diese abzugeben, ist keine technische Einrichtung im Sinne des § 40 Buchst. j MVG. Ein Mitbestimmungsrecht bei der Einrichtung einer solchen Seite ist nicht gegeben.
Kirchengerichtliche Schlichtungsstelle der Evangelischen Landeskirche in Baden, Urteil vom 22. 06. 2012 – 1 Sch 7/2012 –

81. Dynamische Verweisung im kirchlichen Arbeitsvertrag (§ 15 Abs. 7 AKDCVO, § 18 Abs. 2 AKDCVO, § 611 Abs. 1 BGB, § 310 Abs. 4 S. 2 Halbs. 1 BGB, Art. 140 GG, Art. 137 Abs. 3 WRV)

Leitsatz
Dynamische Verweisungsklauseln in Arbeitsverträgen kirchlicher Arbeitnehmer sind regelmäßig dahin auszulegen, dass das gesamte kirchenrechtliche System der Arbeitsrechtsetzung erfasst werden soll. Zu ihm gehören auch alle Verfahrensordnungen und die daraus hervorgegangenen Beschlüsse Arbeitsrechtlicher Kommissionen, Unter- oder Regionalkommissionen, die auf dem sog. Dritten Weg zustande gekommen sind. (Rn. 28)
BAG, Urteil vom 28.06.2012 – 6 AZR 217/11 –

7. Arbeitsverträge - Arbeitsverhältnis - Teilzeit

82. Vorenthalten und Veruntreuen von Arbeitsentgelt: Vorliegen eines sozialversicherungs- und lohnsteuerpflichtigen Arbeitsverhältnisses; unionsrechtskonforme Auslegung im Hinblick auf die Niederlassungsfreiheit (§ 14 Abs. 1 Nr. 1 StGB, § 266a StGB, Art. 49 AEUV)

Orientierungssatz
1. Für die Beurteilung, ob ein sozialversicherungs- und lohnsteuerpflichtiges Arbeitsverhältnis vorliegt, sind allein die tatsächlichen Gegebenheiten maßgeblich, nicht eine zur Verschleierung gewählte Rechtsform. Dementsprechend können die Vertragsparteien die sich aus einem Arbeitsverhältnis ergebenden Beitragspflichten nicht durch eine abweichende vertragliche Gestaltung beseitigen (Fortführung BGH, 11. August 2011, 1 StR 295/11, NJW 2011, 3047) (Rn. 10).
2. Diesem Ergebnis stehen auch keine Rechtsakte der Europäischen Union entgegen, insbesondere ist die in Art. 49 AEUV garantierte Niederlassungsfreiheit nicht berührt, wenn tatsächlich Arbeitsverhältnisse mit Arbeitnehmern aus einem anderen Mitgliedstaat vorliegen. (Rn.11)

3. Die danach vorzunehmende Abgrenzung erfolgt anhand objektiver Kriterien, die das Arbeitsverhältnis im Hinblick auf die Rechte und Pflichten der betroffenen Personen kennzeichnen. Das wesentliche Merkmal des Arbeitsverhältnisses besteht darin, dass jemand während einer bestimmten Zeit für einen anderen nach dessen Weisung Leistungen erbringt, für die er als Gegenleistung eine Vergütung erhält (Rn. 13).
BGH, Beschl. vom 27.09.2011 – 1 StR 399/11 –

83. Pflegezeit – einmalige Inanspruchnahme (§ 3 Abs. 1 S. 1 PflegeZG, § 4 Abs. 1 S. 1 PflegeZG)
Leitsatz
1. § 3 PflegeZG räumt dem Beschäftigten ein einseitiges Gestaltungsrecht ein. Durch die Erklärung, Pflegezeit in Anspruch zu nehmen, treten unmittelbar die gesetzlichen Rechtsfolgen der Pflegezeit ein, ohne dass es noch eines weiteren Handelns des Arbeitgebers bedürfte. (Rn. 25)
2. § 3 Abs. 1 Satz 1 i.V.m. § 4 Abs. 1 Satz 1 PflegeZG eröffnet dem Arbeitnehmer nur die Möglichkeit, durch einmalige Erklärung bis zu sechs Monate lang Pflegezeit in Anspruch zu nehmen. Hat der Arbeitnehmer die Pflegezeit durch Erklärung gegenüber dem Arbeitgeber in Anspruch genommen, ist er gehindert, von seinem Recht erneut Gebrauch zu machen, sofern sich die Pflegezeit auf denselben Angehörigen bezieht (einmaliges Gestaltungsrecht). (Rn. 31)
3. Es bleibt offen, ob es mit § 3 Abs. 1 PflegeZG vereinbar ist, dass der Arbeitnehmer die Pflegezeit im Wege einer einmaligen Erklärung auf mehrere getrennte Zeitabschnitte verteilt. (Rn. 31)
BAG, Urteil vom 15. 11. 2011 – 9 AZR 348/10 –

84. Arbeitsvertrag – Weisungsrecht – Verpflichtung des Arbeitnehmers, die Steuererklärung durch einen vom Arbeitgeber beauftragten Steuerberater erstellen zu lassen
Leitsatz
Eine arbeitsvertragliche Vereinbarung, der zufolge der Arbeitnehmer seine Steuererklärung durch eine vom Arbeitgeber beauftragte Steuerberatungsgesellschaft erstellen lassen muss, benachteiligt den Arbeitnehmer als Allgemeine Geschäftsbedingung unangemessen, § 307 Abs. 1 Satz 1 BGB.
BAG, Urteil vom 23. 08. 2012 – 8 AZR 804/11 –

85. Ehrenamtliche Tätigkeit – Telefonseelsorge (§ 611 BGB, § 612 BGB, § 662 BGB, § 664 BGB, § 665 BGB, § 671 BGB, § 106 GewO)
Leitsatz
Durch die Ausübung unentgeltlicher ehrenamtlicher Tätigkeit wird kein Arbeitsverhältnis begründet. (Rn. 21)
BAG, Urteil vom 29. 08. 2012 – 10 AZR 499/11 –

8. Arbeitnehmerstatus - Arbeitnehmerähnliche Personen

86. Status angestellter Wirtschaftsprüfer – leitender Angestellter i.S.d. § 5 Abs. 3 BetrVG (§ 45 S. 2 WPO, § 45 S. 1 WPO, § 5 Abs. 3 S. 1 BetrVG, § 5 Abs. 3 S. 2 Nr. 2 BetrVG, § 5 Abs. 3 S. 2 Nr. 3 BetrVG, Art. 3 Abs. 1 GG)
Leitsatz
§ 45 Satz 2 WPO ist i.V.m. § 45 Satz 1 WPO verfassungskonform einschränkend so zu verstehen, dass die Bereichsausnahme von der Betriebsverfassung nur für angestellte Wirtschaftsprüfer mit Prokura gilt. (Rn. 12)
BAG, Beschl. vom 29. 06. 2011 – 7 ABR 15/10 –

87. Werbeeinkünfte eines Fußball-Nationalspielers – Merkmale für Arbeitnehmereigenschaft – Abgrenzung zwischen gewerblichen und Arbeitnehmer-Einkünften – Berück-

sichtigung von Verfahrensrügen (§ 15 Abs. 2 EStG 2002, § 19 Abs. 1 S. 1 Nr. 1 EStG 2002, § 1 LStDV 1990, § 2 Abs. 1 GewStG 2002, § 4 Abs. 4 EStG 2002, § 21 Abs. 1 EStG 2002, § 21 Abs. 3 EStG 2002, § 120 Abs. 3 Nr. 2 Buchst. b FGO)

Leitsatz

1. Ein Fußball-Nationalspieler, dem der DFB Anteile an den durch die zentrale Vermarktung der Fußball-Nationalmannschaft erwirtschafteten Werbeeinnahmen überlässt, erzielt insoweit Einkünfte aus Gewerbebetrieb, wenn er mit Unternehmerrisiko und Unternehmerinitiative handelt (Rn. 36).

2. Die nach dem DFB-Musterarbeitsvertrag für Spieler der Fußball-Bundesliga geltende arbeitsrechtliche Pflicht zur Teilnahme an Spielen der Nationalmannschaft umfasst nicht die Teilnahme an Werbeleistungen (Rn. 63).

BFH, Urteil vom 22. 02. 2012 – X R 14/10 –

88. Schadenersatzanspruch des GmbH-Geschäftsführers nach außerordentlicher Kündigung des Anstellungsvertrages wegen Beschneidung seines Aufgabenbereichs (§ 615 BGB, § 628 Abs. 2 BGB, § 46 Nr. 8 GmbHG)

Leitsatz

Ein Schadensersatzanspruch nach § 628 Abs. 2 BGB scheidet jedenfalls dann aus, wenn der Aufgabenbereich eines GmbH-Geschäftsführers ohne Verletzung seines Anstellungsvertrages eingeschränkt wird und er daraufhin die außerordentliche Kündigung des Anstellungsvertrages erklärt. (Rn. 14)

BGH, Urteil vom 06. 03. 2012 – II ZR 76/11 –

89. Allgemeine Gleichbehandlung von Beschäftigten: Anspruch eines GmbH-Geschäftsführers auf Ersatz des Erwerbsschadens wegen Benachteiligung auf Grund Ablehnung seiner erneuten Bewerbung nach Ablauf der befristeten Amtszeit (§ 1 AGG, § 2 AGG, § 6 Abs. 3 AGG, § 7 Abs. 1 AGG, § 8 Abs. 1 AGG, § 10 AGG, § 15 Abs. 1 AGG, § 22 AGG)

Leitsatz

1. Auf den Geschäftsführer einer GmbH, dessen Bestellung und Anstellung infolge einer Befristung abläuft und der sich erneut um das Amt des Geschäftsführers bewirbt, sind gemäß § 6 Abs. 3 AGG die Vorschriften des Abschnitts 2 des Allgemeinen Gleichbehandlungsgesetzes und § 22 AGG entsprechend anwendbar. (Rn. 17)

2. Entscheidet ein Gremium über die Bestellung und Anstellung eines Bewerbers als Geschäftsführer, reicht es für die Vermutungswirkung des § 22 AGG aus, dass der Vorsitzende des Gremiums die Gründe, aus denen die Entscheidung getroffen worden ist, unwidersprochen öffentlich wiedergibt und sich daraus Indizien ergeben, die eine Benachteiligung im Sinne des § 7 Abs. 1 AGG vermuten lassen. (Rn. 36)

3. Macht der Kläger einen Anspruch auf Ersatz seines Erwerbsschadens nach § 15 Abs. 1 AGG geltend, obliegt ihm grundsätzlich die Darlegungs- und Beweislast dafür, dass die Benachteiligung für die Ablehnung seiner Bewerbung ursächlich geworden ist. Ihm kommt aber eine Beweiserleichterung zugute, wenn nach der Lebenserfahrung eine tatsächliche Vermutung oder Wahrscheinlichkeit für eine Einstellung bei regelgerechtem Vorgehen besteht. (Rn. 63)

BGH, Urteil vom 23. 04. 2012 – II ZR 163/10 –

90. Wirksamkeit der Kündigung eines schwerbehinderten GmbH-Geschäftsführers: Vorliegen eines Arbeitsverhältnisses; richtlinienkonforme Auslegung; Darlegung der Benachteiligung wegen einer Behinderung (§ 85 SGB IX, Art. 3 Abs. 1 Buchst. c EGRL 78/2000, § 1 AGG, § 2 Abs. 4 AGG, § 7 Abs. 1 AGG, § 134 BGB)

Leitsatz

Zur Anwendbarkeit des § 85 SGB IX und des AGG auf den GmbH-Geschäftsführer unter Berücksichtigung der Richtlinie 78/2000/EG. (Rn. 78) (Rn. 110)

OLG Düsseldorf, Urteil vom 18. 10. 2012 – I-6 U 47/12, 6 U 47/12 –

9. Arbeitsentgelt - Sonderzuwendungen

91. Pauschalabgeltung von Überstunden – Vergütungserwartung (§ 307 Abs. 1 S. 2 BGB, § 612 Abs. 1 BGB)

Leitsatz

Eine Allgemeine Geschäftsbedingung verletzt das Bestimmtheitsgebot (§ 307 Abs. 1 Satz 2 BGB), wenn sie vermeidbare Unklarheiten und Spielräume enthält. Lässt sich eine Klausel unschwer so formulieren, dass das Gewollte klar zu erkennen ist, führt eine Formulierung, bei der das Gewollte allenfalls durch eine umfassende Auslegung ermittelbar ist, zu vermeidbaren Unklarheiten. (Rn. 16)
BAG, Urteil vom 17. 08. 2011 – 5 AZR 406/10 –

92. Sonderzahlung – Freiwilligkeitsvorbehalt (§ 307 Abs. 1 S. 2 BGB, § 307 Abs. 2 Nr. 1 BGB, § 307 Abs. 2 Nr. 2 BGB, § 306 Abs. 2 BGB, § 305c Abs. 2 BGB, § 305b BGB, § 133 BGB, § 157 BGB)

Leitsatz

Ein vertraglicher Freiwilligkeitsvorbehalt, der alle zukünftigen Leistungen unabhängig von ihrer Art. und ihrem Entstehungsgrund erfasst, benachteiligt den Arbeitnehmer regelmäßig unangemessen i.S.v. § 307 Abs. 1 Satz 1, Abs. 2 Nr. 1 und Nr. 2 BGB und ist deshalb unwirksam. (Rn.29)
BAG, Urteil vom 14. 09. 2011 – 10 AZR 526/10 –

93. Gleichbehandlung bei Entgelterhöhung – Vertragserfüllung (§ 242 BGB, § 611 BGB, § 612a BGB, § 253 ZPO)

Leitsatz

Der arbeitsrechtliche Gleichbehandlungsgrundsatz kommt nicht zur Anwendung, wenn der Arbeitgeber ausschließlich normative oder vertragliche Verpflichtungen erfüllt. (Rn. 18) (Rn. 21)
BAG, Urteil vom 21. 09. 2011 – 5 AZR 520/10 -

94. Vergütungserwartung – Überstunden (§ 612 Abs. 1 BGB, § 14 Abs. 2 S. 2 SGB IV, § 547 Nr. 1 ZPO, § 815 Abs. 3 ZPO, § 819 ZPO)

Leitsatz

Bei zeitlicher Verschränkung arbeitszeitbezogen und arbeitszeitunabhängig vergüteter Arbeitsleistungen lässt sich das Bestehen einer objektiven Vergütungserwartung für Überstunden (§ 612 Abs. 1 BGB) im arbeitszeitbezogen vergüteten Arbeitsbereich nicht ohne Hinzutreten besonderer Umstände oder einer entsprechenden Verkehrssitte begründen. (Rn. 32)
BAG, Urteil vom 21. 09. 2011 – 5 AZR 629/10 –

95. Variable Vergütung – Festlegung eines Bonuspools (§ 315 BGB)

Leitsatz

Legt der Arbeitgeber im laufenden Geschäftsjahr ein Bonusvolumen in bestimmter Höhe zugunsten der Arbeitnehmer fest, hat er dies als wesentlichen Umstand in die Ermessensentscheidung über den individuellen Bonus einzubeziehen. (Rn. 37) Nur bei Vorliegen besonderer Umstände darf er von dem festgelegten Volumen abweichen. (Rn. 38)
BAG, Urteil vom 12. 10. 2011 – 10 AZR 746/10 –

96. Vergütung einer Teilzeitkraft – Diskriminierungsverbot (§ 4 Abs. 1 S. 2 TzBfG, § 307 Abs. 1 S. 2 BGB, § 308 Nr. 4 BGB, § 4 Abs. 1 S. 1 TzBfG)

Leitsatz

1. Eine Gleichbehandlung Teilzeitbeschäftigter bei der Vergütung entsprechend dem pro-ratatemporis-Grundsatz des § 4 Abs. 1 Satz 2 TzBfG schließt eine sonstige Benachteiligung i.S.d. Satzes 1 nicht aus. (Rn. 28)

2. Droht einem teilzeitbeschäftigten Arbeitnehmer im Laufe des Vertragsverhältnisses aufgrund unterschiedlicher Vertragsgestaltung des Arbeitgebers bei Voll- und Teilzeitbeschäftigten eine schlechtere Behandlung, ist der Arbeitgeber nach § 4 Abs. 1 Satz 1 TzBfG verpflichtet, den Teilzeitbeschäftigten so zu stellen, dass eine schlechtere Behandlung unterbleibt. (Rn. 29)
BAG, Urteil vom 14. 12. 2011 – 5 AZR 457/10 –

97. Sonderzahlung mit Mischcharakter – Inhaltskontrolle einer Stichtagsklausel (§ 307 Abs. 2 Nr. 1 BGB, § 611 Abs. 1 BGB, Art. 12 Abs. 1 GG)

Leitsatz
Eine Sonderzahlung mit Mischcharakter, die jedenfalls auch Vergütung für bereits erbrachte Arbeitsleistung darstellt, kann in Allgemeinen Geschäftsbedingungen nicht vom ungekündigten Bestand des Arbeitsverhältnisses zu einem Zeitpunkt außerhalb des Bezugszeitraums der Sonderzahlung abhängig gemacht werden. (Rn. 22)
BAG, Urteil vom 18. 01. 2012 – 10 AZR 612/10 –

98. Weihnachtsgratifikation - Vorbehalt des Bestehens eines ungekündigten Arbeitsverhältnisses (§ 162 BGB, § 305 BGB, § 307 Abs. 1 S. 1 BGB, § 307 Abs. 1 S. 2 BGB, § 611 BGB)

Leitsatz
Dient eine Sonderzuwendung nicht der Vergütung geleisteter Arbeit und knüpft sie nur an den Bestand des Arbeitsverhältnisses an, stellt es keine unangemessene Benachteiligung gemäß § 307 BGB dar, wenn der ungekündigte Bestand des Arbeitsverhältnisses zum Auszahlungstag als Anspruchsvoraussetzung bestimmt wird. (Rn. 25) (Rn. 27)
BAG, Urteil vom 18. 01. 2012 – 10 AZR 667/10 –

99. Verfolgung eines ordnungswidrigen Verhaltens nach dem Arbeitnehmerentsendegesetz nach endgültiger Einstellung eines Strafverfahrens wegen Vorenthaltens von Arbeitsentgelt gegen Erfüllung einer Geldauflage (§ 266a StGB, § 153a Abs. 1 S. 5 StPO, § 264 Abs. 1 StPO, § 1 Abs. 1 AEntG vom 25. 04. 2007, § 5 Abs. 1 Nr. 1 AEntG vom 25. 04. 2007, § 23 Abs. 1 Nr. 1 AEntG)

Leitsatz
Sieht die Staatsanwaltschaft nach der Erfüllung von Auflagen von der Verfolgung eines Vergehens des Vorenthaltens und der Veruntreuung von Beiträgen (§ 266a StGB) nach § 153a Abs. 1 StPO endgültig ab, so steht § 153a Abs. 1 Satz 5 StPO der Verfolgung einer Ordnungswidrigkeit nach § 5 Abs. 1 Nr. 1 AEntG in der Fassung vom 25. April 2007 (nunmehr § 23 Abs. 1 Nr. 1 AEntG) wegen der Unterschreitung von Mindestlöhnen (§ 1 Abs. 1 AEntG in der Fassung vom 25. April 2007) nicht entgegen. (Rn. 19)
BGH, Beschl. vom 15. 03. 2012 – 5 StR 288/11 –

100. Vorabentscheidungsersuchen – Anrechnung von Arbeitgeberleistungen auf den tariflichen Mindestlohn (Art. 267 AEUV, Art. 3 Abs. 1 Unterabs. 1 Buchst. c EGRL 71/96, § 1 Abs. 1 AEntG vom 25. 04. 2007, § 1 Abs. 3a AEntG vom 25. 04. 2007, § 4 VermBG 2 vom 04. 03. 1994, § 6 VermBG 2 vom 04. 03. 1994, § 1 S 1 GebäudeArbbV)

Leitsatz
1. Eine vom Arbeitgeber aufgrund eines von ihm angewandten Haustarifvertrages erbrachte „Einmalzahlung", die die Funktion der Überbrückung bis zum späteren Inkrafttreten einer linearen tabellenwirksamen Lohnerhöhung hat, ist aufgrund ihres Zwecks grundsätzlich auf den Mindestlohnanspruch eines Arbeitnehmers aus einem allgemeinverbindlichen Verbandstarifvertrag anzurechnen. (Rn. 28)
2. Eine vom Arbeitgeber aufgrund des von ihm angewandten Haustarifvertrages erbrachte „vermögenswirksame Leistung" i.S.d. Fünften VermBG ist nicht auf den tariflichen Mindestlohnanspruch des Arbeitnehmers anzurechnen, da ihr Zweck der langfristigen Vermögensbil-

dung in Arbeitnehmerhand nicht funktional gleichwertig mit dem Zweck des Mindestlohns ist. (Rn. 34)

3. Dem EuGH wird die Frage zur Entscheidung vorgelegt, ob diese Auslegung mit der Auslegung des Begriffs „Mindestlohnsätze" in Art. 3 Abs. 1 Unterabs. 1 Buchst. c der Richtlinie 96/71/EG vereinbar ist.

BAG, Beschluss vom 18. 04. 2012 – 4 AZR 168/10 (A) – (EuGH-Vorlage, dort anhängig unter dem Az. C-522/12)

101. Lohnwucher – auffälliges Missverhältnis – maßgeblicher Wirtschaftszweig (§ 1 Abs. 3a AEntG vom 21. 12. 2007, § 1 TVG, § 138 Abs. 1 BGB, § 138 Abs. 2 BGB, § 612 BGB, EGV 1893/2006, § 3 VerdStatG, § 5 Abs. 2 PostG, § 12 Abs. 1 PostG)

Leitsatz

Die bei der Ermittlung eines auffälligen Missverhältnisses zwischen Leistung und Gegenleistung i.S.v. § 138 BGB erforderliche Zuordnung eines Unternehmens des Arbeitgebers zu einem bestimmten Wirtschaftszweig richtet sich nach der durch Unionsrecht vorgegebenen Klassifikation der Wirtschaftszweige. (Rn. 12)

BAG, Urteil vom 18. 04. 2012 – 5 AZR 630/10 –

102. Ein-Tages-Arbeitsverhältnis – Betriebsübergang – Lohnwucher – verwerfliche Gesinnung (Art. 2 Abs. 2 EGRL 23/2001, § 613a Abs. 1 S. 1 BGB, § 613a Abs. 2 S. 1 BGB, § 138 Abs. 1 BGB, § 138 Abs. 2 BGB, § 611 Abs. 1 BGB, § 12 TzBfG)

Leitsatz

1. Liegt ein auffälliges Missverhältnis i.S.v. § 138 Abs. 1 BGB vor, weil der Wert der Arbeitsleistung den Wert der Gegenleistung um mehr als 50 %, aber weniger als 100 % übersteigt, bedarf es zur Annahme der Nichtigkeit der Vergütungsabrede zusätzlicher Umstände, aus denen geschlossen werden kann, der Arbeitgeber habe die Not oder einen anderen den Arbeitnehmer hemmenden Umstand in verwerflicher Weise zu seinem Vorteil ausgenutzt. (Rn. 38)

2. Ist der Wert einer Arbeitsleistung (mindestens) doppelt so hoch wie der Wert der Gegenleistung, gestattet dieses besonders grobe Missverhältnis den tatsächlichen Schluss auf eine verwerfliche Gesinnung des Begünstigten i.S.v. § 138 Abs. 1 BGB. (Rn. 36)

BAG, Urteil vom 16. 05. 2012 – 5 AZR 268/11 –

103. Pauschalvergütung von Überstunden – Inhaltskontrolle (§ 138 BGB, § 305 Abs. 1 BGB, § 305c Abs. 1 BGB, § 307 Abs. 1 S. 1 BGB, § 307 Abs. 1 S. 2 BGB, § 307 Abs. 3 S. 1 BGB)

Leitsatz

Eine Klausel in Allgemeinen Geschäftsbedingungen, die ausschließlich die Vergütung von Überstunden, nicht aber die Anordnungsbefugnis des Arbeitgebers zur Leistung von Überstunden regelt, ist eine Hauptleistungsabrede (Rn.26) und deshalb von der Inhaltskontrolle nach § 307 Abs. 1 Satz 1 BGB ausgenommen. (Rn. 24)

BAG, Urteil vom 16. 05. 2012 – 5 AZR 331/11 –

104. Darlegungs- und Beweislast im Überstundenprozess (§ 611 Abs. 1 BGB, § 612 Abs. 1 BGB, § 307 Abs. 1 S 2 BGB, § 21a Abs. 1 ArbZG, § 21a Abs. 3 ArbZG, § 21a Abs. 4 ArbZG, § 21a Abs. 7 ArbZG, § 130 ZPO, § 138 ZPO)

Leitsatz

Für die Darlegung und den Beweis der Leistung von Überstunden gelten die Grundsätze wie für die Behauptung des Arbeitnehmers, die geschuldete (Normal-)Arbeit verrichtet zu haben. (Rn. 25)

BAG, Urteil vom 16. 05. 2012 – 5 AZR 347/11 –

105. Strafverfahren wegen Vorenthaltens und Veruntreuens von Arbeitsentgelt: Voraussetzungen einer ausdrücklichen Beauftragung mit Aufgaben eines Betriebsinhabers bei

Zuständigkeit der Ehefrau des Geschäftsführers einer Gebäudereinigungsfirma für Personalangelegenheiten (§ 14 Abs. 2 Nr. 2 StGB)

Leitsatz

Zu den Anforderungen an eine ausdrückliche Beauftragung im Sinne des § 14 Abs. 2 Nr. 2 StGB. (Rn. 14)

BGH, Beschl. vom 12. 09. 2012 – 5 StR 363/12 –

10. Annahmeverzug

106. Annahmeverzug – böswilliges Unterlassen anderweitigen Erwerbs (§ 11 S. 1 Nr. 2 KSchG)

Leitsatz

Die Zumutbarkeit anderweitiger Arbeit i.S.v. § 11 Satz 1 Nr. 2 KSchG und der arbeitsvertragliche Beschäftigungsanspruch sind rechtlich unabhängig. (Rn. 20)

BAG, Urteil vom 17. 11. 2011 – 5 AZR 564/10 –

107. Annahmeverzug – Leistungswille – Verbindlichkeit einer Weisung (§ 297 BGB, § 315 Abs. 3 BGB, § 611 Abs. 1 BGB, § 615 S. 2 BGB, § 106 S. 1 GewO)

Leitsatz

Der Arbeitnehmer ist an eine Weisung des Arbeitgebers, die nicht aus sonstigen Gründen unwirksam ist, vorläufig gebunden, bis durch ein rechtskräftiges Urteil gem. § 315 Abs. 3 Satz 2 BGB die Unverbindlichkeit der Leistungsbestimmung festgestellt wird. (Rn. 24)

BAG, Urteil vom 22. 02. 2012 – 5 AZR 249/11 –

108. Ende des Annahmeverzugs – Gesamtberechnung – zweistufige Ausschlussfrist (§ 615 S. 1 BGB, § 615 S. 2 BGB, § 293 BGB, §§ 293 ff. BGB, § 297 BGB, § 11 Nr. 1 KSchG, § 12 KSchG, § 191 BGB, § 307 Abs. 1 S. 1 BGB, § 307 Abs. 2 Nr. 1)

Leitsatz

Im Rechtsstreit über Vergütung wegen Annahmeverzugs bestimmen die Parteien mit ihren Anträgen und Einwendungen den Zeitraum, der der Gesamtberechnung zugrunde zu legen ist. (Rn. 29)

BAG, Urteil vom 16. 05. 2012 – 5 AZR 251/11 –

109. Annahmeverzugsvergütung – Wahrung der zweiten Stufe einer tariflichen Ausschlussfrist durch Erhebung einer Bestandsschutzklage – Beendigung des Annahmeverzugs (§ 295 BGB, §§ 295 ff. BGB, § 615 BGB, § 1 Abs. 1 TVG)

Leitsatz

Ein Arbeitnehmer macht mit Erhebung einer Bestandsschutzklage (Kündigungsschutz- oder Befristungskontrollklage) die von deren Ausgang abhängigen Vergütungsansprüche „gerichtlich geltend" und wahrt damit die zweite Stufe einer tariflichen Ausschlussfrist. (Rn. 13)

BAG, Urteil vom 19. 09. 2012 – 5 AZR 627/11 –

11. Arbeitszeit

110. Arbeitszeitkonto – Kürzung von Zeitguthaben (§ 611 Abs. 1 BGB, § 253 Abs. 2 Nr. 2 ZPO, § 1 TVG)

Leitsatz

Der Arbeitgeber darf das auf einem Arbeitszeitkonto ausgewiesene Zeitguthaben des Arbeitnehmers nur mit Minusstunden verrechnen, wenn ihm die der Führung des Arbeitszeitkontos zugrunde liegende Vereinbarung (Arbeitsvertrag, Betriebsvereinbarung, Tarifvertrag) die Möglichkeit dazu eröffnet. (Rn. 20)

BAG, Urteil vom 21. 03. 2012 – 5 AZR 676/11 –

111. Umkleiden – Arbeitszeit – Vergütungspflicht

Leitsatz

Umkleidezeiten und durch das Umkleiden veranlasste innerbetriebliche Wegezeiten sind im Anwendungsbereich des TV-L vergütungspflichtige Arbeitszeit, wenn der Arbeitgeber das Tragen einer bestimmten Kleidung vorschreibt und das Umkleiden im Betrieb erfolgen muss.

BAG, Urteil vom 19. 09. 2012 – 5 AZR 678/11 –

12. Abmahnung

112. Abmahnung wegen Pflichtverletzung

Leitsatz

Der Arbeitnehmer kann die Entfernung einer zu Recht erteilten Abmahnung aus seiner Personalakte nur dann verlangen, wenn das gerügte Verhalten für das Arbeitsverhältnis in jeder Hinsicht bedeutungslos geworden ist.

BAG, Urteil vom 19. 07. 2012 – 2 AZR 782/11 –

13. Aus- und Fortbildung

113. Kündigung – Vollmacht – unverzügliche Zurückweisung – Ausbildungsverhältnis (§ 22 Abs. 1 BBiG 2005, § 174 S. 1 BGB)

Leitsatz

Die Zurückweisung einer Kündigungserklärung ist ohne das Vorliegen besonderer Umstände des Einzelfalls nicht mehr unverzüglich i.S.d. § 174 Satz 1 BGB, wenn sie später als eine Woche nach der tatsächlichen Kenntnis des Empfängers von der Kündigung und der fehlenden Vorlegung der Vollmachtsurkunde erfolgt. (Rn. 33)

BAG, Urteil vom 08. 12. 2011 – 6 AZR 354/10 –

114. Fortbildungskosten – Transparenz – Bereicherungsanspruch (§ 138 BGB, § 305 Abs. 1 BGB, § 306 Abs. 2 BGB, § 306 Abs. 3 BGB, § 307 Abs. 1 S. 1 BGB, § 307 Abs. 1 S. 2 BGB, § 310 Abs. 3 Nr. 3 BGB, § 612 Abs. 2 BGB, § 812 Abs. 1 S. 1 Alt. 1 BGB, § 812 Abs. 1 S. 2 Alt. 1 BGB, § 812 Abs. 1 S. 2 Alt. 2 BGB, § 12 Abs. 2 Nr. 1 BBiG 2005, § 26 BBiG 2005)

Leitsatz

1. Eine Klausel über die Erstattung von Ausbildungskosten genügt dem Transparenzgebot in § 307 Abs. 1 Satz 2 BGB nur dann, wenn die entstehenden Kosten dem Grunde und der Höhe nach im Rahmen des Möglichen und Zumutbaren angegeben sind.(Rn. 19)

2. Ist eine Vertragsklausel über die Rückzahlung von Fortbildungskosten wegen eines Verstoßes gegen das Transparenzgebot in § 307 Abs. 1 Satz 2 BGB unwirksam, hat der Verwender der Klausel regelmäßig keinen Anspruch auf Erstattung der Fortbildungskosten nach §§ 812 ff. BGB. (Rn.34)

BAG, Urteil vom 21. 08. 2012 – 3 AZR 698/10 –

14. Urlaub - Elternzeit - Bildungsurlaub

115. Verlängerung der Elternzeit – Zustimmung des Arbeitgebers – Ermessensentscheidung (§ 16 Abs. 3 S. 1 BEEG, § 15 Abs. 2 BEEG, § 16 Abs. 1 S. 1 BEEG, § 315 Abs. 1 BGB)

Leitsatz

Der Arbeitgeber hat entsprechend § 315 Abs. 1 BGB nach billigem Ermessen zu entscheiden, ob er die zur Verlängerung der Elternzeit nach § 16 Abs. 3 Satz 1 BEEG erforderliche Zustimmung erteilt. (Rn. 29)

BAG, Urteil vom 18. 10. 2011 – 9 AZR 315/10 –

116. Urlaubsabgeltungsanspruch bei andauernder Arbeitsunfähigkeit nach Beendigung des Arbeitsverhältnisses – Abgeltung des Zusatzurlaubs nach § 125 SGB IX – Länge tariflicher Ausschlussfristen (§ 7 Abs. 3 BUrlG, § 7 Abs. 4 BUrlG, § 13 Abs. 1 BUrlG, Art. 7 Abs. 2 EGRL 88/2003, § 125 Abs. 1 S. 1 SGB IX, § 4 Abs. 1 TVG)

Leitsatz

Der vom Gerichtshof der Europäischen Union aufgestellte Rechtssatz, dass die Dauer des Übertragungszeitraums, innerhalb dessen der Urlaubsanspruch bei durchgängiger Arbeitsunfähigkeit nicht verfallen kann, die Dauer des Bezugszeitraums deutlich übersteigen muss, ist auf die Mindestlänge einer tariflichen Ausschlussfrist für die Geltendmachung des Anspruchs auf Urlaubsabgeltung nicht übertragbar. Solche Ausschlussfristen können deutlich kürzer als ein Jahr sein. (Rn. 31)
BAG, Urteil vom 13. 12. 2011 – 9 AZR 399/10 –

117. Urlaubsanspruch – EGRL 88/2003 – bestimmte Mindestarbeitszeit keine Voraussetzung für Anspruch auf bezahlten Jahresurlaub – Dauer des Urlaubsanspruchs nach Maßgabe der Ursache der Fehlzeiten (Art. 267 AEUV, Art. 7 Abs. 1 EGRL 88/2003, Art. 1 EGRL 88/2003)

Tenor

1. Art. 7 Abs. 1 der Richtlinie 2003/88/EG des Europäischen Parlaments und des Rates vom 4. November 2003 über bestimmte Aspekte der Arbeitszeitgestaltung ist dahin auszulegen, dass er nationalen Bestimmungen oder Gepflogenheiten entgegensteht, nach denen der Anspruch auf bezahlten Jahresurlaub von einer effektiven Mindestarbeitszeit von zehn Tagen oder einem Monat während des Bezugszeitraums abhängt.

2. Das vorlegende Gericht wird, um die volle Wirksamkeit von Art. 7 der Richtlinie 2003/88 zu gewährleisten und zu einem Ergebnis zu gelangen, das mit dem von der Richtlinie verfolgten Ziel im Einklang steht, unter Berücksichtigung des gesamten innerstaatlichen Rechts und insbesondere von Art. L. 223-4 des Code du travail und unter Anwendung der nach diesem Recht anerkannten Auslegungsmethoden zu prüfen haben, ob es dieses Recht in einer Weise auslegen kann, die es erlaubt, die Fehlzeiten des Arbeitnehmers aufgrund eines Wegeunfalls einem der in diesem Artikel des Code du travail aufgeführten Tatbestände gleichzustellen.

Wenn eine solche Auslegung nicht möglich ist, wird das nationale Gericht zu prüfen haben, ob in Anbetracht der Rechtsnatur der Beklagten im Ausgangsverfahren diesen gegenüber die unmittelbare Wirkung von Art. 7 Abs. 1 der Richtlinie 2003/88 geltend gemacht werden kann.

Falls das nationale Gericht das von Art. 7 der Richtlinie 2003/88 vorgeschriebene Ergebnis nicht erreichen kann, kann die durch die Unvereinbarkeit des nationalen Rechts mit dem Unionsrecht geschädigte Partei sich auf das Urteil vom 19. November 1991, Francovich u.a. (C-6/90 und C-9/90), berufen, um gegebenenfalls Ersatz des entstandenen Schadens zu erlangen.

3. Art. 7 Abs. 1 der Richtlinie 2003/88 ist dahin auszulegen, dass er einer nationalen Bestimmung nicht entgegensteht, nach der je nach Ursache der Fehlzeiten des krankgeschriebenen Arbeitnehmers die Dauer des bezahlten Jahresurlaubs länger als die von dieser Richtlinie gewährleistete Mindestdauer von vier Wochen oder genauso lang wie diese ist.
EuGH, Urteil vom 24. 01. 2012 – C-282/10 – (Dominguez)

118. Doppelarbeitsverhältnis nach unwirksamer Kündigung und Begründung eines anderweitigen Arbeitsverhältnisses – Anrechnung von Urlaub (§ 7 Abs. 3 BUrlG, § 6 Abs. 1 BUrlG, § 1 BUrlG, § 11 Nr. 1 KSchG, § 615 S. 2 BGB, § 280 Abs. 1 S. 1 BGB, § 286 Abs. 1 BGB, § 287 S. 2 BGB, § 249 Abs. 1 BGB)

Leitsatz

1. Hat der Arbeitgeber das Arbeitsverhältnis gekündigt und besteht nach der Entscheidung des Gerichts das Arbeitsverhältnis fort, hat er die während des Kündigungsrechtsstreits entstandenen Urlaubsansprüche des Arbeitnehmers grundsätzlich auch dann zu erfüllen, wenn dieser inzwischen mit einem anderen Arbeitgeber ein neues Arbeitsverhältnis eingegangen ist. (Rn. 15)

2. Der Arbeitnehmer muss sich nur dann den ihm während des Kündigungsrechtsstreits vom anderen Arbeitgeber gewährten Urlaub auf seinen Urlaubsanspruch gegen den alten Arbeitgeber anrechnen lassen, wenn er die Pflichten aus beiden Arbeitsverhältnissen nicht gleichzeitig hätte erfüllen können. (Rn. 17)

BAG, Urteil vom 21. 02. 2012 – 9 AZR 487/10 –

119. Urlaubsabgeltungsanspruch – Aufgabe der Surrogatstheorie (§ 7 Abs. 4 BUrlG, § 7 Abs. 3 BUrlG, Art. 7 Abs. 1 EGRL 88/2003, Art. 7 Abs. 2 EGRL 88/2003)

Leitsatz

Der Anspruch auf Abgeltung des Urlaubs ist auch für den Fall der Arbeitsfähigkeit des aus dem Arbeitsverhältnis ausscheidenden Arbeitnehmers ein reiner Geldanspruch. Er unterfällt deshalb nicht dem Fristenregime des BUrlG (vollständige Aufgabe der Surrogatstheorie). (Rn. 15)

BAG, Urteil vom 19. 06. 2012 – 9 AZR 652/10 –

120. Abgeltung krankheitsbedingt nicht in Anspruch genommenen Erholungsurlaubs (Art. 7 RL 2003/88/EG)

Leitsatz

Der Umfang des Abgeltungsanspruchs für krankheitsbedingt nicht in Anspruch genommenen Urlaub gemäß Art. 7 Abs. 2 RL 2003/88/EG ist auf den Mindestjahresurlaub von vier Wochen gemäß Art. 7 Abs. 1 RL 2003/88/EG beschränkt. (Rn. 7)

OVG Münster, Beschluss vom 23. 07. 2012 – 6 A 193/11 –

121. Anspruch auf Mindesturlaub und Schwerbehindertenzusatzurlaub – krankheitsbedingtes Ruhen des Arbeitsverhältnisses – Erwerbsminderungsrente auf Zeit – Verfall der gesetzlichen Urlaubsansprüche (§ 1 BUrlG, § 3 Abs. 1 BUrlG, § 7 Abs. 4 BUrlG, § 7 Abs. 3 S. 3 BUrlG, § 13 Abs. 1 S. 1 BUrlG, § 33 Abs. 2 S. 6 TVöD, § 26 Abs. 2 Buchst. c TVöD, § 26 Abs. 2 Buchst. a TVöD, § 37 Abs. 1 TVöD, § 125 Abs. 1 S. 1 SGB IX, § 286 Abs. 1 BGB, § 286 Abs. 2 Nr. 1 BGB, Art. 7 EGRL 88/2003, Art. 8 IAOÜbk 132, Art. 9 IAOÜbk 132, Art. 14 IAOÜbk 132)

Leitsatz

1. Der gesetzliche Erholungsurlaub (§§ 1, 3 BUrlG) und der schwerbehinderten Menschen zustehende Zusatzurlaub (§ 125 Abs. 1 SGB IX) setzen keine Arbeitsleistung des Arbeitnehmers im Urlaubsjahr voraus. (Rn.8) Gesetzliche Urlaubsansprüche entstehen auch dann, wenn der Arbeitnehmer eine befristete Rente wegen Erwerbsminderung bezieht und eine tarifliche Regelung das Ruhen des Arbeitsverhältnisses an den Bezug dieser Rente knüpft. (Rn. 9)

2. Ist ein Arbeitnehmer aus gesundheitlichen Gründen an seiner Arbeitsleistung gehindert, verfallen seine gesetzlichen Urlaubsansprüche aufgrund unionsrechtskonformer Auslegung des § 7 Abs. 3 Satz 3 BUrlG 15 Monate nach Ablauf des Urlaubsjahres (im Anschluss an EuGH 22. November 2011 – C-214/10 – [KHS]). (Rn. 32)

3. Für die Leistung der Urlaubsabgeltung ist im Sinne von § 286 Abs. 2 Nr. 1 BGB keine Zeit nach dem Kalender bestimmt, sodass der Arbeitgeber grundsätzlich noch nicht mit der Beendigung des Arbeitsverhältnisses, sondern erst durch Mahnung in Verzug kommt.(Rn. 45)

BAG, Urteil vom 07. 08. 2012 – 9 AZR 353/10 –

122. Mindest- und Mehrurlaub – Tilgungsbestimmung

Leitsatz

Differenziert eine Regelung in einem Arbeits- oder Tarifvertrag hinsichtlich des Umfangs des Urlaubsanspruchs nicht zwischen dem gesetzlichen Mindesturlaub und einem übergesetzlichen Mehrurlaub, liegt in Höhe des gesetzlichen Urlaubs Anspruchskonkurrenz mit der Folge vor, dass ein Arbeitgeber mit der Freistellung des Arbeitnehmers von der Verpflichtung zur Arbeitsleistung auch ohne ausdrückliche oder konkludente Tilgungsbestimmung beide Ansprüche ganz oder teilweise erfüllt.

BAG, Urteil vom 07. 08. 2012 – 9 AZR 760/10 –

123. Übertragung gesetzlicher Urlaubsansprüche (§ 6 Abs. 5 S. 2 UrlV BR, § 9 UrlV BR, Art. 7 Abs. 1 RL 2003/88/EG)

Leitsatz

Art. 7 RL 2003/88/EG steht einem durch nationale Vorschriften angeordneten Verfall von über den Mindesturlaub von vier Wochen hinausgehenden Erholungsurlaub nicht entgegen. (Rn.24)

OVG Bremen, Urteil vom 08. 08. 2012 – 2 A 337/11 –

124. Kurzarbeit – Kürzung des Anspruchs auf bezahlten Jahresurlaub nach Maßgabe der Arbeitszeitverkürzung – EGRL 88/2003 (Art. 267 AEUV, Art. 7 Abs. 1 EGRL 88/2003, Art. 7 Abs. 2 EGRL 88/2003, Art. 31 Abs. 2 EUGrdRCh, § 1 BUrlG, § 3 BUrlG, § 7 Abs. 4 BUrlG)

Tenor

Art. 31 Abs. 2 der Charta der Grundrechte der Europäischen Union und Art. 7 Abs. 1 der Richtlinie 2003/88/EG des Europäischen Parlaments und des Rates vom 4. November 2003 über bestimmte Aspekte der Arbeitszeitgestaltung sind dahin auszulegen, dass sie nationalen Rechtsvorschriften oder Gepflogenheiten – wie etwa einem von einem Unternehmen und seinem Betriebsrat vereinbarten Sozialplan –, nach denen der Anspruch eines Kurzarbeiters auf bezahlten Jahresurlaub pro rata temporis berechnet wird, nicht entgegenstehen.

EuGH, Urteil vom 08. 11. 2012 – C-229/11 und C-230/11 – (Heimann, Toltschin)

15. Krankheit - Entgeltfortzahlung

125. Urlaubskassenverfahren – portugiesisches Bauunternehmen – Beitragspflicht – Eingriffsnorm i.S.d. Art. 34 EGBGB a.F. (Art. 3 EGV 883/2004, Art. 11 EGV 883/2004, Art. 9 EGV 593/2008, § 7 AEntG vom 19. 12. 1998, § 2 EntgFG, § 3 EntgFG, Art. 34 BGBEG vom 21. 09. 1994)

Leitsatz

1. § 2 EFZG ist keine Eingriffsnorm i.S.d. Art. 34 EGBGB a.F. (Rn. 13)
2. § 3 EFZG ist dann als Eingriffsnorm i.S.d. Art. 34 EGBGB a.F. anwendbar, wenn die betreffenden Arbeitsverhältnisse dem deutschen Sozialversicherungsrecht unterliegen. (Rn. 18)

BAG, Urteil vom 18. 04. 2012 – 10 AZR 200/11 –

16. Haftung im Arbeitsleben

126. Haftung nach § 1a AEntG a.F. – Berechnung des Nettoentgelts (§ 1 Abs. 3a S. 1 AEntG vom 25. 04. 2007, § 1a AEntG vom 25. 04. 2007, § 28e Abs. 3a S. 2 SGB IV, § 138 Abs. 4 ZPO, § 253 Abs. 2 Nr. 2 ZPO)

Leitsatz

Nettoentgelt i.S.v. § 1a Satz 2 AEntG a.F. ist der nach dem für den betreffenden Arbeitnehmer maßgeblichen Steuer- und Sozialversicherungsrecht zur Auszahlung verbleibende Betrag des Mindestentgelts. (Rn. 26) Unterliegt der Arbeitnehmer ausländischem Sozialversicherungsrecht, sind die danach vom Arbeitnehmer zu tragende Anteile zur ausländischen Sozialversicherung, nicht aber – fiktive – Beiträge zur deutschen Sozialversicherung zu berücksichtigen. (Rn. 30)

BAG, Urteil vom 17. 08. 2011 – 5 AZR 490/10 –

127. Strafverfahren wegen Beihilfe zur gefährlichen Körperverletzung durch Unterlassen bzw. unterlassener Hilfeleistung: Garantenpflicht eines Betriebsinhabers bzw. Vorgesetzten zur Verhinderung von Straftaten nachgeordneter Mitarbeiter (§ 13 StGB, § 27 StGB, § 224 StGB, § 323 c StGB)

Leitsatz

Aus der Stellung als Betriebsinhaber bzw. Vorgesetzter kann sich eine Garantenpflicht zur Verhinderung von Straftaten nachgeordneter Mitarbeiter ergeben. Diese beschränkt sich indes – unabhängig von den tatsächlichen Umständen, die im Einzelfall für die Begründung der Garantenstellung maßgebend sind – auf die Verhinderung betriebsbezogener Straftaten und umfasst nicht solche Taten, die der Mitarbeiter lediglich bei Gelegenheit seiner Tätigkeit im Betrieb begeht (Rn.10)(Rn.13).

BGH, Urteil vom 20. 10. 2011 – 4 StR 71/11 –

128. Bürgenhaftung – Bauträger (§ 1 a S. 1 AEntG vom 24. 04. 2006, § 14 BGB, § 175 Abs. 2 SGB III vom 24. 04. 2006, § 211 Abs. 1 SGB III vom 23. 12. 2003)

Leitsatz

Ein Bauträger, der Gebäude im eigenen Namen und auf eigene Rechnung errichten lässt, um sie während oder nach der Bauphase zu veräußern, ist Unternehmer i.S.v. § 1 a AEntG a.F. (Rn. 19) (Rn. 21)

BAG, Urteil vom 16. 05. 2012 – 10 AZR 190/11 –

17. Arbeitsschutz – Arbeitsunfall – betriebliche Gesundheitsvorsorge

129. Keine personalvertretungsrechtliche Beteiligung bei der Durchführung einer Gefährdungsbeurteilung nach § 5 ArbSchG (§ 75 Abs. 3 Nr. 11 BPersVG, § 81 BPersVG, § 87 Abs. 1 Nr. 7 BetrVG, § 5 Abs. 1 ArbSchG)

Leitsatz

1. Die Durchführung einer Gefährdungsbeurteilung nach § 5 Abs. 1 ArbSchG ist keine Maßnahme im Sinne § 69 Abs. 1 BPersVG und würde auch ansonsten angesichts der Regelungen in § 81 BPersVG nicht nach § 75 Abs. 3 Nr. 11 BPersVG („Maßnahmen zur Verhütung von Dienst- und Arbeitsunfällen und sonstigen Gesundheitsschädigungen") der Mitbestimmung des Personalrats unterliegen (im Anschluss an BVerwG, Beschluss vom 14. Oktober 2002 – 6 P 4.00 –, PersR 2003, 113 = PersV 2003, 186). (Rn. 29)

2. Dass nach der Rechtsprechung des Bundesarbeitsgerichts (BAG, Beschlüsse vom 8. Juni 2004 – 1 ABR 13/03 –, BAGE 111, 36, und – 1 ABR 4/03 –, BAGE 111, 48) dem Betriebsrat ein Mitbestimmungsrecht nach § 87 Abs. 1 Nr. 7 BetrVG bei der Gefährdungsbeurteilung nach § 5 Abs. 1 ArbSchG zusteht, gibt für die Auslegung des Mitbestimmungstatbestands aus § 75 Abs. 3 Nr. 11 BPersVG nichts her. (Rn. 42)

OVG Nordrhein-Westfalen, Beschl. vom 25. 08. 2011 – 16 A 1361/10.PVB –

130. Mitbestimmung des Personalrats beim Gesundheitsschutz; Gefährdungsbeurteilung (§ 69 BPersVG, § 70 Abs. 1 S. 1 BPersVG, § 75 Abs. 3 Nr. 11 BPersVG, § 5 ArbSchG, § 6 ArbSchG)

Leitsatz

Die Gefährdungsbeurteilung nach § 5 ArbSchG ist keine Maßnahme, die der Mitbestimmung nach § 75 Abs. 3 Nr. 11 BPersVG unterfällt. (Rn. 4)

BVerwG, Beschl. vom 05. 03. 2012 – 6 PB 25.11 –

131. Fragebogenaktion des Personalrats; Ermittlung der Erforderlichkeit von Maßnahmen zur Verbesserung des Gesundheitsschutzes am Arbeitsplatz; Gefährdungsanalyse der Dienststelle gemäß § 5 Abs. 1 ArbSchG; Gebot der vertrauensvollen Zusammenarbeit (§ 5 Abs. 1 ArbSchG, § 2 Abs. 1 BlnPersVG, § 77 Abs. 2 BlnPersVG, § 107 BPersVG)

Leitsatz

Aufgrund des Gebots der vertrauensvollen Zusammenarbeit gemäß § 2 Abs. 1 BlnPersVG ist dem Personalrat eine Fragebogenaktion, mit der die Erforderlichkeit von Maßnahmen zur Verbesserung des Gesundheitsschutzes am Arbeitsplatz ermittelt werden soll, verwehrt, wenn die Dienststelle ihrerseits eine Gefährdungsanalyse gemäß § 5 Abs. 1 ArbSchG vorbereitet. (Rn. 5)

BVerwG, Beschl. vom 08. 08. 2012 – 6 PB 8.12 –

18. Besonders geschützte Gruppen –
Arbeitnehmerüberlassung – Schwerbehinderte

132. Freigestellter Bezirksschwerbehindertenvertreter – Kostenerstattung für Heimfahrten (§ 96 Abs. 8 S. 1 SGB IX, § 96 Abs. 2 SGB IX, § 96 Abs. 3 S. 1 SGB IX, § 44 Abs. 1 S. 2 BPersVG, § 15 Abs. 1 BRKG 2005, § 2 Abs. 1 BRKG 2005, § 3 TGV, § 4 TGV, § 5 TGV, Art. 6 Abs. 1 GG, Art. 3 Abs. 3 S. 2 GG, § 1 AGG, Art. 1 EGRL 78/2000)

Leitsatz

Das freigestellte Mitglied einer Bezirksschwerbehindertenvertretung hat nach § 96 Abs. 8 SGB IX Anspruch auf Reisebeihilfen nach § 15 Abs. 1 BRKG, § 3 bis § 5 TGV. Ein weitergehender Anspruch auf Ersatz der konkret entstandenen Kosten steht ihm grundsätzlich nicht zu. (Rn.22)

BAG, Urteil vom 27. 07. 2011 – 7 AZR 412/10 –

133. Kein Rechtsschutzbedürfnis eines Schwerbehinderten für Eilantrag gegen die Zustimmungsentscheidung des Integrationsamtes (§ 80 Abs. 5 VwGO, § 80a Abs. 3 VwGO, § 88 Abs. 4 SGB IX)

Leitsatz

Dem Antrag eines schwerbehinderten Menschen, die aufschiebende Wirkung eines Rechtsbehelfs gegen die Zustimmungsentscheidung des Integrationsamtes anzuordnen, fehlt regelmäßig das Rechtsschutzbedürfnis. (Rn. 1)

VGH Baden-Württemberg, Beschl. vom 10. 01. 2012 – 12 S 3214/11 –

134. Frage nach der Schwerbehinderung im Arbeitsverhältnis (§ 85 SGB IX, § 1 Abs. 3 KSchG, § 242 BGB, § 3 Abs. 1 S. 1 AGG)

Leitsatz

Die Frage des Arbeitgebers nach der Schwerbehinderung bzw. einem diesbezüglich gestellten Antrag ist im bestehenden Arbeitsverhältnis jedenfalls nach sechs Monaten, d.h. ggf. nach Erwerb des Behindertenschutzes gemäß §§ 85 ff. SGB IX, zulässig. Das gilt insbesondere zur Vorbereitung von beabsichtigten Kündigungen. (Rn. 11)

BAG, Urteil vom 16. 02. 2012 – 6 AZR 553/10 –

135. Entschädigung – schwerbehinderter Mensch – Ausschlussfrist (§ 1 AGG, § 3 AGG, § 7 AGG, § 15 Abs. 1 AGG, § 15 Abs. 2 AGG, § 15 Abs. 4 AGG, § 22 AGG, § 82 S. 1 SGB IX, § 82 S. 2 SGB IX, § 82 S. 3 SGB IX, § 823 Abs. 1 BGB, Art. 1 Abs. 1 GG, Art. 2 Abs. 1 GG, § 37 Abs. 1 TV-L, EGRL 78/2000, EGRL 43/2000, EGRL 54/2006, EGRL 73/2002, EGRL 113/2004)

Leitsatz

1. Die zweimonatige Ausschlussfrist des § 15 Abs. 4 AGG zur Geltendmachung von Ansprüchen wegen eines Verstoßes gegen das Benachteiligungsverbot des § 7 AGG beginnt im Falle einer erfolglosen Bewerbung grundsätzlich mit dem Zugang der Ablehnung, nicht jedoch vor dem Zeitpunkt, ab dem der Bewerber Kenntnis von seiner Benachteiligung erlangt. (Rn. 55)

2. Unter Zugrundelegung dieser Auslegung verstößt § 15 Abs. 4 AGG nicht gegen Europarecht. (Rn. 29)

BAG, Urteil vom 15. 03. 2012 – 8 AZR 37/11 –

136. Versetzung in den Ruhestand – Integrationsamt (§ 92 S. 1 SGB IX, § 19 SchwbG, § 29 Abs. 1 BeamtStG)

Leitsatz

Die Versetzung eines Dienstordnungsangestellten in den Ruhestand wegen Dienstunfähigkeit bedarf keiner Zustimmung des Integrationsamtes. § 92 Satz 1 SGB IX ist insoweit nicht analog anzuwenden. (Rn. 14)

BAG, Urteil vom 24. 05. 2012 – 6 AZR 679/10 –

137. Kündigung des Arbeitsverhältnisses eines Schwerbehinderten – Zustimmung des Integrationsamtes – Zusammenhang des Kündigungsgrundes mit der Behinderung (§ 91 Abs. 4 SGB IX, § 85 SGB IX, § 1 Abs. 2 KSchG, § 69 Abs. 1 S. 1 SGB IX)

Leitsatz

1. Bei der Prüfung nach § 91 Abs. 4 SGB IX, ob der Kündigungsgrund nicht im Zusammenhang mit der Behinderung steht, ist grundsätzlich die Beeinträchtigung maßgeblich, die der Feststellung über das Vorliegen einer Behinderung nach § 69 Abs. 1 Satz 1 SGB IX zugrunde liegt. (Rn. 19)

2. Ein Zusammenhang im Sinne des § 91 Abs. 4 SGB IX ist nur dann gegeben, wenn sich das zur Begründung der Kündigung herangezogene Verhalten zwanglos aus der Behinderung zugrunde liegenden Beeinträchtigung ergibt und der Zusammenhang nicht nur ein entfernter ist. (Rn. 27)

BVerwG, Urteil vom 12. 07. 2012 – 5 C 16.11 –

19. Frauen im Arbeitsleben - Mutterschutz

138. Vorruhestandsbezug – Benachteiligung wegen des Geschlechts (§ 1 AGG, § 2 Abs. 2 AGG, § 3 Abs. 2 AGG, § 7 Abs. 1 AGG, § 7 Abs. 2 AGG, § 33 Abs. 1 AGG, § 1 Abs. 1 BetrAVG, § 237a SGB IV, Anl. 20 SGB VI)

Leitsatz

Eine Vereinbarung, nach welcher der Anspruch auf betriebliche Vorruhestandsleistungen mit dem Zeitpunkt des frühestmöglichen Renteneintritts endet, benachteiligt Frauen wegen des Geschlechts (§§ 1, 7 Abs. 1 AGG) und ist deshalb nach § 7 Abs. 2 AGG unwirksam. (Rn. 15) Denn für Frauen der Geburtsjahrgänge 1940 bis 1951 endet der Anspruch auf Vorruhestandsleistungen bereits mit dem 60. Lebensjahr (frühestmöglicher Renteneintritt gemäß Anlage 20 zu § 237a Abs. 2 SGB VI). (Rn. 18) Demgegenüber können vergleichbare Männer frühestens mit dem 63. Lebensjahr Altersrente beanspruchen und deshalb die Vorruhestandsleistungen drei Jahre länger beziehen. (Rn. 26)

BAG, Urteil vom 15. 02. 2011 – 9 AZR 750/09 –

139. Zuschuss zum Mutterschaftsgeld – erfolgsabhängige Vergütung – Auflösungsverschulden (§ 14 Abs. 1 MuSchG, § 11 Abs. 1 MuSchG, § 200 RVO, § 628 Abs. 2 BGB)

Leitsatz

Die Höhe des Zuschusses zum Mutterschaftsgeld bestimmt sich nach dem von der Arbeitnehmerin im Berechnungszeitraum verdienten Arbeitsentgelt. (Rn. 13)

BAG, Urteil vom 14. 12. 2011 – 5 AZR 439/10 –

140. Zuschuss zum Mutterschaftsgeld – Elternzeit (§ 14 Abs. 1 S. 1 MuSchG, § 3 Abs. 2 MuSchG)

Leitsatz

Der Anspruch auf Zuschuss zum Mutterschaftsgeld entfällt nicht für den gesamten Zeitraum der Schutzfristen, wenn das Arbeitsverhältnis bei Beginn der Schutzfrist des § 3 Abs. 2 MuSchG wegen Elternzeit geruht hat. Der Anspruch auf Zuschuss zum Mutterschaftsgeld ist nur bis zum Ende der Elternzeit ausgeschlossen. (Rn. 17)

BAG, Urteil vom 22. 08. 2012 – 5 AZR 652/11 –

20. Betriebsübergang - Umwandlung

141. Betriebsteilübergang – Betriebsteil beim Veräußerer (§ 613a Abs. 1 S. 1 BGB, Art. 1 Abs. 1 EGRL 23/2001)

Leitsatz

Ein Übergang eines Betriebsteils auf einen Erwerber i.S.d. § 613a Abs. 1 Satz 1 BGB liegt nur dann vor, wenn die übernommenen Betriebsmittel und/oder Beschäftigten bereits beim Veräußerer eine abgrenzbare organisatorische wirtschaftliche Einheit, d.h. einen Betriebsteil dargestellt haben. (Rn. 36)

BAG, Urteil vom 13. 10. 2011 – 8 AZR 455/10 –

142. Betriebsübergang: Anforderung an das dem Übergang zu Grunde liegende Rechtsgeschäft; Anspruch des neuen Betriebsinhabers auf Herausgabe der Personalunterlagen; Anspruch des neuen Betriebsinhabers auf Ausgleich wegen des von ihm an die Arbeitnehmer während der Urlaubszeit gezahlten Arbeitsentgelts (§ 402 BGB, § 412 BGB, § 426 BGB, § 613a BGB)

Leitsatz

1. Das dem Betriebsübergang zugrunde liegende Rechtsgeschäft erfordert keine unmittelbaren Beziehungen zwischen dem bisherigen Inhaber und dem Erwerber des Betriebs; auch die Übernahme eines mit einem Dritten geschlossenen Dienstleistungsvertrags führt zum Übergang des Betriebs oder des betroffenen Betriebsteils. (Rn. 29)

2. Es kann offen bleiben, ob der Übernehmer des Betriebs Eigentum an den Personalunterlagen erwirbt. Sein Herausgabeanspruch gegen den bisherigen Betriebsinhaber ergibt sich jedenfalls aus §§ 412, 402 BGB. (Rn. 32)

3. Der Senat schließt sich trotz der gegenteiligen Ansicht im arbeitsrechtlichen Schrifttum der Auffassung des Bundesgerichtshofs an (Anschluss BGH, 25. März 1999, III ZR 27/98, NJW 1999, 2962 und BGH, 4. Juli 1985, IX ZR 172/84, NJW 1985, 2643), dass im Falle des Betriebsübergangs der neue Inhaber gegen den bisherigen Inhaber des Betriebs wegen des an die Arbeitnehmer in deren Urlaub gezahlten Arbeitsentgelts einen Anspruch auf Ausgleich unter Gesamtschuldnern hat. (Rn. 35)

Thüringer OLG, Urteil vom 02. 05. 2012 – 7 U 971/11 –

143. Anspruch auf tarifliche Zusatzleistung gegen den Betriebserwerber – Inkrafttreten des Tarifvertrags nach Betriebsübergang (§ 613a Abs. 1 S. 1 BGB, § 613a Abs. 1 S. 2 BGB, § 1 Abs. 1 TVG, § 3 Abs. 1 TVG, § 4 Abs. 1 TVG, Art. 3 Abs. 3 EGRL 23/2001)

Leitsatz

Tritt ein Tarifvertrag nicht mit seinem Abschluss, sondern erst später in Kraft, beginnt die für die Transformation nach § 613a Abs. 1 Satz 2 BGB maßgebende Tarifgeltung mit dem Zeitpunkt des Inkrafttretens. (Rn. 17)

BAG, Urteil vom 16. 05. 2012 – 4 AZR 321/10 –

144. Betriebsbedingte Kündigung – Betriebsratsanhörung – Restmandat

Leitsatz

Die Erklärung des Widerspruchs nach § 613a Abs. 6 BGB ist für sich genommen kein Vorgang, an den ein Restmandat des Betriebsrats anknüpfen könnte.

BAG, Urteil vom 24. 05. 2012 – 2 AZR 62/11 –

21. Insolvenz

145. Vergütungsansprüche als Neumasseverbindlichkeit – Zurückbehaltungsrecht wegen rückständiger Vergütung (§ 611 Abs. 1 BGB, § 209 Abs. 2 Nr. 3 InsO, § 273 BGB, § 55 InsO)

Leitsatz
Vergütungsansprüche sind nicht als Neumasseverbindlichkeit zu berichtigen, wenn der Insolvenzverwalter einen Arbeitnehmer zur Arbeitsleistung heranziehen möchte, dieser jedoch von einem Zurückbehaltungsrecht wegen rückständiger Vergütungsansprüche Gebrauch macht. (Rn.37)
LAG Baden-Württemberg, Urteil vom 21. 12. 2011 – 10 Sa 65/11 – (Revision eingelegt unter dem Aktenzeichen 6 AZR 246/12)

146. Insolvenzmasse: Unpfändbarkeit von Urlaubsgeld (§ 36 Abs. 1 S. 2 InsO, § 850a Nr. 2 ZPO)

Leitsatz
Urlaubsgeld fällt nicht in die Insolvenzmasse, soweit es den Rahmen des Üblichen in gleichartigen Unternehmen nicht übersteigt; dies gilt auch dann, wenn das Urlaubsgeld in den vorgegebenen Grenzen eine erhebliche Höhe erreicht. (Rn. 5)
BGH, Beschl. vom 26. 04. 2012 – IX ZB 239/10 –

147. Insolvenzrecht: Gerichtszuständigkeit für die Entscheidung über die Massezugehörigkeit von Lohnbestandteilen aus einem ausländischen Arbeitsverhältnis (§ 36 Abs. 1 S. 2 InsO, § 36 Abs. 4 S. 1 InsO, § 148 Abs. 2 InsO, § 850f Abs. 1 ZPO)

Leitsatz
Über die Massezugehörigkeit von Lohnbestandteilen hat das Prozessgericht zu entscheiden, wenn deutsche Gerichte für die Einzelzwangsvollstreckung nicht zuständig sind. (Rn. 6)
BGH, Beschl. vom 05. 06. 2012 – IX ZB 31/10 –

148. Insolvenz – Unterhaltspflichten bei der Sozialauswahl – keine Diskriminierung durch Altersgruppenbildung (§ 1 Abs. 2 S. 1 Alt. 3 KSchG, § 1 Abs. 3 S. 1 KSchG, § 125 Abs. 1 S. 1 InsO, § 75 Abs. 1 BetrVG, § 1360 BGB, § 1601 BGB, Art. 6 Abs. 1 Unterabs. 1 EGRL 78/2000, § 7 Abs. 1 AGG, § 7 Abs. 2 AGG, § 1 AGG, § 3 Abs. 2 AGG)

Leitsatz
Bei der einem Interessenausgleich mit Namensliste nach § 125 InsO zugrunde liegenden Sozialauswahl kann sich die Berücksichtigung von Unterhaltspflichten gegenüber Kindern auf diejenigen beschränken, die aus der Lohnsteuerkarte entnommen werden können. (Rn. 46) Dagegen darf bei der einem solchen Interessenausgleich zugrunde liegenden Sozialauswahl jedenfalls die Verpflichtung zur Gewährung von Familienunterhalt an den mit dem Arbeitnehmer in ehelicher Lebensgemeinschaft lebenden Ehegatten gemäß § 1360 BGB nicht gänzlich außer Betracht bleiben. (Rn. 52)
BAG, Urteil vom 28. 06. 2012 – 6 AZR 682/10 –

149. Rechtsweg für die Insolvenzanfechtung von Zahlungen Dritter auf Arbeitslohnansprüche der Arbeitnehmer des Insolvenzschuldners (§ 13 GVG, § 2 Abs. 1 Nr. 3 Buchst. a ArbGG, § 3 ArbGG, § 134 Abs. 1 InsO)

Leitsatz
Entrichtet ein Dritter anstelle des Arbeitgebers die dem Arbeitnehmer geschuldete Arbeitsvergütung, ist für eine Insolvenzanfechtung dieser Zahlung der Rechtsweg zu den ordentlichen Gerichten gegeben. (Rn. 12)
BGH, Beschl. vom 19. 07. 2012 – IX ZB 27/12 –

150. Grenzüberschreitende Insolvenz – betriebsbedingte Kündigung – Annexverfahren – Administrator als Insolvenzverwalter (§ 113 InsO, § 125 InsO, Art. 3 EuInsVO, Art. 4 EuInsVO, Art. 10 EuInsVO, Art. 16 Abs. 1 EuInsVO, Art. 17 Abs. 1 EuInsVO, Art. 18 Abs. 1 EuInsVO, Art. 1 Abs. 2 Buchst. b EuGVVO)

Leitsatz

1. Klagen gegen Kündigungen, die ein Insolvenzverwalter im Sinne der EuInsVO in Deutschland nach deutschem Recht erklärt hat, sind auch dann keine Annexverfahren i.S.d. Art. 3 EuInsVO, wenn sie auf der Grundlage eines Interessenausgleichs mit Namensliste nach § 125 InsO und mit der kurzen Frist des § 113 InsO erklärt worden sind. Für solche Verfahren bestimmt sich die internationale Zuständigkeit nach der EuGVVO und nicht nach der EuInsVO. (Rn. 16)

2. Bei grenzüberschreitenden Insolvenzen im Sinne der EuInsVO, bei denen deutsches Arbeitsrecht aufgrund der Regelung in Art. 10 EuInsVO anwendbar ist, ist § 125 InsO unionsrechtskonform dahin auszulegen, dass auch ein Administrator, der in der vom englischen Insolvenzrecht vorgesehenen Weise für den Schuldner handelt, als Insolvenzverwalter i.S.d. § 125 InsO anzusehen ist und daher einen Interessenausgleich mit Namensliste abschließen kann, der die Wirkungen des § 125 InsO nach sich zieht. (Rn. 32)

BAG, Urteil vom 20. 09. 2012 – 6 AZR 253/11 –

22. Betriebsverfassungsrecht, allgemeines

151. Ab- und Rückmeldepflicht von Betriebsratsmitgliedern bei Ausübung von Betriebsratstätigkeit am Arbeitsplatz (§ 37 Abs. 2 BetrVG, § 241 Abs. 2 BGB)

Leitsatz

Ein Betriebsratsmitglied muss sich grundsätzlich bei seinem Arbeitgeber abmelden, bevor es an seinem Arbeitsplatz Betriebsratstätigkeit verrichtet. (Rn. 24) Das gilt nicht, wenn es nach den Umständen des Einzelfalls nicht ernsthaft in Betracht kommt, die Arbeitseinteilung vorübergehend umzuorganisieren. (Rn. 25) Der Arbeitgeber kann dann aber verlangen, dass ihm die Gesamtdauer der in einem bestimmten Zeitraum ausgeübten Betriebsratstätigkeit nachträglich mitgeteilt wird. (Rn. 26)

BAG, Beschl. vom 29. 06. 2011 – 7 ABR 135/09 –

152. Betriebsratswahl in gewillkürter Organisationseinheit – Anfechtung wegen Verkennung des Betriebsbegriffs (§ 19 Abs. 1 BetrVG, § 3 Abs. 1 Nr. 1 Buchst. b BetrVG, § 3 Abs. 5 S. 1 BetrVG, § 1 Abs. 2 TVG, § 3 Abs. 1 Nr. 3 BetrVG vom 23. 12. 1988)

Leitsatz

1. Die Wahl eines Betriebsrats in einer nach § 3 Abs. 1 Nr. 1 Buchst. b, Abs. 5 Satz 1 BetrVG gebildeten betriebsverfassungsrechtlichen Organisationseinheit kann wegen Verkennung des Betriebsbegriffs nach § 19 Abs. 1 BetrVG angefochten werden. Dies gilt auch, wenn die Betriebsratswahlen in angrenzenden Organisationseinheiten unangefochten geblieben sind. (Rn. 20)

2. Ein Tarifvertrag, durch den Betriebe gemäß § 3 Abs. 1 Nr. 1 Buchst. b BetrVG zusammengefasst werden, kann dynamisch regeln, dass Betriebsräte jeweils in den Regionen zu wählen sind, in denen nach den organisatorischen Vorgaben des Arbeitgebers Bezirksleitungen bestehen. (Rn. 38) Dies entspricht dem Grundsatz, dass Interessenvertretungen der Arbeitnehmer dort gebildet werden, wo sich unternehmerische Leitungsmacht konkret entfaltet. (Rn. 43)

BAG, Beschl. vom 21. 09. 2011 – 7 ABR 54/10 –

153. Interessenausgleich – Berücksichtigung von Leiharbeitnehmern bei der Ermittlung des Schwellenwerts in § 111 S 1 BetrVG – Nachteilsausgleich (§ 111 S. 1 BetrVG, § 113 BetrVG, § 7 BetrVG, § 9 BetrVG)

Leitsatz
Bei der Ermittlung der maßgeblichen Unternehmensgröße in § 111 Satz 1 BetrVG sind Leiharbeitnehmer, die länger als drei Monate im Unternehmen eingesetzt sind, mitzuzählen. (Rn.15)
BAG, Urteil vom 18. 10. 2011 – 1 AZR 335/10 –

154. Betriebsrat – Personalverkauf – Festlegung des Sortiments in der Crew-Kantine eines Fährschiffes – Sozialeinrichtung – betriebliche Lohngestaltung (§ 87 Abs. 1 Nr. 8 BetrVG, § 87 Abs. 1 Nr. 10 BetrVG, § 256 Abs. 1 ZPO)
Leitsatz
Der Einsatz von sächlichen Betriebsmitteln (Raum, Mobiliar) für einen Personalverkauf lässt nicht darauf schließen, dass dieser von einer Sozialeinrichtung i.S.d. § 87 Abs. 1 Nr. 8 BetrVG durchgeführt wird. (Rn. 21)
BAG, Beschl. vom 08. 11. 2011 – 1 ABR 37/10 –

155. Berechtigung des Gesamtbetriebsrats zur Durchführung einer Informationsveranstaltung in betriebsratslosen Betrieben zum Zwecke der Bestellung eines Wahlvorstands (§ 17 Abs. 1 BetrVG, § 17 Abs. 2 BetrVG, § 42 BetrVG, § 51 Abs. 5 BetrVG, § 80 Abs. 1 Nr. 1 BetrVG, § 50 Abs. 1 S. 1 BetrVG)
Leitsatz
Der Gesamtbetriebsrat ist nicht berechtigt, in betriebsratslosen Betrieben zum Zwecke der Bestellung eines Wahlvorstands für die Durchführung einer Betriebsratswahl Informationsveranstaltungen durchzuführen, die den Charakter von Belegschaftsversammlungen haben. (Rn. 8)
BAG, Beschl. vom 16. 11. 2011 – 7 ABR 28/10 –

156. Berücksichtigung der in Privatbetrieben tätigen Arbeitnehmer des öffentlichen Dienstes bei den Schwellenwerten des § 9 und § 38 BetrVG (§ 5 Abs. 1 S. 3 BetrVG, § 9 BetrVG, § 38 Abs. 1 S. 1 BetrVG, § 38 Abs. 1 S. 2 BetrVG)
Leitsatz
In Privatbetrieben tätige Arbeitnehmer des öffentlichen Dienstes zählen bei den Schwellenwerten der organisatorischen Vorschriften des Betriebsverfassungsgesetzes mit. (Rn. 20)
BAG, Beschl. vom 15. 12. 2011 – 7 ABR 65/10 –

157. Erforderlichkeit einer Betriebsratsschulung zur aktuellen Rechtsprechung des Bundesarbeitsgerichts (§ 37 Abs. 6 S. 1 BetrVG, § 40 Abs. 1 BetrVG, § 37 Abs. 2 BetrVG)
Leitsatz
Es kann im Einzelfall erforderlich i.S.v § 37 Abs. 6 S. 1 BetrVG sein, dass sich Betriebsratsmitglieder über die aktuelle Rechtsprechung des Bundesarbeitsgerichts durch den Besuch einer entsprechenden Schulungsveranstaltung informieren. (Rn. 26)
BAG, Beschl. vom 18. 01. 2012 – 7 ABR 73/10 –

158. Betriebsrat – Überwachungsrecht – betriebliches Eingliederungsmanagement – Datenschutz (§ 80 Abs. 2 BetrVG, § 80 Abs. 1 Nr. 1 BetrVG, § 84 Abs. 2 SGB IX, § 28 Abs. 6 Nr. 3 BDSG 1990, § 3 Abs. 9 BDSG 1990, Art. 2 Abs. 1 GG, Art. 1 Abs. 1 GG, Art. 8 EGRL 46/95, Art. 3 EGRL 46/95, § 32 BDSG 1990)
Leitsatz
Der Betriebsrat kann verlangen, dass ihm der Arbeitgeber die Arbeitnehmer benennt, welche nach § 84 Abs. 2 SGB IX die Voraussetzungen für die Durchführung des betrieblichen Eingliederungsmanagements erfüllen.
BAG, Beschl. vom 07. 02. 2012 – 1 ABR 46/10 –

159. Tendenzeigenschaft des DRK-Blutspendedienstes (§ 118 Abs. 1 S. 1 Nr. 1 BetrVG, § 106 BetrVG, § 83 ArbGG)

Leitsatz

Der DRK-Blutspendedienst ist kein Tendenzunternehmen i.S.d. § 118 Abs. 1 Satz 1 Nr. 1 BetrVG, das unmittelbar und überwiegend karitativen Bestimmungen dient. (Rn. 17)

BAG, Beschl. vom 22. 05. 2012 – 1 ABR 7/11 –

160. Gesamtbetriebsrat – Zuständigkeit – Schichtrahmenplan (§ 50 Abs. 1 BetrVG, § 87 Abs. 1 Nr. 2 BetrVG, § 40 Abs. 2 BetrVG, § 77 Abs. 3 S. 1 BetrVG, § 4 Abs. 1 TzBfG, § 8 TzBfG, § 83 Abs. 3 ArbGG)

Leitsatz

Der Gesamtbetriebsrat kann für einen Schichtrahmenplan zuständig sein, wenn der Arbeitgeber in mehreren Betrieben eine Dienstleistung erbringt, deren Arbeitsabläufe technisch-organisatorisch miteinander verknüpft sind. (Rn. 22)

BAG, Beschl. vom 19. 06. 2012 – 1 ABR 19/11 –

161. Gestellte Arbeitnehmer — Wählbarkeit zum Betriebsrat (§ 5 Abs. 1 S. 3 BetrVG, § 7 BetrVG, § 8 BetrVG, Art. 3 GG, Art. 74 Abs. 1 Nr. 12 GG, § 14 Abs. 2 S. 1 AÜG)

Leitsatz

Beschäftigte des öffentlichen Dienstes, die in Betrieben privatrechtlich organisierter Unternehmen tätig sind, sind dort bei Erfüllung der allgemeinen Voraussetzungen zum Betriebsrat wählbar. (Rn. 20)

BAG, Beschl. vom 15. 08. 2012 – 7 ABR 34/11 –

23. Betriebsverfassungsrecht, Beteiligung des Betriebsrats

162. Mitbestimmung des Betriebsrats im stillgelegten Betrieb eines Postnachfolgeunternehmens – Versetzung von Beamten zu anderen Betrieben – Mitbestimmung beim Sozialplan – amtsangemessene Weiterbeschäftigung (§ 76 Abs. 1 Nr. 4 Alt. 1 BPersVG, § 111 S. 1 BetrVG, § 111 S. 3 Nr. 1 BetrVG, § 112 Abs. 1 BetrVG, § 24 Abs. 1 PostPersRG, § 24 Abs. 2 S. 1 PostPersRG, § 28 S. 1 PostPersRG, § 29 Abs. 1 S. 1 PostPersRG, Art. 33 Abs. 5 GG)

Leitsatz

1. Der restmandatierte Betriebsrat hat kein Mitbestimmungsrecht bei Versetzungen, wenn Beamte eines Postnachfolgeunternehmens von einem stillgelegten Betrieb zu anderen Betrieben des Unternehmens wechseln. (Rn. 23)

2. Die Individualinteressen dieser Beamten, insbesondere ihr Recht auf amtsangemessene Weiterbeschäftigung, werden durch die Mitbestimmung des Betriebsrats beim Sozialplan hinreichend gewahrt. (Rn. 24)

BVerwG, Beschl. vom 25. 01. 2012 – 6 P 25.10 –

24. Betriebsverfassungsrecht, Betriebsvereinbarungen

163. Sozialplan – Abfindungsausschluss beim Bezug einer Erwerbsminderungsrente (§ 112 BetrVG, § 75 Abs. 1 BetrVG, § 3 Abs. 1 AGG, Art. 2 EGRL 78/2000, Art. 3 EGRL 78/2000)

Leitsatz

Arbeitnehmer können von Sozialplanleistungen ausgenommen werden, wenn sie wegen des Bezugs einer befristeten vollen Erwerbsminderungsrente nicht beschäftigt sind und mit der Wiederherstellung ihrer Arbeitsfähigkeit auch nicht zu rechnen ist. (Rn. 19)

BAG, Urteil vom 07. 06. 2011 – 1 AZR 34/10 –

164. Variable Vergütung – Betriebsvereinbarung über zusätzliche Bonuszahlungen (§ 77 Abs. 4 BetrVG, § 315 BGB)

Leitsatz
Räumt eine Betriebsvereinbarung über zusätzliche Bonuszahlungen dem Arbeitgeber das Recht ein, das Bonusvolumen in Abhängigkeit von dem Geschäftsergebnis festzulegen, kann der Arbeitgeber die abschließend getroffene Leistungsbestimmung nicht einseitig ändern. (Rn. 42)
BAG, Urteil vom 12. 10. 2011 – 10 AZR 649/10 –

165. Ablösung von allgemeinen Arbeitsbedingungen durch Betriebsvereinbarung

Leitsatz
1. Sozialleistungen, die ausschließlich in Hinblick auf den Bestand des Arbeitsverhältnisses erbracht werden und nicht von der persönlichen Arbeitsleistung der begünstigten Arbeitnehmer abhängen, können durch Betriebsvereinbarung grundsätzlich mit Wirkung für die Zukunft eingestellt werden.
2. Ein Arbeitnehmer kann ohne Hinzutreten von besonderen Umständen nicht auf den unveränderten Fortbestand von Leistungen aus betrieblichen Regelungen vertrauen.
BAG, Urteil vom 17. 07. 2012 – 1 AZR 476/11 –

25. Betriebsverfassungsrecht, Betriebsänderungen

166. Sozialplanabfindung – unternehmenseinheitlicher vorsorglicher Sozialplan (§ 112 BetrVG, § 112a Abs. 1 BetrVG, § 613a BGB)

Leitsatz
Ein zwischen dem Arbeitgeber und dem Gesamtbetriebsrat vereinbarter vorsorglicher Sozialplan, der für eine Vielzahl künftig möglicher, noch nicht geplanter Betriebsänderungen den Ausgleich oder die Milderung wirtschaftlicher Nachteile vorsieht, begründet normative Ansprüche zugunsten von Arbeitnehmern typischerweise für den Fall, dass aus Anlass einer konkreten Betriebsänderung auf betrieblicher Ebene der Abschluss eines Sozialplans unterbleibt. (Rn. 23)
BAG, Urteil vom 17. 04. 2012 – 1 AZR 119/11 –

167. Beratungsvertrag zwischen einem Betriebsrat und einem Beratungsunternehmen: Wirksamkeitsprüfung – Entgeltzahlungspflicht und Haftung einzelner Betriebsratsmitglieder (§ 40 Abs. 1 BetrVG, § 111 S. 2 BetrVG, § 179 Abs. 2 BGB, § 179 Abs. 3 BGB, § 611 BGB, § 253 ZPO)

Leitsatz
1. Ein Vertrag, den der Betriebsrat zu seiner Unterstützung gemäß § 111 Satz 2 BetrVG mit einem Beratungsunternehmen schließt, ist wirksam, soweit die vereinbarte Beratung zur Erfüllung der Aufgaben des Betriebsrats erforderlich ist und der Betriebsrat daher einen Kostenerstattungs- und Freistellungsanspruch gegen den Arbeitgeber gemäß § 40 Abs. 1 BetrVG hat. Die Grenzen des dem Betriebsrat bei der ex ante-Beurteilung der Erforderlichkeit der Beratung zustehenden Spielraums sind im Interesse der Funktions- und Handlungsfähigkeit des Betriebsrats nicht zu eng zu ziehen. (Rn. 25) (Rn. 29)
2. Der Betriebsrat kann sich im Rahmen eines solchen Vertrags zur Zahlung eines Entgelts verpflichten. (Rn. 31)
3. Betriebsratsmitglieder, die als Vertreter des Betriebsrats mit einem Beratungsunternehmen eine Beratung vereinbaren, die zur Erfüllung der Aufgaben des Betriebsrats gemäß § 111 BetrVG nicht erforderlich ist, können gegenüber dem Beratungsunternehmen – vorbehaltlich der Bestimmungen in § 179 Abs. 2 und 3 BGB – entsprechend § 179 BGB haften, soweit ein Vertrag zwischen dem Beratungsunternehmen und dem Betriebsrat nicht wirksam zustande gekommen ist. (Rn. 33)
BGH, Urteil vom 25. 10. 2012 – III ZR 266/11 –

26. Unternehmensmitbestimmung

168. Tarifvorbehalt – Betriebliche Lohngestaltung (§ 87 Abs. 1 Nr. 10 BetrVG, § 99 Abs. 1 S. 1 BetrVG, § 101 BetrVG, Art. 9 Abs. 3 GG)

Leitsatz

Der tarifgebundene Arbeitgeber ist betriebsverfassungsrechtlich verpflichtet, die tarifliche Vergütungsordnung ungeachtet der Tarifbindung der Arbeitnehmer im Betrieb anzuwenden, soweit deren Gegenstände der erzwingbaren Mitbestimmung des § 87 Abs. 1 Nr. 10 BetrVG unterliegen. (Rn. 16)

BAG, Beschl. vom 18. 10. 2011 – 1 ABR 25/10 –

169. Mitbestimmung bei Versetzungen – arbeitskampfbedingte Versetzung (§ 99 Abs. 1 BetrVG, § 100 BetrVG, § 80 Abs. 2 BetrVG, Art. 9 Abs. 3 GG, § 253 Abs. 2 Nr. 2 ZPO, § 256 Abs. 1 ZPO)

Leitsatz

Der Betriebsrat eines abgebenden Betriebs hat bei einer arbeitskampfbedingten Versetzung arbeitswilliger Arbeitnehmer in einen bestreikten Betrieb des Arbeitgebers nicht nach § 99 Abs. 1 BetrVG mitzubestimmen. Das gilt unabhängig davon, ob der abgebende Betrieb in den Arbeitskampf einbezogen ist oder nicht. (Rn. 24)

BAG, Beschl. vom 13. 12. 2011 – 1 ABR 2/10 –

170. Mitbestimmung bei der Ausgestaltung der Dienstkleidungspflicht (§ 87 Abs. 1 Nr. 1 BetrVG, § 76 Abs. 5 BetrVG, § 50 Abs. 1 BetrVG, § 253 ZPO, § 256 ZPO)

Leitsatz

Ein Spruch der Einigungsstelle, durch den eine Pflicht zum Tragen von Dienstkleidung ausgestaltet werden soll, ist unwirksam, wenn er dem Arbeitgeber die Bestimmung des persönlichen Geltungsbereichs belässt. (Rn. 26)

BAG, Beschl. vom 17. 01. 2012 – 1 ABR 45/10 –

171. Mitbestimmung in einer GmbH mit zwingendem Aufsichtsrat: Zusammensetzung des Aufsichtsrats mit weiteren beratenden Mitgliedern neben den stimmberechtigten Mitgliedern (§ 7 Abs. 1 MitbestG, § 25 Abs. 1 S. 1 Nr. 2 MitbestG, § 109 Abs. 1 AktG)

Leitsatz

Die Satzung einer Gesellschaft mit beschränkter Haftung, bei der ein Aufsichtsrat nach dem Mitbestimmungsgesetz zu bilden ist, kann nicht bestimmen, dass der Aufsichtsrat neben zwanzig stimmberechtigten Aufsichtsratsmitgliedern aus weiteren Mitgliedern mit beratender Funktion besteht. (Rn. 12)

BGH, Beschl. vom 30. 01. 2012 – II ZB 20/11 –

172. Mitbestimmungsrecht des Betriebsrats nach § 87 Abs. 1 Nr. 1 BetrVG – Nutzung eines Parkplatzes – Gesetzesvorbehalt (§ 87 Abs. 1 Nr. 1 BetrVG, EUV 185/2010, Art. 4 Abs. 3 EGV 300/2008)

Leitsatz

Der Betriebsrat hat nach § 87 Abs. 1 Nr. 1 BetrVG bei der Festlegung der Nutzungsbedingungen von Parkflächen, die der Arbeitgeber den Arbeitnehmern für das Abstellen ihrer Privat-Pkw zur Verfügung stellt, mitzubestimmen. (Rn. 19)

BAG, Beschl. vom 07. 02. 2012 – 1 ABR 63/10 –

173. Alt-Aktiengesellschaft: Mitbestimmungsrecht der Arbeitnehmer im Aufsichtsrat eines Unternehmens mit weniger als fünf Beschäftigten (§ 1 Abs. 1 Nr. 1 DrittelbG, § 96 Abs. 1 AktG)

Leitsatz

Für eine vor dem 10. August 1994 eingetragene Aktiengesellschaft, die keine Familiengesellschaft ist, besteht ein Mitbestimmungsrecht der Arbeitnehmer im Aufsichtsrat, wenn die Gesellschaft mindestens fünf Arbeitnehmer hat. (Rn. 9)

BGH, Beschl. vom 07. 02. 2012 – II ZB 14/11 –

174. Mitbestimmung beim betrieblichen Eingliederungsmanagement – Wirksamkeit eines Einigungsstellenspruchs (§ 87 Abs. 1 Nr. 7 BetrVG, § 76 Abs. 3 S. 4 BetrVG, § 84 Abs. 2 SGB IX, § 87 Abs. 1 Nr. 6 BetrVG)

Leitsatz

Für die Einleitung eines betrieblichen Eingliederungsmanagements gibt § 84 Abs. 2 Satz 1 SGB IX den Begriff der Arbeitsunfähigkeit zwingend vor. Dieser ist einer Ausgestaltung durch die Betriebsparteien nach § 87 Abs. 1 Nr. 7 BetrVG nicht zugänglich. (Rn. 13)

BAG, Beschl. vom 13. 03. 2012 – 1 ABR 78/10 –

175. Zuständigkeit des Personalrats bei Arbeitszeitregelungen einer Universitätsklinikum-GmbH (Art. 5 Abs. 3 S. 1 GG, § 74 Abs. 1 Nr. 9 PersVG HE, § 111 Abs. 3 PersVG HE, § 98 Abs. 3 S. 1 PersVG HE, § 98 Abs. 4 S. 1 PersVG HE, § 98 Abs. 4 S. 2 PersVG HE, § 8 Abs. 1 S. 1 PersVG HE, § 69 Abs. 2 PersVG HE, § 69 Abs. 3 PersVG HE, § 83 Abs. 3 ArbGG, § 5 Abs. 1 BetrVG, § 87 Abs. 1 Nr. 2 BetrVG)

Leitsatz

1. Wenn ein Universitätsklinikum in privater Rechtsform organisiert ist und ihm von der Universität wissenschaftliches und nichtwissenschaftliches Personal im Landesdienst gestellt oder zugewiesen ist, ist der eigenständige Personalrat bei der Universität für dieses Personal nur dann zuständig, wenn die Zuständigkeit des im Klinikum eingerichteten Betriebsrats nach den betriebsverfassungsrechtlichen Vorschriften nicht gegeben ist. (Rn. 34)

2. Der Betriebsrat eines privatrechtlich organisierten Universitätsklinikums ist in Bezug auf Arbeitszeitregelungen auch für wissenschaftlich tätige Beamtinnen und Beamte sowie Arbeitnehmerinnen und Arbeitnehmer des öffentlichen Dienstes zuständig, so dass insoweit eine Zuständigkeit des eigenständigen Personalrats ausscheidet. (Rn. 36)

3. § 5 Abs. 1 S. 3 BetrVG n.F. – auch in Verbindung mit § 87 Abs. 1 Nr. 2 BetrVG – ist verfassungsrechtlich nicht zu beanstanden. (Rn. 37)

VGH Kassel, Beschluss vom 28. 08. 2012 – 22 A 161/11.PV –

27. Öffentlicher Dienst

176. Hemmung der Stufenlaufzeit durch Elternzeit (§ 17 Abs. 3 S. 2 TVöD, § 1 AGG, § 3 Abs. 1 S. 2 AGG, § 3 Abs. 2 AGG, § 7 Abs. 1 AGG, § 7 Abs. 2 AGG, Art. 3 Abs. 1 GG, Art. 6 GG, Art. 2 Abs. 7 Unterabs. 2 EGRL 73/2002, Art. 2 Abs. 2 Buchst. c EGRL 54/2006, Art. 15 EGRL 54/2006, Art. 16 EGRL 54/2006, § 2 Nr. 6 EGRL 34/96, § 5 Nr. 2 EGRL 34/96, Art. 8 EWGRL 85/92)

Leitsatz

Die Hemmung der Stufenlaufzeit bei Inanspruchnahme von Elternzeit durch § 17 Abs. 3 Satz 2 TVöD-AT entfaltet weder unmittelbar noch mittelbar geschlechtsdiskriminierende Wirkung. (Rn.15) Sie ist auch im Übrigen mit höherrangigem Recht vereinbar. (Rn. 14)

BAG, Urteil vom 27. 01. 2011 – 6 AZR 526/09 –

177. Sozialversicherung – Arbeitgebereigenschaft der verfassten Studentenschaft einer Hochschule – Begriff des Arbeitgebers – Revisibilität – landesrechtliche Bestimmungen (§ 7 Abs. 1 SGB IV, § 28e Abs. 1 S. 1 SGB IV, § 41 Abs. 1 HRG vom 19. 01. 1999, § 41 Abs. 2 HRG vom 19. 01. 1999, § 74 Abs. 1 S. 3 HSchulG SN 1999 vom 11. 06. 1999, § 162 SGG)

Leitsatz

Nicht der Hochschulträger (hier: Freistaat Sachsen), sondern die verfasste Studentenschaft einer Hochschule kann Arbeitgeber der beschäftigten geschäftsführenden Mitglieder ihrer Vertretungsorgane sein (hier: Sprecher und Finanzreferenten des Studentenrats).
BSG, Urteil vom 27. 07. 2011 – B 12 KR 10/09 R –

178. Diskriminierende Besoldung bei gleicher Dienstzeit, aber unterschiedlichen Lebensalter
    (§ 1 AGG, § 24 AGG, § 3 Abs. 1 AGG, § 6 AGG, § 27 BBesG, § 28 BBesG, Art. 21
    EUGrdRCh, § 1 Abs. 2 S. 1 BesG ST, § 16 BesVersRErgG ST)

Leitsatz

1. Die Besoldung nach dem Besoldungsdienstalter wie sie §§ 27, 28 BBesG a.F. vorsieht, führt zu einer Altersdiskriminierung. (Rn. 87)

2. Die diskriminierenden Regeln dürfen aufgrund des Anwendungsvorrangs des Europarechts nicht angewandt werden. Erfolgt die Besoldung aufgrund Landesrecht, geht das AGG den Besoldungsregeln vor. (Rn. 94) (Rn. 96)

3. Die Diskriminierung kann nur durch die Besoldung aus der Endstufe der jeweiligen Besoldungsgruppe beseitigt werden. (Rn. 104)

4. Europäisches Recht ist von jedem Träger der öffentlichen Gewalt anzuwenden. Eines (vorherigen) Antrages des Beamten bedarf es nicht. (Rn. 116)

5. Die Besoldung nach Erfahrungszeiten wie sie in § 23 LBG LSA (juris: BesG ST) ist europarechtlich unbedenklich. (Rn. 119)

6. Die Überleitung in das neue System der Erfahrungszeiten (§ 16 BesVersEG LSA (juris: BesVersRErgG ST)) beseitigt zwar die Altersdiskriminierung nicht sofort. Die verbliebenen Unterscheidungen lassen sich aber durch den Grundsatz des Vertrauensschutzes europarechtlich rechtfertigen. (Rn. 121)
VG Halle (Saale), Urteil vom 28. 09. 2011 – 5 A 349/09 –

179. Arbeitszeit der Beamten des feuertechnischen Dienstes; Anspruch auf Ausgleich für Zuvielarbeit über die wöchentliche Höchstarbeitszeit hinaus (Art. 33 Abs. 5 GG, Art. 6 Buchst. b EGRL 88/2003, § 1 FeuerwArbZV NW, § 78a Abs. 1 BG NW vom 01. 05. 1981)

Leitsatz

1. Dienst, den Beamte über die unionsrechtlich höchstens zulässige wöchentliche Arbeitszeit hinaus leisten, muss in vollem Umfang ausgeglichen werden (im Anschluss an Urteil vom 28. Mai 2003 – BVerwG 2 C 28.02 – Buchholz 232 § 72 BBG Nr. 38). Dies gilt auch für Zeiten des Bereitschaftsdienstes. (Rn. 9)

2. Eine Ermäßigung des zeitlichen Ausgleichs nach Maßgabe des Mehrarbeitsrechts um fünf Stunden monatlich kommt bei Überschreitung der unionsrechtlichen Höchstarbeitszeitgrenze nicht in Betracht. (Rn. 18)

3. Der Beamte muss den Ausgleichsanspruch durch einen an den Dienstherrn gerichteten Antrag geltend machen. Der vor der Antragstellung zu viel geleistete Dienst muss nicht ausgeglichen werden. (Rn. 19)
BVerwG, Urteil vom 29. 09. 2011 – 2 C 32.10 –

180. Rückkehrrecht nach § 17 HVFG (§ 17 HVFG vom 21. 11. 2006, § 1 Abs. 1 TVÜ-L, § 4 bis 6 TVÜ-L, § 11 TVÜ-L)

Leitsatz

Der gesetzliche Regelungsplan des § 17 Satz 1 HVFG kann infolge der Tarifsukzession im öffentlichen Dienst der Länder nicht mehr unmittelbar verwirklicht werden. Er ist deshalb von den Gerichten für Arbeitssachen durch entsprechende Anwendung der Überleitungsregelungen der TVÜ-Länder zu vervollständigen. (Rn. 22)
BAG, Urteil vom 19. 10. 2011 – 5 AZR 419/10 –

181. Vergütung nach dem Lebensalter im BAT – Diskriminierung (Art. 2 EGRL 78/2000, Art. 6 Abs. 1 EGRL 78/2000, Art. 9 Abs. 3 GG, § 7 Abs. 2 AGG, § 612 BGB, § 27 Abschn. A BAT, § 70 BAT, Art. 21 EUGrdRCh)

Leitsatz

1. Die in § 27 Abschn. A BAT angeordnete Bemessung der Grundvergütungen in den Vergütungsgruppen des BAT nach Lebensaltersstufen verstieß gegen das Verbot der Diskriminierung wegen des Alters und bewirkte außerhalb der Überleitung in den TV-L nach dem TVÜ-Länder die Unwirksamkeit der Stufenzuordnung, soweit Angestellte nicht der höchsten Lebensaltersstufe ihrer Vergütungsgruppe zugeordnet waren. (Rn. 13)

2. Die Anwendung des BAT durch das Land Berlin bis zum 31. März 2010 führt dazu, dass grundsätzlich allen Angestellten des Landes Berlin bis zu diesem Zeitpunkt das Grundgehalt der höchsten Lebensaltersstufe ihrer Vergütungsgruppe zusteht, sofern sie ihre weitergehenden Vergütungsansprüche innerhalb der tariflichen Ausschlussfrist formgerecht geltend gemacht haben. (Rn. 19)

BAG, Urteil vom 10. 11. 2011 – 6 AZR 148/09 –

182. Nichtannahmebeschluss: Organisationsermessen des Dienstherrn auch hinsichtlich der Frage, ob eine ausgeschriebene Stelle dem Funktionsvorbehalt des Art. 33 Abs. 4 GG unterliegt – hier: keine Verletzung des Bewerbungsverfahrensanspruchs einer Bewerberin durch Versagung von Eilrechtsschutz gegen Stellenbesetzung mit tarifbeschäftigtem Mitbewerber – keine Bedenken gegen Erstreckung des Anforderungsprofils auf Bewerber ohne Befähigung für höheren allgemeinen Verwaltungsdienst bei vergleichbarer Verwaltungserfahrung (Art. 33 Abs. 2 GG, Art. 33 Abs. 4 GG, § 90 Abs. 2 S. 1 BVerfGG)

Orientierungssatz

1. Zu den Anforderungen der Art. 33 Abs. 2 GG sowie Art. 19 Abs. 4 GG an die Gewährung von Rechtsschutz in Bezug auf Bewerberauswahlentscheidungen für den öffentlichen Dienst vgl. BVerfG, 22. 05. 1975, 2 BvL 13/73, BVerfGE 39, 334 <354>; BVerfG, 20. 03. 2007, 2 BvR 2470/06, BVerfGK 10, 474 <477>; BVerfG, 11. 05. 2011, 2 BvR 764/11, NVwZ 2011, 1191. (Rn. 12)

2. Mit dem Zuschnitt der Dienstposten unterliegt dem Organisationsermessen einer Behörde auch die Entscheidung, inwieweit die Besetzung einer Stelle dem Funktionsvorbehalt des Art. 33 Abs. 4 GG unterliegt. (Rn. 13)

3a. Zum Spielraum des Dienstherrn in Bezug auf die Festlegung eines Anforderungsprofils zur Konkretisierung der Kriterien von Eignung, Befähigung und fachlicher Leistung der Bewerber vgl. BVerfG, 26. 11. 2010, 2 BvR 2435/10, NVwZ 2011, 746 <747>. (Rn. 15)

3b. Die Angestellten- oder Beamteneigenschaft ist auch unter dem Blickwinkel des Art. 33 Abs. 4 GG grundsätzlich kein Gesichtspunkt, der unmittelbar Eignung, Befähigung und fachliche Eignung der Bewerber betrifft. (Rn. 20)

4. Hier: teils unzulässige, teils jedenfalls unbegründete Verfassungsbeschwerde wegen Verletzung des Bewerberverfahrensanspruchs. (Rn. 17)

4a. Die angegriffenen Gerichtsentscheidungen sind nicht zu beanstanden. (Rn. 17)

aa. Dies gilt zum einen insoweit, als die Stellenausschreibung vorliegend sowohl an Beamte als auch an Angestellte gerichtet wurde und für die Stellenbesetzung ein Angestellter ausgewählt wurde. (Rn. 18)

bb. Zudem durfte der Dienstherr in seinem Anforderungsprofil alternativ zur Befähigung für die Laufbahn des höheren allgemeinen Verwaltungsdienstes vergleichbare Verwaltungserfahrung auf der Grundlage eines abgeschlossenen wissenschaftlichen Hochschulstudiums fordern. Das Merkmal der vergleichbaren Verwaltungserfahrung ist auch nicht zu unbestimmt. (Rn. 21)

4b. Mangels Rechtswegerschöpfung ist die Verfassungsbeschwerde unzulässig, soweit sich die Beschwerdeführerin gegen den Bescheid über die Auswahlentscheidung wendet. Insoweit hat sie bislang nur Eilrechtsschutz wahrgenommen. (Rn. 10)

BVerfG, Nichtannahmebeschluss vom 25. 11. 2011 – 2 BvR 2305/11 –

183. Altersdiskriminierung bei Überleitung in den TVöD (§ 6 Abs. 1 S. 2 TVÜ-Bund, § 6 Abs. 2 S. 1 TVÜ-Bund, § 5 TVÜ-Bund, § 27 Abschn. A BAT, Art. 3 Abs. 1 GG, Art. 1 EGRL 78/2000, Art. 2 EGRL 78/2000, Art. 6 Abs. 1 EGRL 78/2000, Art. 28 EUGrdRCh, § 3 Abs. 2 AGG)

Leitsatz

1. Auch wenn § 6 Abs. 1 Satz 2 TVÜ-Bund bei der Zuordnung der in den TVöD übergeleiteten Beschäftigen zu den regulären Stufen des TVöD noch an die altersbezogene Grundvergütung im BAT anknüpft, die gegen das Verbot der Altersdiskriminierung verstößt, verletzt diese Bestimmung das Verbot der Altersdiskriminierung nicht. Für die Zuordnung zu einer regulären Stufe infolge einer Höhergruppierung nach dem Inkrafttreten des AGG und vor dem 1. Oktober 2007 gemäß § 6 Abs. 2 Satz 1 TVÜ-Bund gilt nichts anderes. (Rn. 18)

2. Die Pflicht des Arbeitgebers, durch das lebensaltersstufenbezogene Grundvergütungssystem des BAT diskriminierten jüngeren Arbeitnehmern eine Vergütung aus der höchsten Lebensaltersstufe ihrer Vergütungsgruppe zu zahlen, endet mit der Ablösung durch ein diskriminierungsfreies Entgeltsystem. (Rn. 23) Als Anknüpfungspunkt für die Eingliederung in das diskriminierungsfreie Entgeltsystem des TVöD kann eine Vergütung aus der höchsten Lebensaltersstufe der jeweiligen Vergütungsgruppe des BAT deshalb nicht dienen. (Rn. 24)

BAG, Urteil vom 08. 12. 2011 – 6 AZR 319/09 –

184. Besitzstandszulage – Verfall des Anspruchs im Stichmonat – unzulässige Rechtsausübung (§ 11 Abs. 1 TVÜ-L, § 24 Abs. 1 S. 2 TV-L, § 37 TV-L, § 242 BGB, § 29 Abschn. B BAT)

Leitsatz

1. Steht einem Beschäftigten im für die Überleitung in den TV-L maßgeblichen Stichmonat Oktober 2006 nur deshalb der kinderbezogene Entgeltbestandteil im Ortszuschlag nicht zu, weil er diesen Anspruch nicht innerhalb der Ausschlussfrist des § 37 TV-L geltend gemacht hat, hindert diese Versäumung der tariflichen Ausschlussfrist nicht den Anspruch auf die Besitzstandszulage nach § 11 TVÜ-Länder für nachfolgende Monate, soweit die Voraussetzungen, an die die Zahlung der Besitzstandszulage geknüpft ist, nach wie vor erfüllt sind und die tarifliche Ausschlussfrist für diese Monate gewahrt ist. (Rn. 21) (Rn. 32)

2. Der Wegfall der kinderbezogenen Besitzstandszulage gemäß § 11 Abs. 1 Satz 2 TVÜ-Länder ab dem Zeitpunkt, zu dem einer anderen Person, die im öffentlichen Dienst steht, für ein Kind, für welches die Besitzstandszulage gewährt wird, das Kindergeld gezahlt wird, setzt voraus, dass die andere Person aus ihrer Tätigkeit im öffentlichen Dienst kinderbezogene Leistungen erhält oder erhalten kann. (Rn. 41)

BAG, Urteil vom 08. 12. 2011 – 6 AZR 397/10 –

185. Besetzung eines Dienstpostens im BND; interne Stellenausschreibung; Bewerbung eines schwerbehinderten Soldaten; Soldaten im BND; militärische Auslandsaufklärung; Rahmenvereinbarung zwischen Bundesministerium der Verteidigung und Bundeskanzleramt (Art. 33 Abs. 2 GG, § 1 Abs. 2 S. 2 SoldGG, § 18 SoldGG, § 82 SGB IX, § 81 SGB IX, § 128 Abs. 4 SGB IX)

Leitsatz

1. Schwerbehinderte Beschäftigte haben keinen Anspruch auf Einladung zum Vorstellungsgespräch nach § 82 Satz 2 SGB IX, wenn der öffentliche Arbeitgeber den Arbeitsplatz berechtigterweise nur intern zur Besetzung ausschreibt. (Rn. 19)

2. Der Einladung zum Vorstellungsgespräch bedarf es wegen offensichtlich fehlender fachlicher Eignung eines Bewerbers nicht, wenn es aus Rechtsgründen ausgeschlossen ist, den Arbeitsplatz mit ihm zu besetzen. (Rn. 26)

3. Die im Bundesnachrichtendienst verwendeten Soldaten dürfen nur mit Aufgaben betraut werden, die zumindest einen deutlichen inhaltlichen Bezug zur militärischen Auslandsaufklä-

rung aufweisen (im Anschluss an Urteil vom 16. Oktober 2008 – BVerwG 2 A 9.07 – BVerwGE 132, 110 = Buchholz 11 Art. 87a GG Nr. 6). (Rn. 28) (Rn. 33)
BVerwG, Urteil vom 15. 12. 2011 – 2 A 13.10 –

186. Altersgrenze für die Verbeamtung von Lehrern in Nordrhein-Westfalen mit Verfassungsrecht und Europarecht vereinbar (Art. 33 Abs. 2 GG, Art. 33 Abs. 5 GG, Art. 2 EGRL 78/2000, Art. 3 EGRL 78/2000, Art. 6 Abs. 1 EGRL 78/2000, § 2 AGG, § 3 AGG, § 10 AGG, § 5 BG NW, § 6 LbV NW vom 30. 06. 2009, § 52 LbV NW vom 30. 06. 2009, § 84 LbV NW vom 30. 06. 2009)

Leitsatz

1. Ein Verpflichtungs- oder Neubescheidungsbegehren ist nach dem im Zeitpunkt der gerichtlichen Entscheidung geltenden materiellen Recht zu beurteilen. Dies gilt auch dann, wenn die Ablehnung des Begehrens durch die Verwaltung nach dem früheren Recht rechtswidrig war und nunmehr bei Anwendung neuen Rechts rechtmäßig ist. (Rn. 11) (Rn. 12)

2. Die Rechtswirksamkeit einer Höchstaltersgrenze für den Zugang zum Beamtenverhältnis setzt voraus, dass ihrer Festlegung ein angemessener Ausgleich zwischen der durch Art. 33 Abs. 2 GG geschützten Zugangschance nach unmittelbar leistungsbezogenen Kriterien und dem in Art. 33 Abs. 5 GG angelegten Interesse des Dienstherrn an einer langen Lebensdienstzeit zugrunde liegt (wie Urteil vom 19. Februar 2009 – BVerwG 2 C 18.07 – BVerwGE 133, 143 = Buchholz 237.7 § 15 NWLBG Nr. 6). (Rn. 16)

3. Die Höchstaltersgrenze des vollendeten 40. Lebensjahres für Lehrer ist mit Art. 33 Abs. 2 GG und der Richtlinie 2000/78/EG vereinbar, da sie bei anerkannten, insbesondere familiären und gemeinnützigen Verzögerungsgründen in angemessenem Umfang überschritten werden darf. (Rn. 14) (Rn. 41)
BVerwG, Urteil vom 23. 02. 2012 – 2 C 76.10 –

187. Unmittelbare Diskriminierung wegen des Alters bei altersabhängiger Staffelung der Urlaubsdauer – § 26 TVöD (§ 26 Abs. 1 S. 2 TVöD, § 1 AGG, § 2 AGG, § 3 Abs. 1 AGG, § 7 Abs. 1 AGG, § 7 Abs. 2 AGG, § 8 AGG, § 10 AGG, § 33 Abs. 1 AGG, § 134 BGB, § 280 Abs. 1 BGB, § 286 Abs. 1 BGB, § 286 Abs. 2 Nr. 3 BGB, § 287 S. 2 BGB, § 249 Abs. 1 BGB, Art. 6 Abs. 1 Unterabs. 1 EGRL 78/2000, Art. 16 Buchst. b EGRL 78/2000)

Leitsatz

1. Die Regelung in § 26 Abs. 1 Satz 2 TVöD, wonach Beschäftigte nach der Vollendung ihres 40. Lebensjahres in jedem Kalenderjahr Anspruch auf 30 Arbeitstage Urlaub haben, während der Urlaubsanspruch bis zur Vollendung des 30. Lebensjahres nur 26 Arbeitstage und bis zur Vollendung des 40. Lebensjahres nur 29 Arbeitstage beträgt, beinhaltet eine unmittelbare, nicht gerechtfertigte Diskriminierung wegen des Alters. (Rn. 11)

2. Der Verstoß der in § 26 Abs. 1 Satz 2 TVöD angeordneten Bemessung des Urlaubs nach Altersstufen gegen das Verbot der Diskriminierung wegen des Alters kann für die Vergangenheit nur beseitigt werden, indem der Urlaub der wegen ihres Alters diskriminierten Beschäftigten in der Art. und Weise „nach oben" angepasst wird, dass auch ihr Urlaubsanspruch in jedem Kalenderjahr 30 Arbeitstage beträgt. (Rn. 27)
BAG, Urteil vom 20. 03. 2012 – 9 AZR 529/10 –

188. Arbeitsvertragliche Bezugnahme auf BAT – ergänzende Vertragsauslegung (§ 611 Abs. 1 BGB, § 133 BGB, § 157 BGB, TVöD, TV-Ärzte, BAT)

Leitsatz

1. Verweist eine arbeitsvertragliche Bezugnahmeklausel auf den jeweiligen Bundes-Angestelltentarifvertrag und die ihn ergänzenden Tarifverträge, werden infolge der Tarifsukzession im öffentlichen Dienst im Wege der ergänzenden Vertragsauslegung regelmäßig die an dessen Stelle tretenden Nachfolgetarifverträge erfasst. (Rn. 21)

2. Bei der ergänzenden Vertragsauslegung des Arbeitsvertrages eines Arztes kann, wenn die Tarifregelungen im Bereich der Vereinigung der kommunalen Arbeitgeberverbände vereinbart worden sind, der TVöD/VKA dann Vertragsinhalt sein, wenn ein tarifungebundener Arbeitgeber die Tarifverträge des öffentlichen Dienstes deshalb in Bezug genommen hat, um eine einheitliche, an einem Tarifwerk orientierte Regelung der Arbeitsbedingungen herbeizuführen. (Rn. 38)

BAG, Urteil vom 18. 04. 2012 – 4 AZR 392/10 –

189. Funktionszulage Schreibdienst – Vergleichsentgelt (§ 5 Abs. 2 S. 3 TVÜ-Bund, Anl. 1a Teil II Abschn. N Unterabschn. I Prot-Not 3 BAT, § 1 TVG)

Leitsatz

Die Funktionszulage Schreibdienst war im Zeitpunkt der Ablösung des BAT durch den TVöD im September 2005 keine tarifvertraglich zustehende Funktionszulage i.S.d. § 5 Abs. 2 Satz 3 TVÜ-Bund und ist deshalb nicht in das Vergleichsentgelt eingeflossen. (Rn. 20)

BAG, Urteil 19. 04. 2012 – 6 AZR 622/10 –

190. Anrechnung von Tarifentgelterhöhungen auf eine Funktionszulage – § 6 TV UmBw (§ 4 Abs. 5 TVG, Anl. 1a Teil II Abschn. N Unterabschn. I Prot-Not 3 BAT, § 1 TVG, § 5 Abs. 1 TVÜ-Bund, § 5 Abs. 2 S. 3 TVÜ-Bund, § 6 Abs. 1 S. 2 TVÜ-Bund

Leitsatz

Die Funktionszulage Schreibdienst nach der seit 1. Januar 1984 nachwirkenden Protokollnotiz Nr. 3 zu Teil II Abschn. N Unterabschn. I der Anlage 1a zum BAT (Protokollnotiz Nr. 3) ist kein Entgelt aus der bisherigen Tätigkeit i.S.v. § 6 Abs. 1 Satz 2 Buchst. b TV UmBw, das dem anspruchsberechtigten Arbeitnehmer i.S.v. § 6 Abs. 1 Satz 1 TV UmBw zugestanden hat. Der Anrechnungsausschluss des § 6 Abs. 3 Satz 4 Buchst. b TV UmBw gilt deshalb nicht. (Rn. 38) Stufensteigerungen oder allgemeine tarifliche Entgelterhöhungen können auf die Funktionszulage Schreibdienst angerechnet werden, wenn die Anrechnung nicht einzelvertraglich ausgeschlossen ist. (Rn. 46)

BAG, Urteil vom 19. 04. 2012 – 6 AZR 691/10 –

191. Vorabentscheidungsersuchen zur Auslegung von Art. 7 der EGRL 88/2003; Anspruch auf finanzielle Vergütung für bei Eintritt in den Ruhestand nicht genommenen Jahresurlaub (Art. 7 Abs. 1 EGRL 88/2003, Art. 7 Abs. 2 EGRL 88/2003)

Tenor

1. Art. 7 der Richtlinie 2003/88/EG des Europäischen Parlaments und des Rates vom 4. November 2003 über bestimmte Aspekte der Arbeitszeitgestaltung ist dahin auszulegen, dass er für einen Beamten gilt, der unter gewöhnlichen Umständen als Feuerwehrmann tätig ist.

2. Art. 7 Abs. 2 der Richtlinie 2003/88 ist dahin auszulegen, dass ein Beamter bei Eintritt in den Ruhestand Anspruch auf eine finanzielle Vergütung für bezahlten Jahresurlaub hat, den er nicht genommen hat, weil er aus Krankheitsgründen keinen Dienst geleistet hat.

3. Art. 7 der Richtlinie 2003/88 ist dahin auszulegen, dass er Bestimmungen des nationalen Rechts nicht entgegensteht, die dem Beamten zusätzlich zu dem Anspruch auf einen bezahlten Mindestjahresurlaub von vier Wochen weitere Ansprüche auf bezahlten Urlaub gewähren, ohne dass die Zahlung einer finanziellen Vergütung für den Fall vorgesehen wäre, dass dem in den Ruhestand tretenden Beamten diese zusätzlichen Ansprüche nicht haben zugutekommen können, weil er aus Krankheitsgründen keinen Dienst leisten konnte.

4. Art. 7 Abs. 2 der Richtlinie 2003/88 ist dahin auszulegen, dass er einer Bestimmung des nationalen Rechts entgegensteht, die durch einen Übertragungszeitraum von neun Monaten, nach dessen Ablauf der Anspruch auf bezahlten Jahresurlaub erlischt, den Anspruch eines in den Ruhestand tretenden Beamten auf Ansammlung der finanziellen Vergütungen für wegen Dienstunfähigkeit nicht genommenen bezahlten Jahresurlaub beschränkt.

EuGH, Urteil vom 03. 05. 2012 – C-337/10 – (Neidel)

192. Mitbestimmung bei Eingruppierung; außertarifliche Zulage (§ 87 Abs. 1 Nr. 4 PersVG HA 1979, § 79 Abs. 3 PersVG HA 1979)

Leitsatz

Eine im Einzelfall vorgenommene Gewährung außertariflicher Zulagen stellt grundsätzlich keine mitbestimmungspflichtige Eingruppierung dar. (Rn. 10)

BVerwG, Beschl. vom 15. 05. 2012 – 6 P 9.11 –

193. Leistungsentgelt nach § 18 TVöD (VKA) – fehlende Dienstvereinbarung (§ 18 TVöD, § 38 Abs. 3 TVöD, § 18 Abs. 4 ProtErkl 1 TVöD, § 18 Abs. 4 ProtErkl 2 TVöD)

Leitsatz

Die Protokollerklärung Nr. 1 zu Absatz 4 des § 18 TVöD (VKA) gewährt ab dem Jahr 2008 für den Fall des Nichtbestehens einer Dienst-/Betriebsvereinbarung nach § 18 Abs. 6 TVöD (VKA) nur einen Anspruch auf ein undifferenziertes Leistungsentgelt in Höhe von 6 v.H. des individuellen Tabellenentgelts. Der nicht ausgeschüttete Teil des für die Leistungsentgelte zur Verfügung stehenden Gesamtvolumens wird jeweils auf das Folgejahr übertragen, ohne zu einer Erhöhung des undifferenzierten Leistungsentgelts zu führen. (Rn. 14)

BAG, Urteil vom 16. 05. 2012 – 10 AZR 202/11 –

194. Mitbestimmung bei Übertragung einer höher zu bewertenden Tätigkeit – Übertragung einer Tätigkeit an eine Arbeitnehmerin nach dem 1. Oktober 2005 (§ 8 Abs. 1 S. 1 TVÜ-VKA, § 17 Abs. 5 S. 1 Halbs. 1 TVÜ-VKA, § 72 Abs. 1 S. 1 Nr. 4 Alt. 4 PersVG NW)

Leitsatz

Ob die Übertragung einer bestimmten Tätigkeit auf eine Arbeitnehmerin nach dem 1. Oktober 2005 mit einer Höhergruppierung verbunden ist und deswegen zur Mitbestimmung bei Übertragung einer höher zu bewertenden Tätigkeit führt, ist an Hand der Anlage 3 TVÜ-VKA zu beantworten. (Rn. 4)

BVerwG, Beschl. vom 16. 05. 2012 – 6 PB 4.12 –

195. Verfall tariflichen Mehrurlaubs bei Arbeitsunfähigkeit – § 26 Abs. 2 Buchst. a TV-L (§ 26 Abs. 2 Buchst. a TV-L, § 7 Abs. 3 S. 3 BUrlG, § 7 Abs. 4 BUrlG, § 1 BUrlG, § 3 Abs. 1 BUrlG, Art. 7 EGRL 88/2003)

Leitsatz

1. Die Tarifvertragsparteien des TV-L haben mit § 26 Abs. 2 Buchst. a TV-L ein eigenständiges, von dem des Bundesurlaubsgesetzes abweichendes Fristenregime geschaffen, nach dem der tarifliche Mehrurlaub auch bei fortbestehender Arbeitsunfähigkeit am Ende des zweiten Übertragungszeitraums am 31. Mai des Folgejahres verfällt. (Rn. 12)

2. Die Abgeltung tariflicher Mehrurlaubsansprüche bei Beendigung des Arbeitsverhältnisses ist nicht davon abhängig, dass die Arbeitsfähigkeit wiedererlangt wird. (Rn. 21) Insofern haben die Tarifvertragsparteien des TV-L keine eigenständige Regelung getroffen, sondern lediglich auf die Bestimmungen zum gesetzlichen Mindesturlaub Bezug genommen. (Rn. 25)

BAG, Urteil vom 22. 05. 2012 – 9 AZR 618/10 –

196. Vergütungsgruppenzulage nach § 9 TVÜ-L – Sonderurlaub aus familiären Gründen – unschädliche Tätigkeitsunterbrechung (§ 9 Abs. 1 TVÜ-L, § 9 Abs. 4 TVÜ-L, § 9 Abs. 4 ProtErkl 1 TVÜ-L)

Leitsatz

Die Inanspruchnahme von Sonderurlaub ist für den Anspruch auf die Besitzstandszulage nach § 9 Abs. 1 TVÜ-Länder unschädlich. Deshalb ist nach Beendigung des Sonderurlaubs die Zulage weiterzuzahlen. (Rn. 16)

BAG, Urteil vom 24. 05. 2012 – 6 AZR 586/10 –

197. Einspruch der Gleichstellungsbeauftragten; Vorlage des Einspruchs an den Vorstand von bundesunmittelbaren Körperschaften, Anstalten und Stiftungen (§ 21 Abs. 3 S. 1 BGleiG)

Leitsatz

Die Regelung in § 21 Abs. 3 Satz 1 BGleiG, wonach die Dienststellenleitung den Einspruch der Gleichstellungsbeauftragten, sofern sie ihn für unbegründet hält, bei selbständigen bundesunmittelbaren Körperschaften, Anstalten und Stiftungen deren Vorstand unverzüglich vorlegt, gilt auch für mehrstufig aufgebaute Körperschaften. (Rn. 5)

BVerwG, Beschl. vom 30. 05. 2012 – 6 B 6.12 –

198. Dienstpostenkonkurrenz zwischen Beamten und Tarifbeschäftigten; einstweiliger Rechtsschutz (Art. 19 Abs. 4 GG, Art. 33 Abs. 2 GG, § 123 Abs. 1 VwGO, § 146 VwGO)

Leitsatz

1. Der für den Erlass einer einstweiligen Anordnung erforderliche Anordnungsgrund im Falle einer bloßen Dienstpostenkonkurrenz ist regelmäßig nicht glaubhaft gemacht, wenn nicht glaubhaft gemacht wird, dass die vom Dienstherrn beabsichtigte bzw. erfolgte Besetzung des streitbefangenen Dienstpostens mit einem anderen Bewerber die Verwirklichung eigener Rechte des Antragstellers vereiteln könnte. (Rn. 2)

2. Die Frage ob das Vorliegen eines Anordnungsgrundes im Falle einer bloßen Dienstpostenkonkurrenz dann angezeigt ist, wenn bereits im Eilverfahren bei summarischer Prüfung offen zutage träte, dass mit der getroffenen Auswahlentscheidung eine objektiv willkürliche Bevorzugung des Mitbewerbers zu Lasten des unterliegenden Bewerbers verbunden und damit offensichtlich wäre, dass der Dienstherr die ihn aus Art. 33 Abs. 2 GG gegenüber dem unterliegenden Bewerber treffenden Pflichten bereits im Vorfeld einer Beförderungsentscheidung verletzt hätte, ist im Hinblick auf die verfassungsrechtliche Pflicht der Gewährung effektiven Rechtsschutzes zu bejahen. (Rn. 4)

3. Ebenso wie der Eingriff in den Bewerbungsverfahrensanspruch unterlegener Bewerber aus Gründen der beamtenrechtlichen Ämterstabilität mit dem Grundrecht auf wirkungsvollen gerichtlichen Rechtschutz nach Art. 19 Abs. 4 GG nur dann vereinbar ist, wenn unterlegene Bewerber ihren Bewerbungsverfahrensanspruch vor der Ernennung in der grundrechtlich gebotenen Weise gerichtlich geltend machen können, gilt diese Einschränkung aus denselben verfassungsrechtlichen Erwägungen auch in Bezug auf arbeitsrechtliche Rechtspflichten und -folgen. Es muss daher sichergestellt sein, dass ein unterlegener Bewerber die Auswahlentscheidung des Dienstherrn vor der beamtenrechtlichen Ernennung oder der arbeitsvertraglichen Verpflichtung in einem gerichtlichen Verfahren überprüfen lassen kann, das den inhaltlichen Anforderungen des Art. 19 Abs. 4 GG genügt. (Rn. 8)

4. Der Dienstherr muss daher zunächst die Auswahlentscheidung vor deren Vollziehung den unterlegenen Bewerbern mitteilen. Der Dienstherr darf den ausgewählten Bewerber indes erst ernennen bzw. sich arbeitsvertraglich endgültig binden, wenn feststeht, dass ein Antrag auf Erlass einer einstweiligen Anordnung innerhalb angemessener Frist nicht gestellt wurde oder ein dahingehend gestellter Antrag aufgrund einer rechtskräftigen gerichtlichen Entscheidung keinen Erfolg hatte. (Rn. 9)

5. Verstößt der Dienstherr vor der Ernennung gegen Art. 19 Abs. 4 Satz 1, 33 Abs. 2 GG, so muss der verfassungsrechtlich gebotene Rechtsschutz nach der Vollziehung der Auswahlentscheidung nachgeholt werden. Der Dienstherr kann sich weder auf die Ämterstabilität noch eine arbeitsvertragliche Bindung berufen, um Verletzungen des vorbehaltlos gewährleisteten Grundrechts aus Art. 19 Abs. 4, 33 Abs. 2 GG zu decken. (Rn. 11)

6. Den Belangen des ausgewählten Bewerbers, dessen verfrühte, verfassungswidrige Ernennung aufzuheben bzw. arbeitsvertragliche Vereinbarung außerordentlich aufzulösen ist, wird dadurch Rechnung getragen, dass die Auswahlentscheidung in einem neuen Bewerbungsverfahren unter seiner Beteiligung zu treffen und für die Übergangszeit der Dienstherr aus Gründen der Fürsorgepflicht gehalten ist, die Folgen für ihn soweit als möglich auszugleichen.(Rn. 12)

OVG Sachsen-Anhalt, Beschl. vom 07. 06. 2012 – 1 M 60/12 –

199. Disziplinarverfügung wegen Streikteilnahme einer verbeamteten Lehrerin (Art. 11 Abs. 2 EMRK, Art. 11 Abs. 1 EMRK, Art. 33 Abs. 4 GG, Art. 33 Abs. 5 GG, Art. 9 Abs. 3 GG, § 47 Abs. 1 BeamtStG)

Leitsatz

1. Verbeamtete Lehrer haben in Deutschland kein Streikrecht. (Rn. 39)

2. Die Koalitionsfreiheit wird für verbeamtete Lehrer durch die im Grundgesetz verankerten hergebrachten Grundsätze des Berufsbeamtentums eingeschränkt. (Rn. 42)

3. Es kann dahinstehen, ob sich das Streikverbot für deutsche verbeamtete Lehrer mit Art. 11 EMRK in seiner Auslegung durch den EGMR vereinbaren lässt. (Rn. 66)

4. Auch unter Berücksichtigung des Art. 11 EMRK ist das Streikverbot für deutsche Beamte jedenfalls ein tragender Bestandteil des ausbalancierten Systems des Berufsbeamtentums mit den gegenseitigen Rechten und Pflichten der Beamten und ihrer Dienstherrn. Es stellt einen tragenden Verfassungsgrundsatz dar, der nur vom Verfassungsgesetzgeber geändert werden kann. (Rn. 66)

OVG Lüneburg, Urteil vom 12. 06. 2012 – 20 BD 7/11 –

200. Zulage wegen nicht ständiger Schicht-/Wechselschichtarbeit (§ 7 Abs. 1 TVöD, § 7 Abs. 2 TVöD, § 8 Abs. 5 S. 2 TVöD, § 8 Abs. 6 S. 2 TVöD)

Leitsatz

Der Anspruch auf die Zulage für nicht ständige Schicht-/Wechselschichtarbeit gemäß § 8 Abs. 5 Satz 2 und Abs. 6 Satz 2 TVöD setzt den mindestens einmaligen tatsächlichen Einsatz in allen geforderten Schichten innerhalb eines Monatszeitraums voraus. Hinsichtlich der geforderten Nachtschicht kann nach § 7 Abs. 1 Satz 1 TVöD eine Durchschnittsbetrachtung angestellt werden. (Rn. 20)

BAG, Urteil vom 13. 06. 2012 – 10 AZR 351/11 –

201. Eingruppierung – Allgemeine oder spezielle Tätigkeitsmerkmale der Anlage 1a zum BAT

Leitsatz

Das in den Vorbemerkungen zu allen Vergütungsgruppen der Anlage 1a zum BAT normierte Spezialitätsprinzip bezieht sich nicht auf die gesamte Tätigkeit eines Angestellten, sondern jeweils auf den zu bewertenden Arbeitsvorgang.

BAG, Urteil vom 04. 07. 2012 – 4 AZR 673/10 –

202. Jahressonderzahlung – Arbeitgeberwechsel (§ 1 TV-L, § 20 Abs. 1 TV-L, § 21 TV-L, § 22 TV-L, § 23 TV-L, § 24 TV-L, § 20 Abs. 4 TV-L)

Leitsatz

Der Anspruch auf Jahressonderzahlung nach § 20 Abs. 1 TV-L vermindert sich nach § 20 Abs. 4 TV-L um ein Zwölftel für jeden Kalendermonat, in dem der Beschäftigte keinen Anspruch auf Entgelt oder Fortzahlung des Entgelts gegen den Arbeitgeber hat, bei dem er am 1. Dezember des Jahres beschäftigt ist. (Rn. 14)

BAG, Urteil vom 11. 07. 2012 – 10 AZR 488/11 –

203. Klassenfahrt – Lehrkraft – Reisekosten – Verzicht

Leitsatz

1. Ein Land verstößt als Arbeitgeber gegenüber seinen angestellten Lehrkräften gegen § 242 BGB, wenn es Schulfahrten grundsätzlich nur unter der Voraussetzung genehmigt, dass die teilnehmenden Lehrkräfte formularmäßig auf die Erstattung ihrer Reisekosten verzichten.

2. Diese generelle Bindung der Genehmigung von Schulfahrten an den „Verzicht" auf die Erstattung von Reisekosten stellt die angestellten Lehrkräfte unzulässig vor die Wahl, ihr Interesse an einer Reisekostenerstattung zurückzustellen oder dafür verantwortlich zu sein, dass Schulfahrten, die Bestandteil der Bildungs- und Erziehungsarbeit sind, nicht stattfinden.

BAG, Urteil vom 16. 10. 2012 – 9 AZR 183/11 –

204. Gleichbehandlung von Beamten in eingetragener Lebenspartnerschaft – Anspruch auf Beihilfe im Krankheitsfall – EGRL 78/2000 – Begriff des Arbeitsentgelts

Tenor

Art. 3 Abs. 1 Buchst. c und Abs. 3 der Richtlinie 2000/78/EG des Rates vom 27. November 2000 zur Festlegung eines allgemeinen Rahmens für die Verwirklichung der Gleichbehandlung in Beschäftigung und Beruf ist dahin auszulegen, dass eine Beihilfe für Beamte in Krankheitsfällen, wie sie den Beamten der Bundesrepublik Deutschland nach dem Bundesbeamtengesetz gewährt wird, in den Geltungsbereich dieser Richtlinie fällt, wenn ihre Finanzierung dem Staat als öffentlichem Arbeitgeber obliegt, was zu prüfen Sache des nationalen Gerichts ist.

EuGH, Urteil vom 06. 12. 2012 – C-124/11, C-125/11 und C-143/11 – (Dittrich)

28. Personalvertretungsrecht

205. Weiterbeschäftigung eines Jugendvertreters – Auflösungsbegehren des öffentlichen Arbeitgebers – Antragstellung durch Rechtsanwalt – Vorlage der Vollmacht im Original (§ 9 Abs. 4 S. 1 BPersVG, § 80 S. 1 ZPO)

Leitsatz

Bedient sich der öffentliche Arbeitgeber zur Antragstellung nach § 9 Abs. 4 Satz 1 BPersVG eines Rechtsanwalts, so liegt ein rechtswirksames Auflösungsbegehren nur dann vor, wenn der Rechtsanwalt die schriftliche Vollmacht, die vom gesetzlichen Vertreter des öffentlichen Arbeitgebers ausgestellt ist, innerhalb der Ausschlussfrist im Original bei Gericht einreicht. (Rn. 2)

BVerwG, Beschl. vom 03. 06. 2011 – 6 PB 1.11 –

206. Mitbestimmung im Hinblick auf die Beschäftigung eines Leiharbeitnehmers im öffentlichen Dienst – Befristung (§ 79 Abs. 2 S. 4 PersVG Berlin, § 87 Nr. 1 PersVG Berlin, § 75 Abs. 1 Nr. 1 BPersVG, § 14 Abs. 3 AÜG, § 14 Abs. 4 AÜG, § 8 Abs. 1 SGB IV, § 81 Abs. 1 SGB IX, § 82 S. 1 SGB IX)

Leitsatz

1. Die Beschäftigung eines Leiharbeitnehmers im öffentlichen Dienst des Landes Berlin ist nicht nach § 14 Abs. 3 Satz 1, Abs. 4 AÜG mitbestimmungspflichtig. (Rn. 21)

2. Für eine Mitbestimmung bei der Einstellung nach § 87 Nr. 1 PersVG Berlin ist Voraussetzung, dass eine regelmäßige und dauernde, nicht bloß vorübergehende bzw. geringfügige Arbeit verrichtet wird. (Rn. 29)

3. Ist eine vereinzelte Beschäftigung von Anfang an auf längstens zwei Monate befristet, so besteht eine Vermutung dafür, dass die Voraussetzungen erfüllt sind, unter denen eine Mitbestimmung ausnahmsweise nicht gegeben ist. (Rn. 31)

4. Beträgt die Beschäftigungsquote von Leiharbeitnehmern in einer Dienststelle 1,7 % der vorhandenen Vollzeitstellen, kann nicht davon ausgegangen werden, dass durch Einsätze von Leiharbeitnehmern die Schaffung neuer Arbeitsplätze umgangen werden soll. (Rn. 36)

5. Die Zwei-Monats-Frist beginnt mit jedem Einsatz eines Leiharbeitnehmers von neuem zu laufen, auch wenn die Einsätze alle durch eine längerfristige, aber jeweils nur durch kurzfristige Krankschreibungen belegte Erkrankung eines Stammbeschäftigten bedingt sind. (Rn. 38)

6. Auch wenn die Übernahme eines Leiharbeitnehmers zum Zwecke der Vertretung eines arbeitsunfähig erkrankten Stammbeschäftigten das Merkmal der Einstellung im Sinne von § 87 Nr. 1 PersVG Berlin erfüllt, handelt es sich doch offenkundig nicht um eine nach §§ 81 Abs. 1, 82 Satz 1 SGB IX meldepflichtige Besetzung eines freien Arbeitsplatzes. (Rn. 46)

7. Eine gleichwohl – nur – auf die vermeintliche Verletzung der Meldepflicht gestützte Zustimmungsverweigerung ist unbeachtlich. (Rn. 46)

OVG Berlin-Brandenburg, Beschl. vom 25. 08. 2011 – OVG 60 PV 3.11 –

207. Mitbestimmung des Personalrats bei Eingruppierung – Zuweisung eines neuen Arbeitsplatzes – Beibehaltung der bisherigen Eingruppierung (§ 72 Abs. 1 S. 1 Nr. 4 Alt. 1 PersVG NW 1974)

Leitsatz

Weist der Dienststellenleiter einem Arbeitnehmer einen neuen Arbeitsplatz zu und beabsichtigt er die Beibehaltung der bisherigen Eingruppierung, so unterliegt dies der Mitbestimmung des Personalrats bei Eingruppierung; dies gilt auch, wenn der neue Arbeitsplatz schon einmal unter Beteiligung des Personalrats bewertet worden war. (Rn. 10)
BVerwG, Beschl. vom 08. 11. 2011 – 6 P 23.10 –

208. Personalvertretungsrecht – Abwicklung der Geschäfte einer geschlossenen Betriebskrankenkasse (§ 155 Abs. 1 S. 2 SGB V, § 29 Abs. 1 Nr. 3 BPersVG)

Leitsatz

Für die Abwicklung der Geschäfte einer geschlossenen Betriebskrankenkasse im Sinne von § 155 Abs. 1 Satz 2 SGB V steht dem Personalrat ein Restmandat zu. (Rn. 8)
VGH Baden-Württemberg, Beschl. vom 20. 12. 2011 – PB 15 S 2128/11 –

209. Weiterbeschäftigung des Jugendvertreters zu geänderten Arbeitsbedingungen (§ 9 BPersVG)

Leitsatz

In Fällen, in denen der Jugendvertreter (hilfsweise) sein Einverständnis mit der Weiterbeschäftigung zu geänderten Arbeitsbedingungen erklärt hat, kann der Schutzzweck des § 9 BPersVG es gebieten, dass der öffentliche Arbeitgeber auf derartige Änderungswünsche eingeht. Voraussetzung dafür ist, dass der Jugendvertreter dem öffentlichen Arbeitgeber frühzeitig zu erkennen gibt, zu welchen abweichenden Arbeitsbedingungen er sich seine Weiterbeschäftigung vorstellt. (Rn. 6)
BVerwG, Beschl. vom 18. 01. 2012 – 6 PB 21.11 –

210. Personalvertretungsrecht – Mitwirkungsbedürftigkeit einer Verwaltungsvorschrift – Auslegungshinweise der Dienststelle – Gestaltungswirkung einer Verwaltungsvorschrift – Verdrängungswirkung von Mitbestimmungstatbeständen gegenüber Mitwirkungstatbeständen (§ 90 Nr. 2 BlnPersVG, § 85 Abs. 1 S. 1 Nr. 10 BlnPersVG)

Leitsatz

1. Trifft eine Dienstanweisung nur Vorgaben zur Auslegung staatlich erlassenen oder tarifvertraglich vereinbarten Rechts, so stellt sie keine Verwaltungsvorschrift i.S.v. § 90 Nr. 2 BlnPersVG dar, weil sie nicht gestaltend in die Belange der Beschäftigten eingreift. (Rn. 17)
2. Die Mitbestimmungstatbestände nach § 85 BlnPersVG verdrängen den Mitwirkungstatbestand nach § 90 Nr. 2 BlnPersVG auch dann, wenn das Mitbestimmungsrecht infolge einer vorrangigen gesetzlichen oder tarifvertraglichen Regelung ausgeschlossen ist. (Rn. 21)
BVerwG, Beschl. vom 07. 02. 2012 – 6 P 26.10 –

211. Beachtlichkeit der Zustimmungsverweigerung des Personalrats – Fortsetzung des Mitbestimmungsverfahrens – oberste Dienstbehörde bei der Deutschen Rentenversicherung Nord – Erledigungsausschuss des Vorstandes – fehlende Entscheidung der Einigungsstelle – Letztentscheidung der obersten Dienstbehörde – Mitbestimmungspflichtigkeit der dienststelleninternen Geschäftsverteilung – Befristung vorläufiger Regelungen (§ 51 Abs. 1 S. 3 MBGSH, § 52 Abs. 6 S. 1 MBGSH, § 52 Abs. 8 S. 1 MBGSH, § 54 Abs. 3 S. 4 MBGSH, § 58 Abs. 3 S. 2 MBGSH, § 83 Abs. 1 S. 1 MBGSH, § 84 Abs. 5 S. 1 MBGSH)

Leitsatz

1. Wertet die Dienststelle die Zustimmungsverweigerung des Personalrats als unbeachtlich und wird durch rechtskräftige gerichtliche Entscheidung festgestellt, dass der Abbruch des Mitbestim-

mungsverfahrens unzulässig ist, so ist im Anschluss daran das Mitbestimmungsverfahren auf der Ebene, auf der es abgebrochen worden ist, unverzüglich fortzusetzen; mit der gerichtlichen Feststellung der Beachtlichkeit wird die Frist von zehn Arbeitstagen für die Vorlage der Angelegenheit an die oberste Dienstbehörde nach § 52 Abs. 6 Satz 1 MBGSH in Lauf gesetzt. (Rn. 19)

2. Bei der Deutschen Rentenversicherung Nord ist deren Vorstand oberste Dienstbehörde; dieser kann die Wahrnehmung der Mitbestimmungsangelegenheiten einem Erledigungsausschuss übertragen. (Rn. 22)

3. Liegt nach Ablauf der Frist des § 54 Abs. 3 Satz 4 MBGSH in den Fällen der eingeschränkten Mitbestimmung der Beschluss der Einigungsstelle nicht vor und gibt es für diese Verzögerung keinen anzuerkennenden Grund, so ist die oberste Dienstbehörde berechtigt, die endgültige Entscheidung zu treffen. (Rn. 30)

4. Regelungen zur dienststelleninternen Geschäftsverteilung unterliegen der Mitbestimmung des Personalrats. (Rn. 37)

5. Vorläufige Regelungen der Dienststelle sind grundsätzlich zu befristen. (Rn. 46)

BVerwG, Beschl. vom 29. 02. 2012 – 6 P 2.11 –

212. Zur Wahlberechtigung bei Gestellung an die Bundesanstalt für Immobilienaufgaben
(§ 13 Abs. 2 BPersVG, § 76 Abs. 1 Nr. 5 BPersVG, § 4 Abs. 3 TVöD)

Leitsatz

1. Bei der Personalgestellung nach § 4 Abs. 3 TVöD handelt es sich um keine Abordnung nach § 75 Abs. 1 Nr. 4 BPersVG. (Rn. 30)

2. Für eine analoge Anwendung der Abordnungsregelungen des § 13 Abs. 2 BPersVG ist kein Raum. Der Gesetzgeber hat nach der Schaffung der Regelung der „Gestellung" bewusst auf eine Änderung des Bundespersonalvertretungsgesetzes verzichtet. (Rn. 33)

3. Eine Dienststelle würde ein widersprüchliches Verhalten an den Tag legen, wenn sie bei einer „Gestellung" eine Abordnung nach § 75 Abs. 1 Nr. 4 BPersVG verneint, diese aber bezüglich § 13 Abs. 2 Satz 1 BPersVG in analoger Anwendung bejahen würde. Das Bundespersonalvertretungsgesetz ist kein Gesetz, welches nach Belieben und Wünschen widersprüchlich ausgelegt werden kann. (Rn. 35)

VG Wiesbaden, Beschl. vom 02. 03. 2012 – 22 K 242/12.WI.PV –

213. Wirksamkeit einer Dienstvereinbarung – Tarifvorbehalt jenseits zwingender Mitbestimmungsangelegenheiten – Verhältnis von Tarifvorbehalt und Tarifvorrang (§ 74 BlnPersVG, § 75 S. 1 BlnPersVG, § 85 Abs. 1 S. 1 Nr. 1 BlnPersVG)

Leitsatz

1. Dienstvereinbarungen im Sinne von § 74 BlnPersVG bedürfen nicht der Bekanntmachung, um rechtliche Wirksamkeit zu erlangen. (Rn. 11)

2. Die Wirksamkeit von Dienstvereinbarungen in Angelegenheiten der zwingenden Mitbestimmung nach § 85 BlnPersVG bestimmt sich nicht nach § 75 BlnPersVG. (Rn. 14)

3. Der Tarifvorbehalt gemäß § 75 Satz 1 BlnPersVG greift auch in Bezug auf Tarifverträge, an welche die Dienststelle nicht gebunden ist. (Rn. 19)

4. Eine der Sperrwirkung nach § 75 Satz 1 BlnPersVG unterfallende Dienstvereinbarung ist nicht nichtig, sondern schwebend unwirksam. Die Sperrwirkung kann nachträglich durch einen rückwirkenden Tarifvertrag aufgehoben werden. (Rn. 28)

BVerwG, Beschl. vom 09. 03. 2012 – 6 P 27.10 –

214. Personalvertretungsrecht – Mitbestimmung bei Abordnungen – Maßgeblichkeit des dienstrechtlichen Begriffsinhalts – dienstrechtlicher Behördenbegriff – personalvertretungsrechtlicher Dienststellenbegriff (§ 86 Abs. 3 S. 1 Nr. 3 PersVG BE 2004)

Leitsatz

1. Die Frage, ob der für das Vorliegen einer Abordnung notwendige Wechsel der Dienststelle vorliegt, ist auf Grundlage des dienstrechtlichen Behördenbegriffs und nicht des personalvertretungsrechtlichen Dienststellenbegriffs zu klären. (Rn. 10)

2. Nur dem Polizeipräsidenten in Berlin, nicht aber seinen Untergliederungen kommt Behördeneigenschaft zu. (Rn. 19)
BVerwG, Beschl. vom 19. 03. 2012 – 6 P 6.11 –

215. Mitbestimmung bei Personalangelegenheiten; Personalrat der Dienststelle Flugsicherung beim Luftfahrt-Bundesamt; Betriebsräte der DFS GmbH (§ 75 Abs. 1 BPersVG, § 76 Abs. 1 BPersVG, § 1 Abs. 1 S. 1 BAFlSBAÜbnG, § 4 Abs. 1 BAFlSBAÜbnG, § 5 BAFlSBAÜbnG)

Leitsatz
1. Der Leiter der Dienststelle Flugsicherung beim Luftfahrt-Bundesamt ist zuständig, in allen von § 75 Abs. 1 und § 76 Abs. 1 BPersVG erfassten Angelegenheiten des übergeleiteten Personals der ehemaligen Bundesanstalt für Flugsicherung zu entscheiden. (Rn. 20)
2. Diese Maßnahmen unterliegen der Mitbestimmung des Personalrats der Dienststelle Flugsicherung unabhängig davon, ob zugleich die DFS Deutsche Flugsicherung GmbH ihre Betriebsräte zu beteiligen hat. (Rn. 52)
BVerwG, Beschl. vom 16. 04. 2012 – 6 P 1.11 –

216. Einsatz von Leiharbeitnehmern – Einstellung von Arbeitnehmern im Sinne von § 87 Nr. 1 BlnPersVG (§ 87 Nr. 1 BlnPersVG, § 14 Abs. 3 AÜG, § 14 Abs. 4 AÜG)

Leitsatz
1. Die Beteiligungspflichtigkeit der Übernahme eines Leiharbeitnehmers zur Arbeitsleistung gemäß § 14 Abs. 3 AÜG gilt für Personalvertretungen im öffentliches Dienst eines Landes nur, wenn das Landesrecht dies bestimmt. Dies ist im Hinblick auf das Land Berlin nicht der Fall. (Rn. 3)
2. Bei Prüfung des Vorliegens einer Einstellung im Sinne von § 87 Nr. 1 BlnPersVG sind grundsätzlich die Einsatzzeiten verschiedener Leiharbeitnehmer nicht zu summieren. (Rn. 8)
BVerwG, Beschl. vom 25. 04. 2012 – 6 PB 24.11 –

217. Freistellung von Personalratsmitgliedern – Tätigkeitszuweisung nach Abschluss der Freistellungsphase (§ 44 Nr. 1 PersVG BE 2004)

Leitsatz
Mitgliedern des Personalrats steht aufgrund Personalvertretungsrechts kein Anspruch auf eine bestimmte Verwendung nach Beendigung ihrer Freistellung zu. (Rn. 5)
BVerwG, Beschl. vom 02. 05. 2012 – 6 PB 26.11 –

218. Einsichtnahme des Personalrats in Lohn- und Gehaltslisten – Vereinbarkeit mit verfassungsrechtlichen Bestimmtheitsanforderungen – keine Beschränkung der Einsichtnahme auf Vorstandsmitglieder (§ 78 Abs. 2 S. 1 HmbPersVG, § 78 Abs. 2 S. 2 HmbPersVG, § 33 Abs. 1 S. 1 HmbPersVG)

Leitsatz
1. § 78 Abs. 2 Satz 1 und 2 HmbPersVG bildet eine bereichsspezifische Rechtsgrundlage für die Einsichtnahme des Personalrats in Lohn- und Gehaltslisten, die zu dem hiermit verbundenen Eingriff in das Grundrecht auf informationelle Selbstbestimmung ermächtigt und insoweit den verfassungsrechtlichen Bestimmtheitsanforderungen genügt. (Rn. 5)
2. Die Einsichtnahme des Personalrats in Lohn- und Gehaltslisten gehört nicht zu den Vorstandsmitgliedern vorbehaltenen laufenden Geschäften im Sinne von § 33 Abs. 1 Satz 1 HmbPersVG. (Rn. 5)
BVerwG, Beschl. vom 16. 05. 2012 – 6 PB 2.12 –

219. Weiterbeschäftigung einer Jugendvertreterin – ausbildungsadäquater Arbeitsplatz – Zusatzqualifikation – Fahrerlaubnis der Bundeswehr (§ 9 Abs. 4 S. 1 Nr. 2 BPersVG, § 9 Abs. 2 BPersVG)

Leitsatz

Ein Arbeitsplatz ist auch dann ausbildungsadäquat, wenn seine Anforderungen außer einer Ausbildung in einem anerkannten Ausbildungsberuf eine kurzfristig erreichbare Zusatzqualifikation (hier: Fahrerlaubnis der Bundeswehr) vorsehen. (Rn. 4)

BVerwG, Beschl. vom 24. 05. 2012 – 6 PB 5.12 –

220. Weiterbeschäftigung eines Jugendvertreters – Beamtenverhältnis auf Widerruf – Vorbereitungsdienst für den gehobenen Dienst (§ 9 Abs. 1 BPersVG, § 9 Abs. 2 BPersVG)

Leitsatz

Jugendvertreter, die im Beamtenverhältnis auf Widerruf einen Vorbereitungsdienst für den gehobenen Dienst absolviert haben, genießen nicht den Weiterbeschäftigungsschutz nach § 9 BPersVG. (Rn. 4)

BVerwG, Beschl. vom 30. 05. 2012 – 6 PB 7.12 –

221. Anspruch des Personalrats auf Mitteilung der Namen der Personen, denen ein betriebliches Eingliederungsmanagement angeboten wurde (§ 84 Abs. 2 SGB IX, Art. 69 Abs. 2 S. 1 BayPVG, Art. 69 Abs. 2 S. 2 BayPVG, Art. 2 Abs. 1 GG, Art. 1 Abs. 1 GG)

Leitsatz

§ 84 Abs. 2 Satz 7 SGB IX i.V.m. Art. 69 Abs. 2 Sätze 1 und 2 BayPVG verleiht der Personalvertretung kein Recht, vom Leiter einer Dienststelle ohne die Einwilligung der Betroffenen die Bekanntgabe der Namen der Personen verlangen zu können, denen ein betriebliches Eingliederungsmanagement angeboten wurde (vgl. BayVGH vom 30. 04. 2009 Az. 17 P 08.3389). (Rn. 14)

Bayerischer VGH, Beschl. vom 12. 06. 2012 – 17 P 11.1140 –

222. Betriebliches Eingliederungsmanagement – Informationsanspruch des Personalrats – Namensliste der arbeitsunfähig erkrankten Beschäftigten – Hinweisschreiben des Dienststellenleiters (§ 84 Abs. 2 S. 7 SGB IX, § 84 Abs. 2 S. 1 SGB IX, § 65 Abs. 1 S. 1 PersVG NW 1974, § 65 Abs. 1 S. 2 PersVG NW 1974)

Leitsatz

Die Dienststelle ist verpflichtet, einem Mitglied des Personalrats regelmäßig die Namen derjenigen Beschäftigten mitzuteilen, denen ein betriebliches Eingliederungsmanagement anzubieten ist, und Einsicht in das Hinweisschreiben an die betroffenen Beschäftigten zu gewähren. (Rn. 9)

BVerwG, Beschl. vom 04. 09. 2012 – 6 P 5.11 –

223. Mitbestimmungspflichtigkeit von Festlegungen zu Beginn und Ende der Arbeitszeit – Anordnung von Rufbereitschaft (§ 87 Abs. 1 Nr. 2 BetrVG, § 74 Abs. 1 Nr. 9 HePersVG)

Leitsatz

Die Anordnung von Rufbereitschaft ist eine Festlegung zu Beginn und Ende der Arbeitszeit im Sinne von § 74 Abs. 1 Nr. 9 HePersVG und unterliegt daher der Mitbestimmung der Personalvertretung. (Rn. 8)

BVerwG, Beschl. vom 04. 09. 2012 – 6 P 10.11 –

224. Mitbestimmung beim Gesundheitsschutz und bei Hebung der Arbeitsleistung – Finalitätserfordernis (§ 75 Abs. 3 Nr. 11 BPersVG, § 76 Abs. 2 S. 1 Nr. 5 BPersVG)

Leitsatz

1. Ob es sich um eine Maßnahme „zur" Verhütung von Dienst- oder Arbeitsunfällen oder sonstigen Gesundheitsschädigungen im Sinne des Mitbestimmungstatbestandes nach § 75 Abs. 3 Nr. 11 BPersVG handelt, beurteilt sich anhand einer objektiv-finalen Betrachtungsweise. (Rn. 7)

2. Die Grundsätze zur Finalität im Rahmen der Mitbestimmung bei Hebung der Arbeitsleistung nach § 76 Abs. 2 Satz 1 Nr. 5 BPersVG sind nicht auf die Mitbestimmung beim Gesundheitsschutz zu übertragen. (Rn. 8)
BVerwG, Beschl. vom 13. 09. 2012 – 6 PB 10.12 –

29. Koalitionen – Tarifautonomie – Arbeitskampfrecht

225. Entgeltfortzahlungsansprüche während eines Arbeitskampfes – suspendierende Betriebsstilllegung (Art. 9 Abs. 3 GG, § 3 Abs. 1 S. 1 EntgFG)

Leitsatz

Eine suspendierende Betriebsstilllegung während eines Arbeitskampfes muss gegenüber Arbeitnehmern erklärt werden. Hierfür genügt die Bekanntgabe der Stilllegungsentscheidung in betriebsüblicher Weise. Einer individuellen Benachrichtigung der betroffenen Arbeitnehmer bedarf es nicht. (Rn. 18)
BAG, Urteil vom 13. 12. 2011 – 1 AZR 495/10 –

226. Tarifzuständigkeit einer Gewerkschaft (Art. 9 Abs. 3 GG, § 97 Abs. 1 ArbGG, § 97 Abs. 5 ArbGG, § 83 Abs. 3 ArbGG, § 253 Abs. 2 Nr. 2 ZPO)

Leitsatz

Die Festlegung des Organisationsbereichs der DHV - Die Berufsgewerkschaft e.V. im Anhang ihrer ab dem 12. Juni 2009 und ab dem 23. Februar 2011 geltenden Satzungen ist unwirksam. Für Arbeitnehmer in den dort aufgeführten Unternehmen und Branchen, die außerhalb kaufmännischer und verwaltender Berufe tätig sind, ist die DHV nicht tarifzuständig. (Rn. 52)
BAG, Beschl. vom 17. 04. 2012 – 1 ABR 5/11 –

227. Mitgliederwerbung einer nicht tariffähigen Koalition – Zutritt zu den Vorräumen einer Betriebsversammlung (Art. 9 Abs. 3 GG, § 42 BetrVG, § 43 BetrVG, § 46 BetrVG, § 93 Abs. 2 ArbGG, § 65 ArbGG, § 253 Abs. 2 Nr. 2 ZPO)

Leitsatz

Verlangt eine nicht tariffähige Arbeitnehmerkoalition zu Zwecken der Mitgliederwerbung Zutritt zu den Vorräumen einer Betriebsversammlung, ist ein solcher Anspruch gegen den Arbeitgeber und nicht gegen den Betriebsrat zu richten. Das gilt unabhängig davon, ob die Betriebsversammlung im Betrieb oder außerhalb stattfindet. (Rn. 23)
BAG, Beschl. vom 22. 05. 2012 – 1 ABR 11/11 –

228. Arbeitskampf – Wechsel in OT-Mitgliedschaft vor Warnstreik – Schadensersatz (Art. 9 Abs. 3 GG, § 3 TVG, § 823 Abs. 1 BGB, § 26 BGB, § 31 BGB)

Leitsatz

Wechselt ein Unternehmen innerhalb eines Arbeitgeberverbands während laufender Tarifverhandlungen wirksam von einer Mitgliedschaft mit Tarifbindung in eine OT-Mitgliedschaft, kann die Gewerkschaft grundsätzlich nicht mehr zur Durchsetzung ausschließlich verbandsbezogener Tarifforderungen zu einem Warnstreik in diesem Unternehmen aufrufen, wenn sie über den Statuswechsel rechtzeitig vor Beginn der beabsichtigten Arbeitskampfmaßnahme unterrichtet wurde. (Rn. 37)
BAG, Urteil vom 19. 06. 2012 – 1 AZR 775/10 –

229. Annahmeverzug – Streikteilnahme nach Kündigung (§ 615 S. 1 BGB, § 296 BGB, Art. 9 Abs. 3 GG)

Leitsatz

Beteiligt sich ein außerordentlich gekündigter Arbeitnehmer an einem Streik, steht ihm für diese Zeit auch dann kein Annahmeverzugslohn zu, wenn in einem nachfolgenden Kündigungs-

schutzprozess die Unwirksamkeit der Kündigung festgestellt wird. Wer streikt, ist nicht leistungswillig i.S.d. § 297 BGB. (Rn. 13) (Rn. 16)
BAG, Urteil vom 17. 07. 2012– 1 AZR 563/11 –

230. Fluggastrechte bei Flugannulierung: Ausschlussgrund der außergewöhnlichen Umstände bei drohendem Pilotenstreik (Art. 5 Abs. 3 EGV 261/2004, Art. 5 Abs. 1 Buchst. c EGV 261/2004, Art. 7 Abs. 1 Buchst. c EGV 261/2004)

Leitsatz

1. Ruft eine Gewerkschaft im Rahmen einer Tarifauseinandersetzung die Piloten eines Luftverkehrsunternehmens zur Arbeitsniederlegung auf, kann dies außergewöhnliche Umstände im Sinne des Art. 5 Abs. 3 der Fluggastrechtsverordnung zur Folge haben. (Rn. 7)

2. Das Luftverkehrsunternehmen ist in diesem Fall davon befreit, Ausgleichszahlungen für die Annullierung derjenigen Flüge zu leisten, die es absagt, um den Flugplan an die zu erwartenden Auswirkungen des Streikaufrufs anzupassen. (Rn. 20)
BGH, Urteil vom 21. 08. 2012 – X ZR 138/11 –

30. Tarifvertragsrecht – Eingruppierung

231. Arbeitszeitkonto – Ansparwert – verstetigter Monatslohn (§ 3 Nr. 1.42 BauRTV, § 3 Nr. 1.43 BauRTV, § 15 Nr. 1 BauRTV, § 4 Abs. 3 TVG)

Leitsatz

Das Ausgleichskonto nach § 3 Nr. 1.43 BRTV-Bau ist als kombiniertes Arbeitszeit- und Entgeltkonto zu führen. (Rn. 9)
BAG, Urteil vom 23. 02. 2011 – 5 AZR 108/10 –

232. Verordnung über zwingende Arbeitsbedingungen – Nachwirkung des Mindestlohntarifvertrags – TV Mindestlohn Abbruch (§ 1 Abs. 3a S. 1 AEntG vom 19. 12. 1998, § 4 Abs. 5 TVG, § 1 S. 1 AbbruchArbV 2, § 3 AbbruchArbV 2, § 5 Abs. 1 TVG, § 1 S. 1 BauArbbV 5, § 2 Abs. 4 BauArbbV 5)

Leitsatz

Rechtsnormen eines Tarifvertrages, für die durch Rechtsverordnung im Wege des § 1 Abs. 3a Satz 1 AEntG a.F. (i.d.F. vom 19. Dezember 1998) bestimmt ist, dass sie auf alle unter den Geltungsbereich dieses Tarifvertrages fallenden und nicht tarifgebundenen Arbeitgeber und Arbeitnehmer Anwendung finden, sind nach dem Ende der Geltungsdauer der Verordnung für die betreffenden Arbeitsverhältnisse nicht mehr maßgebend. (Rn. 12) § 4 Abs. 5 TVG über die Nachwirkung von Tarifverträgen ist weder unmittelbar (Rn. 14) noch entsprechend anwendbar. (Rn. 17)
BAG, Urteil vom 20. 04. 2011 – 4 AZR 467/09 –

233. Tarifbindung – Gewerkschaftseintritt des Arbeitnehmers während der Nachbindung des Arbeitgebers (§ 3 Abs. 1 TVG, § 3 Abs. 3 TVG, § 4 Abs. 5 TVG)

Leitsatz

Tritt ein Arbeitnehmer nach dem Verbandsaustritt des Arbeitgebers während dessen Nachbindung nach § 3 Abs. 3 TVG in die tarifvertragsschließende Gewerkschaft ein, entsteht eine normative Bindung des Arbeitsverhältnisses an den Tarifvertrag gemäß § 4 Abs. 1 TVG in der gleichen Weise, als wären die Arbeitsvertragsparteien zur selben Zeit Mitglied der jeweiligen Koalition. (Rn. 43)
BAG, Urteil vom 06. 07. 2011 – 4 AZR 424/09 –

234. Zuständigkeit der Paritätischen Kommission bei Reklamationen – ERA-TV Metall- und Elektroindustrie Baden-Württemberg (§ 1 TVG, § 2 a ArbGG, § 10 ArbGG, § 256 ZPO)

Leitsatz

1. Der Betriebsrat hat nach § 10.3 Abs. 2 Satz 2 i.V.m. § 6.4 ERA-TV einen Anspruch gegen den Arbeitgeber auf Übergabe der schriftlichen Beschreibung und Bewertung der Arbeitsaufgaben der reklamierenden Arbeitnehmer an die Paritätische Kommission, wenn über das Ergebnis der Überprüfung gemäß § 10.2 ERA-TV kein Einverständnis erzielt wird und daher eine weitere Überprüfung der Einstufung in der Paritätischen Kommission erfolgt. (Rn. 17)

2. Weigern sich die Vertreter einer Seite, in der Paritätischen Kommission an einer Abstimmung teilzunehmen, sind entsprechend den zu § 76 Abs. 5 Satz 2 BetrVG entwickelten Grundsätzen nur die tatsächlich abgegebenen Stimmen zu zählen. (Rn. 23)

BAG, Beschl. vom 16. 08. 2011 – 1 ABR 30/10 –

235. Teilnahme von Orchestermusikern an Personalversammlungen als „Dienst" im tarifvertraglichen Sinne (§ 49 Abs. 1 S. 1 PersVG RP)

Leitsatz

Zu den Voraussetzungen, unter denen die Teilnahme von Orchestermusikern an Personalversammlungen als „Dienst" im Sinne des Tarifvertrags für die Musiker in Kulturorchestern (TVK) zu werten ist. (Rn. 19)

OVG Rheinland-Pfalz, Beschl. vom 14. 09. 2011 – 5 A 10666/11 –

236. Unwirksamkeit einer tariflichen Altersgrenze für Piloten (§ 1 AGG, § 3 Abs. 1 S. 1 AGG, § 7 Abs. 1 AGG, § 7 Abs. 2 AGG, § 8 Abs. 1 AGG, § 10 S. 1 AGG, § 10 S. 2 AGG, Art. 1 EGRL 78/2000, Art. 2 Abs. 2 Buchst. a EGRL 78/2000, Art. 2 Abs. 5 EGRL 78/ 2000, Art. 4 Abs. 1 EGRL 78/2000, Art. 6 Abs. 1 EGRL 78/2000)

Leitsatz

Die Altersgrenze in § 19 Abs. 1 Satz 1 des Manteltarifvertrags Nr. 5a für das Cockpitpersonal bei Lufthansa i.d.F. vom 14. Januar 2005, wonach das Arbeitsverhältnis von Flugzeugführern mit dem Ende des Monats der Vollendung des 60. Lebensjahres endet, verstößt gegen das Benachteiligungsverbot wegen des Alters in § 7 Abs. 1 i.V.m. § 1 AGG. Sie ist nach § 7 Abs. 2 AGG unwirksam. (Rn. 16)

BAG, Urteil vom 18. 01. 2012 – 7 AZR 112/08 –

237. Eingruppierung eines Klinischen Chemikers – Nichtanwendbarkeit des § 41 Nr. 7 TV-L – kein Verstoß gegen den allgemeinen Gleichheitssatz (§ 41 Nr. 7 TV-L, Entgeltgr Ä3 TV-L, Art. 3 Abs. 1 GG)

Leitsatz

Die unterschiedlichen Entgeltregelungen im Tarifvertrag für den öffentlichen Dienst der Länder (TV-L) für die Fachärztinnen und Fachärzte an Universitätskliniken einerseits und für Naturwissenschaftler mit einer Weiterbildung zum Klinischen Chemiker, die in ärztlichen Servicebereichen der Patientenversorgung tätig sind, andererseits verstoßen nicht gegen den allgemeinen Gleichheitssatz nach Art. 3 Abs. 1 GG.(Rn.33)

BAG, Urteil vom 25. 01. 2012 – 4 AZR 147/10 –

238. Eingruppierung einer Diplom-Medizinpädagogin nach dem BAT-O – Lehrtätigkeit an einer staatlich anerkannten Krankenpflegeschule (§ 11 S. 2 BAT-O, § 22 Abs. 2 Unterabs. 2 S. 1 BAT-O, Anl. 1b VergGr Kr BAT-O, Anl. 1a VergGr IIa BAT-O)

Leitsatz

Eine Diplom-Medizinpädagogin, die zugleich ausgebildete Krankenschwester ist und an einer staatlich anerkannten Krankenpflegeschule unterrichtet, ist als Lehrkraft i.S.d. § 2 Nr. 3 des Änderungstarifvertrages Nr. 1 zum BAT-O zu vergüten, (Rn. 28) wenn sie mit mindestens der Hälfte ihrer Arbeitszeit Tätigkeiten verrichtet, die von einer Unterrichtsschwester i.S.d. Vergütungsgruppen KR der Anlage 1b zum BAT-O – Angestellte im Pflegedienst –, die über eine ent-

sprechende Fachausbildung nach der Protokollerklärung Nr. 22 verfügt, nicht ausgeübt werden können. (Rn. 44)
BAG, Urteil vom 25. 01. 2012 – 4 AZR 264/10 –

239. Anrechnung von Arbeitgeberleistungen auf den tariflichen Mindestlohn (§ 1 Abs. 1 AEntG vom 25. 04. 2007, § 1 S 1 GebäudeArbbV, § 1 Abs. 3a AEntG vom 25. 04. 2007

Leitsatz

Die Leistung eines Arbeitgebers aus einem von ihm angewandten Haustarifvertrag ist dann auf den Anspruch des Arbeitnehmers auf den Mindestlohn aus einem allgemeinverbindlichen Tarifvertrag anzurechnen, wenn der Zweck der Leistung des Arbeitgebers dem Zweck des Mindestlohns funktional gleichwertig ist. (Rn. 28) Deshalb ist eine vom Arbeitgeber nach dem Haustarifvertrag geleistete Erschwerniszulage dann auf den tariflichen Mindestlohn anzurechnen, wenn der Mindestlohntarifvertrag dieselbe (erschwerte) Tätigkeit durch den Mindestlohn selbst als abgegolten ansieht. (Rn. 32)
BAG, Urteil vom 18. 04. 2012 – 4 AZR 139/10 –

240. Feststellungsklage – „Verbandsklage" nach § 9 TVG – Anforderungen an den Klageantrag (§ 256 Abs. 1 ZPO, § 9 TVG)

Leitsatz

Geht es bei einer sog. Verbandsklage nach § 9 TVG um die Auslegung eines Tarifvertrages, sind im Antrag der einschlägige Tarifvertrag, die betreffende Tarifnorm sowie der umstrittene Tarifbegriff zu benennen. Weiterhin ist die zu entscheidende Rechtsfrage in abstrakter fallübergreifender Weise zu formulieren. Aus der erweiterten Bindungswirkung eines Urteils nach § 9 TVG ergibt sich, dass sich der Tenor der Entscheidung nicht auf ein konkretes Rechtsverhältnis bezieht. (Rn. 30)
BAG, Urteil vom 18. 04.2 012 – 4 AZR 371/10 –

241. Auslegung einer Vereinbarung zwischen Arbeitgeber und Arbeitgeberverband als Tarifvertrag – konkludenter Ausschluss der Nachwirkung (§ 1 Abs. 1 TVG, § 1 Abs. 2 TVG, § 3 Abs. 1 TVG, § 4 Abs. 1 TVG, § 4 Abs. 5 TVG)

Leitsatz

Tarifverträge wirken kraft Gesetzes nach (§ 4 Abs. 5 TVG). Jedoch können die Tarifvertragsparteien die Nachwirkung ausschließen. Das kann ausdrücklich oder auch konkludent geschehen. (Rn. 33)
BAG, Urteil vom 16. 05. 2012 – 4 AZR 366/10 –

242. Nachwuchskraft i.S.d. Telekom-Beschäftigungsbrücke 2007 – Absenkung des Entgelts (§ 1 TVG, § 611 BGB)

Leitsatz

Nachwuchskräfte i.S.v. Nr. I Satz 1 des Abschnitts 4 der „Tarifeinigung Telekom Service der Deutschen Telekom AG und der Vereinten Dienstleistungsgewerkschaft ver.di" vom 20. Juni 2007 (Beschäftigungsbrücke 2007) können auch Personen sein, die nicht unmittelbar im Anschluss an ihre Berufsausbildung im Telekom-Konzern ein Arbeitsverhältnis mit einem Telekom-Unternehmen aufgenommen haben. (Rn. 32)
BAG, Urteil vom 24. 05. 2012 – 6 AZR 703/10 –

243. Versetzung und Auswahlverfahren nach TV Ratio Deutsche Telekom Kundenservice (§ 106 S. 1 GewO, § 1 TVG)

Leitsatz

Ist der Arbeitgeber tariflich verpflichtet, den Arbeitnehmer durch Änderungsvertrag oder Änderungskündigung zunächst in einen Beschäftigungs- und Qualifizierungsbetrieb zu verset-

zen, ist eine sofortige unmittelbare Versetzung in eine Einheit außerhalb des Beschäftigungs- und Qualifizierungsbetriebs unwirksam. (Rn. 38)
BAG, Urteil vom 18. 10. 2012 – 6 AZR 86/11 –

31. Befristung von Arbeitsverhältnissen

244. Klagefrist bei einem Streit über den Eintritt einer auflösenden Bedingung (§ 21 TzBfG, § 17 S. 1 TzBfG, § 59 BAT)

Leitsatz

Die dreiwöchige Klagefrist der §§ 21, 17 Satz 1 TzBfG gilt nicht nur für die Geltendmachung der Rechtsunwirksamkeit der Bedingungsabrede, sondern auch für den Streit über den Eintritt der auflösenden Bedingung. (Rn. 16)
BAG, Urteil vom 06. 04. 2011 – 7 AZR 704/09 –

245. Persönlicher Geltungsbereich des WissZeitVG (§ 1 Abs. 1 S. 1 WissZeitVG, § 44 Abs. 1 S. 1 Nr. 3 HSchulG BW vom 06. 01. 2005, § 54 Abs. 4 HSchulG BW vom 06. 01. 2005, § 54 Abs. 1 HSchulG BW vom 06. 01. 2005)

Leitsatz

1. Das Wissenschaftszeitvertragsgesetz bestimmt seinen persönlichen Geltungsbereich eigenständig. (Rn. 20)
2. Zum „wissenschaftlichen Personal" nach § 1 Abs. 1 Satz 1 WissZeitVG gehört derjenige Arbeitnehmer, der wissenschaftliche Dienstleistungen zu erbringen hat. (Rn. 35)
BAG, Urteil vom 01. 06. 2011 – 7 AZR 827/09 –

246. Befristung nach Promotion – Befristungsdauer in der Postdoc-Phase (§ 2 Abs. 1 S. 1 WissZeitVG, § 2 Abs. 1 S. 2 WissZeitVG, § 2 Abs. 1 S. 3 WissZeitVG, § 2 Abs. 3 S. 1 WissZeitVG, § 2 Abs. 3 S. 2 WissZeitVG, § 253 Abs. 2 Nr. 2 ZPO)

Leitsatz

Die nach § 2 Abs. 1 Satz 2 Halbs. 1 WissZeitVG in der sog. Postdoc-Phase zulässige Dauer für Befristungen von Arbeitsverträgen mit wissenschaftlichem und künstlerischem Personal verkürzt sich nicht um die Zeit, die der Arbeitnehmer vor seiner Promotion länger als sechs Jahre befristet tätig geworden ist. (Rn. 23)
BAG, Urteil vom 24. 08. 2011 – 7 AZR 228/10 –

247. Befristung und Maßregelungsverbot (§ 612a BGB, § 15 Abs. 6 AGG, Art. 5 Abs. 1 S. 1 GG, Art. 9 Abs. 3 S. 1 GG, Art. 9 Abs. 3 S. 2 GG, § 14 Abs. 2 TzBfG)

Leitsatz

1. Bietet ein Arbeitgeber einem befristet beschäftigten Arbeitnehmer keinen Folgevertrag an, weil der Arbeitnehmer ihm zustehende Rechte ausgeübt hat, liegt darin eine von § 612a BGB verbotene Maßregelung. (Rn. 42)
2. Verletzt der Arbeitgeber das Maßregelungsverbot, kann der Arbeitnehmer Anspruch auf Schadensersatz haben. § 15 Abs. 6 AGG ist jedoch entsprechend anzuwenden. Der Arbeitnehmer kann deshalb keinen Folgevertrag verlangen. (Rn. 44) (Rn. 45)
BAG, Urteil vom 21. 09. 2011 – 7 AZR 150/10 –

248. Berufsausbildungsverhältnis und Vorbeschäftigung i.S.d. § 14 Abs. 2 S 2 TzBfG – zeitliche Beschränkung des Vorbeschäftigungsverbots (§ 14 Abs. 1 S. 2 Nr. 2 TzBfG, § 14 Abs. 2 S. 1 TzBfG, § 14 Abs. 2 S. 2 TzBfG, § 10 Abs. 2 BBiG 2005, Art. 12 Abs. 1 GG)

Leitsatz

Ein Berufsausbildungsverhältnis ist kein Arbeitsverhältnis i.S.d. Vorbeschäftigungsverbots für eine sachgrundlose Befristung in § 14 Abs. 2 Satz 2 TzBfG. (Rn. 14)
BAG, Urteil vom 21. 09. 2011 – 7 AZR 375/10 –

249. Befristete Arbeitsverträge mit älteren Arbeitnehmern – Altersgrenze für Flugbegleiter – MTV Kabinenpersonal Lufthansa (§ 14 Abs. 3 S. 1 TzBfG vom 24. 12. 2003, § 14 Abs. 3 S. 2 TzBfG vom 24. 12. 2003, § 14 Abs. 3 S. 3 TzBfG vom 24. 12. 2003, Anh. Rahmenvereinbarung § 5 Nr. 1 EGRL 70/99, § 14 Abs. 1 TzBfG)

Leitsatz

Ein enger sachlicher Zusammenhang zu einem früheren unbefristeten Arbeitsvertrag im Sinne von § 14 Abs.3 Satz 2 TzBfG a.F. besteht auch dann, wenn zwischen dem letzten befristeten und dem früheren unbefristeten Vertrag ein Zeitraum von mehreren Jahren liegt, sofern während dieser Zeit das ursprüngliche Arbeitsverhältnis mit derselben Tätigkeit und demselben Arbeitgeber durch eine ununterbrochene Folge befristeter Verträge fortgeführt wurde. (Rn. 28) (Rn. 29)

BAG, Urteil vom 19. 10. 2011 – 7 AZR 253/07 –

250. Wirksamkeit der Befristung einer Arbeitszeiterhöhung (§ 14 Abs. 1 S. 2 Nr. 7 TzBfG, § 14 Abs. 1 S. 2 Nr. 3 TzBfG, § 307 Abs. 1 S. 1 BGB, § 305 Abs. 1 S. 1 BGB, § 310 Abs. 3 Nr. 2 BGB)

Leitsatz

Auf die Befristung einzelner Arbeitsbedingungen sind zwar die Vorschriften des Teilzeit- und Befristungsgesetzes nicht anwendbar. Vielmehr erfolgt die gerichtliche Kontrolle nach §§ 305 ff. BGB. (Rn. 18) Jedenfalls bei der befristeten Erhöhung der Arbeitszeit in einem erheblichen Umfang – im Streitfall für drei Monate um 4/8 – bedarf es aber zur Annahme einer nicht ungerechtfertigten Benachteiligung des Arbeitnehmers i.S.v. § 307 Abs. 1 Satz 1 BGB solcher Umstände, die auch bei einem gesonderten Vertrag über die Arbeitszeitaufstockung dessen Befristung nach § 14 Abs. 1 TzBfG rechtfertigen würden. (Rn. 24) (Rn. 25)

BAG, Urteil vom 15. 12. 2011 – 7 AZR 394/10 –

251. Vereinbarkeit von wiederholten Befristungen nach § 14 Abs. 1 S. 2 Nr. 3 TzBfG mit Unionsrecht bei ständigem oder wiederkehrendem Vertretungsbedarf – Auslegung von § 5 Nr. 1 Buchst. a der Rahmenvereinbarung über befristete Arbeitsverträge im Anhang der Richtlinie EGRL 70/99 (Art. 267 AEUV, Anh Rahmenvereinbarung § 5 Nr. 1 Buchst. a EGRL 70/99, Anh Rahmenvereinbarung § 5 Nr. 1 Buchst. b EGRL 70/99, § 14 Abs. 1 S. 2 Nr. 3 TzBfG, § 21 Abs. 1 BEEG)

Tenor

Paragraf 5 Nr. 1 Buchst. a der am 18. März 1999 geschlossenen Rahmenvereinbarung über befristete Arbeitsverhältnisse im Anhang der Richtlinie 1999/70/EG des Rates vom 28. Juni 1999 zu der EGB-UNICE-CEEP-Rahmenvereinbarung über befristete Arbeitsverträge ist dahin auszulegen, dass die Anknüpfung an einen vorübergehenden Bedarf an Vertretungskräften in nationalen Rechtsvorschriften wie den im Ausgangsverfahren in Rede stehenden grundsätzlich einen sachlichen Grund im Sinne dieser Bestimmung darstellen kann. Aus dem bloßen Umstand, dass ein Arbeitgeber gezwungen sein mag, wiederholt oder sogar dauerhaft auf befristete Vertretungen zurückzugreifen, und dass diese Vertretungen auch durch die Einstellung von Arbeitnehmern mit unbefristeten Arbeitsverträgen gedeckt werden könnten, folgt weder, dass kein sachlicher Grund im Sinne von Paragraf 5 Nr. 1 Buchst. a der genannten Rahmenvereinbarung gegeben ist, noch das Vorliegen eines Missbrauchs im Sinne dieser Bestimmung. Bei der Beurteilung der Frage, ob die Verlängerung befristeter Arbeitsverträge oder -verhältnisse durch einen solchen sachlichen Grund gerechtfertigt ist, müssen die Behörden der Mitgliedstaaten jedoch im Rahmen ihrer jeweiligen Zuständigkeiten alle Umstände des Falles einschließlich der Zahl und der Gesamtdauer der in der Vergangenheit mit demselben Arbeitgeber geschlossenen befristeten Arbeitsverträge oder -verhältnisse berücksichtigen.

EuGH, Urteil vom 26. 01. 2012 – C-586/10 – (Kücük)

252. Befristung aufgrund eines gerichtlichen Vergleichs (§ 14 Abs. 1 S. 2 Nr. 8 TzBfG, § 278 Abs. 6 S. 1 Alt. 1 ZPO, § 278 Abs. 6 S. 2 ZPO)

Leitsatz

Ein nach § 278 Abs. 6 Satz 1 Alt. 1, Satz 2 ZPO festgestellter Vergleich ist kein gerichtlicher Vergleich i.S.v. § 14 Abs. 1 Satz 2 Nr. 8 TzBfG, der geeignet ist, die Befristung eines Arbeitsvertrags zu rechtfertigen. (Rn.19)

BAG, Urteil vom 15.0 2. 2012 – 7 AZR 734/10 –

253. Umwandlung eines befristeten in einen unbefristeten Arbeitsvertrag – Verpflichtung zur unveränderten Übernahme der wesentlichen Bestimmungen des letzten befristeten Vertrages – Auslegung von § 5 Nr. 1 der Rahmenvereinbarung über befristete Arbeitsverträge im Anhang der Richtlinie EGRL 70/99 (Art. 267 AEUV, Anh Rahmenvereinbarung § 4 Nr. 1 EGRL 70/99, Anh Rahmenvereinbarung § 5 Nr. 1 EGRL 70/99, Anh Rahmenvereinbarung § 8 Nr. 3 EGRL 70/99)

Tenor

Paragraf 5 der am 18. März 1999 geschlossenen Rahmenvereinbarung über befristete Arbeitsverträge im Anhang der Richtlinie 1999/70/EG des Rates vom 28. Juni 1999 zu der EGB-UNICE-CEEP-Rahmenvereinbarung über befristete Arbeitsverträge ist dahin auszulegen, dass ein Mitgliedstaat, der in seinen nationalen Rechtsvorschriften die Umwandlung befristeter Arbeitsverträge in einen unbefristeten Arbeitsvertrag vorsieht, wenn die befristeten Arbeitsverträge eine bestimmte Dauer erreicht haben, nicht verpflichtet ist, vorzuschreiben, dass die wesentlichen Bestimmungen des vorherigen Vertrags unverändert in den unbefristeten Arbeitsvertrag übernommen werden. Um jedoch die mit der Richtlinie 1999/70 verfolgten Ziele nicht zu vereiteln und ihr nicht die praktische Wirksamkeit zu nehmen, hat dieser Mitgliedstaat darauf zu achten, dass die Umwandlung befristeter Arbeitsverträge in einen unbefristeten Arbeitsvertrag nicht mit tiefgreifenden Änderungen der Bestimmungen des vorherigen Vertrags einhergeht, die für den Betroffenen insgesamt zu einer Verschlechterung führen, wenn der Gegenstand seiner Tätigkeit und die Art. seiner Aufgaben gleich bleiben.

EuGH, Urteil vom 08. 03. 2012 – C-251/11 – (Huet)

254. Vertretungsbefristung – Rechtsmissbrauchskontrolle

Leitsatz

Die Gerichte dürfen sich bei der Befristungskontrolle nach § 14 Abs. 1 Satz 2 Nr. 3 TzBfG nicht auf die Prüfung des geltend gemachten Sachgrunds der Vertretung beschränken. Sie sind vielmehr aus unionsrechtlichen Gründen verpflichtet, alle Umstände des Einzelfalls und dabei namentlich die Gesamtdauer und die Zahl der mit derselben Person zur Verrichtung der gleichen Arbeit geschlossenen aufeinanderfolgenden befristeten Verträge zu berücksichtigen, um auszuschließen, dass Arbeitgeber missbräuchlich auf befristete Arbeitsverträge zurückgreifen. Diese zusätzliche Prüfung ist im deutschen Recht nach den Grundsätzen des institutionellen Rechtsmissbrauchs (§ 242 BGB) vorzunehmen.

BAG, Urteil vom 18. 07. 2012 – 7 AZR 443/09 –

255. Sachgrundlose Befristung aufgrund Tarifvertrags – Höchstdauer der Befristung (§ 14 Abs. 2 S. 3 TzBfG, § 14 Abs. 2 S. 1 TzBfG, § 14 Abs. 2 S. 2 TzBfG, § 14 Abs. 2 S. 4 TzBfG, § 22 Abs. 1 TzBfG)

Leitsatz

Nach § 14 Abs. 2 Satz 3 TzBfG können durch Tarifvertrag nicht nur entweder die Anzahl der Verlängerungen befristeter Arbeitsverträge oder die Höchstdauer der Befristung, sondern kumulativ beide Vorgaben abweichend von § 14 Abs. 2 Satz 1 TzBfG geregelt werden. Die tarifliche Dispositionsbefugnis ist allerdings nicht völlig schrankenlos. (Rn. 15)

BAG, Urteil vom 15. 08. 2012 – 7 AZR 184/11 –

32. Beendigung von Arbeitsverhältnissen – Kündigung – Änderungskündigung – Anfechtung – Aufhebungsvertrag

256. Zustimmung zur Kündigung eines schwerbehinderten Menschen (§ 91 Abs. 4 SGB IX, § 85 SGB IX)

Leitsatz

Zu den Voraussetzungen, unter denen das Integrationsamt einer außerordentlichen betriebsbedingten Kündigung eines schwerbehinderten Menschen gemäß § 91 Abs. 4 SGB IX zuzustimmen hat. (Rn. 31)

OVG Sachsen-Anhalt, Urteil vom 22. 06. 2011 – 3 L 246/09 –

257. Rücktritt vom Aufhebungsvertrag wegen Nichtzahlung der vereinbarten Abfindung – Rücktrittserklärung nach Insolvenzantrag des Arbeitgebers (§ 323 Abs. 1 BGB, § 130 Abs. 1 InsO, § 130 Abs. 2 InsO, § 143 Abs. 1 InsO, § 21 Abs. 2 S. 1 Nr. 3 InsO, § 21 Abs. 2 S. 1 Nr. 2 InsO)

Leitsatz

Der Rücktritt eines Arbeitnehmers von einem mit dem Arbeitgeber geschlossenen Aufhebungsvertrag wegen Nichtzahlung der vereinbarten Abfindung ist ausgeschlossen, (Rn. 22) (Rn. 23) wenn das Insolvenzgericht dem Arbeitgeber nach dem Eröffnungsantrag derartige Zahlungen gem. § 21 InsO untersagt hat. (Rn. 24)

BAG, Urteil vom 10. 11. 2011 – 6 AZR 357/10 –

258. Schwerbehinderter Mensch – Kündigungserklärungsfrist – Kündigungsschutz in der Elternzeit (§ 85 SGB IX, § 88 Abs. 3 SGB IX, § 91 Abs. 2 SGB IX, § 91 Abs. 5 SGB IX, § 9 Abs. 1 S. 2 KSchG, § 13 Abs. 3 KSchG, § 18 Abs. 1 BErzGG, § 134 BGB, § 626 Abs. 2 BGB)

Leitsatz

Bedarf die ordentliche Kündigung eines schwerbehinderten Menschen außer der Zustimmung des Integrationsamts einer Zulässigkeitserklärung nach § 18 Abs. 1 Satz 2 BErzGG und hat der Arbeitgeber diese vor dem Ablauf der Monatsfrist des § 88 Abs. 3 SGB IX beantragt, kann die Kündigung noch nach Fristablauf wirksam ausgesprochen werden. (Rn. 37) Das gilt jedenfalls dann, wenn der Arbeitgeber die Kündigung unverzüglich erklärt, nachdem die Zulässigkeitserklärung nach § 18 BErzGG vorliegt. (Rn. 39)

BAG, Urteil vom 24. 11. 2011 – 2 AZR 429/10 –

259. Betriebsbedingte Kündigung – Vermutung der Betriebsbedingtheit der Kündigung – alternative Beschäftigungsmöglichkeit – Sozialauswahl – keine Altersdiskriminierung durch Altersgruppenbildung (§ 1 Abs. 2 S. 1 Alt. 3 KSchG, § 1 Abs. 2 S. 2 KSchG, § 1 Abs. 3 S. 1 KSchG, § 1 Abs. 3 S. 2 KSchG, § 1 Abs. 5 S. 1 KSchG, § 1 Abs. 5 S. 2 KSchG, § 1 Abs. 5 S. 3 KSchG, § 111 S 1 BetrVG, § 3 Abs. 1 S. 1 AGG, § 10 S. 1 AGG, § 10 S. 2 AGG, § 7 Abs. 1 AGG, § 1 AGG, Art. 6 Abs. 1 Unterabs. 1 EGRL 78/2000, Art. 6 Abs. 1 Unterabs. 2 Buchst. a EGRL 78/2000)

Leitsatz

Die gesetzliche Vorgabe in § 1 Abs. 3 S. 1 KSchG, das Lebensalter als eines von mehreren Kriterien bei der Sozialauswahl zu berücksichtigen, und die durch § 1 Abs. 3 S. 2 KSchG eröffnete Möglichkeit, die Auswahl zum Zweck der Sicherung einer ausgewogenen Personalstruktur innerhalb von Altersgruppen vorzunehmen, verstoßen nicht gegen das unionsrechtliche Verbot der Altersdiskriminierung und dessen Ausgestaltung durch die Richtlinie 2000/78/EG vom 27. November 2000.(Rn.48)

BAG, Urteil vom 15. 12. 2011 – 2 AZR 42/10 –

260. „Überflüssige" Änderungskündigung – Streitgegenstand einer Klage nach § 4 S. 2 KSchG (§ 2 S. 1 KSchG, § 4 S. 2 KSchG, § 106 S. 1 GewO, § 305 BGB, § 307 Abs. 1 S. 1 BGB, § 307 Abs. 1 S. 2 BGB)

Leitsatz

1. Unter „geänderten Arbeitsbedingungen" i.S.v. § 2 Satz 1, § 4 Satz 2 KSchG sind andere Vertragsbedingungen zu verstehen. Vom Arbeitgeber erstrebte Änderungen, die er durch Ausübung seines Weisungsrechts nach § 106 Satz 1 GewO bewirken kann, halten sich im Rahmen der schon bestehenden vertraglichen Vereinbarungen. Zu ihrer Durchsetzung bedarf es keiner „Änderung von Arbeitsbedingungen" nach § 2 Satz 1 KSchG. (Rn. 14)

2. Eine Klage nach § 4 Satz 2 KSchG ist angesichts ihres Streitgegenstands unbegründet, wenn der Arbeitgeber schon nach den bestehenden Vertragsbedingungen rechtlich in der Lage ist, die im „Änderungsangebot" genannten Änderungen durchzusetzen. Darauf, ob er sein Direktionsrecht tatsächlich bereits (wirksam) ausgeübt hat, kommt es nicht an. (Rn. 14)

BAG, Urteil vom 26. 01. 2012 – 2 AZR 102/11 –

261. Kündigung wegen des Verdachts der Bestechung

Leitsatz

Für die Auflösung eines Arbeitsverhältnisses nach §§ 9, 10 KSchG ist nach § 9 Abs. 2 KSchG der Zeitpunkt festzusetzen, zu dem die objektiv zutreffende Kündigungsfrist geendet hätte. Dies gilt auch dann, wenn der Arbeitgeber sie nicht eingehalten und der Arbeitnehmer dies im Rechtsstreit nicht gerügt hat.

BAG, Urteil vom 21. 06. 2012 – 2 AZR 694/11 –

262. Massenentlassungsanzeige – keine Heilung von Fehlern – Vollständigkeit der Namensliste – Berechnung des Schwellenwerts (§ 17 Abs. 3 S. 2 KSchG, § 18 Abs. 1 KSchG, § 18 Abs. 2 KSchG, § 20 KSchG, § 35 S. 1 VwVfG, § 43 VwVfG, Art. 6 EGRL 59/98, § 17 Abs. 3 S. 3 KSchG, § 125 InsO, § 1 Abs. 5 S. 3 KSchG, § 1 Abs. 5 S. 1 KSchG, § 1 Abs. 5 S. 2 KSchG)

Leitsatz

Wird einer Massenentlassungsanzeige entgegen § 17 Abs. 3 Satz 2 KSchG keine Stellungnahme des Betriebsrats beigefügt und sind auch die Voraussetzungen des § 17 Abs. 3 Satz 3 KSchG nicht erfüllt, kann das Arbeitsverhältnis der Parteien durch die Kündigung des Arbeitgebers nicht aufgelöst werden. (Rn. 37) Dies gilt auch dann, wenn die Arbeitsverwaltung einen Verwaltungsakt nach § 18 Abs. 1 oder Abs. 2 KSchG erlassen hat und dieser bestandskräftig geworden ist. (Rn. 62) Ein solcher Bescheid entfaltet weder gegenüber dem Arbeitnehmer (Rn. 71) noch gegenüber der Arbeitsgerichtsbarkeit materielle Bestandskraft. (Rn. 72)

BAG, Urteil vom 28. 06. 2012 – 6 AZR 780/10 –

263. Interessenausgleich mit Namensliste – Bildung von Altersgruppen

Leitsatz

Eine Altersgruppenbildung ist zur Erhaltung der Altersstruktur der Belegschaft nur geeignet, wenn sie dazu führt, dass die bestehende Struktur bewahrt bleibt. Sind mehrere Gruppen vergleichbarer Arbeitnehmer von den Entlassungen betroffen, muss deshalb eine proportionale Berücksichtigung aller Altersgruppen auch innerhalb der jeweiligen Vergleichsgruppen möglich sein.

BAG, Urteil vom 19. 07. 2012 – 2 AZR 352/11 –

264. Sonderkündigungsschutz – Vertrauensperson der schwerbehinderten Menschen

Leitsatz

Die Kündigung des Arbeitsverhältnisses einer Vertrauensperson der schwerbehinderten Menschen bedarf gem. § 96 Abs. 3 Satz 1 SGB IX i.V.m. § 103 BetrVG bzw. den maßgeblichen

personalvertretungsrechtlichen Vorschriften der Zustimmung des Betriebs- bzw. Personalrats. Einer Zustimmung der Schwerbehindertenvertretung bedarf es nicht.
BAG, Urteil vom 19. 07. 2012 – 2 AZR 989/11 –

265. Unterrichtung des Betriebsrats über Massenentlassungen – Einhaltung der Schriftform – Heilungsmöglichkeit durch abschließende Stellungnahme des Betriebsrats – EGRL 59/98 (§ 17 Abs. 2 S. 1 KSchG, § 111 S. 3 Nr. 1 BetrVG, § 126 Abs. 1 BGB, Art. 2 Abs. 3 Unterabs. 1 Buchst. b EGRL 59/98, § 125 Abs. 2 InsO, § 1 Abs. 2 S. 1 Alt. 3 KSchG, § 17 Abs. 3 S. 1 KSchG)

Leitsatz

Beabsichtigt der Arbeitgeber Massenentlassungen, hat er den Betriebsrat nach § 17 Abs. 2 Satz 1 KSchG schriftlich u.a. über die Gründe für die geplanten Entlassungen zu unterrichten. (Rn. 43) Ob „schriftlich" in diesem Zusammenhang bedeutet, dass die Unterrichtung der Formvorschrift des § 126 Abs. 1 BGB genügen muss, kann offenbleiben. (Rn. 55) Hat der Arbeitgeber die von § 17 Abs. 2 Satz 1 KSchG geforderten Angaben in einem nicht unterzeichneten Text dokumentiert und diesen dem Betriebsrat zugeleitet, genügt die abschließende Stellungnahme des Betriebsrats zu den Entlassungen, um einen etwaigen Schriftformverstoß zu heilen. (Rn. 60)
BAG, Urteil vom 20. 09. 2012 – 6 AZR 155/11 –

266. Diskriminierung wegen des Alters und wegen einer Behinderung – Reduzierung von Sozialplanleistungen wegen bevorstehender Rentenberechtigung des Arbeitnehmers – EGRL 78/2000 (Art. 267 AEUV, Art. 2 Abs. 2 EGRL 78/2000, Art. 3 Abs. 1 Buchst. c EGRL 78/2000, Art. 6 Abs. 1 EGRL 78/2000, Art. 16 EGRL 78/2000, § 10 S. 3 Nr. 6 AGG, § 112 Abs. 1 BetrVG)

Tenor

1. Art. 2 Abs. 2 und Art. 6 Abs. 1 der Richtlinie 2000/78/EG des Rates vom 27. November 2000 zur Festlegung eines allgemeinen Rahmens für die Verwirklichung der Gleichbehandlung in Beschäftigung und Beruf sind dahin auszulegen, dass sie einer Regelung eines betrieblichen Systems der sozialen Sicherheit nicht entgegenstehen, die vorsieht, dass bei Mitarbeitern, die älter als 54 Jahre sind und denen betriebsbedingt gekündigt wird, die ihnen zustehende Abfindung auf der Grundlage des frühestmöglichen Rentenbeginns berechnet wird und im Vergleich zur Standardberechnungsmethode, nach der sich die Abfindung insbesondere nach der Dauer der Betriebszugehörigkeit richtet, eine geringere als die sich nach der Standardmethode ergebende Abfindungssumme, mindestens jedoch die Hälfte dieser Summe, zu zahlen ist.

2. Art. 2 Abs. 2 der Richtlinie 2000/78 ist dahin auszulegen, dass er einer Regelung eines betrieblichen Systems der sozialen Sicherheit entgegensteht, die vorsieht, dass bei Mitarbeitern, die älter als 54 Jahre sind und denen betriebsbedingt gekündigt wird, die ihnen zustehende Abfindung auf der Grundlage des frühestmöglichen Rentenbeginns berechnet wird und im Vergleich zur Standardberechnungsmethode, nach der sich die Abfindung insbesondere nach der Dauer der Betriebszugehörigkeit richtet, eine geringere als die sich nach der Standardmethode ergebende Abfindungssumme, mindestens jedoch die Hälfte dieser Summe, zu zahlen ist und bei der Anwendung der alternativen Berechnungsmethode auf die Möglichkeit, eine vorzeitige Altersrente wegen einer Behinderung zu erhalten, abgestellt wird.
EuGH, Urteil vom 06. 12. 2012 – C-152/11 – (Odar)

33. Wettbewerbsverbote – Arbeitnehmererfindungen

267. Vergütungsanspruch des Arbeitnehmererfinders: Wirtschaftliche Verwertung des Patents aufgrund des Beitrags einer weiteren Person – Ramipril II (§ 9 ArbnErfG)

Leitsatz

Ramipril II

Ein Anspruch auf Erfindervergütung kommt auch dann in Betracht, wenn bei der Verwertung eines auf eine gemeldete Diensterfindung zurückgehenden Patents ein Element wirtschaftliche Bedeutung erlangt, das aufgrund des Beitrags einer weiteren Person der Patentanmeldung hinzugefügt worden ist und nicht bereits Gegenstand der Erfindungsmeldung war. (Rn. 1)

BGH, Urteil vom 22. 11. 2011 – X ZR 35/09 – (Ramipril II)

268. Schadensersatz – tatrichterliche Schätzung – unlautere Abwerbung von Mitarbeitern

Leitsatz

Nach § 287 Abs. 1 ZPO entscheidet der Tatrichter unter Würdigung aller Umstände nach freier Überzeugung, ob ein Schaden entstanden ist und wie hoch er ist. Die Schätzung eines Schadens darf nur dann unterbleiben, wenn sie mangels konkreter Anhaltspunkte vollkommen „in der Luft hinge" und daher willkürlich wäre. Eine völlig abstrakte Berechnung eines Schadens, auch in Form eines Mindestschadens, ist unzulässig.

Dies gilt auch bei unlauterer Abwerbung von Mitarbeitern eines Konkurrenzunternehmens.

BAG, Urteil vom 26. 09.2 012 – 10 AZR 370/10 –

34. Betriebliche Altersversorgung

269. Kranken- und Pflegeversicherung – Beitragspflicht von Kapitalleistungen aus einer als Direktversicherung abgeschlossenen Lebensversicherung – Fortführung eines zunächst als private Lebensversicherung geschlossenen Vertrages durch den Arbeitgeber – Verfassungsmäßigkeit – Beitragspflicht nicht regelmäßig wiederkehrend gezahlter Versorgungsbezüge – eigene Beitragszahlungen des Arbeitnehmers bzw. des Versicherten – institutionelle Abgrenzung zwischen beitragspflichtigen Leistungen der betrieblichen Altersversorgung und beitragsfreien sonstigen Leistungen aus privaten Lebensversicherungen – Feststellung der Höhe des beitragspflichtigen Teils der Gesamtablaufleistung (§ 229 Abs. 1 S. 1 Nr. 5 SGB V vom 14. 11. 2003, § 229 Abs. 1 S. 3 SGB V vom 14. 11. 2003, § 237 S. 1 Nr. 1 SGB V, § 237 S. 1 Nr. 2 SGB V, § 57 Abs. 1 S. 1 SGB XI, § 1b Abs. 2 BetrAVG, § 1b Abs. 3 BetrAVG, Art. 2 Abs. 1 GG, Art. 3 Abs. 1 GG)

Leitsatz

Die Grundsätze zur Abgrenzung beitragspflichtiger von beitragsfreien Kapitalleistungen aus einem Kapitallebensversicherungsvertrag kommen auch dann zur Anwendung, wenn ein zunächst als private Lebensversicherung geschlossener Vertrag vom Arbeitgeber als Versicherungsnehmer im Wege der Direktversicherung fortgeführt wird.

BSG, Urteil vom 30. 03. 2011 – B 12 KR 24/09 R –

270. Betriebliche Altersversorgung – Altersdiskriminierung (§ 7 Abs. 2 S. 3 BetrAVG, § 7 Abs. 2 S. 4 BetrAVG, § 2 Abs. 1 BetrAVG, Art. 21 Abs. 1 EUGrdRCh, Art. 1 EGRL 78/ 2000, Art. 2 Abs. 1 EGRL 78/2000, Art. 6 Abs. 1 EGRL 78/2000, Art. 267 AEUV, §§ 7 ff. BetrAVG)

Leitsatz

Die Regelungen in § 7 Abs. 2 Satz 3 und Satz 4, § 2 Abs. 1 Satz 1 BetrAVG zur Berechnung der insolvenzgeschützten Betriebsrentenanwartschaft und der gesetzlich unverfallbaren Anwartschaft bei vorzeitigem Ausscheiden aus dem Arbeitsverhältnis verstoßen nicht gegen das unionsrechtliche Verbot der Diskriminierung wegen des Alters. (Rn. 25)

BAG, Urteil vom 19. 07. 2011 – 3 AZR 434/09 –

271. Betriebsrentenanpassung – Ermittlung des Kaufkraftverlusts – Grenzen des billigen Ermessens (§ 16 Abs. 3 BetrAVG, § 16 Abs. 2 BetrAVG, § 16 Abs. 1 BetrAVG, § 30c Abs. 4 BetrAVG, § 315 BGB)

Leitsatz

1. Der für die Anpassung von Betriebsrenten maßgebliche Kaufkraftverlust ist gem. § 16 Abs. 2 Nr. 1 BetrAVG grundsätzlich nach dem Verbraucherpreisindex für Deutschland zu ermitteln. Für Zeiträume vor dem 1. Januar 2003 ist jedoch nach § 30c Abs. 4 BetrAVG der Preisindex für die Lebenshaltung von Vier-Personen-Haushalten von Arbeitern und Angestellten mit mittlerem Einkommen zugrunde zu legen. (Rn. 22)

2. Bei der Berechnung des Anpassungsbedarfs vom individuellen Rentenbeginn bis zum aktuellen Anpassungsstichtag kann die sog. Rückrechnungsmethode angewendet werden. Danach wird die Teuerungsrate zwar nach dem Verbraucherpreisindex für Deutschland berechnet; für Zeiträume vor dem 1. Januar 2003 wird der Verbraucherpreisindex für Deutschland jedoch in dem Verhältnis umgerechnet, in dem sich dieser Index und der Preisindex für die Lebenshaltung von Vier-Personen-Haushalten von Arbeitern und Angestellten mit mittlerem Einkommen im Dezember 2002 gegenüberstanden. (Rn. 25)

BAG, Urteil vom 11. 10. 2011 – 3 AZR 527/09 –

272. Betriebsrente – zu Recht unterbliebene Anpassung (§ 16 Abs. 4 S. 2 BetrAVG, § 16 Abs. 1 BetrAVG, § 16 Abs. 2 Nr. 1 BetrAVG, § 17 Abs. 3 S. 3 BetrAVG, § 30c Abs. 4 BetrAVG)

Leitsatz

Die Fiktion der zu Recht unterbliebenen Anpassung der Betriebsrente nach § 16 Abs. 4 Satz 2 BetrAVG kann nur eintreten, wenn der Arbeitgeber dem Versorgungsempfänger in nachvollziehbarer Weise schriftlich dargelegt hat, aus welchen Gründen davon auszugehen ist, dass das Unternehmen voraussichtlich nicht in der Lage sein wird, die Anpassungsleistungen aufzubringen. Die Darlegungen des Arbeitgebers müssen so detailliert sein, dass der Versorgungsempfänger in der Lage ist, die Entscheidung des Arbeitgebers auf ihre Plausibilität zu überprüfen. (Rn. 27)

BAG, Urteil vom 11. 10. 2011 – 3 AZR 732/09 –

273. Anpassung der Betriebsrente – sofortiges Anerkenntnis (§ 16 BetrAVG, § 266 BGB, § 42 Abs. 2 GKG 2004, § 42 Abs. 4 GKG 2004, § 5 ZPO, § 9 ZPO, § 93 ZPO, § 99 ZPO, § 258 ZPO, § 267 Abs. 2 ZPO)

Leitsatz

1. Der Versorgungsempfänger hat bei einem Streit darüber, ob und ggf. in welchem Umfang laufende Leistungen der betrieblichen Altersversorgung nach § 16 BetrAVG anzupassen sind, hinsichtlich der vom Arbeitgeber zu erbringenden künftigen Leistungen ein Titulierungsinteresse für die volle geschuldete Betriebsrente. (Rn. 10)

2. Der Wert der Beschwer nach §§ 9, 5 ZPO und der Streitwert nach § 42 Abs. 2 und Abs. 4 GKG sind nach der vollen eingeklagten Betriebsrente zu berechnen. (Rn. 10)

3. Nimmt der Versorgungsempfänger den Arbeitgeber, der die Betriebsrente zum jeweiligen Anpassungsstichtag anpasst und die sich aus seiner Anpassungsentscheidung ergebende Betriebsrente an den Versorgungsempfänger auszahlt, mit einer Klage auf künftige Leistungen in Höhe der vollen geschuldeten Betriebsrente in Anspruch und erkennt der Arbeitgeber den Anspruch in der von ihm errechneten Höhe sofort an, trägt der Versorgungsempfänger nach § 93 ZPO im Umfang des Anerkenntnisses jedenfalls dann die Kosten des Rechtsstreits, wenn der gezahlte und anerkannte Teilbetrag nur geringfügig hinter der insgesamt geschuldeten Betriebsrente zurückbleibt. (Rn. 21)

BAG, Beschl. vom 14. 02. 2012 – 3 AZB 59/11 –

274. Nichtannahmebeschluss: Zum Ausschluss des Widerrufs einer betrieblichen Altersversorgung nach Wegfall von § 7 Abs. 1 S. 3 Nr. 5 BetrAVG a.F. (BAGE 106, 327; BAGE

123, 307) – Fortbestehen der Zahlungspflicht verletzt Versorgungsschuldner nicht in Grundrechten aus Art. 14 Abs. 1, Art. 12 Abs. 1 GG – Eingriff in Art. 2 Abs. 1 GG gerechtfertigt – Art. 91 EGInsO verfassungsgemäß, daher auch keine Vorlagepflicht des BAG gem. Art. 100 Abs. 1 GG (Art. 2 Abs. 1 GG, Art. 12 Abs. 1 GG, Art. 14 Abs. 1 GG, Art. 20 Abs. 3 GG, § 7 Abs. 1 S. 3 Nr. 5 BetrAVG vom 19.12.1974, § 7 Abs. 1 S. 3 Nr. 5 BetrAVG vom 16. 12. 1997, Art. 91 EGInsO, Art. 8 EGRL 94/2008, Art. 1 MRKZProt)

Orientierungssatz

1a. Die – auch wirtschaftliche – Handlungsfreiheit (Art. 2 Abs. 1 GG) ist nur in den durch das GG bezeichneten Schranken garantiert, vor allem denen der verfassungsmäßigen Ordnung (vgl. BVerfG, 14. 01. 1987, 1 BvR 1052/79, BVerfGE 74, 129 <152>). Zu dieser Ordnung gehört auch die richterliche Rechtsfortbildung von Normen (a.a.O.). Die damit verbundene Rückwirkung zu Lasten Einzelner kann deren Vertrauen in den Fortbestand einer bestimmten Rechtslage enttäuschen. (Rn. 47)

1b. Eine grundsätzlich zulässige unechte Rückwirkung (vgl. BVerfG, 23. 11. 1999, 1 BvF 1/94, BVerfGE 101, 239 <263>) ist nur ausnahmsweise unzulässig, wenn kein angemessener Ausgleich zwischen dem Vertrauen auf den Fortbestand der bisherigen Rechtslage, der Bedeutung des gesetzgeberischen Anliegens für die Allgemeinheit und der grundrechtsgemäßen Ausgewogenheit zwischen den Beteiligten des Arbeitsverhältnisses erfolgt (BVerfGE 74, 129 <155>; BVerfG, 16. 02. 1987, 1 BvR 957/79, AP Nr. 12 zu § 1 BetrAVG Unterstützungskassen). (Rn. 50)

2a. Die Rechtsprechungsänderung des BAG, wonach mit der Streichung des § 7 Abs. 1 S 3 Nr. 5 BetrAVG a.F. das Widerrufsrecht einer betrieblichen Altersversorgung wegen wirtschaftlicher Notlage wegfällt, entfaltet jedenfalls in jenen Fällen eine unechte Rückwirkung, in denen eine Versorgungszusage vor Inkrafttreten des BetrAVG begründet wurde und das Arbeitsverhältnis erst nach dessen Inkrafttreten geendet hat. (Rn. 49)

2b. Das BAG hat in seiner Rspr die dargelegten Grundsätze berücksichtigt und insbesondere den gebotenen Ausgleich zwischen allen an einem Arbeitsverhältnis Beteiligten in nachvollziehbarer Weise bejaht (vgl. BAG, 31. 07. 2007, 3 AZR 373/06, AP Nr. 27 zu § 7 BetrAVG Widerruf <Rn. 30>; BAG, 18. 11. 2008, 3 AZR 417/07 <Rn. 29 f.>). (Rn. 50)

aa. Das BAG hat den Vertrauensschutz der Versorgungsschuldner nicht verkannt, deren Handlungsspielraum durch den Wegfall des einseitigen Widerrufsrechts noch weiter eingeschränkt wird als durch dessen Einschränkung auf Fälle der wirtschaftlichen Notlage mit Inkrafttreten des Sicherungsfalls (§ 7 Abs. 1 S. 3 Nr. 5 BetrAVG a.F.). Die mit diesem Wegfall des Widerrufsrechts verbundene Einschränkung der Handlungsmöglichkeiten wird jedoch durch das gleichzeitig mit der Streichung des Sicherungsfalls eingeführte Insolvenzverfahren abgefedert.

bb. Zudem haben Versorgungsschuldner die Möglichkeit, mit Zustimmung des Pensions-Sicherungs-Vereins einen außergerichtlichen Vergleich mit den Versorgungsempfängern zu schließen (BAG, 3 AZR 373/06, a.a.O. <Rn. 34> – wird ausgeführt). (Rn. 52)

cc. Überdies ist in der Abwägung zwischen den Schutzinteressen der Unternehmen als Versorgungsschuldner und der Beschäftigten auch die lange Übergangsfrist beachtlich, die der Gesetzgeber auf über vier Jahre festgelegt hatte. (Rn. 54)

dd. Demgegenüber würde eine Aufrechterhaltung des Widerrufsrechts die Beschäftigten als Versorgungsempfänger völlig schutzlos stellen. Eine vollständige Entwertung der Rechtspositionen der Versorgungsempfänger und der Inhaber unverfallbarer Anwartschaften ist im Rahmen einer Abwägung, in der Interessen beider Seiten eingestellt werden müssen, verfassungsrechtlich nicht tragbar. (Rn. 56)

ee. Anders als zum Zeitpunkt der Entscheidungen aus dem Jahr 1987 (BVerfGE 74, 129 <161 f.>) kommt eine verfassungskonforme Auslegung des § 7 Abs. 1 S. 3 Nr. 5 BetrAVG a.F. nicht in Betracht. Mit der Streichung des dort geregelten Sicherungsfalls hat der Gesetzgeber zum Ausdruck gebracht, dass er den Sicherungsfall wegen wirtschaftlicher Notlage nicht mehr anerkennen will. (Rn. 57)

3. Für eine Verfassungswidrigkeit von Art. 91 EGInsO sind keine Anhaltspunkte zu erkennen. Daher war das BAG auch nicht zu einer Vorlage zur Normenkontrolle gehalten. (Rn. 58)
Der Gesetzgeber hat sowohl die im Urteil vom 14. 01. 1987 formulierten Anforderungen als
auch die relevanten Gesichtspunkte des Eigentumsschutzes (Art. 14 Abs. 1 GG; Art. 1 MRKZ-
Prot) beachtet. Dasselbe gilt schließlich für die Vorgaben des Art. 8 EGRL 94/2008. (Rn. 60)
4. Hier:
4a. Die Beschwerdeführerinnen, ein Spinnereiunternehmen (Bf. zu 2.) und eine Unterstützungskasse (Bf. zu 1.), wenden sich gegen die Verurteilung zur Leistung von Betriebsrenten, deren Zusage sie wegen wirtschaftlicher Notlage widerrufen hatten.
4b. Die angegriffenen Entscheidungen verletzen die Beschwerdeführerin zu 2. nicht in ihren
Grundrechten aus Art. 12 Abs. 1, 14 Abs. 1 GG. Art. 14 GG ist nicht berührt, da lediglich das
Vermögen betroffen ist und der Verpflichtung zur Leistung einer Betriebsrente regelmäßig keine
erdrosselnde Wirkung zukommt. Auch in den Schutzbereich des Art. 12 GG wird weder unmittelbar noch mittelbar eingegriffen. (Rn. 39)
4c. Zwar greifen die angegriffenen Entscheidungen in die allgemeine Handlungsfreiheit der
Beschwerdeführerinnen ein; der Eingriff ist jedoch gerechtfertigt, da nach den dargelegten Maßstäben der Fall einer zulässigen unechten Rückwirkung vorliegt. (Rn. 46)
BVerfG, Nichtannahmebeschluss vom 29. 02. 2012 – 1 BvR 2378/10 –

**275. Ablösung einer Versorgungsordnung – Drei-Stufen-Schema – Anhebung der gesetz-
lichen Regelaltersgrenze – Umstellung laufender Rentenleistungen auf Kapitalleistung**
(RVAltGrAnpG, § 1 BetrAVG, § 1b Abs. 1 BetrAVG, § 2 Abs. 1 BetrAVG, § 2 Abs. 5
BetrAVG, § 3 BetrAVG, § 30f Abs. 1 BetrAVG, § 35 SGB VI, § 235 Abs. 2 S. 2 SGB VI,
§ 256 ZPO, § 850c ZPO, § 850i ZPO, § 133 BGB, § 157 BGB)

Leitsatz
1. Stellt eine vor dem RV-Altersgrenzenanpassungsgesetz entstandene Versorgungsordnung
für den Eintritt des Versorgungsfalles auf die Vollendung des 65. Lebensjahres ab, so ist diese
Versorgungsordnung regelmäßig dahingehend auszulegen, dass damit auf die Regelaltersgrenze
in der gesetzlichen Rentenversicherung nach §§ 35, 235 Abs. 2 Satz 2 SGB VI Bezug genommen
wird. (Rn. 47)
2. Die Umstellung eines Versprechens laufender Betriebsrentenleistungen in ein Kapitalleistungsversprechen bedarf wegen der damit für den Arbeitnehmer verbundenen Nachteile einer
eigenständigen Rechtfertigung anhand der Grundsätze des Vertrauensschutzes und der Verhältnismäßigkeit. (Rn. 71)
BAG, Urteil vom 15. 05. 2012 – 3 AZR 11/10 –

276. Versorgungsvertrag – Betriebliche Übung (§ 1b Abs. 1 S. 4 BetrAVG, § 151 S. 1 BGB,
§ 894 S. 1 ZPO)

Leitsatz
1. Nach § 1b Abs. 1 Satz 4 BetrAVG kann ein Anspruch auf Erteilung einer Versorgungszusage auf betrieblicher Übung beruhen. (Rn. 55) Die bindende Wirkung einer betrieblichen
Übung tritt auch gegenüber Arbeitnehmern ein, die zwar unter Geltung der Übung im Betrieb
gearbeitet, selbst aber die Vergünstigung noch nicht erhalten haben, weil sie die nach der Übung
erforderlichen Voraussetzungen noch nicht erfüllt haben. (Rn. 59)
2. Vereinbart der Arbeitgeber über Jahre hinweg vorbehaltlos mit allen Arbeitnehmern nach
einer bestimmten Dauer der Betriebszugehörigkeit und bei Vorliegen weiterer Voraussetzungen
Versorgungsrechte, ist er aufgrund betrieblicher Übung verpflichtet, die Versorgungsrechte auch
mit anderen Arbeitnehmern zu vereinbaren, sofern sie die erforderliche Betriebszugehörigkeit
erbracht haben und die übrigen Voraussetzungen erfüllen. (Rn. 64)
BAG, Urteil vom 15. 05. 2012 – 3 AZR 610/11 –

277. Nichtannahmebeschluss: Zeitratierliche Berechnung einer Betriebsrente (§§ 7 Abs. 2
S. 3, S. 4 i.V.m. § 2 Abs. 1 S. 1 BetrAVG) **als gerechtfertigte mittelbare Altersdiskrimi-**

nierung – keine Verletzung von Art. 101 Abs. 1 S. 2 GG durch Absehen des BAG von EuGH-Vorlage gem. Art. 267 Abs. 3 AEUV(Art. 101 Abs. 1 S. 2 GG, Art. 267 Abs. 3 AEUV, § 2 Abs. 2 S. 2 AGG, § 3 Abs. 2 AGG, § 2 Abs. 1 S. 1 BetrAVG, § 7 Abs. 2 S. 3 BetrAVG, § 7 Abs. 2 S. 4 BetrAVG, Art. 2 Abs. 2 Buchst. b Ziff. i EGRL 78/2000, Art. 3 Abs. 3 EGRL 78/2000, Art. 6 EGRL 78/2000, Art. 8 EGRL 94/2008, Art. 21 Abs. 1 EUGrdRCh, Art. 51 Abs. 1 S. 1 EUGrdRCh)

Orientierungssatz

1a. Ein nationales letztinstanzliches Gericht ist zur Vorlage an den EuGH verpflichtet, wenn sich in einem Verfahren eine Frage des Unionsrechts stellt, die entscheidungserheblich ist und nicht bereits Gegenstand einer Auslegung durch den EuGH war (acte éclairé) und wenn die richtige Anwendung des Unionsrechts nicht derart offenkundig ist, dass für einen vernünftigen Zweifel keinerlei Raum bleibt (acte clair) (vgl. EuGH, 06. 10. 1982, 283/81, Slg 1982, 3415 <Rn. 21>). (Rn. 22)

1b. Ein „acte éclairé" liegt nur vor, wenn eine Vorlagefrage bereits Gegenstand einer Auslegung durch den Gerichtshof der Europäischen Union war (vgl. BVerfG, 30. 08. 2010, 1 BvR 1631/08 <56>). (Rn. 30)

1c. Die Gerichte verletzen die Vorlagepflicht des Art. 267 Abs. 3 AEUV und damit auch Art. 101 Abs. 1 S. 2 GG, wenn ihr Umgang mit der Vorlagepflicht nicht mehr vertretbar und offensichtlich unhaltbar ist. Insoweit kommt es nicht auf die Vertretbarkeit des Umgangs mit dem entscheidungsrelevanten materiellen Unionsrecht an, sondern auf die Vertretbarkeit der Handhabung der Vorlagepflicht (vgl. BVerfG, 31. 05. 1990, 2 BvL 12/88, BVerfGE 82, 159 <194 f.>; BVerfG, 25.01. 2011, 1 BvR 1741/09, BVerfGE 128, 157 <187 f.>; BVerfG, 24. 10. 2011, 2 BvR 1969/09 <Rn. 27>). (Rn. 24)

1c. Im Falle der Unvollständigkeit der Rspr des EuGH wird Art. 101 Abs. 1 S. 2 GG nur dann verletzt, wenn das letztinstanzliche Hauptsachegericht den ihm zukommenden Beurteilungsrahmen in unvertretbarer Weise überschritten hat (st. Rspr., vgl. BVerfG, 06. 07. 2010, 2 BvR 2661/06, BVerfGE 126, 286 <316 f.>; vgl. BVerfG, 19. 07. 2011, 1 BvR 1916/09 <Rn. 98>). Es kommt also darauf an, ob jenes Gericht vertretbar von einem „acte éclairé" oder von einem „acte clair" ausgegangen ist. (Rn. 24)

2. Hier: Erfolglose Verfassungsbeschwerde bzgl. der zeitratierlichen Berechnung einer Altersrente im Rahmen der betrieblichen Altersversorgung.

2a. Das BAG hat weder seine Vorlagepflicht grundsätzlich verkannt, noch ist es bewusst von der Rspr des EuGH abgewichen. (Rn. 28)

2b. Zwar überzeugt die angegriffene Entscheidung insoweit nicht, als sie einen „acte éclairé" bejaht; denn der EuGH hat bislang nicht über die aufgeworfenen Fragen entschieden. Jedoch sind mehrere dieser Fragen vorliegend nicht entscheidungserheblich. (Rn. 30)

aa. So kommt es nicht darauf an, ob der Anwendungsbereich der EGRL 78/2000 gem. Art. 3 Abs. 3 EGRL 78/2000 ausgeschlossen ist. Denn das BAG hat die Vorgaben der EGRL 78/2000 im Rahmen des Art. 21 Abs. 1 EUGrdRCh geprüft; diese Norm durfte es nach Art. 51 Abs. 1 S. 1 EUGrdRCh, Art. 8 EGRL 94/2008 als anwendbar erachten. (Rn. 32)

bb. Auch auf eine Rechtfertigung nach Art. 6 EGRL 78/2000 kommt es nicht an, da das BAG vertretbar von einer zulässigen mittelbaren Ungleichbehandlung wegen des Alters ausgeht (Art. 2 Abs. 2 Buchst. b Ziff. i EGRL 78/2000). (Rn. 33)

cc. Irrelevant ist vorliegend auch die Unionsrechtskonformität von § 2 Abs. 2 S. 2 AGG. Auch bei Anwendbarkeit des AGG hätte die Klage keinen Erfolg, da insoweit dieselben Maßstäbe gelten wie jene, die für die vom BAG herangezogenen Normen gilt. (Rn. 34)

dd. Schließlich ist weder ersichtlich noch hinreichend dargelegt, dass das BAG dem EuGH die Frage, ob § 7 Abs. 2 S. 3, S. 4 i.V.m. § 2 Abs. 1 S. 1 BetrAVG mit Art. 8 EGRL 94/2008 vereinbar sei, hätte vorlegen müssen. (Rn. 36)

2c. Zudem ist im vorliegenden Fall die richtige Auslegung des Unionsrechts zu entscheidungserhebliche Fragen derart offenkundig, dass keinerlei Raum für Zweifel an der Entscheidung der Frage bleibt („acte clair"). Es bestehen keine vernünftigen Zweifel daran, dass die vom

BAG vertretbar angenommene mittelbare Altersdiskriminierung infolge der zeitratierlichen Berechnung nach § 7 Abs. 2 S. 3, S. 4 BetrAVG i.V.m. § 2 Abs. 1 S. 1 BetrAVG mit Art. 2 Abs. 2 Buchst. b Ziff. i EGRL 78/2000 vereinbar ist (wird ausgeführt). (Rn. 38)
BVerfG, Nichtannahmebeschluss vom 29. 05. 2012 – 1 BvR 3201/11 –

278. Betriebsrente – Pensionskasse – Einstandspflicht (§ 16 BetrAVG, § 1 Abs. 1 S. 3 BetrAVG, § 17 Abs. 3 S. 3 BetrAVG)

Leitsatz

1. Hat der Arbeitgeber dem Arbeitnehmer Leistungen der betrieblichen Altersversorgung zugesagt, die über eine Pensionskasse durchgeführt werden, und macht die Pensionskasse von ihrem satzungsmäßigen Recht Gebrauch, Fehlbeträge durch Herabsetzung ihrer Leistungen auszugleichen, hat der Arbeitgeber nach § 1 Abs. 1 Satz 3 BetrAVG dem Versorgungsempfänger im Umfang der Leistungskürzung einzustehen. (Rn. 35)

2. Von dieser Einstandspflicht kann der Arbeitgeber sich durch vertragliche Abreden nicht zum Nachteil der Arbeitnehmer befreien. Deshalb begründet eine in der Versorgungszusage enthaltene (dynamische) Verweisung auf die Satzung der Pensionskasse kein akzessorisches Recht des Arbeitgebers zur Kürzung laufender Leistungen der betrieblichen Altersversorgung. (Rn. 44)
BAG, Urteil vom 19. 06. 2012 – 3 AZR 408/10 –

279. Betriebsrentenanpassung – Prüfungszeitraum (§ 16 Abs. 1 BetrAVG, Art. 2 Abs. 1 GG, Art. 12 Abs. 1 GG, Art. 14 GG, § 16 Abs. 2 BetrAVG)

Leitsatz

Nach § 16 Abs. 1 Halbs. 1 BetrAVG hat der Arbeitgeber alle drei Jahre eine Anpassung der laufenden Leistungen der betrieblichen Altersversorgung zu prüfen und hierüber nach billigem Ermessen zu entscheiden. Dabei hat er insbesondere die Belange des Versorgungsempfängers und seine eigene wirtschaftliche Lage zu berücksichtigen. Die Belange des Versorgungsempfängers werden durch den Anpassungsbedarf bestimmt. Dieser richtet sich nach dem seit Rentenbeginn eingetretenen Kaufkraftverlust. Der Anpassungsbedarf wird durch die Nettoverdienstentwicklung bei den aktiven Arbeitnehmern (reallohnbezogene Obergrenze) begrenzt. Für die Ermittlung sowohl des Kaufkraftverlustes als auch der reallohnbezogenen Obergrenze kommt es auf die Entwicklung vom Rentenbeginn bis zum jeweils aktuellen Anpassungsstichtag an. Der Prüfungszeitraum steht nicht zur Disposition des Arbeitgebers. (Rn.13) Dies ist von Verfassungs wegen nicht zu beanstanden. (Rn. 32)
BAG, Urteil vom 19. 06. 2012 – 3 AZR 464/11 –

280. Dienstordnungsangestellter – Invaliditätsrente – fiktive Nachversicherung (§ 1b BetrAVG, § 2 Abs. 1 S. 1 BetrAVG, § 2 Abs. 1 S. 2 BetrAVG, § 2 Abs. 5 BetrAVG, § 17 Abs. 1 S. 2 BetrAVG, § 18 Abs. 9 BetrAVG, § 30d Abs. 3 S. 4 BetrAVG, § 30f BetrAVG, § 5 Abs. 1 S. 1 Nr. 2 SGB VI, § 8 Abs. 2 SGB VI, § 181 Abs. 5 S. 1 SGB VI, § 184 Abs. 2 SGB VI)

Leitsatz

Scheidet ein Dienstordnungsangestellter vorzeitig mit einer unverfallbaren Versorgungsanwartschaft nach § 1b BetrAVG aus dem Dienstordnungsangestelltenverhältnis aus, darf sein nach § 2 Abs. 1 Satz 1 und Satz 2 BetrAVG zu berechnender Anspruch auf Versorgungsleistungen gemäß § 18 Abs. 9 BetrAVG nicht hinter dem Rentenanspruch zurückbleiben, der sich ergeben hätte, wenn er für die Zeit der nach § 5 Abs. 1 Satz 1 Nr. 2 SGB VI versicherungsfreien Beschäftigung als Dienstordnungsangestellter in der gesetzlichen Rentenversicherung nachversichert worden wäre. Der Berechnung des fiktiven gesetzlichen Rentenanspruchs ist nur die Beschäftigungszeit in dem versicherungsfreien Dienstordnungsangestelltenverhältnis zugrunde zu legen, in dem die unverfallbare Versorgungsanwartschaft erworben wurde. (Rn. 23)
BAG, Urteil vom 19. 06. 2012 – 3 AZR 708/11 –

281. Betriebliche Altersversorgung – Änderung einer Anpassungsregelung

Leitsatz

1. Eine arbeitsvertragliche Regelung, wonach der Arbeitnehmer Leistungen der betrieblichen Altersversorgung nach einer vom Arbeitgeber geschaffenen Versorgungsordnung in der jeweils geltenden Fassung erhält, ist wirksam. Sie verstößt weder gegen das Transparenzgebot des § 307 Abs. 1 Satz 2 BGB noch gegen § 308 Nr. 4 BGB.

2. Die in § 17 Abs. 3 Satz 1 BetrAVG für die Tarifvertragsparteien eröffnete Möglichkeit, in Tarifverträgen von § 16 BetrAVG abweichende Regelungen zuungunsten der Arbeitnehmer zu vereinbaren, setzt voraus, dass die Tarifvertragsparteien von ihrer Befugnis zur Regelung der betrieblichen Altersversorgung Gebrauch machen. Überlassen sie die Regelung der betrieblichen Altersversorgung den Betriebspartnern, den Partnern einer Dienstvereinbarung oder dem Arbeitgeber, sind sie nicht befugt, ausschließlich eine von § 16 BetrAVG abweichende Bestimmung zuungunsten der Arbeitnehmer zu vereinbaren.

BAG, Urteil vom 18.0 9. 2012 – 3 AZR 415/10 –

35. Sozialrecht

282. Elterngeld – Höhe – Berechnung – Bemessung – Bemessungszeitraum – Einkommen – Arbeitslohn – Entschädigung – Erwerbstätigkeit – nichtselbstständige Arbeit – Streikgeld – Streikunterstützung – Steuerbefreiung – Gesetzgebungskompetenz – Benachteiligungsverbot – Gleichheitssatz – Koalitionsfreiheit – Familienförderung (§ 2 Abs. 1 S. 1 Nr. 4 BEEG, § 2 Abs. 1 S. 2 BEEG, § 2 Abs. 5 BEEG, § 2 Abs. 7 S. 5 BEEG vom 05. 12. 2006, § 2 Abs. 7 S. 6 BEEG vom 05. 12. 2006, § 2 EStG, § 19 Abs. 1 S. 1 Nr. 1 EStG, § 24 Nr. 1 Buchst. a EStG, Art. 3 Abs. 1 GG, Art. 6 Abs. 1 GG, Art. 9 Abs. 3 GG, Art. 20 Abs. 1 GG, Art. 74 Abs. 1 Nr. 7 GG)

Leitsatz

1. Streikgeld ist kein Einkommen aus Erwerbstätigkeit und deshalb bei der Berechnung des Elterngelds nicht zu berücksichtigen.

2. Das Anknüpfen der Berechnung des Elterngelds an das in dem maßgeblichen Zwölfmonatszeitraum vor der Geburt des Kindes bezogene Einkommen aus Erwerbstätigkeit ist verfassungsgemäß.

BSG, Urteil vom 17. 02. 2011 – B 10 EG 17/09 R –

283. Elterngeld – Höhe – Berechnung – Bemessung – Bemessungszeitraum – Einkommen – Erwerbstätigkeit – nichtselbstständige Arbeit – Krankengeld – Steuerbefreiung – Gesetzgebungskompetenz – Gleichheitssatz – Familienförderung – Einkommensersatz (§ 2 Abs. 1 S. 1 Nr. 4 BEEG, § 2 Abs. 1 S. 2 BEEG, § 2 Abs. 7 S. 5 BEEG vom 05. 12. 2006, § 2 Abs. 7 S. 6 BEEG vom 05. 12. 2006, § 2 EStG, § 19 Abs. 1 S. 1 Nr. 1 EStG, Art. 3 Abs. 1 GG, Art. 6 Abs. 1 GG, Art. 20 Abs. 1 GG, Art. 74 Abs. 1 Nr. 7 GG, § 44 SGB V, §§ 44 ff. SGB V)

Leitsatz

1. Krankengeld ist kein Einkommen aus Erwerbstätigkeit und deshalb bei der Berechnung des Elterngelds nicht zu berücksichtigen.

2. Das Anknüpfen der Berechnung des Elterngelds an das in dem maßgeblichen Zwölfmonatszeitraum vor der Geburt des Kindes bezogene Einkommen aus Erwerbstätigkeit ist verfassungsgemäß.

BSG, Urteil vom 17. 02. 2011 – B 10 EG 20/09 R –

284. Förderung der Altersteilzeitarbeit – Erstattung von Aufstockungsbeträgen an Arbeitgeber – Wiederbesetzung des freigemachten Arbeitsplatzes durch denselben Arbeitgeber – Widerspruch des Arbeitnehmers gegen Betriebsübergang – Neueinstellung bei anderem Konzernunternehmen – fehlende Arbeitgeberidentität – Arbeitgeberbegriff (§ 2 AltTZG

1996, § 3 Abs. 1 Nr. 2 Buchst. a AltTZG 1996 vom 23. 12. 2003, § 3 Abs. 1 S. 1 Nr. 2 Buchst. a AltTZG 1996 vom 24. 12. 2003, § 4 Abs. 1 Nr. 1 AltTZG 1996 vom 23. 12. 2003, § 12 Abs. 1 S. 3 AltTZG 1996, § 613 S. 2 BGB, § 613a Abs. 6 S. 1 BGB, § 18 Abs. 1 S. 1 AktG)

Leitsatz

Ein Arbeitgeber kann Förderleistungen nach dem Altersteilzeitgesetz nur beanspruchen, wenn er die frei werdende Stelle selbst wiederbesetzt. Dies gilt auch dann, wenn mehrere Unternehmen Teile eines Konzerns sind.

BSG, Urteil vom 23. 02. 2011 – B 11 AL 14/10 R –

285. **Kranken- und Pflegeversicherung – Beitragspflicht von „Altersrenten" einer Stiftung – Versorgungsbezüge – Einkommensersatzfunktion – Zusammenhang mit früherer Beschäftigung** (§ 229 Abs. 1 S. 1 Nr. 5 SGB V, § 237 S. 1 Nr. 2 SGB V, § 237 S. 2 SGB V, § 57 Abs. 1 S. 1 SGB XI, § 180 Abs. 8 S. 2 Nr. 5 RVO, § 1 b Abs. 1 S. 4 BetrAVG, § 1b Abs. 4 BetrAVG)

Leitsatz

Von einer Stiftung an frühere Mitarbeiter der Firmengruppe des Stifters gezahlte „Altersrenten" sind als rentenvergleichbare Einnahmen (Versorgungsbezüge) beitragspflichtig in der Kranken- und Pflegeversicherung, wenn ein Zusammenhang zwischen dem Erwerb dieser Leistungen und der früheren Beschäftigung besteht und sie dazu bestimmt sind, entgangenes Erwerbseinkommen zu ersetzen (Bestätigung und Fortführung der ständigen Rechtsprechung des Senats).

BSG, Urteil vom 25. 05. 2011 – B 12 P 1/09 R –

286. **Elterngeld – Anspruchsdauer – Elterngeld für 14 Monate bei zusammenlebenden Eltern – Partnermonate – Betreuung – Verfassungsmäßigkeit – Gleichheitssatz – Ehe und Familie – Alleinerziehende – Patchworkfamilie – Bedarfsgemeinschaft** (§ 1 BEEG, § 4 Abs. 2 S. 2 BEEG, § 4 Abs. 2 S. 3 BEEG, § 4 Abs. 3 S. 1 BEEG, Art. 3 Abs. 1 GG, Art. 6 Abs. 1 GG)

Leitsatz

Es ist mit dem GG vereinbar, dass ein Elternteil allein nur dann Anspruch auf Elterngeld für mehr als zwölf Lebensmonate des Kindes haben kann, wenn der andere Elternteil aus tatsächlichen und/oder rechtlichen Gründen für eine Betreuung des Kindes nicht zur Verfügung steht.

BSG, Urteil vom 26. 05. 2011 – B 10 EG 3/10 R –

287. **Eingliederungszuschuss – Rückzahlungspflicht – Beendigung des Beschäftigungsverhältnisses – keine Befreiung von der Rückzahlungspflicht – keine berechtigte personenbedingte Kündigung – Kündigung wegen Einschränkungen in der Leistungsfähigkeit, die bei Einstellung bereits bekannt waren** (§ 221 Abs. 2 S. 1 SGB III vom 19. 04. 2007, § 221 Abs. 2 S. 2 Nr. 1 SGB III vom 19. 04. 2007)

Leitsatz

Macht der Arbeitgeber bei der Kündigung des nach § 217 SGB III geförderten Arbeitnehmers als personenbedingte Gründe die Gründe geltend, die der Bewilligung des Eingliederungszuschusses zugrunde gelegen haben, kann er sich hinsichtlich der Erstattung nicht auf den Befreiungstatbestand des § 221 Abs. 2 Nr. 1 SGB III berufen. (Rn. 44)

LSG Baden-Württemberg, Urteil vom 07. 09. 2011 – L 3 AL 4999/10 –

288. **Elterngeld – Höhe – Einkommensermittlung – nicht zu berücksichtigende Einnahmen – 13. Monatsgehalt – Tantiemen** (§ 2 Abs. 7 S. 2 BEEG vom 05. 12. 2006, § 2 Abs. 1 S. 1 BEEG, § 2 Abs. 1 S. 2 BEEG, § 1 Abs. 1 BEEG, § 38a Abs. 1 S. 3 EStG, § 19 Abs. 1 S. 1 Nr. 1 EStG)

Leitsatz

Zu den nach § 2 Abs. 7 S. 2 BEEG (Fassung vom 05. 12. 2006) nicht bei der Einkommensermittlung zu berücksichtigenden Einnahmen gehören das 13. Monatsgehalt sowie Tantiemen. (Rn. 32)

LSG Baden-Württemberg, Urteil vom 24. 10. 2011 – L 11 EG 1929/10 –

289. **Gesamtsozialversicherungsbeitrag – Berechnung – hypothetisches Bruttoarbeitsentgelt – illegales Beschäftigungsverhältnis – Verstoß gegen objektiv zentrale arbeitgeberbezogene Pflichten des Sozialversicherungsrechts – Erfordernis des bedingten Vorsatzes (§ 7 a SGB IV, § 14 Abs. 2 S. 1 SGB IV, § 14 Abs. 2 S. 2 SGB IV vom 23. 07. 2002, § 24 Abs. 2 SGB IV, § 25 Abs. 1 S. 2 SGB IV, § 28 a SGB IV, § 28 d SGB IV, § 28 e SGB IV, § 28 f SGB IV, § 28 p SGB IV, § 107 SGB IV, § 111 SGB IV, § 1 Abs. 4 EStG, § 39 c Abs. 1 S. 1 EStG, § 39 d EStG, § 266 a StGB)**

Leitsatz

1. Werden objektiv zentrale arbeitgeberbezogene Pflichten des Sozialversicherungsrechts (Zahlungs-, Melde-, Aufzeichnungs-, Nachweispflichten) verletzt, ist ein Beschäftigungsverhältnis „illegal" i.S. des § 14 Abs. 2 Satz 2 SGB IV.

2. Die objektive Verletzung zentraler arbeitgeberbezogener Pflichten muss dem Arbeitgeber im Sinne eines mindestens bedingten Vorsatzes vorwerfbar sein, damit ein Nettoarbeitsentgelt als vereinbart gilt (§ 14 Abs. 2 Satz 2 SGB IV).

BSG, Urteil vom 09. 11. 2011 – B 12 R 18/09 R –

290. **Umfang des Forderungsübergangs nach § 115 Abs. 1 SGB X bei Leistungen nach dem SGB II – Bedarfsgemeinschaft (§ 11b SGB II, § 115 Abs. 1 SGB X, § 34b SGB II, § 34a SGB II vom 20. 07. 2006)**

Leitsatz

Grundsicherungsleistungen nach dem SGB II an den nicht getrennt lebenden Ehegatten oder Lebenspartner des Hilfebedürftigen sowie an dessen unverheiratete Kinder, die das 25. Lebensjahr noch nicht vollendet haben, gelten gemäß § 34a SGB II a.F., § 34b SGB II als Aufwendungen für den Hilfebedürftigen selbst und führen zu einem erweiterten Übergang seines Vergütungsanspruchs nach § 115 SGB X. (Rn. 12) (Rn. 15)

BAG, Urteil vom 21. 03. 2012 – 5 AZR 61/11 –

291. **Sozialversicherung – Betriebsprüfung – Stichprobenprüfung – Erleichterung – nachträgliche Rücknahme bestandskräftiger Prüfbescheide – Beitragsforderungen aufgrund equal-pay-Ansprüche – keine aufschiebende Wirkung eines Widerspruchs (§ 10 Abs. 4 AÜG vom 23. 12. 2002, § 9 Nr. 2 AÜG vom 23. 12. 2002, § 28p Abs. 1 SGB IV, § 45 SGB X, § 86b Abs. 1 S. 1 Nr. 2 SGG, § 7 Abs. 4 S. 1 BeitrVV, § 11 BeitrVV, § 2 Abs. 1 TVG, § 2 Abs. 3 TVG)**

Leitsatz

1. Betriebsprüfung: Stichprobenprüfungen können die nachträgliche Rücknahme bestandskräftiger Prüfbescheide nach § 45 SGB X erleichtern, aber nicht ersetzen. (Rn. 21)

2. Gegen Beitragsnachforderungen aufgrund equal-pay-Ansprüche nach der CGZP-Entscheidung des BAG vom 14. 12. 2010 – 1 ABR 19/10 = NZA 2011, 289 ist die aufschiebende Wirkung eines Widerspruches im Übrigen nicht herzustellen. (Rn. 32)

Bayerisches LSG, Beschl. vom 22. 03. 2012 – L 5 R 138/12 B ER –

292. **Elterngeld – Höhe – Berechnung – Einkommensermittlung – Nichtberücksichtigung steuerfreier Zuschläge für Sonntags-, Feiertags- oder Nachtarbeit (§ 2 Abs. 1 S. 1 BEEG vom 05. 12. 2006, § 2 Abs. 1 S. 2 BEEG vom 05. 12. 2006, § 2 Abs. 1 S. 1 Nr. 4 EStG, § 3b EStG vom 21. 12. 2003, § 3b EStG vom 13. 12. 2006, § 19 Abs. 1 S. 1 Nr. 1 EStG, Art. 3 Abs. 1 GG)**

Leitsatz

Steuerfreie Zuschläge für Sonntags-, Feiertags- oder Nachtarbeit bleiben bei der Bemessung des Elterngelds unberücksichtigt.

BSG, Urteil vom 05. 04. 2012 – B 10 EG 3/11 R –

293. **Betriebsprüfung – Beitragsnacherhebung – keine Rücknahme des zuvor ergangenen Beitragsbescheides erforderlich – Unerheblichkeit der nicht vergangenheitsbezogenen**

Entscheidung des BAG über die Tariffähigkeit der CZGP – rückwirkender Anwendung steht Vertrauensschutz nicht entgegen – keine Verwirkung (§ 22 Abs. 1 S. 1 SGB IV, § 28p Abs. 1 SGB IV, § 45 SGB X, § 9 Nr. 2 AÜG, § 10 Abs. 4 AÜG, § 242 BGB, Art. 2 Abs. 1 GG, Art. 20 Abs. 3 GG, § 86a Abs. 3 S. 2 SGG, § 86b Abs. 1 S. 1 Nr. 2 SGG)

Leitsatz

1. Werden aufgrund einer Betriebsprüfung Beiträge nacherhoben, muss nicht zunächst der vorher ergangene Beitragsbescheid aufgehoben werden. Dies gilt jedenfalls, soweit die Bescheide unterschiedliche Sach- oder Rechtsfragen betreffen. (Rn. 22)

2. Im Rahmen der summarischen Prüfung ist es unbeachtlich, dass das Bundesarbeitsgericht mit Beschluss vom 14. 12. 2010 – 1 ABR 19/10 – zur Veröffentlichung vorgesehen nicht über die Tariffähigkeit der CGZP in der Vergangenheit entschieden hat. (Rn. 23)

3. Der Beschluss des Bundesarbeitsgerichts stellt keine Änderung der höchstrichterlichen Rechtsprechung dar, die einer rückwirkenden Anwendung aus Gründen des Vertrauensschutzes entgegensteht. (Rn. 26)

Hessisches LSG, Beschl. vom 23. 04. 2012 – L 1 KR 95/12 B ER –

294. Arbeitslosengeld – Sperrzeit – Arbeitsaufgabe – wichtiger Grund – Aufhebungsvertrag – drohende betriebsbedingte Kündigung – Abfindung – Verzicht auf Rechtmäßigkeitsprüfung – Gesetzesumgehung – offenkundige Rechtswidrigkeit der Kündigung – ordentlich unkündbarer schwerbehinderter Arbeitnehmer – außerordentliche betriebsbedingte Kündigung (§ 144 Abs. 1 S. 1 SGB III, § 144 Abs. 1 S. 2 Nr. 1 SGB III, § 1 Abs. 2 S. 1 KSchG, § 1 Abs. 3 S. 1 KSchG, § 1a Abs. 1 KSchG, § 1a Abs. 2 KSchG, § 91 Abs. 4 SGB IX, § 626 BGB)

Leitsatz

1. Schließt ein Arbeitnehmer angesichts einer drohenden betriebsbedingten Kündigung einen Aufhebungsvertrag mit Abfindung, die sich im Rahmen des § 1a Kündigungsschutzgesetz hält, so steht ihm ein wichtiger Grund zur Seite, der eine Sperrzeit ausschließt, es sei denn, es liegt eine Gesetzesumgehung (z.B. offenkundige Rechtswidrigkeit der beabsichtigten Kündigung) vor (Fortführung von BSG vom 12. 07. 2006 – B 11a AL 47/05 R = BSGE 97, 1 = SozR 4-4300 § 144 Nr. 13).

2. Das gilt auch für einen ordentlich unkündbaren Arbeitnehmer, wenn ihm eine außerordentliche betriebsbedingte Kündigung droht.

BSG, Urteil vom 02. 05. 2012 – B 11 AL 6/11 R –

295. Krankenversicherung – Berechnung des Krankengeldes – Berücksichtigung einer Aufstockungszahlung bei Beziehern von Transfer-Kurzarbeitergeld (§ 179 Abs. 1 SGB III vom 23. 12. 2003, § 179 Abs. 2 S. 1 SGB III vom 24. 03. 1997, § 179 Abs. 2 S. 2 SGB III vom 24. 03. 1997, § 179 Abs. 3 SGB III vom 24. 03. 1997, § 47 Abs. 1 S. 1 SGB V vom 01. 11. 1996, § 47 Abs. 1 S. 2 SGB V vom 01. 11. 1996, § 47 Abs. 2 S. 3 SGB V, § 47b Abs. 3 SGB V, § 232a Abs. 2 SGB V vom 24. 04. 2006, § 14 Abs. 1 S. 1 SGB IV vom 12. 11. 2009, § 111 Abs. 2 S. 2 SGB III vom 20. 12. 2011, § 216b SGB III vom 20. 12. 2011, § 1 Abs. 1 S. 1 Nr. 8 SvEV vom 21. 12. 2006, § 3 Nr. 26 EStG, § 3 Nr. 26a EStG, § 14 Abs. 1 S. 3 SGB IV vom 12. 11. 2009)

Leitsatz

Für die Höhe des Krankengelds versicherter Bezieher von Transfer-Kurzarbeitergeld sind nicht nur Kurzarbeitergeld und Istentgelt zu berücksichtigen, sondern auch Aufstockungszahlungen des Arbeitgebers.

BSG, Urteil vom 10. 05. 2012 – B 1 KR 26/11 R –

296. Arbeitslosenhilfeanspruch – Arbeitslosigkeit – Beschäftigungslosigkeit – Überschreitung der Kurzzeitigkeitsgrenze des § 118 Abs. 2 SGB III – Arbeitszeit – Berücksichti-

gung von Fahrzeiten zum Arbeitsort (§ 118 Abs. 1 Nr. 1 SGB III vom 16. 12. 1997, § 118 Abs. 2 S. 1 SGB III vom 16. 12. 1997, § 190 Abs. 1 Nr. 1 SGB III vom 24. 12. 2003)

Leitsatz

Fahrzeiten zum Einsatzort zählen als Beschäftigungszeit. Denn An- und Abfahrten, die ein Arbeitnehmer darauf verwendet, um an einen außerhalb des Betriebes liegenden Arbeitsplatz zu gelangen, sind regelmäßig als Arbeitszeit zu vergüten. (Rn. 38)

LSG Chemnitz, Urteil vom 10. 05. 2012 – L 3 AL 36/10 –

297. Krankenversicherung – Schließung einer Krankenkasse – keine Klagebefugnis eines Arbeitnehmers für eine sozialgerichtliche Anfechtungsklage gegen den Bescheid der Aufsichtsbehörde – keine unmittelbare Beschwer – Zulässigkeit der Nichtbeachtung drittschützender Normen durch die Aufsichtsbehörde – effektiver Rechtsschutz auf dem Arbeitsgerichtsweg (§ 153 S. 1 Nr. 3 SGB V, § 155 Abs. 4 S. 9 SGB V, § 164 Abs. 2 SGB V, § 164 Abs. 3 SGB V, § 164 Abs. 4 S. 1 SGB V, § 171b Abs. 3 S. 2 SGB V, § 29 Abs. 2 Nr. 2 SGG, § 54 Abs. 1 S. 1 SGG, § 54 Abs. 1 S. 2 SGG, § 54 Abs. 2 S. 1 SGG, Art. 12 Abs. 1 GG, Art. 19 Abs. 4 S. 1 GG)

Leitsatz

1. Für die sozialgerichtliche Anfechtungsklage eines Arbeitnehmers gegen die Schließung seiner Krankenkasse durch einen Bescheid des Bundesversicherungsamtes fehlt es an der Klagebefugnis. (Rn. 35)

2. Der Arbeitnehmer ist nicht durch Regelungen des Schließungsbescheides unmittelbar beschwert, sondern kann allenfalls durch die Regelungswirkung des § 164 Abs. 4 S. 1 SGB V beschwert sein. (Rn. 35)

3. Drittschützende Normen, die eine Klagebefugnis von Arbeitnehmern einer geschlossenen Krankenkasse begründen könnten, sind durch das Bundesversicherungsamt bei der allein aufsichtsrechtlichen Entscheidung über die Schließung einer Kasse wegen fehlender Leistungsfähigkeit nicht zu beachten. (Rn. 37)

4. Effektiver Rechtsschutz für Arbeitnehmer einer geschlossenen Krankenkasse mit dem Ziel des Erhalts ihres Arbeitsplatzes steht im Arbeitsgerichtsweg zur Verfügung. (Rn. 47)

LSG Hamburg, Urteil vom 28. 06. 2012 – L 1 KR 148/11 –

298. Arbeitslosengeldanspruch – Sperrzeit wegen Arbeitsaufgabe – arbeitsvertragswidriges Verhalten – Entzug der Fahrerlaubnis eines Berufskraftfahrers wegen Rotlichtverstoß – grobe Fahrlässigkeit (§ 144 Abs. 1 S. 1 SGB III, § 144 Abs. 1 S. 2 Nr. 1 SGB III)

Leitsatz

Ein Rotlichtverstoß eines Berufskraftfahrers, der zum Entzug der Fahrerlaubnis und zum Verlust des Arbeitsplatzes durch arbeitgeberseitige Kündigung führt, weil ihn dieser nicht mehr beschäftigen kann, begründet grundsätzlich grobe Fahrlässigkeit des Arbeitnehmers hinsichtlich der Herbeiführung der Arbeitslosigkeit und kann zum Eintritt einer Sperrzeit führen. (Rn.29)

Landessozialgericht Stuttgart, Urteil vom 01. 08. 2012 – L 3 AL 5066/11 –

36. Steuerrecht

299. Auswärtstätigkeit bei Einsatz in verschiedenen Filialen – Regelmäßige Arbeitsstätte bei mehreren Tätigkeitsstätten (§ 9 Abs. 1 S. 1 EStG 2002, § 9 Abs. 1 S. 3 Nr. 4 EStG 2002, § 9 Abs. 5 EStG 2002, § 4 Abs. 5 S. 1 Nr. 5 EStG 2002, Art. 3 Abs. 1 GG)

Leitsatz

Ein Arbeitnehmer, der in verschiedenen Filialen seines Arbeitgebers wechselnd tätig ist, übt eine Auswärtstätigkeit aus, wenn keine der Tätigkeitsstätten eine hinreichend zentrale Bedeutung gegenüber den anderen Tätigkeitsorten hat (Rn. 15) (Rn. 16).

BFH, Urteil vom 09. 06. 2011 – VI R 36/10 –

300. Regelmäßige Arbeitsstätte bei mehreren Tätigkeitsstätten (§ 6 Abs. 1 Nr. 4 S. 2 EStG 2002, § 8 Abs. 2 S. 2 EStG 2002, § 9 Abs. 1 S. 3 Nr. 4 EStG 2002, § 19 Abs. 1 S. 1 Nr. 1 EStG 2002, § 8 Abs. 2 S. 2 EStG 2002, § 8 Abs. 2 S. 3 EStG 2002, § 8 Abs. 2 S. 4 EStG 2002)

Leitsatz

1. Ein Arbeitnehmer kann nicht mehr als eine regelmäßige Arbeitsstätte innehaben, auch wenn er fortdauernd und immer wieder verschiedene Betriebsstätten seines Arbeitgebers aufsucht. In einem solchen Fall ist der ortsgebundene Mittelpunkt der dauerhaft angelegten beruflichen Tätigkeit (regelmäßige Arbeitsstätte) zu bestimmen (Fortentwicklung von BFH-Urteilen vom 11. Mai 2005 VI R 25/04, BFHE 209, 523, BStBl II 2005, 791, und vom 14. September 2005 VI R 93/04, BFH/NV 2006, 53) (Rn. 13) (Rn. 14).

2. Hierbei ist insbesondere zu berücksichtigen, welcher Tätigkeitsstätte der Arbeitnehmer vom Arbeitgeber zugeordnet worden ist, welche Tätigkeit er an den verschiedenen Arbeitsstätten im Einzelnen wahrnimmt oder wahrzunehmen hat und welches konkrete Gewicht dieser Tätigkeit zukommt (Rn. 14).

3. Allein der Umstand, dass der Arbeitnehmer eine Tätigkeitsstätte im zeitlichen Abstand immer wieder aufsucht, reicht für die Annahme einer regelmäßigen Arbeitsstätte jedenfalls nicht aus. Ihr muss vielmehr zentrale Bedeutung gegenüber den weiteren Tätigkeitsorten zukommen (Anschluss an BFH-Urteil vom 4. April 2008 VI R 85/04, BFHE 221, 11, BStBl II 2008, 887) (Rn. 14).

BFH, Urteil vom 09. 06. 2011 – VI R 55/10 –

301. Keine Steuerfreiheit von pauschal gezahlten Zuschlägen für Sonntagsarbeit, Feiertagsarbeit oder Nachtarbeit – Grundsätzlich kein Verzicht auf Einzelabrechnung (§ 42d Abs. 1 Nr. 1 EStG 2002, § 41b Abs. 1 S. 1 EStG 2002, § 41a Abs. 1 S. 1 Nr. 2 EStG 2002, § 38 Abs. 3 S. 1 EStG 2002, § 3b EStG 2002)

Leitsatz

1. Pauschale Zuschläge, die der Arbeitgeber ohne Rücksicht auf die Höhe der tatsächlich erbrachten Sonntagsarbeit, Feiertagsarbeit oder Nachtarbeit an den Arbeitnehmer leistet, sind nur dann nach § 3b EStG begünstigt, wenn sie nach dem übereinstimmenden Willen von Arbeitgeber und Arbeitnehmer als Abschlagszahlungen oder Vorschüsse auf eine spätere Einzelabrechnung gemäß § 41b EStG geleistet werden (Rn. 11).

2. Diese Einzelabrechnung zum jährlichen Abschluss des Lohnkontos ist grundsätzlich unverzichtbar (Rn. 13) (Rn. 16).

3. Auf sie kann im Einzelfall nur verzichtet werden, wenn die Arbeitsleistungen fast ausschließlich zur Nachtzeit zu erbringen und die pauschal geleisteten Zuschläge so bemessen sind, dass sie auch unter Einbeziehung von Urlaub und sonstigen Fehlzeiten – aufs Jahr bezogen – die Voraussetzungen der Steuerfreiheit erfüllen (Rn. 13) (Rn. 17).

BFH, Urteil vom 08. 12. 2011 – VI R 18/11 –

302. Vorzeitige Beendigung eines im Blockmodell geführten Altersteilzeitarbeitsverhältnisses – Ausgleichszahlungen für in der Arbeitsphase erbrachte Vorleistungen – Beschwer bei Begehren einer höheren Steuerfestsetzung (§ 11 Abs. 1 S. 1 EStG 2002, § 11 Abs. 1 S. 4 EStG 2002, § 38a Abs. 1 S. 2 EStG 2002, § 38a Abs. 1 S. 3 EStG 2002, § 39b Abs. 5 S. 2 EStG 2002, § 40 Abs. 2 FGO)

Leitsatz

1. Wird ein im Blockmodell geführtes Altersteilzeitarbeitsverhältnis vor Ablauf der vertraglich vereinbarten Zeit beendet und erhält der Arbeitnehmer für seine in der Arbeitsphase erbrachten Vorleistungen Ausgleichszahlungen, stellen diese Ausgleichszahlungen Arbeitslohn dar (Rn. 14).

2. Solche Ausgleichszahlungen sind sonstige Bezüge i.S. des § 38a Abs. 1 Satz 3 EStG, so dass sie nach dem Zuflussprinzip des § 11 Abs. 1 Satz 1 EStG zu erfassen sind (Rn. 16).

BFH, Beschl. vom 15. 12. 2011 – VI R 26/11 –

303. Regelmäßige Arbeitsstätte bei Outsourcing; Sonderfall bei Postnachfolgeunternehmen
(§ 9 Abs. 1 S. 1 EStG, § 9 Abs. 1 S. 3 Nr. 4 EStG, § 9 Abs. 5 S. 1 EStG, § 4 Abs. 5 S. 1 Nr. 5 EStG, § 1 Abs. 1 PostPersRG, § 2 PostPersRG, § 4 PostPersRG, Art. 143b Abs. 3 GG)

Leitsatz

1. In „Outsourcing-Fällen" sind Arbeitnehmer mit ihrer Ausgliederung regelmäßig auswärts tätig, vergleichbar mit bei Kunden ihres Arbeitgebers tätigen Arbeitnehmern (Rn. 11) (Rn. 12).

2. Ein „Outsourcing-Fall" liegt regelmäßig nicht vor, wenn ein Postbeamter unter Wahrung seines beamtenrechtlichen Status vorübergehend am bisherigen Tätigkeitsort einem privatrechtlich organisierten Tochterunternehmen der Deutschen Telekom AG zugewiesen wird (Rn. 14) (Rn. 15).

BFH, Urteil vom 09. 02. 2012 – VI R 22/10 –

304. Werbungskosten durch Aufwendungen für arbeitsgerichtlichen Vergleich (§ 9 Abs. 1 S. 1 EStG, § 19 Abs. 1 EStG, § 12 Nr. 1 S. 2 EStG, § 779 BGB)

Leitsatz

Es spricht regelmäßig eine Vermutung dafür, dass Aufwendungen für aus dem Arbeitsverhältnis folgende zivil- und arbeitsgerichtliche Streitigkeiten einen den Werbungskostenabzug rechtfertigenden hinreichend konkreten Veranlassungszusammenhang zu den Lohneinkünften aufweisen. Dies gilt grundsätzlich auch, wenn sich Arbeitgeber und Arbeitnehmer über solche streitigen Ansprüche im Rahmen eines arbeitsgerichtlichen Vergleichs einigen(Rn.13)(Rn.15).

BFH, Urteil vom 09. 02. 2012 – VI R 23/10 –

305. Abfindung einer Erfindervergütung als steuerbegünstigte Entschädigung – Zwangssituation bei gütlicher Einigung (§ 24 Nr. 1 Buchst. a EStG 2002, § 34 Abs. 1 EStG 2002, § 34 Abs. 2 Nr. 2 EStG 2002)

Leitsatz

Gibt der Arbeitnehmer mit seinem Interesse an einer Weiterführung der ursprünglichen Vereinbarung auf Arbeitnehmererfindervergütung im Konflikt mit seinem Arbeitgeber nach und nimmt dessen Abfindungsangebot an, so entspricht es dem Zweck des von der Rechtsprechung entwickelten Merkmals der Zwangssituation, nicht schon wegen dieser gütlichen Einigung in konfligierender Interessenlage einen tatsächlichen Druck in Frage zu stellen (Rn. 15).

BFH, Urteil vom 29. 02. 2012 – IX R 28/11 –

306. Gegenleistung für die Übertragung eines Arbeitsentgeltanspruchs als Insolvenzgeld – Progressionsvorbehalt – Zuflusszeitpunkt (§ 32b Abs. 1 Nr. 1 Buchst. a EStG 2002, § 32b Abs. 4 S. 3 EStG 2002 vom 15. 12. 2003, § 2 Abs. 2 Nr. 2 EStG 2002, § 11 Abs. 1 S. 4 EStG 2002, § 38a Abs. 1 S. 2 EStG 2002, § 19 Abs. 1 S. 1 Nr. 1 EStG 2002, § 188 Abs. 1 SGB III, § 188 Abs. 4 S. 1 SGB III, § 183 Abs. 1 S. 1 SGB III, § 337 Abs. 3 S. 2 SGB III, § 187 S. 1 SGB III, § 116 Nr. 5 SGB III, § 115 Abs. 1 SGB X, § 118 Abs. 2 FGO)

Leitsatz

1. Soweit Insolvenzgeld vorfinanziert wird, das nach § 188 Abs. 1 SGB III einem Dritten zusteht, ist die Gegenleistung für die Übertragung des Arbeitsentgeltanspruchs als Insolvenzgeld i.S. des § 32b Abs. 1 Nr. 1 Buchst. a EStG anzusehen (Rn. 10).

2. Die an den Arbeitnehmer gezahlten Entgelte hat dieser i.S. des § 32b Abs. 1 Nr. 1 Buchst. a EStG bezogen, wenn sie ihm nach den Regeln über die Überschusseinkünfte zugeflossen sind (Rn. 13) (Rn. 14).

BFH, Urteil vom 01. 03. 2012 – VI R 4/11 –

307. Übernachtungskosten und regelmäßige Arbeitsstätte bei LKW-Fahrern (§ 9 Abs. 1 S. 1 EStG 2002, § 9 Abs. 1 S. 3 Nr. 4 EStG 2002)

Leitsatz

1. Übernachtet ein Kraftfahrer in der Schlafkabine seines LKW, sind die Pauschalen für Übernachtungen bei Auslandsdienstreisen nicht anzuwenden. Liegen Einzelnachweise nicht vor, sind die tatsächlichen Aufwendungen zu schätzen (Rn. 13) (Rn. 17).

2. Bei Kraftfahrern im Fernverkehr erfüllen weder der LKW-Wechselplatz noch das Fahrzeug die Merkmale einer regelmäßigen Arbeitsstätte i.S. des § 9 Abs. 1 Satz 3 Nr. 4 EStG (Rn. 20).

BFH, Urteil vom 28. 03. 2012 – VI R 48/11 –

308. Regelmäßige Arbeitsstätte bei längerfristigem Einsatz im Betrieb des Kunden – Definition: Reisekosten (§ 3 Nr. 16 EStG 2002, § 9 Abs. 1 S. 3 Nr. 4 EStG 2002, § 9 Abs. 1 S. 3 Nr. 5 EStG 2002, § 19 Abs. 1 S. 1 Nr. 1 EStG 2002)

Leitsatz

Die betriebliche Einrichtung des Kunden des Arbeitgebers kann unabhängig von der Dauer des Einsatzes nur dann regelmäßige Arbeitsstätte sein, wenn der Arbeitgeber dort über eine eigene Betriebsstätte verfügt (Rn.13).

BFH, Urteil vom 13. 06. 2012 – VI R 47/11 –

309. Arbeitslohnqualität von Arbeitgeberleistungen nach der Abtretung von Ansprüchen aus einer Rückdeckungsversicherung an den Arbeitnehmer – Anlaufhemmung gegenüber dem Arbeitnehmer durch Anzeige des Arbeitgebers (§ 41c Abs. 4 S. 1 Nr. 2 EStG 1990, § 41c Abs. 4 S 2 EStG 1990, § 38 Abs. 1 S. 1 EStG 1990, § 38 Abs. 2 S. 1 EStG 1990, § 38 Abs. 2 S. 2 EStG 1990, § 2 Abs. 2 Nr. 3 S. 4 LStDV 1990, § 169 Abs. 2 S. 1 Nr. 2 AO, § 170 Abs. 1 AO, § 170 Abs. 2 S. 1 Nr. 1 AO, § 8 Abs. 1 EStG 1990)

Leitsatz

1. Tritt ein Arbeitgeber Ansprüche aus einer von ihm mit einem Versicherer abgeschlossenen Rückdeckungsversicherung an den Arbeitnehmer ab und leistet der Arbeitgeber im Anschluss hieran Beiträge an den Versicherer, sind diese Ausgaben Arbeitslohn (Rn. 15) (Rn. 17) (Rn. 19).

2. Durch eine Anzeige des Arbeitgebers nach § 41c Abs. 4 Satz 1 Nr. 2 EStG wird der Anlauf der Festsetzungsfrist für die Lohnsteuer gegenüber dem Arbeitnehmer gemäß § 170 Abs. 2 Satz 1 Nr. 1 AO gehemmt (Rn. 23).

BFH, Urteil vom 05. 07. 2012 – VI R 11/11 –

310. Arbeitnehmerrabatte als Lohnvorteil – Vorteilsbewertung (§ 8 Abs. 2 EStG 1997, § 8 Abs. 3 EStG 1997, § 8 Abs. 3 EStG 2002, § 8 Abs. 2 EStG 2002)

Leitsatz

1. Rabatte, die der Arbeitgeber nicht nur seinen Arbeitnehmern, sondern auch fremden Dritten üblicherweise einräumt, begründen bei Arbeitnehmern keinen steuerpflichtigen Arbeitslohn.

2. Der Arbeitnehmer kann im Rahmen seiner Einkommensteuerveranlagung den geldwerten Vorteil nach § 8 Abs. 2 EStG ohne Bewertungsabschlag und ohne Rabattfreibetrag oder mit diesen Abschlägen auf der Grundlage des Endpreises des Arbeitgebers nach § 8 Abs. 3 EStG bewerten lassen.

BFH, Urteil vom 26. 07. 2012 – VI R 27/11 –

311. Arbeitslohn von dritter Seite – Verbilligter Bezug von Waren von einem Lieferanten des Arbeitgebers durch Mitarbeiter im Rahmen eines sog. „Mitarbeiter-Vorteilsprogramms" (§ 42d Abs. 1 Nr. 1 EStG 2002, § 41a Abs. 1 S. 1 Nr. 2 EStG 2002, § 38 Abs. 1 S. 1 EStG 2002, § 38 Abs. 1 S. 3 EStG 2002, § 38 Abs. 3 S. 1 EStG 2002, § 19 Abs. 1 S. 2 EStG 2002, § 2 Abs. 1 S. 2 LStDV 1990, EStG VZ 2005, EStG VZ 2006)

Leitsatz

1. Auch Preisvorteile und Rabatte, die Arbeitnehmer von Dritten erhalten, sind nur dann Lohn, wenn sie sich für den Arbeitnehmer als Frucht seiner Arbeit für den Arbeitgeber darstellen und im Zusammenhang mit dem Dienstverhältnis stehen. Davon kann ausgegangen werden, wenn der Dritte damit anstelle des Arbeitgebers die Arbeitsleistung des Arbeitnehmers entgilt, indem der Arbeitgeber etwa einen ihm zustehenden Vorteil im abgekürzten Weg an seine Mitarbeiter weitergibt (Rn. 16) (Rn. 19) (Rn. 20).

2. Arbeitslohn liegt in solchen Fällen nicht allein deshalb vor, weil der Arbeitgeber an der Verschaffung der Rabatte mitgewirkt hat; dies gilt erst recht, wenn er von der Rabattgewährung nur Kenntnis hatte oder hätte haben müssen (Abgrenzung gegenüber BMF-Schreiben vom 27. September 1993 IV B 6-S 2334-152/93, BStBl I 1993, 814, auf das sich das BMF-Schreiben vom 27. Januar 2004 IV C 5-S 2000-2/04, BStBl I 2004, 173 zu der ab dem 1. Januar 2004 gültigen Rechtslage bezieht) (Rn.20).

BFH, Urteil vom 18. 10. 2012 – VI R 64/11 –

D.
Das Schrifttum zum Arbeitsrecht und zur Arbeitsgerichtsbarkeit

Bücher, Monographien, Aufsätze und Abhandlungen
– nach Sachgebieten geordnet –

Übersicht

1. Arbeitsrecht, allgemeines

1. Was bringt das neue Familienpflegezeitgesetz? AA 2012, 27.

2. Drei Praxisfälle zum Familienpflegezeitgesetz. AA 2012, 51.

3. Alternsgerechte Betriebspolitik. Sicherheit und Entwicklungsperspektiven älterer Beschäftigter. Adamy, Wilhelm. AiB 2012, 313.

4. Familienfreundliche Unternehmen fürchten keinen Fachkräftemangel. Sichere und flexible Arbeitsplätze für zuverlässige und flexible Fachkräfte. Altunkas, Özgül. AiB 2012, 310.

5. Reinhard Richardi zum 75. Geburtstag. Annuß, Georg. NZA 2012, 311.

6. Die Realisierung der Arbeitnehmerfreizügigkeit zwischen Deutschland und Polen aus arbeits- und sozialrechtlicher Sicht – Tagungsbericht –. Aumann, Annemarie u. Mayer, Katharina. NZS 2012, 334.

7. Neuere Entwicklungen im Arbeitsrecht. Baeck, Ulrich u. Winzer, Thomas. NZG 2012, 255.

8. Aktuelle Entwicklung im Arbeitsrecht. Baeck, Ulrich u. Winzer, Thomas. NZG 2012, 1053.

9. Das Familienpflegezeitgesetz. Barkow von Creytz, Dunja. DStR 2012, 191.

10. Die „Wunschbelegschaft". Ein unerreichbarer Traum? Barthel, Thomas u. Karboul, Khayreddin Pierre. AuA 2012, 12.

11. Rechtssicherheit?! Für das Arbeitsrecht eher ein Fremdwort. Bauer, Jobst-Hubertus. AuA 2012, 636.

12. Mobbing kein Massenphänomen. Bauer, Jobst-Hubertus. NJW 2012, Heft 22, Editorial.

13. Aktuelle Entwicklungen im Antidiskriminierungsrecht. Bauer, Jobst-Hubertus u. Medem, Andreas von. ArbR 2012, 389.

14. Der bekannte Versender beim Luftfrachttransport - Herausforderungen bei Überprüfung und Schulung von Mitarbeitern. Becker, Nicole u. Barlage-Melber, Eva. BB 2012, 3075.

15. Transparenz im Arbeitsrecht. Bepler, Klaus, in: Recht – Politik – Geschichte. Festschrift für Franz Josef Düwell zum 65. Geburtstag. Baden-Baden 2011.

16. Vielfalt in der Einheit – Partikularinteressen im Betrieb. 26. Passauer Arbeitsrechtssymposion. Bergwitz, Christoph. NZA 2012, 967.

17. Allgemeines Gleichbehandlungsgesetz: Arbeitsrecht und Kollisionsrecht. Birk, Rolf, in: Dynamik und Nachhaltigkeit des Öffentlichen Rechts. Festschrift für Professor Dr. Meinhard Schröder zum 70. Geburtstag. Berlin 2012.

18. BB-Rechtsprechungsreport 2010/2011 - Allgemeines Gleichbehandlungsgesetz (Teil 1). Bissels, Alexander u. Lützeler, Martin. BB 2012, 701.

19. BB-Rechtsprechungsreport 2010/2011 - Allgemeines Gleichbehandlungsgesetz (Teil 2). Bissels, Alexander u. Lützeler, Martin. BB 2012, 833.

20. „Seperate But Equal" auf dem Sportplatz. Zur Geschlechtertrennung im Sport. Block, Madita. KritV 2012, 316.

21. Die Geschlechtertrennung im Sport unter Gesichtspunkten des Allgemeinen Gleichbehandlungsgesetzes AGG (1. Teil). Block, Madita. SpuRt 2012, 46.

22. Die Geschlechtertrennung im Sport unter Gesichtspunkten des Allgemeinen Gleichbehandlungsgesetzes AGG (2. Teil). Block, Madita. SpuRt 2012, 99.

23. Der Islam in der aktuellen Entscheidungspraxis der Arbeitsgerichte. Bock, Wolfgang. NZA 2011, 1201.

24. Auswirkungen belastender Arbeitsbedingungen auf die Qualität privater Lebensverhältnisse. Böhm, Sebastian u. Diewald, Martin. WSI-Mitteilungen 2012, 103.

25. Personalabbau ohne Kündigungen. Outplacement „on the job". Böhnke, Christian M. u. Wiegand, Birgit. AuA 2012, 418.

26. Der „bekannte Versender" – Oder das unbekannte Wesen in der Luftfracht. Brandt, Jochen. AiB 2012, 649.

27. Beschäftigung polnischer Mitarbeiter durch deutsche Arbeitgeber. Welche Besonderheiten bei einer Beschäftigung in Polen zu beachten sind. Braun, Steffen. ArbRB 2011, 317.

28. Versuch über die Besonderheiten des Arbeitsrechts. Breinlinger, Axel, in: Arbeitsgerichtsbarkeit und Wissenschaft. Festschrift für Klaus Bepler zum 65. Geburtstag. München 2012.

29. Schwerpunktbereichsklausur – Arbeitsrecht: Schadensersatz wegen Verletzung des allgemeinen Persönlichkeitsrechts – Mobbing. Brose, Wiebke u. Ulber, Daniel. JuS 2012, 721.

30. Übersicht über das Arbeitsrecht/Arbeitsschutzrecht. Bundesministerium für Arbeit und Soziales. 6. Aufl. Nürnberg, 2012.

31. „Suche Barmann und Putzfrau" – Stellenanzeigen und AGG. Burkard-Pötter, Julia. NJW-Spezial 2012, 242.

32. Sozialverträglicher Personalabbau. Zielgerichtete Gestaltung und Kombination von Instrumenten. Call, Horst. AuA 2012, 8.

33. Sozialverträglicher Personalabbau. Call, Horst. NJ 2012, 93.

34. Corporate Compliance in mittelständischen Unternehmen. Campos Nave, José A u. Zeller, Jan. BB 2012, 131.

35. Die Rechtsprechung des Bundesarbeitsgerichts im Jahre 2010. Caspers, Georg. ZfA 2012, 291.

36. Das neue Mediationsgesetz. Dahl, Holger. FA 2012, 258.

37. Investorenvereinbarung als Kollektivvertrag? Däubler, Wolfgang, in: Arbeitsgerichtsbarkeit und Wissenschaft. Festschrift für Klaus Bepler zum 65. Geburtstag. München 2012.

38. Arbeitsrecht unter Sicherheitsvorbehalt? Däubler, Wolfgang. SR 2012, 57.

39. Ordnung der Arbeitsrechtlichen Kommission des DCV. Deutscher Caritasverband. neue caritas 2012, Heft 8, 35.

40. Beschlüsse der Arbeitsrechtlichen Kommission vom 15. März 2012. Besondere Regelungen für Alltagsbegleiter (Anlage 22 zu den AVG) und Ergänzung des § 15 der Anlage 31 und 32 zu den AVR sowie des § 14 der Anlage 33 zu den AVR (Leistungsentgelt). Deutscher Caritasverband. neue caritas 2012, Heft 10, 34.

41. Beschluss der Bundeskommission der AK vom 28. Juni 2012 Vergütungsveränderungen 2012 und 2013 – Beschluss TOP 5.1.1. Deutscher Caritasverband. neue caritas 2012, Heft 16, 27.

42. Beschluss der Bundeskommission der AK vom 28. Juni 2012. Fortsetzung der Beschlüsse aus neue caritas Heft 16/2012. Deutscher Caritasverband. neue caritas 2012, Heft 17, 34.

43. Regelmäßige Arbeitsstätte bei mehreren Tätigkeitsstätten. Dietz, Hans-Ulrich. PersF 2012, Heft 3, 91.

44. Betriebliche Altersversorgung, Firmenwagen, Fahrtenbuch. Dietz, Hans-Ulrich. PersF 2012, Heft 8, 90.

45. Direktionsrecht und Organisation in Matrixstrukturen. Ein Überblick über die Ausgestaltung. Dörfler, Frank u. Heidemann, Ralf. AiB 2012, 196.

46. Die anonyme Bewerbung und das Berliner Partizipations- und Integrationsgesetz. Zwei „positive Maßnahmen" auf dem Prüfstand. Döse, Annegret. NZA 2012, 781.

47. Arbeitsrecht. Dütz, Wilhelm u. Thüsing, Gregor. 17. Aufl. München 2012.

48. Die Ehren- und Disziplinargerichtsbarkeit der Deutschen Arbeitsfront. Düwell, Nora, in: Recht – Politik – Geschichte. Festschrift für Franz Josef Düwell zum 65. Geburtstag. Baden-Baden 2011.

49. Gute Arbeit! Mit dem DGB-Index den Arbeitsbedingungen auf der Spur. Eberhardt, Beate. AiB 2012, 504.

50. Blick ins Arbeitsrecht. Eckert, Michael. DStR 2012, 244.

51. Blick ins Arbeitsrecht. Eckert, Michael. DStR 2012, 911.

52. Blick ins Arbeitsrecht. Eckert, Michael. DStR 2012, 1612.

53. Blick ins Arbeitsrecht. Eckert, Michael. DStR 2012, 2235.

54. Facetten der vertrauensvollen Zusammenarbeit. Edenfeld, Stefan. PersV 2012, 204.

55. Stresstest für Unternehmen. Wie Betriebsräte und Wirtschaftsausschüsse Risiken in ihrem Unternehmen einschätzen können. Eisbach, Joachim u. Schneider, Sandra. AiB 2011, 654.

56. Headhunting von Fachkräften. Grenzen bei der Abwerbung von Mitarbeitern. Fink, Martin u. Schmid, Erik. AuA 2012, 518.

57. Whistleblowing und Corporate Governance – Zur Hinweisgeberverantwortung von Vorstandsmitgliedern und Wirtschaftsanwälten –. Fleischer, Holger u. Schmolke, Klaus Ulrich. WM 2012, 1013.

58. Die Anwendung des AGG in der Unternehmensgruppe. Forst, Gerrit. FA 2012, 290.

59. Die Vergütungsbeteiligung im Krankenhaus – Ansprüche gegenüber dem Chefarzt. Gehrlein, Stefanie u. Pröpper, Martin. BB 2012, 2049.

60. Das neue Familienpflegezeitgesetz. Glatzel, Brigitte. NJW 2012, 1175.

61. Diskriminierung aus Gründen der „Rasse" und wegen der ethnischen Herkunft im Spiegel der Rechtsprechung zum AGG. Göbel-Zimmermann, Ralph u. Marquardt, Liisa. ZAR 2012, 369.

62. Nutzung privater Smartphones für dienstliche Zwecke. Göpfert, Burkhard u. Wilke, Elena. NZA 2012, 765.

63. Das neue Familienpflegezeitgesetz. Göttling, Wulfhard u. Neumann, Michael. NZA 2012, 119.

64. Altersdiskriminierung in der Arbeitswelt – Darstellung aktueller Rechtsprechung –. Gottwald, Elisabeth. DB 2012, 1270.

65. Die Schließung von Krankenkassen als arbeitsrechtlicher Problemfall. Grau, Timon u. Sittard, Ulrich. KrV 2012, 6.

66. Schadensersatz und Schmerzensgeld wegen Verletzung des Arbeitnehmer-Persönlichkeitsrechts. Anspruchsgrundlagen und Fallgruppen aus der Rechtsprechung. Grimm, Detlef u. Freh, Stefan. ArbRB 2012, 151.

67. Rechtsprechungs- und Literaturübersicht zum Arbeitsrecht – 1. Halbjahr 2012. Gundel, Wolfgang u. Sartorius, Ulrich. ZAP Fach 17 R, 681.

68. Geschäfts- und Betriebsgeheimnisse. Chancen, Risiken, Handlungsbedarf. Hartmann, Nina u. Dorner, Michael. AuA 2012, 22.

69. So sieht es in den Betrieben aus. Demographischer Wandel und Entwicklung der Arbeitslandschaft. Heidemann, Winfried. AiB 2012, 287.

70. Theater – inhaltlich und strukturell in Bewegung. Herdlein, Hans. Bühnengenossenschaft 2012, Nr. 8-9, 4.

71. Zur Pflicht der Gesellschaft zur Übernahme von Rechtsverteidigungskosten im Zusammenhang mit Compliance-Verstößen ihrer Geschäftsführer. Heutz, Stefan. DB 2012, 902.

72. Der Islam in der aktuellen Rechtsprechung zum Arbeitsrecht. Hoevels, Niloufar. ArbR 2012, 5.

73. Neues zum Diskriminierungsrecht bei Kündigung, Befristung und Urlaub. Hösgen, Karlheinz. öAT 2012, 155.

74. 25 Jahre Arbeitsrecht. Ein viertel Jahrhundert Passauer Arbeitsrechtssymposion. Hromadka, Wolfgang. NZA 2012, 585.

75. Das Arbeitsrecht der illegal beschäftigten Drittstaatsangehörigen. Die Umsetzung der Richtlinie 2009/52/EG (Sanktionsrichtlinie). Huber, Bertold. NZA 2012, 477.

76. Diskriminierung bei Bewerbungen. Aktuelle Rechtsprechung zum AGG. Huke, Kristina u. Löw, Hans-Peter. AuA 2012, 4 (Sonderausgabe).

77. Straining und Mobbing im Lichte des Persönlichkeitsschutzes. Jansen, Frank u. Hartmann, Sebastian. NJW 2012, 1540.

78. Die illegale Beschäftigung im deutschen Arbeits- und Sozialrecht unter Berücksichtigung von Fragen der sozialen Sicherung. Kanalan, Ibrahim, in: Arbeit in der Illegalität. Die Rechte von Menschen ohne Aufenthaltspapiere. Frankfurt 2012.

79. Die Rückabwicklung vorläufig vollstreckter Zahlungsurteile. Umfang und Voraussetzungen des Erstattungsanspruchs aus § 717 Abs. 2 und 3 ZPO. Kappelhoff, Ursel. ArbRB 2012, 64.

80. Das neue Familienpflegezeitgesetz. Karb, Svenja. öAT 2012, 30.

81. Beendigung von Mandat und Anstellungsvertrag durch Organmitglieder. Ein kurzer Überblick über die Voraussetzungen und aktuellen Streitfragen. Karlsfeld, Stephan. ArbRB 2012, 354.

82. Beschlüsse der Arbeitsrechtlichen Kommission vom 27. Oktober 2011. Kessmann, Heinz-Josef. neue caritas 2012, Heft 2, 30.

83. Werkverträge – ein neues Dumpingmodell? Flucht aus der Leiharbeit? Klebe, Thomas. AiB 2012, 559.

84. Familienpflegezeitgesetz. Das wird vorausgesetzt und so wirkt es. Klenter, Peter. AiB 2012, 31.

85. „Doping"-Kontrollen bei Arbeitnehmern. Klose, Oliver, in: Arbeitsgerichtsbarkeit und Wissenschaft. Festschrift für Klaus Bepler zum 65. Geburtstag. München 2012.

86. Die Grenzen des Arbeitsrechts: Menschenhandel zum Zweck der Arbeitsausbeutung im Lichte einer interdisziplinären und internationalen Wirkungsanalyse. Knospe, Armin. RdA 2011, 348.

87. Auskunftsansprüche während des Einstellungsverfahrens. Koop, Stefan. öAT 2012, 199.

88. Feinheiten und Tücken der Blue Card – Auswirkungen auf die Personalpraxis. Kowanz, Rolf. PersF 2012, Heft 10, 88.

89. Das Verhältnis von Arbeitsrecht und Binnenmarktrecht. Krebber, Sebastian, in: Dynamik und Nachhaltigkeit des Öffentlichen Rechts. Festschrift für Professor Dr. Meinhard Schröder zum 70. Geburtstag. Berlin 2012.

90. Kurzzeitige Auslandsentsendungen. Arbeitsrechtliche Aspekte. Krogull, Jutta. AuA 2012, 332.

91. Das Fragerecht des Arbeitgebers bei der Einstellung. Künzl, Reinhard. ArbR 2012, 235.

92. Die innerbetriebliche Stellenausschreibung. Inhaltliche Anforderungen und Grenzen der Ausschreibungspflicht. Laber, Jörg u. Schmidt, Anke. ArbRB 2012, 276.

93. Recent Developments in German Labour Law. Landauer, Martin. EuZA 2012, 95.

94. Positives Petzen. Lemmer, Ruth. DB 2012, Heft 17, M9.

95. Bundes- und Jugendfreiwilligendienst – Betriebsverfassungs- bzw. Personalvertretungsrecht in der Einsatzstelle. Leube, Konrad. ZTR 2012, 207.

96. Arbeitsrechte für Menschen ohne Papiere in Deutschland. Lewek, Christian, in: Arbeit in der Illegalität. Die Rechte von Menschen ohne Aufenthaltspapiere. Frankfurt 2012.

97. Das Familienpflegezeitgesetz – Sinnvolle Ergänzung zum Pflegezeitgesetz? Liebscher, Brigitta u. Kühler, Lilian. ArbR 2012, 392.

98. „Schriftlich" und „Schriftform" – der unbekannte Unterschied. Lützen, Christoph. NJW 2012, 1627.

99. Diversity Management. Personelle Vielfalt in den Betrieben. Mallmann, Hartwig. AiB 2012, 298.

100. Arbeitsrechte für Menschen ohne Papiere – die Agenda der Gewerkschaften. Marko, Sonja, in: Arbeit in der Illegalität. Die Rechte von Menschen ohne Aufenthaltspapiere. Frankfurt 2012.

101. Münchener Anwaltshandbuch Arbeitsrecht. Moll, Wilhelm. 3. Aufl. München, 2012.

102. Arbeitsbedingungen bei Offshore-Einsätzen in der Ausschließlichen Wirtschaftszone – Betriebliche Mitbestimmung, Kündigungsschutz, Sozialversicherung –. Mückl, Patrick. DB 2012, 2456.

103. Vereinbarkeit von Familie und Beruf – ein Thema für Tarifvertrags- und Betriebsparteien? Nebe, Katja, in: Arbeitsgerichtsbarkeit und Wissenschaft. Festschrift für Klaus Bepler zum 65. Geburtstag. München 2012.

104. Einsatz in Matrixstrukturen. Arbeitsrechtliche Fragen bei Mehrliniensystemen. Neufeld, Tobias. AuA 2012, 219.

105. Arbeitsrechtliche Fragen des Einsatzes von Arbeitnehmern in Matrixstrukturen. Neufeld, Tobias u. Michels, Johannes. KSzW 2012, 49.

106. Das Mediationsgesetz und die außergerichtliche Konfliktlösung im Arbeits- und Sozialrecht. Niedostadek, André. ZESAR 2012, 319.

107. Grenzüberschreitende Mitarbeiterentsendung. Wichtige Änderungen aus Gesetzgebung, Rechtsprechung und Verwaltung. Niermann, Walter. 3. Aufl. Berlin, Herne 2012.

108. Modernisierung der Bundesrichterwahl mit Frauenquote. Nordmann, Christine. ZRP 2012, 139.

109. Auswirkungen der Rechtsprechung des Europäischen Gerichtshofs für Menschenrechte auf das deutsche Arbeitsrecht. Nußberger, Angelika. RdA 2012, 270.

110. Umsatzsteuerliche Konsequenzen verdeckter Arbeitsverhältnisse. Obenhaus, Nils. BB 2012, 1130.

111. Die Betriebssprache ist deutsch – oder? Individual- und kollektivrechtliche Probleme im Zusammenhang mit der Betriebssprache. Oberthür, Nathalie. ArbRB 2012, 345.

112. Einmal Kanzlei und zurück? Polzer, Nikolaus u. Fuhrmann, Stefan. Jura 2012, 570.

113. Lexikon Arbeitsrecht Ausgabe 2012. Rabe v. Pappenheim, Henning (Hrsg.). 12. Aufl. München u.a. 2012.

114. Aufenthaltsrechtliche Aspekte der nichtselbstständigen Beschäftigung ausländischer Fachkräfte aus Drittstaaten in Deutschland. Rahne, Friederike. DB 2012, 2281.

115. Schöne neue Arbeitswelt? Fremdvergabe (Outsourcing) durch Werkverträge. Reifelsberger, Christina u. Bilger-Jung, Ute. AuA 2012, 410.

116. Neuere Rechtsprechung des EGMR im Arbeitsrecht. Reufels, Martin u. Molle, Karl. KSzW 2012, 3.

117. Kollektives Arbeitsrecht. Richardi, Reinhard u. Bayreuther, Frank. 2. Aufl. München 2012.

118. Formale Anforderungen an Unternehmerentscheidungen. Rossa, Jan-Marcus u. Fuhlrott, Michael. FA 2012, 2.

119. 150 Jahre Recht des Handlungsgehilfen: Vom ADHGB 1861 zum Arbeits(vertrags)gesetz(buch)? Roth, Markus. RdA 2012, 1.

120. Konvergenzen und Divergenzen zwischen EGMR, EuGH, BVerfG und BAG. Sagan, Adam. DB 2012, Beilage Standpunkte zu Heft 6, 11.

121. Familienpflegezeitgesetz (1) – Arbeitsrechtliche Grundlagen. Sandmaier, Matthias. schnellbrief Arbeitsrecht 2012, Nr 6, 5.

122. Rechtsprechungs- und Literaturübersicht zum Arbeitsrecht – 2. Halbjahr 2011. Sartorius, Ulrich u. Gundel, Wolfgang. ZAP Fach 17 R, 667.

123. Alarm im Betrieb. Sauer, Olaf u. Blum, Felix. PERSONAL 2011, Nr 9, 39.

124. Kündigungsschutzrecht und kollektives Arbeitsrecht. Arbeitsrecht im Jahr 2011 – Teil 2. Schaumberg, Torsten. NJ 2012, 309.

125. Abgrenzung zwischen Geschäftsgebühr und anwaltlichem Rat bei „Ghostwriting". Scheungrab, Karin. AA 2012, 68.

126. Familienpflegezeitgesetz. Schiefer, Bernd u. Worzalla, Michael. DB 2012, 516.

127. Whistleblowing wird hoffähig. Schmitt-Rolfes, Günter. AuA 2012, 135.

128. Vom Flashmob zum Pfandbon – Glanz und Elend im deutschen Arbeitsrecht. Schmitz-Scholemann, Christoph. NZA 2012, 1001.

129. Neues BMF-Schreiben zum FPfZG. Lohnsteuerliche Behandlung der Familienpflegezeit. Schmitz-Witte, Anita. AuA 2012, 607.

130. Whistleblowing-Systeme als Corporate Governance-Instrument transnationaler Unternehmen. Schmolke, Klaus Ulrich. RIW 2012, 224.

131. Die Arbeitnehmerbeteiligung bei der Gründung einer SE durch Verschmelzung unter Beteiligung arbeitnehmerloser Aktiengesellschaften. Schubert, Claudia. RdA 2012, 146.

132. Insider-Compliance-Richtlinien als Baustein eines umfassenden Compliance-Konzeptes. Schulz, Stephan u. Kuhnke, Michael. BB 2012, 143.

133. Die Prekarisierung geht weiter. Ein Überblick über die Formen des Drittpersonaleinsatzes. Schuster, Norbert. AiB 2012, 151.

134. Grenzen der Anfechtung einer betrieblichen Übung. Schwarze, Roland. NZA 2012, 289.

135. Arbeitsrechtliche Loyalitätspflicht gegen Meinungsfreiheit. Inhalt und Grenzen des Beschwerderechts der Mitarbeitenden. Schwarz-Seeberger, Gabriele. ZMV 2012, 122.

136. Die neue Familienpflegezeit - arbeits- und sozialrechtliche Auswirkungen. Schwerdle, Jutta. ZTR 2012, 3.

137. Arbeit, Lohn und Glaube –- Eine religionsübergreifende islamisch-christliche Suche nach dem ethischen Wert der Arbeit. Senne, Holger u. Senne, Petra, in: Recht – Politik – Geschichte. Festschrift für Franz Josef Düwell zum 65. Geburtstag. Baden-Baden 2011.

138. Deutsch-Türkische Integration am Arbeitsplatz. Sertkol, Onur. München, 2012.

139. Das Tatbestandsmerkmal der „festen Bezüge" i.S.d. § 627 BGB und dessen Auswirkungen auf die generelle Gebräuchlichkeit dauerhafter Dienstverträge im Wirtschaftsverkehr. Simonet, Michael. BB 2012, 2053.

140. Prozessbeschäftigung. Annahmeverzugsrisiko vermeiden. Sommer, Anja u. Wichert, Joachim. AuA 2012, 144.

141. Der Deutsche Corporate Governance Kodex. Sommer, Stefan. ZBVR online 2012, Nr 5, 26.

142. Fallgestaltung der Auslandsarbeit. Spieler, Sven. EuZA 2012, 168.

143. Der Schutz irregulärer Migrantinnen und Migranten in ihren Rechten in der Arbeit durch die UN-Menschenrechtskonventionen - Ein Überblick. Spieß, Katharina, in: Arbeit in der Illegalität. Die Rechte von Menschen ohne Aufenthaltspapiere. Frankfurt, 2012.

144. Bürgerarbeit – Ein problematisches arbeits- und sozialrechtliches Experimentierfeld. Spindler, Helga. SozSich 2012, 255.

145. Smartphone versus Arbeitsrecht. Steinau-Steinrück, Robert von. NJW-Spezial 2012, 178.

146. Die Alten kommen – Rentnerbeschäftigung auf dem Vormarsch. Steinau-Steinrück, Robert von u. Burkard-Pötter, Julia. NJW-Spezial 2012, 306.

147. Arbeitsrechtliche Handlungspflichten und -möglichkeiten zur Vermeidung von Krankenhausinfektionen. Steinigen, Jens. ZTR 2012, 67.

148. Schwerpunktbereichsklausur – Internationales Öffentliches Recht: Individualbeschwerde vor dem EGMR –Kündigung wegen „Whistleblowing". Stephan, Juliane u. Yamato, Richard. JuS 2012, 821.

149. Rechtliche Probleme in der Operationspflege. Sträßner, Heinz R. PflR 2012, 2.

150. Rechtliche Anmerkungen zur Pflegedokumentation. Sträßner, Heinz R. PflR 2012, 279.

151. AGB-Kontrolle von Entsendungsverträgen. Straube, Gunnar. DB 2012, 2808.

152. Die Stellenausschreibung in Recht und Praxis. Stück, Volker. ArbR 2012, 363.

153. Genügt der Deutsche Corporate Governance Kodex seinen Ansprüchen? Eine Untersuchung zu Fragen der Internationalität und der Mitbestimmung. Sünner, Eckart. AG 2012, 265.

154. Labour and the Role of Law. Temming, Felipe. KSzW 2012, 122.

155. Bundesarbeitsministerium im Bummelstreik. Thüsing, Gregor. NJW 2012, Heft 48, Editorial.

156. Anzeigepflichten als Compliance-Bestandteil bergen erhebliche Risiken. Tödtmann, Ulrich. BB 2012, Heft 19, Erste Seite.

157. Überlegungen zum Wandel von Arbeit. Trinczek, Rainer. WSI-Mitteilungen 2011, 606.

158. Interimsmanagement im Spannungsfeld zwischen selbständiger und abhängiger Beschäftigung. Vogt, Volker u. Deepen, Lars. ArbR 2012, 573.

159. Drittpersonaleinsatz – aktuelle Entwicklungen. Wendeling-Schröder, Ulrike. ArbuR 2011, 424.

160. Kein Anschluss unter dieser Nummer ... Richter des Bundesarbeitsgerichts und des Bundessozialgerichts bei der Wahl von Verfassungsrichtern ohne Chance? Wenner, Ulrich. Betrifft Justiz 2012, 220.

161. Der arbeitsrechtliche Schutz von Kindern und Jugendlichen im Sportbetrieb. Weyand, Joachim, in: Recht – Politik – Geschichte. Festschrift für Franz Josef Düwell zum 65. Geburtstag. Baden-Baden 2011.

162. Gedanken zum allgemeinen Gleichheitsgebot und zur mittelbaren Diskriminierung. Wiedemann, Herbert, in: Arbeitsgerichtsbarkeit und Wissenschaft. Festschrift für Klaus Bepler zum 65. Geburtstag. München 2012.

163. Internet und Meinungsfreiheit des Arbeitgebers, Arbeitnehmers und Betriebsrats. Wiese, Günther. NZA 2012, 1.

164. Die Flucht in den Werkvertrag. Motive, Risiken und Risikobegrenzung. Windeln, Norbert u. Breetzke, Christian. ArbRB 2012, 216.

165. Durchschnitt als Dienstpflicht? Richterliche Erledigungszahlen als Gegenstand der Dienstaufsicht. Wittreck, Fabian. NJW 2012, 3287.

166. Ideenmanagement im Konzern. Wollwert, Klaus. NZA 2012, 889.

167. Die Personalakte. Inhalt, Vertraulichkeit, Zugriff. Zange, Julia. AuA 2012, 206.

168. Befugnisse und Risiken für Arbeitnehmer/Arbeitgeber bei Nutzung sozialer Netzwerke im Internet – Aufgaben auch für die Betriebsratsarbeit? Ziegenhagen, Ivailo u. Bergmann, Jan. ZBVR online 2012, Nr 11, 30.

169. Geteiltes Wissen ist doppeltes Wissen – wenn die Bedingungen stimmen. Sicherung betrieblicher Innovationsfähigkeit. Zumbeck, Christine. AiB 2012, 329.

170. Die Entwicklung des Arbeitsrechts im Jahre 2011. Begründung, Inhalt und Umfang des Arbeitsverhältnisses sowie besondere Gestaltungsformen. Zundel, Frank. NJW 2012, 131.

171. Die Entwicklung des Arbeitsrechts im Jahre 2011. Beendigung von Arbeitsverhältnissen, sonstige individualarbeitsrechtliche Fragen sowie kollektivrechtliche Judikatur. Zundel, Frank. NJW 2012, 435.

2. Arbeitsgerichtsbarkeit – Arbeitsgerichtsgesetz – Arbeitsgerichtsverfahren

172. Prozessuale Verwertungsverbote bei unzulässiger Videoüberwachung. Bergwitz, Christoph. NZA 2012, 353.

173. Internationale Gerichtszuständigkeit in betriebsverfassungsrechtlichen Angelegenheiten. Boemke, Burkhard. DB 2012, 802.

174. Aussetzung des arbeitsgerichtlichen Verfahrens bei Verdacht einer Straftat. BAG setzt vorschnellen Aussetzungsbeschlüssen Grenzen. Böhm, Annett. ArbRB 2011, 385.

175. Die „Tarifauskunft" im Arbeitsgerichtsverfahren. Creutzfeldt, Malte, in: Recht - Politik - Geschichte. Festschrift für Franz Josef Düwell zum 65. Geburtstag. Baden-Baden 2011.

176. Gesetz über den Rechtsschutz bei überlangen Gerichtsverfahren und strafrechtlichen Ermittlungsverfahren - Auswirkungen im arbeitsgerichtlichen Verfahren. Deeg, Oliver. ArbR 2012, 415.

177. Die ungeliebte Divergenzvorlage nach § 45 Abs. 2 und Abs. 3 ArbGG - Ein Plädoyer für das Anfrageverfahren nach § 45 Abs. 3 Satz 1 ArbGG. Dörner, Hans-Jürgen, in: Arbeitsgerichtsbarkeit und Wissenschaft. Festschrift für Klaus Bepler zum 65. Geburtstag. München 2012.

178. Verengung und Ausweitung des Revisionszugangs zum Bundesarbeitsgericht - Rechtstatsachen, Rechtsentwicklung und Rechtspolitik. Düwell, Franz-Josef, in: Arbeitsgerichtsbarkeit und Wissenschaft. Festschrift für Klaus Bepler zum 65. Geburtstag. München 2012.

179. Mediation endlich gesetzlich geregelt. Düwell, Franz Josef. BB 2012, 1921.

180. Auswirkungen von Umwandlung und Betriebsübergang auf den Arbeitsgerichtsprozess. Düwell, Franz Josef. NZA 2012, 761.

181. Besonderer Kündigungsschutz vor betriebsbedingten Kündigungen für ehrenamtliche Richter in Brandenburg? Eylert, Mario, in: Arbeitsgerichtsbarkeit und Wissenschaft. Festschrift für Klaus Bepler zum 65. Geburtstag. München 2012.

182. Ausgewählte Fragen des Einigungsstellenverfahrens. Faulenbach, Daniel. NZA 2012, 953.

183. Erforderliche Nachbesserungen im Mediationsgesetz und im Arbeitsgerichtsgesetz. Francken, Johannes Peter. NZA 2012, 249.

184. Das Gesetz zur Förderung der Mediation und das arbeitsgerichtliche Verfahren. Francken, Johannes Peter. NZA 2012, 836.

185. Die Änderung des Beklagten im Kündigungsschutzprozess. Fuhlrott, Michael. ArbR 2012, 31.

186. Das Arbeitsgericht Köln, Vergangenheit – Gegenwart – Zukunft. Gäntgen, Hans Jörg, in: 200 Jahre Arbeitsrechtsprechung in Köln. 1811–2011. Köln 2011.

187. Überlange Verfahren - Rechtsschutz im Arbeitsgerichtsprozess. Germelmann, Claas-Hinrich. JbArbR 49, 41 (2012).

188. Aus der Rechtsprechung der Beschwerdekammern des LAG Hamm. Göhle-Sander, Kristina, in: Recht – Politik – Geschichte. Festschrift für Franz Josef Düwell zum 65. Geburtstag. Baden-Baden 2011.

189. Beweis- und Sachvortragsverwertungsverbote im Arbeitsgerichtsverfahren. Die rechtlichen Grundlagen und wesentlichen Fallgruppen. Grimm, Detlef. ArbRB 2012, 126.

190. Kurze-Lange-Überlange Verfahren. Ein Blick in die Arbeitsgerichtsbarkeit. Grotmann-Höfling, Günter. ArbuR 2012, 346.

191. Übergegangene Entgeltansprüche aus gleichwohl gewährtem Arbeitslosengeld. Gussen, Heinz. FA 2012, 41.

192. Streitwertberechnung bei Kündigung eines nach Beendigung der Organstellung wiederaufgelebten Arbeitsverhältnisses. Haasler, Alexander. NZA-RR 2012, 561.

193. Mediationsnovelle und Gericht. Hartmann, Peter. MDR 2012, 941.

194. Defizite im Recht der Prozesskostenerstattung – Erledigung und „materiellrechtliche" Kostenerstattungspflichten. Hoffmann, Jan Felix. ZZP 125, 345 (2012).

195. Kollektiver Rechtsschutz im Arbeitsrecht und im Verbraucher- und Wettbewerbsrecht - Vergleichende Überlegungen. Höland, Armin, in: Arbeitsgerichtsbarkeit und Wissenschaft. Festschrift für Klaus Bepler zum 65. Geburtstag. München 2012.

196. Die Nichtzulassungsbeschwerde beim Bundesarbeitsgericht – Teil 1: Grundsatz- und Divergenzbeschwerde. Kiel, Heinrich u. Koch, Ulrich. ArbR 2012, 443.

197. Die Nichtzulassungsbeschwerde beim Bundesarbeitsgericht - Teil 2: Verfahrensbeschwerde wegen Verletzung des Anspruchs auf rechtliches Gehör. Kiel, Heinrich u. Koch, Ulrich. ArbR 2012, 576.

198. Die Zurechenbarkeit negativen Verhaltens des Prozessbevollmächtigten. Wann schaden allzu zugespitzte Formulierungen dem Mandanten? Korinth, Michael H. ArbRB 2012, 129.

199. Die Güteverhandlung. Möglichkeiten und Grenzen der Einigungsbemühungen. Korinth, Michael H. ArbRB 2012, 225.

200. Theorie und Praxis der Zurückweisung verspäteten Vorbringens. Ein Balanceakt zwischen rechtlichem Gehör und Verfahrensbeschleunigung. Korinth, Michael H. ArbRB 2012, 289.

201. Justiz und Öffentlichkeit – Ein Versuch. Kotzian-Marggraf, Karl, in: Recht – Politik – Geschichte. Festschrift für Franz Josef Düwell zum 65. Geburtstag. Baden-Baden 2011.

202. Mediation arbeitsrechtlicher Regelungsstreitigkeiten. Löwisch, Manfred. BB 2012, 3073.

203. Die Aussetzung des Rechtsstreits in arbeitsgerichtlichen Verfahren. Mareck, Guido. AA 2012, 12.

204. Der Klageantrag im Kündigungsschutzverfahren. Mareck, Guido. AA 2012, 155.

205. Arbeitsgerichtliche Zuständigkeit bei einer Insolvenzanfechtung gegen eine Einrichtung i.S.d. § 2 Abs. 1 Nr. 4b, Nr. 6 ArbGG? Ein Zwischenruf. Neugebauer, Michael. ZInsO 2012, 1449.

206. Rechtsprechungsübersicht. Tarifunfähigkeit der CGZP und Folgefragen. Nielebock, Helga. AiB 2011, 688.

207. Beteiligten- und Parteifähigkeit von Arbeitnehmervereinigungen und ihre Untergliederungen. Plum, Martin. ZTR 2012, 377.

208. Die Notwendigkeit eines verbesserten Kündigungsschutzes für ehrenamtliche Richter/innen. Priewe, Stephanie u. Priewe, Frank. ArbuR 2012, 389.

209. Zum Gebot fairen Verhandelns. Reinecke, Gerhard, in: Recht – Politik – Geschichte. Festschrift für Franz Josef Düwell zum 65. Geburtstag. Baden-Baden 2011.

210. Rechtsschutz im Individualarbeitsrecht. Das Verfahren vor dem Arbeitsgericht (Teil 3 aus Rubrik „Arbeitsrechtliche Praxis"). Reiter, Gabriela. ZMV 2012, 69.

211. Aktuelle Rechtsprechung zur Eintrittspflicht von Rechtsschutzversicherungen. Strategien zum Umgang mit Rechtsschutzversicherungen. Schäder, Gerhard. ArbRB 2012, 219.

212. Die anwaltliche Beratungspflicht bei Abschluss eines Vergleichs im arbeitsgerichtlichen Kündigungsschutzprozess. Schindele, Friedrich u. Söhl, Bernhard. ArbR 2012, 261.

213. Der Anwalt des Betriebsrates - Aufgaben, Beauftragung und Kosten. Schulze, Marc-Oliver. ArbR 2012, 527.

214. 200 Jahre Streitschlichtungskultur in arbeitsrechtlichen Streitigkeiten. Stein, Jürgen vom, in: 200 Jahre Arbeitsrechtsprechung in Köln. 1811–2011. Köln 2011.

215. Der Schriftsatz im Arbeitsgerichtsprozess. Stenslik, Bastian-Peter. Jura 2012, 823.

216. Kooperation statt Konfrontation. Mediationsgesetz in Kraft. Stiel, Claudia u. Stoppkotte, Eva-Maria. AiB 2012, 613 = ArbuR 2012, 385.

217. Unabhängigkeit schützt vor Überlastung. Tappert, Wilhelm. DRIZ 2012, 261.

218. Prozesskostenhilfe – Mutwilligkeit der beabsichtigten Rechtsverfolgung. Wann ist eine anhängige Klage zu erweitern oder eine neue Klage zu erheben? Tiedemann, Jens. ArbRB 2012, 97.

219. Zeitliche Grenzen für den Antrag auf Prozesskostenhilfe. Bis wann ist ein PKH-Antrag zu stellen und wann ist von einem konkludenten Antrag auszugehen? Tiedemann, Jens. ArbRB 2012, 193.

220. Die Änderungen im arbeitsgerichtlichen Verfahren durch das sog. Mediationsgesetz. Welche Vorgaben bestehen für Mediationsverfahren und was ist ein „Güterichter"? Tiedemann, Jens. ArbRB 2012, 321.

221. Rechtsschutz bei überlangen Gerichtsverfahren. Wagner, Volker. FA 2012, 70.

222. BAG-Rechtsprechung zu zweistufigen Ausschlussfristen gekippt. Aktuelle Entscheidung des Bundesverfassungsgerichts. Werner, Michael u. Labrow, Daniel. AiB 2011, 649.

223. Gerichte stellen sich vor – Landesarbeitsgericht Schleswig-Holstein. Willikonsky, Birgit. FA 2012, 140.

224. Gerichte stellen sich vor – das Landesarbeitsgericht Sachsen-Anhalt. Zink, Werner. FA 2012, 71.

225. Münchener Prozessformularbuch. Band 6. Arbeitsrecht. Zirnbauer, Ulrich (Hrsg.). 4. Aufl. München 2012.

3. Verfassungsrecht

226. Der grundrechtliche Schutz von Geschäftsgeheimnissen. Becker, Florian, in: Der grundrechtsgeprägte Verfassungsstaat. Festschrift für Klaus Stern zum 80. Geburtstag. Berlin 2012.

227. Vergabespezifische Mindestlöhne im Lichte der Grundrechte und Grundfreiheiten. Dietlein, Johannes, in: Der grundrechtsgeprägte Verfassungsstaat. Festschrift für Klaus Stern zum 80. Geburtstag. Berlin 2012.

228. Nationales Arbeitsrecht im Spannungsfeld von Grundgesetz und Grundrechtecharta. Di Fabio, Udo. RdA 2012, 262.

229. Recht auf Arbeit und das Arbeitsrecht. Eichenhofer, Eberhard, in: Recht – Politik – Geschichte. Festschrift für Franz Josef Düwell zum 65. Geburtstag. Baden-Baden 2011.

230. Verfassungsfragen einer gesetzlichen Beendigung von Arbeitsverhältnissen bei der Schließung von (Betriebs)Krankenkassen (Teil 1). Gutzeit, Martin. NZS 2012, 361.

231. Verfassungsfragen einer gesetzlichen Beendigung von Arbeitsverhältnissen bei der Schließung von (Betriebs)Krankenkassen (Teil 2). Gutzeit, Martin. NZS 2012, 410.

232. Whistleblower, Zeuge und „Beschuldigter" – Informationsweitergabe im Spannungsfeld grundrechtlicher Positionen. Klasen, Evelyn u. Schaefer, Sandra. BB 2012, 641.

233. Probleme gruppengerechter Versorgungsüberleitung. § 7 AAÜG im Lichte des Grundgesetzes. Merten, Detlef. Berlin 2012.

234. Grenzen einer verschärften Vorlagenkontrolle des Art. 267 Abs. 3 AEUV durch das BVerfG. Unionsfreundliche oder grundrechtsfreundliche Modifizierungen des Art. 101 Abs. 1 Satz 2 GG. Michael, Lothar. JR 2012, 870.

235. Zur Zulässigkeit des Lizenzzwangs für Trainer im deutschen Profi-Fußball. Monheim, Dirk. SpuRt 2012, 50.

236. Sicherung des Existenzminimums durch Entlohnung im Arbeitsverhältnis? Nassibi, Ghazaleh. ArbuR 2012, 305.

4. Europäisches Recht

237. Neuregelungen zum Europäischen Betriebsrätegesetz. Achilles, Sarah. schnellbrief Arbeitsrecht 2012, Nr 2, 5.

238. Die wirtschaftliche Bedeutung der Freizügigkeit aus deutscher Sicht. Baas, Timo, in: Die Realisierung der Arbeitnehmerfreizügigkeit im Verhältnis zwischen Deutschland und Polen aus arbeits- und sozialrechtlicher Sicht. Baden-Baden 2012.

239. Stärkung oder Schwächung der Mitbestimmung durch Unionsrecht? Battis, Ulrich. PersV 2012, 284.

240. Auswirkungen in der Praxis. Bauer, Jobst-Hubertus. DB 2012, Beilage Standpunkte zu Heft 6, 15.

241. Arbeitsrecht im Richtlinienvorschlag zur konzerninternen Versendung von Drittstaatsangehörigen (ICT-Richtlinie). Bayreuther, Frank. ZESAR 2012, 405.

242. Unionsrechtliche Vorgaben für die Arbeitnehmerfreizügigkeit. Becker, Ulrich, in: Die Realisierung der Arbeitnehmerfreizügigkeit im Verhältnis zwischen Deutschland und Polen aus arbeits- und sozialrechtlicher Sicht. Baden-Baden 2012.

243. Die kollissionsrechtliche Anknüpfung von Individualarbeitsverträgen im staatsfreien Raum. Bestimmung des anwandbaren Rechts nach der Rom I-Verordnung. Block, Alexander. Hamburg 2012.

244. Der Monti II Verordnungsvorschlag der EU Kommission. Eine kritische Würdigung. Bruun, Niklas u. Bücker, Andreas. NZA 2012, 1136.

245. Europäisches Arbeitszeitrecht. Buschmann, Rudolf, in: Recht – Politik – Geschichte. Festschrift für Franz Josef Düwell zum 65. Geburtstag. Baden-Baden 2011.

246. Sebastian Campagna über die EU-Pensionsfonds-Richtlinie. Campagna, Sebastian. Mitbestimmung 2012, Nr 7/8, 58.

247. EU-Recht und nationale Tarifsysteme. Däubler, Wolfgang, in: Tarifrecht in Europa. Baden-Baden 2012.

248. Chancen und Risiken der Freizügigkeit aus der Sicht der jüngeren Mitgliedstaaten. Vortrag beim Bundesarbeitsgericht, Erfurt 26. 4. 2012. Davulis, Tomas. RdA 2012, 258.

249. Tagungs- und Diskussionsbericht. Denecke, Frauke u. Meinhardt, Falk. RdA 2012, 303.

250. Europäische Grundrechts-Rechtsprechung – Kooperation und Kollisionen. Dieterich, Thomas, in: Arbeitsgerichtsbarkeit und Wissenschaft. Festschrift für Klaus Bepler zum 65. Geburtstag. München 2012.

251. Arbeitnehmerfreizügigkeit als Ausgangspunkt einer europäischen Sozialbürgerschaft. Eichendorfer, Eberhard, in: Freie Fahrt für Arbeitnehmer/innen zwischen Ost und West. Perspektiven des Ablaufs beitrittsbedingter Übergangsfristen zum 1. Mai 2011. Baden-Baden 2012.

252. Arbeitsberechtigung für Angehörige der EU-Länder in der Türkei auf Grundlage des Gemeinschaftsrechts zwischen der Türkei und der EU. Engin, Murat. EuZA 2012, 54.

253. Das Recht auf kollektive Maßnahmen unter der Sozialcharta des Europarates. Evju, Stein. ArbuR 2012, 276.

254. Die Lage entsandter Arbeitnehmer in Polen aus arbeitsrechtlicher Sicht. Florek, Ludwik, in: Die Realisierung der Arbeitnehmerfreizügigkeit im Verhältnis zwischen Deutschland und Polen aus arbeits- und sozialrechtlicher Sicht. Baden-Baden 2012.

255. Diskriminierungsschutz in den Mitgliedstaaten der EU. Versuch einer exemplarischen Bestandaufnahme. Franke, Bernhard u. Steinel, Vivien. ZESAR 2012, 157.

256. Zur Anwendung und Durchsetzung nationaler Arbeitsbedingungen. Franzen, Martin, in: Die Realisierung der Arbeitnehmerfreizügigkeit im Verhältnis zwischen Deutschland und Polen aus arbeits- und sozialrechtlicher Sicht. Baden-Baden 2012.

257. Die Rechtsprechung des Europäischen Gerichtshofs im Arbeitsrecht in den Jahren 2010 und 2011. Franzen, Martin. EuZA 2012, 295.

258. EU-Recht in Verwaltung und Wirtschaft. Die Diskurstheorie als Erklärungsmuster für die Wirkungen des EU-Rechts und als Beitrag zur Lösung der Wirtschafts- und Finanzkrise. Freiberg, Stephan. Aachen 2012.

259. EuGH-Rechtsprechung zum Arbeits- und Sozialrecht im Jahr 2011. Gagawczuk, Walter. DRdA 2012, 261.

260. Das Entsendepaket. Gagawczuk, Walter. DRdA 2012, 540.

261. Soziale Grundrechte und die Rechtsprechung des EuGH. Gagawczuk, Walter. DRdA 2012, 565.

262. Beschäftigtendatenschutz und EU-Datenschutz-Grundverordnung. Gola, Peter. EuZW 2012, 332.

263. Der Schutzzweck der Betriebsübergangsrichtlinie in historisch rechtsvergleichender Perspektive. Hartmann, Felix. EuZA 2012, 35.

264. Zwei Jahre neue Entsenderegelungen. EU-Verordnung 883/04 – eine Bilanz. Heidenreich, Jürgen. AuA 2012, 362.

265. Die Societas Privata Europaea (SPE) – Zur Weiterentwicklung des Ursprungkonzepts im Wandel der Zeit –. Helms, Dietmar, in: Festschrift für Peter Hommelhoff. Köln 2012.

266. Zur Primärrechtswidrigkeit der Leiharbeits-Richtlinie. Heuschmid, Johannes u. Klauk, Melanie. SR 2012, 84.

267. Die Zusammensetzung der europäischen Mitbestimmungsgremien bei Transaktion und Restrukturierung. Hey, Thomas u. Schröder, Anja. BB 2012, 3014.

268. Kollision des deutschen Arbeitsrechts mit europäischem Unionsrecht. Holland, Ralf. ZAP Fach 25, 225.

269. Zur SPE-Sitzaufspaltung. Hommelhoff, Peter, in: Festschrift für Günter H. Roth zum 70. Geburtstag. München 2011.

270. Die Rechtsprechung des EuGH zum europäischen Arbeitsrecht im Jahr 2011. Junker, Abbo. RIW 2012, 177.

271. Die Kettenbefristung zur Vertretung – nationale, europarechtliche und rechtsvergleichende Aspekte. Kamanabrou, Sudabeh. EuZA 2012, 441.

272. Osterweiterung und Arbeitnehmerfreizügigkeit. Kocher, Eva, in: Freie Fahrt für Arbeitnehmer/innen zwischen Ost und West. Perspektiven des Ablaufs beitrittsbedingter Übergangsfristen zum 1. Mai 2011. Baden-Baden 2012.

273. Europäische Grundrechte im aktuellen Arbeitsrecht. Konzen, Horst, in: Festschrift für Franz Jürgen Säcker zum 70. Geburtstag. München 2011.

274. Datenschutzrecht in der Europäischen Union: de lege lata und de lege ferenda. Kort, Michael. DB 2012, 1020.

275. Europäisches Arbeitsrecht vor dem Gerichtshof der Europäischen Union im Jahre 2011. Krebber, Sebastian. GPR 2012, 131.

276. Zur Reform des europäischen Datenschutzes. Eine erste Analyse des Entwurfs der Datenschutz-Grundverordnung. Lachmayer, Konrad. ÖJZ 2012, 841.

277. Aktuelle Entwicklungen im Europäischen Arbeitsrecht 2011/2012. Linneweber, Axel. ZESAR 2012, 461.

278. Novellierung des Europäischen Betriebsräte-Gesetzes. Löw, Hans-Peter. PersF 2012, Heft 1, 90.

279. Altersdiskriminierung – Eine Untersuchung zu Konzept und Funktionen eines ungewöhnlichen Diskriminierungsverbots. Mager, Ute, in: Festschrift für Franz Jürgen Säcker zum 70. Geburtstag. München 2011.

280. Der Mythos vom contra-legem-Verbot: Vom Umgang des EuGH mit einem Verfassungsprinzip. Manthey, Leslie u. Unseld, Christopher. DÖV 2011, 921.

281. Europäische Unternehmensvereinbarungen – Chancen für ein kollektives Arbeitsrecht. Meißner, Doris u. Ritschel, Andrea, in: Übergänge im Arbeitsleben und (Re)Inklusion in den Arbeitsmarkt. Symposium anlässlich des 65. Geburtstages von Prof. Dr. Wolfhard Kohte. Baden-Baden 2012.

282. Allgemeine Rechtsgrundsätze in Europa – dargestellt am Beispiel des Gleichbehandlungsgrundsatzes –. Metzger, Axel. RabelsZ 75, 845.

283. Die Entwicklungen des Unionsrechts bis Mitte 2011. Montag, Frank u. Bonin, Andreas von. NJW 2011, 3623.

284. Freizügigkeit für Arbeitgeber und Arbeitnehmer in der Europäischen Union. Einige Beobachtungen aus der Perspektive eines Hochlohn-Landes. Neal, Alan C. RdA 2012, 266.

285. Die Europäische Sozialcharta. Piffl-Pavelec, Susanne u. Florus, Elisabeth. DRdA 2011, 584.

286. Das Unionsrecht als Hybridform zwischen case law und Gesetzesrecht. Pötters, Stephan u. Christensen, Ralph. JZ 2012, 289.

287. Fallstricke im Urlaubsrecht - Weiterhin keine Rechtssicherheit für die Praxis? Pötters, Stephan u. Stiebert, Tom. NJW 2012, 1034.

288. Die Arbeitnehmerbegriffe des Unionsrechts in der neueren Judikatur des EuGH. Rebhahn, Robert. EuZA 2012, 3.

289. Nachbarn bei der Arbeit. Auswirkungen der Arbeitnehmerfreizügigkeit zwischen Deutschland und Polen. Reinicke, Gosia. Hamburg 2012.

290. Transnationale tarifliche Unterbietung von Mindestarbeitsbedingungen in der EU. Rödl, Florian, in: Rechtsprobleme der tariflichen Unterbietungskonkurrenz. Düsseldorf 2011.

291. Europarechtliche Rahmenbedingungen für eine Reform des Arbeitnehmer-Entsendegesetzes. Rödl, Florian. WSI-Mitteilungen 2012, 517.

292. Missbrauch der Europäischen Aktiengesellschaft. Sagan, Adam, in: Individuelle Freiheit und kollektive Interessenwahrnehmung im deutschen und europäischen Arbeitsrecht. Assistententagung im Arbeitsrecht 2011 in Osnabrück. Tübingen 2012.

293. Datenschutz in der Union - Gelungene oder missglückte Gesetzentwürfe? Schild, Hans-Hermann u. Tinnefeld, Marie-Theres. DuD 2012, 312.

294. Standortbestimmung. Schlachter, Monika. DB 2012, Beilage Standpunkte zu Heft 6, 9.

295. Beamtenstreik im Mehrebenensystem. Die Europäische Menschenrechtskonvention und ihre Wirkungen auf das deutsche Recht. Schlachter, Monika. RdA 2011, 341.

296. Freizügigkeit für Arbeitnehmer und Unternehmen – der nationale Blickwinkel. Schneider-Sievers, Astrid. RdA 2012, 277.

297. Paukenschläge der Europarichter! Schunder, Achim. NZA 2012, Heft 1, Editorial.

298. Neue Europäische Datenschutzverordnung: Kommissionsentwurf gibt tiefen Einblick in EU-Reformpläne. Spies, Axel. ZD 2012, Heft 1, V.

299. Mangold nicht hinreichend qualifiziert ultra vires – Zur Reduktion der Ultra-vires-Kontrolle im Honeywell-Urteil des Bundesverfassungsgerichts. Streinz, Rudolf, in: Festschrift für Günter H. Roth zum 70. Geburtstag. München 2011.

300. Der kollisionsrechtliche Günstigkeitsvergleich gem. Art 8 Abs. 1 Satz 2 der Rom I-VO. Streithofer, Petra. DRdA 2012, 191.

301. Perspektiven eines Europäischen Arbeitsmarktes. Tegtmeier, Werner, in: Die Realisierung der Arbeitnehmerfreizügigkeit im Verhältnis zwischen Deutschland und Polen aus arbeits- und sozialrechtlicher Sicht. Baden-Baden 2012.

302. Neues aus Luxemburg: Aktuelle Rechtsprechung des EuGH zu den Diskriminierungsverboten und zum Urlaubsrecht. Thüsing, Gregor; Pötters, Stephan u. Stiebert, Tom. RdA 2012, 281.

303. Zur begrenzten Reichweite der Koalitionsfreiheit im Unionsrecht. Thüsing, Gregor u. Traut, Johannes. RdA 2012, 65.

304. Kirchliches Arbeitsrecht vor den Europäischen Gerichten. Walter, Christian. ZevKR 57, 233 (2012).

305. Betriebliche Suchprozesse und die Wechselwirkungen von Arbeits- , Sozial- und Verwaltungsrecht - Der Suchprozess des betrieblichen Eingliederungsmanagements als Chance für die Verbesserung des betrieblichen Arbeitsschutzes. Weber, Christian, in: Übergänge im Arbeitsleben und (Re)Inklusion in den Arbeitsmarkt. Symposium anlässlich des 65. Geburtstages von Prof. Dr. Wolfhard Kohte. Baden-Baden 2012.

306. Verhandelte Mitbestimmung – eine Zwischenbilanz. Weber, Christoph, in: Europäisches Recht zwischen Bewährung und Wandel. Festschrift für Dieter H. Scheuing. Baden-Baden 2011.

307. Deutsche Aufsichtsratsmitbestimmung im Europäischen Kontext. Weiss, Manfred. KritV 2012, 327.

308. Sitzungsverlegung von Gesellschaften in Europa: rechtliche und praktische Probleme. Weller, Marc-Phillippe u. Leuering, Dieter. Bonn 2012.

309. „Innerhalb der Union ist die Freizügigkeit der Arbeitnehmer gewährleistet" – eine aktuelle Bestandsaufnahme zu Art. 45 AEUV –. Wienbracke, Mike. EuR 2012, 483.

310. Aktuelle Rechtsprechung des EuGH zum Arbeits- und Sozialrecht. Befristung, Betriebsübergang. Willemsen, Heinz Josef. RdA 2012, 291.

311. Das Arbeitsrecht im europäischen Mehrebenensystem ist weiterhin in Bewegung. Winter, Regine, in: Arbeitsgerichtsbarkeit und Wissenschaft. Festschrift für Klaus Bepler zum 65. Geburtstag. München 2012.

312. Unionsrechtskonforme Auslegung von Tarifverträgen? Wißmann, Hellmut, in: Arbeitsgerichtsbarkeit und Wissenschaft. Festschrift für Klaus Bepler zum 65. Geburtstag. München 2012.

313. Soziale Grundrechte in der EU. Das Arbeitskampfrecht nach in-Kraft-Treten des Vertrags von Lissabon. Zimmer, Reingard. ArbuR 2012, 114.

5. Internationales Arbeitsrecht

314. Die Mitarbeitgeberstellung der deutschen Muttergesellschaft bei Unternehmen mit Frankreichbezug. Aktuelle Entwicklungen in der Rechtsprechung französischer Gerichte zur „Mitarbeitgeberschaft". Adam-Caumeil, Judith. RIW 2012, 832.

315. Italienisches Tarifrecht. Ales, Edoardo, in: Tarifrecht in Europa. Baden-Baden 2012.

316. Tarifvertragsrecht in der Slowakei. Barancová, Helena, in: Tarifrecht in Europa. Baden-Baden 2012.

317. Überbetriebliche versus innerbetriebliche Kollektivvereinbarungen in der Slowakei. Barancová, in: Überbetriebliche versus innerbetriebliche Kollektivvereinbarungen. 5. Arbeitsrechtlicher Dialog. Baden-Baden 2012.

318. Tarifliche Weiterbildungspolitik in den Niederlanden und in Deutschland. Berger, Klaus u. Moraal, Dick. WSI-Mitteilungen 2012, 382.

319. Verdrängung fremden Arbeitsrechts bei Auslandsarbeit durch das Ortsrecht am Beispiel Frankreichs - Mit Ausblicken nach Spanien und Italien. Callsen, Raphael. EuZA 2012, 154.

320. Recent Developments in Labour Law in the United Kingdom. Davies, Anne C. L. EuZA 2012, 280.

321. Kollektivverträge in postsowjetischem Raum: eine Untersuchung am Beispiel Litauens. Davulis, Tomas, in: Tarifrecht in Europa. Baden-Baden 2012.

322. Internationales Arbeitsrecht und Tarifvertrag. Deinert, Olaf, in: Arbeitsgerichtsbarkeit und Wissenschaft. Festschrift für Klaus Bepler zum 65. Geburtstag. München 2012.

323. Arbeitskampf und anwendbares Recht. Deinert, Olaf. ZESAR 2012, 311.

324. Beweisaufnahme à la Peking. Diller, Martin. FA 2012, 326.

325. Zwischen Staatsinterventionismus und Tarifautonomie – Die Allgemeinverbindlicherklärung von Tarifverträgen in Frankreich. Dufresne, Anne u. Maggi-Germain, Nicole. WSI-Mitteilungen 2012, 534.

326. Globale Rahmenabkommen: zwischen Corporate Social Responsibility und gewerkschaftlichen Kampagnen. Dzida, Boris u. Reinhard, Christian. BB 2012, 2241.

327. Auslandsarbeit – Anknüpfung im Internationalen Arbeitsrecht und im Internationalen Sozialrecht. Eichenhofer, Eberhard. EuZA 2012, 140.

328. Die Wahrung von Betriebs- und Geschäftsgeheimnissen im Spannungsverhältnis zur Berufsfreiheit am Beispiel der Volksrepublik China. Fan, Jianhong u. Neuwirth, Rostam J. RIW 2012, 123.

329. Neues zum Übergang von Arbeitgeberpflichten bei Unternehmenskäufen in den USA. Zugleich Anmerkung zu dem Urteil Pension Benefit Guaranty Corporation v. Asahi Tec Corporation, C.A. No. 10-1936 (ABJ) (14. 3. 2012). Flägel, Peter; Hossenfelder, Martin u. Schollmeyer, Mario. RIW 2012, 513.

330. Koalitionsfreiheit und Tarifautonomie im griechischen Recht. Gavalas, Nikolaos, in: Tarifrecht in Europa. Baden-Baden 2012.

331. Tarifvertragsrecht in der Schweiz. Geiser, Thomas, in: Tarifrecht in Europa. Baden-Baden 2012.

332. Überbetriebliche versus innerbetriebliche Kollektivvereinbarungen – Länderbericht Schweiz. Geiser, in: Überbetriebliche versus innerbetriebliche Kollektivvereinbarungen. 5. Arbeitsrechtlicher Dialog. Baden-Baden 2012.

333. To be or not to be? – The Norwegian dilemma of being just politically bound to Framework Directive 2000/78/EC. Hack, Melanie Regine. EuZA 2012, 357.

334. Projekt Auslandseinsatz. Grundlegende Aspekte der internationalen Mitarbeiterentsendung. Hasbargen, Ulrike. AuA 2012, 344.

335. Geschäftsverkehr mit Russland. Korruptionsbekämpfung und Compliance. Heidemann, Thomas. AuA 2012, 332.

336. Update: Neues bei Entsendungen. Änderungen im internationalen Sozialversicherungsrecht. Heidenreich, Jürgen. AuA 2012, 481.

337. Tarifvertragssystem in der Türkei. Hekimler, Alpay, in: Tarifrecht in Europa. Baden-Baden 2012.

338. Überbetriebliche versus innerbetriebliche Kollektivvereinbarungen in der Türkei - Gesteuert durch Verfassungsnormen. Hekimler, in: Überbetriebliche versus innerbetriebliche Kollektivvereinbarungen. 5. Arbeitsrechtlicher Dialog. Baden-Baden 2012.

339. Die Grundlagen des türkischen Tarifvertragssystems mit einer vergleichenden Perspektive zu den EU-Mitgliedsländern. Hekimler, Alpay. ZESAR 2012, 208.

340. Streikrecht im öffentlichen Dienst – Rechtsentwicklungen und Rechtswirklichkeit in der Schweiz und in Deutschland –. Henneberger-Sudjana, Sarah u. Henneberger, Fred. KritV 2012, 174.

341. Kollektivklage wegen Diskriminierung am Arbeitsplatz: Wal-Mart v. Dukes. Höffmann, Friederike. ZVglRWiss 111, 233 (2012).

342. Arbeitsrecht vor vierzig Jahren – Vergleichend betrachtet. Junker, Abbo. EuZA 2012, 1.

343. Aspekte des kollektiven Arbeitsrechts in Frankreich. Kaufmann, Otto, in: Tarifrecht in Europa. Baden-Baden 2012.

344. Das Recht der Kollektivvereinbarungen in Frankreich. Kaufmann, in: Überbetriebliche versus innerbetriebliche Kollektivvereinbarungen. 5. Arbeitsrechtlicher Dialog. Baden-Baden 2012.

345. Work-Life-Balance in Japan. Kawada, Tomoko, in: Recht – Politik – Geschichte. Festschrift für Franz Josef Düwell zum 65. Geburtstag. Baden-Baden 2011.

346. Rechtsfolgen rechtswidriger Kündigungen im polnischen Arbeitsrecht. Kiedrowski, Michael. EuZA 2012, 346.

347. Whistleblower in Deutschland und Großbritannien. Lehren aus dem Fall Heinisch. Király, Andrei. RdA 2012, 236.

348. Spaniens Arbeitsbeziehungen am Beginn des 21. Jahrhunderts. Köhler, Holm-Detlev u. Calleja Jimenez, Jose Pablo, in: Tarifrecht in Europa. Baden-Baden 2012.

349. Neutralität des Arbeitgebers im US-amerikanischen Arbeitsrecht? Kohler, Thomas C. ArbuR 2012, 146.

350. Republik Slowenien. Korpic-Horvat, Etelka u. Sen?ur Pe?ek, Darja, in: Tarifrecht in Europa. Baden-Baden 2012.

351. Nationale Gerichte - Im Fokus. Kugler, Sibylle; Hurtado Briongos, Franziska u. Spieß, Matthias. EuZA 2012, 86.

352. Nationale Gerichte – Im Fokus. Kugler, Sibylle; Briongos, Franziska Hurtado u. Spieß, Matthias. EuZA 2012, 550.

353. Nationale Gerichte – Im Fokus. Kugler, Sibylle; Pfrogner, Julia; Hurtado Briongos, Franziska u. Spieß, Matthias. EuZA 2012, 270.

354. Nationale Gerichte - Im Fokus. Kugler, Sibylle; Pfrogner, Julia; Hurtado Briongos, Franziska u. Spieß, Matthias. EuZA 2012, 422.

355. Die Flexibilisierung des Arbeitsrechts und die Vertretung der Arbeitnehmer in Japan. Kuwamura, Yumiko. RdA 2012, 155.

356. Kollektive Gestaltung der Arbeitsbedingungen und Minderheitenschutz in Japan. Kuwamura, Yumiko. RIW 2012, 839.

357. Änderungen im Arbeitsrecht Italiens in den Jahren 2009-2011. Leccese, Vito u. Scanni, Illaria. EuZA 2012, 558.

358. Internationale Arbeitsnormen unter ungerechtfertigtem Druck – das Beispiel des Kündigungsschutzübereinkommens Nr. 158 der Internationalen Arbeitsorganisation (ILO). Lörcher, Klaus. ZESAR 2012, 263.

359. Kollektivvertrag und Interessenvertretungen in Österreich. Löschnigg, Günther, in: Tarifrecht in Europa. Baden-Baden 2012.

360. Überbetriebliche versus innerbetriebliche Kollektivvereinbarungen in Österreich. Löschnigg, in: Überbetriebliche versus innerbetriebliche Kollektivvereinbarungen. 5. Arbeitsrechtlicher Dialog. Baden-Baden 2012.

361. Das französische Modell der Zeitarbeit. Ein Modell für wen? Mattoug, Michel, in: Die neue Rolle der Zeitarbeit in Deutschland. München 2012.

362. Transnationale Unternehmensvereinbarungen und die Vereinbarungspolitik Europäischer Betriebsräte. Müller, Torsten; Platzer, Hans-Wolfgang u. Rüb, Stefan. WSI-Mitteilungen 2012, 457.

363. Spanisches Arbeitsrecht in den Jahren 2010 bis 2012: eine Zeit bedeutsamer Änderungen. Nieto, Federico Navarro. EuZA 2012, 564.

364. Mehr Flexibilität im slowakischen Arbeitsrecht seit dem 1. 9. 2011 – Eine Darstellung der wichtigsten Änderungen des slowakischen Arbeitsgesetzbuchs durch das Gesetz Nr. 257/2011. Niksová, Diana. EuZA 2012, 105.

365. Überbetriebliche versus innerbetriebliche Kollektivvereinbarungen – Länderbericht Dänemark. Olsen-Ring, in: Überbetriebliche versus innerbetriebliche Kollektivvereinbarungen. 5. Arbeitsrechtlicher Dialog. Baden-Baden 2012.

366. Der deutsche Mindestlohn in der Arbeitgeberinsolvenz am Beispiel Polens. Piekenbrock, Andreas. ZVglRWiss 111, 87 (2012).

367. Personalarbeit über Grenzen hinweg. Internationale Arbeitsrechtsberater finden. Preedy, Kara. AuA 2012, 328.

368. Arbeitsrechtliche Probleme in Konzernen mit Frankreichbezug und Matrixstruktur. Die neue Rechtsprechung des französischen Kassationshofs zum „Mitarbeitgeber". Querenet-Hahn, Bénédicte. BB 2012, 2246.

369. Weniger oder mehr Kündigungsschutz? Rebhahn, Robert. EuZA 2012, 439.

370. Auf der Suche nach der eigenen Betriebsrente – Holländisches pension tracking system als best practice für Europa? Reichert, Sibylle. BetrAV 2012, 49.

371. Kollektives Arbeitsrecht in Dänemark. Ring, Gerhard u. Olsen-Ring, Line, in: Tarifrecht in Europa. Baden-Baden 2012.

372. Alles bleibt anders: Änderung der Rahmenbedingungen für die betriebliche Altersversorgung in den Niederlanden. Rogge, Sven. BetrAV 2012, 43.

373. Die Allgemeinverbindlichkeit von Tarifverträgen: ein Eckpfeiler der niederländischen Arbeitsbeziehungen. Rojer, Maurice u. Veldt, Karin van der. WSI-Mitteilungen 2012, 525.

374. Vermeintliche krankheitsbedingte Arbeitsunfähigkeit – ein Vergleich der Rechtslage in Deutschland, Frankreich, Großbritannien und den Niederlanden. Roß-Kirsch, Nadja; Kania, Beatrix; Fort, Patrick u. Dijk, Sip van. RIW 2012, 616.

375. Overview of the transfer of undertaking in France. The social point of view in a collective approach. Sachs-Durand, Corinne. NZA Beilage 2012, Nr 1, 5.

376. Arbeitnehmerdatenschutz in Norwegen. Einsicht in E-Mail-Accounts und andere betriebliche Kommunikations- und Speichermedien. Schmidt, Bernd. DuD 2012, 591.

377. Europäischer Tarifbericht des WSI – 2011/2012. Schulten, Thorsten. WSI-Mitteilungen 2012, 447.

378. Stellenwert der Allgemeinverbindlicherklärung für die Tarifvertragssysteme in Europa. Schulten, Thorsten. WSI-Mitteilungen 2012, 485.

379. Around the Work – Die globale Ausprägung der Leiharbeit. Seiffert, Matthias, in: Knecht zweier Herren. Zur Abschaffung der Leiharbeit. Münster 2011.

380. Collective Agreements in the Republic of Slovenia. Senčur Peček, in: Überbetriebliche versus innerbetriebliche Kollektivvereinbarungen. 5. Arbeitsrechtlicher Dialog. Baden-Baden 2012.

381. Tätigkeit von Ausländern in Russland. Wesentliche Neuerungen. Shmagina, Julia u. Wedde, Rainer. AuA 2012, 29.

382. Legal framework for collective labour agreements and other collektive agreements in Poland. Skupien, in: Überbetriebliche versus innerbetriebliche Kollektivvereinbarungen. 5. Arbeitsrechtlicher Dialog. Baden-Baden 2012.

383. Kollektives Arbeitsrecht in der Tschechischen Republik. Štefko, Martin, in: Tarifrecht in Europa. Baden-Baden 2012.

384. Überbetriebliche versus innerbetriebliche Kollektivvereinbarungen in der Tschechischen Republik. Štefko, Martin, in: Überbetriebliche versus innerbetriebliche Kollektivvereinbarungen. 5. Arbeitsrechtlicher Dialog. Baden-Baden 2012.

385. Sexual Harassment and Workplace Bullying à la polonaise. Swiatkowski, Andrzej Marian u. Wujczyk, Marcin. EuZA 2012, 506.

386. Gesellschaftsrecht und Arbeitnehmerschutz in Japan. Takahashi, Eiji. RIW 2012, 112.

387. Das japanische Arbeitsvertragsgesetz. Takahashi, Kenji. ZIAS 2012, 174.

388. Die Tarifautonomie in kritischer Wende - Das Beispiel Griechenlands. Travlos-Tzanetatos, Dimitris, in: Festschrift für Franz Jürgen Säcker zum 70. Geburtstag. München 2011.

389. Data Privacy as a Tool to Combat Discrimination? The Japanese Example of Data Protection in the Workplace. Wakabayashi, Tsubasa. DuD 2012, 327.

390. Antidiskriminierungsrechtliche Aspekte des Kündigungsschutzes in Deutschland und England. Wenckebach, Johanna. Baden-Baden, 2012.

391. Collective Bargaining in the United Kingdom. Wergin, Niels-Erik u. White, Geoff, in: Tarifrecht in Europa. Baden-Baden 2012.

392. Internationale Arbeitnehmerentsendung: Besteuerung der Altersversorgung bei Zuzug ausländischer Arbeitskräfte. Zillmer, Inga-Kristin. BB 2012, 2345.

6. Arbeitspolitik

393. Dimensionen eines gesellschaftspolitischen Kurswechsels – Überlegungen zu gewerkschaftlichen Zielen und ihren Durchsetzungsstrategien. Allespach, Martin u. Bartmann, Martin. WSI-Mitteilungen 2011, 619.

394. Finanzielle Anreize für Whistleblower im Europäischen Kapitalmarktrecht? Rechtspolitische Überlegungen zur Reform des Marktmissbrauchsregimes. Fleischer, Holger u. Schmolke, Klaus Ulrich. NZG 2012, 361.

395. Bundesregierung muss in der Alterssicherung Kurs halten. Gunkel, Alexander. BB 2012, Heft 6, I.

396. Die Reform des AÜG im Jahr 2011. Hamann, Wolfgang. RdA 2011, 322.

397. Evalution der aktiven Arbeitsmarktpolitik: Ein Sachstandsbericht für die Instrumentenreform 2011. Heyer, Gerd; Koch, Susanne; Stephan, Gesine u. Wolff, Joachim. ZAF 2012, Heft 1, 41.

398. Bewerbungsverfahren im Lichte des künftigen Beschäftigtendatenschutzes. Hoss, Dennis. PersF 2012, Heft 2, 18.

399. Das Bundesfreiwilligendienstgesetz. Neuer rechtlicher Raum für nicht gewerbsmäßige Arbeitnehmerüberlassung. Klenter, Peter. AiB 2011, 656.

400. Das neue Familienpflegezeitgesetz. Vereinbarkeit von Erwerbstätigkeit und häuslicher Pflege. Kossens, Michael. PersR 2012, 17.

401. Was tun gegen Niedriglöhne. Branchenmindestlöhne oder allgemeine Lohnuntergrenze? Lakies, Thomas. AiB 2012, 19.

402. Ein neues Familienpflegezeitgesetz. Kein Rechtsanspruch für pflegende Arbeitnehmer - Finanzierung über Bundesdarlehen. Leopold, Dieter. WzS 2012, 18.

403. Der gesetzliche Schutz für Whistleblower rückt näher. Leuchten, Alexius. ZRP 2012, 142.

404. Der Mindestlohn in der Zeitarbeit – eine Nebelkerze?! Neufeld, Tobias. BB 2012, Heft 5, Die Erste Seite.

405. Das neue Mediationsgesetz – Ist Schlichten wirklich besser als Richten? Notthoff, Martin. ZAP Fach 23, 951.

406. Familienpflegezeitgesetz. Update. Novara, Fabian. AuA 2012, 27.

407. Die neue Familienpflegezeit. Chancen und Risiken der Arbeitszeitreduzierung zur Pflege eines Angehörigen. Oberthür, Natalie. ArbRB 2011, 376.

408. Nationaler Aktionsplan zur Umsetzung der UN-Behindertenrechtskonvention. Pahl-Häuser, Claudia. ZBVR online 2011, Nr 12, 33.

409. Gesetz zur Durchsetzung der Entgeltgleichheit im Parlament. Pfarr, Heide. djbZ 2012, 97.

410. Angehörigenpflege durch Arbeitnehmer - Eine Herausforderung für die unternehmerische Praxis. Plein, Anne u. Kratz, Eva. KSzW 2012, 101.

411. Umwertung aller Werte – Das bröckelnde Kartell von Arbeitgebern und Gewerkschaften benutzt den Gesetzgeber, um die Tarifeinheit zu retten – wider der Verfassung. Reichold, Hermann, in: Staat und Recht. 100 Beiträge aus der F.A.Z.-Rubrik „Staat und Recht". München 2011.

412. Fehlerhafte Rechtsbereinigung nach Feststellung der Altersdiskriminierung. Resch, Reinhard. ZESAR 2012, 257.

413. Anti-Stress-Verordnung. Der Entwurf liegt vor, nun ist die Politik gefragt! Reusch, Jürgen. AiB 2012, 495.

414. Anti-Stress-Verordnung. Der Entwurf liegt vor, nun ist die Politik gefragt! Reusch, Jürgen. PersR 2012, 360.

415. „No Representation without Taxation" – WSI-Verteilungsbericht 2011. Schäfer, Claus. WSI-Mitteilungen 2011, 677.

416. WSI-Mindestlohnbericht 2012 – Schwache Mindestlohnentwicklung unter staatlicher Austeritätspolitik. Schulten, Thorsten. WSI-Mitteilungen 2012, 124.

417. Spendable Finanzbranche – Privatisierte Alterssicherung? Sommer, Jörg u. Wehlau, Diana. WSI-Mitteilungen 2012, 419.

418. Kommt ein Gesetz zur Regelung von Arbeitskämpfen in der Daseinsvorsorge? Steinau-Steinrück, Robert von. BB 2012, Heft 26, I.

419. Gedanken zum Mindestlohn. Thüsing, Gregor, in: Arbeitsgerichtsbarkeit und Wissenschaft. Festschrift für Klaus Bepler zum 65. Geburtstag. München 2012.

420. Das neue Gesetz über den Rechtsschutz bei überlangen Gerichtsverfahren. Welche Rechte haben Betroffene, wenn Justitias Mühlen zu langsam mahlen? Tiedemann, Jens. ArbRB 2011, 382.

421. Die Änderung des LPVG NRW 2011. Wahlers, Wilhelm. ZTR 2012, 15.

7. Elektronische Datenverarbeitung - Datenschutz

422. Wem gehören die Follower? Social Media werfen ungeahnte Rechtsfragen auf. PersF 2012, Heft 2, 4.

423. Unions- und verfassungsrechtliche Grundlagen des Beschäftigtendatenschutzes. Bäcker, Matthias, in: Beschäftigtendatenschutz in der Reform. Mannheimer Arbeitsrechtstag 2012. Baden-Baden 2012.

424. Keine Strafbarkeit wegen Verletzung des Fernmeldegeheimnisses nach § 206 StGB bei betrieblicher E-Mail-Kontrolle. Barton, Dirk-M. RDV 2012, 217.

425. Compliance-Systeme und Datentransfer im Konzern. Bauckhage-Hoffer, Florian u. Katko, Peter. WM 2012, 486.

426. Anforderungen an Sachkunde und Zuverlässigkeit des Compliance-Beauftragten nach § 34d WpHG-MaAnzV - ein Vorbild für den Datenschutzbeauftragten? Böckelmann, Urs. RDV 2012, 235.

427. Die elektronische Personalakte. Möglichkeiten und Probleme im Arbeitsverhältnis. Brachmann, Carsten u. Diepold, Markus. AuA 2012, 202.

428. Datenschutz im Arbeitsrecht. Was müssen Unternehmen beachten? Brachmann, Carsten u. Diepold, Markus. AuA 2012, 460.

429. Der betriebliche Datenschutzbeauftragte – eine Annäherung. Ausbildungsstand – Arbeitsbedingungen – Tätigkeitsschwerpunkte. Brink, Stefan. ZD 2012, 55.

430. Beschäftigtendatenschutz – Das Werk der Gesetzgebung und der Beitrag der Rechtsprechung. Düwell, Franz Josef, in: Datenschutz im Arbeitsverhältnis. Tübingen 2012.

431. Rechtsfolgen von Verstößen gegen den Beschäftigtendatenschutz. Dzida, Boris u. Grau, Timon. ZIP 2012, 504.

432. Arbeitnehmerdatenschutz: Rechte und Pflichten des Betriebsrats. Kontrollfunktion wahrnehmen, eigene Datenschutzverstöße vermeiden. Dzida, Boris u. Schütt, Julia. ArbRB 2012, 21.

433. EU-DatenschutzVO – Ein Schreckgespenst oder Fortschritt? Eckhardt, Jens. CR 2012, 195.

434. Beschäftigtendaten im internationalen Konzern. Entzer, Frank-Martin, in: Beschäftigtendatenschutz in der Reform. Mannheimer Arbeitsrechtstag 2012. Baden-Baden 2012.

435. Arbeitnehmerschutz beim E-Mail-Verkehr. Von der funktionalen Bestimmung bis zum Fernmeldegeheimnis. Fischer, Julian. ZD 2012, 265.

436. Datenschutz in der Praxis eines global agierenden Großkonzerns. Fleck, Ulrike. ZfA 2012, 209.

437. Datenschutz im Bewerbungsverfahren. Fleck, Ulrike u. Zierke, Jürgen, in: Beschäftigtendatenschutz in der Reform. Mannheimer Arbeitsrechtstag 2012. Baden-Baden 2012.

438. Wann gilt der neue Beschäftigtendatenschutz? Wann hilft die Einwilligung? Forst, Gerrit, in: Beschäftigtendatenschutz in der Reform. Mannheimer Arbeitsrechtstag 2012. Baden-Baden 2012.

439. Beschäftigtendatenschutz im Kommissionsvorschlag einer EU-Datenschutzverordnung. Forst, Gerrit. NZA 2012, 364.

440. Der Vorschlag für eine EU-Datenschutz-Grundverordnung und der Arbeitnehmerdatenschutz. Franzen, Martin. DuD 2012, 322.

441. Neues zum Arbeitnehmerdatenschutz aus Brüssel. Franzen, Martin. EuZA 2012, 293.

442. Datenschutz im Unternehmen – Zwischen Persönlichkeitsschutz der Arbeitnehmer und Compliance-Anforderungen. Franzen, Martin. ZfA 2012, 172.

443. Beschäftigtendatenschutz im Konzern Deutsche Bahn aus arbeitsrechtlicher Sicht. Fritz, Michael. ZfA 2012, 197.

444. EU-Datenschutz-Grundverordnung und der Beschäftigtendatenschutz. Gola, Peter. RDV 2012, 60.

445. Die Ortung externer Beschäftigter. Abwägung zwischen Überwachungsinteresse und schutzwürdigen Arbeitnehmerinteressen. Gola, Peter. ZD 2012, 308.

446. Die Entwicklung des Datenschutzrechts in den Jahren 2011/2012. Gola, Peter u. Klug, Christoph. NJW 2012, 2489.

447. BDSG. Bundesdatenschutzgesetz. Kommentar. Gola, Peter; Klug, Christoph u. Körffer, Barbara. 11. Aufl. München 2012.

448. Arbeits- und datenschutzrechtliche Rahmenbedingungen für Systeme zur Meldung von Missständen und Regelverstößen durch Arbeitnehmer. Grau, Timon. KSzW 2012, 66.

449. Der betriebliche Datenschutzbeauftragte. Neuerungen durch die geplante DS-GVO. Hoeren, Thomas. ZD 2012, 355.

450. Eine Datenschutz-Grundverordnung für Europa? Licht und Schatten im Kommissionsentwurf vom 25.1.2012. Hornung, Gerrit. ZD 2012, 99.

451. Abmahnung: Kopie für den Betriebsrat ohne Zustimmung des Mitarbeiters? Hunold, Wolf. DB 2012, 2461.

452. Datenschutz bei der Überwachung von Beschäftigten - de lege lata und im Regierungsentwurf vom 15.12.2010 -. Jacobs, Matthias. ZfA 2012, 215.

453. Die EU-Datenschutz-Grundverordnung. Auswirkungen der EU-Datenschutz-Grundverordnung auf die Datenschutzorganisation des Unternehmens. Jaspers, Andreas. DuD 2012, 571.

454. Der betriebliche Datenschutzbeauftragte nach der geplanten EU-Datenschutz-Grundverordnung – ein Vergleich mit dem BDSG. Jaspers, Andreas u. Reif, Yvette. RDV 2012, 78.

455. Kollektivrechtliche Aspekte des Arbeitnehmerdatenschutzes. Joussen, Jacob. ZfA 2012, 235.

456. Möglichkeiten und Grenzen des Pre-Employment-Screenings. Kania, Thomas u. Sansone, Piero. NZA 2012, 360.

457. Bestellpflicht betrieblicher Datenschutzbeauftragter. Analyse zum Schwellenwert bei automatisierter Verarbeitung. Kaufmann, Noogie C. CR 2012, 413.

458. Podiumsdiskussion – Handlungsbedarf im Arbeitnehmerdatenschutz. Kern, Linda, in: Datenschutz im Arbeitsverhältnis. Tübingen 2012.

459. Mitarbeiter-Screenings zur Terrorbekämpfung zulässig? Eine Zwickmühle zwischen AWG und Datenschutzvorschriften. Kirsch, Marcus. ZD 2012, 519.

460. Einwilligung in die Erhebung von Beschäftigtendaten und Datenschutz. Kleinebrink, Wolfgang. ArbRB 2012, 61.

461. Abmahnung und Datenschutz. Kleinebrink, Wolfgang. DB 2012, 1508.

462. Arbeitsrechtliche Auswirkungen von „Bring your own Device". Die dienstliche Nutzung privater Mobilgeräte und das Arbeitsrecht. Koch, Frank. ITRB 2012, 35.

463. Datenschutz mit dem Betriebsrat und gegen den Betriebsrat. Kort, Michael, in: Beschäftigtendatenschutz in der Reform. Mannheimer Arbeitsrechtstag 2012. Baden-Baden 2012.

464. Spannungsfeld Datenschutz und Compliance im RegE Beschäftigtendatenschutzgesetz. Kort, Michael, in: Datenschutz im Arbeitsverhältnis. Tübingen 2012.

465. Soziale Netzwerke und Beschäftigtendatenschutz. Kort, Michael. DuD 2012, 722.

466. Die Stellung des Betriebsrats im System des Beschäftigtendatenschutzes. Kort, Michael. RDV 2012, 8.

467. Online-Datenzugriff im Betrieb. Die Rechtsprechung des BAG zu §§ 34 und 80 BetrVG. Kort, Michael. ZD 2012, 247.

468. Bestellung des internen Beauftragten für Datenschutz und deren Widerruf. Krasshöfer, Horst-Dieter, in: Recht - Politik - Geschichte. Festschrift für Franz Josef Düwell zum 65. Geburtstag. Baden-Baden 2011.

469. „Sozialübliche innerbetriebliche Kommunikation" – zum Anwendungsbereich des Beschäftigtendatenschutzes. Kursawe, Stefan u. Nebel, Julian. BB 2012, 516.

470. Datenübermittlung und -verarbeitung im Konzern. Was in inländischen sowie in grenzenüberschreitenden Fällen zu beachten ist. Legerlotz, Christoph. ArbRB 2012, 190.

471. Handlungsbedarf im Datenschutz aus Sicht der Bundesregierung. Leutheusser-Schnarrenberger, Sabine, in: Datenschutz im Arbeitsverhältnis. Tübingen 2012.

472. Datenschutz bei Anforderung und Nutzung erweiterter Führungszeugnisse. Löwisch, Manfred u. Mysilwiec, Katrin. NJW 2012, 2389.

473. Einführung in das Thema. Maschmann, Frank, in: Beschäftigtendatenschutz in der Reform. Mannheimer Arbeitsrechtstag 2012. Baden-Baden 2012.

474. Compliance versus Datenschutz. Maschmann, Frank. PersF 2012, Heft 2, 88.

475. Compliance versus Datenschutz. Maschmann, Frank. NZA Beilage 2012, Nr 2, 50.

476. „Prozessuale Folgen unerlaubten Datenumgangs". Natter, Eberhard, in: Beschäftigtendatenschutz in der Reform. Mannheimer Arbeitsrechtstag 2012. Baden-Baden 2012.

477. Beschäftigtendaten im Konzern – Wie die Mutter so die Tochter? Arbeits- und datenschutzrechtliche Aspekte einer zentralen Personalverwaltung. Nink, Judith u. Müller, Katharina. ZD 2012, 505.

478. E-Learning und Datenschutz. Paoli, Nicola de. PersF 2012, Heft 8, 87.

479. Beschäftigtendatenschutz: „Reset". Preis, Ulrich. NZA 2011, 21, Editorial.

480. Datenschutz im Betrieblichen Eingliederungsmanagement. Ein Beispiel aus dem Projekt „Neue Wege im BEM". Reuter, Tobias; Giesert, Marianne u. Liebrich, Anja. AiB 2011, 676.

481. Kein Fragerecht des Arbeitgebers. Ein Beitrag zum System des Datenschutzes und zur Systematik des BDSG. Riesenhuber, Karl. NZA 2012, 771.

482. Tatsächlich unterschätzt: Die Pflicht zum Terrorlistenscreening von Mitarbeitern – Fortführung des ersten Aufsatzteils zum Anti-Terror-Screening aus BB 2011, 1333 –. Roeder, Jan-Jacob u. Buhr, Martina S. BB 2012, 193.

483. Datenerhebung im Arbeitsverhältnis und Beweisverwertung – Überlegungen im Hinblick auf die Neugestaltung des Datenschutzes. Rolf, Christian u. Stöhr, Christian. RDV 2012, 119.

484. Der Einsatz der E-Mail – Bedeutung und Probleme für die Personal- und Betriebsräte –. Schild, Hans-Hermann. PersV 2012, 94.

485. Datenschutz-Grundverordnung. Überlegungen zu einer Neugestaltung des Datenschutzrechts. Schneider, Jochen. ITRB 2012, 180.

486. Datenschutz im Betrieb. Aktive Begleitung durch den Betriebsrat. Schulze, Marc-Oliver. AiB 2012, 12.

487. Die totale Überwachung. Mitarbeiterscreening unter dem Deckmantel der Terrorbekämpfung. Schulze, Marc-Oliver u. Sticher, Patrick. AiB 2012, 574.

488. Beschäftigtendatenschutzgesetz: Wiedervorlage in vier Jahren? Straube, Gunnar u. Klagges, Rhea-Christina. ArbR 2012, 81.

489. Die Informationsgewinnung des Arbeitgebers im Bewerbungsverfahren, Mitbestimmungsrechte und Sanktionen. Tamm, Marina. PersV 2012, 84.

490. Mitbestimmung und Sanktionen für Arbeitgeber. Die Informationsgewinnung im Bewerbungsverfahren. Tamm, Marina. SuP 2012, 444.

491. Die Bedeutung der BITV 2 für die Barrierefreiheit im Inter- und Intranet. Warnke, Karsten. ZBVR online 2011, Nr 12, 36.

492. Schutz der Gesundheitsdaten von Beschäftigten. Erkenntnismöglichkeiten von Arbeitgebern und deren rechtliche Grenzen. Wedde, Peter. AiB 2012, 509.

493. Schutz von Gesundheitsdaten der Beschäftigten. Erkenntnismöglichkeiten von Arbeitgebern und deren rechtliche Grenze. Wedde, Peter. PersR 2012, 344.

494. Vertrauen ist gut ... Wie und warum Betriebsräte IT-Vereinbarungen kontrollieren sollten. Wolf, Jürgen. AiB 2012, 101.

495. Europa: Einsatz für den Datenschutz. EU-Kommission entwirft Datenschutzgrundverordnung. Wolf, Jürgen. AiB 2012, 426.

496. Beschäftigtendatenschutz auf der europäischen Achterbahn. Wuermeling, Ulrich. NZA 2012, 368.

497. Herausforderung Datenschutz. Was Sie über den Umgang mit Arbeitnehmerdaten wissen sollten. Wybitul, Tim. AuA 2012, 36 (Sonderausgabe).

498. Compliance, Social Media und Datenschutz. Wybitul, Tim, in: Beschäftigtendatenschutz in der Reform. Mannheimer Arbeitsrechtstag 2012. Baden-Baden 2012.

499. Datenschutz und Compliance – Wohin geht die Reise? Wybitul, Tim. NZA 2012, Nr 7, Editorial.

500. Beschäftigtendatenschutz: Warum wir dringend eine gesetzliche Neuregelung brauchen. Wybitul, Tim. ZD 2012, 1.

501. EU-Datenschutz-Grundordnung – Überblick und arbeitsrechtliche Betrachtung des Entwurfs. Wybitul, Tim u. Fladung, Armin. BB 2012, 509.

502. EU-Datenschutz-Grundverordnung und Beschäftigtendatenschutz. Was bedeuten die Regelungen für Unternehmen und Arbeitgeber in Deutschland? Wybitul, Tim u. Rauer, Nils. ZD 2012, 160.

503. Das Datenschutzgesetz NRW - zukunftsfest oder novellierungsbedürftig? Zum Änderungsbedarf zwölf Jahre nach der letzten Reform. Zilkens, Martin u. Kohlhause, Dirk. ZD 2012, 119.

8. Kirche, kirchliche Einrichtungen

504. Bisher tabu – in wenigen Jahren Standard. Austen, Jan-Hendrik. neue caritas 2012, Heft 9, 22.

505. Arbeitsrecht in der Evangelisch-Lutherischen Kirche in Norddeutschland. Baalmann, Hubert. ZMV 2012, 185.

506. Arbeitsrechtsregelungsgrundsätzegesetz der EKD. Berroth, Walter. ZMV 2012, 26.

507. AVR.DW.EKD: Entgelterhöhung und Strukturänderungen endgültig beschlossen. Berroth, Walter. ZMV 2012, 206.

508. Der Dritte Weg braucht kein Streikrecht. Beyer, Norbert. neue caritas 2012, Heft 9, 10.

509. Diskriminierung in diakonischen Einrichtungen? Biskup, Rainer. KuR 2012, 19.

510. Der Dritte Weg ist dem weltlichen Arbeitsrecht gleichwertig. Deutscher Caritasverband. neue caritas 2012, Heft 7, 38.

511. Der „Dritte Weg" auf dem Prüfstand. Neue Spielregeln für Streiks in kirchlichen Einrichtungen und gewerkschaftliche Zutrittsrechte? Ebert, Oliver. ArbRB 2012, 312.

512. Grundordnung des kirchlichen Dienstes novelliert! Eder, Joachim. ZTR 2011, 714.

513. Kirchliche Arbeitsvertragsregelungen und AGB-Recht. Fischermeier, Ernst, in: Arbeitsgerichtsbarkeit und Wissenschaft. Festschrift für Klaus Bepler zum 65. Geburtstag. München 2012.

514. Die Beschwerderechte der Mitarbeitervertretungen. Fitzthum, André. ZMV 2012, 127.

515. AVR – wohin geht die Reise? Franken, Andreas u. Vortkamp, Thomas. neue caritas 2012, Heft 4, 30.

516. Grundlagen, Entwicklung und Perspektiven des kollektiven Arbeitsrechts der Kirche. Joussen, Jacob, in: Das kirchliche Arbeitsrecht vor neuen Herausforderungen. Münster 2012.

517. Die Rechtsprechung zum Streik in kirchlichen Einrichtungen in Bewegung. Joussen, Jacob. ZMV 2012, 2.

518. Kirchliches Arbeitsrecht: entweder ganz oder gar nicht. Kessmann, Heinz-Josef. neue caritas 2012, Heft 9, 12.

519. Aktuelle Probleme des kirchlichen Arbeitsrechts. Der Dritte Weg, das Streikrecht und die Mitarbeiterrepräsentanz. Kreß, Hartmut. ZRP 2012, 103.

520. Die „Grundordnung des kirchlichen Dienstes ...", ein bischöfliches Gesetz? Lüdicke, Klaus. KuR 2012, 1.

521. Weltliches Arbeitsrecht und christliche Dienstgemeinschaft. Zum Spannungsfeld von kirchlichem Selbstbestimmungsrecht und Koalitionsfreiheit. Mehrens, Christian u. Willemsen, Heinz Josef. NZA 2011, 1205.

522. „Dritter Weg" und rechtliche Grenzen der Flexibilisierung des Arbeitsrechts der katholischen Kirche. Mennemeyer, Christina. Frankfurt am Main 2012.

523. Ende eines Sonderwegs? – Zum Stand des kirchlichen Arbeitsrechts. Merlot de Beauregard, Paul. NZA-RR 2012, 225.

524. Die Dienstgemeinschaft und das katholische Profil kirchlicher Einrichtungen. Overbeck, Franz-Josef, in: Das kirchliche Arbeitsrecht vor neuen Herausforderungen. Münster 2012.

525. Kirchliche Loyalitätsobliegenheiten im Lichte der Rechtsprechung des EGMR. Plum, Martin. NZA 2011, 1194.

526. Europäisches Arbeitsrecht und das kirchliche Selbstbestimmungsrecht. Pötters, Stephan u. Kalf, Martin. ZESAR 2012, 216.

527. Neues zum Streikrecht in diakonischen Einrichtungen. Reichold, Hermann. ZevKR 57, 57-74 (2012).

528. Streik zur Systemüberwindung oder Systemstabilisierung? Gedanken zum Streikrecht in kirchlichen Einrichtungen. Reichold, Hermann. ZTR 2012, 315.

529. Kirchliche Einrichtungen als weltliche Arbeitgeber. Richardi, Reinhard, in: Arbeitsgerichtsbarkeit und Wissenschaft. Festschrift für Klaus Bepler zum 65. Geburtstag. München 2012.

530. Die Rechtsprechung des Kirchlichen Arbeitsgerichtshofs der katholischen Kirche in den Jahren 2006–2010. Richardi, Reinhard. NZA 2011, 1185.

531. Die Anwendbarkeit staatlicher Mindestlohnregelungen auf kirchliche Einrichtungen. Riechert, Christian u. Stomps, Annette. NZA 2012, 707.

532. Streikrecht ohne Kirchenaussperrung? Ritter, Thomas. NZA 2012, Heft 21, Editorial.

533. Inhaltskontrolle im kirchlichen Arbeitsrecht. Zulässigkeit und Grenzen beim Rückgriff der Kirchen auf weltliche Instrumente. Schaumberg, Torsten. Baden-Baden, 2012.

534. Wichtige Entscheidungen des KGH.EKD zum kirchlichen Mitbestimmungsrecht aus den Jahren 2005 - 2010. Schliemann, Harald. NZA 2011, 1189.

535. Kirchliche Arbeitnehmer zwischen Loyalität und Diskriminierung. Schoenauer, Andreas. KuR 2012, 30.

536. Der Streit um das kirchliche Arbeitsrecht ist politisch. Sommer, Michael u. Markfort, Antje. neue caritas 2012, Heft 9, 9.

537. Die neuen Eingruppierungsregelungen zur KAVO EKD-Ost. Steuernagel, Marc-Oliver. ZMV 2012, 15.

538. Streikrecht in karitativen Einrichtungen der Katholischen und Evangelischen Kirche. Strake, Martin. Berlin, 2012.

539. Folgen der erfolgreichen Anfechtung einer KODA-Wahl. Thiel, Adolf. ZMV 2012, 250.

540. Grund und Grenzen der besonderen Loyalitätspflichten des kirchlichen Dienstes – Gedanken zu den verfassungsrechtlichen Garantien und europarechtlichen Herausforderungen. Thüsing, Gregor, in: Das kirchliche Arbeitsrecht vor neuen Herausforderungen. Münster 2012.

541. Die Präventionsordnung. Tscheschner, Burkhard. ZMV 2012, 188.

542. Aus der Kirche heraus handeln. Weiß, Peter. neue caritas 2012, Heft 9, 14.

543. Rechtsqualität und Kontrolle kirchlicher Arbeitsrechtsregelungen. Willemsen, Heinz Josef u. Mehrens, Christian, in: Arbeitsgerichtsbarkeit und Wissenschaft. Festschrift für Klaus Bepler zum 65. Geburtstag. München 2012.

544. Eingruppierung von Lehrern im Bereich der AVR-Caritas. Zetl, Hans Peter. ZMV 2012, 253.

545. Dritter Weg: Klare Grenzen und eindeutige Bekenntnisse sind gefragt. Zollitsch, Robert. neue caritas 2012, Heft 9, 16.

9. Arbeitsvertrag – Arbeitsverhältnis

546. Therapie für Low Performer. Performance-Management-Systeme. Abraham, Henning. AuA 2012, 644.

547. Erzwingbarkeit von Personalgesprächen. Bausewein, Christoph. RDV 2012, 139.

548. Whistleblowing. Anzeigerecht und Anzeigepflicht des Arbeitnehmers in der Privatwirtschaft. Becker, Cornelius. Frankfurt am Main 2012.

549. Von der Exklusion zur Inklusion: Wandel des ArbeitnehmerInnenschutzrechts durch Benachteiligungsverbote und Gleichbehandlungsprinzip. Beetz, Claudia, in: Übergänge im Arbeitsleben und (Re)Inklusion in den Arbeitsmarkt. Symposium anlässlich des 65. Geburtstages von Prof. Dr. Wolfhard Kohte. Baden-Baden 2012.

550. Der Maßstab der AGB-Kontrolle – oder die Suche nach dem „indispositiven Leitbild" im Arbeitsvertragsrecht. Benedict, Jörg. JZ 2012, 172.

551. Gefahren für die Persönlichkeitsrechte von Sportlern durch arbeitsvertragliche Regelungen. Bepler, Klaus, in: Neue Bedrohungen für die Persönlichkeitsrechte von Sportlern – Frühjahrstagung 2010 der Deutschen Vereinigung für Sportrecht e.V. Stuttgart 2011.

552. Offline – Verbot privater Internetnutzung am Arbeitsplatz jederzeit möglich? Bertram, Axel. GWR 2012, 388.

553. Social Media erreichen die deutschen Arbeitsgerichte. Bissels, Alexander. PersF 2012, Heft 11, 86.

554. Richtige Antragsstellung bei Pflegezeit. Sonderkündigungsschutz on/off. Böhm, Annett. ArbRB 2011, 320.

555. Schnappschüsse für den Arbeitgeber. Das Recht am eigenen Bild. Brandt, Jochen. AiB 2012, 591.

556. Arbeitnehmer zwischen Arbeitspflicht, Geheimnisschutz und Persönlichkeitsrecht. Brierley, Alexander. FA 2012, 103.

557. Interim Management aus Sicht der arbeitsrechtlichen Vertragspraxis. Buschmann, Jörg u. Klösel, Daniel. NJW 2012, 1482.

558. Die Nutzung des Web 2.0 am Arbeitsplatz: Fluch und Segen für den Arbeitgeber. Byers, Philipp u. Mößner, Stefan. BB 2012, 1665.

559. Whistleblowing zwischen Denunziantentum und integralem Baustein von Compliance-Systemen. Casper, Matthias, in: Liber amicorum für Martin Winter. Köln 2011.

560. BB-Rechtsprechungsreport zum arbeitsrechtlichen AGB-Recht. Crisolli, Christoph u. Zaumseil, Frank. BB 2012, 1281.

561. Grenzen des Feedbacks. Beurteilungsgrundsätze und Betriebsverfassung. Dachrodt, Heinz-Günther. dbr 2011, Nr 12, 22.

562. AGB-Kontrolle im Arbeitsrecht - Bilanz nach zehn Jahren. Däubler, Wolfgang. ZTR 2012, 543.

563. Die Befristung einzelner Arbeitsbedingungen. Eine Alternative zu Widerrufs- und Freiwilligkeitsvorbehalten? Dzida, Boris. ArbRB 2012, 286.

564. Das Fragerecht des Arbeitgebers. Ertel, Sebastian. DuD 2012, 126.

565. Einsatz von Arbeitnehmern im Ausland. Entsendung von Versetzung sowie Vereinbarung eines Ruhensvertrages. Freckmann, Anke. RIW 2012, 662.

566. Social Media, iPad & Co. im Arbeitsverhältnis. „We lived in farms, then we lived in cities, and now we`re gonna live on the internet." Frings, Arno u. Wahlers, Ulrich. BB 2011, 3126.

567. Das Direktionsrecht. Umfang und Grenzen. Fuhlrott, Michael. AuA 2012, 648.

568. Vertragsstrafen. Vorsorge ist besser als Nachsorge. Fuhlrott, Michael u. Hoppe, Christian. AuA 2012, 576.

569. Abmahnungen kommen wie Blitze – meist nicht aus heiterem Himmel (Teil 1). Ganz, Wilfried. ArbR 2012, 550.

570. Arbeitsrechtliche Sanktionsmöglichkeiten bei aktiver Unterstützung einer rechtsextremen Organisation. Geyer, Fabian. FA 2012, 101.

571. Low Performer. Aus juristischer und psychologischer Sicht. Giesecke, Susanne u. Bernatzeder, Petra. AuA 2012, 640.

572. Social Media im Arbeitsverhältnis. Gefahrenquelle Mitarbeiter. Gliewe, Martin. AuA 2012, 464.

573. Datenschutz, Diskriminierungsschutz, Compliance – Wie frei ist der Arbeitgeber bei der Einstellung? Grüning, Reiner, in: Rigidität und Flexibilität im Arbeitsrecht. Mannheimer Arbeitsrechtstag 2011. Baden-Baden 2012.

574. Vertragsstrafklauseln bei Vertragsbruch - Angemessene und abschreckende Strafhöhe. Günther, Jens u. Nolde, Anne. NZA 2012, 62.

575. Die Verlängerung der Arbeitszeit nach § 9 TzBfG in der Rechtsprechung des Neunten Senats des Bundesarbeitsgerichts. Hamann, Wolfgang, in: Recht – Politik – Geschichte. Festschrift für Franz Josef Düwell zum 65. Geburtstag. Baden-Baden 2011.

576. E-Zigarette und bezahlte Kurzpause. Heilmann, Joachim. AiB 2012, 345.

577. Der Anspruch des Arbeitgebers auf Erstattung der Kosten für die Überwachung des Arbeitnehmers. Herbert, Manfred u. Oberrath, Jörg-Dieter. BB 2011, 2936.

578. Die Korrekturvereinbarung. Hoffmann-Remy, Till. Baden-Baden 2012.

579. Die Besetzung von Arbeitsplätzen im Spannungsfeld der jüngeren Rechtsprechung zum AGG. Hoppe, Christian u. Fuhlrott, Michael. ArbR 2012, 131.

580. Grenzen des Weisungsrechts. Zur Auslegung des § 106 GewO. Hromadka, Wolfgang. NZA 2012, 233.

581. Flexible Beschäftigung. „Grenzbereiche" des Arbeitsrechts. Hundt, Dieter. AuA 2012, 504.

582. Das erweiterte Führungszeugnis im Arbeitsverhältnis. Joussen, Jacob. NZA 2012, 776.

583. Social Media und rechtliche Folgen. Juli, Sebastian. PersF 2012, Heft 6, 86.

584. Die Verrechtlichung der Einstellung. Junker, Abbo. NZA Beilage 2012, Nr 2, 27.

585. Strafbarkeit nach § 206 StGB bei Kontrolle von Mitarbeiter-E-Mails. Rechtskonforme Lösungen zur Einhaltung von Compliance-Maßnahmen. Kempermann, Philip. ZD 2012, 12.

586. Einsichtsrechte von Arbeitnehmern und Beteiligten bei unternehmensinternen Untersuchungen. Klasen, Evelyn u. Schaefer, Sandra. DB 2012, 1384.

587. Recht am Arbeitsplatz und Recht an der Beschäftigungsfähigkeit - Zum Schutz der materiellen Basis der Existenzsicherung. Kocher, Eva, in: Nachdenken über Eigentum. Festschrift für Alexander v. Brünneck zur Vollendung seines siebzigsten Lebensjahres. Baden-Baden 2011.

588. Pauschalabgeltung von Überstunden. Kock, Martin. DB 2012, 1328.

589. Mehrfacharbeitsverhältnisse – Nicht nur Fabelwesen. Lange, Raimund. NZA 2012, 1121.

590. „Es gibt immer was zu tun" – Die 11 wichtigsten Antworten zum Thema Überstunden. Laskawy, Dirk Helge u. Rehfeld, Eileen. AA 2012, 31.

591. Die Krux mit den Versetzungsklauseln im Arbeitsvertrag – Weniger ist mehr. Laskawy, Dirk Helge u. Rehfeld, Eileen. AA 2012, 43.

592. Schöffen und Arbeitgeber. Ein kleiner Ratgeber von Hasso Lieber. Lieber, Hasso. RohR 2012, 84.

593. Der praktische Fall: Was gilt bei der Abmahnung? Mareck, Guido. AA 2012, 47.

594. Ständige Erreichbarkeit: Ein Ratgeber für arbeitsrechtliche Grenzfälle. Mareck, Guido. AA 2012, 192.

595. Vertragsgestaltung im Arbeitsrecht. Arbeits- und Anstellungsverträge. Maschmann, Frank; Sieg, Rainer u. Göpfert, Burkard. München 2012.

596. Social Media am Arbeitsplatz – Chancen und Risiken. Melot de Beauregard, Paul u. Gleich, Christian. DB 2012, 2044.

597. Effektive Bindung von Leistungs- und Know-how-Trägern in Krise und Insolvenz. Mückl, Patrick. ZIP 2012, 1642.

598. Verbraucher kraft Organmitgliedschaft? Mülbert, Peter O., in: Festschrift für Wulf Goette zum 65. Geburtstag. München 2011.

599. Social Media im Arbeitsverhältnis. Müller-Boruttau, Dietmar u. Kummer, Franziska v. schnellbrief Arbeitsrecht 2012, Nr 23, 5.

600. Stalking im Arbeitsverhältnis. Schutzpflichten des Arbeitgebers und deren Grenzen. Oberthür, Nathalie. ArbRB 2012, 180.

601. AGB-Kontrolle im Zivil- und Arbeitsrecht. Oetker, Hartmut. AcP 212, 202.

602. Anlegerschutz- und Funktionsverbesserungsgesetz. Zu Lasten der Arbeitnehmer von Banken und Sparkassen? Pinkepank, Wolfgang u. Schulze, Marc-Oliver. AiB 2011, 646.

603. Rückzahlungsanspruch des Arbeitgebers auf zu Unrecht ausgewiesene Umsatzsteuer bei kollusivem Tätigwerden. Zivilrechtliche Abwicklung des fehlerhaften Outsourcing. Pump, Hermann u. Krüger, Elmar. NZA 2012, 1141.

604. Die praktische Handhabung von Arbeitsverhältnissen mit geringfügig Beschäftigten. Tipps für die Urlaubsberechnung, Entgeltfortzahlung und Abwicklung. Range-Ditz, Daniela. ArbRB 2012, 222.

605. Vertragsgerechtigkeit im Arbeitsrecht. Zur personell wie zeitlich verteilten Setzung von Vertragsinhalten anhand ausgewählter arbeitsrechtlicher Probleme. Rehberg, Markus. RdA 2012, 160.

606. Sonntags bleibt die Küche kalt. Arbeitsrechtliche Fragestellungen zur ständigen Erreichbarkeit. Reinhard, Barbara. ArbRB 2012, 186.

607. Gruppenautonomie und Übermachtkontrolle im Arbeitsrecht - Ein Rückblick auf Franz Jürgen Säckers Habilitationsschrift. Reuter, Dieter, in: Festschrift für Franz Jürgen Säcker zum 70. Geburtstag. München 2011.

608. Die Stellenbeschreibung als personalwirtschaftliches Führungsinstrument. Richter, Achim u. Gamisch, Annett. DÖD 2012, 1.

609. Das Führen von Arbeitsaufzeichnungen – Zumutung oder Pflicht des Arbeitnehmers? Richter, Achim u. Gamisch, Annett. DÖD 2012, 78.

610. Die Überlastungsanzeige – Last, Pflicht oder Lust? Richter, Achim u. Gamisch, Annett. DÖD 2012, 221.

611. Die Verdachtsabmahnung. Ritter, Thomas. NZA 2012, 19.

612. Fehlentwicklungen in der arbeitsrechtlichen AGB-Kontrolle. Rolfs, Christian, in: Individuelle Freiheit und kollektive Interessenwahrnehmung im deutschen und europäischen Arbeitsrecht. Assistententagung im Arbeitsrecht 2011 in Osnabrück. Tübingen 2012.

613. Private Altersvorsorge als Aspekt der Corporate Governance. Roth, Markus. ZGR 2011, 516.

614. Bedarf es neben der Abmahnung eines «betriebsöffentlichen Tadels»? Rudolf, Armin. ArbR 2012, 501.

615. Versetzungsklauseln. Vorsicht bei der Vertragsgestaltung. Salamon, Erwin u. Hoppe, Christian. AuA 2012, 209.

616. Was ist noch regelbar? Freiwilligkeitsvorbehalte, Schriftformklauseln, Ausschlussfristen. Salamon, Erwin u. Hoppe, Christian. AuA 2012, 667.

617. Der Wiedereinstellungsanspruch des Arbeitnehmers. Sartorius, Ulrich. ZAP Fach 17, 1061.

618. Individualarbeitsrecht im ungekündigten Arbeitsverhältnis. Arbeitsrecht im Jahr 2011 – Teil 1. Schaumberg, Torsten. NJ 2012, 177.

619. Vertragsgestaltung. Auslegung, Unklarheitenregel, geltungserhaltende Reduktion, bluepencil-Test, ergänzende Vertragsauslegung und Verweisungsklauseln. Schlewing, Anja. NZA Beilage 2012, Nr 2, 33.

620. § 106 GewO: eine gesetzgeberische Fehlleistung. Schmitt-Rolfes, Günter. AuA 2012, 327.

621. Vereinbaren einer Familienpflegezeit. Anforderungen und Gestaltungsmöglichkeiten. Schmitz-Witte, Anita. AuA 2012, 275.

622. Familienpflegezeit. Das sind die Grundlagen. Schoof, Christian. AiB 2012, 440.

623. Abmahnung und „Vertrauenskapital". Schrader, Peter. NJW 2012, 342.

624. Arbeitsvertragliche Bezugnahmeklauseln – Risiken bei Restrukturierungen. Seel, Henning-Alexander. öAT 2012, 243.

625. Neue Spielregeln aus Erfurt. Überstunden: Abgeltung und Zahlungspflicht. Spielberger, Marc. AuA 2012, 573.

626. AGB-rechtliche Probleme der arbeitsvertraglichen Bezugnahme auf mehrgliedrige Zeitarbeitstarifverträge. Stoffels, Markus u. Bieder, Marcus. RdA 2012, 27.

627. Achtung Anstellungsbetrug! Was tun bei frisierter Bewerbung? Stück, Volker. AuA 2012, 18 (Sonderausgabe).

628. Umgang mit Low Performern. Fallgruppen und Handlungsmöglichkeiten. Stück, Volker. AuA 2012, 632.

629. Mobbing im Arbeitsrecht: Tatbestand, Rechtsfolgen und Beweisfragen. Tamm, Marina. PersV 2012, 404.

630. Eigenständige Offenbarungspflichten im bestehenden Arbeitsverhältnis. Tilch, Thorsten u. Vennewald, Eva. NJW-Spezial 2012, 50.

631. Abrufarbeit: Die ständige Verfügbarkeit. Tobsch, Verena; Matiaske, Wenzel u Fietze, Simon. PERSONALquarterly 2012, 26.

632. Tätigkeitsregelungen: Transparent, angemessen und doch flexibel. Tödtmann, Ulrich, in: Rigidität und Flexibilität im Arbeitsrecht. Mannheimer Arbeitsrechtstag 2011. Baden-Baden 2012.

633. Die Schranken des Direktionsrechts bei Glaubens- und Gewissenskonflikten des Arbeitnehmers. Ulber, Daniel. JuS 2012, 1069.

634. Änderung von Arbeitsbedingungen. Wank, Rolf. NZA Beilage 2012, Nr 2, 41.

635. Zielvereinbarungen: Effizienzinstrument oder Folterwerkzeug? Wie Ziele die psychische Gesundheit fördern oder beeinträchtigen können. Watzka, Klaus. PersF 2012, Heft 10, 42.

636. „Vorweggenommene Abmahnung" – statt des Mantras der unentbehrlichen Abmahnung. Wisskirchen, Gerlind; Bissels, Alexander u. Schumacher, Maria-Susanna. BB 2012, 1473.

637. Rechtlich betrachtet: soziale Netzwerke am Arbeitsplatz. Wisskirchen, Gerlind u. Glaser, Julia. neue caritas 2012, Heft 14, 9.

638. Arbeitsrechtliche Regelungen zu Beschränkung von Nebentätigkeiten. Woerz, Anja u. Klinkhammer, Patrick. ArbR 2012, 183.

639. Prekär – atypisch – normal? Beschäftigungsform im rechtspolitischen Diskurs. Wolf, Roland, in: Arbeitsgerichtsbarkeit und Wissenschaft. Festschrift für Klaus Bepler zum 65. Geburtstag. München 2012.

640. Videoüberwachung im Arbeitsverhältnis. Zulässigkeit offener und verdeckter Beobachtungen nach Maßgabe der jüngsten BAG-Rechtsprechung. Wortmann, Florian. ArbRB 2012, 279.

641. Neue Maßstäbe zur Bestimmung der regelmäßigen Arbeitsstätte. Wünnemann, Monika. DB 2012, 421.

642. Anerkennung ausländischer Bildungsabschlüsse. Zetl, Hans Peter. ZMV 2012, 271.

643. Strafrechtliche Risiken des „Whistleblowing". Zimmermann, Gernot. ArbR 2012, 58.

644. Rechtsfolgen unwirksamer Allgemeiner Geschäftsbedingungen in Arbeitsverträgen. Zimmermann, Ralf. ArbR 2012, 105.

645. Arbeitsrechtliche Umsetzung von „Bring Your Own Device" (BYOD). Zöll, Oliver W. u. Kielkowski, Jacek B. BB 2012, 2625.

646. AGB-Kontrolle verweisender Klauseln im Arbeitsvertrag. Zwanziger, Bertram, in: Recht – Politik – Geschichte. Festschrift für Franz Josef Düwell zum 65. Geburtstag. Baden-Baden 2011.

10. Arbeitnehmerstatus – Arbeitnehmerähnliche Personen

647. Der Fremdgeschäftsführer im Spannungsfeld zwischen Arbeitgeberposition und Arbeitnehmereigenschaft. Alversleben, Volker von; Haug, Isabel u. Schnabel, Astrid. BB 2012, 774.

648. Altersdiskriminierung von Organmitgliedern. Bauer, Jobst-Hubertus u. Arnold, Christian. ZIP 2012, 597.

649. Abwicklung gescheiterter freier Mitarbeiterverhältnisse aus arbeits-, sozial-, steuer- und strafrechtlicher Sicht. Bodem, Marcus. ArbR 2012, 213.

650. Unterliegen Geschäftsführer dem Bundesurlaubsgesetz (BUrlG)? Forst, Gerrit. GmbHR 2012, 821.

651. Diskriminierungsschutz für Organmitglieder: Konsequenzen für die Vertragsgestaltung. Zugleich Besprechung BGH v. 23. 4. 2012 – II ZR 163/10, ZIP 2012, 1291. Hohenstatt, Klaus-Stefan u. Naber, Sebastian. ZIP 2012, 1989.

652. Frischer Wind bei der sozialversicherungsrechtlichen Beurteilung des Status von Mitarbeitern im Medienbereich. Joch, Bernd u. Wenninger, Philip. ZUM 2012, 538.

653. Besonderheiten bei der Beschäftigung von Prokuristen. Wechselspiel zwischen Arbeits- und Handelsrecht. Kleinebrink, Wolfgang. ArbRB 2012, 90.

654. Der Begriff des Arbeitnehmers im Steuerrecht. Lang, Joachim. KSzW 2012, 77.

655. Zur Anwendung des AGG auf Organmitglieder – Zugleich Besprechung BGH-Urteils vom 23. 4. 2012 – II ZR 163/10, DB 2012 S. 1499 –. Lingemann, Stefan u. Weingarth, Markus. DB 2012, 2325.

656. Der unionsrechtliche Arbeitnehmerbegriff und seine Auswirkungen auf das deutsche Recht – Eine Prognose am Beispiel des GmbH-Geschäftsführers –. Lunk, Stefan u. Rodenbusch, Vincent. GmbHR 2012, 188.

657. Variable Vergütung im Trennungsprozess mit Geschäftsführern und Vorständen (Teil 1). Melot de Beauregard, Paul; Schwimmbeck, Andrea u. Gleich, Christian. DB 2012, 2792.

658. Scheinselbstständigkeit von Honorarärzten in Kliniken. Powietzka, Arnim u. Bölz, Verena. KrV 2012, 137.

659. Variable Vergütungsansprüche der GmbH-Geschäftsführer. Spielräume für einen Kürzungsvorbehalt bei Abberufung und Freistellung. Reufels, Martin u. Pier, Julian. ArbRB 2012, 257.

660. SV-Pflicht des GmbH-Geschäftsführers. Aktuelle Rechtslage. Schmid, Manfred u. Brügger, Kathrin. AuA 2012, 603.

661. GmbH-Geschäftsführer als Arbeitnehmer? Schulze, Marc-Oliver u. Hintzen, Martina. ArbR 2012, 263.

662. Vertragstypenzuordnung zwischen Rechtsformzwang und Privatautonomie im Bereich der »Neuen Selbstständigkeit« – dargestellt am Beispiel der Honorarärzte. Uffmann, Katharina. ZfA 2012, 1.

663. Der „leitende Angestellte". Eine seltene Spezies. Uhl, Antje u. Schäfer-Wallberg, Eva. AuA 2012, 568.

11. Arbeitsentgelt - Sonderzuwendungen

664. Geldbuße und Verfall bei Mindestlohndumping – Sorgfaltspflichten des Hauptunternehmers. Aulmann, Peter. NJW 2012, 2074.

665. Neuere Entwicklungen im Arbeitsrecht. Stichtagsklauseln – was geht noch? Baeck, Ulrich u. Winzer, Thomas. NZG 2012, 657.

666. Über das Trinkgeld – einige rechtsvergleichende Bemerkungen. Birk, Rolf, in: Festschrift für Franz Jürgen Säcker zum 70. Geburtstag. München 2011.

667. Freiwillige Einmalzahlungen. Mitbestimmung des Betriebsrats. Brachmann, Carsten u. Diepold, Markus. AuA 2012, 106.

668. Sector differences in downward real wage rigidity: workforce composition, intitutions, technology and competition. Branchenspezifische Unterschiede in der Abwärtsreallohnstarrheit: Arbeitskraftstruktur, Institutionen, Technologie und Wettbewerb. Caju, Philip Du; Fuss, C. u. Wintr, L. ZAF 2012, Heft 1, 7.

669. Sonderarbeitsrecht für Finanzdienstleister? Däubler, Wolfgang. ArbuR 2012, 380.

670. Caritas kann tariflich nach Leistung vergüten. Eyer, Eckhard. neue caritas 2011, Heft 18, 20.

671. Vom richtigen Zeitpunkt: Sittenwidrigkeitskontrolle arbeitsvertraglicher Lohnabreden. Fischinger, Philipp S. JZ 2012, 546.

672. Mindestlohn und Natur des Arbeitsverhältnisses. Hanau, Hans. ZfA 2012, 269.

673. Neue Entwicklungen im Recht der Sonderzahlungen. Heiden, Ralph. RdA 2012, 225.

674. Stichtagsklauseln im System variabler Entgeltgestaltung. Henssler, Martin, in: Arbeitsgerichtsbarkeit und Wissenschaft. Festschrift für Klaus Bepler zum 65. Geburtstag. München 2012.

675. Neue Rechtsprechung zur Überstundenvergütung. Darauf sollten Betriebsräte und Beschäftigte achten! Hinrichs, Werner. AiB 2012, 355.

676. Auflösend bedingte Gewährung von Vergütungsbestandteilen in Formulararbeitsverträgen. Hoefs, Christian u. Schneider, David. KSzW 2012, 82.

677. Demografiefeste Vergütung. Herausforderungen meistern. Hülsen, Hans-Carl von. AuA 2012, 540.

678. Vertragsänderung durch bloßen Zeitablauf? Hunold, Wolf. DB 2012, 1096.

679. Vergütungssysteme nach der Instituts-Vergütungsverordnung - Aktuelle ungeklärte und geklärte Rechtsfragen -. Insam, Alexander; Hinrichs, Lars u. Hörtz, Martin. DB 2012, 1568.

680. Schutz der „Jungen" im Arbeitsrecht – Am Beispiel der Entgeltdiskriminierung jüngerer Arbeitnehmer. Jacobs, Matthias, in: Begegnungen im Recht - Ringvorlesung der Bucerius Law School zu Ehren von Karsten Schmidt anlässlich seines 70. Geburtstags. Tübingen 2011.

681. Rechte für Beschäftigte als Sanktionen gegen Arbeitgeber_innen – Eine erste Einschätzung der Neuregelung in § 98a AufenthG. Kocher, Eva u. Nassibi, Ghazaleh, in: Arbeit in der Illegalität. Die Rechte von Menschen ohne Aufenthaltspapiere. Frankfurt 2012.

682. Neujustierung bei der Überstundenabgeltung. Köhler, Matthias. GWR 2012, 457.

683. Bonusanspruch in der Krise - Aktuelle Rechtsprechung zu Zielvereinbarung und Zielbonus im Jahr 2011. König, Katja. NZA-RR 2012, 449.

684. Zulässigkeit und Grenzen der arbeitsvertraglichen Entgeltflexibilisierung. Kraas, Anne. Frankfurt am Main 2012.

685. AGB-Kontrolle von Sonderzahlungen. Lakies, Thomas. ArbR 2012, 306.

686. Das Ende des arbeitsvertraglichen Freiwilligkeitsvorbehalts und Alternativen. Lakies, Thomas. ArbR 2012, 469.

687. Vergütung der Nachtarbeit und Grenzen der Vertragsfreiheit. Lakies, Thomas. ArbR 2012, 521.

688. Die Zulässigkeit von Bindungsklauseln in der Rechtsprechung des BAG. Lindemann, Claudia. ArbR 2012, 446.

689. Bescheidener Aufschwung ermöglicht etwas höhere Weihnachtsgratifikation. Löffler, Siegfried. DB 2011, Heft 48, M9.

690. Bankerboni im Spannungsfeld von Gesetzgebung und Rechtsprechung. Löw, Hans-Peter. BB 2012, Heft 9, I.

691. Variable Vergütung und Bonuszahlung. Aktuelle Rechtsprechung und Handlungsempfehlungen. Löw, Hans-Peter u. Kunz, Moritz. AuA 2012, 103.

692. Der praktische Fall – „Das gibt es bei uns nicht mehr!" Das Problem der betrieblichen Übung. Mareck, Guido. AA 2012, 65.

693. Feinjustierung oder Neuausrichtung? - Aktuelle Rechtsprechung des Bundesarbeitsgerichts zur vertraglichen Ausgestaltung von Sonderzahlungen. Mestwerdt, Wilhelm. ArbR 2012, 547.

694. Die betriebliche Übung bei Arbeitgeberleistungen, insbesondere bei Sondervergütungen - Eine Skizze. Mikosch, Ernst, in: Recht – Politik – Geschichte. Festschrift für Franz Josef Düwell zum 65. Geburtstag. Baden-Baden 2011.

695. Anspruch auf Weihnachtsgeld. Darauf sollten Beschäftigte achten. Mittländer, Silvia. AiB 2012, 564.

696. Überstunden vergüten oder nicht vergüten – Das ist hier die Frage. Zum richtigen Umgang mit der pauschalen Überstundenabgeltung. Moderegger, Christian. ArbRB 2012, 308.

697. Berufseinstieg von Anwälten – Sittenwidrige und unangemessene Entgelte in arbeits-, berufs- und sozialrechtlichem Kontext. Pander, Markus, in: Übergänge im Arbeitsleben und (Re)Inklusion in den Arbeitsmarkt. Symposium anlässlich des 65. Geburtstages von Prof. Dr. Wolfhard Kohte. Baden-Baden 2012.

698. Sonderzahlungen im Wandel von Praxis und Dogmatik. Preis, Ulrich. SR 2012, 101.

699. Der Freiwilligkeitsvorbehalt im Fadenkreuz der Rechtsgeschäftslehre. Chronik eines angekündigten Todes. Preis, Ulrich u. Sagan, Adam. NZA 2012, 697.

700. Wider die Wiederbelebung des Freiwilligkeitsvorbehalts! Preis, Ulrich u. Sagan, Adam. NZA 2012, 1077.

701. Vergütungspflicht bei Wettkampfsperren – der Fall Kobiashvili. Reiter, Heiko. SpuRt 2012, 184.

702. Niedriglohnbeschäftigung in den sozialen Berufen. Rhein, Thomas, in: Hauptsache billig? Prekarisierung der Arbeit in den Sozialen Berufen. Münster 2011.

703. Ausstrahlungswirkungen des VorstAG auf Führungskräftevergütung. Rieble, Volker, in: Finanzkriseninduzierte Vergütungsregulierung und arbeitsrechtliche Entgeltsysteme. 8. ZAAR-Kongress - München, 13. Mai 2011. München 2011.

704. Vergütungssysteme unter dem Blick von Governance und Compliance. Riesenhuber, Karl, in: Finanzkriseninduzierte Vergütungsregulierung und arbeitsrechtliche Entgeltsysteme. 8. ZAAR-Kongress - München, 13. Mai 2011. München 2011.

705. Niedriglohn oder Lohnwucher? Eine Übersicht über die aktuelle Rechtsprechung zur Sittenwidrigkeit von Entgeltvereinbarungen. Sasse, Stefan u. Häcker, Franziska. ArbRB 2012, 350.

706. Aktuelles zur Überstundenvergütung. Scheele, Johanna. NJW-Spezial 2012, 690.

707. Überstundenvergütung. Schmitt-Rolfes, Günter. AuA 2012, 391.

708. Flexibilisierung von Bonusregelungen - eine unlösbare Aufgabe? Simon, Oliver; Hidalgo, Martina u. Koschker, Maximilian. NZA 2012, 1071.

709. Alle Jahre wieder – oder auch nicht. Wer hat Anspruch auf Weihnachtsgeld? Thannheiser, Achim. AiB 2011, 642.

710. Werkverträge zur Umgehung der Lohnuntergrenzen in der Leiharbeit. So kann der Betriebsrat dagegen vorgehen. Ulber, Jürgen. AiB 2012, 183.

711. Niedriglohnfalle Minijob. Voss, Dorothea u. Weinkopf, Claudia. WSI-Mitteilungen 2012, 5.

712. Flexible Vergütung nach Erfolg. Woitaschek, Frank, in: Rigidität und Flexibilität im Arbeitsrecht. Mannheimer Arbeitsrechtstag 2011. Baden-Baden 2012.

713. Entgeltgleichheit und Begrenzung der Flexibilisierung geringfügiger Beschäftigung durch kollektivrechtliche Regelungen. Zimmer, Reingard. WSI-Mitteilungen 2012, 50.

12. Arbeitszeit – Teilzeitarbeit

714. Der Mehrarbeitsfalle entgegen. Was tun, wenn Beschäftigte Berge von Plusstunden vor sich herschieben. Bell, Regina; Helm, Rüdiger u. Huber, Michael. AiB 2012, 603.

715. Die Arbeitszeit richtet sich nach dem Arbeitsbedarf. Bodem, Marcus, in: Rigidität und Flexibilität im Arbeitsrecht. Mannheimer Arbeitsrechtstag 2011. Baden-Baden 2012.

716. Arbeitszeit in Krankenhäusern – Ein haftungsrechtliches Risiko? Büchner, Bianca u. Stöhr, Alexander. NJW 2012, 487.

717. Die befristete Erhöhung der Arbeitszeit – sinnvolles Instrument oder rechtliches Risiko? Geißler, Michael. öAT 2012, 173.

718. Sportspezifischer Arbeitszeitschutz. Anpassung des Rechts oder Anpassung an das Recht? Heink, Peter. Baden-Baden 2012.

719. Arbeitszeitpolitische Kontroversen im Spiegel der Arbeitszeitwünsche. Holst, Elke u. Seifert, Hartmut. WSI-Mitteilungen 2012, 141.

720. Teilzeitarbeit nach dem Familienpflegezeitgesetz. Kuhner, Claudia. ZMV 2012, 5.

721. Ein Ehrenamt mit Rechten. Die Geltung des Arbeitszeitgesetzes für die Tätigkeit von Schöffen. Lieber, Hasso. dbr 2011, Nr 12, 16.

722. Arbeit auf Abruf. Mehr Spielraum bei flexiblen Arbeitszeiten. Ludwig, Gero. AuA 2012, 514.

723. Pausengestaltung als Organisationspflicht. Konsequenzen des europäischen und deutschen Arbeitszeitrechts. Maier, Lars-Peter. Frankfurt am Main 2012.

724. Geschlechtergleichstellung durch Arbeitszeitsouveränität – Arbeits- und sozialrechtliche Regulierung für Übergänge im Lebenslauf. Nassibi, Ghazaleh; Wenckebach, Johanna u. Zeibig, Nadine. djbZ 2012, 111.

725. Zeitsouveränität durch Anpassung der Arbeitszeitlage an die persönlichen Bedürfnisse. Individuelle Zeitansprüche und kollektive Mitbestimmung. Paschke, Christian. ArbuR 2012, 11.

726. Arbeitszeit ist nicht gleich Arbeitszeit - Reisezeit gleich Arbeitszeit? Richter, Achim u. Gamisch, Annett. DÖV 2012, 30.

727. Spielräume des ArbZG nutzen. Wo endet das Direktionsrecht? Rid, Claudia u. Ramstetter, Simon. AuA 2012, 272.

728. Zeitwertkonten: Neue gesetzliche Regelungen. Familienpflegezeitgesetz/Flexible Arbeitszeitregelungen. Rihn, Henning. Benefits 2012, Ausgabe 1, 41.

729. Beschäftigung und Freistellung bei flexibler Arbeitszeit – der neue § 7 Abs. 1a Satz 2 SBG IV. Rolfs, Christian u. Witschen, Stefan. NZS 2012, 241.

730. Umkleide- und Waschzeiten in der Betriebsverfassung, unter vergütungsrechtlichen Aspekten sowie im öffentlichen Arbeitszeitrecht. Salamon, Erwin u. Ohlendorf, Bernd. ArbR 2012, 61.

731. Arbeitszeit (Teil 2): Mitbestimmung des Betriebsrats. Schoof, Christian. AiB 2012, 46.

732. Rechtsprechungsübersicht. Arbeitszeit (Teil 3): Mitbestimmung des Betriebsrats. Schoof, Christian. AiB 2012, 119.

733. Reduzierung der Arbeitszeit. Die Teilzeitarbeit (Teil 1). Schwarz-Seeberger, Gabriele. ZMV 2012, 194.

734. Flexibilisierung der Arbeitszeit durch Zeitkonten im Rahmen der Arbeitnehmerüberlassung. Thüsing, Gregor u. Pötters, Stephan. BB 2012, 317.

735. Teilzeitarbeit als Instrument zur Weiterentwicklung der Teilhabe am Arbeitsleben in Werkstätten für behinderte Menschen. Wendt, Sabine. Behindertenrecht 2012, 162.

736. Auslandsarbeit und Arbeitszeitgesetz. Wiebauer, Bernd. EuZA 2012, 485.

737. Zeitarbeit und Arbeitszeit. Wiebauer, Bernd. NZA 2012, 68.

738. Freistellung aus flexiblen Arbeitszeit- oder Gleitzeitkonten. Ein-Monatsgrenze verlängert auf Drei-Monatsgrenze. Zetl, Hans Peter. ZMV 2012, 92.

739. Verkürzung der Ruhezeit durch Dienst- bzw. Betriebsvereinbarung auf nur 9 Stunden möglich? Zetl, Hans Peter. ZMV 2012, 154.

740. Höchstarbeitszeiten, Dienstvereinbarungen und Dienstplangestaltung. Zetl, Hans Peter. ZMV 2012, 190.

741. Arbeitszeitgestaltung in Krankenhäusern (LV 30). Überarbeitung der Handlungshilfe von 2009. Zetl, Hans Peter. ZMV 2012, 272.

742. Arbeits- und strafrechtliche Folgen der Arbeitsleistung sog. High Potentials über die Grenzen der gesetzlichen Höchstarbeitszeit hinaus. Zimmermann, Helmut. ArbuR 2012, 7.

13. Aus- und Fortbildung

743. Wahlen zu den Jugend- und Auszubildendenvertretungen. ZBVR online 2012, Nr 9, 28.

744. Rechtsgrundlagen der beruflichen Weiterbildung von Arbeitnehmern. Beckmann, Jan Friedrich. Pfaffenweiler, 2012.

745. Ausbildungsvergütung in Deutschland als Ausbildungsbeihilfe oder Arbeitsentgelt. Beicht, Ursula u. Walden, Günter. WSI-Mitteilungen 2012, 338.

746. JAV-Wahl im Jahr 2012. Das gilt es, zu beachten! Berg, Peter u. Heilmann, Micha. AiB 2012, 370.

747. Betriebsräte und betriebliche Weiterbildung. Berger, Klaus. WSI-Mitteilungen 2012, 358.

748. Kündigung von Berufsausbildungsverhältnissen. Fuhlrott, Michael u. Gömöry, Christine. FA 2012, 133.

749. Reichweite des Mitbestimmungsrechts bei der Durchführung betrieblicher Bildungsmaßnahmen. Hoppe, Christian u. Fabritius, Burkhard. ArbR 2012, 449.

750. Praktikum oder nicht? „Grenzbereiche" des Arbeitsrechts. Hunold, Wolf. AuA 2012, 506.

751. Frisch gewählt – was nun? Die konstituierende Sitzung der (betrieblichen) Jugend- und Auszubildendenvertretung. Igel, Hans-Jürgen. ZBVR online 2012, Nr 6, 25.

752. Jugend- und Auszubildendenvertretung – Tatsächliche Einwirkungsmöglichkeiten/Unabhängiges Mandat. Ilbertz, Wilhelm. ZBVR online 2012, Nr 6, 30.

753. Zu jung oder zu alt für eine Lehre? Altersdiskriminierung bei der Ausbildungsplatzvergabe. Imdorf, Christian. ZAF 2012, Heft 1, 79.

754. Erhöhung der Weiterbildungsbeteiligung durch professionelles Weiterbildungspersonal. Käpplinger, Bernd u. Lichte, Nina. WSI-Mitteilungen 2012, 374.

755. Betriebliche Weiterbildung und Rückzahlungsklauseln. Lakies, Thomas. ArbR 2012, 216.

756. Berufliche Aus- und Weiterbildung im Unternehmen. Moraal, Dick u. Schönfeld, Gudrun. WSI-Mitteilungen 2012, 329.

757. Qualifizierung im tripolaren Rechtsverhältnis. Natzel, Ivo. NZA 2012, 650.

758. Umbrüche am Arbeitsmarkt – Herausforderungen an Fort- und Weiterbildung. Paschke, Christian, in: Übergänge im Arbeitsleben und (Re)Inklusion in den Arbeitsmarkt. Symposium anlässlich des 65. Geburtstages von Prof. Dr. Wolfhard Kohte. Baden-Baden 2012.

759. Die angewiesene Lernanstrengung – Lernpflicht des Arbeitnehmers? Richter, Achim u. Gamisch, Annett. DÖD 2012, 13.

760. Praktikum: Aktuelle Rechtslage 2012. Schade, Friedrich. NZA 2012, 654.

761. Alle Jahre wieder: Betriebsrat und JAV-Wahl. Wichtige Aufgaben bei Benennung des Wahlvorstandes und der Suche von Wahlkandidaten. Schwarzbach, Marcus. AiB 2012, 376.

762. Praktikum statt „Billigjob". Praktikanteneinsatz über Betriebsvereinbarung regeln. Schwarzbach, Marcus. AiB 2012, 595.

763. Die Probezeit nutzen! Berufsausbildung. Schweighöfer, Uwe. AuA 2012, 136.

764. Lebensbegleitendes Lernen. Darauf kommt es bei einer systematischen Personalentwicklung an! Stieler, Sylvia. AiB 2012, 326.

765. Inhaltskontrolle von Rückzahlungsklauseln für Ausbildungskosten. Straube, Gunnar. NZA-RR 2012, 505.

766. Ausbildungsmotive und die Zeitaufteilung der Auszubildenden im Betrieb. Wenzelmann, Felix. ZAF 2012, Heft 2, 125.

14. Urlaub – Elternzeit – Bildungsurlaub

767. Zustimmungserfordernis des Arbeitgebers zur Inanspruchnahme noch nicht verbrauchter Elternzeit im Anschluss an das zweite Jahr? Aschmoneit, Jens. NZA 2012, 247.

768. Kurzarbeit, Urlaub und der EuGH. Bayreuther, Frank. DB 2012, 2748.

769. Aktuelle Rechtsprechung des BAG zur Urlaubsübertragung. Boch, Gert. FA 2012, 5.

770. Zur unionsrechtlichen Zulässigkeit einer Kürzung des gesetzlichen Mindesturlaubs nach Maßgabe des § 17 Abs. 1 Satz 1 BEEG. Boecken, Winfried, in: Recht - Politik - Geschichte. Festschrift für Franz Josef Düwell zum 65. Geburtstag. Baden-Baden 2011.

771. Freistellung unter Anrechnung von Urlaubsansprüchen. Wirksamkeitsanforderungen nach der aktuellen Rechtsprechung. Bonanni, Andrea u. Ludwig, Daniel. ArbRB 2011, 379.

772. Urlaubsrecht: Unentwegt unstet. Brugger, Helen. NJW-Spezial 2012, 114.

773. Aktuelle Entwicklungen im deutschen Urlaubsrecht. Bürger, Ernst. ZTR 2011, 707.

774. Urlaub bei Erwerbsunfähigkeit – Neues Grundsatzurteil steht an! –. Düwell, Franz Josef. DB 2012, 1749.

775. Aktuelles Urlaubsrecht. Ein Update. Fuhlrott, Michael u. Hoppe, Christian. AuA 2012, 86.

776. Übertragung, Abgeltung und Verfall von Urlaubsansprüchen oder ein Lehrstück für die Wirkung supranationalen Rechts. Heilmann, Joachim. ArbuR 2012, 234.

777. BB-Rechtsprechungsreport zum Urlaubsrecht des Bundesarbeitsgerichts im Jahr 2011. Hohmeister, Frank. BB 2012, 1343.

778. Elterngeld und Verfassungsrecht. Jung, Eberhard. WzS 2012, 38.

779. Strategien bei fehlendem Verfall von Urlaubsansprüchen. Kleinbrink, Wolfgang. DB 2011, 2843.

780. Das geänderte Urlaubsrecht. Lingemann, Stefan u. Sy, Ilaria. KrV 2012, 106.

781. Die schönste Zeit des Jahres. Antworten auf die wichtigsten Fragen zum Thema Urlaub. Lück, Maria. AiB 2012, 215.

782. Zwangsurlaub zwischen den Jahren an Universitäten. Ein kritischer Zwischenruf. Matzke, Johannes. PersR 2012, 394.

783. Rolle rückwärts im Urlaubsrecht? Ein Update zur neuesten Urlaubsrechtsprechung des EuGH und BAG. Moderegger, Christian. ArbRB 2012, 54.

784. Urlaubsabgeltung – (vermuteter) Stand der Rechtsprechung. Niemann, Jan-Malte. ArbR 2012, 495.

785. Das Schönste im ganzen Jahr, das sind die Ferien ...! Die Mitbestimmung des Betriebsrats bei der Urlaubserteilung und die aktuelle Rechtsprechung zum Urlaubsrecht. Pühler, Falko. ZBVR online 2012, Nr 4, 30.

786. Je älter, desto erholungsbedürftiger? Die Altersdiskriminierung in der Urlaubsrechtsprechung. Reinhard, Barbara. ArbRB 2012, 342.

787. Die Umrechnung des Urlaubsanspruchs bei Kurzarbeit und ihre Vereinbarkeit mit der Arbeitszeitrichtlinie. Rudkowski, Lena. NZA 2012, 74.

788. Neuere Entwicklungen im Urlaubsrecht. Analyse der aktuellen Rechtsprechung zu § 7 Abs. 3 und 4 BUrlG. Schneider, Angie, in: Individuelle Freiheit und kollektive Interessenwahrnehmung im deutschen und europäischen Arbeitsrecht. Assistententagung im Arbeitsrecht 2011 in Osnabrück. Tübingen 2012.

789. Reduzierung der Arbeitszeit. Beurlaubung (Teil 2). Schwarz-Seeberger, Gabriele. ZMV 2012, 257.

790. Das neue deutsche Urlaubsrecht steht. Steinau-Steinrück, Robert von. NJW-Spezial 2012, 626.

791. Das Bundesurlaubsgesetz unter Luxemburger Auspizien – Europarecht als Probierstein deutschen Urlaubsrechts –. Suckow, Jens u. Klose, Oliver. JbArbR 49, 59 (2012).

792. Rückkehr aus der Elternzeit. Aktuelle Rechtsprechung und neue Probleme. Weller, Bernd. AuA 2012, 340.

793. Urlaub im ruhenden Arbeitsverhältnis – Lösungsansätze für die anstehende BAG-Entscheidung –. Wicht, Susanne. BB 2012, 1349.

794. Nochmals: Vorzeitige Beendigung der Elternzeit wegen erneuter Schwangerschaft. Zetl, Hans Peter. ZMV 2012, 36.

795. Gesetz zur Vereinfachung des Elterngeldvollzugs. Verbesserungen beim Elterngeld und der Elternzeit. Zetl, Hans Peter. ZMV 2012, 267.

15. Krankheit – Entgeltfortzahlung

796. Kürzung von Sondervergütungen nach § 4a EFZG. schnellbrief Arbeitsrecht 2011, Nr 23, 5.

797. Effektive Durchsetzung des Anspruchs auf stufenweise Wiedereingliederung. Außergerichtlich und gerichtlich zutreffend agieren. Anton-Dyck, Jeannine u. Böhm, Annett. ArbRB 2012, 315.

798. Beim BEM profitieren Arbeitnehmer und Arbeitgeber. Rückkehrgespräch als Basis für die Wiedereingliederung. Bitzer, Bernd u. Weinschenk, Ronald. SuP 2012, 207.

799. Bilanzierung von Urlaubsrückstellungen – Geltendmachung akkumulierter Ansprüche langzeiterkrankter Arbeitnehmer zeitlich begrenzt. Eppinger, Christoph u. Frik, Roman. DB 2012, 132.

800. Außerordentliche Kündigung wegen Skiurlaubs während Arbeitsunfähigkeit. Finkenbusch, Norbert. WzS 2012, 214.

801. Die Dienstwagennutzung bei Arbeitsunfähigkeit - Rechtssicherheit durch das BAG? -. Höser, Jürgen. BB 2012, 573.

802. Umgang mit kranken Mitarbeitern. Aktuelle Entwicklung und Praxistipps. Keilich, Jochen u. Alscher, Britta. AuA 2012, 286.

803. Ihr Recht auf Teilhabe. Das betriebliche Eingliederungsmanagement aus Sicht der Betroffenen. Kiesche Eberhard. dbr 2011, Nr. 12, 10.

804. Organlebendspende und Entgeltfortzahlung. Knorr, Gerhard. NZA 2012, 1132.

805. Individuelle Beschäftigungsverbote im System des heutigen Arbeitsrechts. Kohte, Wolfhard, in: Recht – Politik – Geschichte. Festschrift für Franz Josef Düwell zum 65. Geburtstag. Baden-Baden 2011.

806. Betriebliches Eingliederungsmanagement in Werkstätten für behinderte Menschen. Lindemann, Bettina u. Palsherm, Kerstin. Behindertenrecht 2012, 11.

807. BEM bei langzeiterkrankten Mitarbeitern. So kann der Betriebsrat vorgehen. Litzig, Sonja. AiB 2012, 397.

808. Arbeiten während der Arbeitsunfähigkeit – (l)egal? Merkel, Philipp. DB 2012, 2691.

809. Individueller Anspruch auf ein BEM-Verfahren. Einzelne Beschäftigte können Durchführung einklagen. Nebe, Katja. SuP 2012, 188.

810. Arbeitshilfen für das betriebliche Eingliederungsmanagement. Fehlervermeidung durch Standardisierung. Range-Ditz, Daniela. ArbRB 2011, 311.

811. Entgeltfortzahlungsgesetz und Aufwendungsausgleichsgesetz. Kommentar. Schmitt, Jochem. 7. Aufl. München 2012.

812. Burn-out als Berufskrankheit? Spellbrink, Wolfgang. WzS 2012, 259.

813. Krank während des Freizeitausgleichs – doppeltes Pech für den Arbeitnehmer? Städler, Michael. NZA 2012, 304.

814. Voraussetzungen des Annahmeverzugs bei Arbeitsunfähigkeit des Arbeitnehmers. Stähler, Thomas P. NZA 2012, 117.

815. Mehr als Nice-to-have. Stück, Volker. PERSONAL 2011, Nr. 9, 44.

816. Anwendbarkeit des Entgeltfortzahlungsgesetzes auf Freiwillige im Bundesfreiwilligendienst. Tiedemann, Michael. NZA 2012, 602.

817. Betriebliches Eingliederungsmanagement. Wessling, Adelheid. PersF 2012, Heft 5, 90.

818. Das betriebliche Eingliederungsmanagement – Ein bislang kaum beachtetes Werkzeug bei Mobbing. Wolmerath, Martin, in: Recht – Politik – Geschichte. Festschrift für Franz Josef Düwell zum 65. Geburtstag. Baden-Baden 2011.

16. Haftung im Arbeitsleben

819. Die Haftung des Compliance-Officers. Bayreuther, Frank, in: Festschrift für Franz Jürgen Säcker zum 70. Geburtstag. München 2011.

820. §§ 130, 30 OWiG – Probleme für Unternehmen, Geschäftsleitung und Compliance-Organisation – Sechs Probleme aus der geänderten Praxis der Ermittlungsbehörden –. Grützner, Thomas u. Leisch, Franz Clemens. DB 2012, 787.

821. Die Haftung des Betriebsrats und seiner Mitglieder. Kleinebrink, Wolfgang. FA 2012, 98.

822. Haftungsrisiken des Arbeitgebers bei der Entsendung von Arbeitnehmern in Krisengebiete. Krieger, Steffen u. Herzberg, Dana. BB 2012, 1089.

823. Die Darlegungs- und Beweislast des Arbeitnehmers bei der Gefährdungshaftung des Arbeitgebers. Salamon, Erwin u. Koch, Malte. NZA 2012, 658.

824. Forderungsübergang bei Dritthaftung. Arbeitsrechtliche Fallkonstellationen des § 6 I EFZG. Schlünder, Guido. NZA 2012, 1126.

825. Die Haftung des Arbeitnehmers. Eine systematische Darstellung anhand der Rechtsprechung. Schwab, Brent. AiB 2012, 391.

826. Die Haftung des Arbeitgebers. Eine systematische Darstellung anhand der Rechtsprechung. Schwab, Brent. AiB 2012, 446.

17. Arbeitsschutz – Arbeitsunfall – betriebliche Gesundheitsvorsorge

827. Vernachlässigte Pflichten im Rahmen der Bildschirmarbeitsverordnung. Aligbe, Patrick. ArbR 2012, 396.

828. Die oft vernachlässigte Pflicht des Arbeitgebers zur Bestellung eines Betriebsarztes. Aligbe, Patrick. ArbR 2012, 524.

829. Kein Arbeitsschutz für Leiharbeitnehmer? Schutzpflichten von Ver- und Entleihern im Rahmen der Arbeitnehmerüberlassung. Anton-Dyck, Jeannine u. Böhm, Annett. ArbRB 2012, 58.

830. Initiativen des Personalrats zum Gesundheitsschutz und bei Gefährdungsbeurteilungen. Aktuelle Rechtsprechung setzt Grenzen. Baden, Eberhard. PersR 2012, 351.

831. Die Gefährdungsbeurteilung aus Sicht des Betriebsrats. Bergmann, Magnus. ZBVR online 2012, Nr. 9, 31.

832. Aktuelles zum betrieblichen Eingliederungsmanagement unter Berücksichtigung der höchstrichterlichen Rechtsprechung des BAG. Bredemeier, Jörg. öAT 2012, 225.

833. Neues Leitlinienpapier zum Arbeitsschutz. Duve, Achim. PersF 2012, Heft 4, 88.

834. Gute Arbeit! Mit dem DGB-Index den Arbeitsbedingungen auf der Spur. Argumente für besseren Arbeits- und Gesundheitsschutz. Eberhardt, Beate. PersR 2012, 355.

835. In der Opferrolle – Leiharbeit gilt beim Arbeitsschutz als Hochrisikobranche. Förster, Andreas, in: Knecht zweier Herren. Zur Abschaffung der Leiharbeit. Münster 2011.

836. Arbeitsfähigkeit und Gesundheit erhalten. Fördermöglichkeiten im ganzheitlichen betrieblichen Gesundheitsmanagement. Giesert, Marianne. AiB 2012, 336.

837. „Dicke Luft" im Betrieb – Nichtraucherschutz am Arbeitsplatz. Ginal, Jens u. Pinetzki, Gloria. ArbR 2012, 369.

838. Das „Burn-Out-Syndrom" – Präventions- und Reaktionsmöglichkeiten des Arbeitgebers. Ginal, Jens u. Raif, Alexander. ArbR 2012, 472.

839. Betriebliches Gesundheitsmanagement (BGM) – Ansatzpunkte für die Personal und Schwerbehindertenvertretungen und Betriebsräte. Gläser, Kurt. ZBVR online 2011, Nr. 12, 19.

840. Der Sicherheitsbeauftragte im Betrieb – Aufgaben und rechtliche Grundlagen. Goodson, Arne. ZBVR online 2012, Nr. 3, 34.

841. Gewalt gegen Pflegende. Grass, Andrea. ZMV 2012, 182.

842. Gefährdungsbeurteilung von psychischen Belastungen aus arbeitsrechtlicher Sicht. Hampe, Ingrid-Beate u. Gutjahr, Lidija. DB 2012, 1208.

843. Mitbestimmung des Betriebsrats bei der Gefährdungsbeurteilung nach § 5 ArbSchG. Inhalt und Grenzen dieses praktisch wichtigen Mitbestimmungsrechts. Laber, Jörg u. Schmidt, Anke. ArbRB 2012, 347.

844. Anforderungen an eine gesundheitsgerechte Gestaltung der Leiharbeit. Langhoff, Thomas; Schubert, André u. Krietsch, Ina. WSI-Mitteilungen 2012, 464.

845. Häusliche Telearbeit und gesetzliche Unfallversicherung. Leube, Konrad. SGb 2012, 380.

846. Betriebliche Mitbestimmung: Zum Verhältnis zwischen Gefährdungsunterweisung und -beurteilung nach dem ArbSchG. Lützeler, Martin. BB 2012, 2756.

847. Der praktische Fall – Der Hund in der Produktion. Mareck, Guido. AA 2012, 212.

848. Gesundheitsmanagement. Gesunde Mitarbeiter als Führungsaufgabe. Neufeld, Tobias. AuA 2012, 282.

849. Arbeitsrechtliche Aspekte eines erfolgreichen Gesundheitsmanagements. Neufeld, Tobias. PersF 2012, Heft 10, 86.

850. Die Einigungsstelle im Arbeits- und Gesundheitsschutz. So kann der Betriebsrat sie effektiv nutzen! Oberberg, Max u. Schoof, Christian. AiB 2012, 533.

851. Die Umsetzung der DGUV Vorschrift 2. Betreuung durch Betriebsärzte und Fachkräfte für Arbeitssicherheit. Riesenberg-Mordeja, Horst u. Heegner, Sabine. AiB 2012, 517.

852. Die Umsetzung der DGUV Vorschrift 2. Betreuung durch Betriebsärzte und Fachkräfte für Arbeitssicherheit. Riesenberg-Mordeja, Horst u. Heegner, Sabine. PersR 2012, 364.

853. Mitbestimmung bei der Gesundheit. Reichweite und Grenzen. Rossa, Jan-Marcus u. Salamon, Erwin. AuA 2012, 278.

854. Burnout. Wie können Betriebsräte jetzt direkt im Betrieb helfen? Siemens, Stephan u. Trittin, Wolfgang. AiB 2012, 459.

855. Für eine gesündere Arbeitswelt. Zur Mitbestimmung bei Arbeits- und Gesundheitsschutz. Thannheiser, Achim. dbr 2011, Nr. 12, 30.

856. Rechte der Betriebs- und Personalräte im Rahmen des BEM. Weinbrenner, Lars. öAT 2012, 229.

18. Besonders geschützte Gruppen – Arbeitnehmerüberlassung – Schwerbehinderte

857. Die Beschäftigungspflicht der Arbeitgeber nach §§ 71 ff. SBG IX zwischen Anspruch und Wirklichkeit. Banafsche, Minou. NZS 2012, 205.

858. Erste praktische Erfahrungen mit dem neuen AÜG. Bausewein, Christoph u. Köhler, Matthias. PersF 2012, Heft 9, 86.

859. Maßgebliche Änderungen bei der Arbeitnehmerüberlassung. Becker, Anke. neue caritas 2012, Heft 1, 30.

860. Zeitarbeit aus betrieblicher Perspektive. Bellmann, Lutz; Crimmann, Andreas u. Kohaut, Susanne, in: Die neue Rolle der Zeitarbeit in Deutschland. München 2012.

861. Gewinner und Verlierer – Ökonomische Dimensionen der Leiharbeit in Deutschland. Bewernitz, Torsten, in: Knecht zweier Herren. Zur Abschaffung der Leiharbeit. Münster 2011.

862. Die Pflicht zur behinderungsgerechten Beschäftigung. Boecken, Winfried. RdA 2012, 210.

863. Änderungen für konzerninterne Personalgestellung durch § 1 AÜG n.F. – Handlungsbedarf bei Transfergesellschaften – Personalführungsgesellschaften – Ausgründungen (legal unbundling) –. Böhm, Wolfgang. DB 2012, 918.

864. Auswirkungen der Zeitarbeit auf Beschäftigte: Eine sozialwissenschaftliche Betrachtung. Bornewasser, Manfred, in: Die neue Rolle der Zeitarbeit in Deutschland. München 2012.

865. Stolperfallen für Arbeitgeber bei der Begründung und Beendigung von Arbeitsverhältnissen mit schwerbehinderten Arbeitnehmern. Breitfeld, Anja u. Strauß, Nicole. BB 2012, 2817.

866. Scheingewerkschaften in der Leiharbeit – Der CGZP Beschluss des BAG vom 14.12.2010 und seine Konsequenzen. Brors, Christiane, in: Rechtsprobleme der tariflichen Unterbietungskonkurrenz. Düsseldorf 2011.

867. Der Preis der Flexibilität: Was darf Zeitarbeit kosten? Crimmann, Andreas u. Lehmann, Christian, in: Die neue Rolle der Zeitarbeit in Deutschland. München 2012.

868. Offene arbeitsrechtliche Fragen im SGB IX. Edenfeld, Stefan. NZA 2012, 713.

869. Lohnsteuerrechtliche Arbeitgeberpflichten nach Änderung des AÜG. Eismann, Günther. ArbR 2012, 8.

870. Zeitarbeit: Gründe - Strategien – Intensität. Evers, Katalin, in: Die neue Rolle der Zeitarbeit in Deutschland. München 2012.

871. Ein verheißungsvolles Ende? – Was eine nicht tariffähige „Tarifgemeinschaft" CGZP für LeiharbeitnehmerInnen bedeutet. Feiertag, Dirk u. Sosa Nore?a, Kristina, in: Knecht zweier Herren. Zur Abschaffung der Leiharbeit. Münster 2011.

872. Endlich umdenken! Die Beschäftigungspotenziale behinderter Menschen. Feldes, Werner u. Eberhard, Beate. AiB 2012, 302.

873. Equal pay oder Leiharbeitstarif – das ist hier die Frage. Förster, Andreas, in: Knecht zweier Herren. Zur Abschaffung der Leiharbeit. Münster 2011.

874. Vom Schmuddelkind zur Führungskraft – Entwicklung und Aufstieg der bundesdeutschen Leiharbeit. Förster, Andreas, in: Knecht zweier Herren. Zur Abschaffung der Leiharbeit. Münster 2011.

875. Neue Rechte für Leiharbeitnehmer. Forst, Gerrit. ArbuR 2012, 97.

876. Muss Zeitarbeitsbranche Milliarden nachzahlen? Friemel, Kilian. NZS 2011, 851.

877. Präventionsverfahren des § 84 Abs. 1 SGB IX: Reichweite und Rechtsfolgen einer Verletzung. Fuhlrott, Michael. DB 2012, 2343.

878. Die Schwerbehindertenvertretung – das unbekannte Wesen? Fuhlrott, Michael u. Balupuri-Beckmann, Anamika. ArbR 2012, 267.

879. CGZP – Konsequenzen für die Zeitarbeitsbranche. Nachforderungen der SV-Träger und künftige Gestaltung von Bezugnahmen. Gaul, Björn u. Koehler, Lisa-Marie. ArbRB 2011, 309.

880. Moderne Arbeitswelt: Ausleihen, befristen, kündigen. Gaul, Björn u. Koehler, Lisa-Marie, in: Nach der Krise gleich vor der Krise?! Arbeits- und Insolvenzrechtspraxis im Fokus. Baden-Baden 2012.

881. Vorübergehend unklar. Giesen, Richard. FA 2012, 66.

882. Arbeitsrechtliche Verantwortung des Auftraggebers für den Dienstleister und seine Arbeitnehmer? Giesen, Richard, in: Freie Industriedienstleistung als Alternative zur regulierten Zeitarbeit. 3. ZAAR-Tagung – Düsseldorf, 9. September 2011. München 2012.

883. Tarifvertragliche Erweiterung von Betriebsratsrechten beim Leiharbeitseinsatz. Giesen, Richard. ZfA 2012, 143.

884. Neue Spielregeln für die Leiharbeit – Wesentliche Neuerungen des AÜG und deren Auswirkungen auf die Praxis. Giesen, Tom u. Müller, Marcel. KSzW 2012, 20.

885. Diskriminierung von Schwerbehinderten im Bewerbungsverfahren. Gottlob, Kirstin u. Ziegenhagen, Ivailo. ZBVR online 2011, Nr. 12, 23.

886. Diskriminierung wegen einer Behinderung. Auszug aus der Rechtsprechung des BAG seit Inkrafttreten des AGG. Grimme, Julia. AiB 2012, 513.

887. Regelungen für Leiharbeitnehmer. Diese Rechte stehen ihnen nach der Änderung des AÜG zu! Grüneberg, Jan. AiB 2012, 176.

888. Die Vereinbarkeit der privilegierten Arbeitnehmerüberlassung nach dem AÜG mit der Richtlinie Leiharbeit. Hamann, Wolfgang. ZESAR 2012, 103.

889. Leiharbeitnehmer mit Formulararbeitsvertrag – Verweisung auf die mehrgliedrigen christlichen (CGZP)-Tarifverträge 2010 – eine intransparente Überraschung!? Heimann, Marlies. ArbuR 2012, 50.

890. Die Interessenvertretung im Einsatz für Menschenrechte. UN-Behindertenrechtskonvention. Helbig, Silvia. ZMV 2012, 65.

891. Zeitarbeit – ein Erfolgsmodell und doch umstritten. Hofmann, Ingrid, in: Die neue Rolle der Zeitarbeit in Deutschland. München 2012.

892. BB-Rechtsprechungsreport zum betrieblichen Eingliederungsmanagement – Chancen und Risiken für Arbeitgeber –. Höser, Jürgen. BB 2012, 1537.

893. Das neue AÜG: Erste Praxiserfahrungen und Hinweise zum Umgang mit den neuen Regelungen. Huke, Rainer; Neufeld, Tobias u. Luickhardt, Vera. BB 2012, 961.

894. Beteiligungsrechte der Schwerbehindertenvertretung. Was bei der Begründung und Durchführung des Arbeitsverhältnisses zu beachten ist. Kleinebrink, Wolfgang. ArbRB 2012, 161.

895. Die Abmahnung schwerbehinderter Menschen. Kleinebrink, Wolfgang. FA 2012, 194.

896. Neue Pflichten für Entleiher: Information über freie Stellen und Zugang zu Gemeinschaftseinrichtungen und -diensten (§ 13a und 13b AÜG). Kock, Martin. BB 2012, 323.

897. Aktuelle Rechtsprechung zum Schwerbehindertenrecht – SGB IX. Kossens, Michael. ZBVR online 2011, Nr. 12, 29.

898. Zugang zur Gemeinschaftseinrichtung. Arbeitnehmerüberlassung. Krannich, Daniel u. Grieser, Utho. AuA 2012, 81.

899. Das neue Arbeitnehmerüberlassungsgesetz – zur Auslegung des Begriffs „vorübergehend" in § 1 Abs. 1 AÜG n.F. Krannich, Daniel u. Simon, Regina. BB 2012, 1414.

900. Tarifvertragliche Regulierung der Leiharbeit auf der Entleiherseite. Krause, Rüdiger, in: Individuelle Freiheit und kollektive Interessenwahrnehmung im deutschen und europäischen Arbeitsrecht. Assistententagung im Arbeitsrecht 2011 in Osnabrück. Tübingen 2012.

901. Neue tarifvertragliche Regeln für die Leiharbeit in der Metallindustrie. Krause, Rüdiger. NZA 2012, 830.

902. Die Rolle der Leiharbeit auf dem deutschen Arbeitsmarkt. Kunkel, Jörg, in: Die neue Rolle der Zeitarbeit in Deutschland. München 2012.

903. Vermittlungsprovisionen für Zeitarbeitsfirmen – „Jobwechsel schwer gemacht?" Über die Rechtmäßigkeit von Vermittlungsprovisionen und die Auswirkungen in der Praxis. Küpperfahrenberg, Jan u. Lagardère, Pascal. BB 2012, 2952.

904. Der richtige Umgang mit Bewerbungen schwerbehinderter ArbN. Laskawy, Dirk Helge u. Lomb, Peggy. AA 2012, 140.

905. Der Equal-Pay-Anspruch des Leiharbeitnehmers. Laux, Helga, in: Arbeitsgerichtsbarkeit und Wissenschaft. Festschrift für Klaus Bepler zum 65. Geburtstag. München 2012.

906. Zeitarbeit aus Sicht eines Intensivnutzers. Lehmann, Christian u. Haseloh, Gudrun, in: Die neue Rolle der Zeitarbeit in Deutschland. München 2012.

907. Zeitarbeit und Gesundheit. Lemaski, Sandra, in: Die neue Rolle der Zeitarbeit in Deutschland. München 2012.

908. Arbeitnehmerüberlassung im Konzern. Lembke, Mark. BB 2012, 2497.

909. Zeitarbeit: Königsweg aus arbeitsrechtlicher Rigidität? Lembke, Mark, in: Rigidität und Flexibilität im Arbeitsrecht. Mannheimer Arbeitsrechtstag 2011. Baden-Baden 2012.

910. Zeitarbeit im Fokus. Entwicklungen, Trend, Entscheidungen. Lützeler, Martin u. Bissels, Alexander. AuA 2012, 510.

911. Wer hat's erfunden? – Zur Geschichte und historischen Bedeutung der Leiharbeit in Deutschland. Marcks, Holger, in: Knecht zweier Herren. Zur Abschaffung der Leiharbeit. Münster 2011.

912. „Einmal ist keinmal und zweimal ist einmal zuviel" – Die gerichtliche Kontrolle missbräuchlicher Gestaltungsformen in der Arbeitnehmerüberlassung. Mestwerdt, Wilhelm, in: Recht – Politik – Geschichte. Festschrift für Franz Josef Düwell zum 65. Geburtstag. Baden-Baden 2011.

913. Zeitarbeit: Fluch oder Segen für den deutschen Arbeitsmarkt? Möller, Joachim, in: Die neue Rolle der Zeitarbeit in Deutschland. München 2012.

914. Sturm auf die Leiharbeit. Müller-Bonanni, Thomas. NZA 2012, Heft 9, Editorial.

915. Die Durchsetzung der Ansprüche auf Schaffung behinderungsgerechter Arbeitsbedingungen. Betriebliches Eingliederungsmanagement und Beteilung der Interessenvertretung. Nassibi, Ghazaleh. NZA 2012, 720.

916. Branchenzuschläge für Leiharbeitnehmer – „Equal Pay light". Neufeld, Tobias. BB 2012, Heft 44, I.

917. Leiharbeitnehmer im Betrieb. Neufeld, Tobias u. Luickhardt, Vera. AuA 2012, 72.

918. Neues zur Leiharbeit. Lohnuntergrenze, höhere Rentenansprüche und erhöhtes Arbeitslosengeld. Nielebock, Helga. AiB 2012, 79.

919. Regelung europarechtskonformer Ausnahmen vom Gleichbehandlungsgrundsatz durch die Änderung des AÜG 2011? Nielebock, Helga, in: Arbeitsgerichtsbarkeit und Wissenschaft. Festschrift für Klaus Bepler zum 65. Geburtstag. München 2012.

920. Die „misslungene" Unternehmensdienstleistung. Zum Umgang mit (versehentlicher) Kettenüberlassung in der Leiharbeit. Oberthür, Nathalie. ArbRB 2012, 117.

921. Industriedienstleistung und Zeitarbeit – Abgrenzung und Umstellung. Oberthür, Nathalie, in: Freie Industriedienstleistung als Alternative zur regulierten Zeitarbeit. 3. ZAAR-Tagung – Düsseldorf, 9. September 2011. München 2012.

922. Von der Exklusion zur Inklusion: Die ausnahmsweise Zulässigkeit der tätigkeitsneutralen Frage nach der (Schwer)Behinderung, §§ 83 SGB IX, 5 AGG. Porsche, Stefanie, in: Übergänge im Arbeitsleben und (Re)Inklusion in den Arbeitsmarkt. Symposium anlässlich des 65. Geburtstages von Prof. Dr. Wolfhard Kohte. Baden-Baden 2012.

923. Werkverträge zur Umgehung des AÜG – kein empfehlenswerter Weg! Preis, Ulrich. BB 2012, Heft 27-28, Die Erste Seite.

924. Personaldienstleistungen. Arbeitnehmerüberlassung, Contracting, Werk- und Dienstverträge, Personalvermittlung. Reufels, Martin. München 2012.

925. Tariflose Zeitarbeit? Rieble, Volker. BB 2012, 2177.

926. Neue Wettbewerbsbedingungen für die Zeitarbeit. Rieble, Volker, in: Freie Industriedienstleistung als Alternative zur regulierten Zeitarbeit. 3. ZAAR-Tagung – Düsseldorf, 9. September 2011. München 2012.

927. Unvereinbarkeit von § 9 Nr. 2 Halbs. 4 AÜG mit der Leiharbeitsrichtlinie. Rödl, Florian u. Ulber, Daniel. NZA 2012, 841.

928. Die Frage nach der Schwerbehinderung im bestehenden Arbeitsverhältnis - Besprechungsaufsatz zum BAG-Urteil vom 16.2.2012 – 6 AZR 553/10 –. Rolfs, Christian u. Feldhaus, Heiner M. SAE 2012, 85.

929. Keine Leiharbeit auf Dauerarbeitsplätzen! Romanowski, Roman u. Bartl, Ewald. NZA 2012, 845.

930. Auswirkungen der Änderungen des AÜG auf die konzerninterne Personalgestellung im Baugewerbe. Salamon, Erwin. NZA-RR 2012, 61.

931. Das Allgemeine Gleichbehandlungsgesetz (AGG) – Eine Bestandsaufnahme unter dem Aspekt des Benachteiligungsmerkmals der Behinderung. Schiefer, Bernd u. Beyer, Christoph. Behindertenrecht 2012, 46.

932. Entleiherhaftung auf dem Prüfstand – Auswirkungen des BAG-Beschlusses zur Tarifunfähigkeit der CGZP. Schöttler, Sara u. Müllerleile, Hansjörg. BB 2011, 3061.

933. Tarifverträge zur Leiharbeit in der Metall- und Elektroindustrie. Verbesserte Arbeitsbedingungen für Leiharbeitnehmer. Schumann, Dirk. AiB 2012, 423.

934. BB-Forum: Tarifwidrige Personalkostensenkung für Leiharbeitnehmer durch unbezahlte Nichteinsatzzeiten – Erwiderung auf Thüsing/Pötters, BB 2012, 317 –. Schüren, Peter. BB 2012, 1411.

935. Funktionsmängel des Arbeitnehmerüberlassungsgesetzes bei Scheinwerkverträgen aus dem Ausland – Eine Skizze. Schüren, Peter, in: Recht – Politik – Geschichte. Festschrift für Franz Josef Düwell zum 65. Geburtstag. Baden-Baden 2011.

936. Die UN-Behindertenrechtskonvention (Teil I) – „Disability Mainstreaming", Inklusion, Teilhabe und Verbot von Diskriminierungen auch im deutschen Arbeits- und Sozialrecht –. Schulte, Bernd. ZESAR 2012, 69.

937. Die UN-Behindertenrechtskonvention (Teil II) – „Disability Mainstreaming", Inklusion, Teilhabe und Verbot von Diskriminierungen auch im deutschen Arbeits- und Sozialrecht –. Schulte, Bernd. ZESAR 2012, 112.

938. Neu geregeltes AÜG. Welche Auswirkungen haben die Änderungen auf die Konzernleihe? Schuster, Norbert u. Grüneberg, Jan. AiB 2012, 81.

939. Wildwuchs eingedämmt. Schweitzer, Helga. Mitbestimmung 2012, Nr. 7/8, 47.

940. Rechtsstellung von Leiharbeitnehmern im Betriebsverfassungsrecht – Ein Überblick über die neusten Entwicklungen –. Seel, Henning-Alexander. MDR 2012, 813.

941. Mitarbeiter mit Behinderungen. Umgang in der betrieblichen Praxis. Semmt, Gisela. AuA 2012, 290.

942. Zeitarbeit aus Mitarbeitersicht. Sende, Cynthia; Galais, Nathalie; Knubben, Evelyn u. Moser, Klaus, in: Die neue Rolle der Zeitarbeit in Deutschland. München 2012.

943. Änderungen des Arbeitnehmerüberlassungsgesetzes 2011. Neuregelungen für die Arbeitnehmerüberlassung (auch in der IT-Branche). Söbbing, Thomas. ITRB 2012, 113.

944. Die neue Rolle der Zeitarbeit für den Arbeitsmarkt. Spermann, Alexander, in: Die neue Rolle der Zeitarbeit in Deutschland. München 2012.

945. Erdbeben in der Zeitarbeitsbranche. Steinheimer, Jörg u. Haeder, Stefan. NZA 2012, 903.

946. Personalservicegesellschaften auf dem Prüfstand. Rechte der Leiharbeitnehmer bei Schein- und Dauerleihe. Thiess, Holger u. Denzel, Gerd. AiB 2012, 188.

947. Arbeitnehmerüberlassungsgesetz. Kommentar. Thüsing, Gregor. 3. Aufl. München 2012.

948. Zum Begriff „vorübergehend" in § 1 Abs. 1 Satz 2 AÜG. Thüsing, Gregor u. Stiebert, Tom. DB 2012, 632.

949. Equal Pay in der Arbeitnehmerüberlassung – unter Berücksichtigung des CGZP-Beschlusses. Thüsing, Gregor u. Stiebert, Tom, in: Der CGZP-Beschluss des Bundesarbeitsgerichts. Arbeits- und sozialversicherungsrechtliche Folgen. Baden-Baden 2012.

950. Equal Pay in der Arbeitnehmerüberlassung zwischen Unionsrecht und nationalem Recht. Thüsing, Gregor u. Stiebert, Tom. ZESAR 2012, 199.

951. Der Begriff der „wirtschaftlichen Tätigkeit" im neuen AÜG. Thüsing, Gregor u. Thieken, Jan. DB 2012, 347.

952. Die Beweisnot des Arbeitnehmers bei illegaler Arbeitnehmerüberlassung. Timmermann, Oliver. BB 2012, 1729.

953. Wirkungsweise und Rechtsfolgen der Lohnuntergrenze nach § 3a AÜG. Ulber, Daniel. ArbuR 2012, 426.

954. Weniger Leiharbeit, mehr Gleichbehandlung. Das seit dem 1.12.2011 geltende AÜG bewirkt grundlegende Veränderungen. Ulber, Jürgen. AiB 2012, 7.

955. Zugang zu Gemeinschaftseinrichtungen nach § 13b AÜG. Vielmeier, Stephan. NZA 2012, 535.

956. Der Gleichbehandlungsgrundsatz im neuen Arbeitnehmerüberlassungsgesetz. Waas, Bernd. ZESAR 2012, 7.

957. Die Bedeutung der Zeitarbeit für den Arbeitsmarkt. Walwei, Uwe u. Ziegler, Kerstin, in: Die neue Rolle der Zeitarbeit in Deutschland. München 2012.

958. Die Neufassung des AÜG. Wank, Rolf. JbArbR 49, 23. (2012).

959. Beispiel einer gelungenen Integrationsvereinbarung im Bistum Speyer. Wüstefeld, Marcus. ZMV 2012, 135.

960. Lohnuntergrenze in der Arbeitnehmerüberlassung. Zetl, Hans Peter. ZMV 2012, 91.

961. Leiharbeit – aber nur vorübergehend! Zimmer, Reingard. ArbuR 2012, 89.

962. „Vorübergehender" Einsatz von LeiharbeitnehmerInnen. § 1 Abs. 1 S. 2 AÜG unter Berücksichtigung der Vorgaben der Leiharbeitsrichtlinie 2008/104/EG. Zimmer, Reingard. ArbuR 2012, 422.

19. Frauen im Arbeitsleben – Mutterschutz

963. Der praktische Fall – Wo bleibt die frisch gebackene Mutter? AA 2012, 158.

964. Rechtshandbuch für Frauen- und Gleichstellungsbeauftragte. Berghahn, Sabine u. Schultz, Ulrike. Hamburg 2012.

965. Zum Anspruch auf Mutterschutzlohn und Mutterschaftsgeld. Conze, Peter. öAT 2012, 55.

966. Frauen in Führungspositionen in der Justiz: Die Mär von dem „Durchwachseffekt". Fölster, Uta. DRIZ 2012, 273.

967. Arbeitszeiten von Frauen: Lebenslaufperspektive und europäische Trends. Franz, Christine; Kümmerling, Angelika; Lehndorff, Steffen u. Anxo, Dominique. WSI-Mitteilungen 2012, 601.

968. Eckdaten einer verfassungs- und europarechtkonformen Ausgestaltung verbindlicher Frauenquoten für Aufsichtsräte. Henssler, Martin u. Seidensticker, Thomas. KSzW 2012, 10.

969. Der arbeitsrechtliche Schutz Schwangerer. Howald, Bert. FA 2012, 263.

970. Frauenquote im Arbeitsrecht – Verfassungsrechtliche und AGG-rechtliche Aspekte. Kempter, Michael u. Koch, Jochen. BB 2012, 3009.

971. Frauenquoten für Leitungsorgane von Privatunternehmen. Ossenbühl, Fritz. NJW 2012, 417.

972. Eine Bewertung von Frauenquoten aus arbeitsrechtlicher Sicht. Prehm, Stefanie u. Hellenkemper, Dagmar. NZA 2012, 960.

973. „Ladies first?" – Zur Suche nach einem geschlechtergerechten Sprachgebrauch. Reinecke, Birgit, in: Recht – Politik – Geschichte. Festschrift für Franz Josef Düwell zum 65. Geburtstag. Baden-Baden 2011.

974. Diskriminierung wegen des Geschlechts ist mehr als Ungleichbehandlung. Rudolf, Beate. AnwBl 2012, 599.

975. Frauen in Führungspositionen der Justiz. Schultz, Ulrike. DRIZ 2012, 264.

976. „Lohnfindung" als Ursache von Entgeltdiskriminierung. Tondorf, Karin. djbZ 2012, 30.

977. Diskriminierungsfreie Beurteilung von Leistung, Eignung und Befähigung? Tondorf, Karin u. Jochmann-Döll, Andrea. djbZ 2012, 106.

978. Kündigungszulassung während Mutterschutz und Elternzeit. Wiebauer, Bernd. ZfA 2012, 507.

979. Interdisziplinäre Zusammenarbeit für eine diskriminierungsfreie(re) Arbeitsbewertung. Winter, Regine. djbZ 2012, 102.

20. Betriebsübergang – Umwandlung

980. Grenzüberschreitender Betriebsübergang? Bezani, Thomas u. Richter, Marcus, in: 200 Jahre Arbeitsrechtsprechung in Köln. 1811–2011. Köln 2011.

981. Die Rechtslage zum Tatbestandsmerkmal „Übergang eines Betriebs oder Betriebsteils" des § 613a BGB. Call, Horst. NJ 2012, 19.

982. Läuft das Kündigungsverbot bei einem Betriebsübergang ins Leere? Commandeur, Gert u. Kleinebrink, Wolfgang. BB 2012, 1857.

983. Harmonisierung von Arbeitsbedingungen nach Betriebsübergang. Eine kompakte Darstellung und Bewertung der verschiedenen Gestaltungsmittel. Fröhlich, Oliver. ArbRB 2012, 317.

984. Aktuelle Rechtsprechung zum Betriebsübergang – ein Überblick. Fuhlrott, Michael. ArbR 2012, 337.

985. Das Haftungsregime gem. § 613a Abs. 2 BGB. Fuhlrott, Michael. FA 2012, 231.

986. Zwischengeschaltete Transfergesellschaften zur Vermeidung von Betriebsübergängen. Fuhlrott, Michael. NZA 2012, 549.

987. Anforderungen an Unterrichtungsschreiben bei Betriebsübergängen. Fuhlrott, Michael u. Ritz, Sebastian. BB 2012, 2689.

988. Vermeidungsstrategien und Gestaltungsmöglichkeiten bei Betriebsübergängen. Fuhlrott, Michael u. Salamon, Erwin. BB 2012, 1793.

989. Betriebsübergang nach § 613a BGB und der Europäischen Betriebsübergangsrichtlinie vom 12. März 2001. Hauck, Friedrich, in: Recht – Politik – Geschichte. Festschrift für Franz Josef Düwell zum 65. Geburtstag. Baden-Baden 2011.

990. Fortgeltung von Tarifnormen nach Betriebsübergang, Schadensersatz und Entschädigung wegen Diskriminierung. Jacobs, Matthias u. Krois, Christopher. Jura 2012, 155.

991. Die Kaltmamsell als Betriebsteil. Joost, Detlev, in: Festschrift für Franz Jürgen Säcker zum 70. Geburtstag. München 2011.

992. Rechtsfragen grenzüberschreitender Betriebsverlagerung. Junker, Abbo. NZA Beilage 2012, Nr. 1, 8.

993. Die Verwirkung des Widerspruchsrechts beim Betriebsübergang. Kittner, Oliver. NJW 2012, 1180.

994. Betriebsübergänge mit internationalem Bezug. Leuchten, Alexius. ZESAR 2012, 411.

995. Betriebsübergang: Betriebliche Stellung widersprechender Arbeitnehmer. Löwisch, Manfred, in: Arbeitsgerichtsbarkeit und Wissenschaft. Festschrift für Klaus Bepler zum 65. Geburtstag. München 2012.

996. Der praktisch Fall – Alte Praxis in neuer Hand: Was ist zu beachten? Mareck, Guido. AA 2012, 104.

997. „Auftragsnachfolge" und Unterrichtung bei Betriebsübergang. Meyer, Cord. NZA 2012, 1185.

998. Offshoring als Betriebsübergang: Wer darf mit? BAG präzisiert Voraussetzungen. Moderegger, Christian. ArbRB 2011, 373.

999. Transformierende Überleitungsvereinbarungen als kollektiv-rechtliches Gestaltungsmittel beim Betriebsteilübergang. Monz, Jonathan. BB 2012, 1923.

1000. Sanierungstarifvertrag und Betriebsübergang. Ein arbeitsrechtliches Minenfeld. Mues, Werner M. ArbRB 2012, 250.

1001. Sicherung der kollektiven Tarifgeltung nach Betriebsübergang. Müller-Bonanni, Thomas u. Mehrens, Christian. NZA 2012, 195.

1002. Ablösung der tariflichen Vergütungsordnung nach Betriebsübergang auf einen nicht tarifgebundenen Erwerber. Müller-Bonanni, Thomas u. Mehrens, Christian. NZA 2012, 1194.

1003. Auswirkungen von Umstrukturierungen auf die Tarifsituation. Müller-Bonanni, Thomas u. Mehrens, Christian. ZIP 2012, 1217.

1004. Offshoring – Welche arbeitsrechtlichen Rechtsfolgen hat ein grenzüberschreitender Betriebsübergang? Pesch, Benjamin. KSzW 2012, 114.

1005. Betriebsübergang: Rettungsanker Verwirkung des Widerspruchsrechts? Reinecke, Gerhard. DB 2012, 50.

1006. Fortgeltung kollektivrechtlicher Regelungen im Falle eines Betriebsübergangs. Schiefer, Bernd, in: 200 Jahre Arbeitsrechtsprechung in Köln. 1811 - 2011. Köln 2011.

1007. Aktuelle Entwicklungen: Outsourcing, Betriebsübergang, Auftragsvergabe und Umstrukturierung. Schiefer, Bernd u. Hartmann, Henning. BB 2012, 1985.

1008. Europarechtliche Vorgaben für den Betriebsübergang – „Christel Schmidt lässt grüßen". Tamm, Marina. ZESAR 2012, 151.

1009. Die Anwachsung als Fall des Betriebsübergangs? Vogt, Volker u. Oltmanns, Sönke. NZA 2012, 1190.

1010. Betriebs(teil)übergang und Arbeitsverhältniszuordnung. Wang, Ximeng. München 2012.

21. Insolvenz

1011. Die Regelung des § 613a BGB in der Insolvenz – Plädoyer für eine Novellierung. Adam, Dirk, in: Festschrift für Jobst Wellensiek zum 80. Geburtstag. München 2011.

1012. Arbeitsrechtliche Umstrukturierung in der Insolvenz. Annuß, Georg u. Lembke, Mark. 2. Aufl. Köln 2012.

1013. § 114 Abs. 1 InsO – Reichweite und Grenzen. Baatz, Ingmar. ZInsO 2012, 457.

1014. Betriebsrat, Gewerkschaft und Insolvenzverwalter als magisches Dreieck der Umstrukturierung. Benecke, Martina, in: Nach der Krise gleich vor der Krise?! Arbeits- und Insolvenzrechtspraxis im Fokus. Baden-Baden 2012.

1015. Die Insolvenzanfechtung gegenüber Arbeitnehmern – Reflexionen über ein juristisches Lehrstück in drei Akten. Brinkmann, Moritz. ZZP 125, 197 (2012).

1016. Arbeitsrecht in der Insolvenz: Büchse der Pandora oder Panazee? Fischermeier, Ernst, in: Nach der Krise gleich vor der Krise?! Arbeits- und Insolvenzrechtspraxis im Fokus. Baden-Baden 2012.

1017. InsO. Kommentar zur Insolvenzordnung. Graf-Schlicker, Marie Luise (Hrsg.). 3. Aufl. Köln 2012.

1018. InsO. Insolvenzordnung. Kommentar. Haarmeyer, Hans; Wutzke, Wolfgang u. Förster, Karsten. 2. Aufl. Berlin 2012.

1019. Rechtsfolgen der Insolvenz von Fußballvereinen für den Profifußballspieler vor dem Hintergrund der Einführung des „financial fairplay". Habl, Rouben u. Kropf, Christian. ZInsO 2012, 430.

1020. Die Fallstricke des § 125 InsO. Hinkel, Lars u. Pantlen, Andreas, in: Festschrift für Jobst Wellensiek zum 80. Geburtstag. München 2011.

1021. Das BQG-Modell als Teil der übertragenden Sanierung. Hornung, Marc-Philippe, in: Festschrift für Jobst Wellensiek zum 80. Geburtstag. München 2011.

1022. Zur Feststellung von Zahlungsunfähigkeit und positiver Fortführungsprognose von Zeitarbeitsunternehmen infolge des CGZP-Beschlusses des BAG. Zugleich Auseinandersetzung mit dem Beitrag von Kollbach, ZInsO 2011, 1395. Kampshoff, Matthias u. Oberhardt, Marc. ZInsO 2011, 2114.

1023. Insolvenzanfechtung und Arbeitsrecht. Kolbe, Sebastian, in: Individuelle Freiheit und kollektive Interessenwahrnehmung im deutschen und europäischen Arbeitsrecht. Assistententagung im Arbeitsrecht 2011 in Osnabrück. Tübingen 2012.

1024. Arbeitgeberinsolvenz. So kann sich der Betriebsrat verhalten und das kann Beschäftigten empfohlen werden. Koll, Christopher. AiB 2012, 431.

1025. Arbeitsrechtliche Folgen der Unternehmensinsolvenz. Lakies, Thomas. ArbR 2012, 340.

1026. Kündigung in der Insolvenz. Lakies, Thomas. ArbR 2012, 366.

1027. Fallstricke bei der Einbindung von Transfergesellschaften in der Insolvenz. Zugleich Besprechung von BAG, Urt. v. 18. 8. 2011 – 8 AZR 312/10, JurionRS 2011, 29651. Lindemann, Silvio. ZInsO 2012, 605.

1028. Die Arbeitgeberstellung des vorläufigen Insolvenzverwalters. Motz, Guido Norman. Frankfurt am Main 2012.

1029. Effektive Beendigung der Tarifbindung in der Insolvenz. Mückl, Patrick u. Krings, Hannah. BB 2012, 769.

1030. Rettung des durch den vorläufigen Insolvenzverwalter abgeschlossenen Interessenausgleichs mit Namensliste. Mückl, Patrick u. Krings, Hannah. ZIP 2012, 106.

1031. Nach CGZP-Urteil: Bisher keine Insolvenzen wegen Beitragsnachforderungen. Nakielski, Hans. SozSich 2012, 77.

1032. Die gerichtliche Zustimmung zur Durchführung einer Betriebsänderung gem. § 122 InsO. Schmädicke, Axel u. Fackler, Bernhard. NZA 2012, 1199.

1033. Kündigung in der Insolvenz gem. § 113 InsO. Besonderheiten vor und nach Eröffnung des Insolvenzverfahrens. Schulte, Wienhold. ArbRB 2012, 94.

1034. Unterfallen Insolvenzanfechtungsansprüche auf Rückgewähr geleisteter Arbeitsvergütung gegenüber Arbeitnehmern arbeitsvertraglichen oder tarifvertraglichen Ausschlussfristen? Stiller, Jörn. ZInsO 2012, 869.

1035. Das „ESUG" aus Arbeitnehmersicht – erster Teil. Wroblewski, Andrej. ArbuR 2012, 188.

1036. Das „ESUG" aus Arbeitnehmersicht – zweiter Teil. Wroblewski, Andrej. ArbuR 2012, 298.

1037. BB-Rechtsprechungsreport zur Rechtsprechung des BAG in Insolvenzsachen in den Jahren 2011 und 2012 - Anschluss an BB 2011, 1205 -. Zwanziger, Bertram. BB 2012, 1601.

22. Betriebsverfassungsrecht, allgemeines

1038. Auskunftsanspruch des Betriebsrats über individuelle Stundennachweise und bei Vertrauensarbeitszeit. ZBVR online 2012, Nr. 5, 28.

1039. Kooperationsbetriebe der Bundeswehr. Interessenvertretung bei- und gestellter AN bei betrieblichen Umstrukturierungen. Albrecht, Anja. AiB 2012, 223.

1040. Überbetriebliche und innerbetriebliche Kollektivvereinbarungen in Deutschland. Barbknecht, in: Überbetriebliche versus innerbetriebliche Kollektivvereinbarungen. 5. Arbeitsrechtlicher Dialog. Baden-Baden 2012.

1041. Personalberichterstattung von Unternehmen. Handlungshilfe für Betriebsräte und Arbeitnehmervertreter im Aufsichtsrat. Beile, Judith u. Wilke, Peter. AiB 2012, 295.

1042. Problem erkannt. Kommt die Absicherung befristet beschäftigter Betriebsratsmitglieder? Bell, Regina; Ögüt, Pelin; Schubert, Michael u. Helm Rüdiger. AiB 2012, 636.

1043. Kommunikation und Entscheidungsfindung im Konzernbetriebsrat. Bergmann, Magnus. ZBVR online 2012, Nr. 1, 29.

1044. Compliance – Brennpunkt „Betriebsratsvergütung" (Teil 1). Gehaltszulagen, Dienstwagen, Freistellung & Co. – Unzulässige Begünstigung von Betriebsratsmitgliedern. Bittmann, Barbara u. Mujan, Susanne. BB 2012, 637.

1045. Compliance – Brennpunkt „Betriebsratsvergütung" (Teil 2): Nur Einstellung oder auch Rückforderung unzulässiger Begünstigungen? – Fortsetzung des Aufsatzes in BB 2012, 634 –. Bittmann, Barbara u. Mujan, Susanne. BB 2012, 1604.

1046. Der CGZP-Beschluss des Bundesarbeitsgerichts und seine arbeits- und sozialversicherungsrechtlichen Folgen – Einführung in das Generalthema des Symposiums. Brand, Jürgen u. Lembke, Mark, in: Der CGZP-Beschluss des Bundesarbeitsgerichts. Arbeits- und sozialversicherungsrechtliche Folgen. Baden-Baden 2012.

1047. Das Spannungsverhältnis tariflicher und betrieblicher Rechtsetzung. Brecht-Heitzmann, in: Überbetriebliche versus innerbetriebliche Kollektivvereinbarungen. 5. Arbeitsrechtlicher Dialog. Baden-Baden 2012.

1048. Ermittlung von Personal- und Qualifikationsbedarf. Die Rechte des Betriebsrats und ihre Grenzen. Breisig, Thomas. AiB 2012, 291.

1049. „Ich bin dann mal weg!" Zur anlassbezogenen Freistellung von Betriebsratsmitgliedern. Britz, Gunther. PersV 2012, 249.

1050. Ethnische und kulturelle Vielfalt und Integration. So kann der Betriebsrat vorgehen! Busch, Sebastian. AiB 2012, 307.

1051. Interessenausgleich und Sozialplan. Taktisch richtig handeln. Butz, Benjamin u. Wahlig, Thomas. AuA 2012, 392.

1052. IntensivMediation zur Konfliktlösung. Schnelle und kostengünstige Alternative für Betriebsräte und Management. Eyer, Eckhard u. Mattioli, Maria. AiB 2012, 360.

1053. Die Versetzung von Betriebsratsmitgliedern. Fabritius, Burkhard u. Fuhlrott, Michael. ArbR 2012, 418.

1054. Einstweiliger Rechtsschutz im Zusammenhang mit Betriebsratswahlen. Fay, Sebastian u. Homburg, Jochen. ArbuR 2012, 290.

1055. Betriebsräte für das fliegende Personal? Forst, Gerrit. ZESAR 2012, 164.

1056. Gemeinschaftsbetriebe. Entstehung und Folgen. Fuhlrott, Michael u. Ritz, Sebastian. AuA 2012, 402.

1057. Die Anfechtung von Betriebsratswahlen in der jüngeren Rechtsprechung des BAG. Gräfl, Edith, in: Arbeitsgerichtsbarkeit und Wissenschaft. Festschrift für Klaus Bepler zum 65. Geburtstag. München 2012.

1058. Strategie gegen Betriebsräte-Mobbing. Drohung mit Strafverfahren kann hilfreich sein. Growe, Dietrich. AiB 2011, 693.

1059. Arbeit im Wirtschaftsausschuss. Konzeptionelle Ansatzpunkte. Hase, Detlef. AiB 2012, 112.

1060. Leiharbeit kontrollieren. Handlungsmöglichkeiten des Betriebsrats im Entleiherbetrieb. Hayen, Ralf-Peter. AiB 2012, 170.

1061. Whistleblowing. Handlungsmöglichkeiten des Betriebsrats und ein neues Gesetz? Heidemann, Ralf u. Hüsemann, Lars. AiB 2012, 640.

1062. Gewerkschaftsrechte im Betrieb. Damals und heute. Homburg, Jochen u. Fay, Sebastian. AiB 2012, 451.

1063. Tendenzschutz in der Betriebsverfassung. Hoppe, Christian u. Marcus, Nina C. ArbR 2012, 189.

1064. Aktuelle Themen von Betriebsratsschulungen. Horcher, Michael. ArbR 2012, 86.

1065. Betriebsratsmitglieder in der Befristung - Der altersdiskriminierende Ansatz des § 78a BetrVG. Huber, Michael; Mücke, Matthias u. Helm, Rüdiger. ArbR 2012, 422.

1066. § 99 BetrVG: Die Bedeutung der Personalhoheit bei drittbezogenem Personaleinsatz (Werk- und Dienstverträge). Hunold, Wolf. NZA 2012, 113.

1067. Zulässigkeit virtueller Betriebsratssitzungen. Jesgarzewski, Tim u. Holzendorf, Tobias. NZA 2012, 1021.

1068. Unterrichtungs- und Erörterungsrechte. So kann der Betriebsrat bei der Prüfung vorgehen. Kasper, André. AiB 2012, 670.

1069. Reden ist Silber, Schweigen ist Gold – Geheimhaltungspflichten auch für die Arbeitnehmervertreter im Aufsichtsrat. Keilich, Jochen u. Brummer, Paul. BB 2012, 897.

1070. Gestalten von Betriebsratsstrukturen. Welche Möglichkeiten gibt es? Keilich, Jochen u. Witteler, Michael. AuA 2012, 580.

1071. Beschränkter Umfang des Übergangsmandats nach § 21a BetrVG. Kittner, Oliver. NZA 2012, 541.

1072. Betriebsratsrechte bei Werkverträgen. Klebe, Thomas u. Karthaus, Boris. NZA 2012, 417.

1073. Die Regelungsabrede als betriebsverfassungsrechtliches Gestaltungsmittel. Vor- und Nachteile in der Beratungspraxis. Kleinebrink, Wolfgang. ArbRB 2012, 27.

1074. Dreiseitige Standortsicherungsvereinbarungen. Klempt, Ivy. Marburg, 2012.

1075. Dreigliedrige Standortsicherungsvereinbarungen. Koch, Moritz Nikolaus. Pfaffenweiler 2012.

1076. Betriebsrat, Betriebsversammlung, Mitarbeit in Berufsorganisationen – Versicherungsschutz in der gesetzlichen Unfallversicherung. Krasney, Otto Ernst. SGb 2012, 130.

1077. Personalgestellte nach Privatisierung in der Betriebsverfassung. Zuständigkeiten des Betriebsrats. Kröll, Michael. AiB 2012, 193.

1078. Ende der Ausbildung: Weiterbeschäftigungsanspruch von Jugendvertretern und Betriebsratsmitgliedern. Lakies, Thomas. ArbR 2012, 34.

1079. Nicht zum alten Eisen. So unterstützen Betriebsräte ältere Arbeitnehmer. Lück, Maria. AiB 2012, 319.

1080. Jubiläum des BetrVG. Stürmische Zeiten. Lück, Maria. AiB 2012, 661.

1081. Auskunftsansprüche des Betriebsrats bei dem Einsatz von Fremdpersonal. Maiß, Sebastian u. Juli, Sebastian. ArbR 2012, 162.

1082. Der praktische Fall: Ein widerspenstiger Betriebsrat. Mareck, Guido. AA 2012, 15.

1083. Richtig Abmelden. So funktioniert es. Markowski, Jürgen u. Carlson, Sandra. AiB 2012, 53.

1084. Doppelte Betriebsratsmitgliedschaft – doppelte Beteiligung nach § 103 Abs. 1 BetrVG. Matusche, Ralf. ArbuR 2012, 155.

1085. Außendienstmitarbeiter im Betriebsrat. Vergütungsrechtliche Fragen. Mayer, Udo R. AiB 2011, 668.

1086. Betriebliche Bündnisse. Moll, Wilhelm, in: Arbeitsgerichtsbarkeit und Wissenschaft. Festschrift für Klaus Bepler zum 65. Geburtstag. München 2012.

1087. Pauschale Zahlungen an Betriebsräte? Moll, Wilhelm u. Roebers, Dorothea. NZA 2012, 57.

1088. Mit Taktik zum Verhandlungserfolg. Verhandlungspraxis im Betriebsrat von Alma & Udo. Müller, Marion. AiB 2011, 680.

1089. Für eine systematische Betriebsratsarbeit. Die Geschäftsordnung des Betriebsrats. Müller, Marion. dbr 2011, Nr. 12, 28.

1090. Wenn Arbeitgeber und Betriebsrat sich streiten. Die verschiedenen Möglichkeiten der Konfliktbeilegung im Vergleich. Reinhard, Barbara u. Mückenberger, Katja. ArbRB 2011, 314.

1091. Die Erstattungsfähigkeit von Beraterkosten gemäß § 40 Abs. 1 BetrVG (Teil 1). Reitze, Serge. ZBVR online 2011, Nr. 11, 23.

1092. Der Anspruch des Betriebsrats auf Bereitstellung von Sachaufwand und Büropersonal gem. § 40 Abs. 2 BetrVG (Teil 2). Reitze, Serge. ZBVR online 2012, Nr. 2, 33.

1093. Unternehmensverkauf. Handlungsmöglichkeiten des Betriebsrats. Rothkegel, Andrea u. Cavelius, Sascha. AiB 2012, 108.

1094. Erreichbarkeit mittels Smartphone. Handlungsmöglichkeiten des Betriebsrats. Rudolph, Wolf-Dieter. AiB 2012, 378.

1095. Der Wirtschaftsausschuss. Funktionen, Aufgaben und Selbstverständnis. Rupp, Rudi. AiB 2012, 247.

1096. Die Einigungsstelle nach § 109 BetrVG. Das ist zu beachten! Rupp, Rudi u. Lassmann, Nikolai. AiB 2012, 598.

1097. Der Tendenzschutz nach § 118 BetrVG. Bedeutung, Vorliegen und Auswirkung. Scheriau, Karl Michael. AiB 2012, 579.

1098. Informations- und Beratungsrechte in Tendenzbetrieben. So kann der Betriebsrat vorgehen. Scheriau, Karl Michael. AiB 2012, 652.

1099. Ab- und Rückmeldepflichten von Betriebsratsmitgliedern. Schiefer, Bernd u. Pogge, Beate. DB 2012, 743.

1100. Die Rechtsprechung des Siebten Senats des Bundesarbeitsgerichts zur vereinbarten Betriebsverfassung nach dem novellierten BetrVG. Schmidt, Kristina. JbArbR 49, 79 (2012).

1101. Betriebsratsarbeit ist Ehrenamt. Kein Schutz vor Überforderung? Schulze, Marc-Oliver. AiB 2012, 657.

1102. Betriebsrat zwischen den Stühlen. Schutz von Rauchern und Nichtrauchern. Schulze, Marc-Oliver u. Sticher, Patrick AiB 2012, 381.

1103. Pro und Contra: Ist die Betriebsratstätigkeit Arbeitszeit im Sinne des ArbZG? Schulze, Marc-Oliver u. Tillmanns, Christoph. ArbR 2012, 475.

1104. Dualismus in der betrieblichen Rechtsetzung. Betriebliche Bündnisse und Tarifsozialpläne. Schütt, Julia. Hamburg 2012.

1105. Nachfolgemanagement. Vorfahren kann man nicht ändern, aber man kann bestimmen was aus Nachkommen wird. Schwartau, Beate. AiB 2012, 676.

1106. Günstigkeitsprinzip. Schwerdtfeger, Thomas Gordon. dbr 2011, Nr. 12, 33.

1107. Mediation auf Initiative des Betriebsrats. Wer trägt die Kosten? Schwinkowski, Clemens u. Neumaier, Sophia. AiB 2012, 36.

1108. Öffentliche Meinungsäußerungen des Betriebsrats und seiner Mitglieder – Zulässigkeit und Grenzen. Schwipper, Markus. Hamburg 2012.

1109. Betriebsratsfreier Auslandseinsatz. Zur Geltung des Betriebsverfassungsgesetzes bei einer Tätigkeit im Ausland. Sendelbeck, Georg. AiB 2012, 236.

1110. Silence is golden. Zur Verschwiegenheitsverpflichtung von Arbeitnehmervertretern im Aufsichtsrat. Sparchholz, Karsten u. Staack, Sabrina. AiB 2012, 103.

1111. Das bleibt übrig für den Betriebsrat. Aufgaben und Gestaltungsmöglichkeiten für Betriebsräte im Verleihunternehmen. Thannheiser, Achim. AiB 2012, 179.

1112. Apps im Arbeitsleben und für die Betriebsratsarbeit. Das sollte der Betriebsrat beachten. Thannheiser, Achim. AiB 2012, 351.

1113. Der Gesamt- und der Konzernbetriebsrat als Dauerorgan. Zur Frage des Fortbestands nach Neuwahl der Betriebsräte. Thüsing, Gregor. FA 2012, 322.

1114. Betriebsratsvorsitzende. Paradoxe Führungskräfte? Tietel, Erhard. AiB 2012, 239.

1115. Ersatzmitglieder. Antworten auf die wichtigsten Fragen. Weinbrenner, Lars. AiB 2012, 673.

1116. Betriebsverfassungsrechtliche Vertragsstrafen. Wiebauer, Bernd. ArbuR 2012, 150.

1117. Teilnahme von Betriebsratsmitgliedern an Personalgesprächen. Wittenberg, Peter. ZBVR online 2012, Nr. 7/8, 30.

1118. Handlungsmöglichkeiten des Betriebsrats im Zusammenhang mit der Befristung von Arbeitsverträgen. Wurm, Thomas. ZBVR online 2012, Nr. 10, 32.

1119. Mitbestimmung des Betriebsrats in Fällen der Ablehnung eines Urlaubsantrags durch den Arbeitgeber wegen der vom Arbeitnehmer gewünschten zeitlichen Lage des Urlaubs. Zimmermann, Helmut. ArbuR 2012, 243.

23. Betriebsverfassungsrecht, Beteiligung des Betriebsrats

1120. Einsatz mobiler Arbeitsmittel außerhalb der Arbeitszeit. Rechte des Betriebsrats. Baunack, Sebastian. AiB 2012, 500.

1121. Personelle Einzelmaßnahmen – des einen Freud, des anderen Leid. Brugger, Helen. NJW-Spezial 2012, 370.

1122. Die Beratungsverfügung. Eisemann, Hans Friedrich, in: Arbeitsgerichtsbarkeit und Wissenschaft. Festschrift für Klaus Bepler zum 65. Geburtstag. München 2012.

1123. Der Betriebsrat als Kläger – Zur Durchsetzung von Betriebsvereinbarungen. Fischer, Ulrich, in: Recht – Politik – Geschichte. Festschrift für Franz Josef Düwell zum 65. Geburtstag. Baden-Baden 2011.

1124. Drittbezogene Betriebsratsrechte im Einsatzbetrieb. Franzen, Martin, in: Freie Industriedienstleistung als Alternative zur regulierten Zeitarbeit. 3. ZAAR-Tagung - Düsseldorf, 9. September 2011. München 2012.

1125. Rechte des Betriebsrats bei unternehmensinternen Ermittlungen. Strategien für Mitarbeiterbefragungen, Screenings und andere Untersuchungen. Grimm, Detlef u. Freh, Stefan. ArbRB 2012, 241.

1126. Mitarbeiterbefragungen und Mitwirkung des Betriebsrats. Grimm, Detlef u. Freh, Stefan. KSzW 2012, 88.

1127. Betriebsübergreifende Versetzung im Konzern und Mitbestimmung gem. § 99 BetrVG. Lambrich, Thomas u. Schwab, Stefan. DB 2012, 1928.

1128. Die Mitbestimmung des Betriebsrats bei Zielvereinbarungen. Linck, Rüdiger u. Koch, Ulrich, in: Arbeitsgerichtsbarkeit und Wissenschaft. Festschrift für Klaus Bepler zum 65. Geburtstag. München 2012.

1129. Ausschreibungspflicht von Arbeitsplätzen. So kann der Betriebsrat vorgehen. Middel, Lukas. AiB 2012, 260.

1130. Vorläufige Einstellung von Leiharbeitnehmern. So kann der Betriebsrat ihr begegnen. Rudolph, Wolf-Dieter. AiB 2012, 165.

1131. § 87 BetrVG als Geltungsgrund tariflicher Vergütungsordnungen für Außenseiter? Salamon, Erwin. NZA 2012, 899.

1132. Beteiligungsrechte des Betriebsrats bei Personal- und Unternehmensplanung. Dem schleichenden Verlust von gesicherten Arbeitsplätzen begegnen. Scheriau, Karl Michael. AiB 2012, 154.

1133. Möglichkeit einer befristeten Zustimmung zur Einstellung im Rahmen des § 99 BetrVG bei der Einstellung von Leiharbeitnehmern. Trebeck, Joachim. ArbR 2012, 343.

1134. „Nichts über uns ohne uns" beherrscht das ganze Verfahren. Die Mitbestimmung des Betriebsrats bei der betrieblichen Eingliederung. Wenning-Morgenthaler, Martin. SuP 2012, 366.

1135. Ordnungsgemäße Unterrichtung und Zustimmungsverweigerung bei gebündelten personellen Einzelmaßnahmen. Wollwert, Klaus. DB 2012, 2518.

1136. Einsatz von Fremdfirmenarbeitnehmern. So kann der Betriebsrat nach § 99 BetrVG mitbestimmen. Wulff, Manfred u. Büchele, Eva. AiB 2012, 159.

1137. Beteiligung des Betriebsrats bei Ermittlungen durch Unternehmen. Wybitul, Tim u. Böhm, Wolf-Tassilo. RdA 2011, 362.

24. Betriebsverfassungsrecht, Betriebsvereinbarungen

1138. Übertarifliche Vergünstigungen. Vereinbarungen mit dem Betriebsrat. Bernhardt, Marion u. Jentsch, Martina. AuA 2012, 148.

1139. Betriebsvereinbarung Kommunikation. Beschäftigteninteressen und Compliance bei privater Nutzung von Kommunikationsmitteln im Unternehmen. Deiters, Gerhard. ZD 2012, 109.

1140. Social Media Guidelines. Regelung durch Betriebsvereinbarung? Forst, Gerrit. ZD 2012, 251.

1141. Betriebsvereinbarung zur Regelung des Verhaltens bei krankheitsbedingter Arbeitsunfähigkeit. Anzeigepflicht, Nachweispflicht und Folgen einer Verletzung. Kleinebrink, Wolfgang. ArbRB 2012, 247.

1142. Teilnichtigkeit und Teilkündigung einer Betriebsvereinbarung. Kreutz, Peter, in: Festschrift für Franz Jürgen Säcker zum 70. Geburtstag. München 2011.

1143. Einsatz psychologischer Testverfahren. Kernpunkte von Betriebsvereinbarungen. Maties, Martin u. Wottawa, Heinrich. AiB 2012, 462.

1144. Immer Ärger mit den Überstunden. Betriebsvereinbarung bei Alma und Udo. Müller, Marion. AiB 2012, 587.

1145. Die ablösende Betriebsvereinbarung. Zum Verhältnis von privatautonomer und betriebsverfassungsrechtlicher Regelungsmacht. Picker, Christian, in: Individuelle Freiheit und kollektive Interessenwahrnehmung im deutschen und europäischen Arbeitsrecht. Assistententagung im Arbeitsrecht 2011 in Osnabrück. Tübingen 2012.

1146. Verträge sind einzuhalten. Der Durchführungsanspruch des Betriebsrats. Staack, Sabrina u. Sparchholz, Karsten. AiB 2012, 584.

1147. Spruchkompetenz der Einigungsstelle bei nachwirkenden freiwilligen Betriebsvereinbarungen. Trebeck, Joachim u. Broich, Stefan von. NZA 2012, 1018.

25. Betriebsverfassungsrecht, Betriebsänderungen

1148. Interessenausgleich und Sozialplan. Grünewald, Holger. Hamburg 2012.

1149. Gestaltungsspielräume bei Tarifsozialplänen. Erweiterte Möglichkeiten bei abfindungsbezogenen Stichtagsklauseln. Kuhn, Jörn u. Willemsen, Alexander. NZA 2012, 593.

1150. Fusion und Integration. Löw, Hans-Peter. PERSONAL 2011, Nr. 9, 42.

1151. Herausforderungen bei Planung und Umsetzung einer grenzüberschreitenden Verschmelzung. Teicke, Tobias. DB 2012, 2675.

1152. Anwaltsstrategien bei Interessenausgleichs- und Sozialplanverfahren. Wankel, Arne. Frankfurt am Main 2012.

26. Unternehmensmitbestimmung

1153. Mitbestimmung des Betriebsrats bei der Vergabe von Nutzungsberechtigungen für betriebseigene Parkplätze. ZBVR online 2012, Nr. 11, 35.

1154. Interessenvertretung an der Unternehmensspitze. Aufsichtsratspflichtige Unternehmen: Geltungsbereich des Mitbestimmungs- und des Drittelbeteiligungsgesetzes. Bachner, Michael. dbr 2011, Nr. 12, 19.

1155. Einkauf und Beschaffung. (K)ein Thema für die Mitbestimmung. Balkenhol, Christof u. Rüffer, Peter. AiB 2012, 467.

1156. Mitbestimmungsbeibehaltung nach Abspaltung oder Ausgliederung gem. § 325 I UmwG. Brodhun, Albrecht. NZG 2012, 1050.

1157. Mitbestimmen bei wesentlichen Änderungen von Arbeitsstätten. Rechtliche Möglichkeiten, um auf bauliche Veränderungen Einfluss zu nehmen. Faber, Ulrich. AiB 2012, 529.

1158. Auslegung der Auffangregelungen zur Mitbestimmung bei Gründung einer Societas Europaea. Grambow, Tobias. BB 2012, 902.

1159. Die Bestellung eines Arbeitsdirektors nach § 33 MitbestG in der mitbestimmten konzernverbundenen GmbH. Henssler, Martin, in: Festschrift für Franz Jürgen Säcker zum 70. Geburtstag. München 2011.

1160. SPE-Mitbestimmung: Strukturen, Wertungen und rechtspolitische Kompromisslinien. Hommelhoff, Peter. ZEuP 2011, 7.

1161. Mitbestimmung vor Ort – Betriebs- und Personalräte im regionalen Netzwerk. Hron, Ralf, in: Netzwerke der Mitbestimmung - Beteiligung jenseits der Alltagsnorm. Marburg 2011.

1162. Entgeltmitbestimmung beim nicht (mehr) tarifgebundenen Arbeitgeber. Jacobs, Matthias, in: Festschrift für Franz Jürgen Säcker zum 70. Geburtstag. München 2011.

1163. Brennpunkt Betrieb. Bossing wirksam begegnen. Kieser, Albrecht. AiB 2012, 577.

1164. Zur Bedeutung des Unionsrechts für die unternehmerische Mitbestimmung. Krause, Rüdiger. AG 2012, 485.

1165. Mitbestimmung bei der Änderung von Entlohnungsgrundsätzen. Kreft, Burghard, in: Arbeitsgerichtsbarkeit und Wissenschaft. Festschrift für Klaus Bepler zum 65. Geburtstag. München 2012.

1166. Aktive Gestaltung der Betriebsverfassung. Wie die Mitbestimmungsrechte des Betriebsrats erweitert werden können. Lerch, Sascha u. Weinbrenner, Lars. AiB 2012, 243.

1167. Mitbestimmung bei Einstellungen und Versetzungen. Das sollte der Betriebsrat beachten! Mattausch, Nadine u. Wroblewski, Andrej. AiB 2012, 455.

1168. Mitbestimmung kraft Gesetzes – die Größe des Aufsichtsrates einer Europäischen Aktiengesellschaft bei der Gründung durch Umwandlung. Meißner, Doris. ArbuR 2012, 61.

1169. Mitbestimmung bei Zielvereinbarungen. Umfangreiche Beteiligungsrechte des Betriebsrats stellen Flexibilität infrage. Mues, Werner. ArbRB 2012, 87.

1170. Initiativ-Mitbestimmung beim Arbeits- und Gesundheitsschutz. Dies sind die rechtlichen Möglichkeiten nach § 87 Abs. 1 Nr. 7 BetrVG. Oberberg, Max u. Schoof, Christian. AiB 2012, 522.

1171. Netzwerkarbeit – Chancen für mehr Beteiligung und Mitbestimmung? Otto, Thomas, in: Netzwerke der Mitbestimmung - Beteiligung jenseits der Alltagsnorm. Marburg 2011.

1172. Neues zur Entgeltmitbestimmung im Betrieb und zur "unbegrenzten" Rechtsfortbildung des BAG. Reichold, Hermann. KSzW 2012, 97.

1173. Die Verhandlungslösung der Mitbestimmung – Eigentumsgarantie, Verhältnismäßigkeit und „Contract Governance". Riesenhuber, Karl, in: Nachdenken über Eigentum. Festschrift für Alexander v. Brünneck zur Vollendung seines siebzigsten Lebensjahres. Baden-Baden 2011.

1174. Nichtbeachtung der Mitbestimmung. So kann der Betriebsrat sich wehren. Rudolph, Wolf-Dieter. AiB 2012, 167.

1175. Mitbestimmung – Eckstein der Wirtschaftsdemokratie. Schabedoth, Hans J., in: Netzwerke der Mitbestimmung - Beteiligung jenseits der Alltagsnorm. Marburg 2011.

1176. Rechtspolitische Initiativen zur Erweiterung der unternehmerischen Mitbestimmung. Schockenhoff, Martin. AG 2012, 185.

1177. Betriebsübergreifende Versetzung im Unternehmen und Mitbestimmung gem. § 99 BetrVG. Schwab, Stefan u. Weicker, Sonja. DB 2012, 976.

1178. Mitbestimmung als Teil des demokratischen Prinzips in Europa. Zur Debatte über die Europarechtskonformität deutscher Mitbestimmungsgesetze. Seyboth, Marie. ArbuR 2012, 339.

1179. Moderne Mythen der Mitbestimmungsgegner. Zweifel sind angesagt! Seyboth, Marie u. Thannisch, Rainald. AiB 2012, 25.

1180. Voraussetzungen und Folgen der missbräuchlichen Ausübung von Mitbestimmungsrechten. Eine Untersuchung am Beispiel der Leiharbeit. Sieweke, Simon. NZA 2012, 426.

1181. Zur Mitbestimmung bei der SE & Co. KG. Sigle, Walter, in: Festschrift für Peter Hommelhoff. Köln 2012.

1182. Mitbestimmung bei Leiharbeit. Wann hat der Entleiherbetriebsrat mitzureden? Stück, Volker. AuA 2012, 78.

1183. Unternehmensmitbestimmung für Auslandsgesellschaften. Weller, Marc-Philippe, in: Festschrift für Peter Hommelhoff. Köln 2012.

27. Öffentlicher Dienst

1184. Die Überleitung der Beschäftigten in die neue Entgeltordnung nach § 29a TVÜ-Länder. Augustin, Holger. ZTR 2012, 484.

1185. Beteiligung der Spitzenorganisationen von Gewerkschaften nach § 53 BeamtStG/§ 118 BBG und Streikrecht der Beamten. Baßlsperger, Maximilian. PersV 2012, 287.

1186. Handelt es sich bei der Besitzstandszulage nach TVÜ und dem Familienzuschlag nach dem Bundesbesoldungsgesetz wirklich um vergleichbare Leistungen? Bauschke, Hans-Joachim. öAT 2011, 250.

1187. Auswirkungen der Straftatverwirklichung auf öffentlich-rechtlich geregelte Berufsstellungen. Beck, Isabell. Berlin 2012.

1188. Die dienstliche Beurteilung. Bieler, Frank u. Lorse, Jürgen. 5. Aufl. Berlin 2012.

1189. Streikrecht für Beamte? Bitsch, Christian. ZTR 2012, 87.

1190. Die geschlossene Krankenkasse – Rechtsprobleme und erste Erfahrungen mit der Abwicklung. Bohlen-Schöning, Sylvia. KrV 2012, 101.

1191. Abschied vom Streikverbot im Beamtenrecht? Böhm, Monika. PersV 2012, 164.

1192. Beendigung des Arbeitsverhältnisses aufgrund Bezugs von Rentenleistungen gemäß § 33 II TVöD – mit Darstellung der in der Praxis wichtigen Rechtsfrage der Urlaubsabgeltung. Bredemeier, Jörg. öAT 2012, 32.

1193. Beendigung des Arbeitsverhältnisses ohne Kündigung nach § 33 TVöD/TV-L. Bredemeier, Jörg. öAT 2012, 80.

1194. Neue Regeln für Whistleblower im öffentlichen Dienst - Folgen der Heinisch-Entscheidung des EGMR vom 21. 07. 2011. Brock, Martin. öAT 2011, 243.

1195. TVöD/TV-L. Tarifverträge für den öffentlichen Dienst. Handkommentar. Burger, Ernst (Hrsg.). 2. Aufl. Baden-Baden 2012.

1196. Zum Tarifvertrag zur Angleichung des Tarifrechts des Landes Berlin an das Tarifrecht der Tarifgemeinschaft deutscher Länder = Angleichungs-TV Land Berlin. Conze, Peter. öAT 2011, 247.

1197. Zum Anspruch auf Arbeitsbefreiung gemäß § 29 TVöD/TV-L. Conze, Peter. öAT 2012, 176.

1198. Personalbuch Arbeits- und Tarifrecht öffentlicher Dienst. TVöD, TV-L, TV-Ärzte. Conze, Peter u. Karb, Svenja. 3. Aufl. München 2012.

1199. Erläuterungen zu der Entgeltordnung zum TV-L. Das Wichtigste im Überblick. Dannenberg, Onno. PersR 2012, 64.

1200. Personalverschiebungen in Dienststellen. Was es zu beachten gilt. Dierßen, Martina. PersR 2012, 404.

1201. Übersicht über die Rechtsprechung des Bundesarbeitsgerichts aus dem Bereich des öffentlichen Dienstes. 1. Halbjahr 2011. Etzel, Gerhard. RiA 2012, 108.

1202. Übersicht über die Rechtsprechung des Bundesarbeitsgerichts aus dem Bereich des öffentlichen Dienstes. 2. Halbjahr 2011. Etzel, Gerhard. RiA 2012, 148.

1203. Politische Betätigung innerhalb der Dienststelle - ein schwieriges Terrain für Dienststellenleitung und Personalrat. Förster, Michael. PersV 2012, 444.

1204. „Closed Shop" bei der Entgeltumwandlung im öffentlichen Dienst. Frank, Thomas. ZTR 2012, 135.

1205. Altersabhängige Staffelung von Urlaubsansprüchen und tariflicher Mehrurlaub im TVöD vor dem Hintergrund lang andauernder Erkrankung. Gaenslen, Rüdiger u. Heilemann, Tina. öAT 2012, 152.

1206. Urlaubsabgeltungsansprüche von Beamten im Lichte des europäischen Rechts. Hartmann, Nicole. DÖD 2011, 228.

1207. Die betriebsbedingte Kündigung im öffentlichen Dienst zur Personalkostenreduzierung - Künftig kein Tabu mehr? Hirdina, Ralph. NZA 2012, 885.

1208. Implementierung des betrieblichen Systems zum Leistungsentgelt bei Fehlen einer Arbeitnehmervertretung. Hitzelberger-Kijima, Yukiko. öAT 2012, 3.

1209. Vorbeschäftigungszeiten im öffentlichen Dienst. Howald, Bert. öAT 2012, 51.

1210. Eine neue Entgeltordnung für Beschäftigte der TdL-Länder. Klaßen, Gerhard. RiA 2012, 1.

1211. Neue Personalstrukturen an den Hochschulen und neue Professorenbesoldung – Hochschulrecht im Umbruch. Knopp, Lothar u. Gutheil, Ulrike, in: 10 Jahre Hochschulrecht im Wandel. Zum 10-jährigen Bestehen des Zentrums für Rechts- und Verwaltungswissenschaften an der BTU Cottbus. Baden-Baden 2012.

1212. Neues Hochschulrecht – Reform mit Haken? Knopp, Lothar u. Gutheil, Ulrike, in: 10 Jahre Hochschulrecht im Wandel. Zum 10-jährigen Bestehen des Zentrums für Rechts- und Verwaltungswissenschaften an der BTU Cottbus. Baden-Baden 2012.

1213. Gekommen, um zu bleiben – Wie sich in Brandenburg ein Gastprofessor erfolgreich eingeklagt hat. Knopp, Lothar u. Schröder, Wolfgang, in: 10 Jahre Hochschulrecht im Wandel. Zum 10-jährigen Bestehen des Zentrums für Rechts- und Verwaltungswissenschaften an der BTU Cottbus. Baden-Baden 2012.

1214. Die EU-Berufsanerkennungsrichtlinie und ihre Auswirkung auf die Vergütung von Lehrkräften des Schuldienstes. Kocher, Eva u. Kubicki, Philipp. ZTR 2012, 427.

1215. Die Neuregelung zu den Startgutschriften der rentenfernen Versicherten im öffentlichen Dienst. Krusche, Wolfgang. BetrAV 2012, 41.

1216. Befristungen zur Vertretung im öffentlichen Dienst. Jahrelang und immer wieder? Lakies, Thomas. PersR 2012, 59.

1217. Sachgrundlose Befristung im öffentlichen Dienst. Voraussetzungen und Rechtsfolgen. Lakies, Thomas. PersR 2012, 285.

1218. Beamtenstatusgesetz. Kommentar zum Gesetz zur Regelung des Statusrechts der Beamtinnen und Beamten in den Ländern. Lenders, Dirk. Siegburg 2012.

1219. Gleitzeit, Rahmenzeit, Mitbestimmung und Weisungsrecht – eine Klarstellung. Litschen, Kai. ZTR 2012, 423.

1220. Zur Anwendbarkeit des Arbeitnehmerüberlassungsgesetzes auf Personalgestellungen durch juristische Personen des öffentlichen Rechts. Löwisch, Manfred u. Domisch, Jörg. BB 2012, 1408.

1221. Familienpflegezeit im öffentlichen Dienst. Marburger, Horst. DÖD 2012, 73.

1222. Richtiger Umgang mit den Förderpflichten öffentlicher Arbeitgeber in §§ 81 I, 82 SGB IX bei Stellenbesetzungsverfahren. Müller, Carsten. öAT 2012, 126.

1223. Umsetzung der Entgeltordnung TV-L – wesentliche Punkte zu Überleitung der Beschäftigten und Antragsverfahren. Müller, Carsten. öAT 2012, 149.

1224. Entgeltordnung TV-L – die neue Entgeltgruppenzulage. Müller, Carsten. öAT 2012, 206.

1225. Die Verschwiegenheitspflicht im öffentlichen Dienst. Müller, Falk. öAT 2012, 102.

1226. Die betriebliche Übung im öffentlichen Dienst. Picker, Christian. ZTR 2012, 195.

1227. Das Streikverbot für deutsche BeamtInnen. Die Bedeutung der Rechtsprechung des EGMR für deutsche Gerichte. Polakiewicz, Jörg u. Kessler, Adriana. NVwZ 2012, 841.

1228. „Mittelbare Diskriminierung" in der dienstrechtlichen Rechtsprechung. Plaum, Ulrich. RiA 2012, 194.

1229. Beamtenstatusgesetz. Kommentar. Reich, Andreas. 2. Aufl. München 2012.

1230. Tarifvertraglicher Teilzeitanspruch im öffentlichen Dienst. Reinartz, Oliver. öAT 2012, 6.

1231. Inhalt und Grenzen der Einladungspflicht des öffentlichen Arbeitgebers nach § 82 Satz 2 und 3 SGB IX. Reus, Andreas u. Mühlhausen, Peter. NZS 2012, 534.

1232. Die neue Entgeltordnung des TV-L. Was ist neu im alten System? Richter, Achim u. Gamisch, Annett. AuA 2012, 109.

1233. Mitarbeitergespräch - Zu Dritt? Richter, Achim u. Gamisch, Annett. DÖD 2012, 55.

1234. Bezahlt oder unbezahlt – Die Arbeitsbefreiung aus persönlichen Gründen. Richter, Achim u. Gamisch, Annett. DÖD 2012, 101.

1235. Projektarbeit – Die vorübergehende Übertragung einer höherwertigen Tätigkeit. Richter, Achim u. Gamisch, Annett. DÖD 2012, 128.

1236. Modern oder modisch – die anonymisierte Bewerbung im öffentlichen Dienst. Richter, Achim u. Gamisch, Annett. DÖD 2012, 198.

1237. Arzt ist nicht gleich Arzt – Die vertrauensärztliche Untersuchung. Richter, Achim u. Gamisch, Annett. DÖD 2012, 245.

1238. Konkretisierung des Prinzips der Bestenauslese in der neueren Rechtsprechung. Roetteken, Torsten von. ZBR 2012, 230.

1239. Topfwirtschaft in der Rechtsprechung. Roetteken, Torsten von. ZTR 2012, 320.

1240. Die tarifliche Personalgestellung im öffentlichen Dienst nach der Reform des AÜG. Ruge, Jan u. Tiling, Christian von. ZTR 2012, 263.

1241. Streikrecht auch für Beamte? Eine Auseinandersetzung mit dem Streikrecht für Beamte unter Berücksichtigung der Rechtsprechung des EGMR. Sangi, Roya. KritV 2012, 102.

1242. Das Gesetz zur Unterstützung der Fachkräftegewinnung im Bund und zur Änderung weiterer dienstrechtlicher Vorschriften. Schollendorf, Kai. ZTR 2012, 140.

1243. Das Streikverbot für Beamte und das Streikrecht aus Art. 11 EMRK im Konflikt. Schubert, Claudia. AöR 137, 92 (2012).

1244. Arbeitszeitkorridore – Eine kostenneutrale Möglichkeit zur Arbeitszeitflexibilisierung. Seel, Henning-Alexander. öAT 2012, 129.

1245. Ende der Ausbildung – Übernahme in ein Arbeitsverhältnis aufgrund gesetzlicher und tarifvertraglicher Regelungen? Seel, Henning-Alexander. öAT 2012, 202.

1246. Leistungsentgelt gem. § 18 TVöD (VKA) – Anforderungen an eine Dienst-/Betriebsvereinbarung und rechtliche Folgen einer unterbliebenen Vereinbarung. Seel, Henning-Alexander. öAT 2012, 221.

1247. Vertrauensvolle Zusammenarbeit – Eine rechtliche Vergleichsanalyse der Grundlagen des multikausalen und zentralen Handlungsgebots in der Dienststelle. Steiner, Harald. PersV 2012, 412.

1248. Entgeltumwandlung bei Lohnpfändung im öffentlichen Dienst? Steuernagel, Marc-Oliver. öAT 2012, 54.

1249. Der gesunde und leistungsfähige Mitarbeiter - Perspektiven des Gesundheitscontrollings der Behördenleitung sowie der Arbeitnehmervertretung. Stierle, Jürgen. PersV 2012, 368.

1250. Fusion von Sparkassen. Zu Risiken und Nebenwirkungen. Thannheiser, Achim. PersR 2012, 22.

1251. Altersdiskriminierende Besoldung von Richtern im Landesdienst auf Basis von § 38 BBesG aF. Tiedemann, Jens. RiA 2012, 62.

1252. Mitbestimmung bei Einstellungsuntersuchungen im öffentlichen Dienst. Weber, Sebastian u. Wocken, Larissa. NZA 2012, 190.

1253. Neues und Altes von der Eingruppierung im TV-L. Wurm, Thomas. ZfPR 2012, 90.

1254. Einführung in die neue Entgeltordnung zum TV-L. Zetl, Hans Peter. ZMV 2012, 9.

1255. Tarifeinigung in den Tarifverhandlungen zum TV-Ärzte (Länderbereich). Zetl, Hans Peter. ZMV 2012, 33.

1256. Eingruppierung nach der neuen Entgeltordnung zum TV-L. Zetl, Hans Peter. ZMV 2012, 62.

1257. Tarifeinigung in den Tarifverhandlungen zum TV-Ärzte/VKA (Kommunaler Bereich). Zetl, Hans Peter. ZMV 2012, 93.

1258. Die neuen Höhergruppierungsmöglichkeiten des TV-L. Zetl, Hans Peter. ZMV 2012, 130.

1259. Tarifeinigung in der Tarifrunde 2012 im TVöD-Bereich. Zetl, Hans Peter. ZMV 2012, 151.

1260. Neue Besitzstandsregelung zum Erholungsurlaub im TVöD-Bereich. Zetl, Hans Peter. ZMV 2012, 269.

1261. Kritisches zur Befristung der Arbeitsverträge von wissenschaftlichen Mitarbeitern an Universitätskliniken. Zimmerling, Wolfgang. öAT 2012, 9.

1262. Die Eingruppierung der Oberärzte. Zimmerling, Wolfgang. ZTR 2012, 371.

28. Personalvertretungsrecht

1263. Die Entwicklung der Landespersonalvertretungsgesetze im Jahr 2011. Altvater, Lothar. PersR 2012, 301.

1264. Mitbestimmungsrechte bei Eingruppierungsrichtlinien für angestellte Lehrkräfte. Was Personalvertretungen bei deren Ausgestaltung und Änderung tun können. Battis, Ulrich u. Augustin, Julian. PersR 2012, 290.

1265. Zu Handlungsspielräumen in Beteiligungsverfahren. Bieler, Frank. PersV 2012, 124.

1266. Beschlüsse der Personalvertretung: Neue Kommunikationswege? Britz, Gunther. PersV 2012, 450.

1267. Fehler vermeiden bei den Personalratswahlen. Rechtliche Anforderungen orientiert an aktuellen Gerichtsentscheidungen. Burkholz, Bernhard. PersR 2012, 52.

1268. Aktuelle Rechtsprechung zum Personalvertretungsrecht. Übersicht über Entscheidungen aus dem Veröffentlichungszeitraum 2011. Burkholz, Bernhard. PersR 2012, 144.

1269. Der ordnungsgemäße Beschluss des Personalrats. Zahlreiche Formalien sind einzuhalten. Daniels, Wolfgang. PersR 2012, 253.

1270. Das Gebot zur vertrauensvollen Zusammenarbeit. Was Personalräte beachten müssen. Dobler, Friedrich. PersR 2012, 243.

1271. Der Wirtschaftsausschuss nach § 65a LPVG NRW – ein Novum im Personalvertretungsrecht. Gerdom, Thomas. öAT 2012, 123.

1272. Die unbeachtliche Zustimmungsverweigerung des Personalrats bei personellen Einzelmaßnahmen. Hahn, Claudia. öAT 2012, 77.

1273. Die Interessenvertretung in den gemeinsamen Einrichtungen gemäß §§ 44b ff. SGB II. Hebeler, Timo. ZfPR 2012, 27.

1274. Die Beteiligungsrechte des Personalrats beim Jobcenter im Falle der Begründung und Beendigung von Rechtsverhältnissen. Heumann, Friedrich-Wilhelm. öAT 2012, 105.

1275. Die Personalratssitzung. Was es zu beachten gilt. Hohmann, Roger. PersR 2012, 239.

1276. Die monatliche Besprechung. Eine wichtige Informationsquelle des Personalrats. Horstkötter, Inge. PersR 2012, 251.

1277. Bestellung des Wahlvorstands. Ilbertz, Wilhelm. ZfPR 2012, 20.

1278. Bundespersonalvertretungsgesetz mit Wahlordnung unter Einbeziehung der Landespersonalvertretungsgesetze. Kommentar. Ilbertz, Wilhelm; Widmaier, Ulrich u. Sommer, Stefan. 12. Aufl. Stuttgart 2012.

1279. Rechtliche Stellung der Personalratsmitglieder. Zwischen Engagement und Rausschmiss. Jordan, Heinrich. PersR 2012, 257.

1280. Das Recht der Personalvertretung in Nordrhein-Westfalen. Klein, Michael. Berlin 2012.

1281. Zugewiesene noch Beschäftigte der Agentur für Arbeit. Voraussetzungen und Folgen der Beschäftigteneigenschaft. Klimpe-Auerbach, Wolf. PersR 2012, 282.

1282. Hinzuziehung eines Gebärdendolmetschers in der Personalratssitzung. Kossens, Michael. ZBVR online 2011, Nr. 12, 39.

1283. Hessisches Personalvertretungsgesetz. Basiskommentar mit Wahlordnung. Lenders, Dirk. Frankfurt am Main 2012.

1284. Personalvertretungsgesetz für das Land Nordrhein-Westfalen. Kommentar für die Praxis. Neubert, Roland; Sandfort, Mario; Lorenz, Ute u. Kochs, Karl-Heinz. 11. Aufl. Essen 2012.

1285. Schulungsansprüche aktiv gestalten und durchsetzen. So können Personalräte zum Seminar fahren. Noll, Gerhard. PersR 2012, 247.

1286. Die Zustimmungserklärung zu einem Wahlvorschlag. Ramm, Arnim. ZfPR 2012, 9.

1287. Das Wählerverzeichnis. Ramm, Arnim. ZfPR 2012, 13.

1288. Die Mitbestimmung des Personalrats bei Versetzungen. Rehak, Heinrich. PersV 2012, 4.

1289. Beteiligung des Personals außerhalb der Formen des Personalvertretungsrechts – Das Personalvertretungsrecht als rechtliche Basis für Beteiligungsbereiche des Personals außerhalb der Formen des Personalvertretungsrechts –. Reich, Andreas. PersV 2012, 452.

1290. Personalvertretungsrecht. Bundespersonalvertretungsgesetz mit Erläuterungen zu den Personalvertretungsgesetzen der Länder. Kommentar. Richardi, Reinhard; Dörner, Hans-Jürgen u. Weber, Christoph. 4. Aufl. München 2012.

1291. Landespersonalvertretungsgesetz für Baden-Württemberg. Kommentar. Rooschüz, Gerhart u. Bader, Johann. 13. Aufl. Stuttgart 2012.

1292. Aktuelle Rechtsprechungsübersicht zum Personalvertretungsrecht. Schwerpunkt: Weiterbeschäftigung von Jugend- und Auszubildendenvertretern. Sasse, Stefan. ArbRB 2012, 30.

1293. Beteiligungsmöglichkeiten zum Verhindern von "Attacken" auf Beschäftigte. Was Personalräte tun können. Seidel, Lore. PersR 2012, 104.

1294. Der Anspruch auf Informationen. Möglichkeiten der Durchsetzung. Seulen, Anna. PersR 2012, 236.

1295. Personalvertretungsrecht Hessen 2012. Kommentar – mit Wahlordnung. Spieß, Walter. 10. Aufl. Regensburg 2012.

1296. Das Handlungsgebot der vertrauensvollen Zusammenarbeit zwischen den Interessenvertretungen in der Dienststelle. Steiner, Harald. DÖD 2012, 265.

1297. Die höchstrichterliche Rechtsprechung zum Personalvertretungsrecht (und auch Betriebsverfassungsrecht) im Jahr 2011. Vogelgesang, Klaus. ZTR 2012, 616.

1298. Die Mitbestimmung des Personalrats bei der Stufenzuordnung. Wahlers, Wilhelm. PersV 2012, 14.

1299. Wahlkampf in der Dienststelle – Personalratswahlen und Rechte von Wahlbewerberinnen/-bewerbern und Gewerkschaften. Wedde, Peter. ZfPR 2012, 32.

1300. Gerichtlich durchsetzbarer (allgemeiner) Unterlassungsanspruch des Personalrats in Mitbestimmungsangelegenheiten des Bundespersonalvertretungsgesetzes? - Entwicklungstendenzen in Rechtsprechung und Schrifttum -. Widmaier, Ulrich. ZfPR 2012, 84.

29. Koalitionen – Tarifautonomie

1301. Die Auslegung „offener" Bezugnahmeklauseln nach dem Auftreten von Tarifpluralitäten im Betrieb. Bayreuther, Frank, in: Arbeitsgerichtsbarkeit und Wissenschaft. Festschrift für Klaus Bepler zum 65. Geburtstag. München 2012.

1302. Die Tarifpartnerschaft im Handwerk – Ursprünge, Strukturen und aktuelle Herausforderungen –. Dannebring, Jan. WiVerw 2012, Heft 3, 156.

1303. Gewerkschaftliche Abwehrmöglichkeiten gegenüber „gelben" Organisationen im Betrieb. Däubler, Wolfgang, in: Rechtsprobleme der tariflichen Unterbietungskonkurrenz. Düsseldorf 2011.

1304. Mehr Macht den Betrieben - (nicht nur) in der Insolvenz. Diringer, Arnd. BB 2012, Heft 25, Erste Seite.

1305. Gesetzesvorschläge zur Tarifeinheit. Franzen, Martin, in: Arbeitsgerichtsbarkeit und Wissenschaft. Festschrift für Klaus Bepler zum 65. Geburtstag. München 2012.

1306. Kampfmitteleinsatz für außertarifliche Regelungen. Franzen, Martin, in: Ausweitung der Tarifmacht - Zugriff auf Unternehmensautonomie und Marktverhalten. 8. Ludwigsburger Rechtsgespräch, Ludwigsburg, 18. November 2011. München 2012.

1307. Die demokratische Struktur von Spartengewerkschaften. Fuest, Alexander. Frankfurt am Main 2012.

1308. Grenzen schuldrechtlicher Vereinbarungsmacht über Unternehmerverhalten. Giesen, Richard, in: Ausweitung der Tarifmacht – Zugriff auf Unternehmensautonomie und Marktverhalten. 8. Ludwigsburger Rechtsgespräch, Ludwigsburg, 18. November 2011. München 2012.

1309. Repräsentativität des Tarifvertrags als Vergabekriterium? Greiner, Stefan. ZfA 2012, 483.

1310. Grenzen der Tarifautonomie über Unternehmerverhalten. Hartmann, Felix, in: Ausweitung der Tarifmacht – Zugriff auf Unternehmensautonomie und Marktverhalten. 8. Ludwigsburger Rechtsgespräch, Ludwigsburg, 18. November 2011. München 2012.

1311. Der CGZP-Beschluss des Bundesarbeitsgerichts und seine tarifrechtlichen Folgen. Zugleich ein Beitrag zur Lehre vom fehlerhaften Tarifvertrag. Henssler, Martin; Höpfner, Clemens u. Orlowski, Karolin. Baden-Baden 2012.

1312. Eingruppierung von Ärzten gem. Anlage 30 AVG. Herfs-Röttgen, Ebba. NZA 2012, 725.

1313. Die Auflösung von Tarifkonkurrenzen – Abschied vom Spezialitätsprinzip. Jacobs, Matthias u. Krois, Christopher, in: Arbeitsgerichtsbarkeit und Wissenschaft. Festschrift für Klaus Bepler zum 65. Geburtstag. München 2012.

1314. Qualifizierte Differenzierungsklauseln und Koalitionsfreiheit. Kempen, Otto Ernst, in: Arbeitsgerichtsbarkeit und Wissenschaft. Festschrift für Klaus Bepler zum 65. Geburtstag. München 2012.

1315. Zum Beschlussverfahren über die Tariffähigkeit einer Arbeitnehmervereinigung. Koch, Ulrich, in: Recht – Politik – Geschichte. Festschrift für Franz Josef Düwell zum 65. Geburtstag. Baden-Baden 2011.

1316. Tarifdispositives Arbeitszeitrecht – zwischen respektierter Tarifautonomie und eingeschränktem Gestaltungsspielraum. Kohte, Wolfhard, in: Arbeitsgerichtsbarkeit und Wissenschaft. Festschrift für Klaus Bepler zum 65. Geburtstag. München 2012.

1317. Die CGZP-Entscheidung des BAG: „juristisches Neuland" oder judikativer „Geburtsfehler"? Lembke, Mark, in: Arbeitsgerichtsbarkeit und Wissenschaft. Festschrift für Klaus Bepler zum 65. Geburtstag. München 2012.

1318. Der Schutz von Unternehmerfreiheit und Koalitionsfreiheit öffentlicher Unternehmen in arbeitsrechtlicher Hinsicht. Löwisch, Manfred, in: Festschrift für Franz Jürgen Säcker zum 70. Geburtstag. München 2011.

1319. Verbandstarifverträge zwischen Tarifautonomie und Kartellrecht. Mohr, Jochen u. Wolf, Maik. JZ 2011, 1091.

1320. Zur Zulässigkeit tarifvertraglicher Vorteilsregelungen für Gewerkschaftsmitglieder. Osteroth, Philipp. Hamburg 2012.

1321. Privatrechtliche Gerechtigkeit und arbeitsrechtliche Tarifautonomie. Rödl, Florian, in: Individuelle Freiheit und kollektive Interessenwahrnehmung im deutschen und europäischen Arbeitsrecht. Assistententagung im Arbeitsrecht 2011 in Osnabrück. Tübingen 2012.

1322. Handlungsbedarf für die gesetzliche Tarifeinheit? Schliemann, Harald, in: Arbeitsgerichtsbarkeit und Wissenschaft. Festschrift für Klaus Bepler zum 65. Geburtstag. München 2012.

1323. Gewerkschaftliche Handlungsspielräume: von der außergerichtlichen Interessendurchsetzung bis zum gewerkschaftlichen Rechtsschutz. Schmidt-Hullmann, Frank, in: Arbeit in der Illegalität. Die Rechte von Menschen ohne Aufenthaltspapiere. Frankfurt, 2012.

1324. Mitgliederwerbung von nicht tariffähigen Arbeitnehmervereinigungen im Betrieb. Schönhöft, Andreas u. Klafki, Anika. NZA-RR 2012, 393.

1325. Tarifautonomie und „Richtigkeitsgewähr" des Tarifvertrags in der Leiharbeit? Waltermann, Raimund, in: Arbeitsgerichtsbarkeit und Wissenschaft. Festschrift für Klaus Bepler zum 65. Geburtstag. München 2012.

1326. Kartellrechtliche Aspekte des gewerkschaftsnützigen Einsatzes der Nachfragemacht von Großunternehmen. Wessely, Thomas, in: Ausweitung der Tarifmacht – Zugriff auf Unternehmensautonomie und Marktverhalten. 8. Ludwigsburger Rechtsgespräch, Ludwigsburg, 18. November 2011. München 2012.

1327. Eingriff in Gewerkschaftsrechte durch Aufbau vom Arbeitgeber abhängiger Scheingewerkschaften - bietet die Rechtsprechung ausreichenden Schutz? Eine Untersuchung unter Berücksichtigung von Art. 2 ILO-Übereinkommen 98. Zimmer, Reingard, in: Rechtsprobleme der tariflichen Unterbietungskonkurrenz. Düsseldorf 2011.

30. Arbeitskampfrecht

1328. Streikbrechereinsatz durch den Arbeitgeber – grundsätzlich am BR vorbei? Berg, Peter. AiB 2012, 73.

1329. Twitter statt Trillerpfeife. Dzida, Boris. NZA 2012, Nr. 5, Editorial.

1330. Streikbegrenzung in der Daseinsvorsorge – contra. Fischer, Ulrich. FA 2012, 131.

1331. Neue Anforderungen an das Streikrecht – Wie reagieren auf die neue Tarifpluralität? Freckmann, Anke u. Wahl, Sabine. BB 2012, 2305.

1332. Die Ausgestaltung eines „Tarifeinheitsgesetzes" und der Streik am Frankfurter Flughafen. Greiner, Stefan. NZA 2012, 529.

1333. Pflichten der Arbeitnehmer während des Streiks. Hopfner, Sebastian u. Heider, Benjamin. DB 2012, 114.

1334. Arbeitskampfrechtliche Folgen eines staatlichen Mindestlohns. Hopfner, Sebastian u. Heider, Benjamin. DB 2012, 1684.

1335. Was geht im Arbeitskampf? Ein kleiner Leitfaden zu den Voraussetzungen und Rechtsfolgen von Streiks. Moderegger, Christian. ArbRB 2012, 154.

1336. Streiks von Sparten- und Spezialistengewerkschaften. Ozimek, Michael. Hamburg 2012.

1337. Gebot der vertrauensvollen Zusammenarbeit und Arbeitskampfverbot. Das gilt es zu beachten! Priebe, Andreas. AiB 2012, 667.

1338. Grundfreiheiten und nationales Arbeitskampfrecht. Raab, Thomas, in: Dynamik und Nachhaltigkeit des Öffentlichen Rechts. Festschrift für Professor Dr. Meinhard Schröder zum 70. Geburtstag. Berlin 2012.

1339. Atypische Arbeitskampfformen der Arbeitnehmerseite. sozialwissenschaftliche Grundlagen und rechtliche Rahmenbedingungen. Rehder, Britta; Deinert, Olaf u. Callsen, Raphael. ArbuR 2012, 103.

1340. Arbeitskampf und Deliktsschutz. Richardi, Reinhard, in: Festschrift für Franz Jürgen Säcker zum 70. Geburtstag. München 2011.

1341. Streikbegrenzung in der Daseinsvorsorge – pro. Rieble, Volker. FA 2012, 130.

1342. Eine »scharfe Waffe« wohl gebrauchen: Der Professorenentwurf zur Regelung des Arbeitskampfs in der Daseinsvorsorge. Rudkowski, Lena. ZfA 2012, 467.

1343. Streik in der Daseinsvorsorge. Schliemann, Harald. RdA 2012, 14.

1344. Arbeitskampf mit Funktioneliten: Wie können wir den Betriebsfrieden (gesetzlich) sichern? Ubber, Thomas. BB 2012, Heft 11, I.

1345. Streikrecht nur für Große? Der Professoren-Entwurf zu Streiks in der Daseinsvorsorge. Uhl, Nikolaus u. Raif, Alexander. ArbR 2012, 310.

31. Tarifvertragsrecht – Eingruppierung

1346. Tarifanpassung nach § 12a und Tarifänderung zu den §§ 57,58 und 67 NV Bühne. bühnengenossenschaft 2012, Nr. 6–7, 4.

1347. Firmentarifvertrag und firmenbezogener Verbandstarifvertrag. Ein aktueller Rechtsprechungsüberblick. Ahrendt, Martina. RdA 2012, 129.

1348. Das rechtliche Schicksal von Dienstvereinbarungen und Tarifverträgen nach der Fusion gesetzlicher Krankenkassen. Andelewski, Utz u. Steinbring, Kristin. KrV 2012, 192.

1349. Sozial- und tarifpolitische Bedeutung der Allgemeinverbindlicherklärung von Tarifverträgen im Baugewerbe. Asshoff, Gregor. WSI-Mitteilungen 2012, 541.

1350. Altersdiskriminierende Tarifverträge und ihre Rechtsfolgen. Bauer, Jobst-Hubertus u. Krieger, Steffen, in: Arbeitsgerichtsbarkeit und Wissenschaft. Festschrift für Klaus Bepler zum 65. Geburtstag. München 2012.

1351. Tarifzuständigkeit beim Abschluss mehrgliedriger Tarifverträge im Bereich der Arbeitnehmerüberlassung. Bayreuther, Frank. NZA 2012, 14.

1352. Tarifpolitischer Jahresbericht 2011: Höhere Abschlüsse – Konflikte um Tarifstandards. Bispinck, Reinhard. WSI-Mitteilungen 2012, 131.

1353. Tarifpolitischer Halbjahresbericht: Eine Zwischenbilanz der Lohn- und Gehaltsrunde 2012. Bispinck, Reinhard. WSI-Mitteilungen 2012, 435.

1354. Allgemeinverbindlicherklärung von Tarifverträgen – vom Niedergang zur Reform? Bispinck, Reinhard. WSI-Mitteilungen 2012, 496.

1355. Große Hürden für junge Gewerkschaften. Brummer, Paul u. Butz, Benjamin. ArbR 2012, 271.

1356. Nachdenken über die Nachwirkung von allgemeinverbindlichen Tarifverträgen. Creutzfeldt, Malte, in: Arbeitsgerichtsbarkeit und Wissenschaft. Festschrift für Klaus Bepler zum 65. Geburtstag. München 2012.

1357. „Neue Freiheiten"? – Bezugnahmeklauseln bei betrieblicher Tarifpluralität. Creutzfeldt, Malte, in: Rigidität und Flexibilität im Arbeitsrecht. Mannheimer Arbeitsrechtstag 2011. Baden-Baden 2012.

1358. Reform der Allgemeinverbindlicherklärung – Tarifrecht in Bewegung? Däubler, Wolfgang. WSI-Mitteilungen 2012, 508.

1359. Die Tarifsperre des § 77 Abs. 3 BetrVG im Gemeinschaftsbetrieb. Edenfeld, Stefan. DB 2012, 575.

1360. Tarifbindung und betriebliche Interessenvertretung: Aktuelle Ergebnisse aus dem IAB-Betriebspanel 2011. Ellguth, Peter u. Kohaut, Susanne. WSI-Mitteilungen 2012, 297.

1361. Erga-Omnes-Wirkung von Tarifverträgen. Franzen, Martin. ZfA 2012, 533.

1362. Zukunftstarifvertrag Airbus – Renaissance qualitativer Tarifpolitik? Friedrich, Daniel. WSI-Mitteilungen 2012, 618.

1363. Neues zu arbeitsvertraglichen Bezugnahmeklauseln. Fallstrick Änderungsvereinbarung und Bezugnahme auf mehrgliedrige Tarifverträge. Gaul, Björn u. Ludwig, Daniel. ArbRB 2012, 283.

1364. Der Kampf um die Verknüpfung von Tarifgeltung und Verbandsmitgliedschaft. Hanau, Peter. NZA 2012, 825.

1365. Die neue Rechtsprechung zur Kündigung von Tarifverträgen nach Betriebsübergang. Hanau, Peter u. Strauß, Sandy, in: Arbeitsgerichtsbarkeit und Wissenschaft. Festschrift für Klaus Bepler zum 65. Geburtstag. München 2012.

1366. Die Lehre vom fehlerhaften Tarifvertrag und ihre Bedeutung für die Wirksamkeit der von der CGZP geschlossenen Verbandstarifverträge. Henssler, Martin, in: Der CGZP-Beschluss des Bundesarbeitsgerichts. Arbeits- und sozialversicherungsrechtliche Folgen. Baden-Baden 2012.

1367. Tarifverträge und Altersdiskriminierungsschutz. Prominente tarifvertragliche Klauseln auf dem Prüfstand des Allgemeinen Gleichbehandlungsgesetzes unter besonderer Berücksichtigung der europa- und verfassungsrechtlichen Grundlagen. Kaiser, Eva Maria. Baden-Baden, 2012.

1368. Gestaltung des demografischen Wandels durch Tarifvertrag? Katenkamp, Olaf; Martens, Helmut u. Georg, Arno. WSI-Mitteilungen 2012, 427.

1369. Fremdeinflüsse auf die tarifliche Willensbildung. Kobler, Michael. Frankfurt am Main, 2012.

1370. Tarifverträge zur Wiederherstellung von Equal Pay. Krause, Rüdiger. ArbuR 2012, 55.

1371. Wettbewerb in der Sozialwirtschaft – Auswirkungen auf tarifliche Entwicklungen. Kühnlein, Gertrud; Stefaniak, Anna u. Wohlfahrt, Norbert, in: Hauptsache billig? Prekarisierung der Arbeit in den Sozialen Berufen. Münster 2011.

1372. Tarifvertragsgesetz. Kommentar. Löwisch, Manfred u. Rieble, Volker. 3. Aufl. München, 2012.

1373. Über den Nutzen der Auslegung und Anwendung von Fußballregeln für die Auslegung und Anwendung von Tarifnormen – und umgekehrt. Mikosch, Ernst, in: Arbeitsgerichtsbarkeit und Wissenschaft. Festschrift für Klaus Bepler zum 65. Geburtstag. München

1374. Das Günstigkeitsprinzip – Der Tarifvertrag als „Gesamtwerk". Nebeling, Martin u. Arntzen, Marina. NZA 2011, 1215.

1375. Tarifvertragliche Mindestentgelte im Lichte des Lauterkeitsrechts. Oetker, Hartmut, in: Arbeitsgerichtsbarkeit und Wissenschaft. Festschrift für Klaus Bepler zum 65. Geburtstag. München 2012.

1376. Bezugnahme auf den Tarifvertrag und das Vertragsrecht. Preis, Ulrich, in: Arbeitsgerichtsbarkeit und Wissenschaft. Festschrift für Klaus Bepler zum 65. Geburtstag. München 2012.

1377. AGB und Kollektives Arbeitsrecht. Reinecke, Gerhard. ArbuR 2012, 245.

1378. Deutsches Tarifrecht. Rieble, Volker, in: Tarifrecht in Europa. Baden-Baden 2012.

1379. Zum Entgeltanspruch nach Wegfall der Tarifgebundenheit der Arbeitgeberin. Roßbruch, Robert. PflR 2012, 578.

1380. Neue BAG-Rechtsprechung zu tariflichen Differenzierungsklauseln. Ausschluss sog. Außenseiter nicht mehr generell unzulässig. Schipp, Johannes. ArbRB 2012, 148.

1381. „Wirtschaftsweise" fordern Vertrauensschutz für CGZP-Tarifnutzer – eine kritische Analyse. Schüren, Peter. ArbuR 2012, 4.

1382. Gerichtliche Kontrolle von Allgemeinverbindlicherklärungen und Rechtsverordnungen nach dem AEntG. Treber, Jürgen, in: Arbeitsgerichtsbarkeit und Wissenschaft. Festschrift für Klaus Bepler zum 65. Geburtstag. München 2012.

1383. Tarifverträge im deutschen Profifußball. Walker, Wolf-Dietrich. SpuRt 2012, 222.

1384. Nachwirkung betriebsverfassungsrechtlicher Tarifnormen nach § 117 Abs. 2 Satz 1 BetrVG. Weber, Christoph u. Gräf, Stephan. RdA 2012, 95.

1385. Rechtsprobleme der tariflichen Unterbietungskonkurrenz – tarifrechtliche Grundlagen. Wendeling-Schröder, Ulrike, in: Rechtsprobleme der tariflichen Unterbietungskonkurrenz. Düsseldorf 2011.

1386. Der firmenbezogene Verbandstarifvertrag als Mittel einer flexiblen Tarifpolitik. Wirges, Julia, Bonn, 2012.

1387. Tarifeinheit als Grundlage der Tarifautonomie erhalten. Wolf, Roland, in: Recht – Politik – Geschichte. Festschrift für Franz Josef Düwell zum 65. Geburtstag. Baden-Baden 2011.

32. Befristung von Arbeitsverhältnissen

1388. Kommentar zum Teilzeit- und Befristungsgesetz. Annuß, Georg u. Thüsing, Gregor. 3. Aufl. Heidelberg 2012.

1389. Die Befristung von Arbeitsverträgen - Bereichsausnahme für den Profisport? Beckmann, Paul-Werner u. Beckmann, Jan F. SpuRt 2011, 236.

1390. Tarifdispositivität nach § 14 Abs. 2 Satz 3 TzBfG – Zur Zulässigkeit einer Beteiligung des Betriebsrats im Zusammenhang mit Abweichungen von § 14 Abs. 2 Satz 1 TzBfG –. Boecken, Winfried u. Jacobsen, Daniel C. ZfA 2012, 37.

1391. Ein Überblick zu aktuellen Fragen des Befristungsrechts anhand ausgewählter Entscheidungen. Brötzmann, Ulrich. öAT 2012, 179.

1392. Die Befristung wegen ständigen Vertretungsbedarfs auf dem Prüfstand. Einordnung des Vorabentscheidungsersuchens des BAG. Fröhlich, Oliver. ArbRB 2011, 347.

1393. Arbeitsschutz als absolute Schranke für Befristungen. Gesundheitsrisiken aufgrund (vermeidbarer) Beschäftigungsunsicherheit erkennen – Gesunde Arbeitsbedingungen ohne Befristung durch Mitbestimmung erreichen. Helm, Rüdiger. Baden-Baden 2012.

1394. Der Entfristungsanspruch des befristet beschäftigten Betriebsratsmitglieds. Helm, Rüdiger; Bell, Regina u. Windirsch, Regine. ArbuR 2012, 293.

1395. Die Absicherung befristet beschäftigter Betriebsratsmitglieder. Huber, Michael; Schubert, Michael u. Ögüt, Pelin. ArbuR 2012, 429.

1396. Fortsetzung befristeter Beschäftigung Vertragsverlängerung oder Neuabschluss? Hunold, Wolf. AuA 2012, 414.

1397. Befristung zur Vertretung nur zulässig bei Totalausfall eines Mitarbeiters? Hunold, Wolf. DB 2012, 288.

1398. Befristungsrecht – Ein Zwischenstopp. Jörchel, Gabriele. NZA 2012, 1065.

1399. Der Wandel des Befristungsrechts – Diese Gestaltungsmöglichkeiten sollten Sie kennen! Befristung, Teil 2. Laskawy, Dirk Helge. AA 2012, 122.

1400. Der Wandel des Befristungsrechts - Diese Gestaltungsmöglichkeiten sollten Sie kennen! Befristung, Teil 1. Laskawy, Dirk Helge u. Rehfeld, Eileen. AA 2012, 101.

1401. Zur Methodik der Rechtsfindung – warum in § 14 Abs. 2 Satz 2 TzBfG „bereits zuvor" nicht „jemals zuvor" bedeutet. Linsenmaier, Wolfgang, in: Arbeitsgerichtsbarkeit und Wissenschaft. Festschrift für Klaus Bepler zum 65. Geburtstag. München 2012.

1402. Befristung und Bedingung. Ein Überblick über die aktuelle Rechtsprechung des Siebten Senats des BAG unter besonderer Berücksichtigung des Unionsrechts und des nationalen Verfassungsrechts. Linsenmaier, Wolfgang. RdA 2012, 193.

1403. Aktuelle Entscheidungen zum Recht der befristeten Arbeitsverträge. Mosch, Ulrich. NJW-Spezial 2012, 562.

1404. Kuriosa des Befristungsrechts. Persch, Sven. NZA 2012, 1079.

1405. Dauervertretung oder Kettenbefristung. Zu den Auswirkungen der Entscheidung des EuGH im Fall „Kücük". Reinhard, Barbara. ArbRB 2012, 120.

1406. Der befristete Arbeitsvertrag in rechtsvergleichender Sicht. Runggaldier, Ulrich, in: Festschrift für Franz Jürgen Säcker zum 70. Geburtstag. München 2011.

1407. Das befristete Arbeitsverhältnis – aktuelle Entscheidungen zum Befristungsrecht. Schwarz-Seeberger, Gabriele. ZMV 2012, 18.

1408. Das befristete Arbeitsverhältnis - aktuelle Entscheidungen zum Befristungsrecht. Teil II. Schwarz-Seeberger, Gabriele. ZMV 2012, 74.

1409. TzBfG. Kommentar zum Teilzeit- und Befristungsgesetz. Sievers, Jochen. 4. Aufl. Neuwied u.a. 2012.

1410. Die Verlängerungsmöglichkeit befristeter Arbeitsverträge nach § 14 II 1 Halbs. 2 TzBfG. Städler, Michael. NZA 2012, 1082.

1411. Neue Elemente im Befristungsrecht. Wendeling-Schröder, Ulrike. ArbuR 2012, 92.

33. Beendigung von Arbeitsverhältnissen – Kündigung – Änderungskündigung – Anfechtung – Aufhebungsvertrag

1412. Der Antrag zur Auflösung von Arbeitsverhältnissen nach § 9 KSchG. Adam, Roman F., MDR 2012, 442.

1413. Rechte bei Kündigung 1952 – 1972 – 2012. Vom Informations- und Beratungsanspruch zum Anhörungs- und Widerspruchsrecht. Ahlburg, Petra. AiB 2012, 664.

1414. Compliance-Verstöße im Ernstfall: Der Weg zu einer verhaltensbedingten Kündigung. Bissels, Alexander u. Lützeler, Martin. BB 2012, 189.

1415. Ermittlung und Veränderung von Sozialdaten im Vorfeld betriebsbedingter Kündigungen. Ein Wegweiser für die Praxis. Bonanni, Andrea u. Woerz, Anja. ArbRB 2012, 158.

1416. Zu den Voraussetzungen einer außerordentlichen Kündigung wegen eines Bagatellverstoßes nach der Entscheidung des Zweiten Senats vom 10. 06. 2010. Brors, Christiane, in: Recht – Politik – Geschichte. Festschrift für Franz Josef Düwell zum 65. Geburtstag. Baden-Baden 2011.

1417. Gesetzliche Kündigungsverbote. Burkhard-Pötter, Julia. NJW-Spezial 2012, 498.

1418. Rechtswidrige Unternehmerentscheidung und betriebsbedingte Kündigung. Däubler, Wolfgang. DB 2012, 2100.

1419. Abfindungen: Ein Paradigmenwechsel tut Not. Diller, Martin. FA 2012, 161.

1420. Außerordentliche Kündigung wegen Bestechung. Dzida, Boris. NZA 2012, 881.

1421. § 6 KSchG und die arbeitsgerichtliche Hinweispflicht. Eylert, Mario. NZA 2012, 9.

1422. Der Interessenausgleich als Vermutung der unternehmerischen Entscheidung im Kündigungsschutzprozess. Fabritius, Burkhard. ArbR 2012, 3.

1423. Auswahlrichtlinien und Punkteschemata bei betriebsbedingten Kündigungen. Fuhlrott, Michael. ArbR 2012, 108.

1424. Die fristlose Kündigung wegen Vermögensdelikten zwei Jahre nach «Emmely» – eine Bestandsaufnahme. Fuhlrott, Michael. ArbR 2012, 498.

1425. Voraussetzungen von Verdachtskündigungen (Teil 1). Fuhlrott, Michael. ArbR 2012, 553.

1426. Anforderungen an „Massenentlassungsanzeigen" – ein Rechtsprechungsupdate. Fuhlrott, Michael. FA 2012, 329.

1427. Besonderheiten der Sozialauswahl bzw. Weiterbeschäftigungspflicht in Gemeinschaftsbetrieb und Konzern. Fuhlrott, Michael u. Hoppe, Christian. BB 2012, 253.

1428. Kündigungsschutz im Konzern – Eine Rechtsprechungsanalyse. Gallner, Inken, in: Recht – Politik – Geschichte. Festschrift für Franz Josef Düwell zum 65. Geburtstag. Baden-Baden 2011.

1429. Änderungskündigung zur Versetzung. Keine Zustimmung durch den Betriebsrat. Gastell, Roland u. Hubrich, Friederike. AuA 2012, 212.

1430. Die ordnungsgemäße Anhörung vor Verdachtskündigung. Wirksamkeitsanforderungen von der Einladung bis hin zur Protokollierung. Gaul, Björn u. Schmidt-Lauber, Stefan. ArbRB 2012, 18.

1431. Compliance: Die Einhaltung der Zweiwochenfrist bei Ausspruch fristloser Kündigungen im Rahmen von unternehmensinternen Ermittlungen. Heinemeyer, Ilka u. Thomas, Holger. BB 2012, 1218.

1432. Kündigung, Sonderkündigungsschutz, Auflösungsantrag – ein disharmonischer Dreiklang. Hertzfeld, Herbert. NZA-RR 2012, 1.

1433. Alkohol, Drogen und Sucht – Arbeitsrechtliche Anforderungen einer suchtbedingten Kündigung unter Berücksichtigung (auch zukünftiger) datenschutzrechtlicher Vorgaben. Hey, Thomas u. Linse, Carla. BB 2012, 2881.

1434. (Betriebsbedingte) Kündigung: Die anderweitige Beschäftigungsmöglichkeit im Ausland. Hoffmann-Remy, Till u. Zaumseil, Frank. DB 2012, 1624.

1435. Abfindungsschutz statt Kündigungsschutz? Die strengen Anforderungen an den Begriff des „ähnlichen leitenden Angestellten" i.S. des § 14 II 1 KSchG. Horn, Michael A. NZA 2012, 186.

1436. Formale Anforderungen an Kündigungen – Form, Kündigungsberechtigung, Zugang. Howald, Bert. öAT 2012, 246.

1437. Die Interessenabwägung. Aktuelle Rechtsprechung zu verhaltensbedingten Kündigungen. Hunold, Wolf. AuA 2012, 216.

1438. Anhörung des Mitarbeiters vor Ausspruch einer Verdachtskündigung. Hunold, Wolf. NZA-RR 2012, 399.

1439. (Un-)Gelöste Probleme des Massenentlassungsanzeigeverfahrens. Hützen, Peter. ZInsO 2012, 1801.

1440. Wer darf unterzeichnen? Grundlagen der Kündigung. Jentsch, Martina u. Lostermann, Jan. AuA 2012, 90.

1441. Ist Kündigungsschutz nur etwas für gute Zeiten? Kappenhagen, Markus. NZA 2012, Heft 11, Editorial.

1442. Konzernbezug von § 14 II KSchG? Kiedrowski, Michael u. Rinsdorf, Hauke. NZA 2012, 183.

1443. BB-Rechtsprechungsreport zur personenbedingten Kündigung 2010/2011. Kock, Martin. BB 2011, 2998.

1444. Kontinuität und Wandel beim Bestandsschutz. Kreft, Burghard. NZA Beilage 2012, Nr. 2, 58.

1445. Wem gehören Social-Media-Accounts? Ausgeschiedene Mitarbeiter. Krüger, Astrid u. Ropel, Wojtek. AuA 2012, 467.

1446. Der Aufhebungsvertrag (Teil 5). Lingemann, Stefan u. Groneberg, Rut. NJW 2011, 3629.

1447. Musterformulierung für einen Aufhebungsvertrag. Lingemann, Stefan u. Groneberg, Rut. NJW 2012, 985.

1448. Freiwillig zur Neuorientierung. Alternativen zu betriebsbedingten Kündigungen. Mühlenhoff, Herbert. AuA 2012, 534.

1449. Altersgruppenbildung in einem Sozialplan. Mögliche Diskriminierung jüngerer Beschäftigter. Oberberg, Max. AiB 2011, 664.

1450. Aktuelle examensrelevante Probleme aus dem Arbeitsrecht: Teil II (Fortsetzung von JURA 2011, 411). Pötters, Stephan u. Traut, Johannes. Jura 2012, 415.

1451. Die verhaltensbedingte Kündigung. Sartorius, Ulrich u. Rambach, Peter. ZAP Fach 17, 1074.

1452. Update: Massenentlassungen. Neue Spielregeln und Handlungsempfehlungen. Schmädicke, Axel u. Evertz, Manuel. AuA 2012, 398.

1453. Punkteschemata bei Sozialauswahl. Die wichtigsten BAG-Entscheidungen im Überblick. Schmidt, Claudia u. Heidemann, Ralf. AiB 2012, 44.

1454. Auflösung: die „kleine Kündigung"? Schmitt-Rolfes, Günter. AuA 2012, 7.

1455. Kein Kündigungsschutz für Leitende? Schmitt-Rolfes, Günter. AuA 2012, 71.

1456. Einstweilige Verfügung auf Weiterbeschäftigung bis zum Ablauf der Kündigungsfrist? Schrader, Peter. BB 2012, 445.

1457. Das Verhältnis von Direktionsrecht und Änderungskündigung. Schröder, Sebastian. Frankfurt am Main 2012.

1458. Die außerordentliche Kündigung im Spiegel der Rechtsprechung. Schulte Westenberg, Michael. NZA-RR 2012, 169.

1459. Der ähnlich leitende Angestellte nach § 14 II KSchG im Spannungsfeld zwischen Vertrag und Wirklichkeit. Schulze, Marc-Oliver u. Hintzen, Martina. ArbR 2012, 137.

1460. Wirksame Kündigung: Achtung bei Erklärung, Termin und Zustellung der Kündigung! Springer, Nina. BB 2012, 1477.

1461. Referendarexamensklausur – Arbeitsrecht: Kündigungsschutz und Vorenthaltung eines Dienstwagens. Stöhr, Alexander. JuS 2012, 151.

1462. Fristlose Kündigung wegen Vertrauensbruchs – neue Methoden der Konfliktbeilegung. Tautphäus, Arno; Fritz, Roland u. Krabbe, Heiner. NJW 2012, 364.

1463. Fallstricke bei der „Wartezeitkündigung". Tiling, Christian von. ZTR 2012, 554.

1464. Die Sozialauswahl unter der Geltung des europarechtlichen Verbots der Altersdiskriminierung. Trute-Lahmann, Anja. Dresden 2012.

1465. Der deutsche Kündigungsschutz – ein Erfolgsmodell mit Zukunft. Utess, Mario, in: 200 Jahre Arbeitsrechtsprechung in Köln. 1811–2011. Köln 2011.

1466. Neues zur Kündigung wegen geänderter Anforderungsprofile. Vogt, Volker u. Oltmanns, Sönke. NZA 2012, 599.

1467. Aktuelles zur Abmahnung. Waldenfels, Aurel. ArbR 2012, 209.

1468. Das Verhältnismäßigkeitsprinzip bei der betriebsbedingten Kündigung. Insbesondere Versetzung statt Kündigung. Wank, Rolf. RdA 2012, 139.

1469. Krankheitsbedingte Kündigung – (zumeist) hoffnungslos bei „Blaumachern". Willemsen, Heinz Josef u. Fritzsche, Marius. DB 2012, 860.

34. Zeugniserteilung

1470. Das Arbeitszeugnis im Wandel der Rechtsprechung. 50 Jahre Arbeitszeugnis in der Rechtsprechung des BAG, BGH und der Instanzgerichte. Greiser, Johannes u. Kador, Tobias. ArbuR 2012, 201.

1471. Rechtsprechungsübersicht zu Arbeitszeugnissen – insbesondere zur Bindungswirkung. Höser, Jürgen. NZA-RR 2012, 281.

1472. Die Durchsetzung von Zeugnisansprüchen. Howald, Bert. FA 2012, 197.

1473. Das Arbeitszeugnis in Recht und Praxis. Huber, Günter u. Müller, Waltraud. 14. Aufl. Freiburg/Breisgau 2012.

1474. Auswirkungen des Betriebsübergangs auf den Zeugnisanspruch des Arbeitnehmers nach § 109 GewO. Jüchser, Alexander. NZA 2012, 244.

1475. Ende gut, Zeugnis gut? Das Arbeitszeugnis in Theorie und Praxis. Müller, Marion. AiB 2012, 387.

1476. Das Arbeitszeugnis. Zeugnisrecht, Zeugnissprache, Bausteine, Muster, Auskünfte über Arbeitnehmer. Schleßmann, Hein. 20. Aufl. Heidelberg 2012.

1477. Arbeitszeugnisse – zwischen Wert und Wut. Weller, Bernd. PersF 2012, Heft 5, 88.

35. Wettbewerbsverbote – Arbeitnehmererfindungen

1478. Das Schicksal von Wettbewerbsverboten bei Betriebsübergängen. Fuhlrott, Michael. FA 2012, 162.

1479. Auskunftsansprüche bei Arbeitnehmererfindungen. Jesgarzewski, Tim. BB 2011, 2933.

1480. Die Tücken des nachvertraglichen Wettbewerbsverbots im Arbeitsrecht. Stets geliebt und doch verkannt! Laskawy, Dirk Helge. NZA 2012, 1011.

1481. Der Arbeitnehmer als Urheber, Erfinder und Entwerfer – eine Schnittstelle zwischen Arbeitsrecht und dem Recht des Geistigen Eigentums. Loschelder, Michael, in: Arbeitsgerichtsbarkeit und Wissenschaft. Festschrift für Klaus Bepler zum 65. Geburtstag. München 2012.

1482. Arbeitnehmererfindungen beim Betriebsübergang in der Insolvenz. Das Verhältnis von § 27 Nr. 1 ArbnErfG zu § 613a BGB. Oster, Jan. GRUR 2012, 467.

1483. Wettbewerbsverbote rechtssicher vereinbaren. Urban, Nele. ArbR 2012, 241.

36. Lebensarbeitszeit – Altersgrenzen – Vorruhestand

1484. Altersgrenzen zur Beendigung von Arbeitsverhältnissen – Was geht, was geht nicht? Bauer, Jobst-Hubertus u. Medem, Andreas von. NZA 2012, 945.

1485. Das Alter im Visier des Arbeitsrechts. Berg, Friedemann u. Natzel, Ivo. ZfA 2012, 65.

1486. Wettbewerbsfaktor Zeitwertkonten. Arbeitgeberattraktivität stärken. Feld, Ingo vom. AuA 2012, 51 (Sonderausgabe).

1487. Altersgrenzen überprüfen! AGG und Urlaubsrecht. Lüders, Christine. BB 2012, Nr. 21, Erste Seite.

1488. Erzwungener Abschied. Schmidt, Ingrid, in: Arbeitsgerichtsbarkeit und Wissenschaft. Festschrift für Klaus Bepler zum 65. Geburtstag. München 2012.

1489. Perspektiven alter(n)sgerechter Betriebs- und Tarifpolitik. Tullius, Knut; Freidank, Johannes; Grabbe, Johannes; Kädtler, Jürgen u. Schroeder, Wolfgang. WSI-Mitteilungen 2012, 113.

1490. Ausscheiden aus Altersgründen: Rigide oder flexibel? Waltermann, Raimund, in: Rigidität und Flexibilität im Arbeitsrecht. Mannheimer Arbeitsrechtstag 2011. Baden-Baden 2012.

1491. Altersgrenzen in Tarifverträgen nach der EuGH-Rechtsprechung. Wank, Rolf, in: Arbeitsgerichtsbarkeit und Wissenschaft. Festschrift für Klaus Bepler zum 65. Geburtstag. München 2012.

1492. Keine Zeit für die Auszeit. Lebensarbeitszeit als Aspekt sozialer Ungleichheit. Wotschack, Philip. SozWelt 2012, 25.

37. Betriebliche Altersversorgung

1493. Mitteilung der EU-Kommission im Anschluss an das Urteil „Test-Achats" des EuGH. Leitlinien zur Anwendung der Richtlinie 2004/113/EG des Rates auf das Versicherungswesen im Anschluss an das Urteil des Gerichtshofs der Europäischen Union in der Rechtssache C-236/09 (Test-Achats). BetrAV 2012, 78.

1494. Rechtliche Bewertung einer Einbeziehung von Pensionskassen in die gesetzliche Insolvenzsicherungspflicht gemäß §§ 7 ff. BetrAVG. Stellungnahme zum Gutachten der Heubeck AG vom 24. 10. 2011 über eine risikoorientierte Beitragsgestaltung der Insolvenzsicherung der betrieblichen Altersversorgung. Allgaier, Antonius u. Heck, Harald. BetrAV 2012, 305.

1495. Überführung der Pensionszusage in eine Unterstützungskasse. Erwiderung auf Haas, DStR 2012, 987–991. Alt, Stefanie u. Stadelbauer, Dominik. DStR 2012, 1820.

1496. Pflicht zu Unisextarifen in der betrieblichen Altersversorgung – auch für die Vergangenheit? Birk, Ulrich-Arthur. BetrAV 2012, 7.

1497. Arbeitsrechtliche Aspekte des neuen Versorgungsausgleichsrechtes. Bischopink, Thomas u. Hoppach, Heike. BB 2012, 2369.

1498. Die neue betriebliche Altersversorgung und ihre Nutzer. Blank, Florian. WSI-Mitteilungen 2012, 179.

1499. Die verzögerte Anpassungsentscheidung infolge „Bündelung". Bormann, Malte. BetrAV 2012, 559.

1500. Die Auslagerung der Administration der betrieblichen Altersversorgung. Bous, Norbert u. Engbroks, Hartmut. BetrAV 2012, 491.

1501. Aufhebung der Altersgrenzen; Erhöhungen im Bereich Versicherungen i.S. des § 20 Abs. 1 Nr. 5 EStG, Altersvorsorgeverträge, Basisrentenverträge, Betriebliche Altersversorgung. BMF, Schreiben vom 06. 03. 2012, IV C 3 - S 2220/11/10002, IV C 1 - S 2252/07/0001 :005, DOK 2012/0186064. Bundesministerium der Finanzen. DStR 2012, 563.

1502. Die drei Formen betrieblicher Altersvorsorge in Deutschland. Burger, Csaba. WSI-Mitteilungen 2012, 235.

1503. Aktuelle Rechtsprechung zur bAV. Ständiger Anpassungsbedarf. Buttler, Andreas. AuA 2012, 298.

1504. Einführung in die betriebliche Altersversorgung. Buttler, Andreas. 6. Aufl. Karlsruhe 2012.

1505. BB-Rechtsprechungsreport zur betrieblichen Altersversorgung 2011/2012. Cisch, Theodor B.; Bleeck, Christine u. Karst, Michael. BB 2012, 1153.

1506. Konzernbetriebsvereinbarungen zur betrieblichen Altersversorgung im Lichte eines Share Deal. Cisch, Theodor B. u. Hock, Rainer. BB 2012, 2113.

1507. BAG zur „Rente ab 67" in der betrieblichen Altersversorgung. Rückwirkende Eingriffe in Abfindungs-, Übertragungs- und Umstellungsvereinbarungen? Diller, Martin u. Beck, Charlotte. DB 2012, 2398.

1508. Weiter rumdoktern im bestehenden System oder ganzheitlich reformieren? Doetsch, Peter A. BB 2012, Heft 34, I.

1509. Solvency II bei Einrichtungen der betrieblichen Altersversorgung. Eine europarechtliche Sackgasse? Fischer, Kristian. RIW 2012, 369.

1510. Sozialversicherungsrechtliche Grundlagen der betrieblichen Altersversorgung. Fraedrich, Ingrid. NZA 2012, 129.

1511. bAV bei Unternehmenstransaktionen. Auswirkungen von Asset Deal und Share Deal. Gerstung, Johanna u. Neufeld, Tobias. AuA 2012, 428.

1512. Auslagerung von Pensionsverpflichtungen aus anwaltlicher Sicht – Zustimmung des Versorgungsberechtigten erforderlich!? —. Groot, Simone Evke de. DB 2012, 1810.

1513. BDA-Konzept für eine stärker risikoorientierte PSV-Beitragsstruktur. Gunkel, Alexander. BetrAV 2012, 97.

1514. Die Haftung von Arbeitgeber und Versicherer bei eigenfinanzierter Direktversicherung. Hager, Johannes. FA 2012, 262.

1515. Die „institutionelle" Betrachtung der betrieblichen Altersversorgung – zugleich Bemerkung zu den Urteilen des BSG vom 30.3.2011, B 12 KR 16/10 R und B 12 KR 24/09 R –. Hager, Johannes. NZS 2012, 281.

1516. Sozialversicherungspflicht der bAV. Aktuelle Tendenzen. Herrmann, Marco u. Röhl, Maik. AuA 2012, 302.

1517. Risikoorientierte Beitragsgestaltung der Insolvenzsicherung der betrieblichen Altersversorgung. Herrmann, Richard. BetrAV 2012, 1.

1518. Unisex in der betrieblichen Altersversorgung. Auswirkungen auf Kalkulation, Vertrieb und Verwaltung. Hessling, Michael. BetrAV 2012, 289.

1519. Unterschreitung des Mindestlohns durch Entgeltumwandlung. Hochheim, Annette. DB 2012, Heft 30, M10.

1520. Auswirkungen des Verbots der geschlechtsspezifischen Tarifierung auf die betriebliche Altersversorgung. Zur Unisex-Entscheidung des EuGH. Höfer, Reinhold. BetrAV 2011, 586.

1521. Risikogerechte Beiträge für den Pensions-Sicherungs-Verein und Missbrauchsabwehr. Höfer, Reinhold. DB 2012, 1440.

1522. Schon heute an später denken. Die betriebliche Altersvorsorge. Hoppenrath, Martin. AiB 2012, 251.

1523. Die Liquidationsdirektversicherung für Versorgungszusagen nach dem BetrAVG. Horn, Olaf u. Vogel, Maria Thekla. BetrAV 2012, 335.

1524. Unisex-Tarife in der bAV? Neue Leitlinie der Europäischen Kommission. Hufer, Andreas. Benefits 2012, Ausgabe 1, 40.

1525. Versorgungsausgleich bei Direktzusagen: Keine Berücksichtigung von Rententrends. Hufer, Andreas u. Karst, Michael. DB 2012, 2576.

1526. Die Rechtsfigur der Überversorgung bei einer Pensionszusage an einen Gesellschafter-Geschäftsführer. Intemann, Jens. NZA Beilage 2012, Nr. 3, 83.

1527. Das Schicksal von Contractual Trust Arrangements bei einem Betriebsübergang. Kemper, Kurt u. Stark, Simon Julius. BB 2012, 2433.

1528. Minderung gesetzlicher Sozialleistungen durch die Entgeltumwandlung in der betrieblichen Altersversorgung (bAV). Kolodzik, Christian T. u. Pahl, Detlev. DStR 2012, 1188.

1529. Die Zuordnung der Rechte aus einer Direktversicherung bei Insolvenz des Arbeitgebers. Krause, Rüdiger, in: Arbeitsgerichtsbarkeit und Wissenschaft. Festschrift für Klaus Bepler zum 65. Geburtstag. München 2012.

1530. Diskriminierungsfallen in der bAV. Pensionspläne und -zusagen rechtssicher gestalten. Lachmund-Herring, Anne. AuA 2012, 269.

1531. Auswirkungen der EuGH-Entscheidung zu Unisex-Tarifen auf rückgedeckte Unterstützungskassen. Langohr-Plato, Uwe. BetrAV 2012, 292.

1532. Betriebliche Altersversorgung als Wettbewerbsvorteil. Durchführungswege und ein Rückzug. Lubeley, Sabine. DB 2011, Heft 43, M 7.

1533. Beratung zu Fragen der bAV. Versicherungsmakler oder Rechtsberater? Lülsdorf, Detlef. AuA 2012, 300.

1534. Hinweispflicht des Arbeitgebers auf Anspruch auf Entgeltumwandlung nach § 1a BetrAVG – Schlummerndes Haftrisiko für Arbeitgeber?! Paschke, Matthias u. Koller-van Delden, Martin. DStR 2012, 1924.

1535. Teuerungsanpassung der Betriebsrenten 2012 – Anstieg von Lebenshaltungskosten und Nettoeinkommen im Zeitraum 2009/2012 bzw. ab Rentenbeginn –. Petersen, Olaf; Bechtoldt, Markus u. Birkel, Stefan. DB 2012, 230.

1536. Steuerrechtliche Aspekte der betrieblichen Altersversorgung bei international mobilen Arbeitnehmern. Portner, Rosemarie. BB 2012, 351.

1537. Die Pflicht zur inflationsausgleichenden Anpassung von Betriebsrenten. Hintergründe, Gestaltungsmöglichkeiten und aktuelle Urteile. Pröbstl, Heike. DStR 2012, 1281.

1538. Unisex in der betrieblichen Altersversorgung oder: Nach dem Urteil ist vor dem Urteil. Raulf, Markus. NZA Beilage 2012, Nr. 3, 88.

1539. Zum Schicksal von Betriebsrentenansprüchen und -anwartschaften bei Unternehmensumstrukturierungen und Betriebsübergängen. Reinecke, Gerhard, in: Arbeitsgerichtsbarkeit und Wissenschaft. Festschrift für Klaus Bepler zum 65. Geburtstag. München 2012.

1540. Betriebliche Hinterbliebenenversorgung in der Rechtsprechung des BAG. Reinecke, Gerhard. BB 2012, 1025.

1541. Die Rechtsprechung zum Betriebsrentenrecht 2010/2011. Reinecke, Gerhard. BetrAV 2012, 204.

1542. Diskriminierungsverbote und Gleichbehandlungsgebote in der betrieblichen Altersversorgung, insbesondere Unisex. Reinecke, Gerhard. BetrAV 2012, 402.

1543. Gestalterische Möglichkeiten im Hinblick auf den kollektiven Bezug einer betrieblichen Altersversorgung. Reinhard, Barbara u. Hoffmann-Remy, Till. NZA Beilage 2012, Nr 3, 79.

1544. Grundverpflichtung des Arbeitgebers zur betrieblichen Altersversorgung (§ 1 Abs. 1 Satz 3 BetrAVG). Rolfs, Christian. BetrAV 2012, 469.

1545. Gesetzliche und private Insolvenzsicherung von Betriebsrenten im Spannungsverhältnis. Rolfs, Christian. NZA Beilage 2012, Nr 3, 75.

1546. Zusagen auf betriebliches Ruhegeld nach dem System des BetrAVG. Schipp, Johannes. BetrAV 2012, 378.

1547. Vorschläge für eine risikoorientierte PSVaG-Beitragsgestaltung – eine kritische Würdigung des Heubeck-Gutachtens. Schmitz, Jöns-Peter; Hische, Ina u. Husung, Ralph. BB 2012, 385.

1548. Die gesetzliche und privatrechtliche Insolvenzsicherung von Pensionen. Schnitker, Elmar u. Sittard, Ulrich. NZA 2012, 963.

1549. Die Beratung über die betriebliche Altersversorgung als Rechtsdienstleistung? Schunder, Achim, in: Arbeitsgerichtsbarkeit und Wissenschaft. Festschrift für Klaus Bepler zum 65. Geburtstag. München 2012.

1550. Treuhand/CTA im Rahmen von Unternehmenstransaktionen. Storck, Christian. BB 2012, 2436.

1551. Unisex-Tarife in der betrieblichen Altersversorgung? Zu den Auswirkungen des EuGH-Urteils „Test-Achats". Temming, Felipe. BetrAV 2012, 391.

1552. Risikoorientierte Differenzierung von Beiträgen zum PSVaG – Verfassungserwartungen und rechtliche Rahmenbedingungen de lege ferenda –. Thüsing, Gregor. DB Beilage 2012, Nr. 5, 1.

1553. Anwendbarkeit des § 17 Abs. 1 S. 2 BetrAVG auf den Franchise-Nehmer und Haftungsrisiken des Franchise-Gebers. Timmermann, Oliver. BB 2012, 388.

1554. Versorgungszusagen an Gesellschafter-Geschäftsführer bzw. Vorstände von Kapitalgesellschaften. Teil 1: Grundlagen und beherrschende Stellung. Uckermann, Sebastian. NZA 2012, 434.

1555. Versorgungsausgleich in der Praxis aus Sicht einer Unterstützungskasse. Walthierer, Sebastian. DB 2012, 1870.

1556. Der Ausbau der betrieblichen Altersvorsorge: Soziale Ungleichheiten für Beschäftigte bei gleichzeitiger Wiederbelebung der Sozialpartner. Wiß, Tobias. Sozialer Fortschritt 2012, 165.

1557. Versorgungszusagen anpassen. Wie viel Flexibilität ist möglich? Witteler, Michael. AuA 2012, 264.

1558. Zulässigkeit nachträglicher Anpassungen von Versorgungszusagen zur Begrenzung oder Vermeidung der Erhöhung von Betriebsrenten. Witteler, Michael. BetrAV 2012, 112.

1559. Aktuelle Rechtsfragen rund um die Insolvenzsicherung. Wohlleben, Herrmann Peter. BetrAV 2012, 413.

1560. Insolvenzplan zur Fortführung von Unternehmen mit betrieblicher Altersversorgung. Wohlleben, Hermann Peter, in: Festschrift für Jobst Wellensiek zum 80. Geburtstag. München 2011.

1561. Der Anspruch auf Einhaltung des Durchführungswegs und der Durchführungsweise im Betriebsrentenrecht. Zwanziger, Bertram, in: Arbeitsgerichtsbarkeit und Wissenschaft. Festschrift für Klaus Bepler zum 65. Geburtstag. München 2012.

1562. Aktuelle BAG-Entscheidungen zu Unterstützungskassen. Zwanziger, Bertram. BetrAV 2012, 215.

1563. Neue Regelaltersgrenze in der Sozialversicherung – Anlass zur Anpassung ablösender Versorgungsordnungen? – Zugleich Erwiderung auf Diller/Beck, DB 2012 S. 2398 und Replik –. Zwanziger, Bertram. DB 2012, 2632.

38. Sozialrecht

1564. Arm trotz Arbeit. Staat subventioniert Armut von Erwerbstätigen. Adamy, Wilhelm. AiB 2012, 231.

1565. SGB V. Gesetzliche Krankenversicherung. Kommentar. Becker, Ulrich u. Kingreen, Thorsten. 3. Aufl. München 2012.

1566. Soziale Rechte entsandter Arbeitnehmer aus den EU-Mitgliedstaaten. Behrend, Nicola. ZESAR 2012, 55.

1567. Pfändungsschutz der Beiträge/Freibeträge auf einen privaten Altersvorsorgeversicherungsvertrag. Bengelsdorf, Peter. FA 2012, 34.

1568. Illegale Ausländerbeschäftigung nach der Neufassung von § 7 SBG IV. Berchtold, Josef. NZS 2012, 481.

1569. Nachforderung von Sozialversicherungsbeiträgen bei Nichtigkeit von Tarifverträgen der CGZP. Berchtold, Josef. SozSich 2012, 70.

1570. Rückwirkende Tariffähigkeit der CGZP. Sozialversicherungsrechtliche Konsequenzen der aktuellen BAG-Rechtsprechung für die Zeitarbeitsbranche. Bissels, Alexander. ArbRB 2012, 244.

1571. Die sozialversicherungsrechtlichen Nebenwirkungen von Pflegezeit und Familienpflegezeit. Brose, Wiebke. NZS 2012, 499.

1572. Übersicht über das Sozialrecht. Ausgabe 2012/2013. Bundesministerium für Arbeit und Soziales. 9. Aufl. Nürnberg 2012.

1573. Das Arbeitsentgelt im Sozialversicherungsrecht. Von zentraler Bedeutung für die wirtschaftliche Absicherung der Beschäftigten. Deinert, Olaf. AiB 2011, 685.

1574. Zahlung der Sozialversicherungsbeiträge. Pflichten des Arbeitgebers. Deinert, Olaf. AiB 2012, 255.

1575. Mini- und Midijobs. Geringfügige Beschäftigung und Gleitzone. Deinert, Olaf. AiB 2012, 643.

1576. Governance des Einkommensmix: Geringfügige Beschäftigung im ALG-II-Bezug. Dingeldey, Irene; Sopp, Peter u. Wagner, Alexandra. WSI-Mitteilungen 2012, 32.

1577. Sozialversicherungspflicht von GmbH-Geschäftsführern. Prüfungskriterien für die verschiedenen Geschäftsführer-Konstellationen im Überblick. Ebert, Oliver. ArbRB 2012, 24.

1578. Welche Auswirkungen hat der Beschluss des BAG zur Tarifunfähigkeit der CGZP in der Sozialversicherung? Freckmann, Anke; Müller, Katharina u. Wahl, Sabine. ZIP 2012, 1327.

1579. Beitragsrechtliche Folgen des CGZP-Beschlusses des Bundesarbeitsgerichts. Giesen, Richard, in: Der CGZP-Beschluss des Bundesarbeitsgerichts. Arbeits- und sozialversicherungsrechtliche Folgen. Baden-Baden 2012.

1580. Sozialgesetzbuch V. Gesetzliche Krankenversicherung. Lehr- und Praxiskommentar. Hänlein, Andreas; Kruse, Jürgen u. Schuler, Rolf. 4. Aufl. Baden-Baden 2012.

1581. Flexi II für Einkommen über der Beitragsbemessungsgrenze. Hartmannshenn, Jochen. NZS 2012, 165.

1582. Der Sozialgerichtsprozess. Darstellung mit Schriftsatzmustern. Herold-Tews, Heike. 6. Aufl. München, 2012.

1583. Zu den sozialrechtlichen Verordnungsbestimmungen über die Entsendung von Arbeitnehmern und Selbständigen – Teil 1. Höllbacher, Michael u. Kneihs, Benjamin. DRdA 2012, 7.

1584. Zu den sozialrechtlichen Verordnungsbestimmungen über die Entsendung von Arbeitnehmern und Selbständigen - Schluss. Höllbacher, Michael u. Kneihs, Benjamin. DRdA 2012, 171.

1585. Das Anspruch auf Insolvenzgeld – Neuregelung zum 1. April 2012. Lakies, Thomas. ArbR 2012, 134.

1586. Das Eingliederungschancengesetz. Neustrukturierung der leistungsrechtlichen Vorschriften des Arbeitsförderungsrechts. Lauterbach, Klaus. NJ 2012, 366.

1587. Eine Diskriminierung behinderter Menschen? Eine Auseinandersetzung mit der Position des Bundesverfassungsgerichts. Oppermann, Dagmar. SozSich 2012, 314.

1588. Das Sozialrecht in der Rechtsprechung des Bundesarbeitsgerichts. Ricken, Oliver. JbSozR 33, 577 (2012).

1589. Der unbestimmte Rechtsbegriff der sozialen Verwerfungen. Riechert, Christian u. Stomps, Annette. RdA 2012, 81.

1590. Betriebsverlagerung – Sozialrechtliche Flankierung durch die Bundesagentur für Arbeit (BA). Schnitzler, Manfred. NZA Beilage 2012, Nr 1, 17.

1591. Beitragsnachforderungen und vorläufiger Rechtsschutz (Teil I). Entscheidungen über Beitragsnachforderungen. Seewald, Otfried. SGb 2012, 193.

1592. Beitragsansprüche aufgrund der Tarifunfähigkeit der CGZP – Die Betriebsprüfungen der Rentenversicherungsträger. Segebrecht, Bettina u. Diepenbrock, Thorsten, in: Der CGZP-Beschluss des Bundesarbeitsgerichts. Arbeits- und sozialversicherungsrechtliche Folgen. Baden-Baden 2012.

1593. Der Vertragsstatus der Beschäftigten im Transferprozess (Darf man Arbeitnehmer im Transferprozess einfach verschwinden lassen?) – Widersprüchliche Antworten der Instanzrechtsprechung. Stindt, Heinrich Meinhard, in: Festschrift für Franz Jürgen Säcker zum 70. Geburtstag. München 2011.

1594. Die CGZP-Entscheidungen und die angeblichen Ansprüche der Sozialversicherung. Tuengerthal, Hansjürgen u. Andorfer, Christian. BB 2011, 2939.

1595. Das Eingliederungschancengesetz – neue Regeln für das Arbeitsförderungsrecht. Voelzke, Thomas. NZA 2012, 177.

1596. Zuschussrente und Reformlinie im Niedriglohnsektor. Waltermann, Raimund. JZ 2012, 553.

1597. Kurzer Prozess mit den Arbeitnehmern gesetzlicher Krankenkassen bei Schließung nach SGB V? Das Erlöschen von Arbeitsverträgen kraft Gesetzes; der Staat in der Doppelrolle als Gesetzgeber und Arbeitsvertragspartei. Wolter, Henner, in: Arbeitsgerichtsbarkeit und Wissenschaft. Festschrift für Klaus Bepler zum 65. Geburtstag. München 2012.

GESAMTREGISTER